GÉOGRAPHIE D'ÉDRISI.

TOME SECOND.

كتاب نزهة المشتاق فى اختراق الآفاق
تأليف الشريف الادريسى

GÉOGRAPHIE D'ÉDRISI

TRADUITE DE L'ARABE EN FRANÇAIS

D'APRÈS DEUX MANUSCRITS DE LA BIBLIOTHÈQUE DU ROI

ET ACCOMPAGNÉE DE NOTES

PAR P. AMÉDÉE JAUBERT

DE L'ORDRE ROYAL DE LA LÉGION D'HONNEUR, DE L'AIGLE ROUGE DE PRUSSE
DU NICHÂNI IFTIKHÂR DE TURQUIE, DU LION ET DU SOLEIL DE PERSE
MEMBRE DE L'INSTITUT (ACADÉMIE DES INSCRIPTIONS ET BELLES-LETTRES)
CONSEILLER D'ÉTAT EN SERVICE EXTRAORDINAIRE
PROFESSEUR DE PERSAN AU COLLÉGE DE FRANCE
PROFESSEUR DE TURK À L'ÉCOLE SPÉCIALE DES LANGUES ORIENTALES VIVANTES
ETC. ETC. ETC.

TOME SECOND

PARIS
IMPRIMÉ PAR AUTORISATION DU ROI

A L'IMPRIMERIE ROYALE

—

M DCCC XL

TABLE DES SOMMAIRES

DU TOME SECOND.

IV⁰ CLIMAT. 1ʳᵉ section. Suite et fin de l'Afrique occidentale. — Ceuta. — Tanger. — Espagne ou Andalousie. — Algéziras. — Séville. — Badajoz. — Merida. — Coïmbre. — Lisbonne. — Talavera. — Tolède. — Calatayud. — Saragosse. — Tortose. — Valence. — Alicante. — Carthagène. — Murcie. — Alméria. — Grenade. — Cordoue.................................. Page 1

2ᵉ section. Iles de la Méditerranée. — Sardaigne. — Corse. — Elbe. — Pianosa. — Capri. — Strangelo. — Stromboli. — Cossra. — Lampedouse. — Description de la Sicile. — Palerme. — Messine. — Taormina. — Catane. — Syracuse. — Noto. — Agrigente. — Sciacca. — Mazzara. — Marsala. — Trapani. — Castro-Giovanni. — San Filippo. — Corleone.................... 68

3ᵉ section. Description d'une partie de la Calabre et des côtes de l'Adriatique. — Reggio. — Tarente. — Gallipoli. — Otrante..................... 116

4ᵉ section. Péloponnèse. — Isthme de Corinthe. — Lacédémone. — Argos. — Iles de l'Archipel....................................... 122

5ᵉ section. Ile de Chypre. — Latakié ou Laodicée. — Antioche. — Adana. — Tarsous. — Alep. — Racca. — Malatia........................ 129

6ᵉ section. Djeziré ou Mésopotamie. — Anbar. — Haditha. — Mossoul. — Nissibin ou Nisibis. — Amid. — Roha. — Irâc. — Bagdad. — Holwan. — Modaïn. — Djebal. — Hamadan. — Rei. — Cazwin. — Ispahan. — Maragha. — Ardebil. 142

7ᵉ section. Suite du Djebal. — Coum. — Cachan. — Deilem. — Djordjan. — Tous. — Meherdjan. — Moucan. — Nesa............................ 174

8ᵉ section. Suite et fin du Khorasan et du Mawar'el-Nahar. — Lac d'Aral. — Boukhara. — Samarcande. — Kech. — Ferghanah. — Osrouchna. — Rives du Chach ou du Jaxartes. — Eilâc. — Farab..................... 187

9ᵉ section. Asie centrale. — Pays des Khizildjis.................... 214

10ᵉ section. Asie orientale. — Pays des Kimakis.................... 221

V⁰ CLIMAT. 1ʳᵉ section. Suite et fin de la description de l'Espagne. — Sant-Iago ou Saint-Jacques de Compostelle. — Burgos. — Ségovie. — Huesca.

—Tortose. — Tarragone. — Barcelone...................... Page 226
2ᵉ SECTION. Description de diverses parties de la France et de l'Italie.— Toulouse.— Agen.— Vienne.— Lyon.— Limoges.— Bourges.— Mâcon. — Troyes. — Genève. — Lausanne. — Ravenne. — Gênes. — Pise. —Rome. — Pavie. — Naples. — Amalfi.. 239
3ᵉ SECTION. Itinéraires de la Calabre, de la Pouille, des environs de Naples et des côtes de l'Adriatique.—Brindisi. — Bari. — Lesina.— Lovrana.— Zara. — Raguse. — Iles de l'Adriatique. — Matera. — Venosa. — Potenza. — Cours des rivières de ces pays... 261
4ᵉ SECTION. Suite des bords de l'Adriatique. — Antivari. — Cattaro. — Raguse. — Albanie. — Okhrida. — Serès. — Nissa. — Castoria. — Ancienne Thessalie. — Larissa. — Andrinople. — Armyros. — Platamona. — Salonique. — Ancienne Thrace. — Gallipoli. — Rodosto. — Constantinople. — Ancienne Bithynie. — Nicée...................................... 286
5ᵉ SECTION. Itinéraires d'une partie de l'Asie mineure et de l'Arménie.—A'mouria. — Derb ou Derbe. — Meledni ou Melitène. — Kamkh. — Angora. — Libadhia.— Camroun.. 305
6ᵉ SECTION. Portions de l'Arménie et de la Géorgie. — Berda'a.— Derbend. — Cali-Cala. — Tiflis. — Lac de Van.. 320
7ᵉ SECTION. Mer Caspienne. — Iles et côtes de cette mer................ 32
8ᵉ SECTION. Lacs d'Aral et de Ghorghoz. — Pays des Ghozes et autres situés à l'orient de la mer Caspienne.. 338
9ᵉ SECTION. Asie centrale. — Pays d'Adhkach. — Lac de Téhama......... 344
10ᵉ SECTION. Asie Orientale. — Pays de Gog et de Magog................ 349

VIᵉ CLIMAT. 1ʳᵉ SECTION. Itinéraires de la Bretagne. — Nantes. — Rennes. —Vannes. — Saint-Malo. — Dinan.—Saint-Michel. — Climat, productions, et mœurs des habitants de ce pays..................................... 352
2ᵉ SECTION. France.— Angers. — Tours.— Orléans. — Chartres. — Reims.— Bourgogne des Francs. — Langres. — Troyes. — Normandie. —Bayeux. — Rouen.—Pontoise. — Bourgogne des Allemands. — Lausanne. — Besançon. — France. —Paris. — Arras. — Flandre.— Gand. — Courtray. — Bruges. —Allemagne.— Mayence.— Utrecht.—Ebingen.— Ratisbonne.—Vienne. 357
3ᵉ SECTION. Itinéraires de la Bohême, de la Hongrie, de la Saxe et de la Pologne. — Belgrade.. 375
4ᵉ SECTION. Itinéraires d'une partie de la Bulgarie, de la Servie, de la Pologne et de la Russie méridionale. — Nissa. — Atrawa.— Neocastro.— Armocastro. — Ackerman. —Cap Eminèh....................................... 382
5ᵉ SECTION. Description du littoral et des îles de la mer Noire. — Héraclée. — Amastra. — Kidros. — Sinope. — Lanio ou Enoe.— Vona. —Cérasonte. — Trébizonde. — Matrakha. — Russie méridionale......................... 391

DES SOMMAIRES.

6ᵉ SECTION. Suite de la mer du Pont ou de la mer Noire. — Istiberia. — Allania. — Comania. — Boulghar. — Khozaria .... Page 399
7ᵉ SECTION. Pays des Basdjirts ou des Bachkirs. — Namdjan. — Ghourdjan. — Caroukia 406
8ᵉ SECTION. Pays au nord de la mer Caspienne. — Samriki ou Simbirsk. — Ghauran. — Dademi. — Pays Fétide. — Sisian 410
9ᵉ SECTION. Digue (ou muraille) de Gog et de Magog 416
10ᵉ SECTION. Suite et fin des pays de Gog et de Magog 421

VIIᵉ CLIMAT. 1ʳᵉ SECTION. Irlande et Écosse 422
2ᵉ SECTION. Angleterre 423
3ᵉ SECTION. Côtes de la Pologne, du Danemarck, de la Suède et de la Norwège. 427
4ᵉ SECTION. Suite de la Russie. — Finmark. — Esthonie. — Pays des Madjous. 431
5ᵉ SECTION. Russie et Comanie septentrionales 434
6ᵉ SECTION. Comanie intérieure et Boulgharie 435
7ᵉ SECTION. Suite et fin du pays des Bachkirs et des Badjnaks 437
8ᵉ SECTION. Vallée inconnue de l'Asie orientale 438
9ᵉ SECTION. Suite et fin de l'Asie orientale 439
10ᵉ SECTION. Océan Ténébreux 440

GÉOGRAPHIE D'ÉDRISI.

QUATRIÈME CLIMAT.

PREMIÈRE SECTION.

Suite et fin de l'Afrique occidentale. — Ceuta. — Tanger. — Espagne ou Andalousie. — Algéziras. — Séville. — Badajoz. — Merida. — Coimbre. — Lisbonne. — Talavera. — Tolède. — Calatayud. — Saragosse. — Tortose. — Valence. — Alicante. — Carthagène. — Murcie. — Alméria. — Grenade. — Cordoue.

Cette première section commence à la partie de l'extrême occident baignée par l'océan Ténébreux dont émane la mer de Syrie (la Méditerranée), qui s'étend[1] vers l'orient. C'est là qu'est situé le pays Andalous بلاد الاندلس, que les chrétiens appellent Espagne ou presqu'île d'Andalous, attendu que sa forme triangulaire se rétrécit du côté de l'orient au point de ne laisser entre la Méditerranée et l'Océan, qui l'entourent, qu'un intervalle de

Feuillet 119 verso.

---

[1] Je lis ici بارا et non بابه, malgré l'autorité de don Joseph Antonio Conde, auquel on est redevable de la reproduction du texte arabe et d'une version de la description de l'Espagne. — Madrid, *Imprenta real*, 1789.

II.

5 journées. La plus grande largeur de cette presqu'île est d'environ 17 journées, à partir d'un cap[1] de l'extrême occident où se termine la portion habitée de la terre ceinte par la mer Océane[2]. Personne ne sait ce qui existe au delà de cette mer, personne n'a pu rien en apprendre de certain, à cause des difficultés qu'opposent à la navigation la profondeur des ténèbres, la hauteur des vagues, la fréquence des tempêtes, la multiplicité des animaux monstrueux et la violence des vents. Il y a cependant dans cet Océan un grand nombre d'îles, soit habitées, soit désertes; mais aucun navigateur ne se hasarde à le traverser ni à gagner la haute mer; on se borne à côtoyer, sans perdre de vue les rivages. Les vagues de cette mer, hautes comme des montagnes, bien qu'elles s'agitent et se pressent, restent cependant entières et ne se brisent (littér. ne se fendent) pas. S'il en était autrement, il serait impossible de les franchir.

La Méditerranée, d'après ce qu'on raconte, était autrefois un lac fermé, comme l'est aujourd'hui la mer du Tabaristan (la Caspienne) dont les eaux n'ont aucune communication avec celles des autres mers, de sorte que les habitants de l'extrême occident faisaient des invasions chez les peuples de l'Andalousie et leur occasionnaient toute sorte de dommages. Ces derniers, à leur tour, résistaient aux Africains et les combattaient de tout leur pouvoir. Les choses demeurèrent ainsi jusqu'à l'époque où Alexandre pénétra dans l'Andalousie et apprit des habitants de ce pays qu'ils étaient en guerre continuelle avec ceux de Sous اهل السوس. Ce prince fit venir des ingénieurs et leur indiqua le lieu dit el-Zakak الزقاق (le Détroit), dont le terrain était aride, leur prescrivit de le mesurer avec le niveau et d'en comparer la hauteur avec celle de la surface de chacune des deux mers. Ceux-ci trouvèrent que le niveau de la grande mer était plus élevé

---

[1] Le cap Saint-Vincent.
[2] Voyez tom. Ier, pag. 3.

que celui de la Méditerranée d'une quantité peu considérable [1]. On exhaussa (donc) les terrains sur le littoral de cette mer, et on les transporta de bas en haut; puis on creusa un canal entre Tanger طنجة et l'Andalousie بلاد الاندلس, et l'on poursuivit le creusement jusqu'à ce qu'on eût atteint la partie inférieure des montagnes. Là on construisit sans peine une digue en pierres et en chaux. La longueur de cette digue était de 12 milles, distance égale à celle qui séparait les deux mers; on en construisit une autre en face, c'est-à-dire du côté de Tanger, en sorte que l'espace existant entre les deux digues était de 6 milles seulement. Lorsque ces ouvrages furent achevés [2], on creusa (un canal) du côté de l'Océan, et les eaux, par leurs pentes et leurs forces (naturelles), s'écoulèrent entre les deux digues et entrèrent dans la Méditerranée. Elles occasionnèrent une inondation par suite de laquelle plusieurs villes situées sur les deux rives furent détruites, et un grand nombre de leurs habitants périrent submergés, car les eaux s'élevèrent à la hauteur d'environ 11 coudées au-dessus des digues. Celui de ces ouvrages qui avait été construit sur la côte d'Andalousie est encore parfaitement visible, durant les basses marées, au lieu nommé el-Safiha الصفيحة (le Plateau). Il s'étend en ligne droite, et son épaisseur est d'une coudée. Nous l'avons vu de nos propres yeux, et nous avons marché tout le long du détroit sur cette construction que les habitants d'Algéziras الجزيرة appellent Alcantara القنطرة, et dont le milieu correspond au lieu nommé la Roche-du-Cerf حجر الايل, près de la mer. Quant à la digue qui se trouvait du côté du pays de Tanger, les eaux y ayant pénétré et ayant creusé le terrain qui se trouvait

---

[1] Voici le texte de cette observation qui est très-juste au fond : وجدوا البحر الكبير بشف علوه على البحر الشامي بشي يسير. On sait que, vers l'isthme de Suez, la différence des niveaux est de 30 pieds 6 pouces à marée haute.

[2] Le ms. A présente ici une lacune que l'édition espagnole du texte nous met à portée de remplir.

QUATRIÈME CLIMAT.

Feuillet 120 recto. derrière, l'ouvrage s'est entièrement écroulé, en sorte que la mer touche aux montagnes de tous côtés.

La longueur du détroit connu sous le nom de Zakak الزقاق est de 12 milles. Sur ses bords, du côté du levant, est la ville d'Algéziras جزيرة الخضرة (ou l'île Verte) [1], et du côté du couchant celle de Tarif جزيرة طريف (Tarifa), vis-à-vis de laquelle, sur la rive opposée, est situé le château dit Cassr Masmouda القصر المنسوب لمصمودة [2]. Vis-à-vis d'Algéziras, sur la même rive, est la ville de Ceuta مدينة سبتة (ou Sebta), située à 18 milles de distance. Entre Tarifa et le château de Masmouda, la distance est de 12 milles. Telle est également la largeur du bras de mer qui sépare ces deux points. Le flux et le reflux ont lieu deux fois par jour dans cette mer, et cela constamment, par un effet de la toute-puissance et de la sagesse du Créateur.

Au nombre des villes dépendantes de la présente section et situées sur les rives de la grande mer, on remarque Tanger طنجة (ou Tandja), Nekour نكور [3], Bades بادس, Mezma مزمة, Melila مليلة, Hunein هنين, Beni-Wazar بني وازار, Oran وهران (ou Wahran) et Mostaghanem مستغانم.

SEBTA OU CEUTA. La ville de Sebta سبتة (Ceuta), située vis-à-vis de l'île Verte (ou d'Algéziras), est bâtie sur sept collines qui se touchent. Elle est bien peuplée, et sa longueur, de l'ouest à l'est, est d'environ 1 mille. On voit à 2 milles de distance le Djebel Mousa جبل موسى, montagne ainsi nommée à cause de Mousa ben-Nassir موسى بن نصير, personnage qui fit la conquête de l'Andalousie dans les premiers temps de l'islamisme. Sebta est entourée de jardins, de vergers et d'arbres qui produisent des fruits en abondance. On y cultive la canne à sucre, et l'oranger dont les fruits sont transportés des environs de cette ville dans divers autres pays. Toute la contrée

---

[1] En espagnol *isla de las Palomas* (île des Colombes), auprès d'Algéziras.
[2] En espagnol *Alcazar*.
[3] Le texte imprimé à Madrid porte تكرور Tekrour.

porte le nom de Beliounech بليونش; il y a de l'eau courante, des sources d'eau vive et toute sorte de productions.

Il existe à l'orient de cette ville une montagne dite Djebel el-Mina جبل المينة, et sur le plateau qui couronne cette montagne, une muraille construite par ordre de Mohammed ben-beni-A'mer à l'époque de son retour d'Andalousie. Il voulait transférer la ville sur ce plateau; mais la mort le surprit lorsqu'il venait d'en achever les murs. Les habitants de Sebta n'eurent pas la possibilité de se transporter à el-Mina; ils demeurèrent dans leur ville, et el-Mina resta privée de population. Quant au nom de Sebta سبتة[1], il lui fut donné parce qu'en effet elle est bâtie sur une presqu'île *close* par la mer de toutes parts, excepté du côté du couchant, en sorte qu'il ne reste (à sec) qu'un isthme de la largeur de moins d'un jet de flèche. La mer qui baigne ses murs au nord se nomme mer de Zakak بحر الزقاق; celle du côté du midi porte le nom de mer de Bosoul بحر بسول; Sebta est un port excellent où l'on est à l'abri de tous les vents.

« Il existe auprès de Sebta des lieux où l'on pêche de gros pois-
« sons[2]. Nulle côte n'est plus productive, soit sous le rapport de
« l'abondance, soit sous celui de la qualité du poisson. On en
« compte plus de cent espèces différentes, et l'on se livre particu-
« lièrement à la pêche du gros poisson qui s'appelle le thon التن,
« et qui se multiplie beaucoup dans ces parages. On s'embarque
« dans des nacelles, muni de lances (ou de harpons); l'extrémité
« de ces lances renferme des ailes qui, en se déployant, pénètrent
« dans le corps du poisson et n'en sortent plus. Le bois du harpon

[1] L'étymologie proposée par l'Édrisi consiste à faire dériver le nom de Ceuta du mot latin *septa*, qui signifie *enclos*.

[2] Ainsi que nous l'avons fait remarquer dans la note explicative placée en tête du tome I", p. xxiv et ailleurs, les passages compris entre guillemets n'avaient jamais été traduits. Les deux manuscrits de la Bibliothèque du roi présentent donc un texte beaucoup plus complet que ne l'est celui qui a été reproduit en arabe et traduit en espagnol par M. Conde.

« est garni de longues ficelles de chanvre. Ces pêcheurs sont tel-
« lement exercés et tellement habiles dans leur métier, qu'ils n'ont
« au monde point de rivaux.

« On pêche également le corail aux environs de Sebta. Cet
« arbuste[1] y donne ses produits dont la beauté surpasse ce qu'on
« peut voir de plus admirable en ce genre dans toutes les autres
« contrées et dans toutes les autres mers.

« On choisit, on dispose, on perce, enfin on travaille dans le
« marché de Sebta les conques de Vénus (sorte de coquillage)
« destinées à l'exportation. La majeure partie est transportée à
« Ghanat غانة et dans tout le Soudan où on en fait grand usage. »

On compte 12 milles de Sebta سبتة à Cassr Masmouda قصر
مصمودة, « château fort situé sur le bord de la mer, où l'on construit
« des navires et des nacelles destinés à la navigation sur les côtes
« d'Andalousie. Ce fort est bâti sur le cap el-Madjan المجان, le plus
« voisin des possessions espagnoles. »

De Cassr Masmouda à Tandja طنجة (Tanger) on compte 20
milles. « Cette dernière ville est ancienne et connue. Bâtie sur une
« montagne assez haute qui gît parallèlement à la mer, ses habita-
« tions sont situées à mi-côte et s'étendent jusqu'au rivage. Cette
« ville est jolie : il y a un marché, des fabriques, et divers quar-
« tiers. On construit à Tanger des navires, et c'est un port d'où
« l'on fait voile et où l'on aborde. La ville est bâtie sur un terrain
« qui touche à une plaine cultivée, ensemencée et habitée par
« des Berbers appartenant à la tribu de Sanhadja[2]. »

A partir de Tanger, la mer Océane forme un coude et, se dirigeant vers le midi, atteint le pays de Techmes تشمس, « dont la
« capitale fut autrefois considérable. Entourée de murs et de bons
« pâturages, cette ville est située sur les bords d'une rivière dite

---

[1] N'oublions pas qu'au temps de l'Édrisi les Arabes regardaient le corail comme une production végétale.

[2] وسكانها برابر ينسبون الى صنهاجة

« Safardad سفردد, à près d'un mille de la mer. Ses environs sont
« peuplés de Berbers querelleurs et méchants, et vivant dans un
« état de guerre et de disputes continuelles. »

De Techmes (on se rend) à Cassr A'bd al-Kerim قصر عبد الكريم,
bourg situé dans le voisinage de la mer à 2 journées de distance
de Tanger, « et sur les bords de la rivière de Lukus نهر لكس. Il
« y a des bazars dont l'importance est proportionnée à celle de
« l'endroit, et où l'on trouve toute sorte de marchandises. »

De Tanger à Azila ازيلا on compte une faible journée. « Azila
« est une très-petite ville dont il ne reste actuellement que peu
« de vestiges; ses marchés étant situés auprès des terres (culti-
« vables). On l'appelle aussi Assila اصيلا; elle est ceinte de murs, et
« située à l'extrémité du détroit (de Gibraltar). On y boit de l'eau
« de puits, bien que la rivière de Safardad, qui coule entre elle
« et Cassr A'bd al-Kerim, n'en soit pas très-éloignée. Cette rivière
« est assez considérable pour recevoir des navires; ses eaux sont
« douces, et les habitants de Techmes, ville dont nous venons de
« parler, en font usage. Elle est formée par la réunion de deux
« affluents dont l'un prend sa source dans le pays de Denhadja
« دنهاجة et dans les montagnes de Bassra بصرو, et l'autre dans la
« contrée de Kethama كتامة. Les habitants de Bassra naviguent
« sur cette rivière et s'en servent pour le transport de toute sorte
« d'objets. De Techmes à Bassra on compte un peu moins d'une
« journée en suivant ses bords.

« Bassra بصرو (ou Bassra du Gharb بصرة الغرب) est une ville
« fréquentée. Ceinte de murs mais non point forte, elle est en-
« tourée de villages et de cultures. Ses principales productions
« consistent en coton, en blé et en autres céréales; elles y sont
« très-abondantes. Le pays est bien cultivé, le climat tempéré,
« les habitants polis et d'un caractère facile. A dix-huit milles, ou
« environ, de distance, on trouve Babakelam باباكلام, ville bâtie
« par ordre d'Abdallah ben-Edris, au milieu de montagnes très-

« boisées[1] dont l'accès n'est possible que d'un seul côté. Cette
« ville est forte. Il y a de l'eau et des fruits en abondance. Non
« loin de là est Fout فوت, ville sans murs d'enceinte, située sur
« le sommet d'une montagne escarpée; il y a beaucoup d'eau et
« d'habitations agglomérées; on y cultive surtout du blé, de l'orge
« et d'autres céréales. Tout ce pays dépend de Tanger et fait partie
« du territoire de cette ville.

« Au midi de Bassra et sur les bords de la Sebou نهر سبو, rivière
« qui vient du côté de Fez, est un gros bourg nommé Masna ماسنة.
« C'était jadis une ville entourée de murs et pourvue de marchés;
« mais elle fut ruinée. On remarque dans son voisinage el-Hadjar
« الحجر, ville fondée par les Édrisites, sur le sommet d'une mon-
« tagne très-escarpée; cette place est forte et d'un accès très-
« difficile, car on n'y parvient que par un chemin tellement étroit
« et rapide qu'un homme n'y peut passer qu'après un autre. Le
« pays est fertile, abondant en ressources de toute espèce, cou-
« vert d'habitations et de jardins. »

De Sebta سبتة au fort de Tetouan تطاون (ou Tetawan), en se
dirigeant vers le sud-est, on compte une faible journée. Tetouan
est une place forte « bâtie sur un terrain plat, » à cinq milles de
distance de la mer Méditerranée. Elle est habitée par une tribu
berbère dite Mahkesa محكسة. De là à Anzelan انزلان, port florissant, bien habité et situé sur la limite du pays de Ghomara
اوّل بلاد غمارة, on compte environ 15 milles. « Le pays dont nous
« parlons est très-montagneux et très-boisé. Il s'étend sur un es-
« pace d'environ 3 journées. Il touche, du côté du midi, aux
« montagnes dites el-Kewakeb الكواكب (ou des Étoiles), qui sont
« également habitées et très-fertiles; elles comprennent un espace
« d'environ 4 journées et se prolongent jusqu'auprès de Fez
« مدينة فاس. Ces montagnes étaient autrefois habitées par une
« population nombreuse, mais le Tout-puissant en purgea le

[1] بين جبال وشعار متّصله

PREMIÈRE SECTION.

« pays, détruisit les habitants et ruina leurs demeures à cause
« de l'énormité de leurs crimes, de leur peu de foi, de leur im-
« pudicité, de leur dépravation, de leur habitude du meurtre
« illicite. Juste châtiment réservé aux méchants ! »

De Sebta pour se rendre à Fèz on a 8 journées à faire en marchant sans se presser[1]. « A la distance d'une demi-journée
« du port d'Anzilan مرسى انزلان on trouve le fort de Iatghasas
« يتغساس, dont les habitants sont en état de guerre continuelle
« avec les peuplades de Ghomara غارة. » De Iatghasas à Cassr
Tazeka قصر تازكة, port de mer, on compte 13 milles.

De là à Hissn Mostâsa حصن مسطاسة, fort appartenant aux Ghomara, une demi-journée.

De là à Hissn Kerkal حصن كركال, dépendant aussi des Ghomara, 15 milles.

De là à Bades بادس, une demi-journée.

« Bades est une ville bien habitée où l'on trouve des bazars
« et des artisans, et où les Ghomara viennent chercher les objets
« qui leur sont nécessaires ; c'est l'extrême limite de leur pays.
« Elle est située à 4 milles vers le nord d'une montagne ancien-
« nement habitée par une peuplade dite Mazkala مزكلة, qui se
« composait d'hommes audacieux, entreprenants, querelleurs et
« sans cesse incommodes à leurs voisins ; mais le Tout-puissant
« en a délivré le pays. »

De Bades à Bouzkour بوزكور, port « qui fut jadis une ville dont
« il ne reste pas de vestiges, et qui est désigné dans les chro-
« niques sous le nom de Tekouz تكوز, » 20 milles.

Il existe entre Bades et Bouzkour une montagne connue sous le nom d'Adjraf اجران, où l'on ne trouve aucun port.

De Bouzkour à Mezma المرمة, « bourg autrefois peuplé et port
« où l'on chargeait des navires, » 20 milles.

---

[1] Le traducteur espagnol, n'ayant pas bien lu les mots طريق زجّان, a cru qu'il s'agissait de journées marines, et a mis mal à propos (page 18) : *por mar*.

QUATRIÈME CLIMAT.

Feuillet 121 verso.

Mezma est placée non loin d'une rivière située à 12 milles de distance du cap Ba'lan طرف بعلان [1] qui s'avance beaucoup dans la mer. De là au port de Kerta كرطة on compte 20 milles [2]. A l'orient de Kerta coule une rivière qui vient du côté de Sa' صاع. De Kerta à l'extrémité d'un golfe, 20 milles.

De Kerta à Melila مليلة, par mer, 12 milles.

Et par terre, 20 milles.

« Melila مدينة مليلة est une ville jolie, de médiocre grandeur,
« entourée de fortes murailles et dans une bonne situation sur
« le bord de la mer. Il y avait, avant la présente époque, des
« maisons contiguës et beaucoup de cultures. On y trouve un
« puits alimenté par une source permanente dont l'eau est abon-
« dante et sert à la consommation des habitants. Cette ville est
« environnée de tribus berbères, issues des Betaouïa بطوية. »

De Melila à l'embouchure de la rivière qui vient d'Akarsif اقرسيف, vis-à-vis cette embouchure, est un petit îlot; et dans le désert une ville du nom de Haraoua [3] حراوة. On compte 20 milles.

De cette embouchure au port de Tafir Kenit تافركنيت, où est un château peu considérable mais bien fortifié, 40 milles.

Feuillet 122 recto.

De Tafir Kenit au fort de Tabahriat تابحرية, par terre, 40 milles [4].

(Ce fort est bien construit, bien peuplé et domine un port de mer très-fréquenté. De Tabahriat à Henīn هنين on compte, par mer, 11 milles [5].)

Et de là à Telmesan تلمسان, par terre, 40 milles. Entre ces deux lieux (Henīn et Telmesan) on remarque Nedrouna ندرونة,
« ville considérable, bien peuplée, ceinte de murailles, pourvue

---

[1] La version espagnole ne donne pas le nom de ce cap.
[2] Cette distance manque dans le ms. A.
[3] Ces indications manquent dans le ms. A.
[4] La version espagnole porte seulement 8 milles.
[5] Le passage compris entre deux parenthèses manque dans le ms. A.

PREMIÈRE SECTION.

« de marchés et située sur une hauteur à mi-côte. Des champs
« ensemencés et arrosés par une rivière en dépendent. Sur la
« hauteur, du côté de l'orient, on trouve des jardins, des vergers,
« des habitations et de l'eau en abondance. Henin هنين est une
« jolie petite ville sur le bord de la mer; il y a un marché, et les
« environs sont couverts de cultures. »

De Henin, en suivant le rivage, au port dit Ourdania الوردانية, 6 milles.

De là à l'île (ou à la presqu'île) de Cachcar جزيرة تاشقار, 8 milles.

De là à l'île de Archcoul جزيرة ارشقول, « qu'on appelle aussi « Ardjeloun ارجلون [1], où était autrefois un château fort » et où l'on trouve des citernes et beaucoup d'eau pour l'approvisionnement des navires (la distance manque).

« Cette île est habitée et située vis-à-vis l'embouchure de la
« rivière dite Melwia ملوية. »

De cette embouchure au fort d'Aslan اسلان, par mer, on compte 6 milles.

De là à un cap qui s'avance dans la mer, 20 milles.

Vis-à-vis ce cap est l'île des Moutons جزيرة الغنم, à une distance de 12 milles.

De cette île à Beni-Wazar بنى وزار [2], 17 milles.

Du cap Diwaly طرف دوالى au cap el-Harcha طرف الحرشا, 12 milles.

De là à Wahran وهران (ou Oran), dont nous avons parlé en détail dans le troisième climat, 12 milles [3].

Nous revenons maintenant à la description de l'Espagne الاندلس, à celle de ses routes, « au détail de la circonscription de ses pro-
« vinces et de ses limites, des sources de ses fleuves et de leurs

---

[1] L'île dont il est ici question est celle de Rachgoun, bien connue comme faisant partie des possessions françaises en Afrique.

[2] Le ms. A porte بنى وراد Beni-Warad.

[3] Cette distance manque dans le ms. A.

« embouchures dans la mer, de ses montagnes les plus célèbres,
« de ses raretés les plus remarquables ; et cela sans négliger d'in-
« voquer le secours divin. »

Nous disons donc que l'Espagne forme, dans la plus grande extension de ce terme, un triangle. Elle est, en effet, bornée de trois côtés par la mer, savoir : au midi par la Méditerranée, à l'ouest par l'Océan, et au nord par la mer que les chrétiens الروم nomment mer de Galice بحر القليشيين [1]. Elle s'étend en longueur depuis Keniset el-Ghorab كنيسة الغراب (le cap Saint-Vincent ou l'église du Corbeau), situé sur l'Océan, jusqu'à la montagne dite Heikel el-Zahira هيكل الزهرة (le temple de Vénus ou le cap de Creuz près Collioure[2]) sur une distance de onze cents milles, et en largeur depuis l'église de Saint-Jacques (de Compostelle) كنيسة سنت ياقوب, située sur un cap de la mer de Galice (le cap Finistère), jusqu'à Alméria مدينة المرية, ville située sur les bords de la Méditerranée, sur un espace de six cents milles.

La péninsule espagnole est séparée en deux sur toute sa largeur par une longue chaîne de montagnes qu'on appelle Charrat الشارات (Sierra[3]), au midi de laquelle est située Toleïtala طليطلة (Tolède). Cette ville est le centre de toute l'Espagne, car de Tolède à Cortoba قرطبة (Cordoue), au sud-ouest, on compte 9 journées ; de Tolède à Lichbona لشبونه [4] (Lisbonne), à l'ouest, 9 journées ; de Tolède à Saint-Jacques سنت ياقوب, sur la mer de

---

[1] L'abrégé porte بحر الانقليسين, ce que les traducteurs latins ont rendu par *mare Anglorum*. M. Conde adopte cette leçon.

[2] Voyez, au sujet de ces dénominations, l'*Edrisii Hispania* de Hartman. — Marbourg ; 1802.

[3] Dans la présente version de la description de l'Espagne, les noms modernes des lieux sont placés entre deux parenthèses. Nous avons généralement adopté les judicieuses concordances proposées par M. Conde à cet égard.

[4] La deuxième, la troisième et la quatrième de ces indications manquent dans le ms. A.

PREMIÈRE SECTION. 13

Galice, 9 journées; de Tolède à Jaca جاقة, à l'orient (ou plutôt au nord), 9 journées; de Tolède à Balensia بالنسية (Valence), au sud-est, 9 journées; enfin de Tolède à Alméria المرية, 9 journées.

La ville de Tolède était, du temps des chrétiens, la capitale de l'Espagne et le lieu de la résidence de ses rois. On y trouva la table de Salomon, fils de David, ainsi qu'un grand nombre de raretés qu'il serait trop long d'énumérer. Le pays situé au sud des monts Charrat se nomme Espagne اسبانية ; la partie située au nord de ces montagnes porte le nom de Castille قشتالة. « A l'époque
« actuelle encore, le sultan des chrétiens des deux Castilles et de
« l'Andalousie, qui composent ce qu'on nomme l'Espagne, fait sa ré-
« sidence à Tolède[1]. Ce pays comprend diverses provinces, diverses
« régions cultivées, et un grand nombre de villes que nous nous
« proposons de décrire une à une, » en commençant par la province connue sous le nom de Boheïra بحيرة, qui s'étend depuis les bords de l'Océan jusqu'à ceux de la Méditerranée, et qui comprend (dans ses dépendances) l'île de Tarif جزيرة طريف (Tarifa), l'île Verte الجزيرة الخضرة (Algéziras), l'île de Cades جزيرة قادس (Cadix), le fort d'Arkoch حصن اركوش [2] (Arcos de la Frontera), Beka بكه (Vejer de la Miel), Cherech شرش (Xérès), Tasana طسانه [3] (Tocina), Medinet ebn Selam مدينة ابن سلام, et un grand nombre de châteaux forts comparables en population à des villes « et dont nous
« traiterons en leur lieu. »

Vient ensuite la province de Chedouna شدونة (Sidonia), située au nord de la précédente (de celle de Boheïra), qui compte au nombre de ses dépendances Echbilia اشبيلية (Séville), Carmouna قرمونة (Carmona), A'Ichana علشانة, et divers autres lieux fortifiés.

---

[1] Nous croyons devoir transcrire ce passage important : ومدينة طليطلة فى وقتنا هذا يسكنها سلطان الروم القشتاليين والاندلس المسماة اشبانية.
[2] La version latine porte par erreur Sabrissa ou Hobrissa.
[3] La version espagnole porte طشانه ou Taxêna.

QUATRIÈME CLIMAT.

Feuille 122 verso.

Cette province est limitrophe à celle d'el-Charf الشرف (Alxarfe), située entre Séville, Lebla لبلة (Niebla) et la mer Océane, et comprenant, entre autres lieux fortifiés, Hissn el-Cassr حصن القصر (Castro Marin), la ville de Lebla لبلة (Niebla), Welba ولبة (Huelba), l'île de Saltich جزيرة سلطيش (l'île d'Huelba), Djebel O'ioun جبل عيون (la montagne des Sources, en espagnol *Gibraleon*).

Puis vient la province dite Kanbania كنبانية (Campiña), dont dépendent Cortoba قرطبة (Cordoue), el-Zahra الزهرة (Zara), Esidja اسيجة (Ecija), Biana بيانة (Baena), Cabra قبرة et Alichana اليشانة (Lucena).

Puis la province d'Ochouna اشونه (Ossuna), comprenant des châteaux forts, tels que Lora لورة et Ossuna. Cette province, d'une étendue peu considérable, confine du côté du midi avec celle de Riat رية (Rute), dont les villes principales sont Malca مالقة (Malaga), Archidouna ارشدونة, Mortela مرتله (Montilla), Bister بستر, Bechkessar بشكصار et autres.

Puis la province d'Alboucharat البشارات (Alpujarras), dont la ville principale est Djian جيان (Jaen), et qui compte, indépendamment d'un grand nombre de châteaux forts, plus de six cents villages d'où l'on tire de la soie [1].

Puis la province de Bedjaia بجاية, comprenant dans sa circonscription les villes d'Alméria المرية de Berdja برجه (Vera), et plusieurs lieux fortifiés, tels que Merchana مرشانة (Marchena), Burchana برشانة (Purchena), Toudjala طوجالة (Tuegla), Bales بالس (Velez Blanco).

Puis, vers le midi, la province d'Elbira البيرة (Elvira), où sont Garnata غرناطة (Grenade), Wadi Ach وادى اش (Guadix), el-Monkeb المنكب (Almuñeçar), et autres lieux fortifiés dont nous traiterons ci-après.

---

[1] Le texte arabe porte سمت ماية قرية يخضد بها للحرير ; on ne sait pourquoi M. Conde traduit ces mots ainsi qu'il suit : *Cuentanse hasta seiscientas alquerias, y se hallan muchas fuentes.*

PREMIÈRE SECTION.   15

Puis le pays de Tadmir كورة تدمير, où sont Murcie مرسية, Oriwala اوريولة (Orihuela), Carthagène قرطاجنة, Lorca لورقة (Lurca), Moula مولة (Mula), Handjiala حنجيالة (Chinchilla), située sur la limite de la province de Kounka كونكه [1] (Cuença), et de plus Oriwala اوريولة (Orihuela [2]), Elcha الش (Elche), Lecant لقنت (Alicante), Kounka كونكه (Cuença), Chacoura شقورة (Segura).

Puis la province d'Arghira ارغيرة (Alcira), où sont Chateba شاطبة (Xativa), Choucar شقر (Xucar) Dania دانية (Denia), et un grand nombre d'autres lieux fortifiés.

Puis la province de Murbathr مرباطر (Murviedro), où sont Balensia بالنسيه (Valence), Murbathr مرباطر (Murviedro) [3], Buriana برِيانة.

Puis, en se dirigeant vers l'intérieur des terres, la province d'el-Caratam القراطم, où sont Alcant القنت et Santa-Maria سنت مرية, également connue sous le nom d'Ebn-Razin ابن رازين (Albarracin).

Puis la province d'el-Ouldja الولجه (Alulgha?), où sont : Seria سرية (Sarrion?), Meya مينة (Moya?), Cala't Rabah قلعة رباح (Calatrava).

Puis celle d'Albilalta البلالطة (Villada de Montesa?), où sont divers lieux fortifiés dont les plus considérables sont : Betrous بطروس, Ghafec غافق, Hissn ebn-Haroun حصن ابن هارون, etc.

A l'occident de cette province est celle d'Alfaghar الغر, où sont : Santa-Maria شنت مريه (Santa-Maria de l'Algarve), Martela مارتله (Mertela), Chelb شلب (Silves), et diverses autres.

A cette province est limitrophe celle du Château d'Ebn Abi Danes القصر المنسوب لابن ابى دانس, où sont : Iabora يابوره (Tabora), Batalios بطليوس (Badajoz), Chericha شريشة (Xerès de Extrema-

---

[1] La conjecture de M. Conde se trouve ici parfaitement fondée ; nos manuscrits portent كونكه et non كونكه.

[2] Sic.

[3] L'ancienne Sagonte.

16 QUATRIÈME CLIMAT.

Feuillet 123 recto. dura), Marida ماردة (Merida), Cantarat el-Seïf قنطرة السيف (Alcantara) et Couria تورية (Coria).

Puis vient la province d'el-Belath البلاط, où est la ville du même nom et Medellin; puis la province de Belatha بلاطة, où sont : Chancharin شنشرين (Santarem), Lichbona لشبونة (Lisbonne) et Chintra شنترة (Cintra); puis celle d'el-Charran الشاران (ou des Montagnes), qui comprend : Talbira طلبيرة (Talavera), Toleïtala طليطلة (Tolède), Madjlit مجليط (Madrid), el-Cahemin القهمين, Wadil'-hidjara وادى الحجارة (Guadalaxara)[1], Eclich اقليش et Webeda وهدة (Huete), et qui est limitrophe de la province d'Arlith ارليط (Ariza), dans le territoire de laquelle sont situés Cala't Aïoub قلعة ايوب (Calatayud), Cala't Darouca قلعة دروقة (Daroca), Saracosta سرقسطة (Saragosse), Wechka وشقة (Huesca) et Tuteila تطيلة (Tudèle).

Vient ensuite la province d'el-Zeïtoun الزيتون (ou des Oliviers), qui comprend Djaca جاقة (Jaca), Larda لاردة (Lerida), Meknasa مكناسة (Mequinenza) et Afragha افراغة (Fraga), puis le pays des Bortat اقليم البرتات (des portes ou des Pyrénées), où sont : Tortoucha طرطوشة (Tortose), Tarrakona تركونة (Tarragone) et Barchelouna برشلونة (Barcelone); puis enfin, vers l'occident, le pays de Marmeria مرمرية, qui contient des forteresses abandonnées[2], et, sur les bords de la mer, le fort de Tachker طشكر, Kachtali كشتالى (Castello de la Plana), et Kenawa كنوة[3].

Telles sont les diverses provinces de l'Espagne, pays dont l'ensemble porte le nom d'Andalous.

Djeziret Tarif جزيرة طريف (Tarifa) est située sur les bords de la Méditerranée, au commencement du détroit de Zakak. Elle a du côté de l'occident la mer Océane. C'est une ville peu considérable « dont les murs sont en terre, et l'enceinte traversée par

---

[1] Ces mots signifient : *la rivière des pierres*.
[2] Le texte porte : وفيه حصون خالية.
[3] Lieu dont la situation n'est pas déterminée d'une manière précise.

« un cours d'eau. On y voit des marchés, des caravansérails et des
« bains. » Vis-à-vis sont deux îles qui portent le nom d'el-Cantir
القنتير, et qui sont situées à peu de distance du continent. De
Djeziret Tarif à Djeziret el-Khadra جزيرة الخضرا (l'île Verte ou Algéziras), on compte 18 milles.

On traverse Wadï'l-Nesa وادي النسا (la rivière des Femmes).

De là à Algéziras (la distance manque).

« Cette dernière ville est bien peuplée. Ses murs sont en pierres
« et consolidés avec de la chaux. Elle a trois portes et un arsenal
« situé dans l'intérieur de la ville. Algéziras est traversé par un
« ruisseau appelé Nahr A'sel نهر عسل, dont les eaux sont douces
« et servent aux besoins des habitants et à l'arrosage des jardins
« et des vergers. C'est un lieu de travail, d'embarquement et de
« débarquement; le détroit maritime qui le sépare de Sebta سبتة
« a 18 milles de large. Vis-à-vis est une île connue sous le nom
« de Djeziret Omm Hakim جزيرة ام حكم, où l'on remarque une
« chose singulière; c'est un puits profond et abondant en eau
« douce, tandis que l'île, en elle-même peu considérable, est de
« surface plate, à tel point que peu s'en faut qu'elle ne soit sub-
« mergée par la mer. »

Djeziret el-Khadra جزيرة الخضرة (Algéziras) fut la première
ville conquise par les musulmans en Andalousie durant les premiers temps, c'est-à-dire en l'an 90 de l'hégire. Elle fut prise
par Mousa ben-Nassir de la tribu de Merwan, et par Tarek fils
d'Abd-allah le Zenaty [1] qu'accompagnaient des tribus berbères. Il
y a du côté de la porte de la mer une mosquée dite la mosquée des Drapeaux (مسجد الرايات). On rapporte que ce fut là
qu'on déposa les étendards des musulmans venus par le Djebel-
Tarek (Gibraltar), nom qui fut donné à cette montagne parce
que Tarek, fils d'Abdallah le Zenaty, lorsqu'il eut passé (le détroit)

---

[1] L'Abrégé et le ms. B portent : بن نمو *ben nemon*; le ms. A porte : وهو الزناتي.
C'est la leçon que nous croyons devoir adopter.

18 QUATRIÈME CLIMAT.

Feuillet 123 recto. avec ses Berbers, s'y fortifia. Mais réfléchissant que les Arabes pourraient bien ne s'y pas maintenir, et voulant prévenir ce malheur, il ordonna que l'on brûlât les navires avec lesquels il était passé; précaution qui lui réussit. De là à Algéziras on compte 6 milles.

Cette montagne est isolée à sa base; du côté de la mer on voit une vaste caverne d'où découlent des sources d'eau vive ; près de là est un port dit Mers el-Chadjra, مرسى الشجرة (le port des Arbres).

Feuillet 123 verso. D'Algéziras جزيرة الخضرا à Séville on compte 5 journées, et d'Algéziras à Malca مالقة (Malaga), 5 journées faibles, c'est-à-dire 100 milles[1].

D'Algéziras à Séville اشبيليه il y a deux routes, l'une par eau, l'autre par terre. Voici la première :

D'Algéziras à el-Rommal الرمال (les Sables), à l'embouchure de la rivière de Berbât نهر برباط, dans la mer, 28 milles.

De là à l'embouchure de la rivière de Beka نهر بكة, 6 milles.

De là au détroit de San-Bitar سنت بيطر (San-Pedro), 12 milles.

De là à el-Canatir القناطر (les Ponts), vis-à-vis la presqu'île de Cades قادس (Cadix), 12 milles.

(La distance entre ces deux points est de 6 milles.)

D'el-Canatir à Rabeta Rota رابطة روطة, 8 milles.

De là à el-Mesadjid المساجد (San-Lucar), 6 milles.

Ensuite on remonte le fleuve en passant par Tarbichana طربشانة (Trebuxêna), el-O'touf العطوف (les détours), Cabtour قبتور, Cabtal قبطال (Cabtour et Cabtal sont deux villages situés au milieu du fleuve[2]), Djeziret Ienchtalat جزيرة ينشتالة, Hissn el-Zahar حصن

[1] M. Conde croit que la journée est de 100 milles. C'est une erreur, car le texte arabe dit : من الجزيرة الخضرا الى مالقة خمس مراحل خفان وهي ماية ميل.

[2] D'après M. Conde, ce sont les lieux connus sous la dénomination de *las islas de las Maresmas*.

PREMIÈRE SECTION.

الزهر; puis on arrive à Séville. De cette ville à la mer on compte 60 milles.

Quant à la seconde route (la route par terre), elle est comme il suit :

D'Algéziras on se rend à Aretba ارتبة, puis à la rivière de Berbât نهر برباط, puis à Nisana نيسانة, village; puis à la ville d'Ebn-Selim مدينة ابن سلم, puis à Djebel Mount جبل منت, puis à A'slouka عسلوكة, village où est une station (*posada*); puis à el-Modaïn المدايں, puis à Deïrat el-Djemala ديرة الجمالة, station; de là à Séville une journée.

« Cette dernière ville est grande et bien peuplée. Les édifices
« y sont hauts, les murailles solides, les marchés vivants et ani-
« més par une population considérable. Le principal commerce
« de cette ville consiste en huiles qu'on expédie à l'orient et à
« l'occident par terre et par mer; ces huiles proviennent d'un ter-
« ritoire dit el-Charf الشرف, dont l'étendue est de 40 milles, et
« qui est entièrement planté d'oliviers et de figuiers; il se prolonge
« depuis Séville jusqu'à Lebla لبلة (Niebla), sur une largeur d'en-
« viron 12 milles. Il y existe, dit-on, huit mille villages florissants,
« un grand nombre de bains et de maisons de plaisance. De Sé-
« ville au lieu où commence ce territoire on compte 3 milles.
« Il se nomme el-Charf الشرف, parce qu'en effet [1] c'est la partie
« la plus haute du district de Séville; il se prolonge du nord au
« sud, formant une colline de couleur rouge. Les plantations
« d'oliviers s'étendent jusqu'au port de Lebla لبلة (Niebla). » Séville est bâtie sur les bords du Wad al-Kebir واد الكبير, c'est-à-dire
du fleuve de Cordoue نهر قرطبة.

Lebla لبلة est une ville ancienne, jolie, « de moyenne gran-
« deur, et ceinte de fortes murailles, » à l'orient de laquelle coule
une rivière venant des montagnes, et qu'on passe auprès de cette

---

[1] Cette étymologie donnée par l'Édrisi paraît préférable à celle que propose M. Conde, pag. 177.

3.

ville sur un pont. « On fait à Lebla un bon commerce, et on en « tire diverses productions utiles. On y boit de l'eau des sources « existantes dans une prairie située à l'occident de la ville. » De Lebla à la mer Océane on compte 6 milles. « Là est un bras « de mer auprès duquel est située la ville de Welba مدينة ولبة « (Huelba), ville peu considérable mais bien peuplée, ceinte « d'une muraille en pierres, pourvue de bazars où l'on fait le né- « goce, et où l'on exerce divers métiers. L'île de Chaltich جزيرة « شلطيش est entourée de tous côtés par la mer. Du côté de « l'orient, elle est séparée du continent par un bras de mer qui « n'a de largeur que celle d'un demi jet de pierre, et par le- « quel on transporte l'eau nécessaire à la consommation des « habitants. »

Cette île a un peu plus d'un mille de long, et la ville princi- pale est située du côté du midi.

Là est un bras de mer qui coïncide avec l'embouchure de la rivière de Lebla, et qui s'élargit au point d'embrasser plus d'un mille. Les vaisseaux le remontent sans cesse jusqu'au lieu où il se rétrécit et n'a plus que la largeur de la rivière, c'est-à-dire la moitié d'un jet de pierre[1]. La rivière provient du pied d'une mon- tagne au-dessus de laquelle est la ville de Welba ولبة, par où passe le chemin de Lebla.

« Quant à la ville de Chaltich elle n'est point entourée de mu- « railles, ni défendue par une citadelle. Toutefois les maisons y « sont contiguës; il y a un marché. On y travaille le fer, sorte d'in- « dustrie à laquelle répugnent de se livrer les habitants du pays, « et qui est très-commune dans les ports de mer, dans les lieux « où mouillent les vaisseaux, et dans ceux où l'on charge et où « l'on décharge des marchandises[2]. »

[1] Nous suivons ici l'Abrégé; ce passage manque dans le ms. A.
[2] Ici le texte du ms. A contient, relativement à de prétendus sorciers, un conte que nous nous abstenons de traduire.

De la ville de Chaltich مدينه شلطيش à la presqu'île de Cades جزيرة قادس (Cadix) on compte 100 milles.

De Cades à l'île de Tarifa, 63 milles.

De l'île de Chaltich en se dirigeant par mer vers le nord à Hissn Kastala حصن كستلة, 18 milles.

C'est entre ces deux points que sont situés, 1° l'embouchure de la rivière de Iana نهر يانه (la Guadiana), qui est celle qui coule à Marida ماردة et à Bataleos بطليوس (Badajoz), et 2° le château de Mertola حصن مرتله, si connu par la bonté de ses fortifications. Hissn Kastala est un fort construit sur les bords de mer. De là à Tabira تبيرة, à proximité de la mer, 14 milles.

De Tabira à Santa-Maria el-Gharb شنت مرية الغرب, 12 milles.

Cette dernière ville est bâtie sur les bords de l'Océan, et ses murs sont baignés par le flot de la marée montante. « Elle est de
« grandeur médiocre et très-jolie; il y a une grande et une petite
« mosquée; on y fait la *khotba* (le vendredi); il y aborde et il
« en part des navires. Le pays produit beaucoup de figues et de
« raisins. »

De la ville de Santa-Maria à celle de Chelb شلب (Silves en Algarbe), 28 milles.

« Chelb شلب (Silves), ville bâtie dans une plaine, est entourée
« de murs et défendue par une citadelle. Ses environs sont cultivés
« et plantés en jardins; on y boit l'eau d'une rivière qui vient à la
« ville du côté du midi [1], et qui fait tourner des moulins. La mer
« Océane en est à trois milles du côté de l'occident. L'embou-
« chure de la rivière forme un ancrage, et les montagnes envi-
« ronnantes produisent une quantité considérable de bois qu'on
« exporte au loin. La ville est jolie et l'on y voit d'élégants édifices
« et des marchés bien fournis. Sa population ainsi que celle des
« villages environnants se compose d'Arabes de l'Iémen et autres,
« qui parlent un dialecte arabe très-pur; ils savent aussi réciter

[1] Ou plutôt du nord.

QUATRIÈME CLIMAT.

« des vers, et sont en général éloquents et habiles. Les habitants
« des campagnes de ce pays sont extrêmement généreux ; nul ne
« l'emporte sur eux sous ce rapport. La ville de Chelb fait partie
« de la province de Chenchir شنشير, dont le territoire est renom-
« mé par les figues qu'il produit, et qui sont d'une bonté et d'une
« douceur incomparables. »

De Chelb à Batalios بطليوس (Badajoz), 3 journées.
De Chelb à Martola مارتلة, fort, 4 journées.
De Martola à Welba ولبة (Huelba), 2 journées faibles.
De Chelb au détroit de Zawaïa حلق الراوية, port et village, 20 milles.

De là à Chakrach شقرش, village « sur le bord de la mer, » 18 milles.

De là au cap des Arabes طرف العرب, qui s'avance dans l'Océan, 12 milles.

De là à l'église du Corbeau كنيسة الغراب, 7 milles.

« Cette église, depuis l'époque des premiers chrétiens, n'a point
« éprouvé de changements ; il y a des richesses qu'on emploie à
« faire des aumônes et des offrandes, et qui y sont apportées par les
« chrétiens. Elle est située sur un promontoire qui s'avance dans
« la mer[1]. Sur le faîte de l'édifice sont dix corbeaux ; personne
« ne sait pourquoi ils y existent, personne n'a jamais pu consta-
« ter leur absence ; les prêtres desservant l'église disent que ces
« oiseaux ont quelque chose de merveilleux. Du reste il est im-
« possible de passer par là sans prendre part au repas hospitalier
« que donne l'église ; c'est une nécessité, un usage dont on ne se
« départ jamais, et auquel on se conforme d'autant plus exacte-
« ment qu'il est ancien, transmis d'âge en âge et très-connu.

« L'église est desservie par des prêtres et des religieux. Il y a
« un trésor et quantité d'objets précieux ; la majeure partie de ces
« richesses a été recueillie dans les contrées occidentales, et est

[1] Le cap Saint-Vincent.

« employée en totalité ou en partie aux besoins de l'établissement. »

De cette église à Alcassar القصر, 2 journées.

De Chelb à Alcassar, 4 journées.

Alcassar est une jolie ville de grandeur moyenne, bâtie sur les bords du Chetawir شطوير [1], grand fleuve qui est remonté par quantité d'embarcations et de navires de commerce. « La ville « est de tous côtés entourée de forêts de pins dont le bois sert « à de nombreuses constructions. Le pays, naturellement très- « fertile, produit en abondance du laitage, du beurre, du miel « et de la viande de boucherie. » D'Alcassar à la mer on compte 20 milles, et d'Alcassar à Iebora يبورة (Evora), 2 journées.

« Cette dernière ville est grande et bien peuplée. Entourée de « murs, elle possède une Cassaba (ou château fort), et une grande « mosquée. Le territoire qui l'environne est d'une fertilité singu- « lière; il produit du blé, des bestiaux, toute espèce de fruits et « de légumes. C'est un pays excellent où le commerce est avanta- « geux soit en objets d'exportation, soit en objets d'importation. »

De Iébora à Batalios بطليوس (Badajoz), vers l'orient, 2 journées.

« Batalios est une ville remarquable, située dans une plaine « et entourée de fortes murailles. Elle possédait autrefois vers « l'orient un faubourg plus grand que la ville même, mais il est « devenu désert par suite des troubles. Cette ville est bâtie sur « les bords de la Iana نهر يانه (la Guadiana), fleuve qui porte aussi « le nom de fleuve des Précipices parce qu'après avoir été assez « grand pour porter des vaisseaux il se perd ensuite sous terre, « au point qu'il ne reste pas une goutte de ses eaux; il poursuit « ensuite son cours jusqu'à Mertola مارتله (Mertola), et finit « par se jeter dans la mer auprès de l'île de Chaltich جزيرة « شلطيش. »

De Batalios à Séville on compte 6 journées en passant par Hadjar ebn-abi-Khalid حجر ابن ابى خلد, et Djebel O'ioun جبل عيون.

[1] Le ms. A porte طوير Tavir.

24 QUATRIÈME CLIMAT.

Feuillet 124 verso.

De Batalios à Cortoba قرطبة (Cordoue), par la grande route, 6 journées.

De Batalios à Marida ماردة (Merida), en suivant les bords de la Iana نهر يانه, à l'orient, 30 milles.

Feuillet 125 recto.
MERIDA.

« Dans l'intervalle est un fort que le voyageur qui se rend à
« Marida laisse à sa droite. Cette dernière ville (Merida ماردة) fut le
« siége du gouvernement de la reine fille du roi Hersous هرسوس,
« et il y existe des vestiges qui attestent la puissance, la grandeur
« et la gloire de ce roi. Au nombre de ces monuments est le pont
« situé à l'occident de la ville, remarquable par la hauteur, la
« largeur et le nombre de ses arches. Au-dessus de ce pont on a
« pratiqué des arceaux voûtés qui communiquent de l'extrémité
« du pont à l'intérieur de la ville, et qui sont destinés à y con-
« duire les eaux, sans être visibles. Les hommes et les animaux
« passent au-dessus de cet aqueduc dont la construction est des
« plus solides et le travail des plus curieux. Il en est de même
« des murs (de Merida) qui sont en pierres de taille et d'une
« grande solidité.

« On voit dans l'une des Cassabas[1] un pavillon tombant en
« ruines qu'on nomme *la cuisine*, et voici pourquoi : ce pavillon
« était placé au-dessus de la salle d'assemblée du château. L'eau
« y parvenait au moyen d'un canal dont il subsiste encore aujour-
« d'hui des traces, bien qu'il soit à sec. On plaçait des plats d'or et
« d'argent dans ce canal, au-dessus de l'eau, de telle façon qu'ils
« arrivaient devant la reine; on les posait ensuite sur des tables.
« Lorsque son repas était terminé, on remettait les plats sur le
« canal, et au moyen des circonvolutions de l'eau, ils revenaient
« à la portée des cuisiniers qui les enlevaient. L'eau s'écoulait
« ensuite par les aqueducs du château. »

« Ce qu'il y avait de plus curieux, c'était la manière dont

---

[1] Nous hasardons ce mot dont la signification est bien connue en France, surtout depuis la conquête de l'Algérie.

« on amenait les eaux à cet édifice. On avait élevé quantité de
« colonnes nommées *ardjelat* ارجلات [1], qui subsistent encore sans
« avoir souffert en aucune façon des injures du temps. Il y en
« avait de plus ou moins hautes, selon les exigences du niveau
« du sol au-dessus duquel elles avaient été placées, et la plus haute
« avait six coudées. Elles étaient toutes construites sur une ligne
« droite. L'eau y arrivait au moyen de conduits pratiqués sous
« terre. Ces colonnes étaient construites avec tant d'art et de so-
« lidité qu'on pourrait croire (encore aujourd'hui) qu'elles sont
« d'une seule pierre. Au centre de la ville on voit une arcade au-
« dessous de laquelle peut passer un cavalier tenant un drapeau.
« Le nombre des blocs de pierre dont se compose cette arcade est
« de onze seulement, savoir : trois de chaque côté, quatre pour
« le cintre et une pour la clef de la voûte.

« Au midi des murs de la ville était un petit édifice surmonté
« d'une tour, où était placé le miroir où la reine Merida regardait
« sa figure. Ce miroir avait 30 choubras (environ 6 pieds 8 pou-
« ces) de circonférence. Il tournait sur des gonds dans le sens
« vertical. Le lieu où il était subsiste encore. On dit qu'il avait
« été fabriqué par (ordre de) Merida pour correspondre avec la
« femme d'Alexandre, qui exerçait ses talents dans le phare
« d'Alexandrie. »

De Merida à Cantarat el-Seïf ننطرة السيف (le pont de l'Épée),
2 journées.

« Ce pont est une des constructions les plus singulières qu'il
« soit possible de voir. Il est surmonté d'un fort pour ainsi dire
« imprenable ; on n'y peut pénétrer que par une porte seule-
« ment. »

De Cantarat el-Seïf à Coria قورية, 2 journées faibles.

« Coria est maintenant au pouvoir des chrétiens. C'est une

[1] Il s'agit ici des *son-terazi*, ou des siphons, dont on trouvera la description dans l'ouvrage de M. le général Andréossy, intitulé : *Constantinople et le Bosphore de Thrace*.

« ville forte, ancienne, bien bâtie, entourée d'un territoire ex-
« trêmement fertile, qui produit en abondance des fruits, et sur-
« tout des raisins et des figues. »

De là à Colimria كلمرية (Coïmbre) on compte 4 journées.

« Cette dernière ville est bâtie sur une montagne ronde, en-
« tourée de bonnes murailles, fermée de trois portes, et fortifiée
« en perfection. Elle est située sur les bords de la rivière de
« Mondic منديق (Mondego), qui coule à l'occident de la ville
« vers la mer, et dont l'embouchure est défendue par le fort de
« Mont Maïor منت ميور (Montemor), et sur laquelle sont des
« moulins. Le territoire de cette ville consiste en vignobles et en
« jardins. Dans la partie qui s'étend vers la mer, du côté du cou-
« chant, sont des champs cultivés où l'on élève des bestiaux. La
« population fait partie de la communion chrétienne. »

D'Alcassar القصر, dont il a été fait mention, à Achbouna اشبونه
(Lisbonne), 2 journées.

« Lisbonne est bâtie sur le bord d'un fleuve qu'on nomme le
« Tage تاجه, ou fleuve de Tolède; sa largeur auprès de Lisbonne
« est de 6 milles, et la marée s'y fait ressentir violemment. Cette
« belle ville s'étend le long du fleuve, est ceinte de murs et pro-
« tégée par un château fort. Au centre de la ville est une source
« d'eau chaude en été comme en hiver.

« Située à proximité de la mer Ténébreuse (ou de l'Océan),
« cette ville a vis-à-vis d'elle, sur la rive opposée et près de l'em-
« bouchure du fleuve, le fort d'el-Ma'aden المعدن ou de la Mine
« (Almada), ainsi nommé parce qu'en effet la mer jette des pail-
« lettes d'or pur sur le rivage. Durant l'hiver les habitants de la
« contrée vont auprès du fort à la recherche de ce métal, et s'y
« livrent avec plus ou moins de succès, tant que dure la saison
« rigoureuse. C'est un fait curieux dont nous avons été témoins
« nous-mêmes. »

Ce fut de Lisbonne que partirent les Maghrourin مغررين, lors de leur expédition « ayant pour objet de savoir ce que renferme « l'Océan et quelles sont ses limites. » Ainsi que nous l'avons dit plus haut[1], il existe (encore) à Lisbonne, auprès des bains chauds, une rue qui porte le nom de rue (ou de chemin) des Maghrourin.

Voici comment la chose se passa : ils se réunirent au nombre de huit, tous proches parents (littéral. cousins-germains); et après avoir construit un vaisseau de transport ils y embarquèrent de l'eau et des vivres en quantité suffisante pour une navigation de plusieurs mois. Ils mirent en mer au premier souffle[2] du vent d'est. Après avoir navigué durant onze jours ou environ, ils parvinrent à une mer dont les ondes épaisses exhalaient une odeur fétide, cachaient de nombreux récifs et n'étaient éclairées que faiblement. Craignant de périr, ils changèrent la direction de leurs voiles, et coururent vers le sud durant douze jours, et atteignirent l'île des Moutons جزيرة الغنم, ainsi nommée parce que de nombreux troupeaux de moutons y paissaient sans berger et sans personne pour les garder.

Ayant mis pied à terre dans cette île, ils y trouvèrent une source d'eau courante et des figuiers sauvages. Ils prirent et tuèrent quelques moutons, mais la chair en était tellement amère qu'il était impossible de s'en nourrir. Ils n'en gardèrent que les peaux, naviguèrent encore douze jours, et aperçurent enfin une île qui paraissait habitée et cultivée; ils en approchèrent afin de savoir ce qui en était; peu de temps après ils furent entourés de barques, faits prisonniers et conduits à une ville située sur le bord de la mer. Ils descendirent ensuite dans une maison où ils virent des hommes de haute stature, de couleur rousse et basanée, portant des cheveux longs (littéral. non crépus); et des femmes qui étaient d'une rare beauté. Ils restèrent trois jours dans cette mai-

---

[1] Voyez t. I", p. 200 et 201.
[2] Le ms. A porte : فى اوّل طروس الريح الشرقية « aux premiers *feuillets* du vent « oriental. »

son. Le quatrième ils virent venir un homme parlant la langue arabe, qui leur demanda qui ils étaient, pourquoi ils étaient venus, et quel était leur pays. Ils lui racontèrent toute leur aventure; celui-ci leur donna de bonnes espérances et leur fit savoir qu'il était interprète. Deux jours après ils furent présentés au roi (du pays), qui leur adressa les mêmes questions, et auquel ils répondirent, comme ils avaient déjà répondu à l'interprète, qu'ils s'étaient hasardés sur la mer afin de savoir ce qu'il pouvait y avoir de singulier et de curieux, et afin de constater ses extrêmes limites.

Lorsque le roi les entendit ainsi parler, il se mit à rire et dit à l'interprète : Explique à ces gens-là que mon père ayant (jadis) prescrit à quelques-uns d'entre ses esclaves de s'embarquer sur cette mer, ceux-ci la parcoururent dans sa largeur durant un mois, jusqu'à ce que, la clarté (des cieux) leur ayant tout à fait manqué, ils furent obligés de renoncer à cette vaine entreprise. Le roi ordonna de plus à l'interprète d'assurer les Maghrourin de sa bienveillance afin qu'ils conçussent une bonne opinion de lui, ce qui fut fait. Ils retournèrent donc à leur prison, et y restèrent jusqu'à ce qu'un vent d'ouest s'étant élevé on leur banda les yeux, on les fit entrer dans une barque et on les fit voguer durant quelque temps sur la mer. Nous courûmes, disent-ils, environ trois jours et trois nuits, et nous atteignîmes ensuite une terre où l'on nous débarqua les mains liées derrière le dos, sur un rivage où nous fûmes abandonnés. Nous y restâmes jusqu'au lever du soleil, dans le plus triste état, à cause des liens qui nous serraient fortement et nous incommodaient beaucoup; enfin ayant entendu des éclats de rire et des voix humaines, nous nous mîmes à pousser des cris. Alors quelques habitants de la contrée vinrent à nous, et nous ayant trouvés dans une situation si misérable, nous délièrent et nous adressèrent diverses questions auxquelles nous répondîmes par le récit de notre aventure. C'étaient des Berbers.

PREMIÈRE SECTION.

L'un d'entre eux nous dit : Savez-vous quelle est la distance qui vous sépare de votre pays? Et sur notre réponse négative, il ajouta : Entre le point où vous vous trouvez et votre patrie il y a deux mois de chemin. Celui d'entre ces individus qui paraissait le plus considérable disait (sans cesse): Wasafi (hélas !) voilà pourquoi le nom de lieu est encore aujourd'hui Asafi. C'est le port dont nous avons déjà parlé comme étant à l'extrémité de l'ocident.

De Lisbonne, en suivant les bords du fleuve et en se dirigeant vers l'orient, jusqu'à Chantarin شنتريـن (Santarem), on compte 80 milles. On peut s'y rendre à volonté par terre ou par eau. Dans l'intervalle sont les champs dits de Belat بلاط. Les habitants de Lisbonne et la plupart de ceux du Gharb غرب disent que le blé qu'on y sème ne reste pas en terre plus de quarante jours, et qu'il peut être moissonné au bout de ce temps. Ils ajoutent qu'une mesure en rapporte cent, plus ou moins.

« Chantarin شنتريـن (Santarem) est une ville bâtie sur une mon-
« tagne très-haute, au midi de laquelle est un vaste enfoncement.
« Il n'y a point de murailles, mais au pied de la montagne est
« un faubourg bâti sur le bord du fleuve (du Tage); on y boit de
« l'eau de source et de l'eau du fleuve. Il y a beaucoup de jar-
« dins produisant des fruits et des légumes de toute espèce. »

De Chantarin à Batalios بطليـوس (Badajoz) on compte 4 journées.

A droite de la route est Belch بلـش (Elbas) [1], ville forte située au pied d'une montagne. « Dans la plaine qui l'environne sont de
« nombreuses habitations et des bazars. Les femmes y sont d'une
« grande beauté. »

De là (d'Elbas) à Batalios بطليوس (Badajoz), 12 milles.

De Marida مارده (Merida) à Kerkera كركـرى (Caracuil) [2], forteresse, 3 journées.

---

[1] L'Abrégé porte يلش ou Ielch.
[2] L'Abrégé porte كركـوى Kerekoui.

QUATRIÈME CLIMAT.

Feuillet 126 verso.

De Kerkera à Cala't Rabah قلعة رباح (Calatrava), sur les bords de la Iana نهر يانه (Guadiana), (la distance manque).

« Ce dernier fleuve prend sa source dans des prairies situées
« au-dessus de Cala't Rabah قلعة رباح, passe auprès de cette place,
« puis auprès de celles d'Iana حصن يانه et de Obra حصن اوبرة
« (ou Obda), puis à Merida ماردة, puis à Badajoz (بطليوس), puis
« auprès de Chericha الى مقربة شريشة, puis à Martola مارتلة (Mer-
« tola), puis se jette dans l'Océan. »

De Cala't Rabah قلعة رباح (Calatrava), en se dirigeant vers le nord, au fort de Belat حصن بلاط, 2 journées.

De ce fort à Talbira طليبرة (Talavera), 2 journées.

De Cantarat el-Seïf قنطرة السيف à Almakhada الخاضة, 4 journées.

D'Almakhada à Talavera, 2 journées.

De Merida à Medelin حصن مدلين, « forteresse habitée par des
« hommes très-braves et des cavaliers très-considérés parmi les
« chrétiens, » 2 journées faibles.

De Medelin à Tordjala درجالة (Truxillo), 2 journées faibles.

« Cette dernière ville ressemble à une forteresse; il y a des
« bazars bien approvisionnés. Les habitants de cette place, tant
« piétons que cavaliers, exercent continuellement des brigandages
« sur le pays des chrétiens. Leur caractère dominant est l'amour
« du pillage et la perfidie. Leurs murs sont très-solidement cons-
« truits.

« De là à Câsseres قاصرس [1], 2 journées faibles. Cette dernière
« place est également forte, et ses habitants pillent et ravagent le
« pays des chrétiens.

« De Meknasa مكناسة à Makhadet el-Belat خاضة البلاط,
« 2 journées.

« D'el-Belat البلاط à Talavera طليبرة, 2 journées.

---

[1] Le ms. A nous met à portée de remplir ici une lacune assez considérable qu'on remarque dans l'Abrégé, et par conséquent dans la version latine et dans la version espagnole.

PREMIÈRE SECTION.   31

« Talavera مدينة طلبيرة est une grande ville bâtie sur les bords
« du Tage, parfaitement bien fortifiée et remarquable par sa
« beauté comme par l'étendue de son territoire et la variété de
« ses productions. Les bazars sont curieux à voir, et les maisons
« agréablement disposées; un grand nombre de moulins s'élèvent
« sur le cours du fleuve. Capitale d'une province importante,
« Talavera est environnée de champs fertiles et de riants paysages.
« Ses édifices sont solidement construits, et ses monuments très-
« anciens. Cette ville est située à 40 milles de Tolède طلبيطلة. »

« La ville de Tolède, à l'orient de Talavera, est une capitale
« non moins importante par son étendue que par le nombre de
« ses habitants. Entourée de bonnes murailles, elle est défendue
« par une Cassaba bien fortifiée. L'époque de sa fondation est
« très-ancienne (littéral. remonte aux temps des Amalécites). Elle
« est située sur une éminence, et l'on voit peu de villes qui lui
« soient comparables pour la solidité et la hauteur des édifices, la
« beauté des environs, et la fertilité des campagnes arrosées par
« le grand fleuve qu'on nomme le Tage. On y voit un pont très-
« curieux, composé d'une seule arche au-dessous de laquelle les
« eaux coulent avec une grande violence et font mouvoir une ma-
« chine hydraulique qui fait monter les eaux à 90 coudées de
« hauteur; parvenues au-dessus du pont, elles suivent la même
« direction (littéral. elles coulent sur son dos) et pénètrent en-
« suite dans la ville.

« A l'époque des anciens chrétiens, Tolède fut la capitale de
« leur empire et un centre de communications. Lorsque les mu-
« sulmans se rendirent maîtres de l'Andalousie, ils trouvèrent
« dans cette ville des approvisionnements et des richesses incal-
« culables, entre autres cent soixante-dix couronnes d'or enrichies
« de perles et de pierres précieuses, mille sabres damasquinés de
« l'espèce dite *melki*, des perles et des pierreries par boisseaux,
« quantité de vases d'or et d'argent, la table de Salomon, fils de

« David, qui, dit-on, était enrichie d'émeraudes et qu'on voit ac-
« tuellement à Rome.

« Les jardins qui environnent Tolède sont entrecoupés de ca-
« naux sur lesquels sont établies des roues à chapelet destinées
« à l'arrosage des vergers qui produisent, en quantité prodigieuse,
« des fruits d'une beauté et d'une bonté incomparables. On ad-
« mire de tous côtés de beaux domaines et des châteaux bien for-
« tifiés.

« A quelque distance, au nord de la ville, on aperçoit la
« chaîne des hautes montagnes dites el-Charrat الشارات (Sierra),
« qui s'étendent depuis Medinet Salem مدينة سالم jusqu'à Colimria
« قلمرية (Coïmbre), à l'extrémité de l'occident. Ces montagnes
« nourrissent quantité de troupeaux de moutons et de bœufs qui
« sont ensuite conduits par des pâtres voyageurs [1] dans d'autres
« contrées. Il est impossible de voir des bestiaux plus grands et
« donnant du beurre d'une qualité supérieure. On n'en trouve
« jamais de maigres; c'est un fait proverbialement répandu dans
« toute l'Espagne.

« Non loin de Tolède est un village connu sous le nom de
« Ba'am بعام, dont les montagnes produisent une terre comestible
« supérieure à toutes celles qu'on peut rencontrer dans l'univers.
« On en expédie en Égypte, en Syrie, dans l'Irâc et dans le pays
« des Turks. Cette terre est très-agréable au goût et son usage est
« très-salutaire. On trouve également dans les montagnes de Tolède
« des mines de cuivre et de fer. Au nombre des dépendances de
« cette ville et au pied des montagnes est Makhrit مخريط, petite
« ville et château fort; du temps de l'islamisme, il y existait une
« grande mosquée où l'on faisait toujours la *khotba*. Il en était de
« même d'el-Bahmīn البهمين, jolie ville, bien habitée, pourvue
« de beaux bazars et d'édifices où l'on voyait une grande mosquée
« à *khotba*. Tout ce pays aujourd'hui est, ainsi que Tolède, au

[1] Le texte porte جلابون.

PREMIÈRE SECTION.

« pouvoir des chrétiens dont le roi, d'origine castillane, est
« connu sous le nom d'Alphonse الادفونس الملك.

« A 50 milles ou 2 journées à l'orient de cette capitale est
« Wadi'lhidjara وادى الحجارة (Guadalaxara), ville dont le territoire
« est fertile et abondant en productions et en ressources de toute
« espèce. Elle est entourée de murs et bien fortifiée, et l'on y boit
« de l'eau de source. A l'occident de cette ville coule une petite
« rivière qui arrose des jardins, des vergers, des vignobles et des
« campagnes où l'on cultive beaucoup de safran destiné pour
« l'exportation. Cette rivière coule vers le sud et se jette ensuite
« dans le Tage.

« Quant à ce dernier fleuve, il prend sa source dans les mon-
« tagnes qui touchent à el-Cala' القلعة (Alcolea?) et à el-Font
« الفنت, puis, se dirigeant vers l'occident, il descend à Tolède
« طليطلة, puis à Talavera طلبيرة, puis à Almakhada الخاضة, puis
« à Alcantara القنطرة, puis à Canitra Mahmouda قنيطرة محمودة,
« puis à la ville de Santarem مدينة شنترين, puis à Lisbonne اشبونة,
« où il se jette dans la mer.

Du Wadi'lhidjara وادى الحجارة (Guadalaxara), en se dirigeant
vers l'orient, à Medinet Salem مدينة سالم (Medina-Céli), 50
milles.

« Cette dernière ville est jolie; située dans un bas-fond, elle
« est vaste et possède un grand nombre d'édifices, de jardins et
« de vergers.

De là à Santa-Maria ebn-Razin سنت مارية ابن رازين (ou d'Albarracin), 2 journées faibles.

De là à el-Font الفنت [1], 4 journées.

De Santa-Maria à el-Font الفنت, 2 journées.

Ces deux villes sont belles, « bien bâties, pourvues de marchés

---

[1] M. Conde lit القلعة et pense qu'il s'agit ici d'Alcaniz; mais le ms. A, d'accord avec l'abrégé, porte الفنت.

QUATRIÈME CLIMAT.

Feuillet 127 verso.

« permanents et d'édifices contigus. C'étaient, au temps de l'isla« misme et des seigneurs du Caratam القراطم[1], deux stations. »

CALATAYUD.

De Medinet Salem à Cala't Aïoub قلعة ايوب (Calatayud), 50 milles vers l'orient.

« Cala't Aïoub est une ville considérable, forte et bien défendue,
« et dont le territoire est planté de beaucoup d'arbres et produit
« beaucoup de fruits. Des sources nombreuses et des canaux fer« tilisent cette contrée où l'on peut se procurer de tout à bon
« marché. On y fabrique le *ghizar* غــذار (sorte d'étoffe tissue
« d'or) qu'on exporte au loin. »

De Cala't Aïoub قلعة ايوب (Calatayud), en se dirigeant vers le sud, à Daroca دروقة, on compte 18 milles.

« Cette dernière ville est peu considérable, mais populeuse et
« bien habitée; ses jardins et ses vignobles sont remarquables;
« on y trouve de tout en abondance et à bon marché. »

De Daroca دروقة à Saracosta سرقسطه (Saragosse), 50 milles.

De Cala't Aïoub à Saracosta, également 50 milles.

SARAGOSSE.

« Saragosse سرقسطه est l'une des villes capitales de l'Espagne.
« Elle est grande et très-peuplée. Ses édifices publics sont consi« dérables, ses rues larges, ses maisons belles et contiguës. Elle
« est entourée de vergers et de jardins. Les murailles de cette
« ville sont construites en pierres et très-fortes; elle est bâtie sur
« les bords d'un grand fleuve qu'on nomme l'Èbre ابرو. » Ce fleuve provient en partie du pays des chrétiens بلاد الروم, en partie des montagnes de Cala't Aïoub, et en partie des environs de Calahorra من نواحى قلمهورة. La réunion de ces divers cours d'eau s'effectue au-dessus de Tudèle تطيلة[2]. « Le fleuve coule ensuite vers
« Saragosse, puis vers Hissn Hamra حصن حمر[3], où il reçoit les

---

[1] Nom d'une partie du pays d'Albarracin qui était renommé pour la culture du Carthame. Voyez la *Descripcion de España*, trad. de M. Conde, p. 192.

[2] Le ms. A porte بطيلة, sans doute par erreur.

[3] Le même ms. porte حمدة.

« eaux de la rivière de Zeïtoun نهرزيتون (la Cinca), puis vers
« Tortose طرطسة, ville à l'occident de laquelle il se jette dans la
« mer. Saragosse porte aussi le nom d'el-Beïdha البيضا, ou de
« ville blanche, à cause de ses fortifications revêtues de chaux.
« Une particularité remarquable, c'est qu'on n'y voit jamais de
« serpents. Lorsqu'un reptile de cette espèce y pénètre ou y est ap-
« porté du dehors, il périt à l'instant. Il existe à Saragosse un très-
« grand pont sur lequel on passe pour entrer dans la ville dont
« les murailles et les fortifications sont d'une grande hauteur. »

De Saragosse à Wesca وسقة (Huesca), 40 milles.

De Wesca à Larida لاردة (Lerida), 70 milles.

De Saragosse à Tudèle تطيلة[1], 50 milles.

« Lerida est une petite ville bien habitée, entourée de fortes
« murailles et bâtie sur les bords d'une grande rivière. »

De Meknasa مكناسة (Mequinenza) à Tortose on compte 2
journées ou 50 milles.

Tortose طرطوسة est une ville bâtie au pied d'une montagne
« et ceinte de fortes murailles. Il y a de beaux édifices, un château,
« des bazars et de l'industrie. On y construit de grands vaisseaux
« avec le bois que produisent les montagnes qui l'environnent,
« et qui sont couvertes de pins d'une grosseur et d'une hauteur
« remarquables. Ce bois est employé pour les mâts et les an-
« tennes des navires ; il est de couleur rouge, très-sain, très-
« solide et il n'est pas, comme les autres, sujet à être détérioré
« par les insectes. Il a de la réputation. »

De Tortose طرطوسة à l'embouchure du fleuve, 12 milles.

De Tortose à Tarracona طركونة (Tarragone), 50 milles.

Tarragone est une ville juive bâtie sur les bords de la mer.
Ses murs sont en marbre, « ses édifices beaux et ses tours très-
fortes. » De Tarragone à Barcelone برشلونة, en se dirigeant vers
l'orient, 60 milles.

[1] Le ms. A porte encore ici بطيلة.

QUATRIÈME CLIMAT.

De Tarragone à l'embouchure de l'Èbre, fleuve qui est ici d'une grande largeur, 40 milles.

De cette embouchure en se dirigeant vers l'occident et près de la mer à Rabeta Kastaly رابطة كاسطلى (Castellon de la Plana), 16 milles.

« Ce dernier château fort est solidement construit et habité « par une population estimable. Sur les bords de la mer, et auprès « de ce fort est une ville assez considérable environnée de cul-« tures. »

« De là à Iana يانه, vers l'occident et près de la mer, 6 milles.

« De là à Peniscola بنشكله, place forte sur le rivage, entourée « de cultures et de villages où l'on trouve de l'eau en abondance « (la distance manque). »

De Peniscola بنى شكلة, à Abicha ابيشة, « montagne très-haute « qui s'élève au-dessus du rivage, d'un accès difficile et dont le « sommet est très-escarpé, » 7 milles.

De la même ville à Buriana بريانة, « jolie ville abondante en « ressources de toute espèce, entourée d'arbres et de vignobles, « et bâtie dans une plaine à 3 milles ou environ de la mer, » 25 milles.

De Buriana à Murbatr مرباطر (Murviedro), réunion de bourgs bien peuplés entourés de vergers arrosés par des eaux courantes et « situés à proximité de la mer, » 20 milles. De là à Balensia بلنسية (Valence), en se dirigeant vers l'occident, 12 milles.

« Valence, l'une des villes les plus considérables de l'Espagne, « est bâtie dans une plaine et bien habitée. Sa population se « compose (surtout) de marchands. Il y des bazars, et c'est un « lieu de départ et d'arrivée pour les navires. Cette ville est « située à trois milles ou environ de la mer où l'on parvient en « suivant le cours d'un fleuve qui se nomme Djar جار (Guadala-« viar), et dont les eaux sont utilement employées à l'arrosage des « champs, des jardins, des vergers et des maisons de campagne. »

De Valence à Saragosse, en passant par Kentera كنترة[1], 4 journées.

De Valence à Kentera كنترة, 3 journées.

De Kentera à Hissn el Riahīn حصن الرياحين, deux journées.

De là à el-Font الفنت, 2 journées.

De Valence à Djeziret Choucar جزيرة شقر, lieu situé sur les bords de la rivière du même nom, « d'un aspect agréable, planté « d'un grand nombre d'arbres fruitiers, bien arrosé, bien peuplé « et sur la route de Murcie مرسية, 18 milles. »

De Djeziret Choucar à Chatiba شاطبة (Xativa), 12 milles.

« Xativa est une jolie ville possédant des châteaux dont la « beauté et la solidité ont passé en proverbe; on y fabrique du « papier كاغد tel qu'on n'en trouve pas de pareil dans tout « l'univers. On en expédie à l'orient et à l'occident. »

De là à Dania دانية (Denia)[2], 25 milles.

Et à Valence بلنسية, 32 milles.

De Valence à Denia, en se dirigeant par mer vers le sud, 65 milles.

Le château de Colleira قليرة (Cullera), situé près de l'embouchure du Choucar شقر, est bien fortifié; de là à Valence on compte 40 milles.

« Quant à Dania دانية (Denia), c'est une jolie ville maritime « avec un faubourg bien peuplé. Elle est ceinte de fortes murailles « et ces murailles, du côté de l'orient, ont été prolongées jus- « que dans la mer, avec beaucoup d'art et d'intelligence. La ville « est défendue par un château fort qui domine les habitations. « Elle est entourée de vignobles et de plantations de figuiers. Il « s'y fait des expéditions de navires pour les contrées les plus « lointaines de l'orient; il en part aussi des flottes et des arme-

---

[1] M. Conde lit ici *Kentada* et pense qu'il s'agit peut-être de *Cutanda* (*Descripcion de España*, p. 214).

[2] L'ancienne *Dianium*, d'après le même auteur.

« ments pour la guerre [1], et il s'y fabrique des navires, car c'est
« un chantier de constructions. »

Au midi de cette ville est une montagne ronde du sommet de laquelle on aperçoit les hauteurs de Iabesa يابسة (Ivice) en pleine mer. Cette montagne s'appelle Ca'oun قاعون.

De Xativa à Bekiren بكيرن (Bocayrente), vers l'occident, 40 milles.

« Bekiren est un lieu fortifié qui a l'importance d'une ville.
« Il y a un marché renommé, et, à l'entour, beaucoup d'habi-
« tations contiguës. Il s'y fabrique des étoffes blanches qui se
« vendent à très-haut prix et qui sont de longue durée. Elles
« sont incomparables sous le rapport du moelleux et de la sou-
« plesse du tissu; c'est au point que, pour la blancheur et pour
« la finesse, elles égalent le papier.

« De Bekirin à Denia, 40 milles.

« Et à Elch الش, 40 milles. »

Elch الش (Elche) est une ville bâtie dans une plaine traversée par un canal « provenant d'une rivière. Les eaux, après avoir
« passé sous les murailles de la ville, servent à alimenter des
« bains et coulent dans les bazars et dans les rues. Les eaux de la
« rivière dont nous parlons sont chaudes et salées. Pour boire,
« les habitants sont obligés d'apporter, dans des vases de terre,
« de l'eau du dehors, c'est-à-dire de l'eau pluviale.

« D'Elch الش à Oriwala اوريوالة (Orihuela), ville bâtie sur les
« bords de la rivière Blanche النهر الابيض ou du fleuve de Murcie
« نهر مرسية, 28 milles [2].

« Les murs d'Oriwala s'élèvent sur la rive occidentale de ce
« fleuve traversé par un pont de bateaux qui donne accès à la
« ville. Cette ville est défendue par un château très-fort, bâti sur
« une éminence, et environnée de jardins et de vergers qui pro-

---

[1] الى الغزو.
[2] Le ms. A porte 20 milles.

« duisent des fruits en quantité prodigieuse. On y jouit de toutes « les commodités de la vie. Il y a un marché public.

« D'Orihuela اوريولة à Murcie مرسية, 12 milles. »

Et à Carthagène قرطاجنة, 45 milles.

De Dania دانية (Denia), ville maritime dont il a été plus haut fait mention, à Alcant القنت (Alicante), en se dirigeant vers l'ouest par mer, 70 milles.

« Alicante est une ville peu considérable, mais bien peuplée. « Il y a un bazar et une grande mosquée où l'on fait la *khotba*. « On fait venir d'Alicante, pour tous les pays maritimes, des « hommes habiles dans l'art de calfater (les navires). Le pays « produit beaucoup de fruits et de légumes, et particulièrement « des figues et du raisin. Le château qui défend cette ville, cons-« truit sur une montagne que l'on ne peut gravir qu'avec beau-« coup de peine, est très-fort. Malgré son peu d'importance, Ali-« cante est un lieu où l'on construit des vaisseaux pour le com-« merce et de petites embarcations[1]. » Dans le voisinage, c'est-à-dire à 1 mille de distance est un très-beau port nommé Eblnasa ابلناصة (Blanes), qui sert à abriter les navires destinés à la guerre. Vis-à-vis de ce port est le cap dit el-Nadher طرن الناظر (Castillo Santa-Pola). De là à Alicante on compte 10 milles[2].

D'Alicante à Elch الش, par terre, 1 journée faible.

Et d'Alicante aux bouches de Bales حلوق بالس, 57 milles.

Bales, avec son port et ses embouchures, est un grand étang où entrent les navires[3].

De Bales à Djeziret el-Firan جزيرة الفيران, 1 mille.

De cette île à la terre ferme, 1 mille et demi.

De là au cap el-Cabtal طرن القبطال, 12 milles.

---

[1] Le texte porte : مع صغرها تنشا بها المراكب السفرية والزوارق.
[2] Ces distances manquent dans le ms. A.
[3] M. Conde lit اودية كثيرة, au lieu de اودية كبيرة.

40 QUATRIÈME CLIMAT.

Feuillet 129 recto.

De là à Bortoman[1] el-Kebir برظان الكبير, port, 30 milles.
De là à Carthagène قرطاجنة, 12 milles.

CARTHAGÈNE.

Carthagène قرطاجنة est le port de la ville de Murcie. C'est une ville ancienne, « possédant un port qui sert de refuge aux « plus grands comme aux plus petits navires, et qui offre beaucoup « d'agréments et de ressources. Il en dépend un territoire connu « sous le nom d'el-Candouna القندون, d'une rare fertilité. On rap- « porte que les grains qu'il produit, arrosés seulement par les « eaux pluviales, sont d'une qualité parfaite. »

De Carthagène sur mer قرطاجنة على الساحل à Sedjana سجانة, « bon port d'où dépend un village, » 24 milles.

De là à Hissn Ecla حصن اقلة (Aguila), « petit port situé sur « le bord de la mer, marché principal de Lourca لورقة, dont il est « éloigné de 25 milles, 12 milles. »

De Hissn Ecla à la rivière de Beyra وادى بيرة (Vera), au fond d'un golfe, 42 milles.

Près l'embouchure de cette rivière est une montagne sur laquelle est bâti le fort de Beyra حصن بيرة, qui domine la mer.

De là à l'île nommée Carbonera قربنيرة, 12 milles.

Puis à el-Rassif الرصيف, 6 milles.

A Chamet el-Beïdha شامة البيضا, 8 milles.

Au cap de Cabitat ebn-Asouad قابطة ابن اسود, 6 milles.

De là à Alméria المرية, 12 milles.

De Carthagène à Murcie on compte, par terre, 40 milles.

MURCIE.

Murcie مرسية, capitale du pays de Tadmir تدمير, est située dans une plaine sur les bords de la rivière Blanche نهر الابيض. « Il en dépend un faubourg qui, ainsi que la ville, est entouré « de murailles et de fortifications très-solides. » Ce faubourg est traversé par des eaux courantes. Quant à la ville, elle est bâtie sur l'une des rives de la rivière; on y parvient au moyen d'un

---

[1] Le même auteur pense que ce nom est une altération de *Portus magnus*. Cette conjecture paraît très-plausible.

pont de bateaux. « Il y a des moulins construits sur des navires, « comme les moulins de Saragosse, qui peuvent se transporter « d'un lieu à un autre, et quantité de jardins, de vergers, d'ha- « bitations et de vignobles complantés de figuiers. De cette « ville dépendent divers châteaux forts, maisons de plaisance et « métairies d'une beauté admirable. » De Murcie à Valence on compte 5 journées ;

A Alméria sur mer المرية على الساحل, 5 journées ;

A Cortoba قرطبة (Cordoue), 10 journées ;

A Hissn Chacoura حصن شقورة (Segura), 4 journées ;

A Djindjala جنجالة (Chinchilla), 50 milles.

« Djindjala جنجالة (Chinchilla) est une ville de moyenne gran- « deur défendue par un château fort, et entourée de vergers. « On y fabrique des couvertures de laine qu'on ne saurait imiter « ailleurs, circonstance qui dépend de la qualité de l'air et des « eaux. Les femmes y sont d'une rare beauté. »

De là à Counka قونكة (Cuença), « ville petite, mais ancienne, « et fréquentée à cause des objets qu'on y fabrique, » 2 journées.

« Cuença est environnée de murs, mais sans faubourg. Les « étoffes de laine qu'on y fait sont d'excellente qualité. »

De Cuença à Calssa قلصة, vers l'orient, 3 journées.

« Ce dernier lieu est fortifié et construit sur le revers de mon- « tagnes où croissent beaucoup de pins. On en coupe le bois et « on le fait descendre par la rivière jusqu'à Dania دانية (Denia) « et à Valence بلنسية. En effet, ces bois descendent de Calssa « à Djeziret Choucar جزيرة شوقر, et de là au fort de Belbera sur « mer بلبرة ; là on les embarque pour Denia où ils sont employés « à la construction des navires, ou pour Valence où ils servent à « celle des maisons. »

De Calssa à Santa-Maria, 3 journées.

De Calssa à Alicante, même distance.

De Cuença à Webde وبدة (Huete), même distance.

QUATRIÈME CLIMAT.

Webde وبده et Ouclis اقليس (Uclès) sont deux petites villes
« entourées de champs cultivés et d'habitations, et » distantes l'une
de l'autre de 18 milles[1].

D'Ouclis à Chacoura شقورة (Segura), 3 journées.

Chacoura شقورة (Segura) est un fort habité comme une ville,
situé sur le sommet d'une montagne très-haute et très-escarpée.
Ses constructions sont belles. Du pied des montagnes surgissent
deux rivières, dont l'une est celle de Cordoue ou le Nahr el-
Kebir نهر الكبير (la grande Rivière), et l'autre celle de Murcie ou
le Nahr el-Abiad نهر الابيض (la rivière Blanche).

La première (celle de Cordoue) sort d'un lac formé par la
réunion des eaux, au sein de la montagne, puis se précipite
sous les rochers et en ressort, se dirigeant à l'ouest vers le
mont Nidjda نجدة, puis vers Ghadira غادرة et Ebda ابدة (Ubeda),
passe au pied des murs de la ville de Biasa بياسة (Bacza),
puis auprès du fort de Andoudjar اندوجر (Anduxar), de Cosseïr
قصير, du pont d'Istichan اشتشان (Puente de Estefan), de
Cordoue قرطبة, des forts d'Almodovar حصن المدور, de Djarf
جرن, de Lora لورة, de Coleï'a قلبعة, de Cateniana قطنيانة[2], d'Alzerada الزرادة, de Séville اشبيلية, de Cabtal قبطال, de Kabtour
كبتور, de Torbichana طربشانة (Tribuxèna), d'el-Mesadjid المساجد,
« de Cades قادس (Cadix), » puis se jette dans l'Océan.

L'autre, c'est-à-dire la rivière Blanche ou de Murcie, sort des
mêmes montagnes (on prétend qu'elle dérive du même lieu que
la rivière de Cordoue), se dirige vers le midi en passant par
Alcarad القرد[3], Moula مولة (Mùla), Murcie مرسية, Oriwala اوريوالة
(Orihuela), Almodovar المدور, puis se jette dans la mer.

De Chacoura شقورة (Segura) à Sora سورة, « ville assez consi-

---

[1] M. Conde fait observer que ces distances sont trop fortes.
[2] M. Conde propose de lire ici *Constantina*.
[3] Le même auteur lit ici *Alfered*: ne serait-ce point *Alcaras*?

PREMIÈRE SECTION. 43

« dérable, dont la construction est belle et le territoire fertile, Feuillet 129 verso.
« située dans le voisinage du fort de Cana تنة, 2 journées fortes. »

De ce fort à Toleïtola طليتلة (Tolède), 2 journées.

Celui qui veut se rendre de Murcie à Alméria doit passer par Feuillet 130 recto.
Cantarat Achkana قنطرة اشكانة (Alcantarilla), Lebrala لبرالة (Librilla), Hama الحامة et Lourca لورقة (Lorca), « ville importante,
« fortifiée sur une montagne, avec bazar et faubourg entouré
« de murs et situé au-dessous de la ville. Il y a un marché
« aux farines et un marché aux drogueries. Le pays produit de la
« terre jaune (de l'ocre) et de la terre rouge (de la sanguine)
« dont il se fait une grande exportation. »

De Lorca à Murcie on compte 40 milles.

A Abar el-Racba ابار الرقبة et à Beyra بيرة (Vera), « place forte
« dans un vallon auprès de la mer, 1 journée. »

De là à la montée de Choucar عقبة شقر, montée tellement
escarpée qu'un cavalier ne peut la gravir qu'en mettant pied à
terre[1] (la distance manque).

De cette montée à Rabeta الرابطة, qui n'est point un fort ni un
village, mais une station où sont des gardes chargés de veiller
à la sûreté du chemin, 1 journée.

De là à Alméria المرية, 1 journée faible.

« Alméria المرية était une ville musulmane à l'époque des Mo- ALMÉRIA.
« ravides فى ايام الملثم. Elle était alors très-industrieuse et on y
« comptait, entre autres, huit cents métiers à tisser la soie, où
« l'on fabriquait des manteaux précieux, des brocarts, les étoffes
« connues sous le nom de saclatoun سقلاطون, de isfahani اصفهانى,
« de murdjani مرجانى (ou couleur de corail); des voiles ornés de
« fleurs الستور المكللة, des vêtements riches et épais الثياب المعبنة, le

[1] Voici le texte de ce passage qui ne me paraît pas avoir été bien rendu par le
traducteur espagnol : ولا يقدر احد على جوازها راكبًا وانما ياخذها الركبان
رجالـلـة.

« hamd حمد, le a'thabi عثابي, le mucâdjir مقاجر et divers autres
« tissus de soie.

« Avant l'époque actuelle Alméria المرية était également re-
« nommée pour la fabrication des ustensiles en cuivre et en fer
« parfaitement travaillés. La vallée qui en dépend produisait une
« quantité considérable de fruits qu'on vendait à très-bon marché.
« Cette vallée, connue sous le nom de Bedjana بجانة, est située
« à 4 milles d'Alméria. On y voyait nombre de vergers, de jar-
« dins et de moulins, et ses produits étaient envoyés à Alméria.
« Le port de cette ville recevait des vaisseaux d'Alexandrie et
« de toute la Syrie, et il n'y avait pas, dans toute l'Espagne, de
« gens plus riches, plus industrieux, plus commerçants que ses
« habitants, ni plus enclins, soit au luxe et à la dépense, soit à
« l'amour de thésauriser.

« Cette ville est bâtie sur deux collines séparées par un fossé
« où sont des habitations. Sur la première est le château si
« connu sous le nom de Hissana حصانة; sur la seconde, dite
« Djebel el-Amīm جبل الاميم, est le faubourg : le tout est
« entouré de murs et percé de portes nombreuses. Du côté de
« l'orient est le faubourg nommé el-Haudh الحوض, entouré de
« murs, renfermant un grand nombre de bazars, d'édifices, de
« caravansérails et de bains. En somme Alméria était une ville
« très-importante, très-commerçante et très-fréquentée par les
« voyageurs; il n'y en avait pas en Espagne de plus riche et de
« plus populeuse. Le nombre des caravansérails enregistrés à la
« douane était de mille moins trente (970). Quant aux métiers
« à tisser, ils étaient, comme nous venons de le dire, également
« très-nombreux.

« Le terrain sur lequel est bâtie cette ville est, jusqu'à un cer-
« tain rayon de tous côtés, fort pierreux. Ce ne sont que roches
« amoncelées et que cailloux roulés comme des dents molaires
« sous la terre végétale ; c'est comme si on avait passé au crible

PREMIÈRE SECTION.

« ce terrain et qu'on eût fait exprès de n'en conserver que les
« pierres. A l'époque où nous écrivons le présent ouvrage, Al-
« méria est tombée au pouvoir des chrétiens. Ses agréments
« ont disparu, ses habitants se sont dispersés, les maisons, les
« édifices publics ont été détruits et il n'en subsiste plus rien. »

Les dépendances ou succursales منابر de cette ville sont Berdja برجة et Delaïa دلاية (Dalia).

La distance qui sépare Alméria de la première de ces villes est de 1 forte journée.

De Berdja à Delaïa on compte 8 milles.

« Berdja, plus considérable que Delaïa, possède des marchés,
« des fabriques et des champs cultivés. »

On peut se rendre d'Alméria à Malca مالقة (Málaga) par terre ou par mer.

La première de ces voies est montueuse; la distance est de 7 journées.

Par mer on compte 180 milles;

Savoir :

D'Alméria au bourg d'el-Bedjanis بجانس[1] sur mer, 6 milles.

(La route de terre de Berdja et de Delaïa passe par el-Bedjanis.)

De ce bourg à l'extrémité du golfe où est une tour où l'on allume du feu pour avertir de l'approche des bâtiments ennemis, 6 milles.

De ce cap au port de Nafira مرسى النفيرة, 22 milles.

De là au bourg d'A'dra sur mer عذرة على البحر, 12 milles.

« Ce bourg n'est point un lieu de marché, mais il y a des
« bains et il est très-peuplé. A l'occident est l'embouchure d'une
« grande rivière qui vient des montagnes de Cheblir شبلير (ou
« peut-être Chelir), reçoit les eaux de Berdja برجة et autres, et
« se jette ici dans la mer.

[1] M. Conde lit *Ben-Egas*.

QUATRIÈME CLIMAT.

D'A'dra à Belisana بليسانة, « bourg peuplé sur les bords de « la mer, » 20 milles.

De là à Mers el-Feroudj مرسى الفروج, anse ou petit port, 12 milles.

De là à Baterna بطرنة, « où l'on trouve une mine de mercure, « métal qui est ici d'une qualité supérieure, » 6 milles.

De là à Cheloubania شلوبينية, bourg, 12 milles.

De là à el-Mankeb المنكب, sur mer, 8 milles.

« Cette dernière ville est de moyenne grandeur, mais jolie. « On y pêche beaucoup de poisson et on y recueille beaucoup « de fruits. Au milieu de cette ville est un édifice carré comme « le piédestal[1] d'une statue, large à sa base, étroit à son sommet. « Il y existe deux ouvertures parallèles des deux côtés et se pro-« longeant de bas en haut. Vers l'angle formé par un de ces côtés « est un grand bassin creusé dans le sol et destiné à recevoir

[1] Bien que le mot صنم signifie généralement *une idole*, il paraît que dans le dialecte de l'Édrisi on l'employait aussi pour exprimer l'idée d'une *base*, d'un *piédestal*. Cette dernière acception résulte évidemment du passage que nous mettons sous les yeux du lecteur, et justifie suffisamment, ce nous semble, la manière dont nous avons cru devoir traduire le mot صنم dans la première partie de la présente version (1er climat, 1re section), et au sujet de laquelle nous avons reçu de M. de Macedo, secrétaire perpétuel de l'Académie des sciences de Lisbonne, de judicieuses et bienveillantes observations.

Voici le texte de ce passage curieux :

وفى وسطها بنأ مربع كالصنم اسفله واسع واعلاه ضيق وبه حفيران من جانبيه متصلان من اسفله الى اعلاه وبازائه من الناحيت الواحدة فى الارض حوض كبير يارى اليه الماء من نحو ميل على ظهر قناطر كثيرة معقودة من الحجر الصلد فيصب ماؤها فى ذلك الحوض ويحكى اهل المعرفة من اهل المنكب ان ذلك انما كان يصعد الى اعلا المنار وينزل الى الناحية الاخرى ويجرى هناك الى برى صغيرة ،

Cette description correspond parfaitement avec ce qu'on sait des *sou-terazi*. Voyez là-dessus l'ouvrage de M. le général Andréossy, que nous avons cité p. 25.

« les eaux amenées d'environ 1 mille de distance par un aque-
« duc composé d'arcades nombreuses construites en pierres très-
« dures.

« Les hommes instruits du pays d'el-Mankeb disent que l'eau
« s'élançait autrefois au sommet de l'obélisque المنار et descen-
« dait ensuite du côté opposé où était un petit moulin. On voit
« encore aujourd'hui, sur une montagne qui domine la mer, des
« vestiges dont personne ne connaît l'ancienne destination. »

D'el-Mankeb المنكب à Grenade غرناطة, par terre, 40 milles.

De la même ville au bourg de Chât قرية شاط, 12 milles [1].

« Ce bourg produit quantité de raisins secs de couleur rouge,
« et dont le goût approche de celui du vin sec et doux [2]. On
« en expédie dans toute l'Espagne, et il est connu sous le nom
« de raisin de Chât. »

De ce bourg à celui de Tarch طرش sur le bord de la mer,
12 milles.

De là à la ville et château de Balich بلش, « lieu fortifié sur
« le bord de la mer, à l'occident duquel est l'embouchure d'une
« rivière dont les eaux sont salées et qui vient du côté du nord
« ... milles. Cette rivière passe à Alhama الحمة, traverse des
« campagnes fertiles où elle reçoit quantité de bonnes eaux,
« descend au bourg d'el-Besath البساط, puis se jette dans la mer
« à l'occident de Balich بلش. »

De cette ville à Seira صيرة, bourg, 7 milles.

De Seira à Bezliana برليانة, « gros bourg situé dans une plaine
« sablonneuse, pourvu de bains, de caravansérails, et de ma-
« dragues destinées à la pêche du gros poisson, lequel s'expédie
« dans les pays environnants, » 7 milles.

De Bezliana à Malca مالقة (Malaga), 8 milles.

[1] L'auteur reprend ici son itinéraire d'Alméria à Malaga.
[2] يعجب طعمه مزازة

« Malaga مالقة est une ville très-belle, très-peuplée, très-vaste
« et très-célèbre. Ses marchés sont florissants, son commerce
« étendu et ses ressources nombreuses. Le territoire environnant
« est planté en vergers de figuiers, produisant des fruits qu'on
« expédie en Égypte, en Syrie, dans l'Irâc et même dans l'Inde;
« ces figues sont d'une qualité parfaite. Auprès de la ville sont
« deux grands faubourgs; l'un se nomme Casala قسالة, et l'autre
« el-Tebânïn التبانين. Les habitants de Malaga boivent de l'eau
« de puits, et cette eau, prise à la source, est d'une douceur
« extrême. Près de la ville est un torrent dont les eaux ne coulent
« que durant l'hiver et le printemps, et qui est à sec le reste de
« l'année. Notre intention étant, s'il plaît à Dieu, d'en reparler
« plus loin, nous revenons à Alméria المرية. »

Celui qui veut se rendre de cette dernière ville à Garnata
Albira غرناطة البيرة (Grenade), doit faire d'abord 6 milles pour
parvenir à Bedjana بجانة, ville jadis célèbre dont la population
fut transportée à Alméria, « et dont il ne reste plus maintenant
« que les ruines et une grande mosquée qui est encore debout.
« Autour de Bedjana sont des vergers, des jardins, des lieux de
« promenade, et des vignobles produisant un revenu considérable
« aux habitants d'Alméria المرية. » A droite et à six milles de Bedjana بجانة est el-Hama الحامة, « forteresse située sur le sommet
« d'une montagne. Les voyageurs dans les pays lointains rap-
« portent qu'il n'en est point au monde de plus solidement cons-
« truite et qu'il n'est point de lieu dont les eaux thermales soient
« plus efficaces. De tous côtés il y vient des malades, des infirmes;
« ils y restent jusqu'à ce que leurs maux soient soulagés ou to-
« talement guéris. Comme les habitants de la ville, dans la belle
« saison, prennent ces bains avec leurs femmes et leurs enfants,
« et y dépensent beaucoup d'argent, soit pour leur nourriture,
« soit pour leur entretien, il arrive que le loyer d'une habitation
« s'y élève quelquefois jusqu'à trois dinars (moravides) par mois.

« Les montagnes voisines d'el-Hama sont en totalité formées de
« gypse. On en extrait cette substance, on la brûle et on la trans-
« porte à Alméria pour être employée à la construction des édi-
« fices. Elle s'y vend à très-bon marché à cause de son abondance. »

De Bedjana بجانة au bourg de Beni A'bdous بنى عبدوس,
6 milles.

De là à Mondoudjar مندوجر (Monduxar), lieu où est une
auberge pour les voyageurs qui viennent d'Alméria, 6 milles.

« Le fort de Mondoudjar est construit sur une colline dont
« la terre est de couleur rouge, et auprès de laquelle coule une
« rivière. L'auberge est dans le village ; on trouve à y acheter du
« pain, du poisson et toute sorte de fruits selon la saison.

De là on se rend à Burchana برشانة (Purchena), lieu situé
près le confluent de deux rivières et fort très-solidement construit ; puis à Beledzouz بلذوذ (Bolodui), puis à Hissn el-Cosseïr
حصن القصير, fort très-solide, construit dans la partie la plus
étroite de la vallée et par laquelle il faut nécessairement passer ;
puis à Khandak-Cabir خندق كبير, puis à Ratbat رتبة (Artebat),
puis à A'bla عبلة, puis au fort de Finana فينانة, puis à Sansara
صنصره, bourg, puis au commencement de la fertile plaine d'A'bla
عبلة « qui a 12 milles de longueur, sans courbure ni embran-
« chement. Le voyageur laisse à sa droite la montagne dite *Chelir*
« *el-Tedj* شليم الثلج (ou de la Neige), où l'on remarque divers
« lieux fortifiés, tels que Fereira فريره, aussi appelé le fort des
« Noix, parce qu'en effet le terrain en produit en quantité extraor-
« dinaire et d'une qualité supérieure, et Dar دار حصن, dont les
« environs produisent d'excellentes poires ; une seule de ces poires
« pèse quelquefois un rotl (une livre) d'Andalousie ; communé-
« ment deux atteignent ce poids. »

De l'extrémité de la plaine d'A'bla حصن عبلة on se rend à
Khandac-As خندق أس et de là à Wadi Ach وادى اش (Guadix),
« ville de médiocre grandeur, ceinte de murailles, où l'on peut

« faire des bénéfices dans le négoce, abondamment pourvue
« d'eau, car il y a une petite rivière qui ne tarit jamais; » puis
à Dachma دشمة (Diezma), bourg où est une auberge; puis à
Ratbat رتبة, puis à Afrafaranda افرافرانده (Farayana), puis au
bourg de Wad واد قرية, « dont les maisons sont contiguës, » et
situé à 8 milles de distance de la ville de Grenade.

Wadi Ach وادى اش est un point où aboutissent plusieurs routes.
Le voyageur qui (par exemple) veut se rendre de là à la ville
de Basat بسط (Baza), gravit le mont A'ssim عاصم, passe au bourg
de Beroua قرية بروا et parvient à Basat بسط après avoir fait 30
milles.

« Cette dernière ville est de grandeur moyenne, agréablement
« située et bien peuplée; elle est entourée de fortes murailles et
« possède un bazar très-propre et de belles maisons. Il s'y fait du
« commerce, et il y a des fabriques de divers genres. Non loin de
« là est le château de Tachkar طشكر, qui par sa hauteur, la soli-
« dité de ses fortifications, la bonté du sol et la pureté de l'air, est
« préférable à tous les forts de l'Espagne. Il n'est possible d'y gravir
« que par deux points distants entre eux de l'espace de 12 milles
« et par des sentiers très-étroits [1]; au sommet de cette montagne
« sont des champs cultivés, extrêmement fertiles et parfaitement
« arrosés. »

De Wadi Ach وادى اش à Djian جيان (Jaen), on compte 2 fortes
journées;

Et de Basat بسط à Djian جيان (Jaen), 3 journées faibles.

« Jaen est une jolie ville dont le territoire est fertile, et où
« l'on peut se procurer de tout à bon compte, principalement de
« la viande et du miel. Il en dépend trois mille villages [2] où l'on
« élève des vers à soie. La ville possède un grand nombre de

---

[1] Littéralement : « semblables à des courroies de souliers ou à des escaliers de fourmis, » مثل شراك النعل ومدرج النمل.

[2] ثلاث الان.

PREMIÈRE SECTION.

« sources qui coulent au-dessous de ses murs, et un château des
« plus forts où l'on ne peut parvenir que par un sentier étroit. Elle
« est adossée contre la montagne de Kour كور, entourée de jar-
« dins, de vergers, de champs où l'on cultive du blé, de l'orge,
« et toute sorte de céréales et de légumes. A 1 mille de la ville
« coule la rivière de Heloun نهر حلون, qui est considérable et
« sur laquelle on a construit un grand nombre de moulins. Jaen
« possède également une grande mosquée très-honorée et à la-
« quelle sont attachés de savants docteurs. » De là à Biasa بياسة
(Baeza), on compte 20 milles. De Jaen on aperçoit Baeza, et réciproquement. « La deuxième de ces villes (Baeza) est bâtie sur
« une colline de terre noire, près des bords du Wadi'lkebir (Gua-
« dalquivir), fleuve qui passe à Cordoue, ceinte de murailles et
« pourvue de bazars. Les champs qui l'environnent sont bien cul-
« tivés et produisent beaucoup de safran. » A 7 milles de distance
vers l'orient, non loin du même fleuve, est Ebda ابدة (Ubeda),
petite ville dont le territoire est également très-fertile.

Dans l'espace compris entre Jaen, Baeza et Guadix, sont divers
lieux fortifiés, florissants, bien habités et produisant de tout en
abondance. Tels sont, 1° Choudhar شودر (Jodar), forteresse importante, située à l'orient de Jaen et vis-à-vis Baeza, d'où la teinture écarlate[1] dite *choudari* tire son nom. De là au fort de Touna
طونة[2], vers l'orient, on compte 12 milles.

2° Kidjata تيجاطة (Quesada)[3] fort peuplé comme une ville,
possédant des bazars, des bains, des caravansérails et un faubourg. « Ce lieu est situé au pied d'une montagne où l'on coupe
« le bois qui sert à fabriquer des écueiles, des plats et autres us-
« tensiles dont il se fait un grand débit, tant en Espagne que dans

---

[1] خلاط.
[2] Le ms. A porte طوبة.
[3] Ce nom de lieu devenu célèbre à jamais, grâce à l'admirable roman de Michel Cervantes, est écrit تيشاطة dans l'Abrégé.

QUATRIÈME CLIMAT.

Feuillet 13 a recto.

« la majeure partie de l'Afrique occidentale. Cette montagne se
« prolonge jusqu'auprès de Baeza. » De là (de Quesada) à Jaen,
on compte 2 journées;

A Guadix, 2 journées;

L. à Grenade, 2 journées;

Et de Guadix à Grenade, 40 milles.

GRENADE.

« Garnata غرناطة (Grenade) fut fondée à l'époque de l'invasion
« musulmane en Espagne. La principale ville de ce pays était
« (auparavant) Elbira البيرة (Elvira) dont les habitants émigrèrent
« et se transportèrent à Grenade. Celui qui en fit une ville, qui
« la fortifia, l'entoura de murs et fit construire son château, fut
« Habous le Sanhadji حبوس الصنهاجى, auquel succéda Badis بادس,
« son fils. Celui-ci acheva les constructions commencées et l'éta-
« blissement de la population qui y subsiste encore aujourd'hui.
« Cette ville est traversée par une rivière qui porte le nom de
« Hadrou حدرو. Au midi coule la rivière salée qu'on appelle
« Chenil شنيل, et commence la chaîne de montagnes dites *Chelir*,
« ou montagnes de Neige. Cette chaîne s'étend sur un espace de
« 2 journées; sa hauteur est considérable, et les neiges y sont
« perpétuelles [1]. Wadi Ach وادى اش (Guadix), Garnata غرناطة
« (Grenade), et la partie des montagnes qui s'étend vers le sud
« peuvent être aperçues de la mer à une distance de 100 milles
« ou environ. Dans la partie inférieure, vers la mer, sont Beni-
« Hamr بنى حمر (Benimer) et Delaïa دلايت (Dalia), dont nous
« avons déjà parlé. »

De Grenade à el-Mankeb المنكب (Almuneçar), sur mer, on
compte 40 milles.

De Grenade à Loucha لوشة (Loja), en suivant le fleuve, 25
milles.

D'el-Mankeb المنكب (Almuneçar) à Alméria المرية, par mer, 100
milles.

---

[1] Littéralement : « y durent été comme hiver. »

PREMIÈRE SECTION. 53

D'el-Mankeb المنكب à Malca مالقة (Malaga)[1], ville capitale du pays de Riah ريه, 80 milles.

De Malca مالقة (Malaga) à Cortoba قرطبة (Cordoue), en se dirigeant vers le nord, 4 journées. Feuillet 132 verso.

De Malaga à Grenade, 80 milles;

A l'île Verte (Algéziras), 100 milles;

A Séville, 5 journées;

A Marbila مربلة (Marvella), sur la route d'Algéziras, 40 milles.

« Marbila مربلة (Marvella) est une ville petite, mais bien ha-
« bitée, et dont le territoire produit des figues en quantité. Au
« nord est le fort de Boubachtera ببشتر, d'une très-bonne dé-
« fense et d'un difficile accès. » Entre Malaga et Cordoue sont divers lieux fortifiés et peuplés d'habitants à demeure fixe; parmi ces lieux on remarque Archidouna ارشدونة et Antekira انتقيرة (Antequera), villes situées à 35 milles l'une de l'autre, et à 35 milles de Malaga. « Ces deux villes étaient (continuellement) en
« état de guerre à l'époque de l'invasion musulmane, et même
« après la domination d'Ebn-abi-Omar, qui gouvernait le pays au
« nom des khalifes Ommiades. »

D'Archidouna ارشدونة à Achir اشر, « forteresse contenant une
« population nombreuse et de vastes bazars, » 20 milles.

Et de là à Bagha باغة, 18 milles.

« Bagha باغة est une ville de peu d'étendue, mais extrême-
« ment agréable, à cause de la quantité d'eaux qui la traversent.
« Ces eaux font tourner des moulins dans l'intérieur même de
« la ville dont le territoire, couvert de vignobles et de vergers,
« est on ne peut pas plus fertile. » Ce pays confine du côté de l'orient avec celui du fort dit el-Fandak الفندق[2], « bâti sur le

---

[1] Le ms. A contient ici une description de Malaga conforme en tout à celle qu'on vient de lire ci-dessus, pag. 48.

[2] L'Abrégé et la version espagnole portent *Algaïdac* القيداق, nom de lieu dont l'emplacement correspond, selon M. Conde, à celui d'Alcaudete.

« sommet d'une montagne qui fait face à l'occident, et où est un
« marché renommé. »

De là à Biana بيانة (Baena), château fort « bâti sur une émi-
« nence entourée de vergers, d'oliviers et de champs ensemen-
« cés, » 1 journée faible.

De Biana au fort de Cabra قبرة, « comparable par son impor-
« tance à une ville, solidement construit et situé à l'entrée d'une
« plaine couverte d'habitations et de cultures, 1 journée faible. »

De là à la ville de Cortoba قرطبة (Cordoue), 40 milles.

Entre le sud et l'ouest (de cette ville) est Alisana اليسانة
(Lucena), « autrement dite Elbira البيرة (Illora?), d'où dépend
« un faubourg habité par des musulmans et par quelques juifs,
« pourvu d'une grande mosquée, mais non point entouré de murs.
« Quant à la ville, elle est ceinte de bonnes murailles et de toutes
« parts environnée par un fossé profond et toujours plein d'eau.
« Les Juifs habitent l'intérieur de la ville et n'y laissent pas pé-
« nétrer les musulmans. La population (je veux dire les juifs) y
« est plus riche qu'en aucun des pays soumis à la domination
« musulmane; elle y est à l'abri de toutes entreprises hostiles. »

D'Alisana اليسانة à Cordoue on compte 40 milles.

« Ce pays est limitrophe de celui de Belaï بلاى (Velay) et de
« Mesouk مسوك, qui furent jadis des lieux fortifiés et habités par
« des Berbers. »

Du fort de Belaï بلاى à Cordoue, 20 milles.

Dans le voisinage de Belaï est Sant-Iala شنت يالة (Santaella),
« lieu fortifié, dépourvu d'eau de source, si ce n'est à une grande
« distance. »

De là à Esidja اسجة [1], vers l'occident oriental, on compte 15
milles,

Et à Cordoue, 23 milles.

Esidja اسجة est une ville bâtie sur les bords du fleuve de Gre-

[1] L'Abrégé et la version espagnole portent استجة Estidja; mais l'orthographe du

PREMIÈRE SECTION.

nade, qu'on appelle le Chénil شنيل (Xenil). « Cette ville est jolie ; « elle possède un pont très-remarquable, construit en pierres de « taille d'excellente qualité, des bazars très-fréquentés où il se « fait beaucoup de commerce, des jardins et des vergers où la « végétation est très-vigoureuse[1], des enclos où croissent des arbres « fruitiers. »

D'Esidja اجه à Cortoba قرطبة (Cordoue), 35 milles.

D'Esidja, en se dirigeant vers le sud, au fort d'Ochouna حصن اشونة (Ossuna), « place dont la population est considérable, » une demi-journée.

Et de là à Belichana بلشانة (Belicena), « place bien habitée et « dont les fortifications sont entourées de vergers, d'oliviers, » 20 milles.

D'Esidja à Carmouna قرمونة (Carmona), 45 milles.

« Cette dernière ville est grande, et ses murailles sont com-
« parables (littéral. semblables) à celles de Séville. Elle était pré-
« cédemment au pouvoir des Berbers, et ses habitants actuels sont
« encore très-méchants. Située sur le sommet d'une montagne,
« elle est très-forte. La campagne qui l'environne est extrêmement
« fertile et produit en abondance de l'orge et du froment. »

De là, en se dirigeant vers l'occident, à Séville, dont nous avons déjà parlé, on compte 18 milles.

De Carmouna à Cherich شريش (Xerès), ville dépendante de la province de Chidbouna كورة شذونة (Sidonia), 3 journées.

De Séville à Xerès on compte 2 fortes journées.

« Chirich شريش (Xerès) est une place forte de grandeur moyenne,
« entourée de jardins d'un agréable aspect et de quantité de
« vignobles. On cultive aussi dans ses environs l'olivier, le figuier
« et le froment. Les vivres y sont à un prix raisonnable. »

ms. A paraît préférable, puisqu'il existe en effet, sur le Guadalquivir, une ville bien connue sous le nom d'Ecija.

[1] بساتين وجنات ملتفة.

56   QUATRIÈME CLIMAT.

De Xerès à l'île de Cadès جزيرة قادس (Cadix), 12 milles, savoir : de Xerès à el-Canatir القناطر (les Ponts), 6 milles;

Et de là à Cadès قادس (Cadix), 6 milles.

« De Séville à Cordoue on compte 3 journées, et l'on peut s'y
« rendre par trois chemins différents, savoir : par el-Zindjar الزنجار,
« par Lora لورة, ou par le fleuve (le Guadalquivir). » Le premier
de ces itinéraires (nous l'avons déjà donné) est ainsi qu'il suit :

De Séville à Carmouna, 1 journée.

De Carmouna à Esidja, 1 journée;

Et d'Esidja à Cordoue, 1 journée.

« Quant à la route de Lora لورة, la voici : de Séville on se rend
« à la station d'Abar ابار, puis à Chirich شبريش (Xerès), puis
« à Coleïah القليعة, où est la station. Entre Chirich et Coleïah,
« on aperçoit le fort de Catania حصن قطانية, situé au nord. La
« route de Coleïah se prolonge sur les bords du Nahr el-Kebir
« نهر الكبير (Guadalquivir), fleuve qu'on traverse au moyen de ba-
« teaux. De Coleïah on se rend à Ghaïran الغيران, puis à Lora
« لورة, lieu situé à la distance d'à peu près un jet de flèche de la
« route. A droite du voyageur est une grande citadelle, bâtie sur
« les bords du fleuve. De Lora on va au bourg de Saf قرية صان,
« en face duquel, sur la gauche du voyageur, est un fort construit
« sur une haute montagne. Ce fort s'appelle Sakila ساقية, et c'était
« anciennement un entrepôt de marchandises pour les Berbers.
« De Saf صان [1] on se rend à Melial مليال, fort situé sur les bords
« de la rivière de ce nom, qui porte aussi celui de rivière de Ca-
« randjiloch نهر قرنجلوش. De ce pont [2] à Carandjiloch قرنجلوش,
« on compte 12 milles. Du même pont on se rend au bourg de
« Mourchan مرشان [3], situé sur les bords du Guadalquivir, puis au

---

[1] Ou Sadf صدن.

[2] Sic.

[3] Ou Sourchan سورشان.

« fort de Meradouba مرادونة, où est la station. » La distance totale
de Séville à Cordoue est par cette voie de 80 milles.

« D'Almodovar المدور, dont nous avons déjà parlé, à Farandjo-
« loch فرانجولش, ville agréable, forte, entourée de quantité de
« vignes et de vergers, et dans le voisinage de laquelle sont des
« mines d'or et d'argent situées dans un lieu nommé el-Marh
« المرح (ou el-Mardj المرج), » 12 milles.

« De là à Constantine du Fer قسنطينة الحديد, lieu renommé
« par l'abondance et l'excellente qualité du fer qu'on en tire et
« qui s'exporte dans tous les pays, ... milles. Non loin de Cons-
« tantine est le fort de Farch حصن فرش, où l'on taille une espèce
« de marbre renommé par sa beauté et connu sous le nom de
« *Farchi* الرخام الفرشي. Ce marbre est en effet le plus blanc, le
« mieux veiné, le plus dur qu'il soit possible de voir. De ce fort
« à celui connu sous le nom de Djebel O'ioun جبل عيون (la
« montagne des Sources), on compte 3 faibles journées. »

Celui qui veut se rendre par eau de Séville à Cordoue s'embarque sur le fleuve et le remonte en passant par les moulins
dits el-Zarada ارحا الزرادة, par le coude dit Menzil Aban عطف
منزل ابان, par Cotaniana قطنيانة, par Coleï'ah القليعة, par Lora لورة,
par le fort el-Djarf حصن لجرن, par Souchenil سوشنيل, par le
confluent de la rivière de Melbal نهر ملبال (ou Melial ملیال), par
le fort d'Almodovar حصن المدور, par Wadi Romman وادى رمّان,
par les moulins de Nasih ارحا ناصح, d'où il arrive à Cordoue.

« Cordoue est la capitale et la métropole de l'Espagne et le
« siége du khalifat parmi les Musulmans. Les tribus qui com-
« posent sa population sont trop nombreuses et trop connues
« pour qu'il soit nécessaire d'en faire mention, et les vertus qui
« caractérisent les habitants sont trop évidentes pour qu'il soit
« possible de les passer sous silence. Ils possèdent au plus haut
« degré l'élévation et la splendeur. Sommités intellectuelles de
« la contrée, sources de savoir et de piété, ils sont renommés

QUATRIÈME CLIMAT.

« par la pureté de leur doctrine, l'exactitude de leur probité,
« et la beauté de leurs coutumes, soit en ce qui concerne leur
« manière de se vêtir et leurs montures, soit en ce qui touche
« l'élévation des sentiments qu'ils apportent dans leurs assemblées
« et dans l'assignation des rangs, ainsi que dans le choix des ali-
« ments et des boissons; joignez à cela qu'ils sont doués du ca-
« ractère le plus aimable, des qualités les plus dignes d'éloges,
« et que jamais Cordoue ne manqua de savants illustres ni de
« personnages distingués. Quant aux négociants, ils possèdent
« des richesses considérables, des ameublements somptueux, de
« beaux chevaux, et ils ne sont mus que par une noble ambition.

« Cordoue se compose de cinq villes contiguës les unes aux
« autres, entourées chacune en particulier de murailles[1] et pos-
« sédant en quantité suffisante des marchés ouverts, des marchés
« fermés, des bains et des édifices pour toutes les professions.

« La ville s'étend en longueur de l'occident à l'orient, sur
« un espace de 3 milles. Quant à sa largeur, depuis la porte du
« pont jusqu'à celle des Juifs, située vers le nord, on compte
« 1 mille. Elle est bâtie au pied d'une montagne qu'on appelle
« Djebel el-A'rous جبل العروس (ou de la Nouvelle-Épouse). C'est
« dans le quartier central que se trouvent la porte du pont et
« la grande mosquée qui, parmi les mosquées musulmanes, n'a
« pas sa pareille, tant sous le rapport de l'architecture et de la
« grandeur des dimensions, que sous celui des ornements.

« La longueur de cet édifice est de 100 toises جامع مرسلة, et sa
« largeur de 80[2]. Une moitié est couverte d'un toit, l'autre est
« à ciel ouvert. Le nombre des nefs couvertes est de dix-neuf.

---

[1] حاجر, *agger*, mur ou rempart.
[2] M. le comte A. de Laborde (*Description de l'Espagne*, tom. II, pag. 7) porte ces dimensions à 620 pieds de long sur 440 de large. Pour que le rapport indiqué par l'Édrisi fût exact, il faudrait réduire le premier de ces nombres à 550 pieds, ou porter le second à 496; la valeur de la toise arabe dite *ba' marselet* serait, dans cette dernière supposition, d'environ 6 pieds 2 pouces.

PREMIÈRE SECTION. 59

« On y remarque des colonnes (je veux dire des piliers portant Feuillet 134 recto.
« chacun un cintre qui s'étend d'une colonne à l'autre en face),
« grandes et petites. En y comprenant celles qui soutiennent la
« grande coupole, elles sont au nombre de mille[1].

« On compte dans cette mosquée cent treize candélabres desti-
« nés à l'illumination. Le plus grand de ces candélabres supporte
« mille lampes, et le moindre douze.

« La charpente supérieure de cet édifice se compose de pièces
« de bois fixées au moyen de clous sur les solives de la toiture.
« Ces bois proviennent des énormes pins de Tarsous من عيون
« الصنوبر الطرصوص [2]. La dimension de chaque pin est, savoir : en
« épaisseur, sur une face, de 1 grand choubra (de 9 à 10 pouces);
« su. "autre face, de 1 choubra moins 3 doigts (de 8 à 9 pouces);
« et en longueur, de 37 choubras (environ 20 pieds 3 pouces).

« Entre une solive et l'autre il existe un intervalle égal à l'é-
« paisseur d'une solive. La charpente dont je parle est entière-
« ment plate et revêtue de divers ornements hexagones ou treil-
« lagés ; c'est ce qu'on appelle châtons, cercles ou peintures.
« Ils ne sont point semblables les uns aux autres, mais chaque
« charpente forme un tout complet sous le rapport des orne-
« ments qui sont du meilleur goût et des couleurs les plus bril-
« lantes. On y a employé en effet le rouge de cinabre, le rouge
« orangé, le blanc de céruse, le bleu lapis, le vert de gris, le
« noir d'antimoine; le tout réjouit la vue à cause de la pureté
« des dessins, de la variété et de l'heureuse combinaison des
« couleurs.

« La largeur du pavé de chaque arcade cintrée est de 33
« choubras (environ 23 pieds 11 pouces). La distance qui sépare
« une colonne de l'autre est de 15 choubras (11 pieds 3 pouces).

---

[1] M. le comte A. de Laborde dit : *huit cent cinquante*.

[2] Le ms. A porte *de Tortose*; mais je crois que la vraie leçon est celle que donne le ms. B.

8.

QUATRIÈME CLIMAT.

Feuillet 134 recto.

« Chaque colonne s'élève sur un piédestal en marbre et est sur-
« monté d'un chapiteau de même matière.

« Les entrecolonnements consistent en arceaux d'un style ad-
« mirable au-dessus desquels s'élèvent d'autres arceaux portant
« sur des pierres de taille très-dures ; le tout est recouvert en
« chaux et en plâtre, et disposé en compartiments[1] ronds et en
« relief exécutés en mosaïques de couleur rouge. Au-dessous (et
« dans l'intérieur) des arceaux sont des ceintures ازار en bois, con-
« tenant (inscrits) divers versets du Coran.

« La kibla[2] de cette mosquée est d'une beauté et d'une élé-
« gance impossibles à décrire, et d'une solidité qui dépasse tout
« ce que l'intelligence humaine peut concevoir de plus parfait.
« Elle est entièrement couverte d'émaux[3] dorés et coloriés en-
« voyés en grande partie par l'empereur de Constantinople à
« Abderrahman Nassr-eddin-Allah l'Ommiade.

« De ce côté, je veux dire du côté du sanctuaire du *mihrab*[4],
« il y a 7 arcades soutenues par des colonnes ; chacune de ces ar-
« cades se fait remarquer par une délicatesse d'ornements supé-
« rieure à tout ce que l'art des Grecs et des Musulmans a produit
« en ce genre de plus exquis.

« Au-dessus de chacune d'elles sont des inscriptions encastrées
« dans des cartouches formés d'émaux dorés sur un fond bleu
« d'azur. La partie inférieure est ornée d'inscriptions semblables,
« c'est-à-dire composées d'émaux dorés sur un fond d'azur. La

---

[1] Le texte porte حور, mot technique dont il ne m'a pas été possible de trouver l'exacte signification.

[2] Lieu indiquant avec précision la direction vers laquelle les Musulmans doivent se tourner pour faire leurs prières.

[3] J'entends par *émaux* ces fragments cubiques de marbre artificiel, de pierres de couleur ou autres, qu'on employait dans les mosaïques et dans les arabesques du moyen âge, et qu'à Constantinople on fait monter en bagues encore aujourd'hui.

[4] Le *mihrab* est une sorte de niche indiquant d'une manière générale la direction dont il s'agit.

« surface même du *mihrab* est revêtue d'ornements et de peintures
« variées. Sur les côtés sont quatre colonnes dont deux sont
« vertes et deux jaunes d'or d'une inestimable valeur. Au-dessus
« du sanctuaire est une coupole[1] en marbre d'un seul bloc, cise-
« lée, sculptée et enrichie d'admirables ornements d'or, d'azur et
« d'autres couleurs; tout autour règne un encadrement[2] en bois
« orné de précieuses peintures.

« A droite du *mihrab* est la tribune (ou chaire à prêcher) qui
« n'a pas sa pareille dans tout l'univers. Elle est en ébène, en
« buis et en bois de senteur[3]. Les annales des khalifes Ommiades
« rapportent qu'on travailla à la sculpture et à la peinture de ce
« bois durant sept ans; que six ouvriers, indépendamment de leurs
« aides, y furent employés, et que chacun de ces ouvriers recevait
« par jour un demi-mithcal mahmoudi d'or.

« Au nord est un édifice contenant quantité de vases d'or et
« d'argent destinés à l'illumination de la 27ᵉ nuit du ramadhan.
« On voit dans ce trésor un exemplaire du Coran que deux
« hommes peuvent à peine soulever à cause de sa pesanteur, et
« dont quatre feuillets sont écrits de la main d'Othman fils d'Af-
« fan (que Dieu lui soit favorable!); on y remarque plusieurs
« gouttes de son sang. Cet exemplaire est extrait du trésor tous
« les vendredis[4]. Deux d'entre les gardiens de la mosquée, précé-
« dés d'un troisième portant un flambeau, sont chargés du soin
« d'apporter l'exemplaire renfermé dans un étui enrichi de pein-
« tures et d'ornements du travail le plus délicat. Une place par-
« ticulière (littéral. un trône) lui est réservée dans l'oratoire.
« L'imam, après avoir lu la moitié d'une section du Coran, le
« remet à cette place.

[1] خصّة.
[2] خطيرة.
[3] عود المجمر.
[4] Le ms. A porte : *tous les jours*.

« A droite du *mihrab* et de la tribune est une porte servant à
« la communication entre la mosquée et le palais (el-cassr) et don-
« nant sur un corridor pratiqué entre deux murailles percées de
« huit portes, dont quatre s'ouvrent du côté du palais et quatre
« du côté de la mosquée.

« Cet édifice a vingt portes [1] recouvertes de lames de cuivre et
« d'étoiles [2] de même métal. Chacune de ces portes tourne sur
« deux gonds très-solides; les murs qui leur font face sont ornés
« de mosaïques travaillées avec art en terre cuite rouge et formant
« divers dessins.

« Les parties extérieures des ouvertures ou des fenêtres qui
« règnent tout autour et au haut de l'édifice pour donner passage
« à la lumière, et l'intérieur (de ces fenêtres) sont soutenus jus-
« qu'au plafond de la toiture par des entablements de marbre dont
« la longueur est de 1 toise, la largeur de 36 pouces et l'épaisseur
« de 4 doigts. Tous ces entablements sont travaillés en hexagones
« et en octogones sculptés, taillés en creux [3] de diverses manières,
« de sorte qu'ils ne se ressemblent point entre eux.

« Au nord de la mosquée il existe une tour dont la construction
« est singulière, le travail curieux et la forme d'une beauté rare.
« Elle s'élève dans les airs à une hauteur de 100 coudées *rechaché*.
« De la base au balcon où se place le muedzin (le crieur) on
« compte 80 coudées, et de là jusqu'au sommet de la tour 20 cou-
« dées. On monte au haut de ce minaret au moyen de deux
« escaliers dont l'un est situé à l'ouest et l'autre à l'est de l'édi-
« fice, de sorte que deux personnes parties chacune de son côté
« du pied de la tour et se dirigeant vers son sommet, ne se re-
« joignent que lorsqu'elles y sont parvenues. La façade de cet
« édifice se compose de pierres dures jointes ensemble, et revê

---

[1] M. de Laborde dit : *dix-sept.*

[2] كواكب.

[3] C'est ainsi du moins que je crois devoir rendre le mot منقودة.

« tues, à partir du sol jusqu'au sommet de la tour, de beaux or-
« nements, produits des divers arts de la dorure, de l'écriture et
« de la peinture.

« Sur les quatre côtés de la tour règnent deux rangs d'arcades
« reposant sur des colonnes du plus beau marbre. Le nombre des
« colonnes existantes dans l'intérieur ou à l'extérieur de l'édifice
« s'élève à trois cents en y comprenant les grandes et les petites.
« Au haut est un pavillon avec quatre portes destiné au logement
« des crieurs qui doivent y passer la nuit. Ces crieurs sont au
« nombre de seize employés chacun à son tour, de telle sorte qu'il
« y en a toujours deux de service par jour. Au-dessus de la cou-
« pole qui couvre ce pavillon on voit trois pommes (ou boules)
« d'or et deux d'argent[1]. La plus grande de ces pommes pèse 60
« rotls (ou livres de l'espèce de celles dont on se sert pour le
« pesage de l'huile). Le nombre total des personnes attachées
« au service de la mosquée est de soixante. Elles sont sous l'ins-
« pection d'un intendant chargé de veiller à leurs intérêts. Lorsque
« l'imam a commis quelque faute ou négligence, il ne fait point
« ses adorations avant la cérémonie dite le *selam*, mais bien
« après.

« A l'époque où nous écrivons le présent ouvrage, la ville de
« Cordoue a été écrasée sous la meule du moulin de la discorde;
« les rigueurs de la fortune ont changé sa situation, et ses habi-
« tants ont éprouvé de très-grands malheurs, en sorte que sa
« population actuelle est peu considérable. Il n'est pas (cependant)
« de ville plus célèbre dans toute l'Espagne.

« On voit à Cordoue un pont qui surpasse tous les autres en
« beauté et en solidité de construction. Il se compose de dix-sept
« arches. La largeur de chaque pile et celle de chaque arche même
« est de 50 choubras (environ 44 pieds 3 pouces). Ce pont est cou-

---
[1] Le texte ajoute ici les expressions suivantes : واوراق سوسنية تسع, ce qui signifie : « et les *feuilles de lys* sont (au nombre de) *neuf*. »

« vert de tous côtés de parapets qui s'élèvent à hauteur d'homme.
« La hauteur du pont, à partir du plancher sur lequel on marche,
« jusqu'au niveau des plus basses eaux dans les temps de séche-
« resse, est de trente coudées ذرعا. Lors des fortes crues, l'eau
« atteint à peu près à la hauteur des ouvertures. En aval du pont
« et au travers de la rivière est une digue construite en pierres
« de l'espèce de celles dites Cobtié قبطية, et portant sur de solides
« piliers de marbre. Au-dessus de cette digue sont trois édifices
« contenant chacun quatre moulins. En somme la beauté et la
« grandeur (des édifices) de Cordoue sont au-dessus de tout ce
« qu'il est possible d'imaginer. »

De Cordoue à al-Zahira الزهرا on compte 5 milles.

« Cette dernière ville subsiste encore avec ses murailles et les
« vestiges de ses palais habités par un petit nombre d'individus et
« de familles. C'est une ville considérable bâtie en étages (littéral.
« ville sur ville), en sorte que la ville supérieure est parallèle
« (ou correspond) à celle du milieu, et celle-ci à l'inférieure.
« Toutes sont entourées de murs. Dans la partie supérieure il
« existait un château dont il est impossible de donner la des-
« cription. Dans la partie moyenne étaient des jardins et des ver-
« gers, en bas les maisons et la grande mosquée. Mais cette ville
« est en ruines et en état de décadence. »

De Cordoue à Alméria المرية on compte 8 journées;

A Séville اشبيلية, 80 milles;

A Malca (Malaga) مالقة, 100 milles;

A Tolède طليطلة, 9 journées.

Celui qui, partant de Cordoue, veut se diriger vers le nord, passe par le col d'Arlech عقبة ارلش (ou d'Awlech اولش), 11 milles.

De là à Dar el-Bacra دار البقرة, 6 milles.

De là à Betrouch بطروش, 40 milles.

« Betrouch est une place forte, bien bâtie, bien peuplée et pour-
« vue de hautes fortifications. Ses habitants sont braves, courageux

PREMIÈRE SECTION.

« et toujours prêts à repousser leurs ennemis. Les montagnes et
« les plaines environnantes produisent une espèce de chêne por-
« tant un gland bon à manger, et qui surpasse en qualité tous
« les autres; aussi les habitants de ce lieu ont-ils soin d'en con-
« server des provisions pour subvenir à leur nourriture durant
« les années de disette. »

De Betrous à Ghâfec عافق, 7 milles.

« Ce dernier fort est un bon lieu de refuge: ses habitants sont
« braves, courageux, et entreprenants. Ils s'exercent surtout à la
« poursuite des chrétiens; lorsque ceux-ci sortent de leurs do-
« maines, ils les réduisent en captivité et se partagent le butin.
« Les chrétiens, connaissant leur force, exercent beaucoup de
« surveillance sur ces terres, et se mettent, autant que possible,
« à l'abri de leurs attaques. »

De là à Djebel A'mir جبل عامر, 1 journée;

Puis à Dar el-Bacar دار البقر, 1 journée;

A Cala't Rebah قلعة رباح (Calatrava), jolie ville dont nous avons déjà parlé, 1 journée.

« L'itinéraire de Cordoue à Batalios بطليوس (Badajoz) est
« comme il suit :

« De Cordoue à Dar el-Bacar دار البقر, dont nous avons déjà
« fait mention, 1 journée.

« De là au fort de Seïder حصن سيدر (probablement) 1 journée.

« Puis à Zouagha زواغة, fort situé sur une éminence et dont le
« mur d'enceinte est de terre, 1 journée;

« Puis à la rivière d'Athana اثنة [1], 1 journée;

« Puis à Honach حنش (Honachez), fort très-haut, très-bien cons-
« truit, d'une très-bonne défense et protégeant bien le pays,
« 1 journée.

« De là à Marida مارده, 1 journée agréable.

« De là à Batalios بطليوس (Badajoz), 1 journée faible.

Le ms. A porte : Ahana ابنه.

66   QUATRIÈME CLIMAT.

« Ce qui forme, pour le total de la distance qui sépare Cordoue
« de Badajoz, 7 journées.

« A partir de la première de ces villes, en se dirigeant vers
« le nord, on trouve à une journée de distance le fort d'Abal
« حصن ابال, auprès duquel sont situées des mines de mercure,
« d'où l'on extrait ce métal ainsi que le cinabre, destinés à être
« exportés dans toutes les parties du monde. L'exploitation se
« fait au moyen de plus de mille ouvriers dont les uns descendent
« dans les puits et travaillent à la coupe des pierres, les autres
« sont employés au transport du bois nécessaire pour la combus-
« tion du minerai, d'autres à la fabrication des vases où l'on
« fond et où l'on sublime le mercure, et enfin d'autres au service
« des fours.

« J'ai visité moi-même ces mines, et j'ai été informé que leur
« profondeur, à partir de la surface du sol jusqu'au point le plus
« bas, est de plus de 250 brasses قامة. »

De Cordoue à Grenade غرناطة on compte 4 journées ou 100
milles;

Et de Grenade à Djian جيان (Jaen), 50 milles ou 2 journées.

La mer de Syrie (la Méditerranée), qui baigne les côtes mé-
ridionales de l'Espagne, commence vers le couchant المغرب et se
termine à Antakié انطاكية (Antioche). La distance qui sépare ces
deux points est de 36 journées de navigation. Quant à la largeur
de cette mer, elle varie beaucoup; ainsi, par exemple, de Malca
مالقة (Malaga) à Mezma المزمة et à Badis باديس, lieux situés sur la
rive opposée, on compte 1 journée de navigation, en supposant
un vent de force moyenne et favorable. A Alméria المرية correspond sur l'autre rive Henin هنين, et la distance est de 2 journées.
Dania دانية est située vis-à-vis de Tennès تنس, et la distance est
de 3 journées. (Enfin) de Barcelone بارشلونة à Bougie بجاية, ville
située en face, sur la côte de l'Afrique moyenne الغرب الاوسط, on

¹ Le ms. A porte : *de plus de cent cinquante coupes.*

compte par mer 4 journées. Or, la journée de navigation équi- Feuillet 136 recto. vaut à 100 milles.

L'île de Iabesa جزيرة يابسة (Iviza) est jolie, « plantée en vigno- « bles et produisant beaucoup de raisin; on y remarque une ville « petite, mais agréable et bien peuplée. » Le point le plus voisin de cette partie du continent de l'Espagne est Dania دانية, ville située à 1 journée de navigation. A l'orient de cette île et à 1 journée de distance est l'île de Maïorca ميورقة (Majorque), « dont la « capitale est grande et dont le prince gouverneur commande une « brave garnison et peut disposer de beaucoup d'armes et de res- « sources. » Également à l'orient, on remarque l'île de Minorque منورقة, située en face de Barcelone, à 1 journée de distance. De Minorque à l'île de Sardaigne جزيرة صردانية, on compte 4 journées de navigation.

9.

DEUXIÈME SECTION.

Iles de la Méditerranée. — Sardaigne. — Corse. — Elbe. — Pianosa. — Capri. — Strangelo. — Stromboli. — Cossra. — Lampedouse. — Description de la Sicile. — Palerme. — Messine. — Taormina. — Catane. — Syracuse. — Noto. — Agrigente. — Sciacca. — Mazzara. — Marsala. — Trapani. — Castro-Giovanni. — San Filippo. — Corleone.

Cette section comprend la description d'une partie de la mer de Syrie; celle de diverses îles, soit habitées, soit désertes, « soit « célèbres, soit peu connues, et d'une partie du pays des chrétiens « dont nous parlerons ensuite, s'il plaît à Dieu. » Nous disons donc qu'au nombre des principales îles comprises dans la présente section, il faut ranger les îles de Sardaigne سردانية, de Corse ترسة et de Sicile صقيلية, et parmi les moins importantes celles d'Elbe البة, de Banosa بانوسة (Pianosa), de Strangelo et la montagne du Volcan, استرنجلو وجبل بركان (Stromboli), l'île du Volcan جزيرة بركان¹, l'île de Libari ليبرى (Lipari), l'île des Herbes sèches جزيرة دمدمة, celle dite Omm el-Khammar ام الخمار, Tarfania طرفانية (Favignana?), Ankouza انكوده, Oustica اشتقة (Ustica), Albalia البالية, l'île du Moine جزيرة الراهب, Cosra توسرة², l'île du Livre جزيرة الكتاب, Nemousa نموشة (Linosa), Kemouna كونة (Cumino) et Malte مالطة.

Quant aux parties des côtes situées sur le continent, on y remarque : Barcelone برشلونة, Girone جرندة, Anbouris انبورش (Ampurias), Narbonne اربونة et Carcassonne ترقشونة (villes), qui dépendent toutes de la Gascogne غشكونية. Dans la partie orientale

---
¹ Le mot borkan pour volcan paraît évidemment être d'origine latine.
² Ou قصره, d'après le ms. A.

DEUXIÈME SECTION.

de cette section, et au nombre des dépendances de la Calabre قلورية, sont : Reggio ريو, Almassa المصة (Mozza), Atraba اترابة (Trapea), et Sainte-Euphémie شنت فمى.

De l'île de Minorque منورقة aux côtes de Barcelone on compte 1 journée de navigation, et de cette même île, en se dirigeant vers l'orient, à celle de Sardaigne, 4 journées.

La Sardaigne سردانية est une île considérable, montagneuse et peu pourvue d'eau [1]. Elle embrasse en longueur un espace de 280 milles, et en largeur un espace de 180 milles; cette dernière dimension est de l'orient à l'occident. Sa longueur est du midi au nord, en se dirigeant un peu vers l'orient. On y remarque trois villes principales, savoir : 1° Fitana فيطانة (Oristani?), ville bien peuplée et située dans la partie méridionale de l'île; 2° Calmera قلمرة (Gallura?), près le cap situé sur le détroit qui sépare la Sardaigne de la Corse; et 3° Castala قشتالة (Castel Sardo?) [3]. Les habitants de la Sardaigne sont d'origine romaine, c'est-à-dire des tribus issues de Romains et devenues barbares et sauvages; « ils « sont braves, entreprenants et ne quittent jamais leurs armes. » L'île renferme des mines d'argent; ce métal est d'excellente qualité et on l'exporte dans diverses provinces romaines. La largeur du détroit qui sépare la Sardaigne de la Corse est de 20 milles.

Cette dernière île جزيرة قرسة, entourée de rochers abruptes, a vers l'orient la mer qu'on nomme en langue barbare *Terrana* طرانية (*Tirrhenum mare*), et elle possède, dans sa partie occidentale, une ville jolie, de grandeur médiocre et bien peuplée [4]. La longueur de l'île est de 150 milles, et sa largeur de 27. « La « Corse قرسة est une île fertile, bien peuplée, et dont les habi-

SARDAIGNE.

CORSE.

---

[1] Il est difficile de se rendre compte du motif sur lequel repose une telle assertion.

[2] Peut-être l'ancienne Phausania ou Fausina, dont il est question dans les géographes anciens. Voyez Azuni, *Histoire de la Sardaigne*, t. I, p. 24.

[3] Le ms. B porte *Casilia*.

[4] Probablement Ajaccio.

« tants fréquentent le pays des Romains ou des Chrétiens. Ce sont
« les plus voyageurs d'entre les peuples chrétiens. »

ELBE.

Parmi les îles qui avoisinent ce pays il faut compter l'île d'Elbe جزيرة البـة, distante de la Corse d'une journée de navigation, et dont le circuit, en suivant le contour de la côte, est de 100 milles. C'est une dépendance de Pise من اعمال بيش.

PIANOSA.

De l'île d'Elbe à celle de Banosa بانوسه (Pianosa), en se dirigeant vers le nord-est, on compte 25 milles. Cette dernière a 30 milles de circonférence, et elle est dépourvue d'habitants.

De Pianosa à Cabreira قبريرة (Capraia), 13 milles.

De Cabreira à la rivière de Pise وادى بيش, 34 milles.

De Cabreira à Cabra قبره [1] (Capri), vers l'orient (la distance manque).

CAPRI.

Capri est peuplée, et ses habitants issus de ceux de Malfi ملفى (Amalfi) « élèvent des troupeaux; » il y a dans cette île une ville de médiocre grandeur, au milieu de laquelle surgit une source.

De Capri à Sorrente سرنت on compte 12 milles. Cette île possède un petit port dans sa partie orientale.

De là à Nabel نابل (Naples), 30 milles;

Et à l'île de Chikla شكلة (Ischia), île peu considérable, située à l'occident de Nabel la maritime (Naples), 60 milles.

Les habitants de cette île sont d'origine romaine, et ils vivent avec leurs femmes et leurs enfants dans une jolie ville qui s'appelle Maïor, d'où l'île a pris le nom de Chikla Maïor شكلة ميور.

De là à Naples on compte 30 milles;

Et à Bantobera بنت برة [2] (Vantodena?), île où l'on voit une ville et un arsenal pour la construction des navires creusé dans le roc, ainsi qu'un aqueduc creusé vis-à-vis de cet arsenal (l'eau parvient à la ville au moyen de ce canal creusé dans le roc), 50 milles.

De Bantobera بنت برة à Gaïta غايطة (Gaëta), 20 milles.

---

[1] Le ms. B porte قنوه.

[2] Le ms. A porte بيتابره, et la version latine, *Pantatera*.

DEUXIÈME SECTION.

A 30 milles de Bantobera, en se dirigeant vers le sud-ouest, sont des îles peuplées dont l'une se nomme Monsa مونسة et l'autre Bonsa بونسة (Ponza)¹.

De l'île de Capri à celle de Strangelo استرنجلو, située au sud-est, vers la Sicile (la distance manque).

De Malfi ملفي (Amalfi) à cette dernière île on n'en trouve aucune autre que Capri.

Strangelo استرانجلو est une île située au nord-est de l'île du Volcan جزيرة البركان; il y a des sources d'eau vive, mais point de port; « c'est une montagne très-haute où l'on voit du feu de temps « en temps²; » le continent le plus voisin de cette île est celui de Mantia منتنية (Amanthea), en Calabre, à la distance de 40 milles.

De Strangelo à l'île du Volcan on compte 30 milles.

Cette dernière, جزيرة البركان (Stromboli), n'est pas très-grande, mais il y existe une haute montagne où l'on voit à certaines époques un très-grand feu; il est rare que ce feu cesse de paraître. Au moment des éruptions, la montagne vomit des pierres embrasées, et l'on entend un bruit épouvantable qui, à une grande distance, ressemble à celui du tonnerre. On trouve dans cette île des chèvres sauvages. La plus courte distance de là à la côte de Sicile, c'est-à-dire à Dendara دندارة, est de 15 milles.

De l'île en question à celle de Lipari جزيرة لبير, qui n'est habitée qu'à certaines époques et où il existe une forteresse, on compte, en se dirigeant vers l'ouest et tirant un peu vers le nord, 4 milles.

On trouve à Lipari du bois, de l'eau et un petit port.

De là à la petite île de Dendema دندمة, dépourvue de port, on compte, en se dirigeant vers le nord, 3 milles;

---

¹ La version latine porte *Tanesa* et *Iunesa*.

² Nous croyons devoir suivre ici, de préférence à toutes autres, les leçons qui nous ont données par le ms. B.

Et à celle de Faïkoudha فيكودة, inhabitée et dépourvue de port, vers le midi, 10 milles.

De cette dernière à Arkoudha اركودة[1], 10 milles.

La première de ces îles est située au sud-est de la seconde qui, bien que peu considérable, offre cependant un refuge et un petit port aux navigateurs.

D'Arkoudha اركودة à Ustica اوشتيقة, île où l'on trouve de l'eau et un bon ancrage, 40 milles.

Cette dernière est située en face et à 40 milles de distance de Balcourin, dépendance de Palerme en Sicile بلقرين من مدينة بلرم صقيلية.

Au midi d'Ustica est l'île du Moine جزيرة الراهب, qui dans la partie du sud et dans celle de l'est possède divers ports où peuvent mouiller tranquillement les navires. Elle est située au-dessus et à 15 milles de Trabanas طرابنس (Trapani ou Drepanum). Au nord de l'île du Moine est la petite île d'el-Babsa البابسة (Levanzo?), dépourvue de port et d'eau douce. Le pays de Sicile le plus voisin de cette île est Trabanas طرابنس (Trapani), qui en est distant de 10 milles. De l'île du Moine, du côté du couchant, à celle de Melitma مليطمة, située vis-à-vis de Tunis-lez-Carthage[2], où il n'y a point d'ancrage et où l'on trouve des chèvres et des daims, on compte 30 milles. A l'orient de Melitma et au sud-est de l'île du Moine, est celle de Cossra قوصرة, située (d'un côté) en face de Nabel ou Napoli d'Afrique, (et de l'autre) en face de Sciacca et de Mazzara شاقة ومزارا, à la distance de 100 milles. De Cossra au continent de l'Afrique, on compte également 100 milles.

[1] La version latine donne à ces îles les noms de *Didima*, *Phenicode* et *Hericode*. D'après l'ouvrage de M. l'abbé Ferrara, intitulé : *I campi allegri della Sicilia*, p. 203 et 246, Messine (1810), *Didima* est l'île connue sous le nom de *Salina*; *Arkoudha* ou *Ericodes* est aujourd'hui *Alicuri*, et *Faïkoudha*, *Filicuri*.

[2] La version latine porte : *e regione Tunis Carthaginiensium*; mais le mot تسوازى signifie : *qui correspond*, *qui est situé parallèlement* ou *en face*.

DEUXIÈME SECTION.

Cossra توصره[1] est une île fortifiée. Il y a des puits, des rivages (cultivés) et des oliviers. On y trouve beaucoup de chèvres sauvages qui fuient à l'aspect des hommes. Il y a du côté du midi un port très-abrité contre plusieurs vents. Précisément vers l'orient et à 100 milles de cette île est celle de Ghodos غودس (Gozzo), où se trouve un bon ancrage. De là on se rend à une petite île nommée Koumena كومنة (Comino), à l'orient de laquelle est Malte مالطة, île considérable et remarquable par la bonté de son port situé à l'orient de l'île, « auprès duquel est une ville. L'île « abonde en pâturages et en troupeaux de moutons, en fruits et « en miel. » De là au point le plus voisin de la Sicile, c'est-à-dire au lieu dit Akeronta اكرنتة, on compte 80 milles. Après Malte, en se dirigeant vers l'orient et vers le midi, il n'existe point d'autre île que celle de Crète اتريطش. Quant à Lampedouse لنبدوشة, la distance qui sépare cette île du point le plus rapproché de l'Afrique افريقية, c'est-à-dire de Caboudia قبودية, est de 2 journées de navigation. Lampedouse possède un port abrité contre tous les vents et capable de contenir des flottes nombreuses. Ce port est situé au sud-ouest لباج[2] de l'île, « où l'on ne trouve d'ailleurs aucune « espèce de fruits ni d'animaux. » A 5 milles du côté du nord, en tirant un peu vers l'ouest de Lampedouse, est une jolie île qu'on nomme île du Livre الكتاب et qui est très-agréable. De là à Nemousa موشة (Linosa?), en se dirigeant vers le nord-nord-est, on compte 30 milles. « Il n'existe à Nemousa ni port ni arbres, mais « quelques champs ensemencés. Le mouillage y est dangereux. » De l'île de Ghodos غودس à Nemousa موشة on compte 2 journées de navigation. Grâces à Dieu, après avoir sommairement traité de ces diverses îles en indiquant ce qu'elles offrent de remarquable, il nous reste maintenant à parler de la noble Sicile صقلية

---

[1] Je suppose qu'il s'agit ici de l'île de Pantellaria.

[2] Voici la première fois que nous trouvons employé par notre auteur le mot *Libadj* (Lebeccio ou Libyque).

74 QUATRIÈME CLIMAT.

العليا, « à indiquer clairement ses diverses régions, ses villes, et
« ses lieux un à un; à dire ce dont elle a droit de se glorifier, à
« expliquer l'importance des avantages dont elle jouit, le tout avec
« le moins de paroles et le plus de sens qu'il sera possible [1], s'il
« plaît à Dieu. »

SICILE.
« Nous disons donc que la Sicile est une perle du siècle en
« fait d'excellence des productions, de fertilité du sol, d'agrément
« des villes et des habitations. Depuis les époques les plus an-
« ciennes, tous les voyageurs qui y sont venus du dehors et qui
« ont comparé entre elles (littéral. discuté sur) les mérites des di-
« verses villes et capitales, se sont plu à vanter cette île, à exalter
« l'étendue de son territoire, la beauté de ses sites, la variété de
« ses produits et en général les avantages dont elle jouit. Ses
« rois sont les plus fortunés des princes, et ils inspirent la ter-
« reur à leurs ennemis, car ils disposent d'un très-grand pouvoir,
« sont entourés d'une grande considération, doués d'une haute
« sollicitude et placés dans le rang le plus glorieux.

« Ce fut en l'an 453, d'après le comput des Arabes (1061 de
« l'ère chrétienne), que l'illustre, sage, excellent et puissant mo-
« narque Roger, fils de Tancrède, conquit la meilleure partie
« de cette contrée, et avec l'aide de ses compagnons parvint à
« humilier l'orgueil des rebelles qui s'opposaient à sa domination
« et qui résistaient à ses armes. Ce prince, l'élite des princes
« francs, خيرة ملوك الافرنجيين, ne cessa de disperser les ennemis
« de la Sicile, de combattre les révoltés, de faire chez eux des
« incursions, de leur occasionner toute sorte de dommages, de
« les détruire, de les passer au fil de l'épée, jusqu'à ce qu'il se
« fût rendu maître par ses victoires de toute la contrée, et qu'il
« l'eût conquise province par province, et château (fort) par châ-
« teau; et cela dans l'espace de trente ans. Lorsque le pays fut
« soumis à ses ordres et qu'il y eut établi sa puissance sur des

[1] Le texte porte: بالوجيز من القول مع استقصا المعاني.

DEUXIÈME SECTION.

« fondements solides, il répandit les bienfaits de la justice sur   Feuillet 137 verso.
« les habitants; il les tranquillisa sur l'exercice de leurs reli-
« gions et sur l'observation de leurs lois; il leur assura la con-
« servation de leurs biens, de leurs vies, de leurs femmes et de
« leurs enfants. Ce fut ainsi qu'il gouverna durant le temps de
« sa vie, jusqu'à sa mort qui fut naturelle et qui arriva en l'an 494
« (1100 ou 1101), tandis qu'il se trouvait dans le château de
« مليطو (Melito) en Calabre, où il fut enseveli. Il laissa pour héri-
« tier son fils, le grand roi qui porte le même nom que lui, et
« qui, adoptant les mêmes principes de conduite, marche sur
« ses traces. Roger II, en effet, a constitué la puissance, orné
« l'empire, ennobli la souveraineté, donné aux affaires une équi-
« table impulsion; et cela au moyen d'une surveillance évidente
« et d'actions louables jointes au maintien de la justice, de la   Feuillet 138 recto.
« paix et de la sécurité, en sorte que des rois se sont soumis
« à son obéissance, se sont fait honneur d'être ses auxiliaires et
« ses adhérents, lui ont confié les clefs de leurs états, et se sont
« de toutes parts rendus auprès de lui pour se mettre sous la pro-
« tection de ses lois et à l'ombre de sa clémence. La considéra-
« tion, la gloire, la grandeur dont ce prince jouit à l'époque
« où nous écrivons le présent ouvrage, sont au delà de toute
« limite.

« Quant à la Sicile, dont il vient d'être question, c'est une île
« d'une importance majeure et dont les dépendances et les villes
« sont nombreuses, les agréments et les avantages infinis. Notre
« intention est de les énumérer avec soin et de décrire l'état de
« ce pays ville par ville; dessein dont l'objet est glorieux et les
« moyens d'exécution difficiles. Nous ferons cependant tout ce
« qui dépendra de nous pour servir de guides à nos lecteurs et
« pour atteindre le but que nous nous sommes proposé.

« Nous disons donc que cette île, à l'époque où nous écrivons,
« c'est-à-dire sous le règne du grand roi Roger, comprend cent

76 QUATRIÈME CLIMAT.

Feuillet 138 recto.
« trente villes ou châteaux, sans compter les villages, les lieux de
« station et les hameaux. Nous traiterons d'abord sommairement
« de la partie maritime de l'île, en n'indiquant que ce qui carac-
« térise particulièrement les rivages, et en procédant de manière
« à revenir au point d'où nous serons partis; puis nous passerons
« à la description des villes, forts et dépendances habités de l'in-
« térieur, pays par pays, s'il plaît à Dieu.

PALERME.
« La première de ces villes est Palerme بلرم, cité des plus re-
« marquables par sa grandeur, lieu des plus célèbres par son
« importance, métropole[1] des plus illustres de l'univers. Elle
« réunit en effet tous les genres de gloire et tout ce qu'il y a de
« plus noble en fait de splendeur. Siége du gouvernement dès les
« temps primitifs et les époques les plus anciennes de l'islamisme,
« c'est de là que sortaient les flottes et les armées conquérantes,
« comme elles en sortent encore aujourd'hui.

« Cette ville est située sur le rivage à l'orient de la mer, et en-
« tourée de hautes montagnes. Le rivage offre du côté oriental
« un coup d'œil ravissant. Il est couvert de quais magnifiques,
« et d'où le voyageur (littéral. le cavalier) peut contempler la
« beauté des édifices, ainsi que la perfection du travail et l'élé-
« gance des arts qui présidèrent à leur construction.

« Palerme se compose de deux parties, c'est-à-dire du château
« (el-Cassar القصر) et des faubourgs. Le château est un antique édi-
« fice renommé dans tout l'univers, qui se divise en trois quartiers
« (littéral. étages)[2]; celui du milieu comprend divers forts, diverses
« belles et nobles habitations, beaucoup de petites mosquées, de
« bazars, de bains et de magasins de gros négociants. Quant aux
« deux autres quartiers, il s'y trouve aussi de beaux hôtels, de
« hautes maisons et beaucoup de bains et de marchés couverts.
« C'est là qu'on remarque la grande mosquée qui était destinée

---

[1] Le texte porte : منبر, lieu de prédications.
[2] سماط.

« à cette partie de la ville dans les temps anciens. Elle subsiste
« encore, à l'époque actuelle, dans son état primitif, comme elle
« était auparavant, et surpasse tout ce qu'il est possible de con-
« cevoir d'élégant, de rare et d'exquis en fait de peintures, de
« dorures et d'inscriptions. »

Le faubourg entoure la ville de tous côtés. Il est bâti sur l'emplacement de la ville antique qui portait le nom de *Khalessa* خالصة, où résidait le sultan, et où étaient le palais particulier du prince du temps des musulmans[1], le port de la marine, l'arsenal[2] pour la construction des vaisseaux.

De tous côtés, aux environs de la ville, on trouve des eaux courantes, des fontaines et des canaux; « les fruits y sont en
« abondance, les habitations belles, délicieuses à tel point qu'il
« est impossible à la plume de les décrire et à l'intelligence de les
« concevoir; le tout offre un admirable coup d'œil.

« Le château dont il vient d'être fait mention (el-Cassar) peut
« être rangé au nombre des places les plus fortes; il est très-
« haut, très-susceptible de défense et (pour ainsi dire) imprenable.
« Au sommet est un fort bâti par les ordres du grand Roger.
« Construit en pierres de tailles très-dures, la disposition de
« cet ouvrage est très-forte, sa hauteur considérable, ses tours et
« ses casemates[3] très-solides ainsi que les pavillons et les appar-
« tements intérieurs. Cet édifice, d'une hauteur considérable, est
« couvert d'inscriptions tracées avec un art surprenant et d'orne-
« ments admirables. Tous les voyageurs attestent la splendeur
« de Palerme et font une description séduisante de cette ville. Ils
« conviennent qu'il n'en est point dont les édifices soient plus
« curieux, les habitations plus nobles, les palais plus imposants

---

[1] Le texte porte : التي بها سكني السلطان وللقامة فى ايام المسلمين. Il y a donc inexactitude dans la version latine : *præsertim tempore Moslemanorum erat sedes regia.*

[2] دار الصناعة *dar essana't*, d'où viennent les mots *darce, arsenal,* ترسانه etc.

[3] محاريب

« et les maisons plus agréables. Le faubourg qui environne l'an-
« cienne citadelle dont il vient d'être fait mention est très-vaste,
« car il contient un grand nombre de maisons, de caravansérails,
« de bains, de boutiques et de marchés. Il est entouré d'un mur
« et d'un fossé servant de clôture. Dans l'intérieur du faubourg il
« y a beaucoup de jardins, de promenades charmantes, de ruis-
« seaux d'eau courante provenant des montagnes qui avoisinent
« la ville. Au midi de Palerme coule la rivière d'A'bbas نهر عباس,
« qui fait tourner des moulins en assez grand nombre pour suf-
« fire aux besoins des habitants de la ville. A l'orient et à une
« journée de distance on voit le château de Thermé قلعة ترمة[1]
« bâti sur une saillie qui domine la mer; c'est une construction
« des plus belles et des plus vastes. Il est entouré de murailles
« et l'on y voit des vestiges d'anciens monuments et d'édifices
« parmi lesquels on remarque un amphithéâtre magnifique, qui
« atteste la puissance de ceux qui l'élevèrent; des fortifications,
« deux bains d'eaux thermales très-beaux, voisins l'un de l'autre
« et surmontés de constructions antiques. » A l'occident est un
lieu très-agréable connu sous le nom de Tarbi'at تربيعة (ou
Carré), « où coulent des ruisseaux dont les eaux font tourner
« plusieurs moulins et où sont de vastes habitations dans les-
« quelles on fabrique une sorte de pâte filamenteuse, اطرية
« (vermicelle ou macaroni), dont il se fait une exportation consi-
« dérable, soit en Calabre, soit dans les province musulmanes,
« soit dans les pays chrétiens. Là coule aussi la Sella السلا, rivière
« considérable dont les eaux sont douces, et où l'on pêche au
« printemps le poisson connu sous le nom de Raï الري. Dans la
« baie (de Thermé) on se livre à la pêche du thon. » A 12 milles
de distance est le château de Bourcad برجد, « bâti sur une émi-
« nence où l'on voit de nombreuses habitations, un marché, une
« citerne pour les eaux pluviales. Auprès sont des cours d'eau,

[1] Termini.

« des moulins, des vergers, des villages populeux, des champs
« cultivés. Ce château est situé à 2 milles de la mer. » De là à
Sakhrat el-Harir صخرة الحرير (le roc de la Soie), « petit fort bâti sur
« un cap escarpé qui s'avance dans la mer, » 12 milles.

« Du côté de la terre sont des dunes sablonneuses, des champs
« fertiles et des lieux parfaitement cultivés. De là à Djefaloudi
« جفلودى (Cefalù), 1 faible journée.

« Djefaloudi est une ville fortifiée, bâtie sur les bords de la
« mer, possédant des bazars, des bains, des moulins, et dans
« l'intérieur de laquelle est une source d'eau douce et fraîche,
« servant aux besoins des habitants. Il y a un bon port où l'on
« aborde de toutes parts. Le pays est très-florissant et défendu
« par un château bâti au sommet d'une montagne presque inac-
« cessible. »

De là à Touz'a طرزة (Tusa)[1], 1 journée faible.

« Ce fort, de construction ancienne, est solidement bâti et en-
« vironné d'habitations. Le faubourg est situé au sommet d'une
« montagne escarpée, et l'on n'y parvient que par des chemins
« difficiles. Le territoire, formé de campagnes d'un sol excellent,
« est très-fertile, très-peuplé, très-bien cultivé. Touz'a est à en-
« viron 2 milles de la mer. De là à Cala't el-Cawareb قلعة القوارب,
« fort également très-ancien, avec faubourg, de toutes parts en-
« touré de champs cultivés, fertiles et bien arrosés, 12 milles. »

A la distance d'un mille et demi de ce fort est un mouillage
fréquenté par les navires qui viennent y effectuer leurs chargements.

De là à Carounia القارونية (Coronia), fort où commence la
province de Demones اقليم دمشى, 12 milles.

« Ce fort, composé de constructions très-antiques et d'ouvrages
« d'une époque plus récente, est entouré de jardins, de ruisseaux,
« de vignobles et de bois. Auprès du port situé à la distance d'un

[1] La version latine porte *Tagha*.

« mille on remarque des filets (madragues), où l'on pêche quan-
« tité de thons. » De là à San-Marco شنفت مارکو, château très-
important où l'on voit des ruines d'anciens monuments et de
beaux édifices, 10 milles.

« San-Marco possède des marchés, des bains. On y trouve en
« abondance toute sorte de fruits, car la campagne qui l'environne
« est vaste, fertile et bien arrosée. Il y croît partout quantité de
« violettes qui embaument l'air des plus délicieux parfums. Le
« pays produit aussi beaucoup de soie, et sur la côte qui est fort
« belle, on construit des vaisseaux avec les bois provenant des
« montagnes environnantes. »

De là à Bassou باصو, « château situé à 2 milles de la mer, sur
« une éminence environnée de champs fertiles, de jardins, de
« cours d'eau, de moulins, dans un paysage riant et offrant les
« points de vue les plus agréables, » 10 milles.

De Bassou à Bactes بقطس, « fort bâti à 1 mille de la mer, dans
« une contrée également vaste, fertile, bien habitée et arrosée
« par des eaux courantes, » 12 milles.

De là à Lebiri لبيري, lieu remarquable par sa beauté, « et châ-
« teau fort assez important, sur les bords de la mer, avec marchés,
« bains, habitations, champs cultivés, vignobles, eaux courantes
« et moulins, » 3 milles.

« Dans la baie, qui offre un bon mouillage, on pêche quantité
« de thons. »

De Lebiri à Milass ميلاص (Milazzo), 12 milles.

« Milass est une place forte importante, bâtie sur les flancs d'un
« cap qui s'avance dans la mer. Les constructions en sont très-
« solides et très-hautes. C'est un des lieux les plus beaux, com-
« parable aux villes les plus populeuses, renommé par la grandeur
« des édifices, par la liberté dont on y jouit et par les ressources
« de toute espèce qu'offrent ses marchés. Cette place est environnée
« par la mer de tous les côtés, excepté du côté du nord. On peut

« s'y rendre par mer et par terre. Il s'y fait une grande expor- *Feuillet 139 verso.*
« tation de très-bon lin; les campagnes environnantes sont bien
« arrosées et très-fertiles. Il y a sur la côte des pêcheries de
« thon. »

De Milass à Messine مسيني on compte 1 faible journée.

La ville de Messine est située vers la pointe la plus orientale *MESSINE.*
de la Sicile et entourée de montagnes (surtout) du côté de l'occident. « Ses rivages offrent un bel aspect; son territoire se com-
« pose de vergers et de jardins produisant des fruits en abondance,
« et sillonnés par des cours d'eau qui font tourner plusieurs mou-
« lins. C'est une ville des plus remarquables, des mieux bâties et
« des plus fréquentées par les allants et les venants. On y cons-
« truit des vaisseaux et on vient y jeter l'ancre de toutes les
« parties maritimes de la chrétienté. C'est là qu'on trouve réunis
« les plus grands vaisseaux, ainsi que les voyageurs et les mar-
« chands des pays chrétiens et musulmans qui y arrivent de toutes
« parts. Ses bazars sont bien approvisionnés, et on peut y conclure
« des affaires avantageuses, car il y a grand concours de vendeurs
« et d'acheteurs. Les montagnes environnantes produisent du fer
« qu'on transporte dans les pays circonvoisins. » Le port est l'un
des plus admirables qui soient au monde; car les plus gros bâtiments y mouillent si près du rivage, qu'une personne à terre
peut facilement recevoir un objet quelconque des mains de celui
qui est à bord du vaisseau.

C'est auprès de Messine qu'on voit le détroit qui sépare la
Sicile de la Calabre, et dont le passage est difficile alors surtout
que le vent souffle dans une direction contraire au courant, ou
lorsque les eaux de la marée montante rencontrent celles du courant descendant; alors le navire qui se trouve placé entre ces deux
forces ne peut se sauver que par la permission de Dieu. La plus
grande largeur de ce détroit est de 10 milles, et la moindre
de 3 milles.

82 QUATRIÈME CLIMAT.

Feuillet 139 verso.

TAORMINA.

De Messine à Tabarmin طبرمين (Taormina) on compte 1 journée.

« Taormina est une place forte des plus anciennes et des plus
« respectables. Elle est bâtie sur une montagne qui domine la
« mer, avec un joli port où les navires viennent de toutes parts
« opérer des chargements de grains, des caravansérails et des
« marchés. C'est le rendez-vous des caravanes et des voyageurs qui
« viennent à Messine. A l'entour sont des villages populeux et des
« champs fertiles, une mine d'or, une montagne nommée Tôr طور,
« renommée par les miracles qui s'y opèrent; des cours d'eau
« qui font tourner divers moulins, et un petit nombre de jardins.

Feuillet 140 recto.

« On y remarque aussi un pont magnifique attestant l'habileté et
« la puissance de celui qui le construisit, un amphithéâtre an-
« ciennement destiné aux jeux scéniques des Romains et dont
« les vestiges prouvent aussi une noble domination et un grand
« pouvoir [1]. »

A 1 journée de distance est Lebadj لباج (Aci Reale), « bourg
« situé sur les bords de la mer et dont les constructions sont
« anciennes. Les champs qui l'entourent sont très-fertiles, et
« l'époque des moissons y est plus précoce que dans le reste de
« la Sicile, à cause de la chaleur du climat. On en exporte de la
« poix résine, du goudron, du bois et divers autres objets. A l'oc-
« cident de ce lieu est la montagne connue sous le nom de Djebel
« el-Nar جبل النار, ou la montagne du feu (l'Etna). De là à Catania
« طانية on compte 6 milles.

CATASE.

« Cette dernière ville, également connue sous le nom de Beled
« el-fil بلد الفيل, est belle, considérable et renommée. Située
« sur les bords de la mer, on y voit des marchés florissants, des
« habitations charmantes, de grandes et de petites mosquées,
« des bains, des caravansérails. Le port en est beau, très-fréquenté,
« et on y charge toutes sortes de marchandises; les jardins nom-

---

[1] Les deux manuscrits répètent ici la mention qui vient d'être faite de l'existence d'une mine d'or.

DEUXIÈME SECTION.

« breux et parfaitement arrosés. Il y existe une rivière présentant
« un phénomène des plus singuliers qui consite en ce que, durant
« certaines années, les eaux y grossissent au point de faire tourner
« des moulins et de remplir une vallée, et que, durant certaines
« autres, elle est à sec au point de n'y point trouver à boire. Les
« édifices de Catania sont vastes, son territoire fertile et ses mu-
« railles très-fortes. L'éléphant d'où provient la dénomination de
« Beled el-fil est un talisman qui se compose de la représentation
« en pierre de cet animal. Ce talisman s'élevait autrefois sur une
« éminence; on l'a transporté depuis à l'église d'un couvent dans
« l'intérieur de la ville. » A l'occident de Catania coule une rivière
considérable dite la rivière de Moïse, se jetant dans le golfe de
Catania, et abondante en poissons d'une grosseur énorme et d'un
goût exquis.

Les villes de Taormina, Lebadj et Catania sont bâties du
côté de l'orient et au pied du mont (Etna) dont il vient d'être
fait mention. On compte 1 journée de Catania à Lentini لنتيني,
« château bien fortifié, possédant des marchés fréquentés qui
« lui donnent l'aspect d'une ville, » et situé à six milles de la
mer sur les bords d'une rivière du même nom, rivière que les
navires peuvent remonter tout chargés, et qu'ils remontent en
effet; les marchandises sont débarquées ensuite vis-à-vis de la
ville à l'orient. A l'occident sont de vastes plaines et des campagnes d'une vaste étendue. « On pêche dans la rivière des
« poissons aussi rares qu'excellents qu'on transporte dans tous
« les environs. Les marchés de Lentini sont en bon état ainsi
« que les caravansérails. On y voit toujours beaucoup de monde. »
De là à Saragousa سرقوسة (Syracuse) on compte 1 forte
journée.

« Cette dernière ville est l'une des plus célèbres et des plus
« remarquables du monde. On y voit nombre de bourgeois et
« de paysans, et il y vient des marchands de tous les pays. » Bâtie

84 QUATRIÈME CLIMAT.

Feuillet 140 recto.   sur les bords de la mer, qui l'entoure de tous côtés, il n'y a pour y entrer et pour en sortir qu'une seule porte située au nord. « Au reste la célébrité de Syracuse nous dispense d'en parler avec « beaucoup de détails; tout le monde sait en effet que c'est une « métropole des plus illustres et un marché des plus renommés. » Il y a deux ports qui n'ont pas leurs pareils dans tout l'univers;

Feuillet 140 verso.   l'un, le plus vaste, au midi; l'autre, le plus connu, au nord. On voit à Syracuse la source connue sous le nom de Fawarat el-Caboudhi فوارة القبوذى (la fontaine d'Aréthuse), qui surgit d'une caverne sur le bord de la mer, « et qui est vraiment surprenante. « En fait de bazars, de marchés aux provisions, de caravansérails, « de maisons, de bains, de beaux édifices, de places publiques, « on y voit ce qu'il est possible de trouver de plus remarquable « dans les plus grandes capitales. Le territoire qui en dépend « est vaste, couvert d'habitations, fertile et parfaitement cultivé. « On y charge du blé et d'autres productions pour tous les pays. « Les jardins environnants produisent des fruits en quantité pro-« digieuse. »

De Syracuse à Notos نطوس (Noto), 1 journée.

NOTO.   « Notos, défendu par un fort très-haut et très-solidement cons-« truit, est une ville remarquable par sa beauté, par son éten-« due et par l'excellence de ses productions; il y a des bazars « d'une construction élégante, des édifices d'une grande solidité, « des cours d'eau douce qui font tourner beaucoup de moulins, « des dépendances considérables, des champs parfaitement ense-« mencés et très-fertiles. La ville est ancienne et possède divers « monuments. » Elle est à huit milles de la mer, et dans l'intervalle qui l'en sépare, on trouve une station « dite Castir-« noun قسترنى, dans un site agréable et entouré de champs « cultivés. »

De Notos au cap qui forme l'extrémité orientale [1] de la Sicile

[1] Ou plutôt méridionale.

on compte 1 journée; cet espace est entièrement désert. Le cap se nomme port de Bawales مرسى البوالص, (cap Passaro). De Notos à Chiklé شكلة (Scicli), fort situé sur le sommet d'une montagne à 3 milles de la mer, on compte 1 journée.

« Ce fort est dans le meilleur état possible; ses environs très-
« bien cultivés se composent de campagnes très-peuplées où se
« tiennent des foires fréquentées par les habitants de tous les au-
« tres cantons. Ces champs sont vastes, fertiles et entremêlés de
« jardins produisant beaucoup de fruits. On y vient par mer de
« tous les points de la Calabre قلورية, de l'Afrique افريقية, de Ma-
« ltة مالطة, et d'ailleurs. La situation de Scicli est des meilleures,
« ses grains des plus estimés et les affaires de commerce qu'on
« peut y entreprendre, des plus sûres. Ces campagnes sont arro-
« sées par des cours d'eau sur lesquels sont divers moulins. » On y voit une source connue sous le nom de source des Temps, et offrant cette particularité, qu'elle coule aux moments prescrits pour la prière, et qu'elle tarit en tout autre temps. De là à Raghous رغوس (Ragusa), lieu bien fortifié et petite ville « ancienne,
« entourée de cours d'eau et de rivières qui font tourner beau-
« coup d'usines et de moulins, et située au milieu de vastes et
« de fertiles campagnes. » 13 milles.

Cette ville est à sept milles de la mer. La rivière qui porte son nom coule du côté de l'orient [1], et forme à son embouchure dans la mer un port où les vaisseaux peuvent entrer, charger et décharger leurs marchandises. « On y vient de tous
« les pays. »

De Raghous à Buthira بثيرة (Butera) on compte 2 faibles journées ou 45 milles. « Buthira est un château fort bâti sur une émi-
« nence et environné de campagnes bien peuplées. Il a l'aspect
« d'une grande ville, car les édifices y sont beaux, les maisons d'une
« remarquable solidité et les bazars bien disposés. Il y a plusieurs

[1] Ou plutôt du midi.

« mosquées principales, des bains et des caravansérails. La ville est
« entourée par une très-grande rivière dont les eaux servent à ar-
« roser de tous côtés des jardins produisant quantité de fruits ad-
« mirables. » De Butbira à la mer on compte environ 7 milles, et
à Lenfiadha لنفياذة[1], 1 journée ou 25 milles. Lenfiadha est
une place forte bâtie sur un rocher ceint par la mer et par une
rivière, en sorte qu'on ne peut y pénétrer que par une seule
porte. Il y a un port fréquenté par les navires qui viennent y
opérer leurs chargements, des édifices, un marché et des dépendances considérables produisant d'excellent blé. La rivière qui
se jette dans la mer s'appelle Nahr el-Melh نهر الملح (Fiume Salso).
On y pêche beaucoup d'excellent poisson. De là à Ghirghent كركنت
(l'ancienne Agrigente) on compte 1 journée ou 25 milles.

« Agrigente est une ville habitée par les plus nobles familles et
« fréquentée par les voyageurs. Son château est très-fort et très-
« haut. La ville est agréable, antique et renommée dans tous les
« pays, soit à cause de l'importance de ses fortifications, soit à cause
« des avantages qui la distinguent. C'est un lieu de réunion pour
« les navires et un centre de communications. Ses édifices sont des
« plus hauts et ses quartiers des plus dignes d'attirer l'attention
« des voyageurs. Il y a des bazars où l'on trouve à acheter toute
« sorte de productions et de marchandises. La ville est entourée
« de jardins et de vergers admirables qui produisent diverses es-
« pèces de fruits. L'importance de ses monuments atteste une
« antique splendeur. Les plus grands vaisseaux peuvent y trouver
« de quoi opérer leurs chargements, même dans les temps de
« disette, à cause de la quantité d'approvisionnements contenus
« dans ses magasins. Les jardins et les blés d'Agrigente sont en
« grand renom. Elle est située à 3 milles de la mer. » De là à
Chaca الشاقة (Sciacca) on compte 1 journée ou 25 milles. Chaca

[1] Il s'agit probablement ici d'Alicata, anciennement nommée *Finziada*, d'après Cluverius, cité par M. Ortolani dans son *Nuovo Dizionario geografico della Sicilia*.

DEUXIÈME SECTION.

est une petite ville située sur les bords de la mer occidentale [1].
« Il y a des édifices publics, des marchés et beaucoup de mai-
« sons. Elle est actuellement le chef-lieu de divers districts et des
« dépendances qui l'environnent. Son port est constamment en
« bon état, et des navires y arrivent sans cesse de Tripoli طرابلس
« et (du reste) de l'Afrique الريقية. L'une de ses dépendances est
« Cala't el-Belout [2] قلعة البلوط (ou des Chênes), château fort cons-
« truit sur le sommet d'une montagne d'un difficile accès, entouré
« de campagnes fertiles et de villages où l'on trouve en abondance
« diverses espèces de fruits d'un goût excellent. Le pays est ar-
« rosé par des eaux de source et par des rivières qui font tourner
« des moulins. Il y avait naguère une population nombreuse qui
« a é．．gré et s'est transportée à Chaca. Il ne reste plus à Cala't
« el-Belout qu'une faible garnison pour la défense du château,
« situé à 12 milles de distance de la mer, à 9 milles de Chaca et
« à 1 forte journée d'Agrigente. »

De Chaca à Mazara مازر (Mazzara) on compte 2 faibles journées.
« Mazara est une ville charmante, bien bâtie, et qui n'a pas sa pa-
« reille en fait de situation et d'agréments. La beauté de ses cons-
« tructions est au-dessus de tout éloge, et les avantages dont elle
« jouit dépassent tous ceux qu'on pourrait trouver dans d'autres
« résidences. Elle est entourée de murailles hautes et solides; les
« maisons y sont belles, les rues larges, les quartiers et les bazars
« en bon état et remplis de boutiques de marchands et d'ouvriers.
« Les bains y sont bien tenus, les caravansérails vastes, les jar-
« dins fertiles et parfaitement cultivés. On vient à Mazara de tous
« les côtés, et on en exporte une quantité considérable de pro-
« ductions. La province, qui est très-étendue, comprend un grand
« nombre de belles habitations et de villages. » Au pied des murs

---

[1] Ou plutôt méridionale.

[2] Calatabellotta, lieu connu par une victoire remportée en 1035 par Roger Ier sur les Sarrasins.

de la ville coule la rivière dite Wadi'l-Madjnoun وادى الجنون (ou la rivière du Fou); elle sert, soit au chargement des navires, soit à l'hivernage des navires.

« De Mazara à Mars A'ly مرس على (Marsala) on compte 8 milles. « Marsala, qui jadis avait été l'une des villes les plus anciennes et « les plus nobles de la Sicile, fut ensuite ruinée; mais elle a « été restaurée par le comte Roger Ier رجار الاول القومس, qui l'a « entourée de murs. Elle possède maintenant des habitations, « des marchés et des caravansérails. Son territoire est considé- « rable et sa juridiction étendue. Il y vient beaucoup d'Africains « اهل افريقية. On y boit de l'eau de puits pratiqués dans les mai- « sons et de l'eau des sources existantes dans le voisinage. Il y a « des bazars, des bains, des jardins et de bonnes cultures. » De là à Trabanos طرابنس (Trapani), on compte 1 journée ou 23 milles.

Cette dernière ville, ancienne ou plutôt antique, est située sur les bords de la mer dont les eaux l'environnent de toutes parts, en sorte qu'on n'y peut parvenir qu'au moyen d'un pont et d'une porte situés à l'orient de la ville. Le port est au midi et parfaite- ment sûr et tranquille. La plupart des navires y passent l'hiver à l'abri de tout danger maritime. « On y pêche quantité de pois- « sons, et notamment l'espèce de poisson connu sous le nom de « thon, au moyen de très-grands filets (ou de madragues), et de « très-beau corail. Près de la porte de la ville est un marais d'où « l'on extrait du sel marin. Le territoire environnant est cultivé « et fertile. Trabanos possède en outre de grands marchés où l'on « trouve des provisions en abondance. » Dans son voisinage sont l'île du Moine جزيرة الراهب (Favignana?), l'île de Iabesa يابسه (Levansa?) et l'île de Melitma مليطمة (Maretimo). On trouve dans chacune de ces îles un port, des puits et des buissons. « Quant à « Trabanos, on y mouille même en hiver, à cause de la bonté de « son port et de la tranquillité de la mer qui l'environne. » De cette ville à Djebel Hamed جبل حامد, montagne très-haute, très-

DEUXIÈME SECTION.

escarpée, au sommet de laquelle il existe un plateau fertile, beaucoup d'eau et un château fort abandonné, environ 10 milles.

De là à el-Hâma الحامة[1] on compte 20 milles.

El-Hâma est un château très-fort, compté au nombre des meilleures citadelles, et ayant la mer au nord à la distance d'environ 3 milles. Le port qui en dépend, défendu par un château connu sous le nom de Madradj مدراج[2], est fréquenté par les navires « et « on y pêche le thon avec de grands filets. Quant au nom de « Hâma الحامة, il fut donné à ce château parce qu'en effet on y voit « une source d'eau thermale sortant d'une roche voisine et où « l'on vient se baigner. La température de cette eau est modérée « et sa saveur douce et agréable. Auprès de là sont des ruisseaux « et des cours d'eau faisant tourner des moulins, des champs cul-« tivés, des promenades et des jardins produisant des fruits en « abondance. Les dépendances d'el-Hâma sont vastes et fertiles. » La distance qui sépare ce lieu de Trabanos est d'une faible journée. D'el-Hâma à Cala't Nawa قلعة نوى on compte 10 milles.

« Ce dernier château est très-fort, environné d'un fertile terri-« toire, et distant de la mer d'environ 4 milles. Il en dépend un « port où l'on vient charger du blé et d'autres grains en grande « quantité, et une carrière[3] d'où l'on extrait des meules pour les « moulins à eau et pour les moulins à manége. » De Cala't Nawa à el-Hâma الحامة, 10 milles;

Et du même lieu à Bartenic برطنيق (Partenico), 12 milles.

« Bartenic est une jolie petite ville d'un aspect extrêmement « agréable, et entourée de fertiles campagnes où l'on cultive beau-« coup de coton, le henné[4] et diverses autres sortes de végétaux,

---

[1] Alcamo?

[2] Ce nom de *Madradj*, donné à un lieu si voisin d'une pêcherie de thon, porte à penser que le mot *madrague*, sorte de filet destiné à cette pêche, est d'origine arabe.

[3] Voici le texte de ce passage qui paraît assez curieux : وبه معدن تقطع منها اجذار الارحا المائية والفارسية.

[4] *Lawsonia inermis*, plante bien connue qui sert à teindre en rouge, en orange, etc.

« et arrosée par un cours d'eau qui fait tourner plusieurs mou-
« lins. Le fort est bâti sur une éminence connue sous le nom de
« Djenan جنان. Quant au port, il porte le nom d'el-Rokn الركن
« (l'Angle), et est situé au nord et à environ 2 milles de la ville.

De là à Chinich شنيش (Cinisi [1]), « station assez importante,
« située au bas d'une montagne, dans un territoire où la végéta-
« tion, les pâturages et les fruits sont abondants, » ayant la mer
au nord, à 4 milles environ de distance [2]. De là à Acarnich
اقرنيش [3], 8 milles.

« Acarnich est une ville petite, mais jolie et bien fortifiée, dont
« le territoire produit beaucoup de fruits. Ses marchés sont nom-
« breux et, ainsi que les bains et les maisons, plus vastes que ne
« le comporte la population. On exporte de ce pays beaucoup
« d'amandes, de figues sèches et de caroubes qu'on charge sur
« des embarcations et qu'on envoie dans la majeure partie de la
« contrée. Il y a de l'eau douce qui se répand dans les environs
« et pénètre dans les jardins, et un fort construit sur une émi-
« nence distante de la mer d'environ 1 mille. » De là à Palerme بلرم
on compte 12 milles.

Tels sont les trente-cinq lieux (de la Sicile) situés sur le littoral de la mer. Il existe un grand nombre d'autres châteaux, forts,
bourgs et villages dans l'intérieur; nous nous proposons de les
décrire un à un en commençant par donner l'itinéraire de la ville
(Palerme) à Cassr Iani قصريانى (Castro-Giovanni), lieu situé vers
le centre de l'île.

De la ville (Palerme) au château de l'Émir قصر الامير, « retraite
« agréable, lieu fortifié et arrosé, entouré de champs ensemencés, »
en se dirigeant vers l'orient, 6 milles.

---

[1] La version latine porte *Sis*, mais c'est évidemment une erreur.

[2] Je pense qu'il s'agit ici de la distance qui sépare Cinisi de Partenico; car le premier de ces lieux n'est pas à plus d'un mille de la mer.

[3] Le ms. B porte *Carnich* ترنيش; la version latine, *Fartis*.

DEUXIÈME SECTION.

De là à el-Khazan الخزان [1], « très-beau fort construit sur le sommet « d'une montagne, entouré de champs des plus fertiles, et dans un « état des plus prospères, » 6 milles.

C'est là que prend sa source la rivière dite de l'Émir, « qui, « descendant par divers canaux, réunit ses eaux à celles de la rivière « de Cadjana كجانه, lieu situé au nord, à 9 milles de distance de « Hicla حقلة (l'ancienne Hyccara?). La jonction a lieu au-dessous « de Mirnao مرناو, station qui reste à droite du voyageur, à 1 « mille et demi de Cadjana. Ces eaux coulent ensuite vers Menzil « el-Émir منزل الامير, qui reste au nord et à 1 mille et demi de « distance de la rivière. De Mirnao à Menzil el-Émir on compte « 6 milles ;

« Et du même lieu à la mer, 1 fort mille. »

D'el-Khazan الخزان à Hicla حقلة [2], une demi-journée ou 10 milles.
De Menzil el-Émir à Hicla حقلة, même distance.

« Ce dernier lieu est situé dans un bon pays et possède de « vastes dépendances, des villages, des auberges, des eaux qui « sont distribuées et répandues dans la campagne, des champs « cultivés. » D'el-Khazan à Bicoua بيقوا [3], « château fort et lieu de « refuge très-bien fermé, entouré d'eaux courantes et de nom- « breuses cultures, » situé à 1 mille de distance de la rivière qui coule vers Termèh ترمه, dite el-Saïlah السيلة, 15 milles.

« De Bicou à Betrana بترانه (Petralia?), château fort bien dé- « fendu, dont le territoire est fertile en grains et dont les dépen- « dances habitées sont limitrophes au territoire de Bicou, 9 milles. »

D'el-Khazan الخزان à Djatoua جاتوا, environ 15 milles.

« Djatoua est un fort construit sur une éminence et d'un très- « difficile accès. La campagne qui l'environne est fertile en grains

---
[1] La version latine porte *Alchoras*.
[2] La version latine porte *ad Cifalam*.
[3] La version latine porte *Nico*, ce qui semblerait indiquer qu'il s'agit ici de *Nicosia*.

Feuillet 142 verso.

« d'une qualité parfaite. Il y existe une prison destinée à renfermer
« ceux qui ont encouru la colère du roi. Mais ce fort n'est pas
« pourvu d'eau courante, et il n'y a dans les environs aucune
« rivière. »

De Djatoua à Torri (ou Torzi, selon le ms. B) طرّي ou طــرزى,
« château remarquable par son antiquité et la solidité de sa cons-
« truction, et la fertilité de son territoire, » 9 milles. Ce territoire
confine du côté du nord avec celui de Djatoua, et du côté du
midi avec celui de Corlioun قرليون (Corleone), ville située à environ
8 milles de distance. De Corlioun à Cala't el-Tarik قلعة الطريق, en
se dirigeant vers le nord, on compte 9 milles arabes, ce qui équivaut à 3 milles francs; car ce dernier vaut 3 milles arabes.

CORLEONE.

« Corlioun قرليون (Corleone) est une place très-forte dont les
« maisons sont contiguës, et située non loin d'une rivière du
« même nom, » à la distance de 8 milles, en se dirigeant vers
l'occident, de Raïah رايه, de 5 milles francs de Djatoua جاتوا, de
10 milles, en se dirigeant vers l'orient, de Bozroua برروا (Pozzo
Reale?), « bonne forteresse, environnée d'un faubourg bien peu-
« plé, d'eaux courantes, de fontaines et de champs cultivés d'une
« grande fertilité et d'une vaste étendue, » et à 12 milles de
Cassr Novo قصرنوبو (Castro-Novo), « lieu très-agréable, offrant
« toute sorte de productions, de choses utiles, et arrosé par des
« eaux courantes. »

De Cassr Novo قصرنوبو à Raïah رايه (en se dirigeant vers
l'occident) on compte environ 12 milles;

Feuillet 143 recto.

Et de Corlioun à Raïah, 8 milles [1].

Au reste Bozroua برروا est située au nord, Cassr Novo قصرنوبو
à l'orient; Corlioun قرليون au couchant, et Raïah رايه au midi.
Cette dernière station est noble, « éminente et remarquable par

[1] Ceci est une répétition que nous c...ons devoir conserver pour éclaircir, s'il est possible, l'obscurité qui règne dans ces ...ms de lieux; nous suivons en général les leçons du ms. B.

DEUXIÈME SECTION. 93

« la fertilité (en grains) de ses champs, qui sont des terres de Feuillet 143 recto.
« bénédiction ¹.

« Quant à la rivière d'el-Saïla نهر السيلة, qui n'est autre que la
« rivière de Termèh نهر ترمه (Termini?), elle prend sa source dans
« la montagne dite Raïah الجبل المسمى رايه, vers l'occident; coule
« vers le nord jusqu'à ce qu'elle atteigne les eaux de Bozroua
« qu'elle laisse à droite vers l'est, à 3 milles de distance; continue
« son cours vers la station de Marghana مرغنة, située au nord à
« 1 mille de distance. (De Marghana à Bozroua on compte 4
« milles.) Cette rivière passe ensuite au-dessous de Bicou بيقو, qui
« reste vers la droite à 1 mille. (De Marghana à Bicou on compte
« 3 milles.) Là elle mêle ses eaux avec celles du Rigonovo ريغنوبو,
« qui prend sa source dans la montagne de Zarara زرارة, vers un
« lieu nommé el-Ghadran الغدران (les Étangs), où elle reçoit les
« eaux du Menzil Iousouf منزل يوسف (la Station de Joseph), lieu
« situé vers la droite. Toutes ces eaux se réunissent au-dessous de
« Bicou بيقو, se dirigent ensuite vers Betrana بترانه (Petralia?),
« qui reste à droite à 3 milles de distance (de Bicou بيقو à Be-
« trana بترانه on compte 9 milles); coulent vers Alaberdja الابرجا,
« qui reste à droite à 3 milles de distance (d'Alaberdja à Betrana,
« 2 milles); passent auprès de Cacabech تقبش, qui reste à droite à
« 2 milles (d'Alaberdja الابرجا à Cacabech تقبش, 2 milles); enfin
« cette rivière termine son cours à Termèh ترمه, qui reste à
« droite (de Cacabech تقبش à Termèh, 10 milles), et se jette dans
« la mer.

« De Hicła حفلة, dont il a été question, à Khassou خاصو, lieu
« fertile en grains de toute espèce, on compte 2 milles francs.

« De Khassou خاصو à Bicou بيقو, 2 milles. »

De Corlioun قرليون à Batalari بطلارى, vers le midi, 4 milles.

« Batalari est un fort antique, solidement construit, entouré
« de montagnes et de sources d'eau vive, à 10 milles de distance

¹ *Sic.*

94   QUATRIÈME CLIMAT.

Feuillet 143 recto.   « de Cala't el-Belout قلعة البلوط (Caltabellota) dont nous avons déjà
« parlé, et qui est à 4 milles francs ou à 12 milles arabes de
« Chaka شاقه (Sciacca). »

De Touri طوري (ou Tourzi طورزي) à la station dite Rahl el-Marat
رحل المراة (ou de la Femme), « lieu bien habité, produisant du
« blé, du lait, du beurre en abondance, » 18 milles arabes [1].

De cette station à Bartenic برطنيق (Partanna?), 1 faible journée ou 18 milles;

Et à Alsanam الصنام, en se dirigeant à l'occident sur la route
de Mazara مازر (Mazzara) [2], 9 milles arabes.

« Alsanam est un bourg considérable, très-peuplé, défendu
« par un château fort très-élevé, entouré d'arbres, de jardins et
« d'eaux courantes. » D'Alsanam à Mazara مازر, ville dont nous
avons déjà fait connaître l'importance, 7 milles francs [3].

Revenons à Cassr Novo قصر نوبو (Castro-Novo) dont il a déjà
été question. Nous disons donc que c'est là que la rivière de Bla-

Feuillet 143 verso.   tanoua بلاطنو (Platani, l'ancien Lycus) prend sa source. Cette
rivière, qui est considérable, passe à Cammarata الراط, puis à Bla-
tanoua بلاطنو, puis se jette dans la mer. De Cassr Novo à Cammarata on compte 10 milles; et de Cammarata à Blatanoua, 30
milles ou 1 journée. « Cammarata est une ville assez importante
« dont les vergers sont bien cultivés, la citadelle forte et domi-
« nante, et dont les alentours produisent beaucoup de fruits. Il
« en est de même du fort de Blatanoua, situé sur une éminence,
« et à environ 6 milles de la mer.

« Revenant sur nos pas, nous disons que du fort de Djatoua

---

[1] Je lis عربية d'après le ms. B, et non غربية.

[2] Cette indication est parfaitement juste, et il en résulte que la position d'Alsanam répond à celle de Castelvetrano.

[3] Les deux manuscrits et la version latine, pag. 175, portent ici l'indication d'une distance (de 3 milles francs) qui est en contradiction avec ce qui précède. C'est un point de fait à vérifier sur les lieux.

DEUXIÈME SECTION. 95

« جاطلوا, dont il a déjà été question, au fort d'Aubi اوبى, également Feuillet 143 verso.
« indiqué ci-dessus [1], on compte 5 milles francs.

D'Aubi à A'lcamt علقة, « station vaste et commode, champs
« cultivés, marché permanent, commerce, industrie, » 1 mille et
demi arabe.

D'A'lcamt علقة à Mirdja ميرجا, « petit château fort avec fau-
« bourg, terroir fertile, » 1 mille vers le nord.

De là à el-Hâma الحامة dont nous avons déjà parlé, 1 mille franc.

D'el-Hâma à Madradj مدراج, « château fort remarquable par la
« solidité de ses constructions situées sur une éminence, et par
« les fossés qui l'environnent et qui, creusés dans le roc, ne
« laissent d'accès qu'au moyen d'un pont de bois qu'on peut
« supprimer ou rétablir à volonté, jardins fruitiers, vignobles,
« petit port, » 2 milles francs.

De Madradj مدراج à Aubi اوبى, ci-dessus mentionné, 3 milles
francs.

D'Aubi à Bartenic برطنيق, ci-dessus mentionné, 3 milles.

De Bartenic à Djatoua جانوا, ci-dessus mentionné, 13 milles.

Revenant de nouveau sur nos pas, nous disons que d'el-Hâma
الحامة à Cala't Afimi قلعة فيمى, « château fort de construction
« ancienne et irréprochable, avec faubourg florissant, champs,
« bosquets, peu d'eau, » environ 18 milles.

De là à Cala't Alsanam قلعة الصنم, dont nous avons déjà parlé,
12 milles.

De là à Rahl el-Caïd رحل القايد, 10 milles.

De là à Alasnam الاصنام, sur les bords de la mer, 10 milles.

C'est dans la montagne d'Alsanam الصنم que la rivière de Thouth
طوط (du Mûrier) prend sa source. Elle traverse le territoire d'Alsanam qu'elle laisse à l'occident, et continue de couler vers la
mer où elle se jette dans le voisinage de Mazara مازر, point d'où

---

[1] Nous n'avons pu retrouver ce nom de lieu dans les manuscrits.

QUATRIÈME CLIMAT.

Feuillet 143 verso.

nous reprenons notre itinéraire, en disant que de là à Cassr Ebn Matkoud قصر ابن متكود, situé au nord-est, on compte 15 milles.

De là à la station de Sindi سندى, 6 milles;

Puis à Rahl el-Armal رحل الارمل, au nord-ouest, 9 milles.

De Sindi سندى à Cala't Mour قلعة مور, à Batalari, en se dirigeant vers l'orient, 6 milles.

« Cassr Ebn Matkoud قصر ابن متكود est un château fort dont le « territoire est vaste et les dépendances considérables. Il y a des « champs, des jardins et un marécage fertile. Beldja بلجة est éga- « lement un lieu très-fort, très-haut et très-susceptible de dé- « fense, car il est entouré de tous côtés par des montagnes et « protégé par des marais. A l'entour sont des bosquets et quelque « peu de champs cultivés. » La rivière d'el-Careb نهر القارب, qui coule dans son voisinage, prend sa source dans les montagnes

Feuillet 144 recto.

qui ceignent, du côté du nord, le territoire de Corlioun ترليون (Corleone); passe à l'orient de cette ville, se détourne ensuite vers l'occident, baigne la partie occidentale du territoire de Sindi سندى, traverse un pays montagneux situé au midi, passe à l'orient de Beldja بلجة, puis à A'ïn el-Huboub عين الحبوب, et finit par se jeter dans la mer auprès d'Alasnam الاصنام. Son cours, à partir de sa source jusqu'à son embouchure, est de 50 milles.

« De cette embouchure à celle du Salmoun سلمون, cours d'eau « de peu d'étendue qui prend sa source dans une montagne, et « distant de Chaca شاقة (Sciacca) de 12 milles, on compte 5 milles;

Et de Chaca شاقة à Blatanou بلاطنو, 17 milles.

« Blatanou بلاطنو (Platanella?) est un lieu de refuge remar- « quable, environné de campagnes fertiles, de jardins, de bos- « quets, fréquenté par les voyageurs et bien peuplé. » La rivière qui porte le même nom coule à l'orient de ce lieu d'où, en se dirigeant vers l'orient, on se rend à Ghardouta غردونه, « station « agréable et peuplée, dont les environs sont parfaitement culti- « vés; » puis à Sotir سطير (Sutera), « lieu situé au nord, environné

« de toutes parts de montagnes, florissant, peuplé, fréquenté par
« les allants et les venants. La distance que l'on parcourt est de
« 9 milles. »

De Sotir سطير (Sutera) à Cammarata قراطه, dont il a déjà été question, 18 milles.

De même, de Djirdjent جرجنت (Agrigente) à el-Menchar المنشار (la Scie), en se dirigeant vers le nord-est, 18 milles.

« El-Menchar المنشار est un fort bâti sur le sommet d'une mon-
« tagne escarpée, habité, florissant et environné de terrains cul-
« tivés et fertiles. De là à el-Kita'a القطاع (Siculiana), lieu égale-
« ment situé vers le midi, sur une éminence, bien peuplé et dans
« le meilleur état de culture, 10 milles. »

D'el-Kita'a القطاع à Djirdjent جرجنت (Agrigente), en se dirigeant vers l'ouest, 12 milles;

Et à Blatanou بلاطنو, en se dirigeant vers le nord, 20 milles.

De Djirdjent جرجنت (Agrigente) à Naro نارو, en se dirigeant
vers l'orient, 12 milles.

« Naro est une résidence agréable où l'on voit des bazars très-
« fréquentés et une industrie active. Il y a un marché à jour fixe,
« des champs contigus et des édifices publics. » De Naro à el-Kita'a,
en se dirigeant vers le nord, 10 milles;

Et à Sabouca سابوته, vers l'orient, 12 milles.

D'el-Kita'a à Sabouca, également 12 milles.

De Menchar à Sabouca, en se dirigeant vers le sud-est, 11
milles.

« Sabouca سابوته (Sambuca) est une place forte dont la popu-
« lation est considérable, et un lieu d'entrepôt pour les grains,
« abondant en ressources, où l'on trouve toutes sortes de produc-
« tions utiles. » De là à Cala't el-Nisa قلعة النسا (Caltanisetta, le château des Femmes), sur le chemin de Djirdjent طريق جرجنت,
12 milles;

II.   13

QUATRIÈME CLIMAT.

Feuillet 144 recto.

Et de Naro à Cala't el-Nisa, en se dirigeant vers le sud-est, 21 milles.

« Cala't el-Nisa قلعة النسا, château d'une belle construction, se « fait remarquer par ses habitations contiguës et par l'abondance « des ressources que son territoire offre en grains et en fruits. » La rivière Salée النهر الملح (Fiume Salso) coule à l'orient et à peu de distance de ce château, situé à 18 milles de Cassr Iani قصر يانى (Castro-Giovanni).

Feuillet 144 verso.
CASTRO-GIOVANNI.

« La ville de Cassr Iani قصر يانى [1] est bâtie sur le sommet d'une « montagne et défendue par une citadelle très-forte. Ses dépen- « dances sont vastes, ses édifices imposants, ses bazars d'une « belle disposition, ses maisons d'une construction solide. On y « exerce divers arts et divers métiers, et l'on s'y livre au com- « merce. La juridiction de cette ville s'étend au loin; ses champs « sont fertiles, les grains de bonne qualité, la température de « l'air fraîche et de nature à rendre la santé aux personnes qui y « arrivent. En somme c'est une résidence des plus agréables. Bien « qu'elle soit située sur une montagne, cependant on y trouve « des champs cultivés, et de l'eau courante qui n'a pas besoin « d'art pour être répandue sur le sol, qui est d'excellente qua- « lité. C'est, d'ailleurs, une place de difficile accès et (pour ainsi « dire) imprenable. »

De Cassr Iani قصر يانى à Madjkian مجكان, en se dirigeant vers le nord, 18 milles.

« De Madjkian à Cassr [2] . . . . . en se dirigeant vers le sud-est, « 15 milles. »

De Madjkian à Sotir سطير (Sutera), en se dirigeant vers l'occident, 15 milles.

---

[1] Castro-Giovanni étant considéré comme le centre de la Sicile, c'est vers ce point que notre auteur a dirigé ses premiers itinéraires. Voyez ci-dessus, p. 90. La description qu'il en fait est conforme à ce qu'en disent les voyageurs. Voyez Ortolani, p. 36; le Voyage en Sicile de M. le comte Auguste de Sayve, t. II, p. 62, etc.

[2] Ce nom de lieu manque dans nos manuscrits.

DEUXIÈME SECTION.

« De Sotir سطير (Sutera) à Djirdjent جرجنت (Agrigente), 36
« milles ou 1 forte journée. La route passe par Gharcoudha غرقوظه,
« déjà mentionné ; par el-Menchar المنشار, par el-Kita'a القطاع, et
« aboutit à Djirdjent جرجنت. »

De Sotir سطير à Cassr Novo قصر نوبو, lieu situé vers l'orient,
24 milles.

« (Nous avons décrit ces divers châteaux et lieux de refuge du-
« rant le cours du présent ouvrage.) » De Djirdjent جرجنت à
Carcoudi ترقودى, vers l'orient, on compte 118 milles [1].

De Carcoudi à Naro نارو, 24 milles.

De Naro à Djirdjent جرجنت, 12 milles.

De Naro à Cala't el-Nisa قلعة النسا, 21 milles.

De Cala't el-Nisa قلعة النسا, en se dirigeant vers le midi, à
Carcoudi ترقودى, 15 milles.

« Carcoudi ترقودى est un joli pays situé sur une montagne du
« plus difficile accès. Cependant le terrain y est très-productif et
« les cultures très-renommées. La rivière Salée نهر الملح (Fiume
« Salso) coule auprès de là, vers l'orient. Cette rivière prend sa
« source dans un pays boisé dit Cha'ra Nouar شعرا نوار, qui est
« situé dans le voisinage (à 1 mille et demi) de Hicla حقلة. Elle
« dirige ensuite son cours vers le midi, passe vis-à-vis (à 1 mille)
« de Hicla حقلة, atteint ensuite Hama الحما, puis la station nom-
« mée Haraca حراقة, qu'elle laisse à droite à la distance d'un jet
« de pierre (on compte 6 milles entre Hicla et Hama). Durant
« toute cette partie de leur cours, les eaux de cette rivière sont
« douces ; mais parvenues dans le territoire et à droite de Madj-
« kian مجكان, elles traversent des marais salants et y deviennent
« saumâtres. Cette rivière passe ensuite à l'occident de Cassr Iani
« قصر ياني (Castro-Giovanni) et à l'orient de Cala't el-Nisa قلعة النسا,
« à 5 milles de distance, puis à 2 milles de Hadjar el-Mathcoub

[1] Il y a évidemment erreur dans cette distance donnée par nos manuscrits et par la version latine.

Feuillet 144 verso.

« حجر المثقوب (la roche Percée), lieu situé vers l'orient à 2 milles
« de distance, puis à l'orient de Darcouni درقون, lieu situé, comme
« nous l'avons déjà dit [1], à 9 milles de distance, et où la rivière
« change son cours et se dirige exactement vers l'occident. Par-
« venu à Lenbiada لنبيادة (Alicata?), elle tourne vers le midi et se
« jette dans la mer, à peu de distance de cette ville.

« De Darcouni درقون à Buthira بثيرة (Butera), en se dirigeant
« vers le midi à travers la montagne, on compte 12 milles;

« Et en passant par la plaine, 24 milles. »

De Buthira à Lenbiada لنبيادة, 19 milles.

« Nous avons déjà fait mention de Lenbiada dans la description
« des villes du littoral. »

Feuillet 145 recto.

De Buthira بثيرة à Cheliata شلياطة on compte, en se dirigeant
vers le nord-est, 12 milles.

« Cheliata شلياطة est située dans une plaine arrosée par des
« eaux courantes, connue par sa fertilité et par l'abondance de
« ses productions. La rivière dite d'el-A'sl السعسل (ou du Miel)
« coule à l'occident de cette plaine; de là, en se dirigeant vers le
« nord et à 10 milles de distance, on trouve Ablatana ابلاطنة,
« château fort où se tient un marché à jour fixe, environné de
« champs cultivés produisant beaucoup de grains, et de jardins
« abondants en fruits. C'est auprès de là que la rivière dont nous
« venons de parler prend sa source. D'Ablatana à Darcoudi درقودى,
« vers l'occident, on compte environ 15 milles;

« Et à Hadjar el-Mathcoub حجر المثقوب, même distance.

« Hadjar el-Mathcoub حجر المثقوب (pietra Perzia) est un fort de
« bonne défense et un lieu de refuge très-sûr dont les dépen-
« dances sont vastes, fertiles et bien arrosées. » De ce lieu à Cassr
Iani قصريان (Castro-Giovanni) on compte 12 milles;

A Cheliata شلياطة, 25 milles;

A Cala't el-Nisa قلعة النسا (Caltanisetta), au nord-ouest, 7 milles.

[1] Nos manuscrits ne font pas mention de cette distance.

DEUXIÈME SECTION.

De Cheliata à Cala't el-Djenoun قلعة الجنون (le château de la Folie), qu'on nomme aussi el-Khanzaria قلعة الخنزارية, « fort cons-
« truit sur le sommet d'une montagne et entouré de champs
« cultivés où l'on recueille beaucoup de miel, » 10 milles.

D'el-Khanzaria الخنزارية à Ragous رغوص (Ragusa), 25 milles.

« Cette dernière résidence est agréable. Les maisons y sont
« solidement bâties et fort hautes, le château de bonne défense.
« Auprès coule une rivière qui porte le même nom. De Ragusa à
« la mer on compte 12 milles; »

Puis, en se dirigeant vers l'orient, à Chikla شكلة (Scicli), 12
milles (Chikla est à 8 milles de Modica مودقة);

Et, vers le nord, à Modica مودقة, 5 milles.

« Modica مودقة, située dans un pays de montagnes, est cepen-
« dant fertile en grains et en productions de toute espèce. De là
« à Cala't Abi Chama قلعة ابى شامة, en se dirigeant vers le nord,
« 16 milles. »

D'Abi Chama ابى شامة, vers le midi, à Ragous رغوص, 16 milles;
Et à Lentini لنتى, 24 milles.

« Abi Chama ابى شامة (Buscemi) est un château fort et un lieu
« de refuge situé dans un pays montueux et boisé, où les ri-
« vières nommées el-Arou الارو et Bentargha بنتارغة prennent leur
« source. Celle-ci (la Bentargha) a son embouchure auprès de
« Syracuse سرقوسة, et l'autre (l'Arou) décharge ses eaux dans la
« mer vers l'angle le plus méridional de la Sicile. »

De Lentini à Bizini بزينى (Vizzini), en se dirigeant vers le nord-
ouest, 25 milles.

De Ragous رغوص à Bizini, 20 milles.

De Cheliata شلياطة à Bizini بزينى, « lieu environné de terres
« excellentes et bien cultivées, et situé sur le penchant d'une
« montagne d'où découlent deux rivières qui se réunissent à une
« certaine distance, traversent la montagne, longent un pays

« boisé, et, prenant le nom de rivière d'Akarlamou وادى اكرلو, se
« jettent dans la mer, » 25 milles.

De Bizini بزينى à Abi Chama اى شامة, 25 milles.

D'Abi Chama à Notos نطوس (Noto), 30 milles.

De Notos à la mer, du côté de Malte, من جهة مالطة, 20 milles.

De Notos à la Bentargha بنتارغه [1], « rivière qui coule autour des
« montagnes de Syracuse, après avoir pris sa source, ainsi que nous
« l'avons dit, auprès d'Abichama, » 19 milles.

De cette rivière à Syracuse, en se dirigeant vers l'orient [2], 19
milles;

Et à Lentini, vers l'occident, 12 milles.

De Lentini à Minaou ميناو (Mineo), « joli château fort situé dans
« les montagnes de Bizini بزينى (Vizzini), entouré de sources d'eau
« jaillissante, de champs ensemencés, de vergers et de pâturages;
« sol excellent; » en se dirigeant vers le sud-ouest, 24 milles.

« De Minaou ميناو à Bizini بزينى, vers le midi, 14 milles; »

A Khanzaria خنزارية, vers l'ouest, 10 milles;

A Cala't el-Far قلعة الفار [3], vers le nord, 3 milles;

Et à Menzil Meldja Khalil منزل ملجة خليل, 9 milles.

« Cette dernière résidence est très-populeuse et très-fertile. Au
« midi sont des montagnes où la rivière dite Boukrit وادى بوكريط
« prend sa source. » De Menzil Abi Khalil منزل ابى خليل à Khanzaria خنزارية, vers le sud, 9 milles.

De Menzil Khalil منزل خليل à Cassr Iani قصريانى (Castro-Giovanni), 24 milles.

De Minaou ميناو, en se dirigeant exactement vers l'orient à
travers les montagnes, à Boukir بكير, 18 milles.

---

[1] C'est à tort, ce me semble, que les auteurs de la version latine ont pris, pag. 177,
Bentargha pour une ville.

[2] Pour rectifier ce que cette indication a d'inexact, il faut supposer que par l'orient
notre auteur entend l'orient d'été.

[3] La version latine porte Algar.

DEUXIÈME SECTION.

« Boukir بكير (Buccheri) est situé dans une plaine parfaitement « cultivée, remarquablement fertile en grains, en fruits, et con- « tiguë du côté de l'occident à la forêt de sapins connue sous le « nom de Benit بنيط. »

De Boukir à Lentini, ville située au nord, 20 milles;

A Abi Chama, vers le sud, 7 milles.

« Les territoires de ces deux villes se confondent et se tou- « chent en quelques lieux. »

De Cassr Iani قصريانى (Castro-Giovanni) à Ablatsa ابلاطسة [1], « fort « situé au midi entre el-Khanzaria الخنزارية et Hadjar el-Mathcoub « حجر المثقوب (pietra Pierza), à 14 milles de ce dernier lieu, » 20 milles.

« D'Ablatsa ابلاطسة à Cheliata شلياطة, vers le midi, 12 milles.

« De Menzil Khalil منزل خليل à Baterno باطرنو (Paternò), 20 « milles.

« D'Abi Chama à Balensol بلنسول (Palazzuolo), 2 milles.

« De Balensol à Kiri قيرى (ou Mouri مورى, d'après le ms. A), « 22 milles. »

D'Ablatsa à Aïdouli ايدول (Aidone), vers le nord, 9 milles.

C'est à Aïdouli que prend sa source le Ronbolo رنبلو, rivière qui, coulant vers l'orient, réunit ses eaux à celles de Boukrit بوكريط [2], dont nous venons de parler, puis à celles du Wadi'l-Tin وادى الطين (ou la rivière Bourbeuse), au bout de 8 milles. Toutes ces eaux se dirigent vers la mer et, après s'être réunies au Wadi Mousa وادى موسى, ne forment plus qu'un seul affluent qui se décharge dans la mer. D'Aïdouli à Cassr Iani قصريان (Castro-Giovanni) on compte, en se dirigeant au nord-ouest, 15 milles;

Et à Meldja Khalil ملجة خليل, environ 10 milles.

De Cassr Iani قصريان, en se dirigeant vers le nord, à Tabes طابس (Tavi?), 10 milles.

---

[1] La version latine porte *Plaza*.

[2] Ou *Incarit*, d'après la même version.

QUATRIÈME CLIMAT.

« Tabes est un château fort et un lieu de refuge construit sur
« une éminence; il y a de l'eau et des cultures. Le Wadi'l-Tin
« وادى الطين prend sa source auprès de ce fort, coule vers l'orient,
« puis se jette dans le Wadi Mousa وادى موسى, dans le voisi-
« nage de la mer. De Tabes طابس à Djoudica جودقة, vers l'orient,
« 12 milles;

« Et d'Aïdouli à Djoudica[1], vers le nord, également 12 milles.

« Djoudica جودقة est une résidence considérable, très-peuplée,
« et environnée d'un vaste et fertile territoire qui produit beau-
« coup de grains. » De là à Meldja Khalil ملجة خليل, vers le
midi, 13 milles.

De Tabes طابس à Sant Filit سنت فليت (San Filippo), vers le
nord, 11 milles[2];

À Chentorb شنتورب (Centorbi), 15 milles.

« Chentorb est un très-beau lieu dont les campagnes sont très-
« productives, très-vastes et très-populeuses. Il est exactement
« situé à l'orient de Sant Filit سنت فلهت (San Filippo d'Argiro),
« et l'une des résidences les plus agréables et l'un des plus nobles
« séjours. La majeure partie de son territoire est cultivée en grains
« et en autres productions utiles.

« De Chentorb شنتورب à Adernò ادرنو, vers le nord, 13 milles.

« C'est au-dessus d'Adernò qu'a lieu la jonction du Tarkhis
« ترخيس, du Djerami جرامى et du Caïsi قيسى[3], et de divers autres
« cours d'eau. Adernò est une petite ville bâtie sur une éminence.
« Il y a des bains, un bazar, d'agréables promenades, beaucoup
« d'eau. Cette ville est située sur le penchant méridional du Djebel
« el-Nar جبل النار (du mont Etna). » De là, en suivant les contours
de cette montagne, à Baterno بطرنو (Paternò), « lieu fortifié et

---

[1] La version latine porte *Gadata*.
[2] Cette distance manque dans la même version
[3] Le ms. A porte خنس Khanis, et جراج Djeradji.

« de très-bonne défense, construit sur une double colline ; champs « cultivés, vignobles, jardins et vergers, » 6 milles.

De Paternò à Anastasia انسطاسية, vers le sud-est, 7 milles.

D'Anastasia à la mer, 12 milles;

A Lentini لنتيني, vers le midi, 19 milles;

Au Wadi Mousa وادى موسى, 2 milles et demi.

Le Wadi Mousa se compose de la réunion de quatre affluents dont l'un est le Djerami جراى [1], qui prend sa source dans les montagnes de Caïsi (Capizzi)[2], et le second découle des montagnes et des jardins du même nom. Le Djerami poursuit son cours à travers les montagnes durant l'espace de 2 milles et demi, se joint ensuite à son confrère[3], en sorte qu'ils coulent ensemble jusqu'auprès de Djerami جراى (Cerami). (La distance entre ce confluent et Djerami est de 6 milles.) Ils passent au-dessous et à 1 mille vers l'occident de ce lieu où sont des moulins (de ce même confluent à Hadjar Sarlo حجر سارلو, 8 milles). Auprès de ces moulins et à 1 fort mille de Djerami ils reçoivent les eaux de la rivière de Nicosīn نيقشين. La rivière ainsi formée coule entre San Filit شنت فليت (San Filippo) et Ghaliana غليانة (Gagliano), de manière à laisser ce dernier lieu vers l'orient à la distance d'un demi-mille, et San Filippo vers l'occident à la même distance. Elle descend ensuite vers Antar Nastiri انتر نستيرى (Misterbianco), entre Adernò et Centorbi, de manière à laisser le premier de ces lieux à 1 mille vers l'orient, et le second à 1 mille et demi vers l'occident. C'est là qu'a lieu la jonction du Wadi Mousa وادى موسى avec la rivière qui vient de Tarhines طرحينس (Traina), ainsi qu'avec le Thelia ثليه et l'Anbala انبلة [4], de sorte que la distance de Tarhines à ce confluent est de 8 milles.

---

[1] Le ms. B porte constamment Harami حراى.

[2] La version latine porte *Capizi*.

[3] *Sic*.

[4] La version latine porte *Falna* et *Antalla*.

106 QUATRIÈME CLIMAT.

Feuillet 146 recto.

De Thelia au même lieu, 4 milles.

D'Anbala au même lieu, 5 milles.

Une fois réunis en une seule rivière, ces divers cours d'eau se dirigent vers Djourta جرطة, laissant à l'orient Paternò بطرنو et Sant Anastasia شنت انستسية, savoir : le premier de ces lieux à un demi-mille, et le second à 2 milles de distance.

Le Wadi Mousa opère sa jonction avec le Wadi'l-Tin وادى الطين, le Ronbolo رنبولو, le Krit كريط, à peu de distance de la mer, où il finit par jeter ses eaux.

Revenant maintenant à notre sujet, nous disons que de Bicou بيقو à Betrana بترانة on compte 9 milles.

Feuillet 146 verso.

De Betrana à Saclabia سقلابية [1] (Sclafani), 5 milles.

De Saclabia au fort d'Abi Thour ابى ثور (Caltavuturo?), « lieu « populeux, cultivé, fertile, situé vers l'orient, » 6 milles.

De là à Boles بولس (Polizzi), « fort construit sur la cime d'une « montagne et entouré de terrains fertiles, » vers le midi, 5 milles.

De Boles à Betralia بطرالية (Petralia), vers l'orient, 6 milles.

« Petralia بطرالية est un château très-fort et un excellent lieu « de refuge. Les cultures de ses environs sont contiguës et très-« productives. Il y a un bazar et une citadelle dignes de figurer « dans les plus grandes villes. »

De Petralia à Becara بقارة [2], « fort entouré de beaucoup de mai-« sons, de champs cultivés, » 8 milles.

De là à Sberlengha اسبرلنكة (Sperlinga), « lieu considérable, « productif, fécond en ressources de toute espèce, bien peuplé ; « vaste territoire ; » en se dirigeant vers le sud, 10 milles.

De Sperlinga à Cammarata قراطة dont nous avons précédemment fait mention, 23 milles.

Et à Nicosin النيقشى, « lieu des mieux fortifiés, avec faubourg « bien habité, beaucoup d'édifices contigus, et de campagnes par-

---

[1] La version latine porte *Sacalonia*.
[2] Ou *Megara*, d'après la même version.

DEUXIÈME SECTION. 107

« faitement cultivées, » en se dirigeant vers l'orient, 12 milles.

De là à Tarhis طرجيس (Traina)[1], « ville fortifiée et populeuse, « lieu de refuge entouré de cultures et d'habitations contiguës, » vers le nord-est, également 12 milles.

De Tarhis طرجيس (Traina), en se dirigeant vers l'occident, à Djerami جـــرامى (Cerami), « lieu fertile, peuplé, avec de l'eau « douce en abondance, » 8 milles.

De Djerami à Caïsi تيسى (Capizzi), vers le nord, 9 milles.

« Caïsi تـيسى (Capizzi) est une place très-forte entourée de vi-« gnobles, de champs fertiles qui produisent toute sorte de biens « de la terre, et située à 15 milles à l'ouest de Djaras جـاراس (Ge-« raci), lieu abondant en fruits et en céréales, avec vaste faubourg « et habitations éparses [2], situé au milieu des montagnes et de « dépendances contiguës. »

De Djaras à Betralia (Petralia), environ 10 milles.

Aux champs de Basili رقـة باسيلى, « renommés par l'abondance « et l'excellente qualité de leurs productions, » en se dirigeant vers le nord, 9 milles.

(Ces champs sont situés à 10 milles à l'est d'el-Hamar الحـمـار, caravansérail bâti sur le sommet d'une montagne.)

De Djaras à el-Hamar الحمار, 13 milles.

D'el-Hamar à Boles بولس (Polizzi), vers le sud-ouest, 6 milles;

Et à Cala't el-Serat قلعة الصراط, vers l'ouest, 9 milles.

« Cala't el-Serat est un fort construit sur une colline très-haute « où il y a beaucoup d'eau et de pâturages, et dominé par une « haute montagne sur le sommet de laquelle était une citadelle « extrêmement forte où l'on remisait des bœufs et des moutons. « Cette citadelle a été démolie et transférée sur l'emplacement

---

[1] Ou *Trahino*, d'après la version latine.

[2] جارات منتشرة. Cette expression, en opposition avec جارات متصلة, est tout à fait remarquable.

« qu'elle occupe actuellement, en exécution des ordres du grand
« roi Roger. »

De Cala't-el-Serat à Djefaloudi la maritime جفلودى الساحلية
(Cefalù), 8 milles.

(On trouve sur la route un fort peu considérable, nommé Foutiroch فوطيرش.)

De Cala't-el-Serat à Thermè ترمه (Termini), sur les bords de
la mer, en se dirigeant vers l'ouest-nord-ouest, 15 milles.

Des champs de Basili à Targha طرغه (ou Tougha طوغه) dont
nous avons déjà parlé [1], 15 milles.

Reprenant notre récit, nous disons que de Tarhines طرحينس
(Traina) à Maniadj منياج, qu'on nomme aussi Ghaïran el-Dakik
غيران الدقيق, on compte 20 milles.

« Maniadj منياج (Maniace) est un bourg florissant, bâti dans
« une plaine où l'on trouve un bazar bien fourni, du commerce
« et toute sorte de provisions en abondance. » Ce bourg est situé
vers l'angle septentrional du Djebel el-Nar (du mont Etna), à 5
milles de distance, « sur les bords d'un cours d'eau qui prend sa
« source à 3 milles et qui fait tourner des moulins. » De Maniadj
à Adernò ادرنو dont nous avons déjà parlé (le chemin longe les
bords du Wadi Mousa وادى موسى), 20 milles.

De Maniadj à Randadj رنداج (Randazzo), en se dirigeant vers
l'orient, 10 milles.

« Randadj رنداج (Randazzo) est un bourg ou plutôt une petite
« ville avec marché florissant, commerce, industrie. On en exporte
« beaucoup de bois. » De là à Castilion قسطلون (Castiglione), 20
milles.

Dans l'intervalle est un petit fort ou une station dite Almodou
المدو (Mojo). « Castilion est une place forte bâtie sur une éminence,
« bien peuplée et très-commerçante. » De là à Mascala مصقلة (Mascali), bourg situé sur l'angle maritime de la montagne (du mont

[1] Tusa?

DEUXIÈME SECTION.

Etna) « et sur une éminence considérable, bien peuplé et tra-
« versé par des cours d'eau » (la distance manque);

Et à Tabarmîn طبرمين (Taormina), sur le rivage, 6 milles.

Entre le premier et le second de ces lieux on traverse la rivière dite el-Bared البارد (ou la rivière Froide), qui prend sa source dans les montagnes qui s'élèvent à l'occident de Maniadj منياج et coule sans faire aucun détour à l'orient vers la mer. La longueur de son cours est de 80 milles.

De Randadj رائداج (Randazzo) à Sant Alban سنت البان (Montalbano), « château situé au milieu des montagnes, d'un accès des
« plus difficiles, où l'on élève beaucoup de bestiaux et d'abeilles, »
20 milles.

De Montalban سنت البان[1] à Mandjaba منجابة et à A'lat علاط (Galati), « lieu de refuge bien fortifié, situé dans un pays mon-
« tagneux, peuplé, cultivé, où l'on élève des troupeaux et où l'on
« cultive beaucoup de lin au moyen d'arrosages, » en se dirigeant vers l'orient, 10 milles.

De là à l'église de San Marco سنت مارتو, vers le nord-ouest, 7 milles.

De San Marco à Filadent فيلادنت, 5 milles.

De Filadent à Carounia القارونية, 14 milles.

« Carounia القارونية (Caronia) est un château fort bâti sur une
« éminence qui domine la mer. Il en dépend une pêcherie de
« thon, des vignobles et diverses habitations. »

De là à Cala't el-Cawareb قلعة القوارب (ou fort des Bateaux), situé à 2 milles de la mer, 9 milles.

De ce fort à Touz'a طرعة (Tusa), 7 milles;

Et de ce dernier lieu à Djefaloudi جفلودى (Cefalù), 12 milles.

Revenant sur nos pas nous disons que de Messine مسينى au fort de Rametta رمطة on compte 9 milles.

De ce fort à Monteforte منت دفرت, vers le sud, 4 milles.

[1] D'après le ms. B.

QUATRIÈME CLIMAT.

Feuillet 147 recto.

De Monteforte, vers le nord, à Milass ميلاص (Milazzo), 15 milles;

Et, vers le midi, à Micos ميقس, lieu situé entre Messine et Taormina, dans un pays dont les chemins sont difficiles, 15 milles.

De Loughari لوغارى à Bubalos بوبلس, vers le nord-ouest, 15 milles;

Et de Monteforte à Bubalos, vers l'ouest, 20 milles.

Feuillet 147 verso.

« Bubalos بوبلس est un fort d'une construction spacieuse et « belle, et dont les habitants sont riches. » De là à Almod الـمد (Mojo?), vers le midi, 5 milles;

A Montalban منت البان, 12 milles;

Et de Montalban à Almod, 10 milles.

C'est ici que se termine la description de la Sicile. « Nous ne « connaissons pas, dans l'univers, d'île située au milieu des mers « qui contienne un plus grand nombre de villes et de lieux ha- « bités. » Mais il nous reste à indiquer ses ports ou ses mouillages, un à un, et à donner leurs distances respectives; c'est ce que nous allons faire, en invoquant le secours divin. Nous disons donc que, de la ville si connue sous le nom de Palerme بلرم, à Barca برقة (Parco), on compte, en suivant les contours du rivage, 5 milles.

De Barca à Mers el-Tīn مرسى الطين (le port Vaseux), 5 milles.

De Mers el-Tīn à Ghala غالة, 2 milles.

De là à Algezira الجزيرة, 4 milles;

Et à Mersa Carinos مرسى قرينس, 6 milles.

De là au promontoire situé au-dessous de Hanach حنش [1], 3 milles.

De là à l'aiguade du même nom, 3 milles.

De là au promontoire situé entre ce dernier lieu et Bartenic برطنيق (Partenico), 3 milles.

De là à la rivière qui passe auprès de ce dernier lieu, 1 mille et demi.

[1] Le ms. A porte *Djanach* جنش, la version latine *Hanas*.

DEUXIÈME SECTION.   111

De là à la rivière de Castelnovo تلعة نوى (Castel a mare?), Feuillet 147 verso. 5 milles;

Puis à celle de Madradj مدراج, 4 milles.

De Madradj à San-Pietro سنت بيطر, 12 milles.

De là à Trabanos طرابنش (Trapani), 25 milles.

De Trabanos à Mars Aly مرسى على (Marsala), 25 milles.

De Mars Aly au cap situé entre ce lieu et Mazara مازرا (Mazzara), 12 milles.

De Mazara au cap el-Balata راس البلاط (du vieux Palais), 6 milles.

De ce cap aux fontaines d'Abbas عيون عباس, 6 milles.

« De ces fontaines à Alasnam الاصنام, 4 milles.

« D'Alasnam à Abi Nour ابى نور [1], 6 milles. »

De là à Wadi'lcareb وادى القارب (la rivière du Bateau), 6 milles.

De là au cap (littéral. au bec) de l'Aigle انف النسر, 6 milles.

De ce cap à Chaca الشاقة (Sciacca), 6 milles.

De Sciacca à Wadi'lbou وادى البو, 8 milles.

De cette rivière au cap formé par la rivière d'Ablatanou ابلاطنو, 9 milles.

De ce cap à Tourchet Abad ترشة اباد, 6 milles.

De Tourchet Abad à el-Oukteïn الاختين (les Deux-Sœurs), 9 milles.

De là à Ghirghent جرجنت (Agrigente), 9 milles.

De Ghirghent à Wadi'lzakoudji وادى الذكوى [2], 3 milles.

De là à la pierre d'Ebn el-Fetni ابن الفتنى (ou Fenti فنتى), 9 milles.

De cette pierre à Besraria بسرازية [3], 18 milles.

De là à la Saline الملاحتة, 3 milles.

De là à el-Enbiada الانبياد, 3 milles.

D'el-Enbiada à la rivière Salée وادى الملح (Fiume Salso), 1 mille.

De cette rivière au port d'el Chelouk مرسى الشلوق, 8 milles.

---

[1] Ou *Abi Thour*, d'après le ms. A.

[2] Le ms. A porte وادى الركوى, et la version latine *flumen Arracahi*.

[3] Ou *Besrana*, d'après la même version.

QUATRIÈME CLIMAT.

Feuillet 147 verso.

De ce port à celui de Buthira بشيرة مرسى (Butera), 8 milles.
De là à Wadi'l-Sawari وادى السوارى, 12 milles.
De cette rivière à la rivière Grecque وادى غريقو, 12 milles.
De là à l'île des Colombes جزيرة الحمام, 12 milles.
De cette île à Kerni كرني, 7 milles.
De Kerni à la rivière de Ragous وادى رغوص (Ragusa), 12 milles.
De cette rivière à Djarf el-Tafl جرن الطفل (écueil de l'Enfant), 4 milles.
De cet écueil au port de Chikla مرسى شكلة (Scicli), 4 milles.
De là à l'étang de Charchour غدير الشرشور, 2 milles.
De cet étang au port de Dareïn مرسى الدارين [1], 4 milles.
De là au port de l'Arbre مرسى الشجرة, 1 mille.
De ce port à l'île des Porreaux جزيرة الكراث (isola delli Porri), 3 milles.

Feuillet 148 recto.

De cette île au port d'el-Bawaless مرسى البوالص, 3 milles.
De là à l'île de Djerman جزيرة الجرمان, 8 milles.
De cette île à la vigne d'el-Ziouh الزيوح, 3 milles;
Puis au cap Bachinou قرطيل باشنو [2] (Pachino ou Passaro), 3 milles.
De ce cap à l'anse d'el-Kissa'a دحلة القصاع, 6 milles.
De là au port des Colombes مرسى الحمام, 6 milles.
De ce port à l'anse d'Ebn Dakni دحلة ابن دكني, 6 milles.
De là à Alcata القاطة, 6 milles;
Puis à Wadi Castellari وادى قستلرى, 12 milles;
Puis au port d'el-Hodhak مرسى الحذاق, 6 milles;
A Ankana الانكنة, 6 milles;
Au cap du Porc انف الخنزير, 8 milles;
A Syracuse سرقوسة, 6 milles;
A la fosse de la Submersion خندق الغريق, 6 milles;

---

[1] Le ms. B porte *Deramen* درامن, la version latine *Dar.*
[2] Par suite d'une inadvertence, les auteurs de la version latine ont écrit ici *Vadum Maseno.*

DEUXIÈME SECTION.

A l'île du Clou جزيرة المسمار, 4 milles;
A Aksifoua اكسيفوا, 4 milles;
Au cap el-Saliba راس الصليبة (de roche Dure), 6 milles;
A Wadi Zeïdoun وادى زيدون, 6 milles;
A el-Rokn الركن (à l'Angle), 6 milles;
A Wadi Lentini وادى لنتنى, 3 milles;
A Wadi Mousa وادى موسى (la Giarreta, rivière), 3 milles;
A Catana بطانه (Catane), 6 milles;
A Ankana الانكنة [1], 3 milles;
Aux îles de Lebadj جزاير لباج, 3 milles;
A la rivière du même nom, 3 milles;
A San Chikli سنت شفلى, 6 milles.
A la fontaine du Roseau عين القصب, 3 milles;
Au cap Mascala طرطبل مسقلة (Mascali), 3 milles;
A la rivière froide الوادى البارد, 9 milles;
A el-Fossouss الفصوص, 3 milles;
A el-Anbassi الانباصى, 5 milles;
A el-Daradja الدراجة [2];
A Saint Eli سنت الى (Sant Alessio?), 5 milles;
A el-Adjassa الاجاصة [3], 6 milles;
A el-Daradja el-waseti الدراجة الوسطى (ou du milieu), 6 milles;
A la fontaine du Sultan عين الدان, 2 milles.
A el-Daradja el-sogheïra الدراجة الصغيرة (ou petite), 2 milles;
A la pierre d'Abi Khalifa حجر ابى خليفة, 3 milles;
A Sant Astabin سنت اصطبين (Saint-Estienne), 3 milles;
Aux Trois-Églises الثلث كنايس, 7 milles;
A Messine مسنى, 6 milles.
De Messine au Phare الفارو, 12 milles;
A Wadi O'boud وادى عبود, 12 milles;

---
[1] *Sic.*
[2] La distance manque dans nos deux manuscrits, mais l'Abrégé porte 10 milles.
[3] La version latine porte *Sant Ascabin* et *Alabassa*.

QUATRIÈME CLIMAT.

A Milass ميلاص (Milazzo), 12 milles;

Au cap الراس, 6 milles.

Du cap, en suivant les contours du golfe, à Lebiri لبيرى (Librizzi?), 25 milles;

Au cap Dendari راس دنداری, 3 milles;

A Bactis بقطس (Patti), en suivant les contours du golfe, 4 milles;

Au cap Khali راس خلى, 2 milles;

Au port Dalia مرسى دالية, 4 milles;

A Djefaludi el-soghra جفلودى الصغرى (la petite), 3 milles;

A Sa'afa صعفة et à A'lcanara علقنارة [1], 26 milles;

A Carounia القارونية (Caronia), 12 milles;

A Cala't el-Cawareb قلعة القوارب (le fort des Barques), 6 milles.

A Touz'a طرعة (Tusa), 6 milles;

Au cap du Chien انف الكلب, 4 milles;

Et, en suivant les détours du golfe, à Djefaloudi جفلودى (Cefalù), 8 milles;

A Hadjar O'mar حجر عمار, 2 milles;

Au Cap extrême الانف الاخر, 4 milles;

A la Roche الصخرة, 6 milles;

A Wadi'l-Sawari وادى السوارى, 3 milles;

A Wadi Abi Rokad وادى رقاد, 3 milles;

A Thermi ثرمه (Termini), 6 milles;

Au Tarbi'at تربيعة [2], 3 milles;

A Chebka شبكة (aux Filets), 3 milles;

Au bourg d'el-Saïr قرية الصير, 6 milles;

A Wadi'l-Émir وادى الامير (la rivière du Prince), par les détours, 2 milles;

A la ville مدينة (de Palerme), 6 milles.

Nous avons dit dans la présente section tout ce qui nous paraissait utile et convenable. L'île de Sicile est de forme triangu-

---

[1] Ou *Alcomara*, d'après la version latine.

[2] Pour la description de ce lieu, voyez ci-dessus p. 78.

DEUXIÈME SECTION.

laire. Son côté oriental, c'est-à-dire depuis Messine jusqu'à l'île du Lièvre جزيرة الارنب, s'étend sur un espace de 200 milles.

De cette île à Trabanos طربنوس (Trapani) on compte 250 milles [1], et c'est-là le côté méridional. Le troisième côté, qui s'étend depuis Trabanos jusqu'à el-Heras الخراس et jusqu'au Phare الفارو, embrasse également un espace de 250 milles.

[1] Le ms. B porte 450.

TROISIÈME SECTION.

Description d'une partie de la Calabre et des côtes de l'Adriatique. — Reggio. Tarente. — Gallipoli. — Otrante.

Feuillet 148 verso.

Cette troisième section du quatrième climat comprend la description de la partie de la Méditerranée où se trouvent les îles de Corfou قرفس, de Leucata لوقاطة, d'Ithaque ثقو, de Céphalonie جفلونيه, et de Djadjito جاجت (Zante), et celle du littoral où l'on remarque Sainte-Euphémie سنت فيمى, Atrabia اتربية (Trapea), Almassa المصا, Codjensa توجنس (Cozensa), Djaradji جراجى (Garace), Martos مارطوس (Mortorano?), Calliboli قليبلى (Gallipoli), Castera قسطره (Castro), Odrant ادرنت (Otrante), Abrandes ابرندس (Brindes), Ledja لج (Lecce), Lablouna لبلونة (Avlona), Budrint بدرنت (Butrinto), Djoumara جمارة, Fachkio فاشكيو, Bendesa بندسة, Adernopoli ادرنوبلى (Andria?), et Ialtha يالثة. Notre intention est de procéder à cette description ville par ville et contrée par contrée.

Nous disons donc que la partie de la mer comprise dans la présente section embrasse en largeur, du côté de l'occident, un espace de 6 fortes journées de navigation, c'est-à-dire depuis Reggio ريو jusqu'à Cabes Rousia قبس روسية. Reggio, dépendance de la Calabre قلورية, est située sur le bord du détroit de Sicile, à la distance de 7 milles de Messine, ce qui forme la largeur du détroit sur ce point. « Quoique cette ville (Reggio) soit peu con-
« sidérable, on y trouve en quantité des fruits et des légumes;
« elle est bien peuplée, et on y remarque des bazars florissants,
« des bains et une muraille en pierres; » elle est bâtie sur la côte

REGGIO.

TROISIÈME SECTION. 117

orientale du détroit. De là, en suivant la côte, au cap Calama تلامه (del Armi?), on compte 6 milles [1].

De ce cap à Bothra بثرو (Bova?), 3 milles.

De là à Catala قطلة, par terre, 3 milles.

De Bothra à la rivière du Miel وادي العسل, 6 milles.

De là à Tabela طابلة (San Giovanni d'Avolo), bourg, 6 milles.

De Tabela au cap Djefira جفيرو [2], de ce cap à la rivière de Batricona بطرقينة et à Borsana برصانة (Bruzzano), 6 milles.

« Borsana برصانة est un lieu situé sur une montagne, et d'où « dépendent des terrains fertiles. Les habitants possèdent des « bœufs et des moutons, des champs contigus et des revenus « assurés. » De là à la rivière de Djaradji وادي جراجي (ou de Garace), 12 milles.

« La ville qui porte ce nom (Garace), et qui s'élève sur les « bords de cette rivière, est jolie, assez considérable, bien bâtie ; « à l'entour sont des champs ensemencés et des vignobles. »

De là à la rivière d'Alana الانة (l'Alaro), qui provient des montagnes de Stilo استيلو, on compte 24 milles.

De là à la rivière de Nedjelaïa نجلاية, sur laquelle sont des moulins, 12 milles.

De cette rivière à celle d'Esteladja استلادجة (Squillace?), qui est navigable, 10 milles ;

Puis à la rivière de Tadjnou طاجنو, 10 milles ;

Puis à celle de Salmira سلميرة, 12 milles.

De Salmira à Ousela اوسلة (Isola?), île agréable, et à Porto-Maria برط مارية, « port considérable, mais rempli d'herbes qui « croissent dans la mer, » 6 milles.

---

[1] La version latine porte 11 milles.

[2] Je suis porté à croire qu'il s'agit ici du cap Spartivento, qui portait autrefois le nom de *Zephyrium*. Il est à remarquer que, du temps de l'Édrisi, il y avait un grand nombre de lieux dont les noms anciens subsistaient encore ; exemples : Péloponèse, Abydos, Lacédémone, etc. La distance indiquée entre le cap Djefira et Borsana, ou Bruzzano, autorise ma conjecture.

118 QUATRIÈME CLIMAT.

Feuillet 148 verso.

De Porto-Maria à Afloumat el-Sawâri افلومة السوارى, où l'on remarque des constructions antiques, 6 milles.

De là à Cotrouna قطرنه (Crotone), « ville dont les constructions « sont anciennes, l'étendue vaste, et la population considérable, »

Feuillet 149 recto.

10 milles;

Puis à l'embouchure de la rivière de Santarina سنترينة, formant un port exposé à trois vents, 12 milles.

De là au cap el-Badja راس البجة, 24 milles.

De là à l'église bâtie sur le cap Abracana راس ابراقنه[1], 12 milles;

A Rosiana رسيانة (Rossano), 20 milles;

A Wadi'l-Kebir وادى الكبير (la grande Rivière), 12 milles;

A San Rochit سنت روشيت, 12 milles;

A la roche dite Sokn صخرة سكنى, formant la limite entre les Lombards et les Francs (Francavilla?), 12 milles.

De cette roche à la rivière Sakna وادى سكنة, qui est navigable et qui offre un excellent mouillage, 6 milles.

De cette rivière à celle de Bratana براطنة (le Brandano[2]), « couronnée de montagnes couvertes de forêts de pins, d'où l'on « extrait du goudron et de la poix résine qui s'exporte au loin, » 24 milles.

De là à Akra آكره (Agri?), rivière, 6 milles;

A Nahr el-Moudjez نهر الموجز, rivière, 18 milles;

A l'Iraghna ابراغنه, rivière, 3 milles;

A la rivière de Latino لاطينو (Lato?), 15 milles;

A celle de Limna لمنة, 3 milles;

A la rivière Tortueuse وادى المعوج, 6 milles;

A celle dont les eaux font tourner les moulins de Tarente مطاحن طارنت, 3 milles.

TARENTE.

De là à Tarente طارنت, 6 milles.

« Tarente est une ville grande, ancienne, et (même) antique,

---

[1] La version latine porte *Abramia*.

[2] Rivière qui sépare la Basilicate de la terre d'Otrante.

« remarquable sous le rapport de la beauté des édifices publics et
« des maisons particulières, fréquentée par un grand nombre de
« marchands et de voyageurs. Les vaisseaux y opèrent des charge-
« ments et les caravanes y arrivent, car elle est riche et commer-
« çante. » Il existe à l'occident de la ville un port rempli par les
eaux de la grande mer. Au nord-est est un lac qui environne la
ville, en telle sorte que l'espace compris entre le pont[1] et la porte
de la ville est de 12 milles. Ce pont sépare le lac de la grande
mer; sa longueur, depuis la porte, dans la direction du sud-ouest,
jusqu'à la terre ferme, est de 300 coudées, et sa largeur de 15.
Le pont est percé de soupiraux au moyen desquels, deux fois
par jour et deux fois par nuit, les eaux du lac s'écoulent dans la
grande mer, et réciproquement. La profondeur du lac varie de 10
à 15 et à 30 brasses. Au reste de tous les côtés, excepté du côté
du nord, Tarente est entourée par la grande mer et par le lac.
De cette ville en se dirigeant à l'orient vers la rivière d'Astoura
اسطورة, où les navires peuvent mouiller, on compte 12 milles.

De là à la rivière d'Aciouïa اقلويه, 3 milles.

De là à Catilouca قطينوقة (Catolica?), où est une fontaine, 12 milles.

De là à Mersa Madjeloud مرسى مجلود, port à l'abri de tous les
vents, où l'on trouve des citernes et des puits, 12 milles;

Puis à Mersa Noderos مرسى نودروس, petit port qu'on appelle
aussi Nartos نارطوس (Nardo), et qui est situé à 4 milles de la mer,
12 milles.

De là à Mersa Tradja مرسى طراجه, bon port, eau douce en abondance, 12 milles.

De là à Gallipoli قليبل, « ville considérable, ancienne, bien
« peuplée, construite sur une langue de terre baignée de tous
« côtés par la mer en sorte qu'elle forme une presqu'île, » 6 milles.

De Gallipoli à Mersa Anbana مرسى انبانه (Taviano), où est une
source d'eau douce, 15 milles.

[1] Sic.

120 QUATRIÈME CLIMAT.

Feuillet 149 verso.

De là à Leïca ليقة (Leuca), promontoire qui s'avance dans la mer et où l'on trouve deux fontaines, 15 milles.

De là à Castra قاسترو (Castro), petite ville sur le bord de la mer, 10 milles.

De là à Routa Mart روتا مرت (Martignano?), ville située dans les terres, 12 milles.

De là à Salit سليت, 3 milles.

Puis à Ledj لج (Lecce), ville, 26 milles.

OTRANTE.

Puis à Odrant ادرنت (Otrante), 30 milles.

« Cette dernière ville est ancienne, très-peuplée, très-bien bâtie; « il y a des marchés florissants où il se fait beaucoup de commerce. » Ses murailles sont, de trois côtés, entourées par les eaux de la mer, en sorte qu'Otrante ne touche au continent que par un isthme situé du côté du nord. Près de là coule une rivière venant du même côté, passant auprès de la porte de la ville, et se dirigeant vers le golfe de Venise جون البنادقة et vers Abrantes ابرنتس ou Abrandes ابرندس (Brindes). La distance qui sépare ces deux villes est de 40 milles. Les habitants de Brindes sont Lombards, et la ville appartenait anciennement au seigneur de Constantinople. Quant à Otrante, elle est à l'entrée du détroit qui sépare la Méditerranée بحر الشام de la mer des Vénitiens بحر البنادقين du coté du couchant, et de cette ville à Adraso ادرس (Durazzo), on compte 70 milles.

« Adraso ادرس (Durazzo), ville florissante, abondante en res-« sources, pourvue de nombreux marchés et dans une situation « prospère, est située sur la rive orientale du détroit. »

De là à Lablouna لبلونة (Avlona), ville située sur les bords de la Méditerranée, on compte 100 milles;

Et en suivant les contours du golfe, 125 milles.

De Lablouna à Djoumara جمارة, ville considérable et populeuse, en suivant les contours du cap, 100 milles.

TROISIÈME SECTION.　　　　　121

(Le nom de Djoumara est en grec Barento برنتو [1].) De là à Butrinto بترنتو, petite ville bien peuplée, avec marchés, etc. on compte 40 milles.

De Djoumara, en suivant le littoral, à Fachkio فاتكيو, ville de grandeur médiocre, à l'orient de laquelle il existe un canal très-étroit, mais cependant accessible aux navires, 60 milles.

De Fachkio فاشكيو à Bendesa بندسة (Prevesa?), « petite ville « ceinte de murailles et commerçante, » 30 milles;

Et de Bendesa à Nabakta نبقتة (Lépante, anciennement *Naupactus*[2]), 150 milles.

Près de Djoumara, c'est-à-dire à 30 milles de distance, il existe une île jolie et boisée où est un port et qu'on nomme Thacou ثقو (Ithaque). Au sud-ouest de cette île est celle de Corfos قرفس (Corfou), qui est considérable, puisque sa longueur est de 100 milles. Il y a une ville florissante « et un fort construit sur une « cime escarpée. Les habitants de cette île sont braves et en état « de résister à leurs ennemis. » De Thacou ثقو à Corfou قرفس on compte 30 milles.

De Corfou à Otrante, dont il a déjà été fait mention, 90 milles, ou 1 journée de navigation.

De Corfou à Lablouna لبلونة (Avlona), 90 milles.

Parmi les îles situées dans ces parages est celle de Djefalounia جفلونية (Céphalonie), située à l'orient de Corfou, ayant 200 milles de circonférence, bien peuplée, et où l'on remarque une ville.

De Céphalonie à Djadjito جزيرة جاجت (Zante), île également peuplée et qui a 80 milles de tour, on compte 50 milles.

De Céphalonie, en se dirigeant du côté du nord, à l'île de Leuca لوقة, qui a la forme d'un triangle dont chaque côté est de 20 milles, 40 milles.

---

[1] La version latine porte *Corinthus, Tarentum, Paschio*, etc.

[2] Les Turcs ont encore plus défiguré ce nom. Ils nomment Lépante *Aina-Bakhti* اينه بختي.

QUATRIÈME SECTION.

Péloponèse. — Isthme de Corinthe. — Lacédémone. — Argos. — Iles de l'Archipel.

<small>Feuillet 150 recto.
PÉLOPONÈSE.</small>

Cette section comprend la partie de la Méditerranée où sont diverses îles et entre autres celles de la Romanie رمانيه, le Péloponèse بلبونس, grande presqu'île entourée par les eaux de la mer sur un espace de 1000 milles, sans autre communication avec le continent que par un isthme de la largeur de 6 milles; isthme sur lequel l'un des empereurs romains fit construire une muraille de même largeur, c'est-à-dire de 6 milles. « Le Péloponèse ren-« ferme treize villes principales et bien connues, sans compter « un très-grand nombre de lieux fortifiés, de villages et d'habita-« tions. » Dans cette section sont également comprises l'île de Crète قرطس, comptée au nombre des plus grandes de la Méditerranée, vingt-huit autres petites îles dont les unes sont désertes et les autres, en plus grand nombre, habitées. Nous allons entrer dans quelque détails sur leur état actuel, s'il plaît à Dieu.

Ainsi que nous l'avons expliqué plus haut, de Bendesa بندسه (Prevesa?) à Nabacto نبقطو (Lépante), on compte 150 milles.

Mais en suivant le littoral de Faskio فاسكيو[1], ville dont nous avons déjà parlé, à la rivière salée نهر المالح, « sur les bords de la-« quelle est bâtie la ville de Bendesa, à 3 milles de distance de « la mer, » 6 milles.

De cette rivière à celle dite d'Eau-Douce نهر الحلو, où sont un grand port et des fontaines jaillissantes, 24 milles.

---

[1] Il s'agit ici de la ville dont le nom est écrit *Fachkio* pages 116 et 121 ci-dessus.

QUATRIÈME SECTION. 125

De là au port de Leucata مرسى لقاطة, qui est également très-vaste et où l'on trouve de l'eau douce, 12 milles.

De là à Elmira الميرة, tour bâtie à l'entrée d'un détroit qui porte le nom de Mers 'el-Sabbaghīn مرسى الصبّاغين (port des Teinturiers [1]), 3 milles.

Ici le bras de mer se rétrécit au point qu'une personne placée sur l'une des deux rives peut facilement distinguer presque tous les objets sur la rive opposée; mais ensuite il s'élargit et s'étend jusqu'à l'embouchure de la presqu'île du Péloponèse. La ville de Nabacto نبطو (Lépante) est située sur ce bras de mer, du côté du nord, au bas d'une montagne et vis-à-vis (en déclinant un peu vers l'orient) de la ville de Corinthe du Péloponèse. La distance qui les sépare en ligne directe est de 35 milles.

De Nabacto, et suivant par terre le rivage, à 75 milles on trouve Astifas استيفاس qu'on nomme aussi استيباس Astibas (Thèbes), ville située à 6 milles de la mer. Quant à Corinthe مدينة قورنت, c'est une ville grande et populeuse, bâtie sur le rivage de la mer, à 30 milles (de l'entrée) du détroit.

La circonférence du Péloponèse est, ainsi que nous l'avons dit, de 1000 milles, et l'isthme par lequel cette presqu'île communique avec le continent a 6 milles d'étendue. Les petites embarcations pénètrent dans le golfe des Sabbaghīn جون الصبّاغين, parviennent à l'extrémité du canal et sont transportées (littéral. traînées) par terre durant 6 milles. Cette voie est la plus courte pour les personnes qui désirent arriver promptement, mais les grands vaisseaux ne sauraient la prendre; ils sont obligés de faire le tour de la presqu'île, c'est-à-dire 1000 milles, pour parvenir à l'entrée du Péloponèse: il ne leur est pas possible d'éviter ce détour.

[1] Il existe ici dans le ms. B une lacune que nous essayons de remplir d'après les indications qui nous sont fournies par le même ms. p. 282 et 283, par le ms. A et par la version latine.

QUATRIÈME CLIMAT.

Feuillet 150 verso.

Cette presqu'île est florissante, et l'on y compte à peu près cinquante villes parmi lesquelles seize ou environ sont importantes et renommées. Il y a de plus nombre de bourgs et de villages, de cours d'eau, et une nombreuse population[1]. La première des villes de l'intérieur et sur le littoral est Corinthe قرنت, dont nous venons de parler. De cette ville à Poras پراس on compte 30 milles.

De Poras à Djentina جنطينه, 28 milles.

De là à Nadjina[2] ناجينه, port considérable défendu par un château fort, 40 milles.

De là à Batra باتره (Patras?), promontoire où sont une église et une ville, 40 milles.

De là au fort dit Arbat-Ablana اربة ابلانة, près duquel une petite rivière a son embouchure, 12 milles.

De ce fort à celui de Bend-Camales بندقالص, 12 milles.

De ce dernier lieu au cap Astalaria استلاريا la distance manque.

De la ville de Camales مدينة قالص à celle d'Arkadie اركديه, qu'on écrit aussi Arcadie ارقدية par un *caf*, 100 milles.

Arcadie est une ville grande et peuplée où les navires abordent et d'où ils mettent à la voile. De là au port d'Irouda (Navarin), qui est très-vaste, 30 milles.

De là à Motonia مثونية (Modon), ville défendue par un fort qui domine la mer, 30 milles.

De Modon à Nama نامه (port Lambro), 12 milles.

De là à Coronia قرونية (Coron), petite ville avec un fort qui domine la mer, 28 milles.

De Coron à Maïtha ماينة[3], ville grande et peuplée, 20 milles.

De Maïtha à Malaïa ملايه, 24 milles.

---

[1] C'est par erreur sans doute que la version latine porte *salicibus abundans*. Le texte dit seulement وخلق كثير.

[2] Les auteurs de la version latine pensent qu'il s'agit ici d'Égine.

[3] La version latine porte *Mathia*, le ms. B برودة et indique une distance de 60 milles. Je suis porté à croire qu'il faut lire ici *Maïna*.

QUATRIÈME SECTION. 125

Malaïa est aussi le nom d'un promontoire (Malée) à partir duquel la mer forme une courbure vers le nord. De là on peut apercevoir, par un temps clair, les montagnes de l'île de Crète اقريطس. Ce passage, que doivent nécessairement franchir ceux qui veulent pénétrer dans la Romanie ou en sortir, a 60 milles de largeur.

De Malaïa à el-Kedemona اَلْكدمونه (Lacédémone) on compte 56 milles. Lacédémone est une ville considérable et florissante située à 6 milles de la mer. De Lacédémone à Maliassa ملياصة (Monembasia), ville défendue par un château très-élevé qui domine la mer, d'où l'on aperçoit l'île de Crète, à la distance de 90 (d'autres disent de 68) milles, 90 milles.

De Maliassa à Gethuria جثوريه (Astros?), lieu distant d'environ 8 milles de la mer, 30 milles.

De là à Argho ارغو (Argos), lieu célèbre et beau paysage, 70 milles.

De là à Anaboli انابلى (Napoli de Romanie), 90 (ou plutôt 9) milles.

De là à Hadjiria حجريه, jolie ville située dans une plaine sablonneuse, non loin du fort d'Achkala حصن اشكلة, à la base d'un promontoire qui s'avance dans la mer sur un espace de 50 milles, et qui a 25 milles de largeur, 90 milles.

De Hadjiria à la ville de بندسيه Bendesia, par la route directe, 135 milles.

Cette ville est située à 50 milles du cap Achkala راس اشكلة, et dernier contrefort d'une montagne qui s'étend dans l'intérieur du Péloponèse sur un espace de 100 milles. De ce cap à Maliassa ملياص (Monembasia), 280 milles.

Entre les deux caps (dont les noms manquent) on compte 6 milles.

De l'entrée du détroit du Péloponèse à Bendesia, 45 milles.

Ces diverses villes de la presqu'île sont célèbres, et on y trouve

QUATRIÈME CLIMAT.

des marchés permanents. Les villages et châteaux qui en dépendent sont très-nombreux ; les habitants (de ce pays) possèdent des navires de transport, mais ils ne communiquent avec le continent que par l'isthme de 6 milles dont nous avons déjà parlé.

Du Péloponèse à l'île de Crète اقريطس on compte 80 milles.

Cette île, grande, peuplée et fertile, contient diverses villes florissantes. Elle s'étend, en longueur, du couchant au levant, c'est-à-dire depuis le cap de l'Épée راس السيف (capo Spada) jusqu'à l'autre cap qui regarde le levant, sur un espace de 350 milles. Les largeurs du cap de l'Épée et de l'autre cap (opposé) sont de 100 milles. Du cap de l'Épée au cap Tini[1] راس تيني (Saint-Jean) on compte 3 journées (d'autres disent 2 journées et demie) de navigation. « Mais cette différence « d'évaluation provient de la différente marche des navires ainsi « que de la force ou de la faiblesse des vents. »

Ainsi que nous venons de le dire, l'île de Crète est considérable, et l'on y remarque, entre autres villes, celles qu'on nomme Rabdh el-Khandac ربض الخندق (le bourg du Fossé[2]) et Rabdh el-Djobn ربض الجبن (le bourg du Fromage). Auprès de cette dernière il existe une mine d'or « et des jardins fruitiers. « On y fabrique d'excellents fromages, qu'on expédie dans les « autres pays. Les montagnes environnantes sont peuplées de « chèvres sauvages (ou de chamois). » L'étendue de l'île est, en longueur, de 12, et en largeur de 6 journées ; et la distance qui la sépare de l'île de Chypre قبرس, située vers l'orient, est de 4 journées de navigation.

Il faut compter au nombre des îles de Romanie (de l'Archipel) comprises dans la présente section, l'île de Barenbala برنباله, qui

---

[1] La version latine porte *Thini*.

[2] Une note inscrite en marge du ms. B nous apprend qu'on nommait ainsi la ville de Candie كندية, à l'époque où notre auteur écrivait.

QUATRIÈME SECTION.

est déserte et qui gît à 50 milles du cap de Melassa ملاصة dé-pendant du Péloponèse, et à 25 milles de l'île de Milo ميلو; le Péloponèse étant à l'occident et l'île de Milo à l'orient de cette île. De l'île de Milo à celle de Bolinou بولينو (Polino), qui est habitée, 4 milles.

De cette dernière à celle de Belicantra بلقنتر (Polycandro), située vers l'orient et habitée, 6 milles.

De Polycandro à Nio نيو, île habitée, fertile, où sont deux ports, 10 milles.

Dans le voisinage, c'est-à-dire à 20 milles vers l'orient de Nio, est l'île de Stanbalaia استنبلايه (Stanpalia), qui a 12 milles de circonférence, est cultivée et peuplée, où l'on trouve des ressources, des bœufs et des moutons. De Stanpalia à Santorini سنتريني (Santorin), île peuplée, 4 milles.

De là au cap septentrional de l'île de Crète on compte 50 milles.

De même du Péloponèse, c'est-à-dire du cap Skilia اسكليا (*Scyllæum promontorium*), à l'île de Skilo اسكيلو (Skiro, l'ancienne Scyros), dans la direction du sud-est, 108 milles.

« L'île de Skiro est habitée; il y a même une jolie ville. »

De là à l'île de Bsara بصارو (Ipsara), qui est déserte, 50 milles.

D'Ipsara à Khio خيو [1], île grande, très-peuplée, et où il existe une jolie ville, 95 milles.

De Khio خيو (Chios) à Samo صامو, 35 milles.

« Samo صامو (Samos) est une île considérable, peuplée et « boisée, où l'on trouve des bœufs et des moutons. Il y a une « jolie ville. » On y recueille la gomme de mastiki مصطكى, qui se mâche, et dont il se fait une grande consommation, tant dans les contrées voisines que dans les pays lointains. « Cette île est « très-giboyeuse. »

---

[1] Au lieu de Pano. En général nous croyons devoir nous écarter des leçons qui sont ici fournies par la version latine.

De Samos à Laro لارو (Lero), en se dirigeant vers le nord, 30 milles.

Du cap du Péloponèse connu sous le nom d'Askalfa اسكلفا (ou Aksiloufa اكسيلوفا) à l'île d'Andros اندره, en se dirigeant vers l'orient, 12 milles.

« Cette île est florissante et populeuse; vis-à-vis l'un des « caps d'Andros, à 4 milles de distance, on remarque l'île de « Tino تينو (l'ancienne Tenos); puis, à 3 milles de celle-ci, « celle de Mikoula ميكولا (Miconi), qui est d'une étendue plus « vaste que n'est l'île de Tino, et où l'on voit une haute mon-« tagne, une jolie ville et des habitants. De Miconi à Dilo ديلو « (Délos), île de forme ronde, déserte, sans population, mais « possédant un port, » en se dirigeant vers l'orient, 12 milles.

De Délos à Naxia نقسية (Naxos), « île considérable et peuplée « de Grecs روم, qui y font paître des bœufs et des moutons, » en se dirigeant vers le midi, 30 milles.

De Naxia à Namorgho نمرغو (Amorgos), « île importante, très-« peuplée et où il y a beaucoup de bénéfices à faire, » 30 milles.

« D'Amorgos à Laro لارو (Lero), île florissante et peuplée, dé-« fendue par un fort, 4 milles. »

De là à Calmo قالمو (l'ancienne Calymna), jolie île, peuplée, avec un bon port, 4 milles.

De là, en se dirigeant vers l'occident, à Koui كوي (Cos), île également peuplée, avec un port, 20 milles.

De là, en se dirigeant vers l'orient, à Tisali نيسلي (Nisari), île habitée, agréable et possédant un port où l'on est à l'abri de tous les vents, 24 milles.

De Tisali ou Nisali نيسلي à l'île de Rhodes رودس, située en face du golfe de Macri جون المقرى, on compte 100 milles.

De Rhodes à l'île de Chypre جبرس, dont, s'il plaît à Dieu, nous traiterons ci-après, ainsi que de plusieurs autres, 3 journées de navigation ou 300 milles.

CINQUIÈME SECTION.

Île de Chypre. — Latakié ou Laodicée. — Antioche. — Adana. — Tarsous. — Alep. — Racca. — Malatia.

La présente section contient la description de la partie de la mer de Syrie où sont les îles de Rhodes رودس et de Chypre تبرس, et celle de diverses contrées sur la côte septentrionale de cette mer, appartenant, soit aux chrétiens, soit aux musulmans, jusqu'au point où se termine le littoral sur lequel on remarque, parmi les dépendances de la Syrie, Antarsous انطرسوس, Ladikié اللاذقية (Laodicée[1]), Antakié انطاكية (Antioche), Almassisa المصيصة (l'ancienne *Mopsuestia*), A'in-Zarba عين زربة, Tarsous طرسوس, Kirkes قرقس (Kirkesia), Hamarnas جرناس, Antalia l'incendiée انطالية المحرقة, Antalia la neuve انطالية المحدثة, Batara باطرة (Patara), el-Myra الميرة, le golfe de Macri جون المقرى, le fort d'Astroboli حصن استروبلى; et dans l'intérieur du pays de Syrie, Famia فامية (*Apamæa*), le fort de Salamia حصن سلمية, Kinnesrin قنسرين, el-Castel القسطل, Haleb ou Alep حلب (Beroë), Ressafa الرصافة, Racca الرقة, Rafeca الرافقة, Badjerwan باجروان, el-Djeser الجسر, Munbedj منبج, Mara'ch مرعش, Saroudj سروج, Harran حران, el-Roha الرها (l'ancienne Édesse), Hadeth الحدث, Samosate شمشاط, Malatia ملطية (l'ancienne Mélitène), le fort

Feuillet 151 verso.

Feuillet 152 recto.

---

[1] Nous continuons de placer entre parenthèses ceux d'entre les noms de lieux appartenant à la géographie ancienne ou moderne dont la connaissance nous est acquise de la manière la plus probable. Si cette partie de notre travail est jugée digne de quelque approbation, c'est surtout aux travaux de d'Anville, de feu M. Rousseau et de M. le capitaine Callier qu'il convient de l'attribuer.

QUATRIÈME CLIMAT.

<small>Feuillet 152 recto.</small> Mansour منصور, Zabatra زبطرة, Djersoun جرسون, el-Leïn اللين, Bedandour البدندور, Corra قرة et Touleb طولب.

<small>ÎLE DE CHYPRE.</small> Comme il est de notre devoir de donner des notions précises sur ces diverses contrées, sur leurs limites et sur leurs chemins, ainsi que nous l'avons fait pour les autres précédemment, nous disons que l'île de Chypre est d'une vaste étendue, puisqu'elle embrasse un espace de 16 journées de chemin. Il y existe nombre de villages, de champs cultivés, de montagnes, de bois, de prairies et des mines de vitriol, substance d'où elle tire son nom et qu'on exporte, soit dans les pays circonvoisins, soit au loin. Cette île contient trois villes, savoir : 1° el-Nimasoun النيمسون (Limasol), « jolie ville située dans la partie méridionale, « avec des marchés et de nombreux édifices; » 2° Lefcosia لفقسية (Nicosia); 3° Kernebia « et Kalta كرنبية et كلتا « formant deux « villes agréables, avec bazars où l'on trouve toute sorte de pro- « visions, d'objets fabriqués et de marchandises. Le pays produit « beaucoup de miel. »

De l'île de Chypre à Tripoli de Syrie طرابلوس الشام on compte 2 journées de navigation, et à Djebelé جبلة (Gabala), 1 journée et demie. Cette île fut, de temps « immémorial, renommée, tant à « cause de la fertilité de son territoire que par l'abondance des « ressources qu'elle présente. Le point du continent le plus voisin « du côté du nord est le fort de Kirkes ترقس (Cirrhus?), d'où « l'on aperçoit les montagnes de Chypre à la distance d'environ « 70 milles. » A l'orient de cette île est un golfe où se termine la mer de Syrie aux rivages de la province de ce nom, province dans laquelle sont situées les villes dont nous venons de donner la nomenclature. Antarsous انطارسوس est une petite ville près de la mer, avec marchés et commerce assez étendu, à 8 milles de distance d'el-Marcab المرقب (*Castram Merghatum*), fort bâti sur une montagne de toute part inaccessible. D'el-Marcab à Balinas ou Banias بلينאس (Apollonie de Syrie), « petite ville si-

CINQUIÈME SECTION. 131

« tuée à 4 milles de la mer, bien peuplée, et dont les environs
« produisent des fruits et des céréales en abondance, » 8 milles.

De Balinas à Djebelé جبلة (Gabala), « jolie petite ville bâtie
« sur les bords de la mer et près la côte, » 10 milles.

De là à Ladikié لاديقية (Latakié ou Laodicée), « ville florissante
« et populeuse, offrant des ressources de toute espèce, bâtie sur
« le bord de la mer, avec un joli port où peuvent mouiller les
« navires et les bateaux, » 10 milles.

De là à Herbadé هربادة, « place forte, bien peuplée, et remar-
« quable par l'industrie de ses habitants, » 18 milles.

De Herbadé à Souaïdié سويدية (Séleucie), entrepôt du commerce d'Antakié انطاكية, sur le bord de la mer, 15 milles.

D'Antakié انطاكية (Antioche) au point de la côte où l'el-A'ssi
العاصى (l'Oronte) a son embouchure dans la mer auprès de Souaïdié, 12 milles.

« Antakié انطاكية (Antioche) est une ville peu considérable,
« mais bâtie dans un site agréable et dans un pays fertile. Il n'en
« est point, après Damas دمشق, dont les environs et l'intérieur
« présentent un plus riant aspect. Il y a quantité d'eaux courantes
« qui rafraîchissent les bazars, les rues et (même) les édifices,
« un mur d'enceinte et des jardins. Ce mur, d'une solidité sur-
« prenante et construit en pierres, entoure la ville ainsi que la
« montagne sur laquelle s'élève Antioche, et il embrasse dans son
« enceinte des moulins, des jardins, des vergers et des promenades
« charmantes. Les marchés de cette ville sont florissants, ses édi-
« fices magnifiques, son industrie active, son commerce prospère,
« ses ressources et ses productions bien connues. On y fabrique
« de belles étoffes de couleur unie, et de plus les riches tissus de
« soie moirée, les brocarts dits *destouri* دستورى, *isfahâni* اسفهانى,
« et autres. » La ville est bâtie sur le fleuve à contours sinueux
qu'on nomme (ici) el-Arbat الارباط, et dont la source est dans le
territoire de Damas vers l'embranchement de la route d'el-Boraïd

17.

QUATRIÈME CLIMAT.

Feuillet 152 verso.

البريد. Il passe ensuite à Hems حمص (Émesse), puis à Hama حامة et à Chaïzar شيزر[1], puis dans la partie méridionale d'Antioche, où il détourne son cours vers le midi, et, continuant de couler dans cette direction, il va se perdre dans la Méditerranée au midi de Souaïdié سويدية.

De cette dernière ville à la montagne formant le cap dit Ras el-Khanzir راس الخنزير (ou du Porc) on compte 20 milles.

Sur cette montagne il existe un grand monastère situé sur l'extrême limite de l'Arménie بلاد الارمن et de la Syrie بلاد الشام. De ce lieu de difficile accès au fort de Rosous حصن رسوس (Rhosus), bâti près d'une rivière qui coule exactement au-dessous du cap el-Khanzir, 10 milles.

Du fort de Rosous حصن رسوس à celui d'el-Tebnat التبنات (des Pailles), « qui domine la mer, et auprès duquel on coupe les « bois de pins qu'on transporte ensuite dans le reste de la Syrie, » 15 milles.

De là au fort d'el-Mathcab المثقب (de la Vrille), 8 milles.

De ce fort à la presqu'île dite el-Boussa البصى, 10 milles.

De là au fort el-Mulawwen الملوّن (Coloré), 15 milles;

Puis à Kirkes ترقس, « fort qui domine la mer, » 25 milles;

Puis à Kirkous قيرقوس, fort du haut duquel on aperçoit les côtes de l'île de Chypre, 13 milles.

Revenant sur nos pas, nous disons que, de la ville d'Antioche مدينة انطاكية à Adana ادنه on compte 3 journées.

D'Antioche à Skanderoun اسكندرون (Alexandrette), place forte bâtie sur le bord de la mer, auprès de laquelle sont beaucoup de palmiers[2] et de champs cultivés et fertiles, 45 milles.

De Skanderoun à Naias نياس[3], 1 journée faible.

De Naias à el-Massissa المصيصة, 1 journée ou 40 milles.

---

[1] La version latine porte *Saiza*.

[2] وبه نخيل وزروع كثيرة وغلات وحصب

[3] La version latine porte *Cabas*.

CINQUIÈME SECTION. 133

El-Massissa porte en grec le nom de Mamestra مامسترة (*Mop-suestia*). Cette ville est divisée en deux quartiers séparés l'un de l'autre par la rivière de Djeïhan جيحان, « sur laquelle est un pont « en pierres. Le nom du premier de ces quartiers est al-Massissa « المصيصة, et celui du second Kafrina كفرينا. On voit, aux en- « virons, des cultures contiguës et des jardins. »

Feuillet 152 verso.

La rivière de Djeïhan نهر جيحان (l'ancien *Pyramus*) prend sa source dans le pays de Roum بلاد الروم (l'Asie mineure), coule auprès de Massissa, traverse ensuite le territoire du fort el-Mulawwen حصن الملوّن (Mallus[1]), puis se jette dans la Méditerranée. De Massissa à la mer on compte 12 milles;

Feuillet 153 recto.

Et de cette ville à A'ïn Zarba عين زربة (Anazarba), « pays qui « ressemble à el-Ghaur الغور (auprès de Damas), produisant des « fruits en abondance, très-agréable et très-productif, » 1 journée.

« Adana ادنة est une ville belle, florissante, industrieuse, com- « merçante, fréquentée par les voyageurs, et située sur la rive « occidentale du Seïhan سيحان (l'ancien Saros), rivière moins con- « sidérable que le Djeïhan جيحان, sur laquelle est un pont de « construction singulière et d'une grande longueur. Cette rivière « prend sa source dans le pays de Roum بلاد الروم. D'Adana à « Massissa, 1 journée.

ADANA.

« De Massissa (comme il vient d'être dit) à A'ïn Zarba, » 1 journée.
D'A'ïn Zarba à Antikié (ou Antioche), 2 journées;
Et en prenant la direction du nord, d'Adana à Tarsous طرسوس, 1 journée.

« Tarsous طرسوس est une ville considérable, renfermant deux « bazars construits en pierres, et très-commerçante. Entre cette « ville et la frontière de Roum il existe des montagnes entre-

TARSOUS.

---

[1] On sait que les Orientaux arabisent ou turcisent volontiers les noms étrangers. J'ai cité, dans un précédent ouvrage, les mots *Elegia, Harpassus, Tekhès*. On peut y joindre *Mallus, Anazarba, Zeugma, Resaina*, transformés en *Mulawwen, Aïn-Zarba, Tchechmèh, Ras-A'ïn*, qui ont tous des significations.

QUATRIÈME CLIMAT.

« coupées de fossés (*pilæCiliciæ*) qu'on dirait destinés à servir
« de lignes de défense aux deux provinces[1]. De Tarsous à la mer
« on compte 12 milles. »

C'est là qu'on remarque le fort d'Arlach ارلاش (ou d'Avlach
اولاش), qui est l'entrepôt (du commerce) de Tarsous. De ce fort
à Selevkia سلوقية (Séleucie) on compte 2 journées;

Et de Selevkia à Antalia l'incendiée انطالية المحرقة, 4 milles[2].

« Cette ville, actuellement peu habitée, était anciennement
« florissante et très-peuplée. Elle est tombée en ruines, et la po-
« pulation s'est transportée à Antalia la neuve انطالية الجديدة (Sa-
« talia), ville située à 2 journées de distance sur le sommet d'une
« haute montagne. De là au havre dit Mina'l-mu'ta مينا المعطل, qui
« est très-beau, » 18 milles.

De ce havre aux deux îles dites Chedoniat شدونيات (*Chelidoniæ
insulæ*) on compte 1 journée de navigation où 53 milles; la distance qui sépare ces îles du continent est de 10 milles. De ces
îles au golfe d'el-Falica جون الفليقة, dont la profondeur est de
20 milles, et à l'extrémité duquel sont l'embouchure d'une grande
rivière et le fort dit Hissn Dharsoua حصن ضرسوا (Castel Rosso)
(la distance manque).

De l'extrémité du golfe d'el-Falica جون الفليقة (Finika) à el-
Mira الميرة (Myra), 30 milles.

C'est par là, et entre deux montagnes dites el-Caïcab القيقب,
dont la longueur est de 20 milles, que pénètrent les navires. De
là à Batara باطرة (Patara), ville située sur le continent, 20 milles.

De cette ville au golfe de Macri جون المقرى, qui fait face à l'île
de Rhodes, en suivant les contours du rivage, 200 milles; et en
ligne directe, 70 milles.

---

[1] Voici le texte de ce passage intéressant : بينها وبين حدّ الروم جبال
متشبعة من الاكام كالحاجز بين المعتدلين.

[2] Bien que tous les mss. portent 4 *milles*, je pense que c'est 4 *journées* qu'a voulu
dire notre auteur.

De l'extrémité de ce golfe à Astroboli استروبلى, « petite ville « bien peuplée, sur le bord de la mer, » 50 milles.

De là à Cachanchoun تشنشون, lieu situé sur la crête d'une montagne qui domine la mer, 120 milles.

De là à Sam سام [1], 50 milles.

De Sam à Sourent ديرسورنت, « monastère considérable habité « par des prêtres et par des religieux, » 50 milles.

De là au port de Bost بست, 12 milles.

Puis au fort de Mateli ماطلى [2], « bâti sur le sommet d'une « colline à [3] ... milles de la mer, qui forme un golfe du même « nom, » 120 milles.

De ce fort à l'embouchure du détroit d'Abydos وهو فم ابده المضيق [4], 100 milles.

De là à Constantinople قسطنطنية, 3 journées de navigation.

Reprenant notre itinéraire nous disons que, pour se rendre d'Antakié انطاكية (Antioche), ville célèbre ainsi que nous l'avons dit, à Racca رقه, on passe par Haleb حلب (Alep), c'est-à-dire que d'Antakié à Kinnesrīn قنسرين on parcourt un espace de 40 milles.

« Kinnesrīn قنسرين est une ville qui donne son nom à une pro-« vince. Elle fut jadis entourée de fortes murailles qui furent « démolies à l'époque du meurtre de Husseïn, fils d'Aly, par les « ordres de Yezid, fils de Moaviah; les vestiges (même) de ces « murailles ont aujourd'hui disparu. La ville, défendue par un « château fort, pourvue d'un marché commerçant, est située sur « les bords du Koïk قويق ou de la rivière d'Alep, qui, après avoir « coulé près de Kinnesrīn, va se perdre dans un marais. » De Kinnesrīn à Alep, 20 milles.

---

[1] Le ms. B porte رقه شنسون et شام.
[2] La version latine porte *Makasa*.
[3] La distance manque dans nos deux manuscrits.
[4] La version latine porte *ostium Andi*, mais les manuscrits nous mettent à portée de rectifier cette erreur.

QUATRIÈME CLIMAT.

« Haleb حلب (Alep), capitale de la province de Kinnesrïn دار
« الامارة بقنسرين, est une ville extrêmement peuplée, située sur la
« grande route[1] de l'Irâc, de la Perse et du Khorasan, et ceinte
« de murailles en pierres de couleur blanche. La rivière de Koïk
« قويق, qui coule auprès d'une des portes[2], est peu considérable;
« mais au moyen d'aqueducs on a introduit ses eaux dans la ville
« de manière à les faire couler dans les rues, dans les bazars et
« (même) dans les maisons. Ces eaux sont employées à tous les
« usages de la vie par les habitants. Le Koïk prend sa source au-
« près d'un village qui s'appelle Sinab سيناب (Seniab), à 6 milles
« de Dabec دابق. Cette rivière parcourt, avant d'arriver à Alep,
« un espace de 18 milles, passe ensuite à Kinnisrïn, 20 milles;

« Puis à Merdj el-Ahmar مرج الاحمر[3], 12 milles.

« Là elle se perd dans un marais. La totalité de son cours
« embrasse un espace de 42 milles[4]. Dans la Cassaba d'Alep on
« trouve une source d'excellente eau. »

Pour se rendre d'Alep à Racca رقة, on peut choisir entre deux
routes dont l'une est celle qui passe par Naghoura ناغورة, par
Khochab خشاب, par Balech بالش et par Dauser دوسر. « Racca, si-
« tuée au milieu du pays de Modhar مضر, centre de communica-
« tion pour les voyageurs et entrepôt de commerce, est une jolie
« ville bâtie à l'orient de l'Euphrate. Il y a des bazars, des mar-
« chands, des fabricants, et ses habitants sont riches. » Capitale
du pays de Modhar, ainsi que nous venons de le dire, elle s'appe-
lait autrefois en grec Anikos انيقوس (Nicephorium). On compte
au nombre des villes qui en dépendent Badjerwan باجروان,
Harran حران, el-Roha الرها (l'ancienne Édesse), Saroudj سروج,

---

[1] Tel est évidemment le sens des mots على رصيف الطريق, sens qui n'est expliqué dans aucun de nos lexiques.

[2] C'est la porte indiquée sous le nom de *Djenaïnè*, ou des Jardins, dans la carte
dressée en 1818 par M. Rousseau.

[3] Ce lieu porte aujourd'hui le nom de *Merdj el-Sultan*, ou la prairie du Prince.

[4] En additionnant les nombres ci-dessus, on trouve 50 milles.

CINQUIÈME SECTION.

Samosate شمشاط, Ras-A'in راس عين, Kafar Touta كفرتوثا (le vil- Feuillet 153 verso.
lage des Mûriers), Tel-Mouran تل موران, el-Zaoui الزاوى, Nissibin
نصيبين (Nisibis), Aderma ادرمه et el-Ressafa الرصافة.

Quant à la route de Racca à Hems حمص (ou Homs), elle est
comme il suit : de Racca à el-Ressafa الرصافة, « lieu où les khalifes
« Ommiades firent construire divers châteaux dont les environs
« sont habités et couverts de villages, et où sont des marchés
« florissants, » 24 milles.

De là à Maragha المراغة[1], « fort situé sur la limite du désert et
« dont le territoire est sujet aux incursions des Arabes, » 24 milles.

De Maragha à el-Castel القسطل, 36 milles.

De là à Salamia سلمية, « fort et petite ville sur la frontière du
« désert, » 30 milles.

De là à Hems حمص (ou Homs), « dont nous avons déjà parlé, »
24 milles ou 1 journée.

La présente section comprend l'Euphrate فرات, fleuve célèbre
qui est compté au nombre des six[2] plus grands fleuves de l'univers, lesquels sont le Nil النيل, le Dedjlé دجلة (le Tigre), le Frat
الفراط (l'Euphrate), le Mehran du Sind مهران السند (l'Indus), le
Ganges الجنجس, le Baghanoun de la Chine بغنون الصين, et le
Djeïhoun du Khorasan جيحون خراسان (l'Oxus).

L'Euphrate prend sa source dans l'intérieur du pays de Roum Feuillet 154 recto.
(de l'Asie mineure), non loin de Cazala قزالة et dans les montagnes de Cali-Cala قالى قلا; poursuivant son cours dans ce pays,
il passe à Kemkh كمخ, puis auprès (à 2 milles) de Malatia ملطية,
puis à Samosate شمشاط, où il commence à devenir navigable jusqu'à Bagdad بغداد; coulant vers le midi en déclinant un peu
vers l'orient, il se dirige vers Djarian جربان (ou Harian), vers le
pont de Sandja جسر سنجة, vers el-Rafeca الرافقة, et vers Racca
رقه, qu'il laisse à l'orient. Il atteint ensuite Mohammedia محمدية

[1] Lat. 36° 15', long. 56° 40', d'après *l'Euphrate et le Tigre* de d'Anville.
[2] Lisez *sept*.

II.

138 QUATRIÈME CLIMAT.

Feuillet 154 recto.

qu'il laisse à l'occident, el-Khalouca الخلوقه, Kerkisia ترقسيه (*Circesium*), où s'opère sa jonction avec le Khabour الخابور (le Chaboras); Rahabet-Malek رحبة مالك, Dalia الداليه (la Vigne), A'na عانة (Anatho), Hit هيت (*Æiopolis*), Anbar انبار, où est son confluent avec le I'sa عيسى, où il se rapproche de Bagdad بغداد [1], ville située sur les bords du Tigre. L'Euphrate descend ensuite à Rahaba رحبة à travers le désert, où il se divise en plusieurs branches dont l'une est celle qui passe à Sura-Sura صرصر, la deuxième celle d'el-Cassr القصر, la troisième celle de Soura سورا, et la quatrième celle de Koufa كوفة. Ces diverses branches s'écoulent et se perdent ensuite dans les marais dits el-Batâîh البطائح.

MALATIA.

Malatia ملطية, place forte, « fut une ville considérable jusqu'à « l'époque des invasions romaines; alors sa situation changea et « sa prospérité disparut. » Elle est située à 51 milles de Samosate سمشاط, « ville et château fort situés sur les bords de l'Euphrate, « dans la partie orientale d'une vallée qui s'étend le long de ce « fleuve. Les montagnes environnantes produisent en abondance « des noix, du raisin, et d'autres fruits d'hiver et d'été qui n'ont « pas de propriétaire. »

Il existe entre Samosate et Malatia une petite ville connue sous le nom de fort Mansour حصن منصور, « qui est jolie et renommée « par la fertilité des campagnes qui l'environnent; » elle est située à 1 journée, c'est-à-dire à 22 milles de Samosate, à 30 milles de Malatia et à 15 milles de Zabatra زبطرة [2].

La distance qui sépare Munbedj منبج de Malatia est de 5 journées;

Et de Samosate, de 2 journées.

« Munbedj منبج (*Hierapolis*), ville considérable, située à 1 forte « journée de l'Euphrate, est entourée de murailles construites

---

[1] Je traduis ainsi par conjecture.
[2] Le ms. B porte زنطرو, mais c'est évidemment une erreur.

CINQUIÈME SECTION.

« par les anciens Romains[1]. Il y a des marchés bien fournis, un
« commerce étendu, beaucoup de richesses, beaucoup d'approvi-
« sionnements en tous genres. » Non loin de là est Sindja سنجة,
« petite ville bien peuplée, dans le voisinage de laquelle est un
« pont construit en pierres de taille avec beaucoup d'art et beau-
« coup de solidité; il est connu sous le nom de pont de Sindja
« جسر سنجة [2], et, sous le rapport de la grandeur, c'est l'un des plus
« remarquables qu'il soit possible de voir, car il embrasse toute
« la largeur de l'Euphrate. »

De Munbedj منبج à Mara'ch مرعش on compte 3 journées;

C'est-à-dire de Munbedj à Hadeth حدث, 2 journées;

Et de Hadeth à Mara'ch, 1 journée;

La distance qui sépare Munbedj منبج de Haleb حلب (Alep) est la même, c'est-à-dire que de Munbedj à Coros قورس (Cirrhus) on compte 2 journées;

Et de Coros à Haleb, 1 journée.

« Coros est un fort bâti sur une montagne qui fait partie de
« la chaîne du Lekiam اللكام (ou du mont Taurus). »

De Munbedj منبج à Malatia ملطية, 5 journées;

Et à Samosate 3 journées (d'autres disent 2 journées).

« De Samosate au fort Mansour حصن منصور, 1 forte journée.

« Du fort Mansour à Hadeth حدث, 1 journée.

« De Haleb à Hems حمص, 5 journées;

A Ma'ra معرة, dépendance de la province de Kinnesrîn, 1 forte journée.

« Ce dernier lieu, qui se nomme Ma'rat el-Na'man معرة النعمان,
« est habité et peuplé. Il y a des édifices et des marchés; mais on
« ne trouve, dans ses environs, ni eau courante, ni fontaine; la
« majeure partie du pays est sablonneuse, et les habitants n'y boi-

---

[1] بناء الروم الاول.
[2] On trouve, en effet, dans la Table Théodosienne une station *ad pontem Singæ*, sur la route de Samosate à Zeugma (d'Anville, *l'Euphrate et le Tigre*, p. 7).

QUATRIÈME CLIMAT.

Feuillet 154 verso.

« vent que de l'eau du ciel. Cependant on y récolte quantité de
« productions, et notamment des olives, du raisin, des figues, des
« pistaches, des noix, etc.

« Hadeth حدث et Mara'ch مرعش sont deux villes d'importance
« à peu près égale; entourées de bonnes murailles, pourvues de
« bazars, et fréquentées par les voyageurs qui y viennent à cause
« des profits qu'offre le négoce.

« D'Antakié انطاكية, dont il a déjà été fait mention, à Scande-
« rounia سكندرونية (Alexandrette), on compte 40 milles.

« De même d'Antakié au fort de Baghras حصن بغراس, situé sur
« la route de la frontière[1], où est un *menber* (pour faire la *khotba*)
« et une population nombreuse, en se dirigeant vers le nord, 12
« milles.

« Le fort Arlas حصن ارلاس, situé sur le littoral, est de bonne
« défense. » La distance qui sépare le fort Baghras de Scanderounia
سكندرونية (Alexandrette) est de 9 milles.

« Les divers forts existant sur ce littoral dépendent de Souaïdié.
« On se rend (d'abord) à Naias نياس (l'ancienne Issus), puis à el-
« Mathcab المثقب, puis à la rivière d'el-Massissa, puis à celle
« d'Adana, puis à Tarsous, lieux qui sont tous situés sur le rivage
« de la mer.

« De Scanderounia سكندرونية à Naias نياس, 1 faible journée.

« De Naias, par terre, à el-Harounia الهارونية, 15 milles.

« D'el-Harounia à Mara'ch مرعش, place forte sur la frontière du
« Djeziré جزيرة (ou de la Mésopotamie), 1 forte journée.

« De Naias à el-Massisa, 1 forte journée.

« D'el-Massisa à A'in-Zarba عين زربه, 1 journée.

« D'el-Massisa à Adana, 1 journée.

« D'Adana à Tarsous طرسوس, 1 journée.

« De Tarsous à el-Djouzat الجوزات, 1 forte journée.

---

[1] Baqras Calé'si est, en effet, d'après la carte de M. Rousseau, un fort bâti sur le revers oriental de l'Amanus.

« El-Harounia-الهارونية est un petit bourg sur l'une des branches
« de la chaîne du Lekiam (du mont Taurus). Il fut construit par
« les ordres du khalife Haroun el-Rechid. Nous traiterons de Bag-
« dad et du reste de la Mésopotamie dans la section suivante. »

Feuillet 154 verso.

QUATRIÈME CLIMAT.

SIXIÈME SECTION.

Djeziré ou Mésopotamie. — Anbar. — Haditha. — Mossoul. — Nissibin ou Nisibis. — Amid. — Roha. — Irâc. — Bagdad. — Holwan. — Modaïn. — Djebal. — Hamadan. — Reï. — Cazwin. — Ispahan. — Maragha. — Ardebil.

Feuillet 154 verso.

Les co..rées décrites dans la présente section sont : la majeure partie du Djeziré الجزيرة (ou de la Mésopotamie), une partie de l'Arménie ارمنية, une partie de l'Adherbaïdjan اذربيجان, et le Behlous بهلوس, également connu sous le nom d'el-Djebal الجبال[1].

DJEZIRÉ.

On entend par Djeziré le pays compris entre le Tigre دجلة et l'Euphrate فرات, et les villes (principales) de ce pays sont : Racca رقة, Rafeca رافقة, Khabouca خابوقه, Badjerwan باجروان, A'rban

Feuillet 155 recto.

عربان, Sokn' el-A'bbas سكنى العباس, Thalban طلبان, Tankir تنقير, Mohammedia المحمدية, Kerkisia قرقيسية, el-Rahaba الرحبة, Dalia الدالية, A'na عانة, Hit هيت, Zab الزاب, Anbar الانبار, Sura-Sura صرصر, el-Cassr القصر, Soura سورا, Koufa كوفه, Maksīn ماكسين (Machusa), Sindjar سنجار, Hadhar الحضر, Mossoul موصل, Beled بلد, Djeziret ebn-O'mar جزيرة ابن عمر, Barca'īd برنعيد, Adrama ادرمة, Nissibīn نصيبين, Ras' el-A'īn راس العين, Mardīn ماردين, Roha الرها, Harran حرّان, Saroudj سروج, Djarian جريان, Djarnis جرنيص[2], Batri بطرى, Hini حنى, Amid آمد, Nikoua نيقوا[3], Calsabour قلسابور, Kerdi Tamidi تردى تامدى, Ma'laïatha معليانة, Souc el-Ahad سوق الاحد (le marché du dimanche), Haditha حديثه, Sor سر et Barama بارما. Toutes ces villes sont comprises dans le Djeziré; quant à celles qui dépendent de l'Irâc, ce sont : Tharthar ثرثار, Zoura زورا,

---

[1] Ou le Curdistan persan (Malte-Brun, *Précis de la Géogr. univ.* t. III, p. 243).
[2] La version latine porte *Harian* et *Harbas*.
[3] La version latine porte *Benbu*.

SIXIÈME SECTION. 143

Sorra-Men-Ra' سرّمن راى, (littéral. *lætatus fuit qui vidit*), A'lab علب, Djarit جريت[1], O'kbara عكبارا, Bagdad بغداد, Djeïloun جيلون, Rauba الروحا, Nahrowan نهروان, Djardjaïa جرجايا et Dodjaïl دجيل. Du Djebal جبال dépendent Daskara دسكرة, Khanekïn خانقين, Cassr-Chirin قصر شيرين, Chirwân شيروان, Saimara صيمرة, Carmasïn قرماسين, Dainour دينور, Zouzan زوزان (ou, d'après la version latine, Rudhan), Kerdj كرج et Diawend دياوند; du Behlous بهلس[2], Raï الرى, Ispahan اصبهان, Hamadan همدان, Nehawend نهاوند, Muhurdja-Foundouk مهرجا فندق, Masendan ماسندان[3], Cazwïn قزوين et la Cité bénie مدينة المبارك; du Deïlem ديم, Abher ابهر, Zendjan زنجان (ou plutôt Zenghian), El-bir البير, Tilasan طيلسان, Deïlem ديم, Amol امل[4], Saria سارية, Mamithir مامطير et Thamesa طمسة. Enfin dans l'Arménie sont compris Tebriz تبريز[5], Berda' بردعة (Berde), Djanda جندة, Salmas سلماس et Khoï خوى, pays qui tous sont peuplés et couverts de villes florissantes, et dont nous donnerons une description détaillée d'après la méthode que nous avons suivie dans le présent ouvrage, s'il plaît à Dieu.

Nous disons donc que le Djeziré الجزيرة est le pays situé entre le Tigre et l'Euphrate qui comprend, dans ses limites, le Diar Rebi'a ديار ربيعة et le Modhar مضر. « L'Euphrate prend sa source « dans le pays de Roum بلاد الروم (l'Asie mineure), ainsi que nous « l'avons déjà dit; ce fleuve arrose diverses contrées dont nous « avons donné la description, et d'autres dont il nous reste à « parler. » Nous donnerons d'abord l'itinéraire de Bagdad à Racca, en se dirigeant vers l'occident.

[1] La version latine porte *Harib* et *Hailan*.
[2] Notre auteur vient de dire que le Djebal et le Behlous ne forment qu'une seule et même contrée. Il les distingue ici apparemment pour spécialiser ce qu'il veut dire des lieux compris dans chacune des deux circonscriptions.
[3] La version latine porte *Masebadan*.
[4] La version latine porte *Ahela*.
[5] Les mss. portent *Naziz*, la version latine *Nariz*; mais c'est évidemment par erreur.

QUATRIÈME CLIMAT.

De Bagdad à Seldjïn سلمين, 12 journées.

De là à Anbar الانبار, 24 journées.

« Anbar est une petite ville bien peuplée, avec un marché, des « fabriques, et dont les environs produisent beaucoup de fruits. « Elle est située auprès de l'entrée du canal d'I'sa نهر عيسى, « (ou de Jésus). En effet, dans les temps anciens, les eaux de « l'Euphrate ne parvenaient point du tout au Tigre, mais elles se « perdaient entièrement dans les marais. A l'époque de l'isla- « misme on creusa le canal d'I'sa, afin de pouvoir, par ce moyen, « arriver à Bagdad; maintenant c'est une rivière considérable sur « laquelle des navires flottent jusqu'à Bagdad [1]. »

D'Anbar انبار à Zab زاب, « ville florissante entourée de villages « et de vastes jardins, » 21 milles.

De Zab à Hit هيت, « ville fortifiée et des plus peuplées, à « l'occident de l'Euphrate, » et dont la situation correspond à celle de Tekrit نكريت, ville située dans la partie septentrionale de l'Irâc et à l'occident du Tigre, 36 milles.

De Hit à Nawsia ناوسية [2], petite ville bien peuplée, environnée « de jardins qui produisent des fruits et toutes choses en abon- « dance, » et située dans une île (lisez une presqu'île) formée par l'Euphrate, 21 milles.

De Nawsia à Rasa الرسة [3], lieu situé à une certaine distance de ce fleuve, 21 milles.

De Rasa à A'nat عنات, « petite ville au milieu de l'Euphrate,

---

[1] Ce passage nous paraissant assez curieux, nous croyons devoir en donner le texte:
وذلك انه كان فى ما سلف الزمان لا تصل مياه الفرات الى الدجلة بوجه وانما كان مغيضها فى البطائح دون ان يتصل شىء منها بالدجلة فلمّا جاء الاسلام احتفر نهر عيسى حتى وصل به الى بغداد وهو الان نهر كبير تجرى به السفن الى بغداد

[2] La carte de d'Anville porte Naüsa.

[3] La version latine porte Dasa ou Vasa; le ms. B, وسة.

« et entourée par les eaux de ce fleuve, avec marchés, fabriques, « etc. » 21 milles.

D'A'nat à Dalia داليَة, petite ville sur la rive occidentale de l'Euphrate, 21 milles.

De Dalia à Rahabé-Malek ben-Taouk رحبة مالك بن طوق, ville florissante et peuplée, située sur les bords et à l'orient de l'Euphrate, « ceinte de murailles en terre, pourvue de marchés, « ornée d'édifices, etc. » 30 milles.

De là à Khabour خابور (Chaboras), en suivant les détours du fleuve, 2 journées.

« Khabour خابور est une ville petite, mais très-agréable, située « sur les bords de l'Euphrate. Elle est environnée de jardins et « de vergers produisant beaucoup de fruits. De là à Khabouca « خابوقة, qu'on nomme aussi Khalouca خالوقة, petite ville avec « marché fréquenté, faisant un assez bon commerce, » 2 journées.

De Khabouca à Racca رقّة, « dont nous avons donné la des- « cription et dont nous avons fait connaître l'état actuel, » 2 journées.

La distance qui sépare Bagdad de Racca est donc de 15 journées, mais il existe une autre route, par le désert, qui n'est que de 10 ou environ. La voici : sortant de Bagdad vous vous rendez à Nawsa ناوسه; là vous quittez l'Euphrate en vous dirigeant par la droite et à l'orient de ce fleuve à travers le désert, vous parvenez à Rasa رسه ou Wasa وسه, 21 milles.

De là à A'djima عجيمة, 18 milles;

Puis à Tehenié تهنية, par le désert, 36 milles;

Puis à Doraki دورق, 18 milles;

A el-Fardha الفرضة (ou l'Entrepôt), 18 milles.

A Wadi'l-Seba' وادى السباع (ou la vallée des Lions) 15 milles;

« Au canal de Beni-Djoumah خليج بنى جح, 15 milles;

Aux montagnes de Kerkisia جبال قرقسيا, 21 milles;

À la rivière de Sa'id نهر سعيد, 24 milles;

A Djerdan الجردان, 42 milles;
A el-Mabrak مبرك, 33 milles;
A Racca, 24 milles.

Le total de cet itinéraire se monte à 372 milles[1].

Il existe une troisième route de Bagdad à Racca, en passant par Mossoul موصل. On se rend d'abord à Thartbar ترثار, « l'une « des dépendances de Tekrit من اعمال تكريت. » De Tharthar à O'kbara عكبارا, « petite ville sur la rive orientale du Tigre, » on compte 15 milles.

D'O'kbara عكبارا à Badjesa باجسة, 9 milles.

De là à Cadesia القادسية, « lieu où l'on fabrique le verre dit « de l'Irâc, et qui est marqué du nom de cette province[2], » 21 milles.

De Cadesia à Sorra-men-Ra سر من راى, 9 milles.

« Cette dernière ville fut fondée par le khalife el-Mansour, « fils d'Abbas. Elle est entièrement ruinée, mais on y voit encore « divers châteaux, des villages, des troupeaux, et même il s'y « tient des marchés où l'on vend du fruit et où il est possible « de renouveler ses provisions. »

De Sorra-men-Ra à Karkh كرخ, « petite ville bien peuplée, « à l'orient du Tigre, » 6 milles.

De Karkh à Halitha حليثا, « gros bourg, » 18 milles.

De là à Senn سن (Cœne), « petite ville entourée de fortes « murailles, » auprès de laquelle le petit Zab الزاب الاصغر (*Zabus minor*) se jette dans le Tigre, 15 milles.

La distance qui sépare Senn de Tekrit est de 40 milles, et de Medinet el-Bewareh مدينة البوارج de 12 milles. « Cette der- « nière est bâtie sur les bords et à l'occident du petit Zab, « vers son embouchure, à la distance d'un jet de flèche de Senn.

---

[1] En admettant (chose assez vraisemblable) que la distance de Bagdad à Nawasa est de 86 milles, le calcul de notre auteur est exact.

[2] Le texte porte ورسمه للكلة.

SIXIÈME SECTION.

« Elle est comptée au nombre des dépendances de Djeziré (de « la Mésopotamie) et du Modhar. »

De Senn à Haditha حديثه on compte 36 milles.

« Haditha est une ville florissante où l'on peut se procurer « des grains et toutes choses en abondance. » Elle est bâtie sur la rive orientale du Tigre et auprès du confluent du grand Zab الزاب الكبير, à la distance de 10 milles de la montagne de Barama بارما[1]. Sur les bords du Zab et non loin de cette montagne est la ville de Djeiloun جيلون[2] (Aloni), ville très-jolie, très-agréable et très-fortifiée. Sur le Zab (même) et du côté de l'Arménie est la ville de Rauha روحا[3].

Les deux Zab sont deux grandes rivières qui, *si elles étaient réunies*, formeraient un volume d'eau égal ou même supérieur à la moitié de celui du Tigre[4].

De Haditha حديثه à Beni-Tamian بني طميان, 21 milles;

Puis à Tekrit تكريت, 21 milles.

Tekrit تكريت, l'une des dépendances de Mossoul موصل, est située à l'occident du Tigre دجلة, vis-à-vis de Hadher حضر (Hatra), ville agréable sur la rivière de Thirthar نهر ثرثار, dans le désert. « Les habitants de Tekrit sont pour la plupart chré-« tiens; les édifices y sont construits en plâtre et en briques. » C'est auprès de là qu'a lieu la dérivation du Dodjaïl دجيل, qui découle du Tigre, arrose les campagnes de Tekrit, puis celles de Sorra-Men-Ra سر من رأى, et aboutit ensuite auprès de Bagdad.

Feuillet 156 recto.

HADITHA.

---

[1] La version latine dit *Carema*.

[2] La carte de d'Anville porte *Ghilon*.

[3] Lat. 37°, long. 62° 25′, d'après d'Anville.

[4] Notre illustre géographe s'exprime en ces termes dans son mémoire sur le Tigre et l'Euphrate, p. 90 : « Il y a quelque défaut dans la traduction de l'Édrisi ou il se « trompe lui-même dans la VI° partie du IV° climat, en disant que les deux Zab lorsqu'ils « se joignent, *quando in unum coalescunt*, égalent et surpassent même la moitié du « Tigre. » D'Anville a raison, et il suffit de jeter les yeux sur le texte pour voir ce que notre auteur a voulu dire réellement : والزابان نهران عظيمان اذا اجتمعا كانا كنصف الدجلة.

148 QUATRIÈME CLIMAT.

Feuillet 156 recto. Le voyageur qui désire se rendre de Tekrit à Racca رقه par le désert et par le Diar Rabia' ديار ربيعة a 9 journées de chemin à faire; celui qui veut aller (de Tekrit) à Mossoul, par le Tigre, n'en a que deux faibles.

MOSSOUL.   Mossoul موصل est une ville sise sur la rive occidentale du Tigre, « dans un terrain fertile et sous un climat tempéré. Les habitants « boivent les eaux de ce fleuve. Il y a une rivière qui traverse « cette ville par le milieu, et dont les eaux sont d'environ « 60 coudées plus basses que la surface du sol. Les jardins (de « Mossoul) sont peu nombreux, mais les villages et les champs « cultivés aux environs sont considérables. La ville est bâtie en « plâtre et en pierres. Son territoire et ses dépendances sont « très-vastes. On y remarque, entre autres, Niniv نينوا [1], ville « antique où l'on voit des vestiges d'anciens monuments, où fut « envoyé (le prophète) Jonas, fils de Sa, ainsi que le rapportent « les Écritures, » et qui est située à l'orient du Tigre, vis-à-vis de Mossoul. Le territoire (de Ninive) confine avec celui de el-Merdj المرج (la Prairie), qui est également très-vaste et où l'on trouve une ville connue sous le nom de Souc el-Ahad سوق الاحد « (ou le marché du Dimanche), où viennent les Kurdes à cer-« taines époques précises et convenues. Cette ville est fortifiée « et bâtie parallèlement à une haute montagne. » Dans le voisinage de ce lieu est Kafar Ara كفراري, ville habitée par des « chrétiens et par des musulmans. Les premiers sont connus « sous la dénomination de *chahardjé* شهارجة. » Il existe entre Kafar A'ra et Souc el-Ahad deux districts nommés, l'un le grand Zab الزاد الكبير, et l'autre Harra حرى, dont les territoires produisent du froment en quantité. Fanda فاندا et el-Berenda برندا sont deux gros bourgs voisins l'un de l'autre, situés à l'orient du Tigre et remarquables par leurs fabriques ainsi que par leur richesse.

[1] C'est à tort que les auteurs de la version latine ont écrit *Lino*. Nos deux manuscrits sont d'accord et portent نينوا.

SIXIÈME SECTION.

Le district de Khabour خابور comprend plusieurs villes et de vastes dépendances [1]. Il est voisin de celui de Sindjar سنجار et touche aux montagnes. Quant à Ma'lia معلبا et à Calsabour قلسابور, ce sont (également) deux cantons très-fertiles.

Au-dessus de Mossoul, et comme cette ville, sur la rive occidentale du Tigre, à 21 milles de distance, est la ville de Beled بلد, « renommée par la fertilité de ses champs, où il n'y a pas « (cependant) d'eau courante autre que celle du fleuve, dont les « habitants se servent, soit pour leur boisson, soit pour tout « autre usage. »

De là à Sindjar سنجار on compte 21 milles.

Sindjar est situé à l'occident dans le désert et au pied d'une montagne. « On y trouve de l'eau, et tout autour sont des vil- « lages. Cette ville est ceinte de murs en pierre très-solides. On « y recueille des fruits en abondance [2]. »

Auprès de là coule le Hawali حوالى, rivière qui vient du Diar Rebia', ديار ربيعة, « et sur les bords de laquelle résident des Arabes « qui possèdent des troupeaux, des vignobles et des habitations « fixes. » Auprès, c'est-à-dire à 18 milles du Hawali حوالى, à 36 milles de Beled بلد, et à 47 milles de Nissibīn نصيبين (Nisibis), est la ville de Barca'id برقعيد.

Celui qui veut se rendre de Mossoul à Nissibīn doit passer d'abord par Beled بلد, 21 milles;

Puis par Baghina بغينا, 18 milles;

Par Barca'id برقعيد, 18 milles;

Par Adrama ادرمه, 18 milles;

Par Tel Ferasa تل فراسة [3], 15 milles.

De là à Nissibīn نصيبين on compte 12 milles.

« Barca'id برقعيد est une ville considérable, jolie, où l'on

---

[1] Voici le texte : رستاق للخابور فيه مدن كثيرة واعمال واسعة.

[2] ثمار كثيرة.

[3] La version latine porte *Nedasa*, mais nos deux manuscrits sont d'accord.

150   QUATRIÈME CLIMAT.

Feuillet 156 verso.   « trouve beaucoup de ressources et qui est habitée par une
« peuplade de la tribu de Taghlib قوم من تغلب. Adrama ادرمه est
« également une ville assez importante et bien bâtie. » Kafar
Touta كفر توتا (le village des Mûriers) se fait remarquer par la
fertilité de ses champs et par la beauté de sa situation. Ras el-
A'ïn راس العين est une ville considérable, où l'on voit près de
trois cents sources, environnées de grillages en fer pour qu'on
ne puisse y tomber. Ces eaux forment la source du Khabour
خابور (Chaboras), rivière qui va se jeter dans l'Euphrate auprès
de Kirkesia الغرقسيا, sur les bords de laquelle les habitants de
Ras-el-A'ïn راس العين possèdent de nombreuses dépendances, et
entre autres A'rban عربان, jolie ville située à 4 journées de Kirkesia. Entre A'rban et Khabouca خابوقه on voit à peu de distance
des bords du Khabour diverses villes, et particulièrement auprès
d'A'rban, Thalban طلبان, Hasania حسنية, Belban بلبن (ou
Belian) et O'beïdia العبيدية. « Tout ce pays est en proie aux
« incursions des nomades, et, quoique les villes soient entourées
« de murailles, cependant leurs habitants sont souvent obligés
« de se réfugier dans des cavernes. Mais, pour revenir à Nissibīn

NISSIBĪN   « نصيبين (Nisibis), nous disons que cette ville, l'une des dépen-
ou
NISIBIS.   « dances du Diar Rebia' ديار ربيعة, est grande, bâtie dans une
« plaine et entourée de fortes murailles; qu'elle possède des
« marchés florissants, des lieux de rendez-vous pour le com-
« merce; qu'il y a de l'industrie, et notamment des fabriques de
« belles étoffes, et de l'eau en abondance. La principale source
« de ces eaux surgit d'une gorge de montagnes qu'on appelle el-
« Wasa الوسا. C'est un site des plus agréables. De là les eaux se
« répandent dans les jardins, dans les champs et dans la plu-
« part des édifices et des maisons de Nissibīn. Tout autour, et
« à une grande distance de cette ville, il y a de vastes territoires,
« de jolis villages, de fertiles collines où abondent les céréales
« et les troupeaux. On y rencontre (aussi) des scorpions dont

« la piqûre est mortelle. Non loin de Nissibīn est la montagne
« de Mardīn جبل مرديسن, dont la hauteur, depuis la surface
« du sol jusqu'au sommet, est d'environ 6 milles. Sur le sommet,
« Hamdan, fils de Hassan, fit construire un château qui porte
« le nom d'el-Bâc الباق, et qui, tant à cause de la solidité de sa
« construction que de la situation des lieux, est imprenable.
« On trouve dans cette montagne de très-beau cristal de roche
« جواهر الزجاج, qu'on transporte dans tout le Djeziré; » on
y trouve aussi beaucoup de serpents dont la morsure est mortelle.

On compte au nombre des cantons du Diar Rebia': Nissibīn نصيبين, Arzen ارزن, Amid امد, Ras el-A'in راس العين, Meïa-Farekīn ميافارقين, Bagherbaïa باغربايا, Beled بلد, Sindjar سنجار, Farda فردى, Barida باريدا et Thour A'bdin طور عبدين. De Nissibīn à Dara دارا, « jolie petite ville environnée de champs cultivés, » on compte 15 milles.

De là à Kafar Touta كفر توتا, 21 milles.

De Kafar Touta à Khabour الخابور, 15 milles;

Puis au fort de Maslema حصن مسلمة, 18 milles;

A Badjerwan باجروان, « petite ville bien peuplée, avec bazar,
« où l'on fait quelque commerce, » 21 milles;

Et à Racca الرقة, 9 milles.

« Le fort de Maslema حصن مسلمة fut construit par un per-
« sonnage de ce nom, fils d'Abdalmelik, fils de Merwan, sur une
« colline dite Tel beni-Senan تل بنى سنان. On n'y boit que de
« l'eau de pluie. La ville de Tel beni-Senan مدينة تل بنى سنان est
« peu considérable, ceinte de murs en pierres et à la distance
« d'une journée de Ras el-A'in راس العين. » L'itinéraire de Nissibīn
à Amid est comme il suit:

De Nissibīn à Dara دارا, 15 milles.

De là à Cassr ebn-Bare'i قصر ابن بارع, 39 milles;

Puis à Tel Toura'a تل ترعة, 18 milles;

QUATRIÈME CLIMAT.

Et à Amid امد, 21 milles.

« Amid امد[1] est une belle ville, bâtie sur une éminence, à
« l'occident du Tigre, à la hauteur d'environ 100 brasses. Elle
« est entourée de murailles construites en pierres meulières,
« de couleur noire, et de beaucoup d'arbres. Dans l'intérieur
« de la ville on voit de l'eau courante et même des moulins,
« des bosquets et des jardins. »

On passe ensuite le Tigre et on arrive en 2 journées à Meïa-
Farekïn ميافارقين, ville qui est comptée par quelques personnes
au nombre des dépendances de l'Arménie, et par d'autres au
nombre des villes du Djeziré. « Située à 2 journées à l'orient
« du Tigre, Meïa-Farekïn est une ville considérable, belle et
« forte, située dans une gorge de montagnes[2]. On y fabrique
« des cordages qui égalent, s'ils ne surpassent en qualité, ceux
« de Salmas, et de plus des mouchoirs, des i'raz عراض et des
« voiles de lin dits sabaniat سبنيات. »

Pour aller d'Amid à Racca on prend à droite, et d'abord
d'Amid à Samosate on parcourt 70 milles[3].

De Samosate à Tel Mouran تل مورن, 15 milles;

De là à Djarian جريان, « jolie petite ville, » 18 milles;

Puis à Tame'ada تامعادا, 15 milles;

Au fort Djallab حصن جلاب, 21 milles;

A Roha الرها, 12 milles.

« Roha الرها[4] est une ville de moyenne grandeur, située dans
« un territoire qui touche à celui de Harran حران. La majeure

---

[1] L'ancienne *Amida*, plus connue aujourd'hui sous le nom de Diar-bekir.

[2] C'est ainsi, du moins, que j'entends في حضيض جبل.

[3] Je ne comprends pas trop, je l'avoue, pourquoi ce détour par Samosate. Ou la carte de d'Anville est inexacte, ou notre auteur a voulu donner l'itinéraire suivi par les caravanes seulement. Dans tous les cas c'est un point à vérifier par les personnes qui, dans l'avenir, voudront bien éclaircir par leurs recherches les nombreuses obscurités que présente le texte de notre auteur.

[4] Aujourd'hui Orfa, l'ancienne Édesse.

« partie de la population se compose de chrétiens, et l'on y voit
« plus de deux cents églises, couvents ou lieux habités par des
« religieux. Il y a même une église, qui est la plus considérable
« d'entre celles des chrétiens, où l'on conservait le suaire[1] du
« seigneur Messie; mais le roi des Romains (l'empereur de Cons-
« tantinople) le prit aux habitants de Roha, et leur accorda (en
« échange) une trêve perpétuelle. »

De là on se rend à Harran حران, 12 milles.

« Harran حران est la ville (principale) des Sabéens; ils y
« possèdent une colline sur laquelle est un oratoire qu'ils vé-
« nèrent beaucoup et dont ils attribuent la fondation à Abraham,
« sur qui soit le salut! C'est un très-beau pays, cependant l'eau
« et les arbres y sont rares. Divers villages et habitations en
« dépendent. Harran est située dans une plaine entourée de
« hautes montagnes, qui s'étendent sur un espace de 2 journées
« de distance. »

De là à Nadjera ناجرا (ou Badjera باجرا), 12 milles;

Puis à Badjerwan باجروان, 21 milles;

Et à Racca رقة, 9 milles.

ITINÉRAIRE DE MOSSOUL À AMID.

De Mossoul موصل à Beled بلد, soit par terre, soit par le Tigre, 21 milles.

De Beled à Djeziret ebn-O'mar جزيرة ابن عمر, 69 milles.

« Djeziret ebn-O'mar (Zabdicena) est une petite ville où il y
« a des arbres et de l'eau courante, et environnée de murs. C'est
« un entrepôt du commerce de l'Arménie ou du pays des Ar-
« méniens, de Meïa-Farekīn et d'Arzen, et c'est là que s'arrêtent
« les navires chargés de marchandises pour Mossoul. » Ce lieu

---

[1] C'est ainsi que je crois devoir traduire le mot *mandil*, dont dérivent les mots *mantille*, *mante*, *manteau*, etc.

154 QUATRIÈME CLIMAT.

Feuillet 157 verso. est adossé à la chaîne des montagnes de Iemanin يمنين, de Masourin ماسورين et de Calsabour تلسابور, dont fait partie le mont Aldjoudi الجودى, qui touche à Amid امد du côté de la frontière. Le mont Iemanin est le même que l'Aldjoudi, sur lequel s'arrêta l'arche, je veux dire l'arche de Noé, sur qui soit le salut! De Djeziret (ebn-O'mar) vous vous rendez à l'embouchure de la rivière de Soraïth سريط, qui se compose de deux affluents provenant des montagnes de Barema بارما, se réunissant auprès du Tigre et déchargeant ensuite leurs eaux dans ce fleuve. Sur les bords de cette rivière est la ville de Tel مدينة تل. Du lieu où se joignent ces deux affluents à l'embouchure de la rivière de Barema (la distance manque).

Cette rivière, qui est considérable, a sa source dans l'Arménie et se décharge dans le Tigre, à l'orient de ce fleuve. De cette rivière à Natira نطيرى [1], « petite ville à l'occident du Tigre » (la distance manque);

Et de là à Amid (la distance manque);

En sorte que la distance (totale) d'Amid à Djeziret ebn-O'mar est de 3 journées.

ITINÉRAIRE DE BELED À RACCA.

De Beled à Tel el-Khaïr تل الخير, en se dirigeant vers l'occident, 15 milles;

Puis à Sindjar سنجار, 21 milles;

A A'ïn el-Djebal عين الجبال (la source des Montagnes), 15 milles;

A Sikket el-A'bhas سكت العباس, sur le Khabour خابور, 21 milles;

A el-Naharein النهرين, sur la même rivière, 15 milles;

A Maksin ماكسين, sur la même rivière, 18 milles;

[1] La version latine porte *Matira*.

SIXIÈME SECTION. 155

A Kerkisia ترقيسيا, sur l'Euphrate et sur le Khabour, 21 milles. Feuillet 157 verso.
De Kerkisia à Racca, 4 journées.

Racca رقة, et Rafeca رافقة sont deux villes qui, quoique contiguës (en apparence), sont cependant séparées (en réalité) par un grand nombre de coudées d'intervalle. « Chacune d'elles « possède une grande mosquée, des édifices, des villages et de « l'eau en abondance. »

D'Amid à Samosate on compte 3 journées.
De Samosate à Nissibin, 90 milles.
De Nissibin à Ras el-A'ïn, 3 journées.
De Ras el-A'ïn à Racca, 4 journées.
De Ras el-A'ïn à Harran, 3 journées.
De Harran à Racca, 3 journées.
De Harran au pont de Munbedj, 2 journées;
Et de Roha à Samosate, 3 journées.

Saroudj سروج est une ville dépendante du Diar Modhar ديار مضر[1]; ses environs abondent en fruits; elle est située au nord de la route de Harran au pont de Munbedj, à une journée de distance de Harran. Voilà tout ce que contient le Djeziré جزيرة (ou la Mésopotamie) en fait de pays connus et de résidences remarquables.

Quant à l'Irâc الاعراق, il s'étend en longueur depuis Tekrit تكريت jusqu'à A'badan عبادان, à l'entrée du golfe Persique, et en largeur depuis Cadesia قادسية jusqu'à Koufa كوفة, Bagdad بغداد et Elwan حلوان. Du côté de Wasit واسط cette largeur s'étend presque depuis Kathib كثيب, Corcoub قرقب et Bassora بصره jusqu'à Haï حى. La distance qui sépare Tekrit de la mer, du côté de l'orient, peut être évaluée à un mois de route, et en revenant de la mer vers l'occident, par une ligne courbe, à un pareil intervalle.

IRÂC.

Feuillet 158 recto.

[1] Le texte porte سروج مدينة ديار مضر: mais je ne crois pas que مدينة signifie ici *metropolis*, comme l'ont pensé les auteurs de la version latine.

20.

QUATRIÈME CLIMAT.

De Bagdad à Sorra-Men-Ra سرّ من راى on compte 3 journées.
De Sorra-Men-Ra à Tekrit, 2 journées.
De Bagdad à Koufa, 5 journées.
De Koufa à Cadesia, 3 journées.
De Bagdad à Wasit, 8 journées.
De Wasit à Bassora, 7 journées[1].
De Bagdad à Halwan, 6 journées.
De Bagdad à Chirwan شيروان et Saïmara صيمره, 6 journées.
De Koufa à Wasit, par le chemin des marais البطايح, 6 journées.
De Bassora à la mer, 2 journées.

Ainsi la largeur de l'Irâc, si l'on prend la route de Bagdad et de Halwan jusqu'à Cadesia, est de 11 journées; et de Sorra men Ra à Chehrezour شهرزور, dépendance de l'Adherbaïdjan, de 5 journées. Mais l'espace cultivé dans cet intervalle est de moins de 1 journée. Quant à la largeur du pays qui sépare Wasit du Khouzistan خوزستان, elle est d'environ 4 journées. La distance existante entre la frontière du pays de Bassora à Haï est de 1 journée.

Nous commencerons par Bagdad بغداد la description de l'Irâc. Cette grande ville fut fondée sur la rive occidentale du Tigre, par le khalife el-Mansour, qui divisa le territoire environnant en fiefs قطايع qu'il départit ensuite entre ses amis et ses adhérents. El-Mohdi, lorsqu'il gouverna Bagdad, établit ses troupes sur la rive orientale ensorte que le lieu de ce campement fut nommé le camp d'el-Mohdi; alors chacun ayant élevé des constructions sur le terrain qui lui était échu en partage, il arriva que ces constructions s'étendirent depuis Karakh كراخ au-dessous de Bagdad jusqu'à Hadith حديث. Le palais d'el-Mohdi se trouva placé au milieu de ces édifices vis-à-vis du palais d'el-Mansour, bâti sur la rive opposée, et les maisons de Bagdad se prolongèrent jusqu'à Kelwad كلواد « ville qui possède une grande mosquée. Entre les

---

[1] La version latine porte 6, ainsi que le ms. A.

SIXIÈME SECTION.

« deux villes dont se compose Bagdad il y a deux ponts construits
« sur des navires, et par lesquels tout le monde peut passer. Ils
« sont destinés à faciliter les communications entre la rive occi-
« dentale et la rive orientale, et réciproquement. Cette dernière
« rive est remarquable par la quantité de jardins et de vergers
« dont elle est couverte. Elle est arrosée par les eaux du Nahrowan
« نهروان et du .... [1] qui sont deux rivières considérables. On en
« tire toute l'eau nécessaire, soit pour l'arrosage, soit pour les autres
« usages de la vie, sans qu'il soit besoin d'avoir recours au Tigre,
« si ce n'est pour une quantité très-minime. La rive occidentale
« est arrosée par le Nahr 'Isa نهر عيسى, canal dérivé de l'Euphrate,
« ainsi que nous l'avons dit, à l'embouchure duquel est un pont
« dit le Dina دينا. De ce canal dérive un embranchement moins
« considérable qu'on appelle el-Sirra الصرا, et dont les eaux ar-
« rosent les jardins, les villages situés sur la rive occidentale de
« Bagdad, et pénètrent jusque dans la ville où elles servent aux
« besoins des habitants. Le Nahr 'Isa n'est obstrué par aucune
« digue, par aucun obstacle, et il est navigable depuis l'Euphrate
« jusqu'à Bagdad. Il n'en est pas de même du Nahr Sirra نهر الصرا
« sur lequel il existe beaucoup d'écluses, beaucoup de moulins.
« Sur le Nahr 'Isa on remarque Badzrouia بادرويه, ville où il existe
« une douane très-productive, et divers canaux dont les eaux cou-
« lent dans les bazars et dans les rues. Sur leurs bords on voit
« des édifices, des villages et des jardins. » Le pays compris entre
Bagdad et Koufa est couvert d'une infinité de villages et de campagnes arrosées par des cours d'eau dérivés de l'Euphrate, et
notamment par le Sar-Sar صرصر, canal navigable, sur lequel est
bâtie la ville du même nom « située à 9 milles de Bagdad, dont
« le commerce est florissant, et les marchés nombreux et pourvus
« de fruits et de denrées de toute espèce, mais non entourée de
« murs. Il y a un pont de bateaux sur lequel tout le monde passe.

[1] Mot illisible dans nos deux manuscrits.

Feuillet 158 verso.

« Ce canal est séparé d'un troisième qui est très-considérable [1]
« et qu'on appelle Nahr el-Malik نهر الملك, sur les bords duquel
« est une jolie ville bien peuplée dont les environs sont couverts
« de palmiers et d'autres arbres, avec un pont de bateaux. Vous
« allez de ce canal à Cassr el-Hobeïra قصر هبيرا, ville importante
« par les marchés et par les édifices qu'elle possède, la plus con-
« sidérable, la plus riche, la plus abondante en ressources de
« toute la contrée environnante, située à un jet de flèche de
« l'Euphrate et à 3 faibles journées de Bagdad; et de là à Soura
« سورا, ville de grandeur moyenne, située sur les bords de l'Eu-
« phrate, entourée de plantations de palmiers et de campagnes
« vastes et fertiles. » C'est de là que les eaux de l'Euphrate se
répandent dans la contrée de Koufa سواد كوفه, puis vont se perdre
dans les marais.

Kerbela كربلا est un lieu situé à l'occident de ce fleuve vis-à-
vis de Cassr ebn-Hobeïra قصر ابن هبيرا. On y voit le tombeau de
Hussein, fils d'Aly, visité à certaines époques de l'année par un
nombreux concours de pèlerins.

« L'excédant des eaux des marais forme de nombreuses flaques
« auprès desquelles sont des villages et des domaines. »

De Bagdad à Nahrowan نهروان on compte 12 milles.

« Nahrowan est une petite ville située sur la rive orientale et
« traversée par la rivière du même nom dont les eaux arrosent
« une partie du territoire de Bagdad, c'est-à-dire jusqu'à Iskaf-
« beni-Djesed اسكان بنى جسد et à Djir Djeraï جرجراى, lieu distant
« de 2 journées de Nahrowan. Cette dernière ville est environnée
« de jardins, de villages populeux et de fertiles campagnes; mais
« à mesure qu'on remonte la rivière en se dirigeant par Daskara
« دسكرة vers Holwan حلوان, sur la route du Khorasan, les eaux

---

[1] L'Édrisi veut dire sans doute que le Nahr 'Isa est le premier, le Nahr Sar-Sar le second, et le Nahr el-Melik le troisième d'entre les canaux dérivés de l'Euphrate auprès de Bagdad. Ce dernier est le Nahar Malka de d'Anville.

SIXIÈME SECTION. 159

« tarissent et le nombre des palmiers diminue. » De Nahrowan à Racouca رقوتة¹, sur la rivière, on compte 24 milles.

ITINÉRAIRE DE BAGDAD À HOLWAN.

De Bagdad بغداد à Nahrowan نهروان 12 milles.
De là à Deïr Barema دير بارمه 12 milles.
De là à Daskara دسكرة 24 milles.

« Daskara est une petite ville entourée de palmiers et de cul-
« tures, auprès de laquelle est une fortification en terre dont l'en-
« ceinte est abandonnée (et même) cultivée. On dit que le prince
« الملك résidait là durant certaines époques de l'année, et que
« c'était pour ce motif que le lieu reçut le nom de Daskarat-el-
« Melik دسكرة الملك.

De là à Haloula حلولا (Halus), « petite ville, » 21 milles.
De Haloula à Khankin خانكين « petite ville bien peuplée, »
27 milles.
De là à Cassr Chirin قصر شيرين (la distance manque).

C'est à Cassr-Chirin que les deux routes de Chehrezour شهرزور
et de Holwan حلوان se divisent. Celui qui veut aller à la première de ces villes prend à droite, l'autre se dirige vers l'orient
et parvient à Holwan حلوان. Le premier, parti de Cassr Chirin
se rend d'abord à Deïr Karan ديركران, 6 milles.

De Deïr Karan à Chehrzour شهرزور, 54 milles.

« La ville (principale) de ce pays, qui se nomme Adhera ادراه,
« est située à moitié chemin de Modaïn où est le Pyrée d'el-Chir². »

Le voyageur qui se dirige vers Holwan a 25 milles à faire depuis Cassr Chirin jusqu'à cette ville, d'où il résulte que la dis-

---

¹ La version latine porte *Rafuca*, mais les deux manuscrits sont d'accord sur la leçon que nous proposons.

² Voici le texte de ce passage, d'après le ms. A : ومدينتها تسمّى ادراه فى نصف طريق المداين حيث بيت نار الشير.

tance totale qui la sépare de Bagdad est de 6 journées ou de 114 milles.

« Holwan حلوان est une ville considérable bâtie au bas et à
« 6 milles d'une montagne qui se prolonge dans l'Irâc. La gran-
« deur de cette ville est à peu près égale à la moitié de celle de
« Deïnour دينور. Ses environs sont couverts de palmiers; et si l'on
« en excepte Bassora, Koufa et Wasit, il n'est dans l'Irâc aucune
« ville qui surpasse celle-ci en population, en étendue et en abon-
« dance de ressources. On vante beaucoup, entre autres fruits,
« les figues que produit le pays. Il n'y a dans l'Irâc aucune autre
« ville qui soit plus rapprochée de la montagne. Il y tombe de
« la neige quelquefois, et dans la montagne il en tombe tous les
« ans. »

ITINÉRAIRE DE BAGDAD À BASSORA.

De Bagdad à Modaïn المداين, 15 milles.

« Modaïn est une ville petite, mais célèbre et royale, située sur
« la rive occidentale du Tigre. On y voit des ruines imposantes
« et des vestiges d'édifices les plus remarquables par leur gran-
« deur et leur élévation; la majeure partie des grosses pierres
« dont ils se composaient a été et est encore (de nos jours) trans-
« portée à Bagdad à une journée de distance. Modaïn[1] fut la
« résidence des Cosroës. On y remarque un palais dont la vaste
« étendue est passée en proverbe, et qui fut construit en briques
« et en plâtre. Il n'existe aucun monument des Cosroës qui soit
« comparable à celui-ci. »

« Le pays porte le nom de province de Babil ارض بابل. Le vil-
« lage de ce nom est peu considérable, mais il remplace une ville
« importante, la plus antique ville de l'Irâc, et dont la fondation
« remonte à l'époque des Kanaaniens الكنعانيين, qui l'habitèrent.

[1] Dans le ms. A il existe une lacune considérable; nous tâchons d'y suppléer au moyen du ms. B, fol. 233 et 234.

SIXIÈME SECTION. 161

« Ses édifices royaux ont subi les effets des révolutions des temps, Feuillet 159 verso.
« mais il en subsiste des vestiges encore debout, qui attestent
« que c'était dans les temps anciens une ville immense مصر عظم.
« On rapporte qu'elle fut bâtie par Zohak الضاك, qu'elle fut en-
« suite la résidence des rois de l'Arabie heureuse التبابعة, et
« qu'elle fut visitée par Abraham, sur qui soit le salut! À l'orient
« de Babil est Koutharia كوثاريا, petite ville, où l'on raconte que
« ce patriarche s'établit au milieu des flammes. Elle se compose
« de deux villes dont l'une se nomme Koutha-'ltarik كوثا الطريق
« et l'autre Koutharia كوثاريا. Il y a dans celle-ci des collines
« composées de cendres devenues adhérentes. On dit que ce sont
« celles qui provinrent du feu de Nemrod نمرود, au milieu duquel
« s'établit Abraham, sur qui soit le salut! Il existe auprès de Mo-
« daïn et sur les bords de l'Euphrate deux petites villes dont dé-
« pendent des villages florissants et de fertiles campagnes. De
« Modaïn, en descendant le Tigre, à Djerdjeraia جرجرايا, petite
« ville, on compte 40 milles.

« De là à Djabbel جبّل, ville également petite, où est le con-
« fluent du Nahrowan بها يصب النهروان [1], 25 milles.

« De là, toujours en descendant le Tigre à Wasit, 40 milles.

« De Wasit on descend à Nahr La'an نهر لعن, puis à el-Fararelh
« الفرارث, puis à Diz el-Sal دير الصال, puis à el-Hawanit الحوانيت (les
« Boutiques), à el-Cassr القصر, dans le Nahr Abi'l-Asad نهر ابى
« الاسد, dans le Dedjlet el-Ghauza دجلة الغوزا, dans le Nahr
« Abi Ma'akel نهر ابى معقل, dans les grandes eaux de Bassora
« بيض البصرة; puis à Bassora البصرة.

« De Wasit à Ahwaz اهواز, à l'orient du Tigre, on compte 100
« milles.

« Parmi les villes habitées on remarque Wasit واسط, el-Madar

---

[1] Je présume qu'il y a quelque erreur dans la dénomination de ce canal. La carte de d'Anville porte ici le nom d'un lieu dit Na'amanié, où se trouve en effet l'embouchure d'un cours d'eau connu sous le nom de Zab.

QUATRIÈME CLIMAT.

Feuillet 159 verso.

« المدار, el-Meftah المفتح, Baïan بهان, Suleïmanan سليمانان, Obolla
« الابلة; nous avons déjà parlé de ces divers pays d'une manière
« suffisante [1]; » il nous reste maintenant à décrire le Djebal الجبال.

DJEBAL.

Nous disons que cette province contient plusieurs villes célèbres et résidences remarquables parmi lesquelles les plus considérables sont Hamadan همدان (l'ancienne Ecbatanes), Deïnour دينور, Ispahan اصفهان et Coum قم; et diverses autres moins importantes, telles que Cachan قاشان, Nehawend نهاوند, Roudhan رودان, Karkh ou Kardj كرخ ou الكرج, El-Bordj البرج, Abher ابهر et Cazwïn قزوين, bien que quelques personnes rangent cette dernière ville au nombre des dépendances du Deïlem ديم.

HAMADAN.

« Hamadan همدان est une ville très-considérable et très-peuplée
« possédant des bazars où il se fait un commerce fort étendu.
« Les habitants de cette ville se font remarquer par leur intelli-
« gence et leur instruction, ainsi que par la pureté et l'aménité de
« leurs mœurs. Le prix des denrées y est (généralement) modéré.
« On y trouve en abondance de la viande de mouton et autres
« animaux, du beurre et toute sorte de laitage. »

ITINÉRAIRE DE HAMADAN À HOLWAN.

Feuillet 160 recto.

De Hamadan à Asterabad استراباد, 45 milles.

La géographie d'Ebn-Khordadbeh ne porte que 24 milles.

« Asterabad est une ville agréable, très-commerçante et en-
« tourée de cultures contiguës. » De là à Cassr el-Lossous قصر
اللصوص (le château des Voleurs), « ville jolie, agréable, d'un
« aspect ravissant, et lieu de passage fréquenté par les voya-
« geurs, » 21 milles.

De là à Maderan مادران, « petite ville bien peuplée et indus-
« trieuse, » 21 milles.

De là à Cantarat el-Na'man قنطرة النعمان, « petite rivière, »
15 milles.

[1] Voyez t. 1er, pag. 369.

SIXIÈME SECTION.

De là à Cantarat Abi Eïoub تنطرة اى ايوب, 12 milles.

De là à Behechoun بهشون ou Behechouz بهشوز (la distance manque).

« Behechoun est une montagne très-haute, sur laquelle est
« un village qu'on nomme Sansanaï سنسانای, et une caverne
« creusée et sculptée (de main d'homme) où l'on voit la repré-
« sentation d'un ancien roi, à cheval كسرى على فرس, connu sous
« le nom de Cheïdan شیدان [1]. »

De Behechoun à Carmachîn قرماشی ou Carmachiz قرماشیز par
un za بالزای, « ville agréable, commerçante, bien bâtie, entourée
« de gras pâturages, de sources d'eau vive et d'eaux courantes, »
24 milles.

De Carmachîn à Zobeïda الزبيد, « station agréable, » 24 milles.

De là à Mardj el-Cala' مرج القلعة (le pré du Château fort),
« ville qui n'est entourée que de murs en terre, mais qui est
« remarquable par la beauté de ses maisons et de ses lieux de
« plaisance, par l'abondance des ressources qu'elle présente et
« par la fraîcheur de ses pâturages, » 27 milles.

De là à Holwan حلوان, dont nous avons déjà parlé, 30 milles.

Pour se rendre de Hamadan à Deïnour دينور on passe d'abord
par Asterabad, ainsi que nous l'avons dit, 44 milles [2];

Puis par Sohba صحبة, 27 milles.

De là à Deïnour دينور, 24 milles.

« Le territoire de Deïnour est très-fertile et très-abondant en
« fruits, en céréales, et les habitants de cette ville sont natu-
« rellement plus subtils que ceux de Hamadan. Beaucoup d'eau,
« beaucoup de jardins. »

---

[1] Bien qu'il paraisse exister une identité complète entre Bechehoun et Bisutoun, l'indication donnée par l'Édrisi ne nous semble point ... ne de fixer l'attention des voyageurs futurs.

[2] Ou plutôt 45. Voyez ci-dessus, pag. 162.

QUATRIÈME CLIMAT.

ITINÉRAIRE DE HAMADAN À REI الراى.

De Hamadan à Sawah ساوه, « ville située sur le chemin de
« l'Irâc, fréquentée par les chameliers, et plus encore par les
« pèlerins qui se rendent à la Mecque montés sur leurs propres
« chameaux, » 90 milles.

De Sawah à Reï الراى (l'ancienne Ragès ou Arsacie), 50 milles.

Reï est une ville considérable, dont l'étendue en longueur
« était anciennement de 4 milles, et la largeur de la moitié
« de cette surface. Ses murailles sont en terre et ses maisons
« en terre, en chaux, en plâtre et en briques. Elle a plusieurs
« portes, plusieurs bazars où il se fait beaucoup de commerce.
« Dans la citadelle on voit une grande mosquée. La ville est en
« majeure partie ruinée, mais le faubourg est peuplé. On y boit
« de l'eau de puits et de l'eau amenée par les canaux. Il y a
« deux rivières, l'une qui traverse la ville et le bazar dit el-Roudah
« الروده; on appelle cette rivière Soura سورا; l'autre, qui se
« nomme Khoulani الخولانى, coule auprès de la ville. Comme les
« eaux en sont pures, on les boit (sans inconvénient). »

ITINÉRAIRE DE HOLWAN À REI, EN SE DIRIGEANT D'OCCIDENT EN ORIENT.

De Holwan à Mader Waasian مادر وآسيان, village, 12 milles;
Aux châteaux de Ziad قصور زياد, 12 milles;
A Zobeïdié زبيدية, 18 milles;
A Khachkarem خشكارم, 9 milles;
A Cassr A'mrou قصر عمرو, 12 milles;
A Carmachin قرماشين, distante de Masandan ماسندان de
9 milles sur la gauche, si vous voulez prendre la route du
Khorasan, en allant ensuite à Dokkan دكان, 21 milles.

Si vous voulez aller à Nehawend نهاوند et à Ispahan اصفهان,

SIXIÈME SECTION. 165

parvenu à Dokkan, vous prenez à droite et vous vous dirigez vers
Maderan مادران, dont il a déjà été question ; puis à Nehawend,
« qui est l'une des villes dont se compose la province dite Kour
« el-Djebel كور الجبل. Les autres sont Hamadan همدان; Roudhan
« الرودان, Buzurdjerd بزرجرد, Karkh الكرخ, Ravendah راونده,
« Cassr el-Lossous قصر اللصوص, Sohba صحبة, Asterabad استراباد,
« el-Mardj المرج, Tour Haousa طور حوسه, Chehrezour شهرزور,
« Rihan ريحان, Abher ابهر, Samnan سمنان, Coum قم, Cachan
« قاشان, Rouzah روزه, Bersné برسنة, el-Kardj الكرج, el-Bordj البرج,
« Ispahan اصفهان, Khan el-Djan خان لجان, Barema بارمة, la ville
« de Saïmara مدينة الصيمرة, Masendan ماسندان, Nahr Djacabdac
« نهر جاقبدق, le district de Koufa, c'est-à-dire Deïnour ماه الكوفة
« وهي دينور ; celui de Bassra, c'est-à-dire Nehawend نهاوند ; Ha-
« madan همدان et Coum قم.

De Dokkan à Cassr el-Lossous, 21 milles ;
Puis à Asterabad, 21 milles ;
Puis à Cariet el-A'sel قرية العسل (le village du Miel), 9 milles ;
Puis à Wadhifat Hamadan وظيفة همدان, 7 parasanges ;
Puis à Hamadan, 15 milles.
De Hamadan à Adhernou ادرنو, village, 15 milles.
De là à Tarza طرزه, village, 12 milles ;
Puis à el-Asawara الاساورة, gros bourg avec bazar, 12 milles ;
A Dared Abad دارد اباد, 12 milles ;
A Sousanin سوسنين, 9 milles ;
A Sawah ساوه, ville dont il a déjà été question, 15 milles ;
A Maskouna مسكونة, 27 milles ;
Et enfin à Reï الرى [1], 21 milles.

ITINÉRAIRE DE HAMADAN À ISPAHAN.

De Hamadan à Ramen رامين, ville florissante, 21 milles.
De là à Buzurdjerd بزرجرد, « ville plus considérable et plus

---
[1] *Sic.* Nos manuscrits portent tantôt الراى et tantôt الرى.

«importante sous tous les rapports que Ramen, dont le territoire
« produit en quantité des fruits qui sont transportés à Kardj
« كرج, à Ispahan et à Reï, » 33 milles.

De Buzurdjerd à Kardj, 30 milles.

«Kardj كرج (ou Karkh كرخ, d'après le manuscrit A) est une
« ville plus importante encore, mieux bâtie, plus riche, plus
« industrieuse et plus commerçante que Buzurdjerd بزرجرد. »

De Kardj à Bordj برج, « jolie ville, » 36 milles.

De Bordj à Khonidjan خونيجان, village, 30 milles;

Et de là à Ispahan اصفهان, sans aucune ville dans l'intervalle,
90 milles.

ITINÉRAIRE DE HAMADAN À KHOUZISTAN.

De Hamadan à Roudhan الرودان, 17 milles.

« Roudhan est le nom d'un canton agréable, dont le territoire
« est fertile et produit du safran tel qu'il n'en existe pas de pareil
« dans l'univers. La ville principale, qui s'appelle Roudhan, est
« peu considérable. » De là à Nehawend نهاوند, 21 milles.

« Nehawend est une jolie ville, bâtie sur une éminence et
« entourée de murs construits en terre, ainsi que les maisons.
« Aux alentours sont des jardins, des vergers, des promenades
« parfaitement arrosées. Cette ville est très-commerçante et son
« territoire très-peuplé. »

De Nehawend à el-Asir الاسير, 30 milles.

De là à Saber Djas سايرجاس et à Lour اللور, 90 milles, sans
trouver de ville ni de village.

De Lour اللور à Cantarat Andamas قنطرة اندامس et à Djondi
Sabour جندى سابور[1], 6 journées.

De Hamadan à Sawah ساوه on compte 90 milles.

De Sawah à Coum قم, 36 milles, qu'on parcourt en 2 jours.

« Coum est une grande et belle ville, ainsi que Cachan كاشان.

[1] Cette ville est considérée comme la capitale du Khouzistan.

« L'une et l'autre sont riches, commerçantes; mais les habitants
« de la première (Coum) sont pour la plupart Chi'ites, et ceux
« de la seconde (Cachan) de la secte des Hachawites حشوى. »

De Hamadan à Narestan نارستان on compte 30 milles.

De Narestan à Aved اود, 24 milles.

D'Aved à Cazwin قزوين, 2 journées.

« Il n'existe aucune ville entre Hamadan et Cazwïn. Il est peu
« de villes comparables à Cazwin. Ses bazars et ses édifices sont
« contigus; son commerce est considérable; ses habitants se font
« remarquer par la politesse de leurs manières et par leur péné-
« tration dans l'étude des sciences. »

De Hamadan à Deïnour دينور on compte un peu plus de 60 milles.

De Deïnour à Chehrezour شهرزور, 4 journées.

De même de Holwan à Chehrezour, 4 journées.

De Deïnour à Chirama شيرمة, 1 journée.

D'el-Lour اللور à Kardj كرج, 6 journées.

D'Ispahan à Cachan قاشان, 3 journées.

De Coum à Cachan, 2 journées;

Et de Coum à Sawah ساوه, 2 journées.

« Ispahan اصبهان se compose de deux villes, dont l'une se
« nomme el-Iehoudia اليهودية et l'autre Chehriana شهريانة,
« situées à la distance de 2 milles l'une de l'autre. Ces deux
« villes ont chacune un *menber* [1], mais la première, اليهودية,
« est deux fois plus grande que la seconde. Les maisons de l'une
« et de l'autre sont construites en terre. Cette ville est la plus
« importante de tout le Djebal, soit sous le rapport de l'étendue,
« soit sous celui de la population et des richesses. C'est le marché
« (ou l'entrepôt commercial) du Fars, du Djebal, du Khorasan
« et du Khouzistan. On y trouve quantité de chameaux propres
« à servir de monture et au transport des fardeaux. Il existe à

[1] Chaire où l'on fait la *khotba*.

QUATRIÈME CLIMAT.

Feuillet 161 recto.

« Ispahan des métiers où l'on fabrique de riches étoffes de soie, « telles que *l'i'tabi* عتابيه, *l'ouchi* وشي et autres, et des tissus de « coton. Beaucoup de marchands y viennent, et achètent ces « étoffes pour les transporter ailleurs. On y trouve aussi de beau « safran. Il n'est pas, après Reï, de ville plus grande qu'Ispahan[1]. »

De Holwan à Chirwan شيروان on compte 2 fortes journées.

De Chirwan شيروان à Saïmara صيمرة, 2 journées.

De Chirwan à el-Lour اللور, 2 journées, qu'on peut évaluer à une très-forte journée, sur les flancs d'une montagne.

« De là à Bagdad, 9 journées.

« Chirwan شيروان et Saïmara صيمرة sont deux petites villes dont « les maisons sont pour la plupart construites en pierres et en « plâtre, comme celles de Mossoul موصل. On y trouve quantité « de fruits, tels que la datte, la noix et (de plus) les fruits « des pays froids. Il y a beaucoup d'eau courante, soit dans les « bazars, soit dans la plupart des maisons. Ces deux villes sont « extrêmement agréables et leurs environs ravissants.

« Quant à Cazwïn قزوين, c'est une belle ville et une place « forte située sur la frontière du Djebal, à 90 milles de Reï et à « 36 milles du lieu où le roi du Deïlem fait sa résidence. Talecan « طالقان est plus rapprochée du désert. Il n'y a pas, à Cazwïn, « d'eau courante; on est obligé de boire celle qui est amenée « par des conduits, et elle n'est pas d'une parfaite douceur. »

Feuillet 161 verso.

« Abher ابهر et Zendjan زنجان (ou Zenghian) sont deux petites « villes fortifiées dont les environs sont boisés, bien arrosés et « bien cultivés. La seconde (Zenghian) est plus considérable que « la première; mais les habitants d'Abher sont plus spirituels et « plus instruits que ceux de Zenghian; car ceux-ci sont bien connus « par leur ignorance et par leur paresse. De Zenghian à Deïnour « on compte 90 milles.

« A la contrée nommée Behlous بهلوس ou Djebal الجبال touche

[1] Le texte porte : وليس بعد الرى آكبر من اصبهان.

SIXIÈME SECTION. 169

« le Tabaristan طبرستان, pays très-peuplé, très-arrosé, produisant Feuillet 161 verso.
« beaucoup de fruits et couvert d'arbres et de forêts. Les maisons
« y sont construites en bois et en roseaux, et les pluies presque
« continuelles. Les principales villes de ce pays sont : Amol
« امل, Natha ناتا, Ghilan كلان, Mila ميلة, Mamtir مامطير, Sari
« سارية, Tamisa طميسة, Asterabad استراباد, Djordjan جرجان, De-
« mestan دمستان, Sekoun سكون, Salous سالوس, Moghan موغان,
« Talecan طالقان, Rima ريمة, Khawar خوار, Samnan سمنان, Damghan
« دامغان, Bastam بسطام, Douman دومان, Terdji ترج, dans la
« contrée montagneuse du Deïlem ديلم. En venant de Reï من الرى,
« l'entrée du Tabaristan est par Salous سالوس, ville située sur
« les bords de la mer Salée, qu'on appelle mer de Khozar بحر
« الخزر ou de Tabaristan بحر طبرستان, dont nous parlerons en son
« lieu, si l'occasion s'en présente et s'il plaît à Dieu. »

L'itinéraire de Reï à Amol est comme il suit :

De Reï à Burzian برزيان [1], 1 journée faible.

De Burzian à Tathend تاتهند, « grande ville, » 1 journée.

De Tathend à Achek اشك, 1 journée.

D'Achek à Belloun بلون, 1 journée ;

Et de Belloun à Amol امل, 1 journée.

D'Amol à A'ïn el-Hamm عين الهم (ou la fontaine des Soucis),
près l'embouchure de la rivière d'Amol dans la mer, 1 journée.

Pour se rendre de Reï à la frontière du Djebal on passe
par Castana كسطانة, 1 journée ;

Par Meskouna مسكونة, 1 journée.

De là à Sawah ساوه, 27 milles.

ITINÉRAIRE DE DEÏNOUR دينور À MARAGHA مراغة ET À ARDEBIL اردبيل.

De Deïnour دينور à Tchenardjan چنارجان, « petite ville bien
« peuplée, » 27 milles.

De là à Tel War تل وار, 18 milles ;

[1] La version latine porte *Buzian*, *Iamsekend*, *Asek*.

QUATRIÈME CLIMAT.

Feuillet 161 verso.

Puis à Saïsar سيسر, 21 milles;

A Anderab اندراب, « ville; » 12 milles;

A Beïlcan بيلقان, 15 milles.

« Beïlcan est une ville agréable, entourée d'arbres, de jardins
« et de vergers, sur les bords d'une rivière dont les eaux font
« tourner des moulins. Celui qui veut se diriger vers l'orient par-
« court un espace de 24 milles et arrive à Berdha' برذعة (Berde),
« grande ville dont la longueur est de 3 milles et la largeur
« moindre. On y trouve d'abondantes ressources, des arbres,
« des eaux courantes, et c'est la capitale de tout le royaume de
« Ran ام بلاد الران كلّها. Celui qui se rend à Ardebil اردبيل va de
« Beïlcan à Borza برزة, » 18 milles.

De Borza, dépendance de l'Arménie, à Cha-Ber-Khast شا بر
خاست, « village, » 24 milles;

MARAGHA.

Et de là à Maragha مراغة, « ville bien bâtie, dont les environs,
« couverts d'arbres à fruits, de jardins et de culture, sont vastes,
« fertiles et agréables. De certains villages qui en dépendent
« on apporte à Maragha des melons de forme allongée, dont
« l'écorce est rouge et l'intérieur vert, et dont la douceur sur-
« passe celle du miel. »

De Maragha à Kharcan خرقان, 33 milles.

De là à Tebriz تبريز (Tauris), 27 milles;

Feuillet 162 recto.

Puis à Nuriz نريز, 12 milles.

A Khan الخان, 12 milles;

A Khawast خواست, 3 milles;

A Kouaser كواسر, 30 milles;

A Iama يمى, 15 milles.

Puis enfin à Ardebil اردبيل (la distance manque).

ARDEBIL.

« Ardebil est une grande et belle ville, chef-lieu de gouver-
« nement et quartier général des troupes et des armées, dont
« les dépendances s'étendent sur un espace de 90 milles dans
« tous les sens. Les édifices y sont construits en terre et en

SIXIÈME SECTION.

« briques, les approvisionnements permanents, le commerce
« avantageux. Cette ville est entourée de villages, et, sous le
« rapport de la grandeur, on peut la comparer à Maragha, dont
« nous venons de parler. »

ITINÉRAIRE D'ARDEBIL À ZENDJAN (OU ZENGHIAN).

D'Ardebil au pont de Sandour قنطرة سندور, 1 journée.
De Sandour à Sarat سراة, 1 journée.
De Sarat à Bouï بوى [1], 1 journée.
De Bouï à Zendjan زنجان, 2 journées.

« Sarat سراة est un château grand comme une ville. Il y a un
« bazar et un lieu de pèlerinage aussi fréquenté, et même plus,
« que n'est le mawcaf de la Mecque. Ebn-Haukal en parle lon-
« guement et il en fait une description qui dépasse toutes les
« bornes [2]. Il est situé sur la route de Maragha pour celui qui
« vient d'Ardebil; mais si l'on préfère passer par Mananedj مناج,
« ville agréable, entourée de jardins, où toutes les denrées sont
« à bas prix, etc. on a 60 milles à parcourir. »

De Mananedj à Khoïdj خوىج (aujourd'hui Khoï), 1 journée.

« Khoïdj est également une ville agréable, commerçante, in-
« dustrieuse et riche. Il y existe un lieu d'observation (un bureau
« de douane) sur tout ce qui sort de l'Adherbaïdjan, en fait de
« farines, de bêtes de somme, et sur toute espèce de marchan-
« dises et de bestiaux. »

De Khoïdj à l'Adherbaïdjan اذربيجان, 1 forte journée.
De Mananedj à Zendjan, sans passer par Khoïdj, 2 journées.
D'Ardebil à Moghan مغان (province) sur les bords de la mer
(Caspienne), 2 journées.

---

[1] La version latine porte *Bara*.
[2] Voici le texte : سراة قصر كبير كالمدينة له سوق ومشهد شبيه بالموقف من
الحج بل هو احفل حكى عنه لحوقلى كثيرًا حتى اخرجه عن حد الوصف

QUATRIÈME CLIMAT.

ITINÉRAIRE DE CHEHREZOUR À MARAGHA.

De Chehrezour شهرزور à Hadran حدران, village kurde au pied des montagnes, par un chemin difficile, 1 journée.

De Hadran à Fôc فوق, fort de peu d'importance au pouvoir des Kurdes, 1 journée.

De là à Nariz نريز, 1 journée;

Et à Maragha مراغة, 2 journées.

Voici la route de Djeziret ebn O'mar جزيرة ابن عمر au pays d'Arménie :

De Djeziret ebn O'mar à Tel تل, gros bourg très-peuplé, situé sur les bords du Sorit نهر سُريط, 1 journée.

De Tel au mont Djoda'n جبل جدعان, sur les bords de la même rivière, 1 journée.

« Il existe dans cette montagne une mine d'où l'on extrait « en quantité d'excellent fer, qu'on transporte en divers lieux. » De là à el-Djebel الجبل, 1 journée.

« La station est sur le haut de la montagne où sont des sources « d'eau vive, des eaux courantes et des champs cultivés par les « Kurdes. L'hiver, et même l'été, il y tombe de la neige, mais « elle fond par intervalles. » D'el-Djebel le voyageur se rend à Madhlan مذلان, « ville ruinée, autrefois considérable, mais qui « fut dévastée et dépeuplée par les Kurdes, en sorte que ses « richesses et ses habitants ont disparu, et qu'elle est actuelle- « ment en ruines. »

De Madhlan مذلان à Marsan مرصان, 1 journée;

Et de là à Salmas سلماس, en Arménie, 1 journée.

Cette dernière ville est bâtie à une certaine distance du lac de Kanoudan كنودان, Kendan كندان (ou d'Ormiah), dont les eaux sont salées à tel point qu'on n'y trouve aucun être animé, aucun poisson. « Ce lac est traversé par quantité de navires pro- « venant de l'Arménie, de Maragha, des dépendances de Sari

SIXIÈME SECTION.

« اجال سری et de Dakhercan داخرتان. Ses bords sont de tous côtés
« couverts de villages florissants et de champs cultivés et con-
« tigus. De ce lac (en se dirigeant vers l'est) à Maragha on compte
« 15 milles, (en se dirigeant vers l'ouest) à Orminiah ارمينيه,
« 6 milles; »

Et à Dakherkan داخرتان, 12 milles.

La longueur de ce lac est, du nord au sud, de 4 journées, et sa largeur, depuis Maragha jusqu'à Orminiah, est d'environ 60 milles. Les vagues s'y élèvent, (surtout) en hiver, à une hauteur telle que les navires y périssent. « Au milieu sont des « montagnes de difficile accès, habitées par des mariniers qui y « vivent avec leurs familles, mais qui n'ont à boire que de l'eau « de mauvaise qualité et peu abondante. »

SEPTIÈME SECTION.

Suite du Djebal. — Coum. — Cachan. — Deïlem. — Djordjan. — Tous. — Meherdjan. — Moucan. — Nesa.

Feuillet 162 verso.

La présente section comprend ce qui nous reste à décrire du Djebal الجبال, de l'Adherbaïdjan اذربيجان, de la partie du Couhestan توهستان qui touche au grand désert, et de diverses portions du Khorasan خراسان.

Nous disons donc que les montagnes de Lachan لاشان s'étendent depuis Ispahan jusqu'à Reï. Dans cette contrée se trouvent comprises les villes de Coum قم et de Cachan قاشان, et c'est par là que doivent passer ceux qui veulent se rendre de Reï à Ispahan, savoir :

De Reï à Dorza درزة, petite ville où est un *menber*[1] et où coule un faible ruisseau (il n'existe pas de lieux habités dans l'intervalle, si ce n'est à la distance de six milles au milieu de la route), 1 journée.

De Dorza à Deïr el-Hissn دير الحصن (le couvent du Château fort), 1 journée « à travers un pays désert. Deïr el-Hissn est un « château très-fort entouré de murailles construites en briques « et en plâtre, habité par des gens mariés préposés à la garde du « chemin, et servant d'asile aux voyageurs. Il n'y a tout autour ni « arbres, ni cultures, et les personnes qui y résident n'ont à boire « que de l'eau saumâtre d'un puits ou de l'eau de pluie recueillie « dans deux citernes situées hors du couvent, que le désert environne de tous côtés. »

[1] Chaire où l'on fait la *khotba* ou le prône du vendredi. Voyez ci-dessus, pag. 167.

SEPTIÈME SECTION.

De là au village de Kakh كارخ قرية, 1 journée.

« Cette station est misérable. On y boit de l'eau de pluie re-
« cueillie dans des citernes où elle contracte un goût saumâtre. »

De Kakh à Coum قم, 1 journée « à travers un désert où l'on
« ne rencontre point d'habitations, si ce n'est dans le voisinage,
« c'est-à-dire à la distance de 6 milles de Coum, ville importante,
« bien peuplée, ceinte de fortes murailles en terre. On y boit de
« l'eau de puits; quant à celle qui est nécessaire pour l'arrosage
« des jardins, on l'extrait de la terre au moyen de manéges mus
« par des chameaux. Cette ville possède des champs cultivés, des
« jardins plantés en arbres à fruits et surtout en noisetiers et en
« pistachiers. Ces arbres ne croissent pas dans les contrées voi-
« sines; mais à Coum on recueille en si g_ande quantité des
« noisettes et des pistaches [1], qu'on en exporte en beaucoup de
« pays et de régions. Les habitants de Coum sont pour la plu-
« part sectateurs d'Aly. »

De Coum à Cariet Madjous قرية مجوس, 1 journée, « par un pays
« cultivé. On trouve dans ce village une peuplade d'ignicoles. »

« De Cariet Madjous à Cachan قاشان, ville d'une étendue peu
« considérable, mais peuplée, commerçante et industrieuse, dont
« les maisons sont construites en terre, 1 journée.

« Les autres lieux de cette contrée sont peu importants. »

ITINÉRAIRE DE REÏ À NISABOUR.

De Reï الرى à Ma'kel Abad معقل آباد, 18 milles.

De là à Farandin فراندين [2], « bourg peuplé, » 24 milles;

A Kehda كهدة, « bonne station, avec de l'eau et des cultures, »
11 milles;

A Khâr خوار [3], 18 milles.

---

[1] Ce dernier fruit se trouve en abondance dans les environs de Gazwin.

[2] Ou *Carandia*, d'après la version latine et d'après le ms. A.

[3] Il est question de ce pays, ainsi que de Semnan et de Bastam ou de Bostan, dans

« Khâr est une ville peu considérable, mais peuplée d'hommes
« distingués, qui vous répondent avec bienveillance et urba-
« nité. Il y a un cours d'eau provenant des environs du Dinawend
« دیناوند (ou plutôt Demawend), et plusieurs villages et champs
« cultivés en dépendent. Le Dinawend est une montagne très-
« haute; on prétend même que, entre trois et quatre heures
« après midi, l'ombre qu'elle projette couvre un espace de
« 12 milles. Son sommet est remarquable par la fumée qui en
« sort continuellement. »

A Cassr el-Melh قصر الملح (le château du Sel), 18 milles;

A Ras el-Keib راس الكلب (la tête du Chien), 21 milles;

A Semnan سمنان, 24 milles.

« Semnan est une ville de grandeur médiocre, avec bazar et
« fabriques. C'est la première dépendance du pays de Coumes
« بلاد قومس, qui comprend dans ses limites Damghan دامغان et
« Bastam بسطام. Cette dernière est plus petite que Semnan, et
« Semnan plus petite que Khâr, dépendance de Reï. »

De Semnan à Adjouin اجوین, 27 milles.

De là à Coumes du Damghan قومس الدامغان, 24 milles;

« En sorte que la distance totale qui sépare Reï de ce dernier
« lieu est de 189 milles. »

De Coumes à Djerada جرادة, 1 journée ou 21 milles.

De là à Bedhech بدش[1], 1 journée ou 21 milles;

Puis à Mourdjan مورجان, 1 journée;

A Mebrar مبرار, 1 journée ou 36 milles;

A Hachkida هشکیدة, 21 milles;

A Behmen Abad بهمن اباد, 18 milles;

A Noun نون, 18 milles;

---

le Mémoire de M. le capitaine Truilhier, inséré dans le tome IX, pag. 118 et suiv.
du Bulletin de la Société de géographie (cahier de mars 1838).

[1] M. le capitaine Truilhier parle d'un lieu du nom de Bedescht dans son Mémoire,
pag. 139.

SEPTIÈME SECTION.

A Djeser Wadjerd جسرواجرد, 18 milles;
A Djeser Abad جسراباد, 12 milles;
A Nahnabad نهناباد, 15 milles;
A Behech Kend بهش كند, 18 milles;
Et de là à Nisabour نيسابور (Nichapour), 15 milles.

« Adjouïn اجوين, dont il vient d'être question (dans cet « itinéraire), est une petite ville ornée d'édifices et entourée de « champs cultivés; Djerada جرادة est un gros bourg peuplé, « adossé à une montagne; Bedhech بذع un château fort; Mour-« djan مورجان un bourg important, très-peuplé, très-étendu; « Mebrar مبرار ou Mebdar مبدار une petite ville, ainsi que Nah-« nabad نهناباد, première dépendance du pays de Nisabour. Quant « à Djeser Wadjerd جسرواجرد, c'est un gros bourg situé à « 6 milles à l'orient de Sarawan ساراوان, ville agréable et bien « peuplée. »

ITINÉRAIRE DU TABARISTAN À DJORDJAN.

D'Amol امل à Malia ملية, « gros bourg fortifié, ou plutôt ville « de grandeur moyenne et jolie, » 6 milles.

De Malia à Terdja ترج, « village, » 9 milles;

Puis à Saria سارية (Sari), « ville bien peuplée, mais petite, » 1 journée.

De là à Narest نارست, 1 journée;

A Iabadan يابادان, 1 journée;

A Tamisa طميسة [1], « bourg considérable et bien peuplé; »

A Asterabad استراباد, « ville de grandeur moyenne et bien « peuplée; puis à Robat Hifs رباط حفص, 1 journée.

De Robat Hifs, « château important où est un marché et dont « la population est considérable, » à Djordjan جرجان, on compte 1 journée.

---

[1] La version latine porte *Taïsam*.

« A partir de Miala ميلة on peut prendre par Mamitir مامطير,
« 1 journée;

« Par Derech درش, 1 journée;

« A'ïn Rasis عين راسس, 1 journée;

« Nadjeran نجران, 1 journée;

« Et enfin Asterabad استراباد, 1 journée.

« Mais la première des deux routes est la plus fréquentée,
« attendu qu'on y trouve deux *menbers* (lieux où l'on fait la
« *khotba*). »

L'itinéraire d'Amol امل aux montagnes du Deïlem جبال الديلم
est comme il suit :

On part d'Amol et on se rend à Nabel نابـل, petite ville,
1 journée.

De là à Salous سالوس, « ville bien peuplée, ceinte de fortes
« murailles, avec marché florissant, » 1 journée.

De là à Kelan كلان, « ville dont l'état est prospère et la popu-
« lation nombreuse, » 1 journée.

De là au Deïlem ديلم, 1 journée.

« Les habitants du Deïlem (ou Dilem) habitent des montagnes
« d'un difficile accès. Le lieu où leur roi fait sa résidence se
« nomme Koum كوم; c'est la métropole de la secte des Ho-
« saïnis et le siége du gouvernement. On dit que les Dilémites
« tirent leur origine d'un lézard. Leurs montagnes sont couvertes
« de forêts, principalement du côté qui fait face à la mer du
« Tabaristan (la Caspienne); ils sont cultivateurs, mais dans
« leurs travaux ils ne font aucun usage de bêtes de somme. Leur
« langue est une langue à part, qui n'est ni le persan, ni le rani
« الرانية, ni l'arménien. Ils sont en général maigres et peu velus,
« d'un caractère versatile et de peu de constance dans les affaires,
« ne s'inquiétant de rien et ne pensant pas même aux maux qui
« peuvent leur arriver d'une manière soudaine. Ils furent infi-
« dèles jusqu'à l'époque de Hosaïn, fils de Zeïd, fils de Moham-

SEPTIÈME SECTION.

« med, fils d'Ismaïl, fils de Zeïd, fils de Hassan, fils d'Aly, fils
« d'Abou Taleb. La plupart d'entre eux devinrent alors musul-
« mans et embrassèrent la secte d'Aly.

« Les montagnes du Deïlem sont au nombre de trois, savoir :
« celle de Badhousian باذوسيان, celle de Roundj رونج et celle de
« Faran فارن (ou Caran قارن). Elles sont de difficile accès, gou-
« vernées chacune par un chef particulier, et excessivement
« agréables et fertiles. La dernière et ses dépendances sont cou-
« vertes de villages et de cultures, mais on n'y voit d'autre ville
« que celle qui porte le nom de Sahmam سهمام, et qui est située
« à une journée de distance de Saria سارية (Sari), où réside le
« chef du Faran; c'est depuis un temps immémorial le refuge
« de ces peuples et l'entrepôt de leurs approvisionnements. Le
« Badhousian ne possède, pour la résidence de son chef, qu'un
« village nommé Azam ازم, éloigné de Saria d'une journée de
« distance. Il n'y a du reste aucune ville. Quant au Roundj رونج,
« le chef de cette contrée montagneuse habite un château fort
« d'où dépendent des champs cultivés, situé entre le Tabaristan
« et Reï. Le passage du Tabaristan à Reï a (également) lieu par
« Salous سالس, ville fortifiée sur les bords de la mer. De ce pays
« de Deïlem à Asterabad et à la mer on compte 1 journée. Les
« montagnes touchent à la mer, et depuis le lieu où elles com-
« mencent jusqu'à la mer on compte plus de 2 journées. Du
« côté de l'occident elles atteignent Abher ابهر, Zendjan زنجان
« et Beïlcan بيلقان. »

« Les pays voisins de Reï sont : Khawar خوار, Cheliba شليبة,
« et Zenima زنيمة; ceux qui dépendent du Coumes قومس sont :
« Semnan سمنان, Damghan دامغان et Bastam بسطام; du Tabaris-
« tan, Amol امل, Nabel نابل, Salous سالوس, Kelan كلان, Rouban
« روبان, Maïla ميلة, Beridji برجى, A'ïn el-Hemm عين الهم, Ma-
« mitir مامطير et Tamesna طمسنة; du Djordjan, Djordjan جرجان,
« Asterabadan استراباذان, Aleskoun السكون et Demestan دمستان.

23.

Feuillet 164 recto.

DJORDJAN.

« La majeure partie du Djordjan se compose de montagnes. On
« y compte peut-être sept cents châteaux forts. Djordjan et
« Tabaristan sont deux villes situées entre les dépendances de
« Reï et et celles du Khorasan. La première (Djordjan), dont le
« territoire touche à celui du Tabaristan, est une très-grande
« ville, avec laquelle nulle autre, dans la contrée, ne peut entrer
« en comparaison. Les édifices y sont en terre, et (cependant)
« il y pleut continuellement. Elle se compose de deux quartiers
« séparés par une grande rivière sur laquelle est un pont soli-
« dement construit ; le premier, bâti sur la rive orientale de
« cette rivière, s'appelle Djordjan جرجان ; l'autre, sur la rive
« occidentale, et moins considérable, porte le nom de Benker
« Abad بنكر اباد. Les environs sont couverts de cultures, de jardins,
« d'habitations et de vignobles. On y recueille beaucoup de
« fruits, et entre autres beaucoup de figues et d'olives. Les ha-
« bitants sont bienveillants et polis, et l'on compte parmi eux
« beaucoup de savants. La monnaie du pays, ainsi que celle du
« Tabaristan, est le *dirhem* et le *dinar*. Djordjan possède, sur le
« bord de la mer, un entrepôt qu'on nomme Aleskoun السكون :
« c'est une ville agréable et jolie, où l'on s'embarque pour le
« pays des Khozars بلاد الخزر, pour le Bab el-Abwab باب الابواب
« (Derbend) et pour les montagnes du Deïlem. Nous en reparle-
« rons ci-après dans le cinquième climat, quand il s'agira de la
« mer (Caspienne). »

Le chemin pour se rendre de Reï à Cheliba شليبة et à Zenima
passe par le Dinavend ديناوند [1], « montagne située à 1 journée
« de distance (de Reï), d'une hauteur et d'un escarpement tels
« que peu de personnes parviennent jusqu'à son sommet, d'où
« découlent des eaux en abondance. Sur ses flancs est bâti le
« fort de Dinavend ديناوند, entouré de divers villages, tels que

---

[1] Je présume qu'il est ici question du Demavend, volcan dont notre auteur a déjà parlé.

Denberani دنبراني, Derhié درهية, Namel نامل, Rabca ربقة, Sedhar سدهار et Newbian نوبيان. On ne connaît, dans cette contrée, « aucune montagne plus haute que le Dinavend. » De là à Cheliba et à Zenima on compte 1 journée.

« Ces deux villes sont situées entre Dinavend et le Deïlem; « elles sont moins considérables que Khawar خوار; cependant « Zenima زنيمة est plus grande que Cheliba شليبة. Elles sont en-« vironnées de cultures, de jardins, de vergers, de vignobles et « de treilles. Khawar خوار gît, du côté du sud, entre ces deux « villes, et il y fait extrêmement froid. Cette ville est bâtie dans « le voisinage du grand désert qui s'étend entre le Khorasan, « le Sedjestan, le Fars et le Kerman. »

Voici l'itinéraire de Djordjan au Coumes :

De Djordjan جرجان à Djoheïna جهينة, « joli village bâti sur « les bords d'une rivière, » 1 journée.

De Djoheïna à Dhehel دهل, 18 milles.

De Dhehel à Bastam بسطام, « jolie ville ceinte de murs en terre, « marché fréquenté et lieu de perception d'impôts, » 1 journée.

De Bastam à Vastaria وسطارية, château fort dépendant du Coumes (la distance manque).

De Vastaria à Damghan دامغان[1], « ville plus considérable que « celle de Khawar du pays de Reï اكبر من خوار الرى et la mieux « peuplée du Coumes, » 1 journée.

« ITINÉRAIRE DE DJORDJAN À NISABOUR DU KHORASAN.

« De Djordjan à Djerha جرها, village, 1 journée.

« De là à Deniar Razi دنيار رازى, ville petite, mais florissante, « 1 journée.

« De là à Amloubalou املوبلو, joli village sur les bords d'une « petite rivière, 1 journée.

[1] L'ancienne Hécaton-pylos.

« De là à Akha' اخا, station très-populeuse, avec château fort
« et bazar, 1 journée.

« D'Akha' à Sendasb سندسب, ville petite, mais florissante,
« 1 journée.

« De Sendasb à Ascaras اصقراس, ville de moyenne grandeur,
« bien peuplée, riche et commerçante, 1 journée.

« D'Ascaras, première ville du pays de Nisabour, à la ville de
« ce nom, 5 journées.

« Nisabour نيسابور [1] est une ville célèbre et très-ancienne dont
« les constructions sont en terre. Située dans une plaine, elle
« s'étend sur un espace de 3 milles dans tous les sens, et un
« vaste faubourg l'environne. C'est là qu'est la principale mosquée.
« Cette ville est défendue par un château fort (cassaba) et a
« quatre portes, savoir : celle du Pont باب القنطرة, celle du Che-
« min du Refuge باب سكة المعقل, celle de la Cassaba باب القصبة et
« celle du pont de Der Mekin باب قنطرة درمكى. Il y coule une
« rivière dont les eaux servent à la consommation des habitants
« et à l'arrosage des campagnes. Les dépendances de Nisabour
« sont très-considérables et ses campagnes très-peuplées. On
« compte dans ses environs plusieurs villes bien connues; telles
« sont Bouzdjan بوزجان, Malin مالن, Djaimend جايمند, Sawamck
« ساومك, Sikian سيكيان (ou Sebkian), Zournan زورنان (ou Zouzan),
« Kaïder كيدر (ou Kaïderm), Barsin برسىن (ou Barchin), Khan
« Zowan خان زوان, Aradwan ارادوان, Kharoukerd خروكرد (ou
« Kharkbara), Behmen Abad بهمن اباد, Ascaran اسقران, Houdjan

[1] Comparez ce que notre auteur dit ici de Nisabour avec le passage traduit t. Ier,
pag. 451 du présent ouvrage. On lit, en marge du manuscrit A, la note suivante :
« On dit que cette ville fut ainsi nommée parce que Sabour, fils de Hormuz, prince
« de la dynastie des Sassanides, lorsqu'il vint en ce pays, en fut émerveillé et dit : Il
« est convenable de fonder ici une ville. Comme il y croissait beaucoup de roseaux, il
« les fit couper, et, par ses ordres, la ville s'éleva sur cet emplacement. Lorsque la
« construction en fut achevée, on nomma cette ville *Naï Sabour*, c'est-à-dire *Roseaux
« de Sabour*, attendu que le mot *naï* signifie *roseau* en persan. »

SEPTIÈME SECTION.

« Denkerwan دنكروان, Mouncan مونقان et Berdghour
« بردغور. Nisabour est une métropole, un centre de communi-
« cation avec divers pays. En effet, de Nisabour à Asterabad
« استراب, extrême limite du pays de Coumes قومس, on compte
« 9 journées.

« A Sarakhs سرخس, 6 journées.

« De Sarakhs سرخس à Merw Chahidjan مرو شاهیجان (ou à
« Merw el-Roud, d'après le ms. A), 5 journées.

« De Merw مرو à Amol امل, sur les bords du Djeïhoun (ou de
« l'Oxus), 6 journées. »

Depuis les premières dépendances de Nisabour, du côté du
Coumes, jusqu'à ce fleuve (l'Oxus), en ligne droite, 23 journées.

« De Nisabour à Bouzdjan بوزجان, 4 journées faibles.

« De Bouzdjan à Bousih بوسم (ou Bouchindj), 4 journées.

« De Bousih بوسم ou Bouchindj, à Hérat هرات, 1 jour-
« née.

« De Hérat à Ascaran اسقران, 3 journées.

« D'Ascaran à Dorac درق, dernière dépendance de Hérat,
« 2 journées.

« De Dorac au Sedjestan سجستان, 7 journées.

« En somme, depuis l'extrémité des dépendances de Nisabour
« نسابور jusqu'au Sedjestan, en passant par Dorac درق, on compte
« 19 journées.

« De Nisabour à Tous طوس, en se dirigeant vers le nord-est,
« 4 journées.

« De Tousa à Nesa نسا, 6 journées.

« De Nesa à Corawa قراوة, 4 journées.

« De Nisabour à Fanen, principale ville du Couhestan فنن
« قصبة توهستان, vers le sud-ouest, environ 9 journées.

« De Fanen فنن à Hérat, 8 journées.

« De Nisabour à Behnabad بهناباد, vers l'occident, 5 journée

QUATRIÈME CLIMAT.

« De Nisabour à Djeser Wadjerd جسرواجرد, dépendance de
« Nisabour, à 1 journée de distance de cette ville, 2 journées.

« De Nisabour à Barchic برشيق (Tarchiz ترشير?), 4 journées [1].

« De Nisabour à Khan Rewan خان روان, vers le nord, 1 jour-
« née.

« De Khan Rewan à Meherdjan مهرجان, 1 journée.

« De Meherdjan مهرجان à Aradwan ارادوان, 1 journée.

« D'Aradwan ارادوان à Denawada دنوادة, 1 journée.

« De Denawada دنوادة, 1 journée.

« Tous طوس est une ville considérable, bien bâtie, bien peu-
« plée, avec de nombreux marchés offrant beaucoup de res-
« sources, et dont les environs, qui sont très-beaux, contiennent
« diverses villes avec menber, parmi lesquelles on remarque
« Ratekian راتكان, Taberan طبران et Berdeghour بردغور. La pre-
« mière est une petite ville, avec marché fréquenté où il se fait
« un bon commerce. Il en est de même de Doudan دودان, ville
« bien peuplée, où l'on trouve diverses productions utiles, de
« beaux édifices, de larges rues et des constructions solides.

« Meherdjan مهرجان est une ville dont les maisons et les
« marchés sont en bon état, les ressources abondantes et les
« productions recherchées. Elle est entourée de murs en terre
« et d'un faubourg bien peuplé. On y boit de l'eau apportée
« du dehors. De Meherdjan à Denawada دنوادة, ville florissante,
« environnée d'une muraille et d'un faubourg construits en terre
« et en chaux (on y boit de l'eau de puits qui est très-douce),
« 2 journées.

« Moucan موقان est encore une ville des plus remarquables par
« ses marchés, ses murailles et ses fortifications construites en
« terre. Il y a beaucoup de richesses, de commerce et d'industrie.
« Elle est défendue par une bonne citadelle, et l'on y voit le
« tombeau d'Aly ben-Mousa el-Riza. Dans la montagne de Mou-

[1] Cette indication manque dans le ms. A.

« can est une carrière d'où l'on extrait la pierre qui sert à fabri-
« quer des mortiers ou des chaudrons (برام) pour tout le Kho-
« rasan. Il s'y trouve aussi des mines d'argent, de fer et de cuivre
« d'où l'on tire des turquoises, une sorte d'émeraude دهنج et du
« cristal (de roche). Moucan موثان était la capitale du Khorasan
« à l'époque des Taherides; mais depuis cette époque le siége
« du gouvernement a été transféré à Nisabour, et la splendeur
« de Moucan a disparu.

« Sarakhs سرخس est située entre Nisabour et Merw, dans une
« plaine; nous en avons précédemment parlé d'une manière suf-
« fisante.

« Nes نس est une ville dont les environs sont fertiles, bien
« arrosés et cultivés en jardins; égale, sous le rapport de l'éten-
« due, à la moitié de Sarakhs, arrosée par de l'eau courante qui
« circule dans les maisons et dans les rues, elle est extrêmement
« agréable et belle. Son territoire, qui est très-productif, est
« abrité du côté du nord par des montagnes.

« Cazawa نزاوة est un lieu bien peuplé, mais il n'y a pas plus
« de commerce et d'industrie que n'en comportent les besoins
« des habitants. C'est une dépendance du Khorasan, située près
« d'un désert qui, s'étendant sur un espace de 12 journées,
« n'offre ni cultures, ni villages, ni maisons. Les habitants de
« ce lieu boivent de l'eau d'une fontaine qui surgit du creux
« d'un vallon et dont l'excédant, peu considérable, sert à l'arro-
« sage des légumes. De Cazawa نزاوة, en se dirigeant vers l'ouest,
« à Bestih بستم, bourg entouré de fortes murailles (avec marché
« suffisant), où l'on boit de l'eau de puits, et également situé
« sur la limite du désert qui s'étend jusqu'à Djordjan جرجان,
« 4 journées.

« De Nesa نسا à Ascaras استراس, dépendance de Nisabour, en
« se dirigeant vers l'occident, 4 journées.

« (On trouve dans l'intervalle des villages et des habitations.)

QUATRIÈME CLIMAT.

Feuillet 165 recto.

« D'Ascaras à Tous, 6 journées.

« (Dans l'intervalle on rencontre Râwnah راونج, ville située à 4 journées de Cazawa.)

« De Râwnah راونج à Meherdjan, vers le nord, on compte 2 journées.

« De Meherdjan à Nisabour, 2 journées.

« D'Ascaras اسقراس à Meherdjan, 5 journées faibles.

« De Khan Rewan خان روان (ville) à Meherdjan, 1 journée.

« De Khan Rewan à Nisabour, également 1 journée.

« D'Aradwan ارادوان à Debwada دبوادة, 1 journée.

« De Debwada à Meherdjan, 1 journée.

« Ces divers lieux sont comparables entre eux sous le rapport des productions, des ressources, de l'aspect et de l'étendue.

« L'itinéraire de Nisabour au fleuve (l'Oxus) est comme il suit :

« De Nisabou à Baghnach بغنش, 15 milles.

« De Baghnach à el-Hamra الحمرا, 18 milles;

« Puis à Morcan مرقان (ou Moucan), 18 milles;

« Puis à Merw Chahidjan مرو الشاهجان, 12 parasanges.

« De là à Nekba النكبة (ou Nekia), village, 24 milles.

« De là à la ville de Sarakhs سرخس on compte 18 milles.

« De Sarakhs à Merw el-Roud مرو الرود, en se dirigeant vers le nord-est, 135 milles.

« De Sarakhs à Amol امل, directement, 8 journées.

« Nous allons traiter plus explicitement de ces divers lieux, s'il plaît à Dieu. »

HUITIÈME SECTION.

Suite et fin du Khorasan et du Mawar' el-Nahar. — Lac d'Aral. — Boukhara. — Samarcande. — Kech. — Ferghanah. — Osrouchna. — Rives du Chach ou du Jaxartes. — Eilâc. — Farab.

La présente section comprend la description d'une partie du Khorasan, celle du fleuve et des pays situés au delà (du fleuve), c'est-à-dire le Ferghanah فرغانه, Osrouchna اسروشنة (ou Ochrousna اوشروسنة), les pays de Chach الشاش, de Farab فاراب et des Ghozzes الاغراز, vastes contrées où l'on trouve quantité de lieux florissants et peuplés, quantité de villes et de capitales célèbres.

« Quant à ce qui concerne le restant du pays de Merw بلاد مرو, c'est-à-dire Kechmech كشمش (ou Kechmehīn), Hormuz
« Cawah هرمزقوه, et Nachan ناشان, nous en avons déjà parlé dans
« le troisième climat[1]; nous ajouterons cependant que Kechmech
« كشمش, lieu et menber situé à une journée de Merw el-Roud
« مرو الرود, sur la lisière du désert et sur les bords d'une grande
« rivière, est environné de jardins fruitiers. Il y a un petit bazar
« bien approvisionné, des caravansérails et des bains. A 3 milles
« du côté du nord est la ville de Hormuz Cawah (ou Corra) هرمز
« قوه ou هرمزتره, située sur la route des déserts sablonneux de
« Senca سنقا (ou de Senfaīa سنفاية) lesquels s'étendent à l'occident
« du fleuve (de l'Oxus) jusqu'à Djordjania جرجانية, dépendance
« du Khowarezm. Ces déserts sont vastes, contigus, inhabités,
« bien que l'eau y soit abondante dans le voisinage du fleuve.
« Quant au Mawara' el-Nahar ماوراء النهر, il commence à Zem زم
« et se termine au lac bien connu sous le nom de lac de Kho-
« warezm خوارزم (ou d'Aral). Nous avons parlé de Zem et d'Amol

[1] Voyez ci-dessus, t. I", p. 467 et suiv.

188   QUATRIÈME CLIMAT.

Feuillet 165 verso.   « dans le troisième climat, et les détails circonstanciés dans les-
« quels nous sommes entrés à cet égard nous dispensent d'y
« revenir. Amol est situé à 3 milles du fleuve et à 12 journées
« de Djordjania du Khowarezm. De Djordjania au lac qui porte
« son nom on compte 6 journées. »

ITINÉRAIRE D'AMOL À KHOWAREZM.

« D'Amol امل à Wabrah وبره, petite ville bien peuplée, avec mar-
« chés et habitations qui touchent au fleuve, 1 journée.

« De Wabrah à Mardous مردوس, grand village bien peuplé, dont
Feuillet 166 recto.   « le territoire très-fertile et très-productif s'étend sur une rive
« du fleuve, 1 journée.

« De Mardous à Asnas اسناس, joli petit bourg entouré de mu-
« railles, mais sans faubourg, lieu de marché sur les bords du
« fleuve, 1 journée.

« D'Asnas اسناس à Senfaïa سنفاية, première dépendance du
« Khowarezm, 2 journées faibles.

« De Senfaïa à Taheria طاهرية, ville très-belle, très-commer-
« çante entourée d'un territoire bien ensemencé, fertile en pro-
« ductions de toute espèce et surtout en fruits dont l'abondance
« excède les besoins de ses habitants, 1 journée.

« De Taheria à Raset راست, lieu fortifié, situé à proximité du
« fleuve, bien peuplé, et environné de cultures et de jardins, 2
« journées.

« De Raset à Hanwa de Djordjania حنوة من الجرجانية, belle ville
« où l'on trouve toute sorte de choses utiles, ceinte de fortes mu-
« railles, et environnée d'un territoire vaste et fertile en grains et
« en fruits, 2 journées.

« De Hanwa حنوة à Djordjania جرجانية, 1 journée.

« Cette dernière ville [1] est la plus importante et la capitale de
« tout le Khowarezm; elle se compose de deux quartiers bâtis sur

[1] Conférez cette description avec ce qui a été dit de Djordjan, p. 80, ci-dessus.

HUITIÈME SECTION.

« les deux rives du fleuve, et communiquant entre eux au moyen
« d'embarcations. Le nom du quartier oriental est Darghach درغش,
« et celui de l'occidental Djordjania جرجانية. La ville est grande,
« florissante, ornée de bazars et environnée de faubourgs ceints
« de murailles. Elle a près de sept milles de long sur autant de
« large. C'est l'entrepôt du commerce des Ghozzes, et c'est de là
« que partent les caravanes destinées pour le Djordjan; ancienne-
« ment elle en expédiait pour le pays des Khozars et pour tout
« le Khorasan. Khowarezm est le nom de la province, laquelle est
« distincte et séparée du Khorasan et du Mawar' el-Nahar; cette
« province, de toute part environnée de déserts, est considé-
« rable, ses dépendances sont vastes et ses villes nombreuses.
« On y remarque (entre autres) Darghach درغش qu'on appelle
« aussi Darghaz درغاز, Hezarest هرارست, Hanwah حنوه, Ardekha-
« chemîn اردخشمين, Chacouran شاقوران, Bouran بوران, Karmwan
« كرموان, Haras حراس (ou Hanwas حنواس), Kerdan كردن [1], le village
« de Franghîn قرية فرانكين, Mardadjeghan مرداجغان et Kath كاث.

« La première d'entre les dépendances du Khowarezm est Ta-
« heria الطاهرية, située à l'occident du fleuve, et dont le territoire
« s'étend le long de la rive occidentale du Djeïhoun (ou Dji-
« houn). Sur la rive orientale il n'y a pas d'habitations, et celles
« qui existent entre Taheria et Hezarest هرارست [2] sont d'une
« largeur peu consirable. Les cultures sur les bords du Djeïhoun
« jusqu'à la ville de Khowarezm s'étendent sur un espace d'environ
« 9 milles. Elles se terminent au village de Khabt قرية خبت, et
« non au delà. Ce village est situé au pied d'une montagne d'où
« jaillissent des eaux et des fontaines d'eau courante ; derrière
« cette montagne est le désert. A partir de Hezarest هرارست

Feuillet 166 recto.

---

[1] Ou *Kerdoann*, d'après le ms. A.

[2] Ce nom est écrit *Mezarub* dans la carte de G. de Lille, *Khizarist* ou *Hezarasp* dans celle du capitaine Burnes, *Khizarist* dans celle de M. Fraser, *Hazarasp* par d'Herbelot.

QUATRIÈME CLIMAT.

<small>Feuillet 166 recto.</small>

« en se dirigeant vers la rive occidentale du Djeïhoun[1], il existe
« des rivières (ou des canaux) parmi lesquels sont : 1° le Hezarest
« qui est dérivé du Djeïhoun du côté d'Amol. Il est considérable
« et porte bateaux. Hezarest est bâtie sur ses bords. 2° à 6 milles
« de distance de Hezarest est la rivière (ou le canal) connue sous
« le nom de Kerdewan-Khawas كردوان خواس, qui est plus consi-
« dérable que la précédente. Khawas, petite ville construite sur
« ses bords, est bien habitée, florissante et entourée de cultures
« et de jardins. 3° la rivière de Hanwa نهر حنوة, plus considé-
« rable encore que celle de Kerdewan-Khawas, et d'où les embar-
« cations descendent vers Hanwa. 4° puis à deux milles de distance,

<small>Feuillet 166 verso.</small>

« celle de Medri مدرى qui est également très-forte et sur laquelle
« les navires descendent à Medri, ville jolie, bien peuplée, en-
« tourée de murailles et possédant un bazar. 5° puis celle de
« Morda مردى qui arrose les alentours de Djordjania et qui porte
« aussi le nom de Woudal ودال. Elle est navigable et décharge ses
« eaux[2] au-dessous de Djordjania à 6 milles de distance de cette
« ville. 6° puis la rivière de Boura نهر بورة, qui prend sa source
« dans une montagne limitrophe du désert et qui verse ses eaux
« à peu de distance et au-dessous de Darghach درغاش.

« A 36 milles de distance de la ville (de Djordjania) dans la
« partie inférieure du Khowarezm et en face de Leith ليث,
« du côté du nord, il existe une ville connue sous le nom de
« Mednitha مدينثة, et située à 12 milles du Djeïhoun. Elle fait
« partie (du territoire) de Djordjania, bien qu'elle ne soit pas sur
« les bords du fleuve. Elle est florissante.

« Entre Kerdan كردان et le Djeïhoun on remarque le canton
« رستاق de Mardadjaghan مرداجغان. La ville de ce nom est petite
« mais très-peuplée. Ses environs sont souvent fréquentés par les

---

[1] Ce passage étant important, mais assez obscur, nous croyons devoir en donner le texte : ...... من هزارست الى ساير ما على غربى جيحون انهارا.

[2] Probablement dans le Djeïhoun ou l'Oxus.

« Ghozzes. Elle est située à 6 milles de distance du Djeïhoun et
« vis-à-vis du pays des Khizildjis حادى الخرلمية وهي. A partir de là
« jusqu'au lac de Khowarezm (ou d'Aral) il n'existe pas de cul-
« tures. Les bords de ce lac sont habités par des pêcheurs qui ne
« possèdent ni villages, ni maisons. Le lieu de l'embouchure du
« fleuve dans le lac est connu sous le nom de Khalidjan خليجان.
« Sur les bords du lac et en face du pays des Ghozzes est une
« peuplade très-brave qui, en temps de paix, fréquente le bourg
« de Carankin ترانكين. De l'autre côté de Djordjania, c'est-à-dire
« depuis l'embouchure du fleuve (le Djeïhoun ou l'Oxus) jusqu'au
« lieu où le Chas الشاس (le Jaxartes) décharge ses eaux, on compte
« environ 10 milles (sic).

« D'après ce que nous avons pu savoir, la circonférence du lac
« de Khowarezm est d'environ 300 milles. Ses eaux sont salées et
« elles n'éprouvent pas de crues ou d'augmentation apparente. Di-
« verses rivières, telles que le Djeïhoun, le Chas, le Berk نهر برك, le
« Eilac نهر ايلاق, y versent leurs eaux. Ces eaux ne changent jamais
« de nature et leur volume n'éprouve ni augmentation ni dimi-
« nution. On rapporte, Dieu seul sait ce qui en est, que ce lac
« communique par des canaux souterrains avec la mer de Khozar
« (la Caspienne). La distance qui les sépare est en ligne directe
« d'environ 18 journées. Il est permis de douter de la vérité de
« cette assertion.

« Les habitants du Khowarezm sont (en général) dans l'aisance,
« doués d'un caractère bienveillant, pour la plupart amateurs
« de voyages et possesseurs de grandes richesses. On tire de ce
« pays des étoffes de coton et de laine, et diverses marchandises
« destinées à l'exportation. La langue qu'on y parle est un idiome
« spécialement distinct (de tout autre). Ces peuples sont grossiers
« mais braves. Les Ghozzes redoutent beaucoup leur puissance et
« se garantissent avec soin de leurs attaques. On y amène du pays
« des Ghozzes et des Khozars des troupeaux, des bêtes de somme

« et des esclaves. On y apporte aussi des fourrures, telles que des
« peaux de belette, de marte-zibeline, de renard, de lièvre et
« autres. Voici les distances respectives des lieux situés dans ce
« pays : »

Du Khowarezm, c'est-à-dire de sa capitale, qui se nomme Kath
كات, à Hanwa حنوه, on compte 1 journée.

De Hanwa à Hezarasb[1] هزاراسب, 1 journée.

De Kath à Djordjania, 3 journées, savoir :

De Kath à Azdekhamsin ازدخمسين, 1;

De là à Bourouzem بوروزم, 1;

Et de là à Djordjania جرجانية, 1.

De Hanwa à Saferzen سافرزن[2], 16 milles.

De Saferzen à Mednitha مدينثة, 9 milles.

De Mednitha à Kerdan كردن, en passant par Dokhares دخارس[3], 3 journées;

Car de Dokhares دخارس à Kerdan on compte 1 journée,

Et de Kerdan à la ville de Mednitha, 2 journées.

Mednitha et Cariat Carankin قرية ترانكين sont deux lieux de grandeur à peu près égale. Mednitha est plus voisine du Djeïhoun, n'étant éloignée de ce fleuve que de 12 milles.

Le pays situé derrière, (c'est-à-dire au midi) du fleuve appartient au Khorasan. D'Amol on se rend à Ferebr فربر, jolie ville située dans le voisinage du Djeïhoun, ainsi que Madhmouma مضمومة, qui fait partie de la même ville; puis à Boukhara بخاري. De Ferebr فربر à Beïkend بيكند on compte en effet 2 faibles journées, savoir : de Ferebr au fort d'Omm Dja'afar حصن ام جعفر, 18 milles;

---

[1] La version latine porte mal à propos *Haouas*.

[2] Ou *Sacarn*, d'après la même version.

[3] Les auteurs de cette version ont interverti l'ordre des stations suivi dans nos manuscrits.

HUITIÈME SECTION.

Et de là à Beïkend بيكند, 18 milles.

Cette dernière ville possède de jolis bazars et de beaux quartiers. Elle est à 21 milles de distance de Boukhara.

« Boukhara بخارى est comparable aux plus grandes villes sous
« le rapport de l'étendue, et les surpasse sous celui de la beauté
« de l'aspect et des agréments. En effet ses quartiers sont beaux,
« ses environs couverts de végétation et d'arbres à fruits. Elle est
« bâtie dans une plaine et les maisons y sont en bois disposé en
« forme de treillage [1]. Autour de ces maisons on voit des palais,
« des jardins, des places publiques, des rues pavées, et des
« villages contigus embrassant un espace de 130 milles dans tous
« les sens. Cet espace est entièrement fermé par une muraille
« environnant tous les palais, tous les quartiers, toutes les habi-
« tations qui sont censées faire partie de la ville, et où demeurent
« en effet ses habitants durant l'été comme en hiver.

« A l'intérieur est une seconde muraille qui s'étend sur une
« longueur et sur une largeur d'environ 3 milles, et qui embrasse
« les constructions aussi belles que solides de la ville (propre-
« ment dite). Cette muraille est revêtue en plâtre. Il existe au
« dehors de la ville une Cassaba, espèce de petite ville, où sont
« une citadelle, des maisons de plaisance et de belles habitations
« dont l'aspect réjouit les yeux et enchante les regards. Ce fut là
« que les Samanides établirent leur résidence et le siège de leur
« gouvernement à cause de la beauté et de l'étonnante solidité
« des constructions.

« De la ville de Boukhara dépend un faubourg vaste et bien
« bâti. La plupart des marchés publics sont dans ce faubourg. On
« y voit aussi une grande et magnifique mosquée qui attire un

---

[1] Le texte porte : وبناوها خشب مشبّك. Notre auteur ne s'explique pas sur la nature des matériaux qui bouchent les ouvertures de ces treillages. M. de Meyendorff nous apprend (p. 169 de son Voyage) que c'est de la terre mêlée de paille hachée et maintenue à l'aide de piliers en bois de 4 à 5 pouces d'épaisseur.

QUATRIÈME CLIMAT.

Feuillet 167 recto.

« nombreux concours. Elle est située près la porte (qui conduit)
« de la Cassaba dans la ville.

« La population de Boukhara est considérable, innombrable,
« prodigieuse, et elle se distingue par sa politesse, et par l'état
« d'aisance et par les richesses dont jouissent les habitants, qui font
« un commerce immense. Le faubourg est traversé par la Soghd
« نهر الصغد, rivière dont les eaux circulent dans la plupart des
« maisons, des rues et des marchés, et qui est elle-même une
« dérivation de la rivière de Samarcande, sur laquelle les habitants
« de Boukhara possèdent de nombreux moulins. Ses bords sont
« couverts de promenades charmantes, de vergers, de jardins, de
« campagnes ombragées d'arbres et couvertes de belles cultures.
« L'excédant de ses eaux s'écoule dans un lac situé dans le canton
« de Beïkend بيكند, et auprès de Ferebr فربر. Le nom de ce lac
« est Sam-Djas سام جاس [1].

« De la ville de Boukhara dépendent plusieurs autres villes.
« Telles sont Tawawis الطواويس, Miniat منية (ou plutôt Kerminia)
« Mandjekath منجكث, Wardana واردانة, Beïkend بيكند, Ferebr
« فربر, Ma'akan معاكن et Khadjada ou Hadjada جادة. »

ITINÉRAIRE DE BOUKHARA À SAMARCANDE [2].

De Boukhara à Chora'a شرع, 12 milles.
De là à Dabousia دبوسية, 15 milles;

---

[1] Ce lac porte dans la carte de M. de Meyendorff le nom de *Cara-Koul*; je ne le trouve pas mentionné dans la savante notice du *Mesalek-alabsar*, insérée dans le tome XIII des Notices et extraits des mss. de la Bibl. du roi, où on lit *Madjkath* au lieu de *Mandjekath*, *Maharkelan* au lieu de *Maakan*, et *Hadjara* au lieu de *Khadjada*.

[2] Voici le même itinéraire, d'après le ms. B :

De Boukhara à Chora'a شرع, 12 milles;
« Puis à Toul-Seifan طول سيفن, 18 milles;
« A Koud كود, 18 milles;
« A Kerminia كرمينية, 18 milles;
« A Dabousia دبوسية, 15 milles;
« A Artihan ارتيهان, 15 milles;

HUITIÈME SECTION. 195

A Koud كود, 18 milles ;

A Kerminia كرمينية, 12 milles ;

Au fort d'Alcama قصر علقة, 15 milles ;

A Sarmacande, 6 milles.

« La distance totale qui sépare Samarcande de Boukhara est
« de 121 milles, à partir de l'intérieur du mur d'enceinte de
« Boukhara. Quant aux villes situées en dehors de ce mur, telles
« que Beïkend بيكند, Ferebr فربر, Kerminia كرمينية, Tawawis
« طواويس, Kharmakin خرمكى, Djera'ankath جرعانكث, Merma-
« Mandjekath مرما منجكث, la plus considérable d'entre elles est
« Tawawis طواويس, qui est florissante et qui possède un marché
« vers lequel, à une époque déterminée de l'année, les habitants
« et les marchands se dirigent de toutes les parties du Khorasan,
« soit pour vendre, soit pour acheter. On y apporte beaucoup
« de marchandises, et on en exporte des étoffes de coton des-
« tinées, en majeure partie, pour l'Irâc. Ces étoffes sont fabri-
« quées sur les lieux, où l'on trouve également des fruits de
« toute espèce, car il y a beaucoup de jardins arrosés par quan-
« tité de cours d'eau, et très-fertiles. Tawawis est défendue par
« un château et par une muraille qui l'entoure. On y voit une
« grande mosquée. De là à Boukhara on compte 1 journée ou
« 27 milles.

« Mandjekath منجكث, est une ville moins grande que la pré-
« cédente ; elle est florissante, peuplée et environnée d'un mur

---

Feuillet 167 verso.

« A Zerman زرمان, 18 milles ;

« Au fort d'A'lcama علقة, 15 milles ;

« A Samarcande سمرقند, 6 milles. »

La version latine ajoute à la station de Daboûsia une station du nom de *Arsan* ou
de *Artihan*, à la distance de 15 milles.

Ainsi, d'après le ms. A, la distance totale entre ces deux villes serait de 78 milles ;

D'après la version latine, de 93 milles ;

Et d'après le ms. B, de 134 milles.

C'est ce dernier nombre qui semble se rapprocher le plus de la vérité.

25.

« en terre. Elle possède beaucoup de fabriques, des jardins, des
« vergers, des habitations contiguës. Elle est située au nord de
« Boukhara, à la distance de 24 milles.

« Wardana وردانة est comparable à Mandjekath sous le rap-
« port de la population et de l'étendue. Pourvue d'eaux cou-
« rantes, elle possède des jardins fruitiers. Elle est située à 12
« milles au nord de la ville, et à un mille et demi du grand
« chemin.

« Ma'aken معاكن est également un gros bourg avec des mar-
« chés et un commerce essentiellement permanent[1]. Possédant
« des jardins et des habitations contiguës, ce bourg est situé à
« 9 milles sur la droite du chemin qui mène à Beïkend.

« Hadjada حادة est de la même importance et de la même
« étendue. Possédant aussi des marchés et des édifices contigus,
« ce bourg est situé sur la droite du voyageur qui se rend de
« Boukhara à Beïkend, à 9 milles de distance (de cette dernière
« ville), et à 3 milles environ du chemin.

« De Tawawis طواويس à Kerminia كرمينية, sur la route de
« Samarcande, on compte une journée; mais Kerminia est plus
« florissante et plus populeuse que Tawawis. Le territoire en est
« plus fertile, surtout en fruits, et la température de l'air plus
« agréable. On y voit une grande mosquée et un *menber*, et
« nombre de villages en dépendent.

« De Kerminia à Kharmekin خرمكين on compte 6 milles, en
« longeant le pays de Soghd ما يلى بلاد الصغد. Kharmekin est si-
« tué à un jet de flèche du chemin, vers la gauche du voyageur
« qui se rend à Samarcande. Mandjekath منجكث[2], est une ville
« située au delà de (littéralement, derrière) la rivière de Soghd
« خلف وادى الصغد, à six milles au-dessus de Kharmekin. Ces
« divers lieux sont à peu près de même étendue, de même po-

---

[1] Le texte porte : تجارات قائمة بذاتها.
[2] Le ms. A porte مرماجت.

« pulation, de même importance. On trouve dans chacun d'eux
« une mosquée et un *menber* où l'on fait régulièrement la *khotba*.

« Djera'ankath جرعانكث est situé vis-à-vis بحذ de Kerminia,
« à une parasange au delà du fleuve. Son territoire touche du
« côté de l'orient au Boukhara, et du côté du midi au pays de
« Soghd ارض صغد. Et d'abord, si vous dépassez Kerminia, vous
« vous rendez, en vous dirigeant vers l'orient, à Dabousia دبوسية,
« 1 journée ou 24 milles.

« Dabousia دبوسية est une jolie ville dont dépendent quantité
« de jardins, de villages, de champs cultivés et de belles habita-
« tions. Elle est ceinte d'une muraille en terre, et possède de
« l'eau courante.

« De Dabousia à Artidjan ارتيجن, ville de moyenne grandeur,
« avec marché, commerce, fabriques, cultures et jardins, 1 jour-
« née faible ou 15 milles.

« De là à Zerman زرمان, 18 milles.

« De Zerman à A'lcama علقة, château, 15 milles.

« De là à Samarcande سمرقند, 6 milles.

« Samarcande سمرقند, grande et belle ville située au midi de
« la rivière de Soghd, est la capitale de la province de Soghd.
« Les rues et les places publiques y sont vastes, les édifices très-
« hauts, ainsi que les bazars et les bains. Elle est ceinte d'un
« mur en terre et environnée d'un fossé. Son territoire est très-
« fertile et produit quantité de fruits. Elle a quatre portes. L'eau
« nécessaire à la consommation de la ville y pénètre, du côté du
« midi, par la grande porte. Il existe, sur les bords de cette ri-
« vière, une construction (une digue ou une chaussée) qui, en
« quelques endroits, s'élève à une grande hauteur au-dessus du
« niveau du sol; c'est par là que l'eau entre dans la ville et se
« répand dans la plupart de ses édifices. On y a établi des gar-
« diens, des préposés, qui exercent une surveillance extrême
« pour empêcher que rien d'impur n'entre dans la ville. La cita-

« delle est belle et forte, et la grande mosquée, située au-dessus
« de la citadelle, en est séparée par une grande chaussée. Il y a,
« dans Samarcande, quantité de maisons et de palais, et il est
« peu d'édifices de quelque importance qui soient dépourvus de
« jardins, de vergers et d'eaux courantes.

« Le siége du gouvernement était autrefois Samarcande, mais
« il fut transféré à Boukhara. A l'époque où nous écrivons, la
« majeure partie de cette belle ville est en ruines, et la popula-
« tion est allée s'établir à Boukhara, par suite de la translation
« dont il s'agit. D'après ce qu'on rapporte, Samarcande doit sa
« fondation au Toba el-Akbar (roi de l'Arabie Heureuse), et ses
« progrès à Dhoul-Carneïn (Alexandre le Grand). C'est un lieu
« de rassemblement pour les esclaves du Mawara' el-Nahar.

« Quant à la rivière de Soghd, qui coule à Samarcande et qui
« descend ensuite vers Boukhara; elle a sa source dans les mon-
« tagnes de Botm بتم, au midi de Saghanian صغانيان; après avoir
« surgi des montagnes, ses eaux tombent dans un réservoir dont
« le nom est Iourghach يورغش, puis se subdivisent en divers ca-
« naux, dont le plus considérable est celui qui arrose Samar-
« cande.

« Ces canaux sont : 1° celui qui est situé du côté de l'orient,
« auprès du réservoir de Iourghach يرغش, et qui porte le nom
« de Barsen برسن; 2° plus bas, celui de Barmes بارمس; 3° celui
« de Bachemi بشمي. Le premier (celui de Barsen برسن), coule
« au midi de Samarcande, et c'est de lui que dérivent tous les
« cours d'eau qui entourent la ville et les villages, depuis le pre-
« mier jusqu'au dernier. Le second, celui de Barmes بارمس,
« coule parallèlement au précédent, du côté du midi. La lon-
« gueur de son cours est de 1 journée; ses bords sont partout
« couverts d'habitations contiguës et de villages florissants. Quant
« au troisième, celui de Bachemi بشمي, il est dérivé du précé-
« dent. De ces cours d'eau, les plus considérables sont ceux de

HUITIÈME SECTION. 199

« Barmes بارمس et de Barsen برسن, puisqu'ils sont navigables.
« On en dérive quantité de canaux dont les eaux parviennent
« enfin à la rivière dite Wara'ch ورعش (ou ورغش). A l'endroit
« où commence le Barmes بارمس on remarque le canton de
« Dargham ضرغام, dont le territoire a en longueur 30 milles,
« en plus grande largeur 13 milles, et en moindre largeur 3
« milles.

« Dans le voisinage et au-dessus de Samarcande, trois canaux
« dérivent de la rivière qui coule vers cette ville, savoir : 1° ce-
« lui de Bouzmakhan بوزماحن, dont la prise d'eau est du côté de
« l'orient ; il arrose divers cantons, jusqu'à ce qu'il soit parvenu
« à celui de Rabdar ربدار; 2° celui d'Asbandjan اسبنجن, dont les
« eaux ne sont d'aucune utilité pour l'arrosage depuis son origine
« et durant un espace d'environ 12 milles. Il se divise en deux
« branches qui arrosent un territoire de 27 milles d'étendue, et
« se termine à Asbandjan اسبنجان, dont il fertilise les dépen-
« dances ; c'est le plus considérable de tous ces canaux. 3° celui
« de Kikhkat كيخكت ; il passe auprès de divers bourgs et de di-
« vers villages situés sur des hauteurs دساكر, et arrose les ter-
« ritoires de Kikhkat كيخكت, de Marzeban مرزبان et autres ; passe
« auprès de Kachania كشانية, et se prolonge jusqu'aux limites
« de l'enceinte de Boukhara حايط بخارى. L'excédant, ou plutôt la
« majeure partie des eaux de ces divers canaux et de la rivière
« de Soghd نهر صغد, parvient à Samarcande, et coule sous un
« pont situé près la porte de cette ville. Là ces eaux forment un
« courant très-large, très-considérable et très-profond, qui s'ac-
« croît encore lors de la fonte des neiges des montagnes de Botm
« et d'Osrouchna.

« Samarcande compte au nombre de ses dépendances quantité
« de villes et de villages, parmi lesquels on remarque Dabousia
« دبوسية, Artidjan ارتجن, Kech كش, Nasef نسف, Barka باركة,
« Webzar وبزار, Astidjan استيجن, Kachania الكشانية, Manhakath

200   QUATRIÈME CLIMAT.

« ou Mandjekath مَنجِكث, Djera'nkath جرعانكث, Carankath ترنكث
« et Boumendjekath بومنجكث.

ITINÉRAIRE DE SAMARCANDE À BALKH.

« De Samarcande à Kech كش [1], 2 journées.

« Kech est une belle ville très-peuplée et très-commerçante,
« avec deux faubourgs entourés de murs; elle possède une grande
« mosquée et un château non fortifié. Elle (ou plutôt son terri-
« toire) s'étend sur un espace de 9 milles dans tous les sens; ses
« constructions sont en terre et en bois. Le pays produit beau-
« coup de fruits en partie destinés à la consommation de Samar-
« cande et de Boukhara: il n'est pas sain. La ville intérieure est
« fermée par quatre portes en bois revêtu de fer. Deux rivières
« considérables arrosent cette contrée: l'une, connue sous le
« nom de rivière des Cassarin بهر القصارين, provenant des mon-
« tagnes de Botam جبال بغام, coule au midi de la ville; l'autre,
« l'Asroud أسرود, prend sa source dans le territoire de Kachk
« رساتيق كشك, et coule au nord; il reçoit plusieurs affluents.
« Toutes ces eaux se réunissent auprès de Nasef نسف. On tire
« de Kech du sel gemme très-blanc, dont il se fait une grande
« exportation, et les montagnes (environnantes) produisent en
« abondance du *terendjebïn* (sorte de manne).

« Kech possède aussi diverses dépendances, et entre autres
« Bouberferis بوبرفريس, Soundj سونج (qui dépend aussi de Djeraz
« من رستاق جراز), et Askifcan أسكيفقن. Bouberferis est une petite
« ville bien peuplée, avec un marché suffisamment approvisionné.
« De là à Kech on compte 1 petite journée, et à Soundj 1 jour-
« née. Soundj est une ville bien peuplée, entourée de murs en
« terre et dont les édifices sont contigus. De Soundj à Nasef
« on compte 1 journée. Bouberferis est à la gauche du voya-
« geur qui se rend de Kech à Nasef. Askifcan est à 3 milles de

[1] On sait que ce fut à Kech que naquit le fameux Timour.

HUITIÈME SECTION. 201

« Soundj, c'est-à-dire plus rapproché de ce dernier lieu que de
« Nasef, dont il est à 12 milles, ou une demi-journée de dis-
« tance.

« De Samarcande, en se dirigeant sur l'orient, à Barkath
« بارکث, 1 journée ou 21 milles.

« Barkath, sur les confins du pays d'Osrouchna متاخمة لاسروشنه,
« est un bourg peu considérable et sans *menber*. De là à Webzár
« وبذار, on compte une faible journée. Cette dernière ville وبذار
« est de grandeur médiocre ; on y fabrique les étoffes dites *web-
« zarié*, tissues de coton sur coton, et faites avec un art surpre-
« nant ; on les emploie écrues et sans en rien retrancher. Il n'est
« point de prince, de ministre, de cadi, dans tout le Khorasan,
« qui n'en porte en hiver par-dessus ses vêtements. La beauté
« de ces étoffes est évidente, leur éclat de notoriété publique :
« elles sont de couleur tirant sur le jaune safran, douces et moel-
« leuses au toucher, et (cependant) très-épaisses, d'un excellent
« usage et d'une longue durée. Le prix d'un manteau varie de 3
« à 20 dinars, selon la qualité. En somme il est impossible de
« rien voir de préférable, soit sous le rapport de la beauté, soit
« sous celui de la solidité.

« De Webzar dépendent des villages, des métairies, des
« champs cultivés dont quelques-uns sont limitrophes des dé-
« pendances de Merzeban مرزبان. De Webzar à Samarcande on
« compte 6 milles.

« Il faut ranger au nombre des dépendances de cette dernière
« ville Banhakath بنهکث, ville florissante et jolie, avec *menber*,
« dont le territoire est vaste et extrêmement fertile, et située à
« 27 milles de Samarcande. Entre Banhakath et Samarcande on
« trouve Borgach برغش, petite ville bien peuplée, très-agréable,
« et dont le territoire produit beaucoup de fruits. Ce territoire
« est arrosé par un canal dérivé de la rivière de Samarcande et
« dont les eaux fertilisent les cultures. De là à Samarcande on

« compte 12 milles. Bandjkath بنجكت [1] est adossé contre les mon-
« tagnes de Sawdar ساودار, traversées par de vastes vallées et
« par des rivières dont les eaux servent aux habitants des villages
« et à l'arrosage des champs cultivés. La partie solitaire de ces
« montagnes contient diverses espèces de gibier. Entre le Sawdar
« ساودار et Bourgaz بورغز, du côté de Samarcande, sont les can-
« tons de Maiza' مايزع et de Seïhen سيحن, lesquels sont très-
« boisés, couverts de villages, et possèdent de l'eau douce en
« abondance. » De Samarcande à Kanoud-Badjkath [2] كنود بجكت,
jolie ville dont le territoire est très-fertile en grains d'excellente
qualité, 6 milles. De Samarcande à Astidjan استيجن, en se dirigeant vers le sud-est, 21 milles.

« Astidjan est une ville très-remarquable مفردة par les agré-
« ments qu'elle présente et par la quantité de ses jardins. Son
« territoire est couvert de cultures, de lieux de plaisance et de
« promenades. Ses maisons sont belles et construites avec élé-
« gance; on y voit un beau château fort; on y boit de l'eau de
« rivière et de l'eau de source. Il y a un faubourg considérable
« et très-peuplé. » De là à Kachania الكهانية on compte 27
milles. « Cette dernière ville est également comprise dans le pays
« de Soghd من مدن الصغد. Elle est comparable à Astidjan sous
« le rapport de l'étendue; cependant Kachania est plus considé-
« rable, plus abondante en ressources et plus peuplée. Quant à
« Astidjan, elle possède un plus grand nombre de villages et un
« territoire plus peuplé et plus vaste, car il s'étend sur les flancs
« de la montagne de Saghra جبل ساغرا jusqu'à Kachania, c'est-à-
« dire sur un espace de 2 journées au nord de la rivière de
« Soghd وادى صغد, tandis que Dabousia دبوسية et Artidjan
« ارتيجان sont au midi de cette rivière, sur la grande route du
« Khorasan.

[1] Sic.
[2] La version latine porte *Kanud-Mahcheth*.

HUITIÈME SECTION.   205

« Non loin de la ville de Kachania, à 1 journée de distance, est
« Djera'nkath جرعانكث, ville dont le territoire est limitrophe de
« l'enceinte de Boukhara, du côté du nord. Elle est peu consi-
« dérable; on y jouit d'un air pur et frais; il y a beaucoup de
« fruits, beaucoup de céréales, beaucoup d'eau douce. De Samar-
« cande à Mandjekath منجكث, en suivant la rivière, on compte 1
« journée.

Feuillet 169 recto.

Feuillet 169 verso.

« Mandjekath est une dépendance de l'Osrouchna من مدايس
« اسروشنه; car Osrouchna est le nom d'une province, de même
« qu'Irâc عراق, Châm شام (la Syrie), Soghd صغد, Ferghanah
« فرغانه, el-Châch الشاش désignent des circonscriptions de ter-
« ritoire comprenant nombre de pays et de villes. Osrouchna
« اسروشنه est donc une province du Mawar' el-Nahar, bornée à
« l'orient par quelques dépendances du Ferghanah et du Camen
« قامن, à l'occident par le Soghd et le Saghanian الصغد والصغانيان,
« au nord par le Châch الشاش, et au midi par Souman سومان,
« Wasdjerd واجرد et Raset الراست. La ville la plus considérable
« de cette province est Bou Mandjekath بو منجكث; les autres sont :
« Arsanikath ارسانيكث, Koukath كوكث, A'rac عرق, Boukhikath
« بو خيكث, Sabak ساباك, Ramin ou Zamin رامين, Djizak جيزك et
« Kharcanah خرقانه. Quant à Mandjekath منجكث, c'est une ville cé-
« lèbre, siége du gouvernement, entourée de murailles très-fortes
« et d'un faubourg également ceint de fortes murailles qui touchent
« à celles de la ville, au milieu de laquelle coule une grande ri-
« vière où sont des moulins. Le plus grand marché est situé dans
« le faubourg extérieur. Les murs de ce faubourg embrassent un
« espace d'environ 3 milles occupé par des jardins, des champs
« cultivés et des vignobles. La ville possède une grande mosquée
« et est construite sur les flancs d'une montagne.

OSROUCHNA.

« De l'Osrouchna dépend aussi Djizak جيزك [1], ville située dans

[1] On lit *Jezzak* sur la carte du Ferghanah, jointe à la version anglaise des Mémoires de Baber.

QUATRIÈME CLIMAT.

Feuillet 169 verso.

« une plaine et dans la partie inférieure de la province. Il y a un
« caravansérail pour les habitants de Samarcande. Cette ville est
« bien peuplée, de grandeur médiocre, et arrosée par de l'eau
« courante. Kharcanah خرتاه, Ramin رامين et Sabat ساباط sont des
« lieux situés sur la route de Samarcande au Ferghanah et au
« Châch. Voici l'itinéraire de Samarcande à Ramin, lieu d'où l'on
« peut se rendre ensuite au Ferghanah et au Châch :

« De Samarcande à Barkath باركث, 12 milles ou une demi-
« journée.

« De là à Robat Sa'd رباط سعد, 15 milles ou 1 journée.

« De là à Ramin رامين, 1 journée.

« Ramin ou Zamin est une ville bien peuplée, abondamment
« pourvue de tout ce qui lui est nécessaire, soit en objets de con-
« sommation, soit en produits d'industrie. C'est là que se bifur-
« quent les routes du Ferghanah et du Châch. Celui qui veut se
« rendre à la première de ces provinces passe d'abord par Sabat
« ساباط, petite ville avec bazars et fabriques, 1 journée; »

Puis à Ouzkend اورزكند, 1 journée;

Puis à Sarkat ساركت, 1 journée;

A Khodjenda خجندة, 1 journée;

A Keïda قرية كيدة, 1 journée;

A Iasoukh يسوخ[1], 1 journée;

A Bakhsan باخسان, 1 journée ou 18 milles.

« Bakhsan est au centre du Ferghanah, et la distance totale
« qui sépare ce lieu de Samarcande est de 160 milles. De
« Bakhsan à Kena كنا, dont il a été précédemment question,
« on compte 1 journée.

« Kena est l'une des villes les plus remarquables (de cette

---

[1] La version latine offre, dans la transcription de ces noms de lieux, diverses va-
riantes qui s'expliquent par la position plus ou moins exacte des points diacritiques.

HUITIÈME SECTION. 205

« contrée) et des plus abondantes en ressources de toute espèce. Feuillet 170 recto.
« Son territoire est très-vaste, et, sous le rapport de l'étendue,
« cette ville peut être comparée à Akhchikath اخشيكث. Elle pos-
« sède un château fort et une belle mosquée. Le faubourg qui
« l'environne est entouré de murs et de nombreux jardins arrosés
« par des eaux courantes. On dit qu'elle doit sa fondation à Kesri
« Nouchirewan, qui la peupla en y transportant des habitants de
« tous ces pays et lui imposa le nom de *ez her khanéh* از هم خانه,
« ce qui signifie *de toutes maisons*. De Kena کنا à Khodjenda خجندة
« on compte 48 milles. Entre ces deux villes on trouve celle de
« Bakhsan باخسان, située à 30 milles de Kena et à 27 milles de
« Khodjenda. De Kena à Ouch اوش, grande ville dont nous avons
« déjà parlé[1], on compte 6 parasanges. De là on se rend à Ader-
« kend ادرکند (ou plutôt Uzkend اوزکند), dernière dépendance
« du Ferghanah, du côté du Tibet. Nous en avons suffisamment
« parlé dans la 8ᵉ section du 3ᵉ climat.

« Revenant sur nos pas, nous disons que la ville de Bou Mandje-
« kath بو منجکث est la capitale de la province d'Osrouchna, et
« que parmi ses dépendances on remarque La'kath لعکث, petite
« ville avec marchés, champs cultivés, etc. située à gauche de la
« précédente, sur la route de Khodjenda; A'rac عرق, petite ville
« avec marché et forteresse, située à 6 milles de La'kath لعکث.
« De là à Khodjenda خجندة on compte 18 milles. La'kath et A'rac
« dépendent l'un et l'autre de l'Osrouchna et sont sur la route
« de Khodjenda à Bou Mandjekath.

« Kharcanah خرثانه est également une ville de cette province.
« Elle est d'une belle apparence et d'une vaste étendue. De là à
« Ramin رامین, on compte 27 milles. De Kharcanah à Djizak جیزک,
« en se dirigeant vers le nord, 15 milles. Djizak est une ville
« florissante et peuplée, située dans un bas-fond et entourée d'un
« territoire qui porte le nom de Feknan فکنان, au nord d'Os-

[1] Voyez t. Iᵉʳ, p. 448.

« rouchna. C'est là que stationnent les habitants (les caravanes)
« de Samarcande. Il y a de l'eau courante en abondance et des
« jardins. De Ramin رامين à Sabat ساباط, 9 milles. De Ramin, en
« suivant la direction de Khaws خاوس, à Kerkath كركث, sur la
« gauche du voyageur qui se rend au Ferghanah, 39 milles. De
« la ville d'Osrouchna à Sabat, en se dirigeant vers le sud-est,
« 5 milles. De Bou Khaikath بو خيكث à Kharcanah, également
« vers le sud-est, 6 milles.

« Arsiankath ارسيانكث est sur les limites du Ferghanah, à l'orient
« et à 27 milles de distance.

« Telles sont en détail les dépendances du pays d'Osrouchna. »
Quant au Châch شاش et à l'Eilâc ايلاق [1], l'étendue de ces provinces est de 2 journées de largeur sur 3 (de longueur), « et il
« n'en est point dans le Mawar' el-Nahar où l'on trouve en plus
« grande quantité des lieux de prédication منابر, des villages bien
« habités, de vastes cultures. Elles s'étendent depuis le fleuve du
« Châch [2] jusqu'à la Porte de Fer, là où commence le district
« dit de Calach قلاش, auprès d'Esfindjab اسفنجاب. Le Châch se
« compose de pays de plaines; on n'y voit ni montagnes ni col-
« lines, mais quantité de vergers, de jardins potagers et de lieux
« de plaisance. C'est l'un des postes avancés contre les invasions
« des Turks [3], car ses habitants sont braves et capables de résis-
« tance. Les plus fertiles d'entre ses cantons sont ceux de Nikath
« نيكث, Dehanakath دهناكث, Djinandjikath جناجيكث, Djakath
« جاكث, Niakath نياكث, Kharchikath خرشيكث, Chincou شينقو,
« Aderlakath أدرلاكث, Khadnikath خدنيكث, Kankerat كنكرات,
« Aklesdjik اكلسجك, Gharkendèh غركندة, Ghanadj غناج, Habouroun

---

[1] Ce mot, ou plutôt يايلاق iaïlâc, signifie en turk oriental *pâturages d'été*.

[2] L'ancien Jaxartes.

[3] Le texte du ms. B porte : وهى من الثغور التى فى بحر الترك, ce que la version latine rend mal à propos, selon nous, par ces mots : *ex propugnaculis maris Turca-
rum*. Le ms. A porte : وهى من الثغور التى فى ناحية الترك فى نحوها.

HUITIÈME SECTION.

« حبورن, Wardouk وردوك, Kirtha كيرثه, Nemourank نمورانك, « Boudjkhath بوجكث, Ghazk غزك, Isourkath ايسوركث, Baghankath « بغنكث, Berkouch بركوش, Khánounkath خانونكث, Djighoukath « جيغوكث, Carankath ترنكث, Kedak كداك, Bekalik بكالك. Telles « sont les dépendances du Châch.

« Nikath نيكث est une ville dont l'étendue est considérable, la « population nombreuse et le commerce important ainsi que les « richesses et les productions. Elle est entourée d'une forte mu-« raille, d'agréables promenades et d'eaux courantes. Hors de la « ville est un faubourg entouré de murs, et c'est dans ce faubourg « que se trouvent les bazars les plus fréquentés.

« Une rivière autre que le Châch décharge ses eaux dans ce « fleuve. Connue sous le nom de Berk برك, elle vient en partie « du canton de Bastam بسطام et en partie de celui du Kherghal « خرغل; mais sa source (principale) est dans le pays des Turks « Khizildjis. Elle tombe dans le fleuve vis-à-vis de Niakath نياكث.

« Une autre ville, comparable à Niakath نياكث sous le rapport « de la grandeur, est Kharchikath خرشيكث, ville florissante, très-« agréable et très-peuplée. Il en est de même de Isourkath يسوركث, « place forte dont les environs sont fertiles, bien arrosés et bien « habités. Les autres villes du Châch sont moins considérables, « moins riches et moins peuplées.

« Quant au Eīlâc ايلاق, cette province est contiguë à celle du « Châch du côté du midi. Sa capitale se nomme Noukath نوكث, « et les autres villes : Sakakend ساكاكند, Khadjach الخاج, Balaïan « بالايان, Bakath بكث, Ilkh ايلخ, Iussoudakh يسوداخ, Lahnout « لهنوط, Boudjkath بوجكث, Kehchīm كهشيم, Zadjkath زجكث, « et Kharkhakath خرخكث[1].

« Noukath نوكث, capitale du Eīlâc, est une grande ville avec « faubourg bien peuplé. Elle est ceinte d'une forte muraille percée

EILAC.

---

[1] La terminaison en *kath* de la plupart des noms de lieux semble résulter de l'altération du mot *kend* كند; qui signifie en persan *village*, *bourg*, ou même *ville*.

« de plusieurs portes. Ses marchés sont florissants, ses revenus
« considérables; ses rues, ses dépendances et ses champs sont
« arrosés par des cours d'eau. Bien qu'elle soit la principale
« du Eïlac, cette ville est cependant d'une moindre étendue que
« la moitié de Noukath نوكث (capitale du Châch); mais elle est
« forte, ses marchés et ses faubourgs s'étendent sur les bords du
« Berk برك, et son territoire touche à celui d'Esfidjab اسفيجاب.
« C'est (au surplus) une ville florissante, construite sur un ter-
« rain uni, et possédant diverses dépendances au nombre des-
« quelles il faut ranger Badakhkath بدخكت, Sanankath سنانكت,
« Taran طران, Amlah املج, Salkhi سلخى, Keden كدن, Sekend
« سكند, Chafghan شافغان, Sabran صبران et Wasekh وج.

« Sanankath سنانكت fait partie du district de Kendjdèh كنجده,
« tandis que Keden كدن dépend de celui de Farab فاراب, ainsi
« que Wasekh وج. Quant à Sabran صبران, c'est une ville où les
« Ghozzes se réunissent pour conclure la paix ou la trêve, et pour
« faire le commerce en temps de paix. Farab فاراب est le nom
« d'une province dont l'étendue dans tous les sens est d'un peu
« moins d'une journée. Cette province est bien fortifiée et sus-
« ceptible de résistance. C'est un pays reculé où l'on trouve des
« forêts ذات غياض et des champs cultivés.

« Seïkend سيكند, *menber* et lieu de réunion des Turks, est situé
« sur les bords du fleuve, non loin du lieu où la rivière de Berk
« برك y décharge ses eaux, et sur la rive occidentale du fleuve. Le
« pays compris entre Farab et Kendjdèh كنجده est couvert de
« cultures et de pâturages excellents. Tout autour habitent des
« tribus turques et ghozzes qui ont depuis longtemps embrassé
« l'islamisme et qui élèvent des bestiaux dans ces pâturages.

« Taran طران est un lieu de passage pour les musulmans qui y
« ont établi des fortifications contre les Turks; car ce pays est
« borné du côté du nord par celui des Turks Khizildjis avec les-
« quels les musulmans sont la plupart du temps en état de guerre.

HUITIÈME SECTION.

« Lorsqu'il y a des trêves, alors il s'établit entre ces deux peuples
« des relations de commerce en marchandises, en bestiaux, en
« fourrures, etc.

« Khodjenda خجندة, limitrophe du Ferghanah, existe sous une
« administration séparée. Cette ville est située sur la rive occiden-
« tale du Châch et elle est plus longue que large. Kend كند, à
« 3 milles de Khodjenda, est une jolie ville, environnée de vi-
« gnobles et de jardins. Il n'y a, dans ce canton, d'autre ville que
« Kend كند, qui se compose de maisons et de jardins épars
« au milieu desquels on voit une citadelle et une grande mos-
« quée. L'hôtel du gouvernement est dans une place publique qui
« dépend du faubourg. Le fleuve coule tout auprès.

« Ce fleuve est le Châch الشاش, formé de plusieurs affluents
« qui se réunissent dans le pays des Turks auprès d'Aderkend
« ادركند. D'autres cours d'eau viennent s'y joindre ensuite, et
« la totalité du fleuve coule auprès d'Akhsikath اخسيكث [1], puis
« passe à Khodjenda خجندة, à Banikath بانكث (probablement Finâ-
« ket, qui reçut depuis le nom de *Scharokhia*), puis à Seïkend سيكند
« (Tachkend?) dans le Farab. Après avoir dépassé Sabran صبران,
« il entre dans le désert appartenant aux Turks Ghozzes, passe à
« 3 milles de distance de la ville de Ghozzia la Neuve غزية الحديثة,
« puis décharge ses eaux dans le lac de Khowarezm بحيرة خوارزم
« (le lac d'Aral), à une distance de Ghozzia la Neuve qu'on peut
« parcourir en 2 journées de chemin en temps de paix.

« Quant à Ghozzia la Neuve, bien que cette ville soit la capitale
« du pays des Ghozzes et que leur roi l'habite durant l'hiver, ce-
« pendant on y trouve les musulmans aussi bien qu'à Kodjend
« كند et à Hawara حوارة dont les sultans sont Ghozzes. De Ghoz-
« zia à Khowarezm on compte 12 journées;

Feuillet 171 recto.

---

[1] La carte jointe à l'excellente version anglaise des Mémoires de Baber porte *Akhsi*, ce qui vient à l'appui de notre conjecture sur la signification du mot *kath*. Voyez ci-dessus, pag. 207.

II.

QUATRIÈME CLIMAT.

Feuillet 171 recto.

« Et à Farab, 20 journées.

« Ferghana فرغانة ou Ferghanah فرغانه est le nom d'une vaste
« province qui, indépendamment de nombreux villages, compte
« sept villes dont la principale est Akhsikath اخسيكث, bâtie sur
« les bords du Châch, dans une plaine, à 1 mille et demi de la
« montagne. Elle est située au nord du fleuve et possède un fau-
« bourg bien peuplé. On voit des bazars, tant dans le faubourg
« que dans la ville; mais la majeure partie de ces marchés est
« dans la ville dont les rues sont arrosées par des eaux courantes
« ou embellies par de nombreux bassins. De l'autre côté du fleuve
« (du Châch) on voit quantité de prairies et de pâturages. Les
« sables commencent à 1 journée au delà. »

De Akhsikath à Kena كنت on compte 3 journées;

Et à Aderkend ادركند, 4 journées.

La distance totale qui sépare le Djeïhoun نهر جيحون (l'Oxus),
à partir de Ferebr فربر, et Aderkend ادركند, est de 23 journées[1].

« Aderkend, dont nous avons déjà parlé, est un lieu de passage
« situé à l'entrée du pays des Turks. Il y a beaucoup de jardins,
« de vergers et de cultures, et beaucoup d'eaux courantes.

« On compte au nombre des dépendances du Ferghanah : Basa

Feuillet 171 verso.

« la Supérieure بسا العليا, Basa l'Inférieure بسا السفلى, Roudban
« رودبان, qui en est voisine, Khad'al خدعل[2] et Oursia اورسية. Basa
« l'Inférieure بسا السفلى est le premier canton du Ferghana quand
« on vient du côté de Khodjenda خجنده[3]. Ses dépendances sont :
« Wankath وانكث, Iasoukh يسوخ, Kharakenda خراكنده et Rasian
« رسيان. Basa la Supérieure بسا العليا est contiguë et compte au
« nombre de ses dépendances : Mar'achan مرعشان, Anderamech

---

[1] C'est ici que, dans la version latine, se termine la 8ᵉ section du 4ᵉ climat.

[2] Le ms. A porte جدعل.

[3] Voyez l'*Oriental Geography* d'Ebn Haukal, trad. de M. Ouseley, p. 271. Au lieu de بسا السفلى, on y lit بستاى زيرين. D'autres noms de lieux s'y trouvent également changés.

HUITIÈME SECTION.

« اندرامش, Bedjrenk برنك, Asfinan السفيناق, Iakian اسكان et Heli
« هلى. Ces deux cantons du Ferghanah se composent de pays de
« plaines et on n'y voit point de montagnes. Quant à Sira سيرة,
« c'est une ville dont le territoire est coupé de plaines et de col-
« lines, et qui compte Tamakhes طماخس et Bamkakhes بمكاخس
« au nombre de ses dépendances.

« Iasoukh يسوخ (ou Bisoukh بسوخ) est une ville située au pied
« des montagnes, possédant 60 villages et extrêmement agréable.
« Awal اوال est le nom d'une ville dont dépendent divers villages.
« C'est un canton montueux, mais fertile, qui porte le même
« nom, et qui ne compte d'autre ville que celle-ci et Ouch اوش.
« Kena تنا est également le nom d'une ville environnée de nom-
« breux villages, mais unique dans le canton. A 6 milles de dis-
« tance de Ouch اوش [1] est une autre ville qui porte le nom de
« Medwar مدوار. Aderkend ادرکند est le nom d'une ville entourée
« de villages, mais unique dans le canton. Cachan قاشان est un nom
« de ville et de canton qui compte dans sa circonscription beau-
« coup de villages. Khad'al خدعل est le nom d'un canton dont
« la capitale et la ville unique porte le nom de Ardoulankath
« ازدولنکث. Mian Roudhan میان رودان [2] est le nom d'un canton qui
« comprend beaucoup de villages, et dont la ville principale s'ap-
« pelle Kheila خيلا. Kouran کوران est le nom d'une ville envi-
« ronnée de villages. Nedjem نجم est le nom d'un canton. Anrast
« اورست, Senakend سناکند et Helat هلات, également entourés
« de nombreuses habitations, sont, ainsi que le Mian Roudhan
« میان رودان et Aderkend ادرکند, des lieux de passage pour entrer
« dans le pays des Turks. »

ITINÉRAIRE DE SAMARCANDE AU CHÂCH شاش (L'ANCIEN IAXARTES).

« De Samarcande à Barkath بارکث, 1 journée.

[1] Ce passage manque dans le ms. A.
[2] Ce mot signifie en persan *entre-rivières*.

QUATRIEME CLIMAT.

« De Barkath à Robat Sa'ad رباط سعد, 1 journée.

« De là à Barousa بروسة, 1 journée;

« Puis à Ramin رامين, 1 journée;

« A Sabat ساباط, 1 journée;

« Et à Cotwan-deré قطوان دره, 1 journée.

« Si vous voulez, vous pouvez prendre par Kharcanah خرقانه.

« De là à Djizak جيزك on compte 1 journée.

« De Djizak à Bir el-Hassneïn بير الحسنى, 1 journée.

« De là à Bir Hamid بير حميد, 1 journée.

« Puis à Dibgherd ديبكرد, 1 journée.

« De là à Astourkath استوركث, 1 journée;

« A Nikath نيكث, 1 journée;

« A Robat el-Calass رباط القلاس, qu'on appelle aussi el-Barc
« البرق, 1 journée;

« A Gharkeré غركره, village, 1 journée;

« A Esfidjab اسفيجاب, 1 journée;

« A Badakhkath بدخكث, 1 journée.

« De Badakhkath à Taran طران on compte 2 journées sans
« gîte, sans habitations, sans cultures. Celui qui préfère prendre
« par Benakath بناكث passe par Barkath باركث, par Robat Sa'ad
« رباط سعد, par Ramin رامين, par Kharous خاروس, par Benakath
« بناكث et par Astourkath استوركث. La distance totale entre le
« fleuve Djeïhoun et Taran طران est de 23 journées. Les dépen-
« dances du Châch شاش, du Eïlâc ايلاق et d'Esfidjab اسفيجاب
« sont respectivement voisines, et leurs cantons sont enclavés les
« uns dans les autres.

« D'Akhsikath اخسيكث à Chakath شكث, où commence le
« Mīan Roudhan ميان رودان, on compte 27 milles.

« D'Akhsikath à Silab سلاب, où finit le Mīan Roudhan, envi-
« ron 5 journées.

« D'Akhsikath à Kerwân كروان, 27 milles.

« (Le pays d'Akhsikath touche à celui d'Eïlâc, ainsi que nous
« l'avons dit plus haut.)

« De Kend كند au fleuve de Châch نهر شاش, 3 milles.

« De Wankath وانكث au fleuve, un peu plus de 3 milles.

« Kena قنا est un canton situé à 1 journée de distance du
« fleuve.

« De Kena à Asfinan اسفينان, 9 milles.

« De Asfinan au fleuve, 21 milles.

« Les pays d'Asfinan, de Kakhchak كخشك, d'Ardelankath
« اردلانكث, de Baskath بسكث et de Sisouk سيسوك embrassent un
« espace d'une journée. Ceux qui sont situés entre Benakath
« بناكث, Nikath نيكث, le Châch نهر شاش, et le fleuve Eïlâc نهر
« ابلاق, c'est-à-dire, Ghoudjia غوجية, Khach خاش, Nedjkath نجكث,
« Nikath نيكث[1] et Kouhchim كوهشم, s'étendent sur 2 journées
« de long et sur moins d'une journée de large. Quant aux pa
« compris entre les fleuves Châch et Eïlâc, à l'occident de Noun-
« kath نونكث, c'est-à-dire Azilakh اديلخ et Iamoudakh يوداخ, leur
« étendue est de 15 milles. Djankath جانكث est sur le chemin
« qui conduit de Beïgherd بيكرد à Nikath نيكث, à 6 milles de dis-
« tance du Châch. Lehakath لاكث est sur les bords de ce fleuve
« et près du confluent, je veux dire près du lieu où les eaux du
« Berk نهر برك s'y déchargent. De là à la rivière de Hablakath
« هبلكث on compte 9 milles. Khanounkath خنونكث est sur le
« Berk على نهر برك et dans le voisinage de Khadnikath خدنيكث.
« De là à Kharminkath خرمينكث, en se dirigeant vers l'orient, on
« compte 12 milles.

« S'il plaît à Dieu, nous décrirons ci-après les autres parties
« du pays de Châch بقية بلاد الشاش. »

[1] *Sic.*

NEUVIÈME SECTION.

Asie centrale. — Pays des Khizildjis.

Feuillet 172 recto.

La présente section comprend une partie du pays du Khacân des Khizildjis et des Turks-Khizildjis, c'est-à-dire le Roudhan روذان, l'Ialan يالان, le Bersadjan inférieur برجان السفلى, le Khilkhia خلخيا, avec leurs villes et leurs châteaux, ainsi qu'une partie du Kimakia كماكية, « que nous décrirons d'après ce que nous « en avons pu savoir de plus certain, ainsi que nous l'avons fait « pour les pays précédents. »

Nous disons donc que la route, depuis Akhsikath اخسيكث jusqu'à Caranitia ترنطية [1], dépendance du Bagharghar بلاد البغرغر, est ainsi qu'il suit :

D'Akhsikath à Kachoukath كشوكث, 1 journée.

De là à Anecht انشت, 1 journée ;

A Kanchkat كنشكات [2], 1 journée ;

A Boukend بوكند, 1 journée ;

A la montagne الجبل, 1 journée ;

A Haulak حولك, 3 journées ;

Et de ce village à la ville du Khacân des Khizildjis, 33 milles.

« Cette ville, où réside le Khacân (ou l'empereur) des Khizil- « djis, contient beaucoup d'édifices, de lieux fortifiés, d'hommes « courageux. »

De là à Atracana اطراقانا, « ville considérable, faisant partie du

---

[1] Voyez, sur les Caranites, la relation de Plan-Carpin, publiée avec de nombreuses et intéressantes observations par M. d'Avezac, pag. 144 et 154.

[2] La version latine porte *Kansat*.

NEUVIÈME SECTION. 215

« pays des Khizildjis, très-fortifiée, pourvue d'eau de sources, et
« peuplée d'hommes braves qui obéissent aux ordres du roi des
« Khizildjis, » 6 journées.

D'Atracana à Caranitia ترنطية, 10 journées.

« A travers un désert peuplé de Turks nomades qui possèdent
« des troupeaux, des chameaux, et qui vivent dans un état pros-
« père. La ville de Caranitia est la première qu'on rencontre en
« entrant dans la Kimakia كماكية. Elle est grande, (puisque)
« sa longueur est de 9 milles et sa largeur de 3, et située sur
« les bords d'un grand lac qui s'appelle lac de Ghaghan بحيرة
« غاغان, et qui embrasse en longueur un espace de 6 journées
« sur une largeur d'une journée et demie. Le roi de Caranitia est
« puissant et brave, et il commande à de nombreuses troupes
« de soldats, de cavaliers et d'archers; tous ces peuples tirent
« de l'arc. »

De là à la ville (principale du pays) de Kimakia on compte
24 journées en se dirigeant constamment de l'occident vers
l'orient. De Caranitia ترنطية à Bakhouan باخوان, 7 journées.
D'Atracana اطرقانا (ou Atracatha) à Bakhouan, 3 journées, en se
dirigeant vers le sud. « Le lac connu sous le nom de Ghaghan
« غاغان a sur ses bords occidentaux une ville du même nom,
« située à 6 journées de Caranitia. Cette ville (Ghaghan) est jolie
« et abondante en ressources et en productions. On y fabrique
« des étoffes de soie, et l'on peut s'y procurer de riches vête-
« ments formés de fourrures; les marchands turks en exportent
« considérablement dans le reste du pays des Turks. De la ville
« de Ghaghan مدينة غاغان à Damouria دموريا, vers l'occident, 4
« journées. Damouria est une ville dépendante de la Kimakia
« كماكية, florissante et très-peuplée. De Damouria à Saraous
« سراوس 2 journées, à travers un pays couvert d'habitations et
« de villages turks-kimakis. Saraous est une ville grande, ceinte
« d'une forte muraille, et contenant quantité de braves Turks,

QUATRIÈME CLIMAT.

Feuillet 172 verso.

« de chevaux et de juments. De là à Ghaghan, en se dirigeant
« vers le sud, 3 journées.

« Damouria دموريا et Saraous سراوس sont situés sur les bords
« du Charia شاريا, fleuve considérable, dont le cours est peu ra-
« pide, et navigable pour des embarcations de diverses espèces qui
« servent, soit à descendre, soit à remonter. Ce fleuve a deux
« sources : l'une qui est située au pied du mont Achloub جبل
« اشلوب, l'autre auprès de Damouria دموريا. Il coule vers l'orient
« jusqu'auprès de la ville d'Aous اوس, puis il va verser ses eaux
« dans la partie inférieure du lac Ghaghan بحيرة غاغان, du côté
« du nord. La longueur de son cours, depuis sa source jusqu'à
« son embouchure, est de 75 parasanges ou de 225 milles. La
« route entre Saraous سراوس et Bendjar بنجار (ou Bendjaw) passe
« à travers des contrées stériles et désertes; elle longe la partie
« inférieure des monts Ghirghiz جبل غرغر, durant un espace de
« 10 journées, mais elle est parfaitement sûre. Bendjar بنجار est
« une ville considérable, habitée par des Turks-Kimakis. Il y a
« de nombreux soldats et des ressources suffisantes pour les be-
« soins de ses habitants. Les montagnes environnantes contiennent
« des mines d'argent; on y chasse diverses espèces de martres-
« zibelines, d'ïalghach يلغش, et quantité d'autres animaux. Il s'y
« fait un commerce d'exportation de fourrures considérable. »
Celui qui veut aller par eau à Ghaghan غاغان, ou à Caranitia
ترنطيه, ou à Sarous سروس, ou à Damouria دموريا, se rend de
Bendjar بنجار (ou Bendjaw) au Debrat دهرات, où il se trouve
des bâtiments de transport. Ce bourg est sur les bords du lac, à
1 journée et demie de distance, savoir : de Bendjar بنجار à Ras
el-A'caba راس العقبة (le haut de la Montée), où est la station, et
de là à Debrat دهرات, où il s'embarque. Celui qui préfère aller
à Caranitia ترنطية longe les bords du lac durant 6 journées, à la
rame, sans s'éloigner du rivage. S'il prenait la voie la plus directe,
à la voile, sa traversée serait de 3 journées (seulement). Celui

NEUVIÈME SECTION.

qui veut aller à Ghaghan غاغان directement traverse le lac dans sa largeur en un jour et une nuit, si le vent est favorable. S'il veut se rendre à Sarous سروس ou à Damouria دموريا, il s'embarque à Deûrat دهرات, arrive à l'embouchure de la rivière de Sarous نهر سروس, et remonte cette rivière jusqu'à la ville de Sarous ou jusqu'à celle de Damouria, selon sa volonté, soit à la voile, soit au moyen du halage. De Damouria à la ville du Khacân Khizildji خاقان خزلج on compte 12 journées, à travers un désert tellement dangereux que nul ne peut le parcourir sans une forte escorte. Ce désert sépare le pays des Khizildjis du pays des Kimakis.

L'espace compris entre Taran طران et Besardjan l'Inférieure, bourg entouré d'habitations et de champs cultivés, est de 33 milles.

De là à Kesser Aïain [1] كصر ايابن, 6 milles.

« Ce lieu est situé vers le midi, et c'est un hivernage pour les « troupeaux des Turks-Khizildjis. Dans le voisinage et près de la « montagne sont les pâturages d'hiver des Khilkhis الخلخية, espèces « de Turks nomades. » De là à Keuk Choub كوك شوب, 12 milles.

« De là à Djebel Choub جبل شوب, bourg habité par des Turks, « 12 milles. »

De là à Kulan-Ghaïa كولان غايا, 15 milles.

De là à Berk برك, village, 15 milles.

La rivière de Berk نهر برك prend sa source dans une montagne voisine de ce village dont elle conserve le nom, puis elle traverse l'Eïlâc ايلاق et va se perdre ensuite dans le Châch شاش (ou dans le Jaxartes).

De là à Achabra اشبرة [2], 15 milles;

Puis à Ghana-Bourkath غنا بوركث, 24 milles;

A Djerk جرك, « bourg considérable, » 12 milles;

« Puis à Sâ'a ساع, bourg considérable, 21 milles; »

[1] La version latine porte *Ayas*.
[2] Ou *Asira*, selon la même version.

QUATRIÈME CLIMAT.

Puis à la ville du Khacân مدينة خاقان, 12 milles;

A Nawakath نواكث, 12 milles;

A Kobab كباب, 36 milles;

Puis à Bersadjan la Supérieure, 10 journées de marche de caravane « par un pays où l'eau et les pâturages sont abondants. « Pour un courrier turk, le trajet n'est que de 5 journées. »

La distance qui sépare Taran de Bendjar بنجار, dépendance du Kimakia, est de 36 journées. En effet, de Taran à Kesser on compte 45 milles. Puis on traverse une montagne et l'on parvient à Demirtakh دمرتاخ en 4 journées.

« Demirtakh est une petite ville située au pied d'une montagne,
« habitée par des guerriers braves et bien armés. De là à tra-
« vers un désert inculte, bien que très-fertile[1], et habité par des
« Khilkhis insoumis qui logent sous des tentes de poil comme
« les Arabes, » au fort de Khaïkam قلعة خيضم, 20 journées, en
se dirigeant vers l'orient. « Ce fort appartient aux Turks-Khilkhis
« الترك الخلخية, et sert de résidence à leur roi, qui commande à des
« troupes braves et nombreuses, et qui possède un pays fertile.
« Ce château est construit sur le sommet d'une montagne, taillé
« dans le roc et entouré d'eau. Ces eaux forment une espèce de
« lac circulaire où l'on pêche des poissons gros et petits, d'un
« goût excellent, en grande abondance. De là au fort de Dehlan
« قلعة دهلان, 7 journées. Ce fort est également de bonne défense
« et habité par de braves soldats. C'est la première dépendance
« du pays de Kimak كيماك. Au pied du fort est un vaste lac d'eau
« douce, situé au milieu des montagnes, et dont les eaux servent
« à l'approvisionnement des habitants du fort. »

De Dehlan à Bendjar بنجار, 4 journées, durant lesquelles on rencontre souvent des habitations et des champs ensemencés de blé, d'orge et de riz.

[1] Cette indication est précieuse en ce qu'elle prouve jusqu'à quel point les géographes arabes connaissaient la nature du sol des steppes de cette partie de l'Asie.

NEUVIÈME SECTION.

De là à Khanaouch خناوش, 6 journées, en se dirigeant vers le nord. « Cette ville appartient aux Kimakis كماكية et est située « sur les bords d'une rivière qui prend sa source dans la mon- « tagne voisine de Dehlan, et qui reçoit les eaux d'une autre rivière « provenant de la montagne de Lalan جبل لالن. »

De là à la ville de Lalan مدينة لالن, en se dirigeant vers l'occident, 6 journées.

« Lalan est bâtie sur une haute montagne au sommet de « laquelle est une idole en marbre de dimension colossale. Les « habitants de toute la contrée adorent cette idole, ont foi en « elle, et viennent de tous côtés من كل جيق la visiter en pèle-« rinage. »

Pour se rendre de Demirtakh دمرتاخ à Lalan لالن il y a deux routes; l'une, la supérieure, est celle-ci : de Damartakh à Salonia سالونيه, en se dirigeant vers l'orient, 4 journées.

De là à Khozar خزار, ville et château fort, 6 journées.

De là à Lalan لالن, 7 journées.

De Salonia à Djinkou جينقو, en se dirigeant vers le nord, 4 journées.

De Djinkou à Naghran[1] نغران, 6 journées.

« Naghran نغران est une jolie ville, située sur le plateau d'une « montagne, défendue par une bonne citadelle et entourée d'ha-« bitations et de cultures contiguës. Les habitants boivent de « l'eau de puits creusés dans le roc. De là à Lalan لالن, en se « dirigeant vers l'orient, 6 journées.

« L'enceinte de cette dernière ville est vaste, et les habitations « y sont nombreuses. Elle est située sur un plateau et abritée du « côté du midi par une chaîne de montagnes qui portent aussi « le nom de Lalan. A 2 journées de distance, vers l'occident, « coule une grande rivière qui se dirige (aussi) vers l'occident, et

[1] La version latine porte *Baghoran* et *Hobaian*.

Feuillet 173 recto

Feuillet 173 verso

« dont les eaux se déchargent dans un grand lac où l'on pêche
« beaucoup de poissons.

« De Demirtakh دمرطاغ [1], dont nous avons déjà parlé, à Bendj-
« takh بنجتخ, jolie ville, 5 journées.

« De Bendjtakh à Djinkou جينقو, ville considérable et bien
« peuplée, 5 journées.

« De là à Naghran نغران, 6 journées. »

[1] Ce mot signifie en turk *montagne de fer*.

DIXIÈME SECTION.

Asie orientale. — Pays des Kimakis.

La présente section comprend la description d'une partie de la région située au delà du fleuve qui arrose le Kimakié بلاد الكماكية, « pays où sont diverses habitations, plusieurs rivières « et beaucoup de pâturages. Cette section terminera le qua- « trième climat; puis nous passerons au cinquième, sans nous « départir, pour les détails, de la méthode que nous avons « adoptée dans la description des précédents climats. » Nous disons donc que ce royaume de Kimakié est l'un des plus considérables, des plus célèbres et des plus peuplés. Les Kimakis sont infidèles et adorateurs du feu, « et l'on compte parmi eux des individus « sans religion aucune, qui vivent dans les forêts, au milieu des « arbres touffus, et qui se nourrissent d'herbes. »

De Taran طران à la ville capitale où leur roi fait sa résidence on compte 81 journées, à travers les déserts des Turks-Khilkhis الاتراك الخلخية.

Le Kimakié est une contrée extrêmement vaste et fertile qui a au sud le Bagharghar بغرغر, au sud-ouest le pays des Khizildjis الخزلجية du côté qui touche au Tibet مما يلى ناحية التبت, à l'ouest le pays des Khilkhis, et à l'orient la mer Ténébreuse (la mer de Chine), dans laquelle on remarque diverses îles habitées où les marchands ne parviennent qu'en traversant les eaux à gué et montés sur le dos de bêtes de somme. Ils sont obligés de passer toutes les nuits sur les arbres, tandis que leurs montures restent attachées dans l'eau aux racines de ces arbres.

Les villes de ce royaume de Kimakié sont au nombre de seize, parmi lesquelles on remarque Astour اسطور, Nedjfa نجفه, Bowaregh بوارغ (ou Fowaregh), Sisian سيسيان, Manan مانان, Mostanah مستناح, la capitale qui se nomme Khacanah خاقانه, Bendjari بنجارى, Dehlan دهلان et Khanaouch خناوش. L'itinéraire de Bendjari à Khacanah est comme il suit : en partant de Bendjari, vous vous dirigez exactement vers l'orient et vous arrivez à Astour اسطور, 6 journées à travers un désert.

« Astour اسطور est une ville habitée par des Turks, entourée
« de champs ensemencés et sillonnée par de nombreux cours
« d'eau. On cultive dans ce pays le froment et le riz. On s'y livre
« à l'exploitation des mines de fer, et l'on y fabrique avec ce métal
« des ouvrages d'une rare perfection. La ville est située sur les
« bords de la rivière de Ghamach نهرغاش; ses habitants sont très-
« braves et toujours sur leurs gardes, ne marchant jamais qu'armés
« de toutes pièces. Les qualités de l'air et de l'eau sont telles en
« ce pays, qu'ils sont les plus courageux, les plus intelligents, les
« plus soigneux de la garde de leurs frontières, et les plus en-
« treprenants d'entre les Turks. Ils tiennent un rang distingué,
« jouissent de beaucoup de considération auprès de leurs princes,
« et sont très-riches et très-puissants. »

D'Astour à Sisian سيسيان, en se dirigeant vers l'orient, on compte 12 journées par terre, et moins par eau (littéral. par la rivière). « La ville capitale du Khacân el-Melik خاقان الملك est très-
« considérable, ceinte de fortes murailles et fermée de portes de
« fer. Le roi commande à de nombreuses et braves armées. Les
« princes du Turkestan respectent sa souveraineté, redoutent sa
« colère et cherchent à se garantir de ses attaques; car ils savent
« par expérience que c'est un prince très-puissant. Le gouverne-
« ment est héréditaire dans sa famille. Le roi des Kimakis ملك
« الكماكية revêt des vêtements tissus d'or et une tiare du même
« métal, et il se fait voir à ses sujets à quatre époques (diffé-

« rentes) de l'année. Il a un premier ministre et des vizirs. Son
« administration est juste et vigilante, et ses sujets l'aiment à
« cause des bienfaits qu'il répand sur eux, de la sollicitude qu'il
« apporte à régler leurs affaires, et du soin qu'il prend de les pro-
« téger contre leurs ennemis. Il possède des châteaux, des édi-
« fices très-hauts, et des lieux de plaisance très-agréables. Au
« reste, ce prince est d'un caractère sage et généreux, et les ha-
« bitants de la ville ne sont ni tourmentés de soucis, ni accablés
« par la misère, mais au contraire ils sont les plus riches, les
« mieux nourris, les plus solidement établis de toute la contrée.
« Les plus considérables d'entre eux s'habillent d'étoffes de soie
« de couleur rouge et jaune; mais il n'y a que les grands person-
« nages qui aient le droit de porter de tels vêtements. Les rues,
« les bazars et la plupart des maisons sont traversés par des cours
« d'eau. Ces peuples professent le sabéisme دين الصابيين, et ils
« adorent le soleil et les anges الملائكة. » De la ville du Khacân
el-Melik à Mostanah مستناح on compte 4 journées. La distance
est moindre en descendant le fleuve.

« Mostanah, d'après ce qu'on rapporte, était anciennement la
« capitale du pays; mais le siége du gouvernement a été trans-
« féré dans la ville où il est actuellement établi. » De là à l'Océan
on compte 6 journées de distance.

Toutes les villes dont nous venons de parler, et au sujet desquelles nous sommes entrés dans des détails circonstanciés, sont
situées sur les bords d'un grand fleuve qui, prenant sa source
dans les montagnes de Bendjar جبال بنجار, coule en se dirigeant
à l'orient vers la ville d'Astour اسطور, située sur sa rive méridionale; puis il descend vers Sisian سيسيان, ville sur la rive septentrionale, puis vers la capitale, bâtie sur la rive méridionale.
De là le fleuve détourne son cours et se dirige du côté du
nord vers la ville de Mostanah مستناح, bâtie sur la rive occidentale; puis, reprenant (sa direction primitive) l'orient, il va se

Feuillet 174 verso.   perdre dans la mer. « Ce fleuve est extrêmement poissonneux, » et, d'après ce que rapporte l'auteur du Livre des Merveilles, on y trouve le sandjah صنجه, sorte de poisson au moyen duquel les médecins de l'Inde et de la Chine préparent un poison qui donne la mort d'une manière tellement soudaine, qu'on n'en connaît point de plus actif ni de plus mortel. Ce poison existe dans le fiel de l'animal, et ses propriétés peuvent subsister sans altération durant quarante ans. « Divers affluents tombent dans ce « fleuve et augmentent le volume de ses eaux ainsi que la rapi-« dité de son cours. Ses bords sont couverts d'épaisses forêts et « de quantité d'arbres parmi lesquels on remarque le kurkumar « کرکار dont la racine, d'après le rapport contenu dans l'ouvrage « d'Aboubekr ben Wahchié, a la propriété de guérir à l'instant « les mauvais effets du poison. » De la ville capitale du Khacân à Bowaregh بوارغ[1], ville située au sud-ouest, on compte 4 journées. « D'Astour à Nedja' نجعة, petite ville bâtie sur le sommet d'une « montagne absolument inaccessible (la distance manque). C'est « là que sont les richesses et les magasins du roi, gardés par des « soldats préposés à cet effet par le prince. »

Sur toutes les côtes du pays de Kimakié, la mer, au moment des tempêtes, dépose de l'or. « Les Turks riverains vont à la re-« cherche de ce métal dans des lieux connus d'eux; ils l'extraient « et le ramassent selon l'usage, le lavent ensuite à grande eau « تصويلا, puis mêlent les parcelles d'or avec du mercure, mettent « le tout en fusion dans de la bouse de vache[2] et en recueillent « des quantités considérables. Le roi prend ce qui lui est dû, « achète ce qu'on veut lui vendre, et le reste passe dans le com-« merce. » Il y a dans ce pays beaucoup de bêtes à musc, mais le musc le plus estimé est celui du Tibet, qu'on préfère à celui de l'Inde et de la Chine.

[1] La version latine porte *Baragh*.
[2] .اوارث البقر

DIXIÈME SECTION. 225

« Le reste de cette contrée est couvert ou de flaques d'eau pro- Feuillet 174 verso.
« duites par l'abondance (temporaire) des pluies, ou de champs
« cultivés et fertiles où les Turks font paître leurs troupeaux. Ces
« peuples se transportent d'un lieu à un autre, mènent un genre
« de vie nomade, comme les Arabes et les Berbers, et s'occupent
« à élever des chameaux et des chevaux. Tous les Turks mangent
« de la chair de cheval, qu'ils préfèrent à celles du bœuf et du
« mouton. Ils vivent de riz, de viande et de poisson, et font
« peu d'usage de liqueurs fermentées. Leurs femmes sont d'une
« beauté remarquable et en général plus robustes que les hommes,
« plus ardentes à obtenir ce qu'elles désirent, tant à cause de la
« véhémence de leurs passions que de la fierté de leur caractère.
« Chez ces peuples l'huile est employée comme cosmétique, mais Feuillet 175 recto.
« pour l'éclairage, dans les lanternes, on fait usage de suif. Le
« lait, le beurre, le miel et le poisson sont très-abondants dans
« ce pays. La monnaie est de cuivre, et le vêtement des habitants
« est celui qu'on nomme *techmir* التشمير; là les plus longs jours
« sont de quatorze heures; il y pleut beaucoup, les brouillards
« y sont très-fréquents, et la neige n'y fond jamais sur les mon-
« tagnes.

« Nous voici parvenus au terme de la description des contrées
« comprises dans le présent climat. Nous avons rempli cette tâche
« selon nos forces, avec tout le soin et tout le zèle dont nous
« avons été capable. »

FIN DU QUATRIÈME CLIMAT.

CINQUIÈME CLIMAT.

PREMIÈRE SECTION.

Suite et fin de la description de l'Espagne. — Sant-Iago ou Saint-Jacques de Compostelle. — Burgos. — Ségovie. — Huesca. — Tortose. — Tarragone. — Barcelone.

Feuillet 175 recto.

Cette section comprend une partie du nord de l'Espagne شمال اسبانية, où se trouvent la Galice جليقية, une partie de la Castille قشتالة (Castilla la Vieja), de la Gascogne غشكونية dans le pays des Francs, et une partie du Portugal برتقال, qui compte au nombre de ses villes Colomria قلمرية (Coïmbre), Mont-Mayor منت ميور, Nedjau نجاو (Viseu?), Sartan سرتان (Zaratan), Salamanque شلمنقة, Samora سمورة (Zamora), Abela ابلة (Alba de Tormas?).

De la Galice dépendent Ségovie شقوبية, Léon ليون, Soria[1] شورية, Burgos برغش, Bahira باحرة (Beyra), Lokroni لکرون (Logroño), Castila قسطيلة (el-Castilo), Bont-Lerina بنت لرينة (Puente-la-Reyna), Pampelune بنبلونة, Santa-Maria سنت مرية (Vittoria?), Dabelia دبلية (D'Abelia), Sant-Djuliana شنت جليانة (Santillane), San-Pedro شنت بيطر, Sant-Ardem شنت اردم (Santander?), San-Salvador Dhoulbeira سنت سليطور دولبيرة, et Bayonne بيونة[2]. Du pays de Heikel Souli هيكل سولى (temple de Sella ou de Salelles) dé-

---

[1] Les versions latine et espagnole portent *Liria*, mais nos deux manuscrits mettent à portée de rectifier cette leçon ainsi que la suivante.
[2] *Sic.*

pendent Tudèle تودیلة, Huesca وشقة, Djaca جاتة (Jaca), Calahorra قلهرة; de la Gascogne غشكونية, Carcassonne قرقشونة, Comminges قنجة, Saint-Jean (de Luz) شنت جوان, Bayonne بيونة, Auch آش, et Bordal بردال (Bordeaux); du Poitou بيطو, Bedares بدارس (Poitiers), Balkir بلقير, Saint-Jean (d'Angely) شنت جوان, la Rochelle رجالة, Angers انجيرش; et du pays de Cahors قاورس, Angoulême انغلزمة et Ablakia ابلاقية (Blaye). « Notre intention est « de traiter des pays ci-dessus dénommés et compris dans la pré-
« sente section, de décrire leur état actuel, et d'entrer dans les
« particularités qui les caractérisent. »

Et d'abord nous disons que la mer occidentale comprise dans cette première section est l'océan Ténébreux dont il a déjà été question. « A l'extrémité de cette mer, l'obscurité remplace le « jour. » Sur ses bords on remarque Cintra شنترة, Lisbonne لشبونة, qui dépendent de l'Espagne, ainsi que Colomria قلرية (Coïmbre), ville « petite, mais bien peuplée et florissante, dont « les environs couverts de vignobles produisent beaucoup de fruits, « tels que des pommes, des poires, etc. Il y a des sources d'eau « vive. La ville est bâtie sur le sommet d'une montagne de terre, « de bonne défense et de difficile accès, non loin d'une rivière du « nom de Mondik منديق (Mondego), qui coule à l'orient de la « ville et qui fait tourner des moulins. » De Colomria à Santarin شنترين (Santarem), on compte 3 journées, en se dirigeant vers le sud. De Colomria à la mer, vers l'occident, 12 milles. C'est là qu'est l'embouchure du Mondik, rivière auprès de laquelle il existe un château très-fort, nommé Mont-Mayor منت ميور, bâti sur les bords de la mer « et entouré de terrains fertiles. »

Voici l'itinéraire de Colomria à Sant-Iacoub شنت یاقوب (Sant-Iago de Compostella) : si vous voulez vous y rendre par mer, en partant du fort de Mont-Mayor حصن منت ميور, vous allez à l'embouchure du Nahr-Boudhou نهر بوضو (le Rio-Vadeo), rivière navigable sur la frontière du Portugal, 70 milles.

Feuillet 175 verso. « Le Portugal برتقال est un pays florissant, couvert d'habitations, « de places fortes et de villages contigus. On y élève des chevaux ; « on y trouve des guerriers ardents à faire des incursions chez « leurs voisins, et qui n'ont nul besoin de leur secours [1]. Le Nahr- « Boudhou نهر بوضو est une rivière considérable qui porte de « grosses et de petites embarcations. La marée y remonte à la dis- « tance de plusieurs milles. » De là à l'embouchure du Douira دويرة (le Duero), 15 milles.

Cette rivière est considérable, rapide, et remarquable par le murmure et par la profondeur de ses eaux. C'est sur ses bords que s'élève la ville de Samora سمورة (Zamora), située à 60 milles de la mer.

De là à l'embouchure du Mino مينو (Minho), 60 milles.

Le Minho est un fleuve large, considérable et profond, dans lequel la marée pénètre et où quantité de navires viennent, soit pour jeter l'ancre, soit pour remonter le fleuve, soit pour visiter les bourgs et les châteaux forts bâtis sur ses bords. Au milieu de ce fleuve et à 6 milles de distance de son embouchure dans la mer est un fort construit dans une île. Il est d'autant plus susceptible d'une vigoureuse défense, qu'il s'élève sur le sommet d'une éminence de difficile accès et de médiocre hauteur. On nomme ce fort Abraca ابرقة. Du Minho نهر مينو à l'embouchure du Taron طرون (Rio de Castropol), cours d'eau considérable, où la marée pénètre à plusieurs milles de distance, 60 milles.

A peu de distance de la mer et au milieu du Taron sont une île et une place forte dont les murailles sont de tous côtés baignées par ses flots. « Cette place est bien habitée et ses dépendances « sont considérables. » De là à l'embouchure d'el-Adra الادر, rivière petite, mais navigable, et où viennent mouiller beaucoup de navires, 6 milles. De cette rivière à l'embouchure du Merar

[1] Le texte arabe porte ولا يستضا بنارهم ; littéral. « qui ne cherchent point à s'é- « clairer de leur feu. »

PREMIÈRE SECTION.

مرار, 6 milles. Le Merar est une grande rivière où la marée pénètre et où viennent mouiller de gros navires. Son cours est de peu d'étendue, mais à son embouchure dans la mer il existe une île petite et déserte, où l'on trouve un port et où il est possible de s'approvisionner d'eau et de bois. De là à l'embouchure de la rivière de Sant-Iago, qui porte aussi le nom de Nahr Anacht نهر انشت, on compte 6 milles. Le lit de cette rivière est large, et ses eaux sont profondes; la marée s'y fait sentir, et les plus gros navires la remontent durant un espace de près de 20 milles. « A cette « distance on remarque un beau pont soutenu par cinq arches tel- « lement grandes, que de gros navires peuvent passer dessous à la « voile. Auprès de ce pont est une place forte du nom de Anacht « اناشت, distante de l'église de Sant-Iago d'environ 6 milles. L'église « dont il s'agit est célèbre par les pèlerinages dont elle est l'objet. « Les chrétiens y viennent de toutes parts, et, si l'on en excepte « l'église de Jérusalem, il n'en est pas de plus imposante. Elle peut « même être comparée à la Comamé قامة (de Jérusalem), sous le « rapport de la beauté et de la grandeur des constructions, comme « aussi sous celui des richesses qu'elle renferme, produit de libé- « ralités et d'aumônes. On y remarque quantité de croix d'or et « d'argent enrichies de pierreries telles que saphirs, émeraudes « et autres. Ces croix sont au nombre de plus de trois cents, « grandes et petites. On y compte environ deux cents colonnes « recouvertes d'ornements en or et en argent. Cette église est des- « servie par cent prêtres, sans compter les serviteurs et les subal- « ternes. Elle est construite en pierres et en chaux mélangées [1], « et entourée de diverses maisons où logent les prêtres, les reli- « gieux, les diacres et les راوديون [2], et de marchés où l'on vend et où « l'on achète. Il existe, tant auprès que loin de l'église, des bourgs

---

[1] Le texte porte الفراغ, ce qui signifie, je crois, « mélangées sous forme de mor- « tier ou de briques moulées. »

[2] Le sens précis de ce mot nous est inconnu.

CINQUIÈME CLIMAT.

« qui par leur étendue peuvent être comparés à des villes, où l'on
« fait beaucoup de commerce et dont la population est immense. »

A partir de l'église de Sant-Iago, la mer Ténébreuse forme un coude qui se dirige de l'ouest à l'est en déclinant un peu vers le sud, et qui s'étend jusqu'à la ville de Bayonne. La route de l'un à l'autre de ces deux points, « en longeant la côte, » est ainsi qu'il suit :

De Sant-Iago vous vous dirigez vers la rivière de Tamarkat نهر تامركة (Tambre), qui est navigable et où les navires peuvent mouiller. De là vers Ras el-Tarf راس الطرف (cap Ortegal), qui s'avance beaucoup dans la mer. De là vers la rivière Rouge وادى الاحمر (*la ria de Aroza*), qui est considérable et qui coule auprès d'une grande église voisine de Bort-Tama برط طامة (Puerta-Tama). « Sur ses bords on voit beaucoup de villages et d'habitations. » La distance de ce point à Sant-Iago est de 42 milles. De cette rivière vous allez à Armeda ارمدة, « place bien fortifiée, non loin de la mer et entou- « rée de villages. » De là à Alfaro الفارو [1], place également très-forte, où l'on voit les vestiges d'une grande église. De là à la rivière d'Artakira ارتقيرة (*el rio de Camariñas*), où la marée pénètre et sur les bords de laquelle est un fort nommé Mont-Saria-Dabelia ممت صرية دبليه (*Sierra de Abeita*), on compte 60 milles. « Ce fort « est environné de champs ensemencés. » De là à Wadi-Calambira وادى قلبيرة, rivière dont l'embouchure est très-large, où la mer pénètre et où l'on voit un grand phare [2] auprès duquel est l'église de Santa-Giuliana سنت جليانة, 60 milles.

De Wadi-Calambira à Wadi-Sindria وادى سندرية (*rio de Cedeyra*), petite rivière dont l'embouchure est cependant assez large pour offrir un mouillage aux navires et auprès de laquelle est l'église de San-Pedro سنت بطر, 30 milles. De là à Wadi-Regina

---

[1] La version latine et la version espagnole portent *Algar* ou *Algara*.

[2] Le texte porte عليه نظر كبير, ce que la version espagnole rend par ces mots : « y sobre el hay una atalaya grande. »

PREMIÈRE SECTION.

وادی رجينـة, rivière auprès de laquelle est l'église de Sant-Ardem سنت اردم (Santander?), 45 milles. Cette rivière est considérable; la mer, pénétrant dans son lit, y forme un bon port, et on y remarque plusieurs îles habitées. De là à Wadi-Salvador Dhoulbeira وادی سليطور دولبيرة (Saint-Sébastien, ou port du Passage?), 50 milles. Les eaux de cette rivière servent à l'arrosage de quantité de champs cultivés et couverts d'habitations et de villages. De là au cap de Baskir طرن بشكير (Biaritz?), auprès duquel est la ville de Bayonne, 30 milles. « Les voyageurs parcourent cette distance « en vingt-trois jours, plus ou moins. Bayonne est située à l'ex- « trémité de ce cap. » A partir de là (le rivage de) la mer reprend sa direction et fait face à l'occident. C'est au fort d'Alfar النار ou Alghar, dont nous venons de parler, que commence la chaîne des montagnes de Chibah شيبه [1] (Ceva de Pyreneo) qui longent les bords de la mer jusqu'à Bayonne, tantôt s'éloignant de la mer à la distance d'une journée, et tantôt s'en rapprochant à la distance de 15 milles. Ces montagnes s'étendent sans interruption jusqu'à Bayonne; là elles atteignent les montagnes du temple de Vénus جبل هيكل الزهرة (de Port-Vendres), et leur longueur est de 9 journées, en évaluant la journée à 30 milles. Les montagnes du temple de Vénus, situées à l'extrémité de la presqu'île d'Andalousie, s'étendent en largeur et ferment l'espace compris entre la mer Ténébreuse ou la mer des Anglais بحر الانقلشين et la Méditerranée, c'est-à-dire entre Bayonne et le pays de Barcelone. Ces montagnes sont très-hautes et portent le nom d'el-Bortat البرتات [2] (les Pyrénées). Elles séparent l'Andalousie du pays des Francs. La longueur de ces montagnes, du nord au sud et par des lignes (plus ou moins) courbes, est de 7 journées. Il y a quatre portes à l'entrée de défilés tellement étroits

---

[1] Et non *Sebta*, comme il est dit dans la version espagnole.

[2] M. de Sacy considérait ce nom d'*el-Bortat* comme une dérivation du mot *porte*. Il est certain que divers passages des Pyrénées ont conservé cette dénomination.

qu'il ne peut y passer qu'un cavalier après un autre. Ces portes sont larges et spacieuses, mais les chemins y sont affreux. L'une d'entre elles, située du côté de Barcelone, s'appelle la Porte de Djaca بزت جاتـه; une autre, voisine de la précédente, s'appelle Achmora الحمرة; la troisième est celle qu'on nomme la Porte de César بـرت شـازر, et elle s'étend en longueur à travers la montagne sur un espace de 35 milles; la quatrième est la Porte de Bayonne. Non loin de chacune de ces portes, et des deux côtés (des montagnes), on trouve des villes; ainsi, du côté de la Porte de César, on remarque Pampelune, et, du côté de la Porte de Djaca جاته, la ville de ce nom (Jaca). « Nous traiterons ci-après, s'il plaît à « Dieu, des pays situés au delà de ces montagnes et dépendants « de la chrétienté بلاد الروم; mais, reprenant à ce que nous avons commencé, nous disons que » l'itinéraire par terre de Colomria تلمرية (Coïmbre) à Sant-Iago شنت ياقوب est comme il suit :

De Coïmbre à Abah آبه (Rivadavia), village, 1 journée.
D'Abah à Wetaria وطرية (Hueteria), village, 1 journée.
De là à la frontière du Portugal, 1 journée.

Le chemin passe à travers les terres du Portugal durant une journée au bout de laquelle on parvient à Bouna-Car بونه تار, village situé sur les bords du Douro دويرة, qui est le fleuve de Zamora نهر سمورة. On traverse le fleuve sur des embarcations disposées à cet effet. De ce lieu à la rivière de Minho نهر مينو, ou (plutôt) au fort Abraca حصن ابراقة, 60 milles ou 2 journées. Puis à Touïa طوية (Tuy), ville « peu considérable, mais jolie et dans un pays « fertile, » 2 journées. De Touïa à Sant-Iago, que nous avons décrit avec assez d'étendue pour qu'il ne soit pas nécessaire de revenir sur ce sujet, 1 journée.

« De Colomria تلمرية (Coïmbre) à Salamanque شلمنقة on « compte, dans la direction du nord-est, 3 journées; de Zamora « سمورة à Salamanque, 1 journée. Zamora est une ville célèbre et « l'une des capitales du pays chrétien. Elle est située sur la rive

PREMIÈRE SECTION. 235

« septentrionale du Douro, et ceinte de fortes murailles en pierres ; Feuillet 176 verso.
« son territoire est fertile et couvert de vignobles, ses habitants pos-
« sèdent des richesses et se livrent au commerce. » De Zamora à
Léon مدينة ليون on compte 4 journées ou 100 milles. « Léon
« est l'une des villes capitales du pays de Castala قشتالة (Vieille-
« Castille); elle est florissante et peuplée d'hommes très-braves.
« On y fait un commerce avantageux. Ses habitants sont économes
« et prudents. De Léon à Astorba استربه (Astorga?), ville petite,
« mais bien peuplée; » de là à la montagne nommée Mont-Wad
منت واد [1], 12 milles; à celle dite Mont-Cabrir منت قبرير (Monte- Feuillet 177 recto.
Cabrero) et à Sant-Iago شنت ياقوب, 3 journées, « par un pays cou-
« vert de villages et d'habitations. » De Léon à Algharo الغارو [2],
situé sur les bords de la mer des Anglais, 3 journées. L'itinéraire
de Léon à Pampelune, en se dirigeant vers l'orient, est, savoir:
de Léon à San-Fa'oun سنفعون (Sant-Facund), « place fortifiée et
« bien peuplée, dont les environs sont très-agréables, » 1 journée; de là à Carioun قريون (Carrion de los Condes), « ville bien
« peuplée, de grandeur moyenne, entourée de terrains fertiles et
« bien cultivés, » 1 journée; de là à Burgos برغش, 1 journée.

« Burgos برغش est une grande ville, traversée par une rivière BURGOS.
« et divisée en quartiers entourés de murs. L'un de ces quartiers
« est particulièrement habité par des juifs. La ville est forte et
« susceptible de défense. Il y a des bazars, du commerce et beau-
« coup de population et de richesses. Elle est située sur la grande
« route des voyageurs; ses environs sont couverts de vignobles,
« de villages et d'autres dépendances. » De Burgos à Nadjira ناجرة
(Naxera), ville bien peuplée, 1 journée; de là à Castilia قسطيلية,
« place forte habitée par une population belle, brave et vigilante, »
1 journée; de là à Mont-Lerina منت لرينة, « place forte entourée

---

[1] Le ms. B porte منت راز, Mont Raz.
[2] Je pense qu'il faudrait lire ici الفارو, ou le Phare. Il s'agirait en ce cas de la Corogne.

234 CINQUIÈME CLIMAT.

Feuillet 177 recto.

« de beaucoup de vignes et de vastes dépendances, 1 journée; de là à Pampelune, 1 journée. De Pampelune à Bayonne, en suivant les bords de la mer[1], on compte 2 journées. L'accès de l'une à l'autre de ces villes a lieu par la Porte البرت de Bayonne, ainsi que nous l'avons remarqué plus haut. De Léon à Tolède on compte 7 journées; de Burgos à Tolède, également 7 journées; de Sant-Iago à Tolède, par la route ordinaire, 9 journées; de Salamanque à Abila ابلة, « réunion de villages dont les habitants « montent à cheval et sont très-braves, » 50 milles; de là à Sekoubia شكوبية (Ségovie), 50 milles, en se dirigeant vers l'orient.

SÉGOVIE.

« Ségovie شكوبية n'est point une ville, mais un assemblage de « villages nombreux, voisins, séparés les uns des autres et entre- « mêlés d'habitations dont la population est très-considérable. « Ses habitants sont des cavaliers au service du roi de Tolède. « Ils possèdent des haras et des troupeaux, et sont très-renommés « par leur bravoure et leur patience à endurer les périls et les « fatigues de la guerre. » De Ségovie à Tudèle تطيلة, en se dirigeant vers le sud-est[2], 100 milles; de Tudèle à Saracosta سرقسطة (Saragosse), 50 milles. La distance totale entre Salamanque شلنكة et Saragosse سرقسطة est de 10 journées. « Nous avons suf- « fisamment parlé de Saragosse et de ses environs dans la des- « cription des pays compris dans le quatrième climat. »

De même, de Tudèle[3] à la ville de Salem مدينة سالم, 1 journée « et un peu plus. » De Saragosse à Wechca وشقة (Huesca), 50 milles; de Huesca à Larida لاردة (Lerida), 70 milles; de Huesca à Meknasa مكناسة (Mequinenza), 70 milles; de Lerida à Mequinenza, 50 milles. « Huesca وشقة est une ville jolie, bien peuplée, « commerçante, avec bazars bien fournis et industrie permanente « et productive. De même Mequinenza مكناسة est une petite ville

HUESCA.

---

[1] Sic.

[2] Il eût fallu dire : *vers l'est-nord-est*.

[3] Le ms. B porte *Soria*, mais en marge on a changé ce nom de lieu.

PREMIÈRE SECTION. 255

« qu'on peut compter au nombre des places fortes, et qui sert en Feuillet 177 recto.
« effet à la défense des frontières de l'Andalousie.

« Lerida لاردة est une ville de grandeur médiocre, mais abon- Feuillet 177 verso.
« dante en ressources. Elle est située sur les bords de la rivière
« dite des Oliviers نهر الزيتون, qui, prenant sa source dans les Py-
« rénées, passe à l'orient de Djaca جاقة, baigne la partie orientale
« des murs de Lerida, et parvient à Mequinenza où elle se jette
« dans l'Èbre نهر ابرو, en sorte que Mequinenza est située entre
« les deux rivières. De Lerida à Afragha الراغة, place forte avec
« marchés et fabriques, et dont les habitants sont très-braves, 50
« milles. » D'Afragha à Tortose طرطوشة, 50 milles. « Cette der- TORTOSE.
« nière ville est agréablement située sur les bords de l'Èbre نهر
« ابرو, à 20 milles de la mer Méditerranée, et défendue par un
« château fort. Les montagnes qui l'environnent produisent des
« sapins صنوبر dont le bois égale en beauté, en éclat, en épaisseur
« et en longueur, ce qu'il y a de mieux au monde. Il s'en fait une
« exportation considérable, soit pour la construction des édifices
« royaux et autres, soit pour la mâture des vaisseaux de guerre,
« soit pour la fabrication de divers objets de service militaire,
« tels que tours (de siége), grues نهيسات, échelles, etc. »

De Tortose à Tarragone des Juifs طرقونة اليهود, 45 milles. TARRAGONE.
« Tarragone est située sur les bords de la mer et ceinte d'une
« muraille qui se compose de blocs de marbre blanc et noir d'une
« rare beauté. Cette ville, aujourd'hui florissante, était autrefois
« dépeuplée à cause de sa situation limitrophe entre les musul-
« mans et les chrétiens. Elle est jolie, mais on y rencontre beau-
« coup de serpents dont la morsure est dangereuse. Il y a un bon
« port et de l'eau douce. » De là à Barcelone برشلونة on compte
50 milles.

« Barcelone برشلونة est une ville située sur le bord de la mer. BARCELONE.
« Son port est peu profond, et les vaisseaux n'y peuvent pénétrer
« que lorsque ceux qui les dirigent en connaissent l'entrée et qu'ils

30.

Feuillet 177 verso.

« sont experts en fait de navigation. Barcelone possède un fau-
« bourg et est défendue par de fortes murailles. L'accès de cette
« ville en Espagne a lieu par un défilé (littéral. par une porte)
« situé dans les montagnes dites du Temple de Vénus هيكل زهرة,
« ou, en langage chrétien, de Bortoniour برتنيور (Port-Vendres).
« C'est à Barcelone que réside le roi des Francs ; cette ville est
« sa capitale. Il possède des navires destinés aux expéditions ma-
« ritimes ou militaires. Les Francs sont doués d'une force irré-
« sistible et d'une bravoure à toute épreuve. On dit qu'ils sont
« issus de la race de Djafnah جفنة [1]. Le territoire de Barcelone
« produit beaucoup de froment et d'autres céréales, du miel, etc. »
De là à Carcassonne قرقشونة, « jolie ville située sur une éminence
« et entourée de vignobles et d'abondants cours d'eau, » 4 journées. De Carcassonne à Comminges قنجه, par les montagnes situées au nord, 80 milles. « Comminges قنجه est une ville de
« grandeur médiocre, mais jolie et abondante en ressources. Ses
« murailles sont construites en pierres, et l'on y boit de l'eau de
« sources et de fontaines. » De Comminges à Toulouse طلوشه, en se
dirigeant vers le sud-est, 2 journées. De Carcassonne à Toulouse,
vers l'orient, 60 milles. De Comminges à Morlans مرلانس (Montauban?) 80 milles. De Comminges à Saint-Jean شنت جوان (Saint-

Feuillet 178 recto.

Jean-Pied-de-Port?), par la montagne, 60 milles. « Saint-Jean
« est une jolie petite ville bâtie sur une éminence. On y remarque
« une église très-belle et très-fréquentée. » De Saint-Jean à Morlans
مرلانس, 65 milles. De la ville de Saint-Jean à celle de Bayonne
بيونة, en se dirigeant vers le nord, 2 journées. De Saint-Jean à
Auch اوش, en se dirigeant vers l'orient, 70 milles. De Bayonne
à Bordal بردال (Bordeaux), 80 milles. Toute la contrée dont nous
parlons dépend de la Gascogne غشكونية, qui est bornée par le
Djebel el-Bortat جبل البرتات (par les Pyrénées). « Les villes
« (principales) de cette province sont : Gironda جرندة, Comminges

---

[1] Nom d'un ancien roi de Syrie. Voyez d'Herbelot, *Bibl. orient.* au mot *Gassaniah*.

« قنجه, Toulouse طلوشة, Carcassonne قرقشونة, Auch اوش, Morlans
« مرلانس (Montauban?), Saint-Jean شنت جوان et Bordal بردال (Bor-
« deaux). Entre cette dernière ville et la mer on compte 12 milles.
« Les provinces limitrophes de la Gascogne غشكونية sont : la Pro-
« vence برينصة, le pays de Cahors اقلم قاورس, celui de Burgoch
« اقلم برغش, et le Poitou اقلم بيطو, qui confinent toutes à la
« Gascogne vers l'occident. Cependant la province de Burgoch [1]
« confine à la Gascogne parallèlement à Bayonne du côté du
« midi, et à la province de Cahors [2], qui a au nord le Poitou.
« Au nombre des villes principales du pays de Burgoch اقليم
« برغش, on compte les villes d'Ach آش (Auch?), de Burgoch,
« d'Ancolazmia انقلازمية (Angoulême), d'Agen اجن, dépendante
« du pays de Cahors قاورز. Nous devons ajouter que cette ville de
« Burgoch est entourée de murs et qu'elle donne son nom à la
« province. Elle est florissante et peuplée. Ses environs sont fer-
« tiles, bien arrosés et bien cultivés. » De Burgoch à Ach آش on
compte 50 milles; de Burgoch à Agen اجن, dépendance de Cahors, 50 milles; d'Agen à Cahors, 60 milles, en se dirigeant vers
le nord; de Burgoch à Angoulême, 100 milles; et de là à Bordal بردال (à Bordeaux), dépendance de la Gascogne, 100 milles.

« Ancolazmia انقلازمية (Angoulême) est une ville considérable,
« florissante, entourée de fortes murailles et de campagnes très-
« fertiles. » De là à Iblakia [3] ابلاقية (Blaye), dépendance du
Poitou, 90 milles. « Blaye est une ville peu considérable, mais
« florissante et située sur les bords d'un fleuve dont les eaux ser-
« vent à la consommation des habitants. » De là à Bordal بردال
(Bordeaux) on compte 40 milles.

« Bordeaux est une ville parfaite, renfermant toutes les res-

[1] La situation de cette ville de Burgoch ou de Burgos est trop obscurément indiquée par notre géographe pour qu'il soit possible de la déterminer avec précision.

[2] J'ai préféré la leçon du ms. A qui porte وهي جانبة اقلم قاورس à celle du
ms. B qui porte وك جنوبه اقلم قاورس.

[3] Les versions latine et espagnole portent mal à propos *Ailakia*.

« sources imaginables et où l'on trouve des fruits en quantité. » De là à la mer on compte 12 milles; et de la mer à Blaye ابلاقيـــة, 15 milles [1].

D'Angoulême à Saint-Jean, dépendance du Poitou شنت جوان من ارض بيطو (Saint-Jean-d'Angely), 40 milles; d'Iblakia ابلاقية (Blaye) à Radjala رجالة (la Rochelle), 1 journée. « Cette dernière « ville, qui dépend du Poitou, est peu considérable et située sur « les bords de la mer. » De la Rochelle à Balkir بلقير, ville située sur les bords de l'océan Ténébreux, près l'embouchure du fleuve d'Orléans نهــر ارليانس (de la Loire), 1 journée maritime. De la Rochelle à Saint-Jean (d'Angely), dépendance du Poitou, 50 milles. De Saint-Jean à Balkir, même distance. « Betares بتارس « (Poitiers?) est la capitale d'une province du même nom qui « confine avec celle du Poitou تناخم ارض بيطو. C'est une grande et « belle ville et une capitale célèbre, rangée au nombre des plus « importantes de la chrétienté. On compte au nombre de ses dé- « pendances Andjirs انجرس (Angers), ainsi que d'autres villes dont « nous parlerons et que nous décrirons ci-après avec tous les « détails convenables. »

[1] Il y a évidemment erreur de chiffres dans ces évaluations.

DEUXIÈME SECTION.

Description de diverses parties de la France et de l'Italie. — Toulouse. — Agen. — Vienne. — Lyon. — Limoges. — Bourges. — Mâcon. — Troyes. — Genève. — Lausanne. — Ravenne. — Gênes. — Pise. — Rome. — Pavie. — Naples. — Amalfi.

La présente section contient la description de plusieurs villes principales du pays des chrétiens situées dans diverses provinces « parmi lesquelles sont une partie de celles de Cahors, la totalité de « la Provence, c'est-à-dire : Narbonne اربونة, Mont-Beslier منت بسلير « (Montpellier), Sandjili سنجلى (Saint-Gilles), Bezars برارس (Bé- « ziers), Afinoun افينون (Avignon), Balensia بلنسية (Valence), « Biana بيانة (Vienne), Lyon ليون; et parmi les dépendances de « la Gascogne : Toulouse طلوشه, Auch اوش et Morlans مرلانس, « voisines des pays de Cahors ڪاورس, et d'Agen اجن. Du côté de « l'orient, ces dernières contrées touchent à celle du Puy بوى « et de Clermont اكلرمنت, et du côté du nord » à celle de la Bourgogne des Francs برغونية الفرانجيى, qui compte au nombre de ses villes : Mosins مسنس (Moulins?), Nifars نيفارس (Nevers) et Maskoun مسكون (Mâcon). Cette dernière province est limitrophe de la Bourgogne des Allemands برغونية الألانى, où l'on remarque : Djinevra جنبرو (Genève), Lausanne لزنة et Aghintz اغينت (Aix en Savoie?). La présente section comprend également une partie de la Souabe اتلم صوابه, de l'Askandja اسكنجه (d'Echingen) des Grisons اَلريرو, et Ulm المة (pays limitrophes de la Tarentaise طرانطرو), ainsi que les rivages de la mer de Venise, et le pays d'Aquilée اكلاية, où sont situées les villes de Pesaro بصرو, de Castello قسطلو, de Rabina ربينة (Ravenne),

Feuillet 178 verso.

CINQUIÈME CLIMAT.

Feuillet 178 verso.

de Comalgha قالغة (Comacchio), de Kradis كراديس (Gradisca) et d'Astadjanko استجانكو, et de plus un grand nombre de contrées situées sur les bords de la mer des chrétiens, telles que Narbonne اربونة, Montpellier منت بشليـر, Saint-Gilles سنجلى, Hières ايرش, Beniglo بنغلة (Oneille?), Savone سڧونة, Gênes جنوه, Pise بيـش, Lucques لكّه, Levano لونة, tout le pays de Sinigaglia بلاد سنقالية et ce qui le touche du côté des Longobards بلاد انكبرده, des Vénitiens بنادقة et des Francs; les parties adjacentes de la Lombardie انبردية, telles que Turin طورن, Saousa ساوسة (Suze), Ombria انبرية, Ghamendio غنديو, Mediolan مديولان (Milan), Babia بابية (Pavie), Sino صينو (Sienne?), Ferrare فرارة, Bologne بلونية, et enfin une portion de la Calabre قالورية et des contrées voisines, telles que Melfi ملف (Amalfi), Sorrente سرنتة, Bénévent بننت, Samandjelo سمجلو (Sant-Angelo dei Lombardi). « Notre intention est « de déterminer les limites de toutes ces contrées, de dire ce « qu'elles offrent de remarquable, d'en indiquer les routes, les « parties inconnues, et en général tout ce qui vaut la peine d'être « décrit, ainsi que nous l'avons fait pour les précédentes régions. »

TOULOUSE.

« Nous disons donc que Toulouse طلوشه, qui dépend de la « Provence [1] التى من اقلم برينصة, est une grande et belle ville, en- « tourée de champs ensemencés et de dépendances considérables. » De Toulouse à Narbonne, sur le littoral, on compte 70 milles. De la même ville à Carcassonne, en passant par les montagnes connues sous le nom d'el-Bortat برتات (les Pyrénées), 60 milles; à Béziers بزارس, « jolie ville, ceinte de fortes murailles, entourée « de champs cultivés et de villages, et dépendante de la Pro- « vence, » en se dirigeant vers l'orient, 80 milles. Également de Toulouse au Puy [2] بوى, « ville importante, renfermant de nom- « breuses habitations, entourée de campagnes fertiles, et dépen- « dante de la province de Clérmont, » 230 milles. « Cette province

---

[1] Sic.

[2] C'est par erreur qu'on lit *Berry* dans la version latine, p. 220.

DEUXIÈME SECTION.

« a pour limites, à l'orient, la Provence; à l'occident, le pays de
« Cahors; et au nord, le Berri اقلم برى. De Toulouse à Morlans
« منزلانس (Montauban?) on compte 12 milles. Toulouse est située
« à mi-chemin d'Auch اوش à Morlans مرلانس, ville considérable,
« florissante, peuplée, abondante en ressources et dépendante
« de la Gascogne من عالة غشكونية. » De Morlans à Saint-Jean, ville
bâtie au pied d'une montagne, 80 milles. De Morlans à Agen
اجن, en se dirigeant vers le nord-est [1] 50 milles. De Morlans à
Auch آش, 80 milles; d'Auch à Agen, 60 milles.

Feuillet 179 recto.

« Agen est une ville peu considérable, mais bien peuplée, dont
« le territoire produit beaucoup de froment et dont les environs
« sont très-agréables. Elle dépend du pays de Cahors قاورس, ville
« importante de la chrétienté, possédant de nombreux édifices,
« de l'eau courante, des vignobles et des vergers. De là à Agen
« اجـن, dont nous venons de parler, on compte 60 milles. » De
Cahors à Burgos برغوش, « grande ville dont nous avons déjà fait
« mention, » on compte 80 milles.

AGEN.

De la ville du Puy مدينة بوى, ci-dessus indiquée, à Vienne بيانه,
« ville située sur les bords du Rhône على نهر رودنو, on compte 80
« milles; du Puy à Lyon ليون, ville bâtie sur les bords du même
« fleuve, 70 milles. Vienne est sur la rive orientale, Lyon sur la
« rive occidentale du Rhône. L'une et l'autre sont des villes peu
« considérables, mais bien peuplées. On y voit des bazars où il
« se fait des achats et des ventes. Dans l'intervalle qui sépare ces
« villes on trouve des habitations contiguës, et à l'orient, du côté
« du Mont-Djouz جبل منت جوز (des Alpes), des villages, des champs
« cultivés et des eaux courantes. » Du Puy مدينة بوى à Clermont
(en Auvergne) اكلرمنت, jolie ville dont les alentours sont très-
fertiles, on compte 60 milles; de Vienne à Lyon, 30 milles; de
Lyon à Nifars نيفارس (Nevers), 130 milles; de Lyon à Mosins

VIENNE.

LYON.

---

[1] Je suis porté à croire qu'il existe ici quelque erreur de copiste, et qu'il faudrait
lire : *vers le sud-ouest*.

مسنس (Moulins?), 80 milles; de Clermont à Cahors, 60 milles; de Clermont à Nevers نيفارس, 80 milles; de Clermont à Mont-Luçon منت لشون, ville peu considérable, mais bien peuplée, et dont « les environs sont pittoresques et le territoire très-productif, dé- « pendance du Berri, » en se dirigeant vers le nord, 70 milles. De Mont-Luçon à Limoges ليموجس, « l'une des villes de l'Anjou « من اقليم انجو, chef-lieu d'un district séparé qui porte le même nom « (de Limoges), et qui a au midi le pays de Clermont, au nord « celui de Nevers, à l'orient le Berri, et à l'occident le pays de « Burgos, en se dirigeant vers l'ouest, 60 milles.

« Limoges ليموجس est une ville bien bâtie, forte, abondante « en ressources; elle est environnée de villages florissants, de cam- « pagnes vastes et bien cultivées, et de vignobles contigus. De là « à Nevers on compte 60 milles; de Mont-Luçon à Bourges en « Berri برجس برّى, 30 milles, vers le sud; de Mont-Luçon à « Nevers, en se dirigeant vers l'orient, 30 milles.

« Bourges برجس est la capitale du Berri, et (même) la seule « ville remarquable de cette province. Elle est, ainsi que Mont- « Luçon منت لشون, environnée de villages bien peuplés, de ter- « rains fertiles et de vignobles. C'est l'une des principales villes « du pays des Francs. Quant au Berri, c'est une province parti- « culière qui a au midi le pays de Clermont, au nord celui de « Troyes اقليم طريش, à l'occident celui de Nevers اقليم نيفارس, et à « l'orient la Bourgogne des Francs برغونية الافرنجيين. De Bourges « برجس à Nevers on compte 80 milles. Nevers نيفارس est une ville « célèbre, dont les habitants sont très-braves. Elle est considérée « comme l'une des plus importantes du pays. Ses environs sont « très-peuplés et très-riches. De là à Dijon دجون, en se dirigeant « vers l'orient, 30 milles; à Langres لنكر, 60 milles; à Troyes, « 60 milles; de Dijon à Langres, 70 milles; de Maskoun مسكون « (Mâcon) à Lyon ليون, 90 milles. Mâcon est une jolie ville, « bien peuplée, environnée de cultures contiguës, de vignobles

DEUXIÈME SECTION.

« et de jardins. De là à Besnis بسنيس on compte 45 milles. Cette
« dernière ville (Besnis) est située à l'entrée des montagnes ap-
« pelées Mont-Djouz منت جوز (les Alpes). La longueur du défilé
« est de 80, et même, selon d'autres relations, de 100 milles.
« Au débouché de ces montagnes, du côté de la Lombardie انبردية,
« est la ville d'Anbouria انبورية (Novarre?). Ces montagnes (les
« Alpes), d'une hauteur immense, ceignent du côté de l'occident
« la Provence برينصة, la Bourgogne des Francs برغونية الافرانجيين,
« la Bourgogne des Allemands برغونية الألماني, la Souabe صوابة, la
« Tarentaise طرانطرة. Du côté de l'orient sont la Lombardie انبرضية,
« le pays de Gênes بلاد جنوه, Pise بيش, Rome رومة, et ce qui est
« contigu à ces contrées du côté des Longobards بلاد انكبرده. Il y
« a, dans ces montagnes, quatre issues pour pénétrer dans le pays
« romain. Elles sont de tous les côtés d'une hauteur très-consi-
« dérable, d'un accès des plus difficiles (du moins) jusqu'à leurs
« cimes, et d'une largeur énorme. Il en sort diverses rivières dont
« nous parlerons lorsque nous aurons terminé ce qui nous reste
« à dire relativement aux pays situés à l'occident de ces mon-
« tagnes.

« Nous disons donc que la Bourgogne des Francs est bornée
« du côté du midi [1] par les montagnes dites Mont-Djouz منت جوز,
« vers l'orient par la Bourgogne des Allemands, à l'occident par
« le Berri بري et par quelques parties de la Provence بعض اقليم
« برينصة, et au nord par la France اقليم افرنسية. Les principales
« villes de la Bourgogne des Francs sont : Besnis بسنيس, Mâcon
« مسكون, Dijon دجون, Nevers نيڡارس, Ikchoun ابقشون (Auxonne),
« Troyes طرويش et Langres لنكه. Il a été déjà question de Besnis
« بسنيس. De là à Mâcon مسكون, ville dont les ressources sont
« abondantes, les édifices vastes, les marchés fréquentés, les ha-

---

[1] La version latine et le texte du ms. A sont ici tellement tronqués, que nous croyons devoir nous en tenir exclusivement aux leçons fournies par le ms. B, quelque imparfaites que puissent être ces leçons.

244   CINQUIÈME CLIMAT.

Feuillet 179 verso.
GENÈVE.

« bitations et les cultures enclavées les unes dans les autres,
« vers l'orient, 45 milles. De Mâcon à Genève, ville située sur
« les bords et à l'orient du Rhône, sur la frontière de la Bour-
« gogne des Allemands وهي تناخم بلاد برغونية الألمانى, entourée de

Feuillet 180 recto.
DIJON.

« villages florissants et de nombreuses habitations, 40 milles. De
« Mâcon à Dijon دجون, ville située au milieu d'une vaste plaine,
« dans une situation agréable et dans un pays fertile et abondant
« en ressources, 60 milles. De Dijon à Langres لنكة, ville située
« sur une éminence considérable, et entourée d'un territoire vaste
« et fertile, de vignobles et d'eaux courantes, 70 milles. De Lan-

TROYES.

« gres à Troyes طرويش, ville solidement bâtie, dans une situation
« pittoresque فرجة للجهات, et réunissant toute espèce d'agréments
« et de ressources, 60 milles. De Troyes à Orléans ارليانس, dé-
« pendance du pays de France, 60 milles; de Troyes à Nevers
« نيفارس, dont il a déjà été question, 60 milles; de Nevers à Lan-
« gres لنكة, 60 milles; de Langres à Besnis بسنيس, 80 milles; de
« Nevers à Dijon دجون, 35 milles; de Mâcon مسكون à Lyon, dé-
« pendance de la Provence ليون من ارض بريفصة, 85 milles; de
« Nevers à Antichoun انتشون (Auxonne?), 40 milles; d'Antichoun
« انتشون à Troyes, 40 milles; d'Antichoun au Berri dont la ca-
« pitale est Bourges برجس, 40 milles.

« La Bourgogne des Francs est un pays couvert de villages et
« offrant de grandes ressources, soit en vignobles, soit en cé-
« réales. Ses habitants sont renommés par leur bravoure à la
« guerre et par leur capacité en affaires. Ils passent pour les plus
« belliqueux d'entre les Francs, et leurs rois sont les plus consi-
« dérables d'entre les rois (de cette nation). A cette province
« touche la Bourgogne allemande, qui compte au nombre de ses
« villes : Aghints اغينث (Aix en Savoie?), Djinevra جنبرة (Genève),
« Lausanne لرنة, Besançon برنسون et Verdoun بردون (Yverdun?),
« et qui est l'une des contrées les plus fertiles, les plus abondantes
« en productions et les plus peuplées qu'il soit possible de voir.

« Le roi des Allemands y réside et s'y maintient ¹. Cette province
« est bornée au midi par le Mont-Djouz جوز منت (les Alpes), au le-
« vant par l'Allemagne, au couchant par la Bourgogne des Francs,
« et au nord par le pays de Lotaringa لترنكه (la Lorraine).

« La ville de Aghints اغينت (Aix en Savoie?) est située sur une
« éminence attenante au Mont-Djouz, dont la chaîne s'étend sur
« son territoire qui est très-beau, très-bien cultivé, très-productif,
« couvert d'habitations et d'eaux courantes. De là à Genève جنبرة
« on compte 45 milles. Cette dernière ville, très-florissante et
« entourée d'un vaste territoire, est fortifiée. Elle est située sur
« la rive orientale du Rhône. De Genève à Lyon dont nous avons
« déjà parlé, on compte 100 milles. De Genève à Lausanne, en
« se dirigeant vers l'orient, 35 milles. Lausanne لزنة est bâtie sur
« les bords d'un grand lac qui reçoit toutes les rivières provenant
« du Mont-Djouz, et au nombre desquelles il faut ranger le Wadi
« Rodon وادى ردون (le Rhône), dont nous avons précédemment fait
« mention. Ses bords sont couverts de cultures, de vignobles et
« de fertiles campagnes. De là (de Lausanne) à Besançon بزنسون,
« 60 milles, en se dirigeant vers le nord-est ². De Besançon à
« Langres لنكة, ville qui, comme nous venons de le dire, dépend
« de la Bourgogne des Francs, 60 milles. Nous terminerons la
« description de la Bourgogne des Allemands dans le sixième cli-
« mat, s'il plaît à Dieu.

« Une étroite langue de terre sépare de l'Allemagne la Bour-
« gogne des Allemands, et sur ce territoire est bâtie Bazela برلة
« (Bâle), ville située sur la rive occidentale ³ du Rhin نهر رنو et
« très-jolie. Ses murailles sont en terre et le territoire qui l'en-
« vironne est populeux et fertile. (Nous en reparlerons quand il
« sera question de tout le pays des Allemands.) A l'Allemagne

¹ Le texte porte : يتردد فى بلادها.
² شمالا مع تشريق يسير
³ Sic.

« supérieure اعلا ارض الالاني touche la Souabe صوابه, qui est limitée
« au midi par les montagnes, à l'orient par la Baïr ارض بير (la
« Bavière), et à l'occident par le pays des Allemands. » De la
Souabe dépendent Sekendja سكنجه (Echingen), Akriza اكريزا,
Ulma الـمة (Ulm) et Augsbourg اوزبرك. Sekendja ou Eskendja
اسكنجه (Echingen) est située sur une éminence qui fait partie
des montagnes où le Danube نهر دنو prend sa source. Entre cette
source du Danube et Eskendja on compte 12 milles. D'Eskendja,
en longeant les bords du fleuve dans la direction du nord-est, à
Ulm المة, on compte 60 milles. Cette dernière ville est agréable,
forte, entourée de villages, d'habitations, de vignobles, de vergers et de champs très-fertiles. D'Ulm à Bazela برلة (Bâle), dépendance de la bourgogne, on compte 170 milles; de Bazela à
Augsbourg, 30 milles.

« Augsbourg اوزبرك est une ville de grandeur médiocre, mais
« florissante, peuplée et fréquentée par de riches marchands qui
« apportent toute sorte d'objets dans la contrée. La ville est bâtie
« sur les bords du Danube [1]; nous en reparlerons ci-après. A cette
« province touche la Carantara ترانطاره (la Tarentaise?) dont l'une
« des villes est Akriza اكريزا (Goritz) et qui est limitrophe du
« pays d'Ankilaia انكلايه (d'Aquilée) et des lieux situés sur les
« bords de la mer des Vénitiens بحر البنادقة. Quant à Akriza اكريزا,
« c'est une petite ville bâtie sur le penchant d'une montagne, et
« dont dépendent un district florissant, des villages nombreux et
« bien arrosés, des vignobles, des jardins, des champs cultivés en
« céréales. C'est un pays très-agréable. »

La route depuis Ancône jusqu'à l'extrémité du golfe est comme
il suit : d'Ancône à la rivière d'Ozmoum اوزموم (Osimo) qui est
peu considérable, 11 milles. « De là à la rivière de Sinigaglia
« شنغاليـة, 15 milles; de la rivière de Menino مينينو (Cesano?) qui
« est considérable, 4 milles; de là à Fano فانو, ville appartenant

[1] *Sic.*

DEUXIÈME SECTION. 247

« aux Vénitiens, 11 milles; de Fano à Bensara بنسرة (Pesaro),
« ville située sur les bords d'une grande rivière qu'on nomme
« Foglia فوليه, jolie, entourée de fortes murailles, de villages,
« d'habitations et de lieux fortifiés, 6 milles. » De Pesaro à Arinminis اريمنيس (Rimini), 25 milles. « Cette ville est située sur
« les bords d'une grande rivière nommée Marekela ماركلا (la
« Marechia) dont le lit se rétrécit auprès de la ville, s'élargit
« à mesure qu'on en remonte le cours, et prend sa source dans
« un lac situé au pied des montagnes. Quant à la ville, elle est éloi-
« gnée de la mer et entourée de champs cultivés et d'habitations
« agréables. » De là à la ville de Serfia سرفية (Cervia [1]), « ville
« considérable, commerçante, riche, située à 6 milles de la mer, »
15 milles. De là à Ravenne رينة, « ville située au milieu des
« Vénitiens, qui la considèrent comme l'une de leurs capitales et
« qui y possèdent cent vaisseaux, 25 milles. Les habitants de Ra-
« venne sont des hommes braves et des marins entreprenants. De
« là à Comalga قالغه (Comacchio), ville considérable, forte et ma-
« ritime, 50 milles. » De là à Fathoua فاتوا (Padoue [2]), 44 milles.
« Padoue est également l'une des capitales des (états) vénitiens.
« Leur roi y réside, il commande à des troupes et possède des
« flottes. Cette ville est de tous côtés entourée par la mer [3]. » De
là à Atrila اطريلة (Adria?), 23 milles. « Atrila est une ville floris-
« sante et extrêmement peuplée; il y a beaucoup de vaisseaux de
« guerre مراكب غروانية, des villages, des cultures et une petite
« rivière dont on boit les eaux. » D'Atrila à Bonsa بونص, 18 milles.
« Cette dernière ville est grande et commerçante; il y a une
« douane productive et beaucoup de vaisseaux destinés aux expé-

---

[1] La version latine porte *Sarsina*.

[2] Dans la transcription de ce nom de lieu, comme dans celle du nom de la rivière de Foglia, j'observe que les copistes de nos deux manuscrits ont employé la lettre ن surmontée d'un point, et non le ڡ de l'alphabet arabe-africain.

[3] *Sic*.

248   CINQUIÈME CLIMAT.

Feuillet 181 recto.

« ditions commerciales que font les habitants. » De là à Gradis كرادس (Gradisca?), « ville considérable, très-peuplée, très-fré-« quentée, et possédant beaucoup de navires destinés à l'exporta-« tion et à l'importation, » 38 milles. De là à Astadjanko اصطاجانكو, « ville importante, lieu habité par des militaires, des marchands et « des fabricants, place forte bâtie sur les bords d'une rivière dont « le volume des eaux est considérable, bien que sa source soit « peu éloignée, » 5 milles. C'est là que se terminent et le golfe de Venise et les états vénitiens. « Cette ville est l'entrepôt prin-« cipal (du commerce) du pays d'Aquilée بلاد انكلايه, et l'on y « équipe des flottes pour des expéditions guerrières [1].

Feuillet 181 verso.

« Tels sont les pays compris dans la partie inférieure de la pré-« sente section. Nous allons maintenant décrire en détail ceux « qui sont situés sur le littoral de la mer de Syrie (de la Médi-« terranée). »

De Narbonne اربونه à Mont-Beslier منت بسليرـ (Montpellier), ville située à 18 milles de la mer [2], « remarquable par ses « nombreux édifices, et très-fréquentée par les voyageurs, » on compte 38 milles. De Montpellier à Arles ارلس, près la mer et près l'embouchure du Rhône, 1 journée. De Montpellier à Saint-

[1] Le ms. A et l'Abrégé contiennent ici un passage qui manque dans le ms. B et dont nous nous bornons à donner la transcription, d'après la version latine, p. 222 et 223 : *De regionibus autem mediterraneis Aquileiæ sunt Verona quæ et Verana dicitur,* بونه *et* طامطوس. *Urbs Verona magna est distatque a* طامطوس *stationes brevi. Etiam ab urbe eadem ad urbem* بونه IX M. P. *et ab hac ad Ammelam sive Angelam, cujus incolæ sunt de gente Francorum,* III M. P. *Ab Amuela ad* اند... *Francorum,* III M. P. *et ab hac ad Veronam seu Veranam,* II M. P. *Verum de regionibus maritimis est d'Istria quæ distat a* طامطوس *urbe Aquileiæ,* XXXIII M. P. *Ab hac ad urbem Moglo, quæ et Vmago dicitur,* IX M. P. *Pariter quoque ab urbe Verona mediterranea ad urbem Vmago maritimam, cujus incolæ sunt Franci,* XVIII M. P. *Ab hac ad urbem Gentebona, quæ recens est et ad Francos pertinet, et a Gentebona ad Parengio, quæ etiam Parenzo vocatur,* XII M. P. *Et ab hac ad Raigo, quæ ad Francos quoque spectat,* XV M. P. *Ab hac ad urbem Polam* XII M. P. *Ab hac ad Molodiam* XVI M. P. *Ab hac ad Albon* XL M. P. *Ab hac ad Flamonu* VI M. P. *A Flamona ad Vrana, quæ ultima est inter regiones Aquileiæ maritimas,* IV M. P.

[2] *Sic.*

DEUXIÈME SECTION. 249

Gilles سنــت جــلى, 6 milles. « L'une et l'autre de ces villes sont « situées sur les bords du Rhône [1], mais Saint-Gilles est situé « sur la rive orientale [2] de ce fleuve, à 12 milles de la mer. « C'est une ville florissante, agréable, dont les environs bien ar- « rosés sont couverts d'arbres fruitiers. » De Saint-Gilles à Massilia مسيليـة (Marseille), près la mer, 25 milles. « Massilia « est une ville peu considérable, mais bien peuplée et entourée « de vignobles et de champs cultivés. Elle est bâtie sur le pen- « chant d'un monticule de terre qui se prolonge jusqu'à la mer. » De Massilia à Ieres ايرس (Hières), « ville située dans le voisinage « de la mer, entourée de fortes murailles, dans un territoire « agréable, couvert de vergers et d'habitations, et très-fertile, » 40 milles. De Hières à Albengala البنغلة (Albenga), « lieu très- « fort avec une bonne citadelle, bâti dans un territoire couvert « de cultures contiguës et abondant en productions de toute « espèce, » 35 milles. De là à Sagona سغونه (Savone), « jolie ville, « dans une situation délicieuse, et dans une contrée fertile et « boisée, » 35 milles. De Savone à Djenoua جنوه (Gênes), 25 milles.

« Gênes جنوه est une ville très-ancienne dont les environs sont « agréables, les édifices hauts et solides. Son territoire produit « des fruits en abondance; il est bien cultivé et couvert d'habita- « tions. La ville est bâtie non loin d'une petite rivière; ses habi- « tants se livrent au commerce; ils sont fort riches, voyagent par « terre et par mer, et entreprennent avec une égale hardiesse les « choses faciles et les choses difficiles. Possédant des flottes for- « midables, ils sont experts en fait de ruses de guerre ainsi que « de manœuvres militaires, et ils jouissent de beaucoup de célé- « brité parmi les chrétiens. » De là à Facarra فقره [3] (Carrara), « place forte bien habitée, » 70 milles. De Facarra à Levna لونه

Feuillet 181 verso.

MARSEILLE.

GÊNES.

Feuillet 182 recto.

---

[1] *Sic.*

[2] *Sic.*

[3] La version latine porte *Capra.*

II.   32

<small>Feuillet 182 recto.</small>   (Levano), « ville située auprès de la mer, entourée de cultures et
« de villages, » 12 milles; de là à Bich بيش (Pise), 40 milles.

<small>PISE.</small>   « Pise بيش, l'une des villes les plus importantes et les plus cé-
« lèbres du pays des chrétiens, possède de nombreux édifices et
« des marchés florissants, de vastes dépendances, beaucoup de jar-
« dins, de vergers contigus et de champs cultivés. Les vicissitudes
« qu'elle éprouva furent très-grandes, et son histoire offre le récit
« d'événements terribles [1]. Ses fortifications sont hautes, ses envi-
« rons fertiles, ses eaux abondantes, ses monuments très-remar-
« quables. Elle possède des vaisseaux et de la cavalerie, c'est-à-
« dire, tout ce qu'il faut pour faire la guerre par mer et par terre. »
Cette ville est située sur les bords d'une rivière considérable qui
vient des montagnes de la Lombardie, et sur les bords de laquelle
sont des moulins et des jardins.

De là au port de Khanziria خنزيرية, défendu par une bonne
citadelle, 60 milles.

De ce port à Djebita-Beka جبت بكه (Civita-Vecchia), 50 milles.

De Civita-Vecchia à l'embouchure du fleuve de Rome, qu'on
appelle Tanabri طنابري (le Tibre), 50 milles.

Quand on prend par l'intérieur des terres on se rend de Pise[2]
à Levna لونة (Levano), sur mer, 40 milles.

De là, par terre, à Besterkan بستركن, puis à Silinkia سلنقية
(Sienne), ville, puis à Mont-Alwat جبل الواط, puis à Rome; car la
mer forme un golfe entre Rome et Pise, c'est-à-dire qu'elle se
détourne vers le fort Argentaro ارجنتار, حصن, vers Civita-Vecchia
et vers Rome, située à 12 milles de la mer.

<small>ROME.</small>   Rome est l'une des colonnes de la chrétienté et le premier
d'entre les sièges métropolitains. Les autres sont Antioche انطاكية,
Alexandrie اسكندرية et Jérusalem بيت المقدّس; mais ce dernier,

---

[1] Cette version est un peu libre, j'en conviens; mais il me paraît difficile de rendre autrement le sens de ces mots : امورها شامخة واخبارها هايلة.

[2] Ou plutôt de Levano à Pise.

DEUXIÈME SECTION. 251

le plus récent, n'existait pas du temps des apôtres, et il fut institué depuis pour la glorification de la maison sainte. L'enceinte de Rome est immense; car, d'après ce qu'on dit, cette capitale a 9 milles de circonférence. Elle est entourée d'une double muraille en pierres. L'épaisseur de la muraille intérieure est de douze coudées, et sa hauteur de soixante et dix. Quant à la muraille extérieure, elle a huit coudées de large sur quarante-deux de haut. Entre les deux murs est un canal pavé au moyen de plaques de cuivre qui ont chacune quarante-six coudées de long[1]. Le marché s'étend depuis la porte orientale jusqu'à la porte occidentale. On y voit des colonnes de pierre d'un diamètre considérable et de trente coudées de haut. Auprès de chaque colonne centrale sont deux colonnes de bronze dont la base, le fût et le chapiteau sont creux, et auxquelles sont adossées des boutiques de marchands[2]. Devant ces colonnes et ces boutiques coule, du levant au couchant, un fleuve dont le fond est pavé en lames de cuivre, en sorte qu'aucun navire ne peut y jeter l'ancre[3]. Ce fleuve est pour les Romains un moyen de compter les dates, car ils disent : « à partir de l'année du cuivre. » Les embarcations naviguent sur ce fleuve et parviennent toutes chargées jusqu'auprès des boutiques des marchands.

Dans l'intérieur de la ville on remarque une grande église, bâtie sous l'invocation de saint Pierre et de saint Paul. Les corps de ces deux apôtres y reposent dans un tombeau. La longueur de cet édifice est de trois cents coudées ذراع, la largeur de cent, et la hauteur également de cent. Les colonnes qui soutiennent le toit sont en bronze, et les plafonds sont revêtus de cuivre jaune. On compte à Rome douze cents églises; les marchés et les places

---

[1] J'ignore ce qui peut avoir donné lieu à cette fable absurde dont aucun auteur, à ma connaissance, ne fait mention.

[2] Il en est ainsi, de nos jours, de la colonne brûlée, de la colonne Marciane et d'autres monuments de Constantinople.

[3] Voyez ci-dessus, note 1.

publiques sont pavés en marbre blanc ou en marbre bleu. Il y a dans cette ville mille bains. On y remarque une église d'une belle construction, bâtie sur le modèle du temple de Jérusalem et dans les mêmes dimensions, soit en longueur, soit en largeur. L'autel sur lequel on célèbre le sacrifice (de la messe) a dix coudées de long, et sa surface est entièrement enrichie d'émeraudes vertes. Cet autel supporte douze statues d'or pur de Jeux coudées et demie de haut et dont les yeux sont formés de rubis. Les portes de l'église sont couvertes de lames d'or pur, et d'autres, à l'extérieur, sont revêtues de lames de cuivre ou d'ornements en bois habilement sculpté.

On voit à Rome le palais du prince qu'on nomme *pape* بابه. Ce prince est supérieur en pouvoir à tous les rois; « ceux-ci le « respectent à l'égal de la Divinité. Il gouverne avec justice, « punit les oppresseurs, protége les faibles et les misérables, et « empêche qu'il ne soit commis de vexations. Sa puissance spiri- « tuelle surpasse celle de tous les rois de la chrétienté, et nul « d'entre eux ne peut s'opposer à ses arrêts. La grandeur et la « magnificence de Rome sont telles qu'il est impossible de les « décrire convenablement. Les dépendances de cette ville sont « nombreuses et célèbres. Au nombre de ces dépendances sont : « Orta اورط, Malmalian مال مليان (Magliano?), Westo وسنو (Spo- « lete?), Mont-Iani منت يانى et Castal تشتال (Cività-Castellana?). »

Voici l'itinéraire de Rome à Ancône, ville située sur la mer de Venise : de Rome à Orta اورطا, ville de grandeur moyenne, située sur la rive occidentale du Tibre, avec marchés, et ceinte d'une muraille en terre, 2 journées. C'est au-dessus d'Orta que la rivière de Torei تورى (de Terni) se réunit au fleuve de Rome. Ce dernier passe auprès de la ville de Todi تودى, laquelle est située sur la rive orientale, vis-à-vis d'Amalia امالية (Amelia), très-belle ville, bâtie sur la rive opposée[1]. De là (d'Orta), en suivant le fleuve,

[1] *Sic.*

DEUXIÈME SECTION.

à Naraoum نارَوم (Narni?), ville bâtie sur la rive orientale de la rivière de Terni[1] (la distance manque). Non loin de là est Rati راتِ (Rieti), ville agréable, bien peuplée et située sur la rive occidentale de la rivière. De là on se rend à Camerino قرين, belle et noble ville; de là à Ozmoum ازموم (Osimo), « ville florissante « et abondante en productions de toute espèce; » et de là à Ancône انكونة, « ville considérable et comptée au nombre des plus « importantes de la chrétienté, bâtie sur les bords de la petite « rivière d'Ozmoum ازموم, qui prend sa source auprès de la ville « de ce nom. El-Iaki اليكى (Jesi) est une ville située sur la rive oc- « cidentale de cette rivière, à 9 milles de la mer. »

La route qui conduit de Gênes جنوة à la Lombardie passe par Bordja برجة (Borgo?), 2 journées;

De là à la rivière dite Nadhema ناظمة (Tanaro?), 2 journées;

De cette rivière à Turin طرونة, 2 journées.

« Turin طرونة est une ville florissante, agréable, bien peuplée, « commerçante, riche et industrieuse. » De là à Ghamandwa غامندوا, « ville considérable, entourée de villages, située sur « les bords du Tesin نهر تسين [2], entourée de murailles, riche et « commerçante, » on compte 2 journées;

De Ghamandwa à Pavie بابية, 2 journées.

« Pavie بابية est l'une des principales villes de la Lombardie. « Ses édifices sont beaux, ses quartiers florissants et peuplés, ses « marchés permanents. On y trouve de bonnes spéculations à faire, « beaucoup d'objets fabriqués, beaucoup de ressources. Elle est « située sur le Tesin, vers le confluent de cette rivière avec le « Badi بادى (le Pô). L'un et l'autre de ces cours d'eau prennent « leur source sur le revers oriental du Mont-Djouz (des Alpes),

---

[1] Et non du Tibre, comme on lit dans la version latine.

[2] Toute la géographie de cette partie de l'Italie est extrêmement obscure et ne paraît basée que sur des itinéraires fautifs. Nous croyons pourtant devoir préférer à toutes autres les leçons données par le ms. A.

« dirigeant leurs cours vers le sud-ouest [1] jusqu'au point où le
« Tesin atteint la ville de Nadhema ناظمه. A partir de là il prend
« la direction du nord-est, se réunit avec le Pô, et coule de ma-
« nière à ne former avec lui qu'un seul fleuve. Ce fleuve se divise
« ensuite en deux branches dont l'une coule de Pavie vers Man-
« toue منتوا, ville considérable, située sur la rive orientale; puis
« vers Ferrare فرارة, sur la rive occidentale. Auprès de ce point le
« fleuve se divise en deux branches, dont l'une se dirige vers Bo-
« nona بنونة (Bologne?), lieu situé sur la rive occidentale, puis
« vers la mer. La seconde branche passe non loin de la ville de
« Crémone كرمونة, située à l'occident de ce canal, puis vers Ba-
« dra بادره (Adria?), puis se jette dans la mer. De Ferrare à Bo-
« nona بنونة on compte 1 forte journée; de Badra بادره à la mer
« on compte 3 milles. »

L'itinéraire de Gênes à Rome, en suivant les bords de la mer,
est ainsi qu'il suit :

De Gênes à Lucques لكة, 2 journées.

« Lucques لكة est une ville ancienne, remarquable par la beauté
« de ses édifices, la solidité de ses monuments, la fréquentation
« de ses marchés et l'industrie de ses fabriques. » De Lucques à
Florence فلرنسة [2], « ville considérable et florissante, située au pied
« d'une chaîne de montagnes et sur les bords de la rivière de
« Pise نهر بيش, » 70 milles. De Florence à Salankilia سلنقيلية,
« bourg bien peuplé, avec marchés et fabriques, » 2 journées.

De là à Mont-Alwat جبل الواط (Monte-Rosi?), 15 milles;

Et de là à Rome, 15 milles.

---

[1] Sic.

[2] Cette partie de l'itinéraire manque dans le ms. A. Nous laissons à l'érudition des savants italiens le soin d'établir la concordance des noms de lieux.

DEUXIÈME SECTION.

ITINÉRAIRE DE GÊNES À ANCÔNE SUR LA MER DES VÉNITIENS.

De Gênes à Levna لونة (Levano), sur le bord de la mer, 40 milles;

De Levna à Lucques لكة, 50 milles.

« De Lucques à Florence فلرنسة, 70 milles.

« Si l'on veut, on peut passer de Lucques à Besterkam بسترکم,
« bourg à 25 milles à l'orient de Lucques, peu considérable,
« mais bien peuplé, entouré de murs et où il se fait beaucoup
« de commerce. Ce bourg est situé à l'entrée d'un défilé de mon-
« tagnes, par lequel on passe pour se rendre en Lombardie, et
« à 40 milles de Florence. De là à Sankalilia سنقلبلية on compte
« 60 milles. Sankalilia est une grande ville bâtie dans une plaine.
« De là à Satarian ستريان, ville considérable, en se dirigeant vers
« le nord-est, on compte 70 milles.

« De là à Monte-Tin منت تين, petite ville, à l'orient de laquelle
« est celle de Kelounsi كلونسى, 70 milles.

« De là à Aretsin ارتسين (Arezzo), 50 milles.

« Arezzo ارستىن est une ville florissante, forte et peuplée, bâtie
« dans une plaine à quelques milles de la rivière de Pise, qui ar-
« rose la majeure partie du territoire (arétin).

« De là à Sant-Iani سنت يان, 25 milles.

« De là à Bebeno ببنو (Bibbieno), petite ville bien peuplée,
« 40 milles.

« De là à Castal قستال (Città di Castello), 25 milles.

« De là à Asia آسية (Jesi), jolie ville sur les bords d'une ri-
« vière, 25 milles.

« De là à Ozmoum ازموم (Osimo), ville également baignée par
« une rivière, 25 milles;

« Et de là à Ancône انكونة, sur la mer de Venise, 11 milles. »

Celui qui désire se rendre à Ravenne la Maritime ربنة الساحلية,
en partant de Gênes ou de Pise, prend la route que nous avons

256   CINQUIÈME CLIMAT.

Feuillet 183 verso. déjà décrite jusqu'à Castal قستال (Città di Castello), puis gravit, en se dirigeant vers le nord, la montagne de Berdoun جبل بردون et parvient à la ville de Samangelo سمنجلو (Sant-Angelo), 25 milles.

De là à Sant-Lao سنت لاو (San-Leo), ville bâtie sur le penchant d'une montagne, 15 milles;

Et de là à Ravenne رينة, « ville qui est, ainsi que nous l'avons « dit, au centre des états vénitiens, » 45 milles.

« La distance totale qui sépare Gênes de Ravenne est de 280 « milles. »

ITINÉRAIRE DE ROME À REGGIO ريو SUR LE DÉTROIT DE SICILE, EN SUIVANT LE LITTORAL.

De Rome à Astouna اسطونة (Nettuno?), 30 milles.

De là à Andja انجة, port sûr et profond, 10 milles.

De là à Djirindjo جرنجو, « qu'on nomme aussi Djerdjebo جرجبو « (Circeo), ou le Magasin des Arabes قيطنة العرب (Torre Moresca), » haute montagne au pied de laquelle coule une rivière considérable, 30 milles.

De là à Terradjina طرجنة (Terracina), « jolie ville dont le ter-« ritoire est fertile, mais » dont le port étroit n'est d'aucune utilité (pour les navires), 76 milles [1].

De là à Gaïta غيطة (Gaëte), 24 milles.

« Gaïta غيطة est une ville considérable et très-peuplée, bâtie « sur une presqu'île avec un joli et bon port où l'on trouve un sûr « hivernage. Ce port communique avec la terre et avec la mer, et « les armements de troupes s'y réfugient. On y construit de grands « et de petits navires. » De Gaïta à Garilian غاريليان (Garigliano), lieu situé à l'embouchure de la rivière de Sasa ساسة (Sessa), 10 milles.

[1] La version latine porte VI M. P., ce qui paraît moins éloigné de la vérité.

DEUXIÈME SECTION.

Cette rivière est considérable et son cours est rapide. Les navires peuvent y entrer. On voit deux tours à son embouchure.

De là à l'embouchure du Djalah جلاح, n'offrant qu'un port ouvert incapable de recevoir de gros navires, 12 milles;

De là à l'embouchure de la rivière de Capoue نهر قدوة (Volturno), également ouverte et peu sûre, 6 milles;

De là à Baterma بطرمه, village et mauvais port, 12 milles;

De là à Cuma كومة (l'ancienne Cumes), petite ville un peu éloignée de la mer, 6 milles;

De Cuma à Misina مسينه (Misène), 12 milles.

« A Misène est un port sûr, quoique peu profond, où se réfu-
« gient les troupes (je veux dire les soldats de terre et de mer). »
De Misène à Castelli قشتل (Pouzzole), château fort habité, et petite ville adossée à un cap auprès d'un golfe, 8 milles;

De là à Nabel el-Kitan نابل الكتان (Naples du Lin), 12 milles.

« Naples نابل الكتان est une ville belle, ancienne, florissante,
« peuplée, et pourvue de bazars où l'on trouve à faire d'utiles
« spéculations en marchandises et en objets de toute espèce. »
De là à Scaïa اسكاية (Castel a Mare [1]?), port excellent, très-profond, situé au fond d'un golfe et à l'embouchure d'une rivière dont l'eau est douce, 30 milles.

Celui qui veut se rendre directement par terre à Malfi ملف (Amalfi) doit parcourir 15 milles.

Entre Naples et Scaïa on remarque le Djebel el-Nar جبل النار (le Vésuve), « montagne que l'on ne gravit pas attendu qu'elle
« vomit continuellement du feu et des pierres. » Celui qui préfère suivre le littoral doit se rendre de Scaïa à Sorrent سرنت (Sorrento), 30 milles.

« Sorrento est bâtie sur un cap qui s'avance dans la mer. C'est
« une ville agréable, bien peuplée, offrant d'abondantes res-

---

[1] Il est à remarquer qu'un peu plus haut (feuillet 268 verso) le ms. B porte en toutes lettres ces mots قشتال مارا *Castali-Mara*.

« sources et entourée de fertiles vergers. Elle possède un port étroit
« où non-seulement on peut hiverner, mais encore trouver toute
« sorte d'agréments. On y construit des navires. »

De là au cap Montira منتيرة (Punta di Montalto?), 12 milles;

Puis à Testaïa تسطاية, petit port, 15 milles;

Et à Malfi ملف (Amalfi), 18 milles.

« Amalfi est une ville florissante et un port bien fortifié du côté
« de terre. Si l'on voulait s'en emparer par mer, la chose serait
« facile. La ville est ancienne, entourée de murailles et extrême-
« ment peuplée. » De là à l'embouchure du Badraoua بادروا, lieu
où les flottes peuvent trouver un mouillage, 10 milles.

« Cette rivière tire son nom d'un lieu situé sur une éminence
« voisine, lieu d'un difficile accès, où l'on ne peut parvenir que
« par deux points (littéral. par deux portes), et où l'on trouve de
« l'eau et du bois. » De cette rivière à Salerne سلرنو, ville remar-
« quable avec marchés et centre de communications où l'on trouve
« des céréales, etc. » 2 milles.

De Salerne à Silasa سيلسة, rivière et port de peu d'importance,
5 milles;

De là à la rivière d'Abselo ابسلو (Sele), 12 milles.

Cette rivière est profonde et navigable, « ses bords sont cou-
« verts de forêts et de marais salants impraticables. Le port, sans
« cette circonstance, serait susceptible de recevoir et d'abriter des
« vaisseaux et (même) des flottes. » De là à Groboli غروبولي (Agropoli) et à l'île de Bagnouda بغوضه, située près du continent,
mais sans port, 20 milles.

De cette île à Castel-Damar قستال دمار, 10 milles.

De là à Boulia بولية (Pollica?) où se jette la rivière de Sant-Si-
mari سنت سمري, 13 milles.

De là à Policastro بول فسطرو, « citadelle importante et peuplée, »
au nord de laquelle coule une rivière, 24 milles.

DEUXIÈME SECTION.

De là à Atrabis اطربس, qu'on nomme aussi le port du cap de Policastro, 6 milles.

De ce cap à Castro-Koli قسطرو كلى, 12 milles.

De Castro-Koli à Dascalia دسقاليه (Scalea), citadelle, 12 milles.

De Scalea au cap Djezlé راس جزلة, 9 milles.

Djezlé جزلة (Lao) est aussi le nom d'une rivière où peuvent entrer les navires légèrement chargés.

De ce cap à Almantia المنتية (Amantea), jolie ville située au fond du golfe d'Alba البه, 38 milles.

D'Almantia à Sainte-Euphémie سنت فيمى, 14 milles.

De là à l'embouchure de la rivière de Cazaletto تزليت [1] (la distance manque);

Et à celle de la rivière de Makhata مخاطة, 2 milles.

De cette rivière à Indjitalo انجيطلو, citadelle bien habitée, 13 milles.

D'Indjitalo انجيطلو à Banbouni بنبونى (Zambrone), 12 milles.

De là à Atrabia اتربية (Trapea), 12 milles.

De là à Vaticano باتقانو (on dit aussi Baticamo par un *mim*), 6 milles;

Ce qui fait, pour la distance totale d'Almantia à Vaticano, 65 milles.

De Vaticano à Reggio ريو on compte 60 milles.

Du cap Vaticano راس باتقانو au lieu de ce nom, 6 milles.

De ce cap à Atrabia اتربية (Trapea), ville jolie et célèbre parmi les chrétiens, 6 milles.

D'Atrabia à Nicotera نقوطرو on compte 12 milles;

Et de Reggio ريو au Phare الفارو, 12 milles.

« Nous traiterons de la partie du continent voisine de Reggio
« dans la section suivante, qui a pour objet d'expliquer la carte
« troisième; mais il nous reste, pour terminer la présente, à indi-

---

[1] Nous suivons ici les leçons données par le ms. B.

« quer en quelques mots les pays voisins de Salerne سلرنو, ville
« dont dépend celle de Bénévent بنوبنت. »

De Salerne à Avellino ابلينو on compte, en se dirigeant vers le nord, 24 milles.

De Salerne à Bénévent بنوبنت, 60 milles.

D'Avellino à Vietri جبيطرة, 20 milles.

De Salerne à Vietri جبيطرة, 30 milles [1].

« Bénévent est une ville très-ancienne et bien peuplée, Avel-
« lino n'est qu'un gros bourg fortifié. »

De Bénévent à la ville de Sarh سرح, en se dirigeant vers l'occident, 18 milles.

De cette ville à Argento ارجنت (Caserta?), « belle ville ornée
« de beaux édifices et dans un état prospère, » 32 milles.

D'Argento à Capoue قبوه, « ville bâtie sur les bords d'une
« grande rivière (le Volturne) qui vient du côté de Bénévent, »
30 milles.

De Capoue à Agersa اجرسه (Aversa), 8 milles;

Et d'Aversa à Naples نابل, 12 milles.

[1] *Sic.*

TROISIÈME SECTION.

Itinéraires de la Calabre, de la Pouille, des environs de Naples et des côtes de l'Adriatique. — Brindisi. — Bari. — Lesina. — Lovrana. — Zara. — Raguse. — Iles de l'Adriatique. — Matera. — Venosa. — Potenza. — Cours des rivières de ces pays.

La présente section contient une partie de la Calabre بلاد قلورية et du pays des Lombards بلاد انكبرده, la majeure partie du canal des Vénitiens خليج البنادقين et les principales villes qui sont situées sur ses bords. Parmi ces villes on remarque sur la rive orientale : Righno ريغنو (Rovigno), Bola بوله (Pola), Drouna درونه (Vrana?), Moscala ve Asia مصقله وآسيه (Moschenizza), Santo-Baoulos سنطو بولس, Djadra جادرة (Zara), Sant-Andji سنتــاجي, Ragous رغوس (Raguse), Sbatalo اسباطلو (Spalatro), Borgorouz برغوروز (Gorizza), Cabra قابرو (Cattaro), Antiberia انتبريه (Antivari), Deldjina دلجينه (Dulcigno), Derast دراست (Durazzo), Buterla بترله (Butrinto?), Cania قانيا (Canina), Camanova قامنوا et Kira كيرة;

Et sur la rive occidentale : Ibrindes ابرندس (Brindisi), Salmona سلمونــه, Monopoli منوبلي, Canborsano قنبرصان, Molfent ملفنت (Molfeta), Bichalia بشاليه (Bisceglia), Atrana اطرانه (Trani), Barlet برله (Barletta), Fani فاني, Sebnita صبنيت qu'on appelle aussi Bastia بأستيه, Rodana رودانه (Rodi), Lachina لاشنه ou Lezina لزنه (Lesina), Canbo-Marino قنب مارين (Campo-Marino). Toute cette contrée dépend du pays des Lombards [1], sur la côte occidentale (de l'Adriatique).

Feuillet 184 verso

[1] Le texte porte : وكل هذه من بلاد انكبرده

En fait de villes matitimes, on remarque aussi Termoles ترملس (Termoli), Otrana الرانـه (Ortona a Mare), Mocca موقه (Torre Mucchia) et Ancône انكونه.

En ce qui touche les lieux situés sur les rives de la mer de Syrie (de la Méditerranée), on peut citer Tadjana طاجنـه, Cotrona قطرونة (Crotone), Rossana روسانـة (Rossano), Rossianto روسينت (Cassano) et Tarente طارنت.

Parmi les dépendances de la Calabre قلورية : Catansano قطانسان (Catanzaro), Martorano مرطوران, Bidjnak بجنـاك (Bisignano?), Castroboli قسطروبلي (Castrovillari), Benbent بنبنت (Bénévent), Melfi la Méditerranée ملف البرية, Consa قنصو (Conza), Betounsa بطونصة (Potenza), Sant-Ghathi سنت غاث (Santa-Agata) Klarmount كلرمونت (Chiaramonte), Sinis سينس (Senise), Bestiano بستيمان (Viesti), Sant-Mari سنت مري (San-Marco?), Estirangeli استيراجلي (Strongoli), Tergharco ترغارقو (Tricarico) et Djerasna جرسنـه (Acerenza). Tout ce pays fait partie de la Calabre.

Quant aux dépendances de la Lombardie من بلاد الكبرديـة, ce sont : Matira متيره, Gharnilia غرنيلية (Cerignola?), Motoli موطلى qu'on appelle aussi Mâteli ماطلى ou Mâti مـاتي, Grabina غرابينـه (Gravina), Consa توبصه (Conza)[1], Otrouna اطرونة (Ortona), A'z-cala عزقلة qu'on écrit aussi A'scala عسقلة par un sin (Ascoli), Sant-Laurin سنت لورين, Sant-Badjous سنت بجوس (San-Biagio), Djentata جنطاط, Sant-Sebir سنت صبير (San-Severo), Sant-Angeli سنت اجلي (Sant-Angelo), Lesina لسنة, Canb-Marin قنب مارين, et Termoles ترملس (Termoli). Notre intention est de faire mention de ces divers pays, un à un, et d'en indiquer les itinéraires, ainsi que nous l'avons fait pour les autres climats. Mais comme nous avons précédemment décrit, dans la 3ᵉ section du 4ᵉ climat[2], la route qui, suivant le littoral de la Méditerranée, conduit de Reggio ريو à Otrante ادرنت, ville située à l'entrée de la mer des Vénitiens,

---

[1] Sic.
[2] Voyez ci-dessus, p. 116 et suivantes.

TROISIÈME SECTION.

il nous reste à continuer notre route en suivant les bords de cette mer jusqu'à Ancône مدينة انقونة.

Nous disons donc que d'Otrante à Brindisi ابرندس, ville située sur ses bords, on compte 58 milles; savoir :

D'Otrante au cap Suda قرطبل سودة, 12 milles.

De là à Saint-Jean Martopoli سنت جوان مرتوبولي, « jolie petite « ville, » 12 milles.

De là à Konka كونكا (Chianca), 6 milles.

De là au cap San-Gennaro قرطبل سنت جنار, 12 milles.

De là au cap Mawra قرطبل ماوره, 12 milles;

Et de là à Brindisi ابرندس, 4 milles.

« Cette route est donc de 58 milles, en suivant les contours « des golfes; elle ne serait que de 48, si l'on allait directement. »

Ibrindes ابرندس (Brindisi) est une ville remarquable, entourée de trois côtés par la mer, ainsi que Constantinople la Grande, « et « bien bâtie; ses rues et places publiques sont spacieuses; on y « trouve beaucoup de ressources et de facilités pour voyager. » De là à Gharchit غرشيت ou Ghawchit غوشيت, lieu qui se compose de trois îles agréables, situées à un demi-mille du continent, 12 milles.

De là à Saint-Nicolas de Bozeul سنت نقوله بوزل (Torre di Pozzelli), port agréable et sûr où l'on trouve de l'eau douce, 12 milles;

De là à Monopoli منوبولي, ville peu considérable, mais bien peuplée, 24 milles.

De là au fort de Boulian حصن بليان (Polignano), non loin duquel est un pays nommé Conbarsan قنبرصان (Conversano), situé à 9 milles de la mer, 6 milles.

De Polignano à San-Pietro سنت بيطرو, port, 2 milles.

De San-Pietro à Bari باري, « ville considérable, peuplée, située « au fond d'un golfe, l'une des principales (du pays) des Lom- « bards, lieu de construction pour les navires, très-renommé par- « mi les chrétiens, » 12 milles.

De Bari à la tour d'Agilo اجيلو ou d'Asilo اسيلو, située vis-à-vis de la ville de Bitent بطنت (Bitonto), laquelle est sur le continent, à 6 milles de distance de la mer (la distance manque).

De là à Djebinas جبناس (Giovenazzo), 6 milles.

De Djebinas à Molenfet ملنفت, « qu'on nomme aussi Molfefet « ملفڧت (Molfeta), » située vis-à-vis de Ruba روبـة (Ruvo), « jolie « ville de grandeur moyenne, » à 6 milles de la mer (la distance manque).

De Molfeta à Bichtalia بشتاليـة (Bisceglia), vis-à-vis de Mourat مورات, « ville agréable, bien peuplée, dans un beau site, et dont « le territoire est abondant en fruits et très-fertile, à 9 milles de « la mer (la distance manque). De Mourat à Trani اطران, sur le « rivage, 8 milles. »

De Bichtalia بشتالية dont il a déjà été question (Bisceglia), 6 milles.

« Trani est une ville de grandeur moyenne, ceinte de murailles, « avec un marché très-connu. » De là à Barlet برلـة (Barletta), sur le bord de la mer, 6 milles.

Vis-à-vis de Barlet et à 9 milles de la mer, sur le continent, est une ville nommée Andra اندره (Andria); « elle est considé-« rable et bien peuplée. »

De Barlet la Maritime برلة الساحليـة (Barletta) à la rivière de Ludra وادى لـودره on compte 6 milles.

« Sur les bords de cette rivière on remarque un grand monas-« tère connu sous le nom de couvent de Santa-Maria دير سنـت « مارية. » De là à Cani قـان (Canne), « ville peu considérable, mais « riche et commerçante, située à quelque distance de la mer, » 4 milles.

De Santa-Maria à San-Nicola Bebetra سفـت نقوله بيتـره (Torre San-Pietro), lieu situé sur un cap, vis-à-vis de la ville de Saï صاى Tre Santi), laquelle est à 6 milles de la mer, 12 milles;

De San-Nicola à la rivière de Rigolo وادى ريغلو ou Nicolo نيغلو

(Torre Rivolo), 12 milles. Le nom même de cette rivière est Canalar قنالار (Candelar).

De la rivière de Rigolo à celle de Kata كاطـ, 11 milles.

De la rivière de Kata à la ville de Sibonto[1] سيبنت (Siponto), située dans le voisinage de la mer, 2 milles; de là à Matenata ماطناطة (Mattinata), près de la mer, 12 milles.

De là à Sant-Angelo سنت أنجلو, lieu situé à quelque distance de la mer, 8 milles.

De Matenata à Sant Valenji سنت بلنجى, « village avec une grande église, » 12 milles.

De là à Bestia بستية (Viesti), au fond d'une anse formée par un cap qui s'avance dans la mer, 12 milles.

La distance qui sépare la ville de l'extrémité du cap est d'un jet de flèche. « La largeur du cap est d'un demi-mille à son ex- « trémité, et de 4 milles à sa base. »

De Viesti à Beskich بسكيش (Peschisi), 12 milles.

De Peschisi à Rodna رودنة (Rodi), 8 milles.

De Rodi à Canian قنيان (Cagnano), 12 milles.

De Cagnano à Dabia دابية, 11 milles.

De Dabia à Lesina لسنة, 8 milles.

« Lesina, qu'on nomme aussi Lazina لازنة, est située auprès de « la mer. » De là à Canb-Marin قنب مارين (Campo-Marino), 12 milles.

De Canb-Marin à Termola ترمسلة (Termoli), « qu'on appelle « aussi Termolos, 20 milles.

« (De Lesina à Termoli, le golfe se détourne vers le sud.) »

De Termoli à l'embouchure de la rivière de Bescar بشكار (Pescara) on compte 59 milles.

De Termoli à la rivière de Toront طرنت (le Trigno), 36 milles.

« Cette rivière est considérable, et sur ses bords, à une cer-

---

[1] Le nom de ce lieu semble indiquer que l'antique ville de Siponto (près Manfredonia) existait encore à l'époque où notre auteur écrivait.

« taine distance de la mer, est la ville de Toront طرنــت, qu'on
« nomme aussi Terent تـرنــت (Trivento), et qui est grande et
« abondante en ressources de toute espèce. »

De l'embouchure de la rivière de Toront à Cama تامة, ville considérable, située sur les bords de la mer, et environnée de jardins et de vignobles, 58 milles.

De Cama à l'ancienne et célèbre ville d'Ancône انكونــة dont nous avons déjà parlé, 6 milles.

« Entre Campo-Marino قنب ماربن et Ancône on compte 12 jour-
« nées ou 300 milles de pays désert. Dans ce pays il existe une
« population qui vit dans les bois, s'occupant de chasse et de la
« recherche du miel. Nous avons déjà décrit, dans la précédente
« section, la contrée comprise entre Ancône et l'extrémité (sep-
« tentrionale) du golfe appartenant aux Vénitiens. Nous avons
« également parlé du pays situé à l'orient de cette extrémité, c'est-
« à-dire des dépendances d'Aquilée ايكلاا[1], et nous en sommes
« restés à Lovrana الارونة, ville qui est sur la limite de ces dépen-
« dances. Cette ville est considérable, peuplée, et on y construit
« continuellement des navires. »

Il nous reste à décrire la côte orientale du golfe (de Venise), et nous disons que de Lovrana الارونة à Buccari بقرى, ville maritime agréable et bien peuplée, première dépendance de la Croatie جراسية, qu'on appelle aussi Dalmatie دلماسية, on compte 10 milles.

De là à Koubara كوبرة, « ville considérable et peuplée, sur le
« penchant d'une montagne, » 16 milles.

De là à Sounna صنّة (Segna), « jolie ville bien peuplée, dont
« les habitants sont Slaves اهلها صقالبة et possèdent beaucoup de
« navires, » 30 milles.

De là à Castilasca قستيلسقة, « petite ville dont la population
« est Slave et ne possède que peu de navires, » 15 milles.

---

[1] Voyez ci-dessus, p. 248.

De là à Mascala مصقلة, « appartenant aux Dalmates لدلمطينيں, » 20 milles.

« De là à Arnes ارنص (Árbe?), ville de grandeur moyenne, ap-
« partenant aux Dalmates et possédant quantité de navires, »
15 milles.

De là à Sato صاطو ou Satwa صاطوا, « appartenant aux Dalmates,
« qui y possèdent des navires dont ils se servent pour des expé-
« ditions militaires, 30 milles. »

De Sato à Nouna نونة, qu'on nomme aussi Ninos نينص (Nona),
« ville considérable, jolie et naturellement très-forte, » 20 milles.

De là à Djadra جادرة (Zara), « ville dont l'étendue est vaste,
« les édifices contigus; pays de vignobles, très-agréable, dont les
« habitants sont Dalmates. La mer baigne les murs de la ville. »
(La distance manque.)

De Zara à Dograta دغراطة (Novigrad), « ville dont la popula-
« tion, mélangée de Dalmates et de Slaves, est très-brave; lieu
« considérable dans la chrétienté, » 30 milles.

De là à Sanadji ساناجي (Sebenic?), « ville considérable, rendez-
« vous des marchands qui y font des expéditions par mer et par
« terre, » 20 milles.

De là à Ourghouri اوغوري, qu'on appelle aussi Lourgharo
لرغارو, « ville remarquable par les agréments qu'elle présente et
« par ses fortifications, peuplée de Dalmates qui se livrent au
« commerce et entreprennent de lointains voyages ainsi que des
« expéditions militaires, » 50 milles.

De là à Tar Goris ترغرس, qu'on nomme aussi Tar Gori ترغري
(Trau?), « lieu dont les habitants, d'origine dalmate, sont cons-
« tructeurs de navires, guerriers ou marchands, » 6 milles.

De Tar Gori à Sbâlto اسبالطو (Spalatro), 12 milles.

Spalatro est une ville appartenant à la Dalmatie, florissante,
« vaste, bien bâtie, commerçante, entièrement pavée en dalles et
« possédant des vaisseaux de guerre. » De là à Sigono سغنو (Sliono),

« ville peuplée de Slaves, qui y possèdent de vastes domaines et
« des édifices contigus, et qui sont pour la plupart navigateurs, »
25 milles.

De là à Ragorsa رغورس, qu'on nomme aussi Ragusa رغـوسة, 30 milles.

« Les habitants de cette dernière ville sont Dalmates; ils pos-
« sèdent des navires de guerre et sont braves et courageux. C'est
« là que se termine la Croatie اخر بلاد جروااسية . »

De Raguse à Cattaro قاطرو ou Cadharo قادرو, « ville florissante
« et peuplée de Dalmates guerriers et voyageurs qui possèdent
« nombre de navires, » 20 milles.

De là à Antibaro انتبارو (Antivari), « lieu habité par des Slaves,
« résidence agréable et renommée, » 30 milles.

De là à Deloudjia دلوجية (Dulcigno). « ville importante de l'Es-
« clavonie من قواعد اسقلونية, peuplée d'habitants (originaires) de
« Laodicée اهلها لادقيون, » 70 milles.

De là à Adrasto (Durazzo) des Francs ادراست الفرجيين, 80 milles.

Ce point est le plus rapproché du continent de la ville d'O-
trante, et la largeur du détroit n'est ici que de 70 milles. De
Durazzo à Djemada جمادة, en suivant le contour des montagnes,
la distance est de 225 milles. L'ancien nom de Djemada était
Butrinto بترنت.

Telle est la description des rivages du golfe (Adriatique) « et
« des pays et des forts situés sur ce littoral; description qui pa-
« raîtra suffisante aux personnes douées d'esprit de recherches et
« de curiosité. Quant à ce qui existe dans cette mer en fait d'îles,
« notre intention est d'en parler en détail et de manière à remplir
« le but que nous nous proposons et que nous avons expliqué. »

Il existe dans cette mer une île du nom d'Ousar اوسر (Veglia?),
qui d'un côté est à 8 milles de la terre et de l'autre se prolonge
dans la mer. Elle est située dans le golfe d'Istrie جون استرية et
s'étend sur un espace en longueur de 20 milles, et en largeur

de 12 milles. Elle est habitée et n'est séparée d'une autre île, dite Djersa جرسة (Cherso), que par un intervalle de 5 milles, et du continent que de 6 milles. Cette dernière est grande, très-peuplée, et plus longue que large, puisqu'elle a environ 60 milles de long sur 25 de large. Il y a un comte تومس et un évêque استقف. De là à l'île d'Arba اربة (Arbe) on compte 6 milles. Celle-ci gît en face des montagnes de Croatie, située à 12 milles du continent. Elle a environ 30 milles de long sur 18 de large. Il y a un comte et un évêque. De là à l'île de Baga باغه (Pago), située en face de Nona نونه, à 4 milles du continent, longue de 20 milles et large de 10 ou environ, on compte 4 milles. Toutes ces îles sont habitées et dépendent de la Croatie. Quant aux îles vénitiennes, elles sont au nombre de six, savoir : trois disposées sur une ligne, et trois sur une autre. Elles sont toutes habitées et situées au milieu des possessions de Venise, dont elles portent le nom, ainsi que la mer.

« Dans le détroit dont nous avons déjà parlé, et dans le voisi-
« nage de Lablouna لبلونه (d'Avlona), il existe une île petite et
« déserte. En face de Brindisi il y en a trois autres connues sous
« le nom de Gouchta غوشتة, voisines du continent, peu considé-
« rables et désertes. Telles sont en somme toutes les îles, soit
« habitées, soit désertes, qui existent dans cette mer [1]. »

Revenant maintenant à la description du continent (de l'Italie), à celle des routes, des distances, de l'état des habitants et des lieux les plus remarquables, nous allons donner l'itinéraire de Tarente, dont nous avons parlé, à Naples.

De Tarente à Matira منيرة (Matera), 60 milles.
De là à Agharbilia اغربلية (Gravina?), 60 milles.
De là à Fanousa فنوصة (Venosa [2]), 20 milles.

---

[1] *Sic.*

[2] Il est remarquable que les deux manuscrits portent فنوصه, et non بنوصه. Voyez à ce sujet notre précédente observation, p. 247.

De Venosa à Andra اندرة (Andretta), 18 milles;
Puis à Atraca اطراقة (Trevico?), 18 milles;
A Bera برة, 15 milles;
A Bradjanto براجنطو, 26 milles;
A Djibiterra جيبيترة (Acerra?), 18 milles;
Et de là à Naples la Maritime نابل الساحلية, 30 milles.

« Toutes les villes que nous venons d'indiquer se ressemblent « beaucoup entre elles et sont fréquentées à cause des ressources « commerciales qu'elles présentent en divers genres, de la ferti- « lité de leur territoire et de la sécurité dont on y jouit. Elles « dépendent pour la plupart ou, pour mieux dire, en totalité de « la Calabre قلورية et de la Pouille بولية, provinces dont la cir- « conscription comprend un grand nombre de villes dont la pre- « mière est Reggio ريو, petite ville avec marchés et commerce, « située sur le détroit de Sicile.

« De Reggio à Terdjes ترجس on compte 1 journée.

« De là à Djeradji جراج (Garace), 1 journée.

« De là à el-Mass الماس, petite ville avec marchés, fruits, etc. « 70 milles.

« De là à Castal قستال, petite ville, 30 milles.

« De Castal à Cotroni قطرون (Crotone), par mer directement, « 13 milles;

« Et en suivant les contours de la côte, 18 milles.

« De Cotroni قطرون, si l'on veut traverser la mer dans sa lar- « geur, on a à faire 1 journée maritime et 30 milles. Nous avons « indiqué les particularités qui caractérisent le reste de la contrée.

« De Djeradji جراج (Garace) à Stillo اسطيلو, petite ville floris- « sante et abondante en ressources, on compte 24 milles.

« De Djeradji on va à Catantaro قطنطار (Catanzaro), jolie for- « teresse, située à 12 milles en se dirigeant vers l'occident.

« De là à Sainte-Euphémie سنت فمى dont nous avons déjà « parlé, 12 milles

« Tout ce pays fait partie de la Calabre.

« De Cotroni تطرونة (Crotone) à Tadjena طاجنة, lieu situé
« dans les terres, 3 milles francs ou 9 milles.

« De Cotroni à Djanco-Castro جنقو قسطرو (Belcastro?), 9 milles.

« De Tadjena طاجنة à Djanco-Castro جنقو قسطرو (la distance
« manque);

« Et à Samiri سميرى (Soveria), lieu situé à 3 milles de la mer,
« 15 milles.

« Ces divers lieux sont peu considérables, mais bien peuplés
« et commerçants.

« De Samiri سميرى à Catantaro قطنطار (Catanzaro), 15 milles.

« De Samiri à Tabarna طبرنة (Taverno), 18 milles.

« De Samiri à Strongeli استرنجلى (Strongoli), 21 milles.

« De Strongoli à Cotroni, 14 milles.

« De Strongoli à la mer, 6 milles.

« De Strongoli à Abrianco ابريانقو (Umbriatico), 11 milles.

« D'Umbriatico à Bater Boli باتربول, 27 milles.

« De Bater Boli à Absakhwa ابصخوا, 33 milles.

« D'Absakhwa à Rossiano la Maritime روسيانو الساحنية (Rossano),
« 15 milles.

« De Rossano à Sant-Mauro سنت مورو, 5 milles.

« De Sant-Mauro à la mer, 6 milles.

« De Sant-Mauro à Arment ارمنت, 3 milles

« D'Arment à Sant-Archangelo سنت اركنجل, 6 milles.

« De Sant-Mauro à Besniano بسنيان, 9 milles.

« De Besniano à Akrat اكرات (Cariati?), 12 milles.

« D'Akrat à Sant-Archangelo سنت اركنجلو, 12 milles.

« De Sant-Archangelo à Rocca-Felib رقه فليب (Rocca-Nova),
« 6 milles.

« De Sant-Archangelo à Calabrat قلبراط (Calabraro), 12 milles.

« D'Archangelo اركنجلو, en prenant vers la droite, à Sinis سنيس
« (Senise), 12 milles.

« D'Archangelo à Ghanano غنانو, vers la gauche, 12 milles.
« La rivière d'Akri اكرى (Agri) sépare ces deux lieux.
« D'Archangelo à Castal قسطال, lieu bien fortifié, 6 milles.
« De Castal-Michal قسطال مشال à Cabeli قابلى, 2 milles.
« De là à Bens Adrat ادرات, vers l'occident, 6 milles.
« De là à Castel-Laurente قسطال لورنت, 6 milles.
« De là à Sant-Martino, 3 milles.
« De là à Monte-Moro منت مور (Monte-Murro), 6 milles.
« De là à Bedjal بجال, 6 milles.
« De là à Mursica la Vieille مرسقه القديمة (Mursico Vetere), 6 milles.
« De là à Sabonara صابونارة, 12 milles.
« De là à Sarcouna سرقونة, 3 milles.
« De Sinis سنيس (Senise) à Tursa ترسة (Tursi), 12 milles.
« De Tursa ترسة à Sant-Archangelo سنت ارکنجلو, 12 milles.
« De Sant-Archangelo au fort d'Akloun حصن اكلون, 6 milles.
« De ce fort à Sanghara صنغرة, 12 milles;
« Et de là à Tarente طارنت, 48 milles.
« Reprenant notre itinéraire, nous disons que :
« De Sinis سنيس (Senise) à Tursa ترسة (Tursi) on compte 12 milles.
« De Tursa ترسة à Sant-Archangelo سنت ارکنجلو, 12 milles.
« De là à Akloun اكلون, 6 milles.
« De là au fort d'Archangelo حصن ارکنجل, 18 milles, ainsi que nous l'avons déjà dit[1].
« De Sant-Archangelo سنت ارکنجلو à Corioun قريون (Corigliano), 18 milles.
« De Corigliano au fort de Calabrat حصن قلبراط (Calabrara), 24 milles.
« Le fort de Calabrara est opposé à Corioun قريون, derrière la montagne. Telle est aussi la situation de Corioun par rapport

[1] *Sic.*

« à Calabria قلبرية, ville située à 6 milles de distance, et à un
« lieu nommé Castro-Novo قسطرونوب (Casal-Nuovo?), situé à 3
« milles de Calabria قلبرية.

« De Castro-Novo à Botberan بتبران on compte 3 milles;

« Et de là à Sinis سنيس (Senise), 6 milles.

« Ces quatre derniers lieux sont derrière la montagne.

« De Sant-Archangelo سنت ارکنجلو à Rocca-Felib رقه فليب
« (Rocca-Nova?) on compte 6 milles.

« Revenant à Tarente, nous disons que de cette ville à Galli-
« poli la Maritime قليبلى الساحلية, en se dirigeant vers le sud, on
« compte 60 milles;

Et de là à Otrante ادرنت, vers l'orient, 30 milles[1].

« D'Otrante à Ledj لج (Lecce), ville, par terre, 72 milles.

« De Lecce à Brindisi, ville dont il a été question, située sur
« les bords de la mer des Vénitiens, 72 milles.

« De Tarente à Bentanki بنت انكى, 18 milles.

« De là à l'étang البركة, 18 milles.

« De l'étang à Castalnouta قسنال نوته (Castellaneta), 24 milles.

« De Bentanki au fort dit Djibita-Leberal جبيطة لبرال (Cività
« d'Albero-Bello?), 24 milles.

« De là au fort de Mont-Afrid منت افريد, au moins 15 milles.

« De Mont-Afrid à Sanala صنالة (la Stella?), 24 milles.

« De Sanala à Sanghara صنغرة, 27 milles.

« De Djibita-Leberal جبيطة لبرال à Sanala, 24 milles.

« Nous ajouterons que de Bentanki بنة انكى à Lama لامة, for-
« teresse (Lato?), on compte 21 milles.

« De Lama à Cardjara ترجرة, 27 milles;

« Et de là à la ville de Sanghara مدينة صنغرة, 15 milles.

« De même, de Lama لامة à Djibita-Leberal جبيطة لبرال, 15 milles.

« De Lama à Tarente مدينة طارنت, 6 milles.

« De Tarente au fort de Badjitera باجترة, 18 milles;

[1] Les mss. portent 330, mais c'est évidemment une erreur.

CINQUIÈME CLIMAT.

Feuillet 188 recto

- De ce fort à celui de Birket بركة (ou de l'étang), 12 milles.
- De Birket à Cardjara قرجرة, 12 milles.
- De là à Sanghara مدينة صنغرة, 12 milles.
- Du fort de Badjitera باجترة à Ioulian يليان (Palagiano?), jolie citadelle, 18 milles.
- De là à Balascoura بالسقورة, 15 milles.
- De Balascoura à Sanghara صنغرة, 12 milles.
- De Balascoura au fort de Basila باسلة حصن (San-Biagio), vers l'occident, 18 milles.
- De Balascoura à Castalnouta تستال نوته (Castellaneta), 6 milles.
- De là à Beskasarla بشكه سارله, bourg ou petite ville, 8 milles francs, c'est-à-dire 24 milles.
- De là au fort de Sant-Donat سنت داط, 24 milles.
- De là à Rocca-Albano رقة البنو (Monte-Albano), 18 milles.
- De là à Djarwa جروا (Graua?), place forte, 15 milles.
- Du fort d'Albano البنو حصن à Sanghara صنغرة, ville, 18 milles.
- Du fort de Castro قسطرو à celui de Beraï براي, 24 milles.
- De Beraï à Sanghara, 18 milles.
- De Sant-Donat سنت داط à Rocca-Chebekh رقة شح, 18 milles.
- De là à Fedenia الفدنية, 3 milles.
- De Fedenia à la ville de Sanghara صنغرة, 12 milles.
- De Rocca-Delibo رقة دليبو à Fedenia, 18 milles.
- De Djarwa! جروا à Alnia الفنية (Alvano?), 12 milles;
- Et de là à Sanghara, 18 milles.
- Revenant encore sur nos pas, nous disons que :
- De Sanghara au fort d'Akloun on compte 36 milles.
- D'Akloun à Meksterniata مكسترنياطة, sur la droite, 9 milles;
- Et en se dirigeant vers le nord, à Baterandent باترواندنت, 15 milles.
- Du fort de Blana بلانة, si vous allez vers Sanghara, vous trouvez au nord For ...ara فرجارة et, en vous dirigeant un peu vers la droite, le fort de Bedjenbro بجنبرو, à 18 milles.

TROISIÈME SECTION.

« De Blana بلانة à Sanghara, 36 milles.
« Du fort de Djarwa dont nous venons de parler à Falfal للفال,
« 24 milles.
« De là à Sant-Donat سنت دناط, 18 milles.
« De là à Ascanou اسقنو ¹, 24 milles.
« Puis à Bascoura بسقورہ (ou Balascoura), 21 milles.
« De Balascoura بالسقورة à Mont-Dedjoun منت دجون, 18 milles.
« De là à Lama لامة (Lato?), 24 milles.
« De Lama à Tarente مدينة طارنت, 6 milles.
« De Lama à Bentanki بنت انكی, 18 milles.
« Du fort de Bentanki à Arbela اربلان, 24 milles.
« D'Arbelan à Farnaghal فارنغل, 24 milles.
« D'Arbelan au fort de Monte-Bal منت بال, 18 milles.
« De ce fort à Lama, en ligne directe, 24 milles;
« Et en outre, de Falfal للفال à Mont-de-Morwa منت دمروه
« (Alta-Mura?), 28 milles.
« De Matera ماترہ à Cast-Djorazd قسط جرزد (Gioia?), 15 milles.
« Puis à Mont-de-Morwa منت دمروه (Alta-Mura?), 15 milles.
« De plus, de Calcas قلقاس à Castelnis قستلنس, 18 milles.
« De Castelnis à Cast-Djorazd قسط جرزد, 9 milles.
« De Carancal قارنقال à Castelloun قسطلون (Castellaneta?) et à
« Meksernata مكسرناطة, 24 milles.
« De Meksernata à Sanghara صنغرة, 24 milles.
« De même, de Monte-Ferand منت فرند (Ferrandina?) à Cas-
« telloun قسطلون (Castellaneta?), 18 milles.
« De Castelloun à Falfal للفال, 24 milles.
« La ville de Falfal est située au pied des montagnes de Cas-
« telloun. De Falfal à Lesious لسيوس, lieu situé au pied des mon-
« tagnes de l'Alberal البرال, et de là à Djerawa جروا, lieu situé
« au pied des mêmes montagnes, 15 milles.

¹ Le ms. A porte Asfira اسفيرہ.

CINQUIÈME CLIMAT.

« De Monte-Mello منت مللو au fort d'Anklouna انقلونة, situé au
« pied des mêmes montagnes, 18 milles.

« De Ghardia غردية au fort de Carancala قرنقلة, situé à l'extré-
« mité de ces montagnes, 18 milles;

« Et de là à Djibita-Leberal جبيطة لبرال, 33 milles.

« Ce pays est habité par une population qui s'occupe de l'ex-
« ploitation des mines. L'espace compris entre le mont Beral جبل
« برال, le mont Mabal جبل مابال, et les villes de Djibita-Leberal
« جبيطة لبرال et de Bentanki بنت انكى, est de 24 milles.

« De Bentanki au fort de Lama dont il a déjà été question on
« compte 15 milles;

« Et de Lama à Tarente, 6 milles.

« Revenant (de nouveau) sur nos pas, nous disons que :

« De Djibita-Leberal au fort de Borat حصن برات on compte
« 18 milles.

« De ce fort à celui de Beratour براتور, jolie place bâtie au pied
« des montagnes susdites, 18 milles.

« De Beratour à Balana بالانة, autre fort au pied des montagnes,
« 36 milles.

« De là à Rocca-Corali رقة قورالى, 24 milles.

« Puis au fort de Cara قاره حصن, au pied des montagnes,
« 15 milles.

« De là au fort de Tan طن حصن, au pied des montagnes, di-
« rectement, 12 milles.

« De là au fort de Câra-Bechkara قاره بشكارة (Pescara), 9 milles.

« De là à Atrana la Maritime اترانة الساحلية, qu'on écrit aussi
« *Athrana* par un *tha* اطرانة (Ortona a Mare), 18 milles.

« Revenant (encore) sur nos pas, nous disons :

« De Carichtaloun قرشتلون au fort d'Anklouna انقلونة, 15 milles.

« D'Anklouna à Rocca-Batsi رقه بتسى, 18 milles.

« De là à Djibita-Leberal جبيطة لبرال, première dépendance du
« pays des Romains, 33 milles.

« De là au fort de Tan حصن طن, situé au pied des montagnes, Feuillet 188 verso.
« 24 milles.

« De là au fort de Bobolo حصن يوبلو (Popoli?), situé au pied
« des montagnes, 12 milles.

« De là à Ankhazma انكرمه, 24 milles. Feuillet 189 recto.

« De là à Atrana ou Athrana la Maritime اترانة الساحلية (Ortona
« a Mare), 36 milles, ainsi que nous l'avons expliqué plus haut.

« De même, de Carichtaloun قرشتلون à Balbasen بلباسن on
« compte 5 journées.

« De Canb-Marino قنب مريى à Ghardia-Art غرديه ارط (Guar-
« dialfiera), petite ville bien peuplée, 12 milles.

« De là à Carichteloun قرشتلون, 24 milles.

« De même, de Balma بالم à Balbasen بلباسن, 18 milles.

« De Balbasen à Arkelan اركلان, 12 milles.

« De même, du fort de Venedo-Bonsa بنهدبونسه à celui de
« Djenes جنس, 18 milles.

« De celui-ci à Balmela بالملة, 15 milles.

« De là au fort de Cazancal قازنقال, 12 milles.

« De là à Venetatli بنه تاتلى, qu'on appelle aussi Venetopoli
« بنه توبلى, 15 milles.

« De même, de Sanghara صنغرة à Ioulian يليان, 4 milles;

« Et d'Arkelan à Venetotoli بنه توتلى, 9 milles.

« Du fort d'Arkelan حصن ارقلان à Monte-Bal منت بال (Mono-
« poli?), 18 milles.

« De Monte-Bal à Lama حصن لامة, en ligne directe, 6 milles.

« De là à Tarente طارنت, 6 milles.

« De même, de la ville d'Atrouna اطرونه à Lentisca لنتشك,
« 6 milles.

« De ce dernier fort à Venetotoli بنه توتلى, 15 milles.

« De là à Rocca-Mont-Arblan رقه منت ربلان (Mont-Albano),
« 12 milles.

CINQUIÈME CLIMAT.

Feuillet 189 recto.

« De Lentisca لنتشك à Bonsa بونصة, 9 milles.
« De Bonsa à Bentanki بـنـت انكى, 15 milles.
« De Bentanki à Tarente طارنت, 27 milles.
« De Bentanki à Tan طن, 9 milles.
« De même, du fort de Lentisca لنتشك à Venetotoli بنه توتلى,
« 15 milles.
« De là à Rocca-Monte-Belan رقـة مـنـت بـلان (Montepeloso?),
« 12 milles.
« De même, d'Artouna ارطونة, dont il a été question, à Bonsa
« بونصة, 24 milles.
« De Bonsa à Bentanki بنت انكى, 15 milles.
« D'Artouna à Retina رتينة, 9 milles.
« De Retina à Bonsa بونصة, 9 milles.
« De Retina à Rocca-Monte-Belan رقة منت بلان, 12 milles.
« De Monte-Belan à Toutli توتلى (ou Venetopoli), 9 milles.
« D'Atrana اترانـة (Trani?), ville sur les bords de la mer, à
« Buklano بـكلان, 12 milles.
« De Buklano à Retina رتينة, 12 milles.
« De Buklano à Tat تات, 12 milles.
« D'Atrana اترانة à Tat تـات, lieu distant de 6 milles d'une ri-
« vière, 15 milles.
« De Tat à Anghazma انكزمة, 12 milles.
« D'Anghazma à Buklano بـكلان, 9 milles. »

D'Anghazma انكزمة à Atrana اترانة, sur mer, 36 milles.

Nous disons en outre que :

MATERA.

De Tarente à Matira متيرة (Matera), « ville considérable et
« jolie, » située vers le nord-ouest, on compte 180 milles;

Et de Tarente à Bari بارى, en se dirigeant vers l'orient, 180
milles.

De Matira متيرة à Agharbilia اغربلمة, « ville de peu d'impor-
« tance, mais dont le territoire est fertile, » en se dirigeant vers
le nord-ouest, 60 milles.

TROISIÈME SECTION. 279

D'Agharbilia اغربلية à Venosa فنوصة, 180 milles.

« Venosa est une ville célèbre appartenant aux Lombards. » De là à Bari باری on compte, en se dirigeant vers l'orient, 65 milles.

De là à Andra اندره (Andria), en se dirigeant vers l'orient, 54 milles.

D'Andra à Atrana la Maritime اطرانه الساحلية (Trani), vers l'orient, 45 milles.

De Venosa بنوصة à Mont-Bendjos منت بنجوس (Montepeloso?), 70 milles.

« Mont-Bendjos منت بنجوس est un lieu très-fertile, couvert de « vignobles et de bosquets. »

De là à Agharleto اغرلطو, « petite ville bien peuplée, » 18 milles;

Puis à Alb-Djowan الب جوان, 6 milles;

Puis à Anzigharco انريغارقو, qu'on nomme aussi Anzikarko انزيكركو (Tricarico?), 18 milles.

D'Alb-Djowan الب جوان à Bendjos بنجوس, 6 milles.

D'Anzigharco انريغارقو à Aslan اسلان (Acerenza?), 27 milles.

D'Aslan اسلان à Ankeloun انكلون, 24 milles.

(Ce qui fait pour la distance) de Mont-Bendjos à Anzigharco 63 milles, vers l'occident.

D'Anzigharco à Djirasna جرسنة (Acerenza?), ville, on compte 72 milles.

De Djirasna à Babotera بووترای (Volturara?), 18 milles.

De Djirasna à Botansa بتانسة (Potenza), 60 milles.

« Potenza est une ville très-considérable, très-peuplée et en-« tourée de vignobles ainsi que d'habitations. »

De là à Monte-Melvi منت ملوی on compte, en se dirigeant vers l'occident, 150 milles.

De Potenza بتانسة à Melfi la Méditerranée ملف البرية, vers l'occident, 54 milles.

Feuillet 189 recto.

VENOSA.

Feuillet 189 verso.

POTENZA.

CINQUIÈME CLIMAT.

Feuillet 189 verso.

De Melfi ملف à Consa قنس (Conza?), 108 milles [1].

De Consa تنس à Canbania قنبانية (Campagna), 60 milles.

De Campagna تنبانية à Ebola ابلة (Evoli), vers l'occident, 27 milles.

D'Evoli à Salerne سالرنو, 72 milles.

De même, de Campagna, ville et citadelle importante, au fort de Balcas بلقس, 72 milles.

De là au fort de Diaba ديابة, également 72 milles.

De ce fort à Cabouah قبواح (Capoue), 72 milles;

Et de Capoue à Salerne, 36 milles.

Nous reprenons notre itinéraire de Melfi la Méditerranée [2] ملف البرّيّة à Lesina لشنه, ville située sur le bord de la mer des Vénitiens.

De Melfi à Rocca-Sant-Ghathi رقة سنت غاثي (Santa-Agatha), en se dirigeant vers le nord-ouest, 54 milles.

De là au fort d'Ascala حصن اصقلة (Ascoli), 36 milles.

« Ce fort s'appelle aussi A'zcola عزقلة et A'scola عسقلة. »

De là à Otrouna اطرونة (Ordona), 54 milles.

De là à Sant-Lorenso سنت لورنس, 54 milles.

De là à Toudj توج, 27 milles.

De là à Castelnovo قستال نوب, 63 milles.

De là à Sant-Aklarko سنت اكلركو, 36 milles.

De là à Sant-Sabiro سنت صبير (San-Severo), 54 milles;

Et de San-Severo à Lesina, 63 milles.

Lesina est dans le voisinage de la mer des Vénitiens.

La route depuis Otrouna اطرونة (Ordona) jusqu'à Salerne, en passant par Bénévent بنبنت, est comme il suit :

D'Otrouna à Arnana ارنانة (Ariano), ville, 16 milles.

D'Arnana à Andja انج, ville, 18 milles.

De là à Bénévent بنبنت, ville considérable, 27 milles.

[1] Sic.

[2] Notre auteur s'exprime ainsi pour qu'on ne confonde pas Melfi avec Amalfi.

TROISIÈME SECTION.

De là à Abellina ابلينة (Avellino), 72 milles.

D'Avellino à Salerne سالرنو, 72 milles.

De même, de Bénévent à Djengala جنغالة, 27 milles;

Et de là à Naples نابل, 36 milles.

De même, de Bénévent à Monte-Choudj منت شوج, 54 milles.

De là à Abroula ابرولة, 54 milles.

De là à Ardjent ارجنت (Acerra?), 42 milles.

De là à Djengala جنغالة, 21 milles.

De là à Balma بالمة (Palma), 12 milles.

De là à Serna سرنة (Serino), 36 milles;

Et de là à Salerne سالرنو, 72 milles.

L'itinéraire d'Otrona اورونه (Ortona a Mare) à Ancône est comme il suit :

D'Otrona à la rivière de Leucado نهر لوندو, 75 milles.

De là au fort d'Anezca حصن, 20 milles.

De là à la rivière de Pescara نهر بشور, 90 milles.

De là à Batlan بطلان, 90 milles.

De là à Trania ترانية, 69 milles.

De là à Acama اقاما, ville, 174 milles;

Et de là à la ville d'Ancône, 18 milles.

« Comme nous avons suffisamment parlé de ce dernier pays et que nous en avons donné les itinéraires dans la section précédente, nous allons maintenant passer à l'indication des principales rivières qui baignent la contrée, et cela avec toute l'exactitude qui dépendra de nous.

« La première de ces rivières est celle de Sinis سنيس ou de Senise (le Sinnio)[1]. Elle prend sa source dans les montagnes de Carioun جبال قريون, coule entre Calavrata قلورتة (Calabraro) et Castronovo قسطرو نوب (Rocca-Nova?), passe ensuite devant et non loin de Sinis سنيس (Senise), puis, à peu de distance, réunit

Feuillet 189 verso.

COURS DES RIVIÈRES.

Lat. 40°.
Long. 14° 20',
à l'est du méridien de Paris.

---

[1] Pour plus de clarté nous croyons devoir indiquer approximativement les latitudes et longitudes des lieux où les rivières en question ont leurs embouchures.

CINQUIÈME CLIMAT.

Feuillet 190 recto.
Lat. 40° 15'.
Long. 34° 25'.

« ses eaux à celles de la rivière de Sanka سنكة, passe devant Fiadh
« فياض, devant Sant-Bardekira سنت باردكيرة (Policoro), et se
« jette ensuite dans la mer.

« Quant à la Sanka سنكة, elle sort de la montagne de Serino
« جبل سريني (monte Sivino), se joint à la précédente, passe devant
« Fiadh فياض et Bardekira باردكيرة (Policoro), puis se jette dans
« la mer.

« La montagne dont nous venons de parler est située vis-à-vis
« de Djinal جنال, à la distance de 12 milles d'Aklarmonte اكلرمنت
« (Chiaramonte) et de 15 milles de Djinal جنال. »

Lat. 40° 20'.
Long. 34° 30'.

« La rivière d'Akri اكري (Agri) prend sa source à l'occident
« du mont Sivino, passe à Sarcoun سرقون, à Sant-Martino سنت
« مرتين, à Sant-Iouliano سنت ابليان, à Akloun اكلون, à Balcouri
« بلغوري, puis se jette dans la mer.

Lat. 40° 25'
Long. 34° 32'.

« Celle de Botensia بتنسية, qu'on nomme le Branthal برانثال
« (Basente), prend sa source auprès de Botensia بتنسية (Potenza),
« passe auprès de la ville nommée Atrigarco اتريغارقو (Tricarico),
« dont elle baigne les murs; puis auprès et à l'orient d'Aghour
« اكرت (Grottola), puis à 4 milles et demi à l'orient de Ioulioun
« يليون, puis à l'église de Sant-Ioudez سنت يودز, puis auprès d'un
« lieu nommé Taghrir تغرير, qui reste en face vers l'orient, puis
« se jette dans la mer.

Lat. 40° 35'.
Long. 34° 35'.

« Quant à la rivière de Bradano برادانو ou de Bratano براطنو
« (Brandano), elle ne mêle pas ses eaux avec celles du Branthal
« برانثال, car elle se compose d'abord de deux petits cours d'eau
« qui coulent entre deux pays dont l'un se nomme Locbara لقبارة
« et l'autre Potenza بتنسة. Ces cours d'eau se réunissent auprès
« de Rocca Fandjoulan فجلان (San-Giuliano) où ils prennent le
« nom de Bradano برادانو, et coulent ensuite, à travers des lieux ha-
« bités, jusqu'à la mer. Les bords de cette rivière sont couverts de
« bois de sapin; ce bois parvient au moyen de flottage jusqu'à la mer.
« On en extrait de la poix et du goudron, qui s'exportent au loin.

« La rivière de Fortola فرتول (Fortore) sort de la montagne de
« Caterchal قترشال, descend vers Riba ريبـــة (Riccia?), laissant ce lieu
« à 3 milles sur la droite, puis vers Castel-Mare قشتال ماره, qui reste
« sur la droite à la distance d'un jet de flèche; puis vers Tufara
« طفاره, qui reste vers le nord à 3 milles; puis à 3 milles de la
« ville de Djerasna جرسنة, puis à 1 mille de Macala ماقلة, puis à
« San-Giovanni-Maggiore سنت جوان ميور, à 3 milles de distance;
« passe ensuite à 3 milles ou environ de Lorente لورنت (Lauritel-
« lo?), laisse à droite Dragonala ادرغونالة, dont elle baigne les murs,
« Djentata جنطاطا (Civitare?) et Ribalda ربالدا (Ripalta), à la distance
« d'un jet de flèche; puis enfin se jette dans la mer auprès de Lasina
« لاسنة, qu'on nomme aussi Lazina لازنة (Lesina), comme nous l'avons
« déjà dit. De l'embouchure de cette rivière à Lesina on compte
« 3 milles, vers l'occident; à 18 milles de cette embouchure, on
« voit une petite ville qui porte le nom de Canb-Marin قنب مارين
« (Campo-Marino), et qui est située à 9 milles de la mer.

« La rivière de Neto نطو prend sa source auprès de Sila الصيلا
« (Sellia?), à droite de Djirintia جرنتية (Cerenzia?), et dirige son
« cours exactement vers l'orient; puis elle se joint à un autre
« cours d'eau provenant d'une source à gauche du pays susdit,
« située près d'un lieu connu sous le nom de *la Saline* الملاحة;
« laissant Cerensa جورنزه[1] (Cosenza) à 9 milles de distance, elle
« passe à 1 mille et demi de Sant-Semiri سنت سميري (Sant-Seve-
« rina), coule entre Crotone قطرون et Strongoli استرنجلي, et se dé-
« charge dans la mer.

« La rivière d'Akri اكري ne coule point entre Sant-Archangelo
« سنت ارکنجل et Betrisa بترسة, mais vis-à-vis de l'un et de
« l'autre de ces lieux, de manière à passer très-près du pre-
« mier et à 1 mille et demi du second, en suivant, à 12 milles de
« distance, les contours du Monte-Maggiore منت ميور (Monte-

[1] Le manuscrit B porte جريقه, ce qui peut donner une idée de la négligence du copiste.

CINQUIÈME CLIMAT.

Feuillet 190 verso.

« Albano?). Cette rivière prend sa source dans le Monte-Secco جبل سقو, se dirige ensuite vers Betrisa بترسه et Archangelo اركنجل, ainsi que nous venons de le dire.

Lat. 41° 25'.
Long. 12° 25'.

« La rivière de Sabato شباطو (Sabbato) sort d'entre deux roches situées au nord dans les montagnes voisines de Serīn سرين (Serino), à 1 mille et demi d'intervalle. Elle continue à couler en passant à droite de Monte-Abrou منت ابرو (Monte-Morano?), puis à 1 mille et demi à droite de Sant-Bernat سنت برناط, puis au-dessous et à 1 mille et demi d'Afrantio افرانتيو, qui reste au nord; puis au-dessous de la montagne d'Abratna جبل ابراطنه [1], puis à droite et à un jet de flèche du fort de Tocco ou de Toc طقو ou طق, puis auprès de Rocca-Belta رقه بلتة, puis à 1 mille e demi du fort de Djeberoun حصن جبرون. Le fort de Monte-Fosc منتفسق (Montefusco) et ses dépendances restent à droite. La rivière en question poursuit son cours entre les districts de Montefusco et de Djeberoun, et se termine au faubourg de Bénévent ربض بنيفنت qu'elle laisse à droite [2].

Lat. 41° 25'.
Long. 12° 35'.

« La rivière de Calour قلور (Calore) prend sa source dans la montagne dite Montal منتال, passe ensuite à Tarch طرش, à travers des gorges de montagne, poursuit son cours jusqu'à 1 mille

Feuillet 191 recto.

et demi de Cantana قنطانة, puis au-dessous à droite et au nord de Montefusco منت فسق qu'elle laisse à 6 milles de distance. Cette rivière coule ensuite entre le fort d'Actaranda انترانده et Fusco فسق, de manière à laisser ce dernier lieu à 1 mille et demi de distance, puis passe à droite et à la distance d'un jet de pierre d'Abendja ابنج, puis au-dessous de Bedhoula بدولة (Bonito), lieu qui reste à droite et à 1 mille et demi de la rivière et à un demi-mille de la montagne; puis elle coule sous le pont de Balentekis بالنتقيس (Mancusi) qui s'élève à 3 milles de Béné-

---

[1] Le nom de cette montagne manque dans le ms. B.

[2] Cette description du cours du Sabbato est remarquablement exacte. En effet c'est au-dessous de Bénévent que la rivière en question se joint au Vulturne.

« vent, puis elle se joint, auprès de Sant-Filos سنت فيلوس, au
« Sabbato نهر شابطو.

« La rivière de Lania وادى لانية (Lao ou Laino) prend sa source
« auprès de Marcori مركورى (Maramno), passe auprès de Dascalia
« دسقالية (Scalea), puis se jette dans la mer.

« Celle de Raml رمل (ou du Sable) prend sa source dans une
« colline auprès de Castroboli قسطروبلى (Policastro?) et de Ma-
« rathia مراثيا (Marathea [1]), puis se jette dans la mer, à 6 milles
« de Dascalia دسقالية et à 1 mille de Marathia مراثيا.

« Celle de Policastro بلقسطروا prend sa source auprès de Sant-
« Saïri سنت صايرى (Sanza), puis coule vers Policastro بلقسطروا où
« elle a son embouchure dans la mer.

« Celle de Molia مولية dérive de la montagne de Castelnos
« قسطلنس, passe devant Camerata لراطة; parvenue auprès de Mo-
« lia مولية, elle se jette dans la mer.

« Celle d'Abourca ابورقة (Alento) descend du Monte-Forte
« منت فرت, passe devant Carbala قربلة (il Vallo?), devant Terdjel
« ترجل, de là à Abourca ابورقة, puis à la mer.

« Celle d'Adiana اديانة (Diano) prend sa source à Monte-San
« منت صان (Monte-Rotondo, près de Sanza), passe ensuite auprès
« de Badula بدولة (Padula), puis entre Adiana اديانة (Diano) et
« Sala صالة (Salla), puis auprès d'Ebla ابلة (Evoli), puis devant
« Ewellat اولات, et parvenue dans le voisinage du mont Tava منت
« طوى, elle se joint au Silo سيلو (Sele).

« Celle de Cazalo قزلو, que les habitants du pays nomment
« Cazala قزلة (Casalnuovo), prend sa source auprès du monastère
« dit Deïr Akran دير اكران, passe ensuite auprès de Cazala, puis
« décharge ses eaux dans la rivière de Policastro نهر بلقسطرو.

« Enfin la rivière d'Aglioura اكليوره (rocca Gloriosa?) descend
« des montagnes de Bofran رفران (Rofrano), coule ensuite vers
« Aglioura اكليوره et vers Camerata لراطة où elle se jette dans la mer. »

---

[1] L'orthographe de ce nom de lieu est parfaitement représentée par notre auteur.

QUATRIÈME SECTION.

Suite des bords de l'Adriatique. — Antivari. — Cattaro. — Raguse. — Albani. — Okhrida. — Serès. — Nissa. — Castoria. — Ancienne Thessalie. — Larissa. — Andrinople. — Armyros. — Platamona. — Salonique. — Ancienne Thrace. — Gallipoli. — Rodosto. — Constantinople. — Ancienne Bithynie. — Nicée.

Feuillet 191 recto.

Cette section comprend le pays de Raguse بلاد رغوسة, l'Esclavonie اسقلونية, la Germanie بلاد جرمانية, le canal de Constantinople خليج قسطنطينيه, ainsi que les villes principales situées sur ses bords, et quelques parties de la contrée située au delà (du Bosphore)[1]. « Nous allons traiter ce sujet avec tous les détails pos-« sibles, autant que nous le permettront nos forces et l'état de « nos connaissances, s'il plaît à Dieu. »

Nous disons que le pays des Vénitiens بلاد البنادقة, le pays des Slaves بلاد الصقالبة, et (en général) tout ce qui est baigné par la mer des Vénitiens est entouré comme d'une zone du côté de l'orient par une chaîne de montagnes qui commence à 30 milles d'Andrinople ادرنوبلى. Ces montagnes se nomment Lesso لســو

---

[1] Le lecteur sera sans doute agréablement surpris de trouver ici de nombreuses concordances de noms de lieux établies d'après les écrivains grecs du moyen âge. Ces rapprochements donnent en effet un intérêt tout particulier à la présente partie de notre travail, car ils tendent à prouver que les Arabes possédaient des notions précises sur un grand nombre de localités fréquentées par les voyageurs du XIIe siècle, et à peu près oubliées ou inconnues de nos jours. Nous ne saurions cependant revendiquer tout l'honneur d'avoir dissipé les obscurités que présentaient nos itinéraires. Éclaircies pour la plupart avec un rare bonheur, ces obscurités ont été l'objet d'un examen très-approfondi et de notes infiniment curieuses dont nous sommes redevables à l'obligeance et au savoir de notre confrère M. Hase.

Nous transcrirons les noms anciens en caractères italiques et les modernes en caractères romains.

QUATRIÈME SECTION. 287

(Alessio), et à leur sommet il existe une ville du même nom. Elles se prolongent vers le nord jusqu'à Castorina قسطورينلة, et il en dérive un embranchement vis-à-vis de Durazzo دراست [1] par lequel passe le chemin qui conduit à cette dernière ville et ailleurs. Là la montagne prend le nom d'Altamora الطمورة. Trois rivières dont le cours se dirige vers Avlona ابلونة et Durazzo دراست y prennent leur source, puis se déchargent dans la mer. La première, qui est celle d'Avlona, se nomme la Chouzza شوصة (la Voïoutza), la seconde porte le nom de Dabli دابلى, et la troisième celui de Strina استرينه (le Drin). Cette chaîne s'étend ensuite dans la direction de Durazzo دراست jusqu'à 40 milles de Djadra جادره (Zara). L'embranchement le plus voisin d'Andrinople ادرنبلى et de la ville de Cania قانبا (Camio?), se dirige vers les bords de la mer du Péloponnèse بحر بلپونس, et se termine à 80 milles d'Astibos استيغس (de Thèbes) « d'où ses cimes dominent la mer. »

« Quant à la montagne de Lesso جبل لسو, dont nous venons de
« parler, elle est située à 15 milles de Durazzo. De la ville de
« Lesso مدينة لسو à Deldjina la Maritime دلجينه (Dulcigno), on
« compte 30 milles;

« Et de Deldjina à la montagne, 12 milles.

« Cette montagne se prolonge jusqu'auprès, 1° d'Antibara انتبره
« (Antivari), jolie ville bâtie sur le penchant d'une colline, à
« 3 milles de distance de la mer; 2° de Cataro قاطرر (Cattaro), lieu
« situé à 3 milles de la montagne; et 3° de la ville de Raguse
« مدينة رغوسة.

« Vis-à-vis de la ville de Cadara قادره (Cattaro) dont il est ici
« question, et au delà de la montagne, à une distance de 15
« milles, est Camio قمبو, ville florissante, située sur un embran-
« chement et entourée de montagnes qui affectent la forme d'un
« kief كً, en sorte qu'on ne peut y parvenir que d'un seul côté.
« La chaîne se dirige ensuite vers Staghno استغنو (Stagno) et là il

---
[1] La version latine porte mal à propos, ce me semble, *Drast*.

288   CINQUIÈME CLIMAT.

Feuillet 191 verso.
« s'en détache un pic très-élevé ; puis vers Sbalato اسبالطو (Spa-
« latro), situé à 6 milles de la montagne » derrière laquelle sont
deux villes, savoir : Nidjau نجاو (Clissa?) et Kitra كِتْرَه ; la première à 12 milles de Spalatro et à 1 journée de la seconde. « L'une
« et l'autre sont environnées de montagnes d'un difficile accès. »
La chaîne se prolonge après vers Targhouri ترغوري (Traw) et vers
Sinadji سينجاي (Sebenico), ville bâtie sur un contre-fort de montagnes ; puis vers Djadera جادره (Zara), située dans une plaine
à 1 journée des montagnes ; puis vers Nouna la Maritime نونه
(Nona), située à 12 milles ; puis vers Sana سانه (Segna) sur le penchant d'un coteau. Là ces montagnes atteignent, par une ligne
droite, les environs de Lobara لوبارا (Lovrano), lieu situé sur une
agréable colline ; puis par une ligne droite, les terres voisines
d'Aquilée ايكلاينه, « hautes et d'un difficile accès. La chaîne de
« montagnes dont nous venons d'indiquer la direction ceint et
« protége toutes ces villes. »

« Entre la mer des Vénitiens et le détroit de Constantinople il
« existe quantité de lieux et de résidences célèbres. Nous allons
Feuillet 192 recto.
« les indiquer en détail. » Nous disons donc que la route de Durazzo
دراس à Akhrisoboli اخرسوبلي (*Christopolis*) est comme il suit :

De Durazzo sur les bords de la mer de Venise, en prenant par
terre la direction de Constantinople, on se rend d'abord à Teberla
تبرله (Debra?), « lieu situé sur une éminence, » 2 journées.

« De là à Okhrida اخريده (Ochrida), 4 journées.

OCHRIDA.
« Okhrida [1] est une ville remarquable par le nombre de ses édi-
« fices et par l'importance de son commerce. » Elle est bâtie sur une
agréable éminence et non loin d'un lac considérable où l'on se
livre à la pêche avec des embarcations. Autour de ce lac sont divers lieux habités. Sa circonférence, située vers le midi de la ville,
embrasse un peu plus de 3 journées. A 2 journées de là est Bol-

---

[1] Ce nom de lieu fort important a été omis, on ne sait pourquoi, par les abrévia-
teurs. Il est quelquefois écrit *Okhrinda* اخرينده dans nos manuscrits.

QUATRIÈME SECTION. 289

ghoura بلغورا (*Pologos?*), jolie ville située sur le sommet d'une haute montagne, « à la distance de 4 journées, en se dirigeant vers « le nord-est de Sconia اسقونیـه (Scopia ou Uskup), ville considé- « rable, entourée de beaucoup de vignobles et de champs cultivés. « De là on se rend à Cortos تورطس [1], lieu également situé vers le « nord-est, après avoir traversé le Fardari فرداری (le Vardar), « grande rivière. Cortos est une ville florissante et peuplée, envi- « ronnée de cultures et de vignobles. » De là à Strina استرينة (ou Stranissa استرنیسـه) [2], « ville bâtie sur une éminence et remar- « quable par la quantité de vignobles et de jardins qui l'envi- « ronnent, » en se dirigeant vers l'orient, 1 journée.

De Stranissa استرنيسة à Raghoria راغورية (*Ropelia?*), « ville « considérable, célèbre, des plus anciennes de la Romanie, en- « tourée de villages et de cultures, » en se dirigeant vers le nord-est, 1 journée.

« Au nord de cette ville coulent quatre rivières dont les eaux « viennent se mêler à celles du Vardar فرداری. »

De Raghoria راغوریة à Serès سرس on compte 1 journée.

« Serès est une jolie ville bâtie sur une colline, dont les en- « virons sont très-agréables, les habitations nombreuses et les « ressources abondantes. »

De là à Rahna رحنة (Drama), « ville agréable, bien peuplée, « entourée de vignobles, d'habitations et de cultures, » en se diri- geant vers l'orient, 1 journée.

De là à Akhrisoboli اخرسوبلی (*Christopolis*), grande ville située sur les bords du détroit de Constantinople, 1 journée.

« ITINÉRAIRE DE DURAZZO دراس À SALONIQUE صلونیك.

« De Durazzo à Teberla تبرله (*Debra?*), comme nous l'avons « dit, 2 journées.

---

[1] Karatoba, aujourd'hui Stutzaïtza.
[2] Stroumnitza, aujourd'hui Ostroumja.

II. 37

CINQUIÈME CLIMAT.

« De Teberla à Okhrida اخريده, 4 journées.

« D'Okhrida à Toutili توتيلى (Tourboli?), ville agréable et jolie,
« vers l'orient, 2 journées.

« De Toutili à Aberlis ابرليس, lieu situé sur une éminence dont
« les alentours sont habités, cultivés et couverts de vignobles et
« de cultures, 1 demi-journée.

« D'Aberlis à Ostrobou استروبو (Ostrovo), 1 journée et demie.

« Ce pays est entouré par les eaux d'un lac de 1 journée et
« demie de circonférence, où l'on pêche beaucoup de poisson.

« D'Ostrobou à Boudiana بوديانـة (Vodina, l'antique *Édesse*),
« lieu situé sur une éminence, par la route la plus fréquentée,
« 1 journée.

« De là à Salonique صلونيك, ville située sur le détroit de Cons-
« tantinople, 2 journées. »

ITINÉRAIRE DE DURAZZO À BELGHRADOUN بلغردون (BELGRADE) SUR LE DANUBE.

De Durazzo à Teberla تبرلة, 2 journées.

De là à Okhrida, 4 journées;

Puis à Boulghar بولغر, 2 journées;

Puis à Scopia اسقوبية (Uskup), 1 journée.

« (Nous avons déjà décrit ces pays.) »

De Scopia à Cortos قرطوس, 1 journée.

Là vous laissez à droite la route d'Akhrisoboli اخرسوبلى et, descendant vers le nord, vous arrivez à Formendos فرمىدس, « ville
« bâtie sur le sommet d'une montagne et environnée de vignobles
« et de cultures, » 2 journées.

De là à Malsouda مالسودة, « lieu situé sur un plateau et remar-
« quable par la quantité de vergers, de jardins et de cultures qui
« l'environnent de tous côtés, » 1 journée et demie.

De là à Bermania برمانية (Vrana), « jolie ville située dans une

QUATRIÈME SECTION. 291

« plaine, au milieu de vignobles et de champs cultivés et fer- « tiles, » 3 journées.

De là à Stobouni استبوني, « village, » 1 journée.

De là à Atralsa اترالسة, « lieu bien peuplé et situé dans une « plaine fertile, » 1 journée.

De là à Atroubi ادروبي ou Atrouni, « lieu situé sur une mon- « tagne d'où découle un cours d'eau qui se dirige vers la Morawa « موراك, » 1 journée.

« De là à Nisou نيسو (Nissa), 1 journée.

« Cette dernière ville est bâtie dans le voisinage d'une rivière « qui se nomme la Morawa مورانا et qui descend des montagnes « de Serina جبال سرينة (le Balkan).

« De Nissa نيسو à Rabna رينة (Rachna), 1 journée.

« De Rabna à Afridesfa افريدسفا (ou Akrideska), ville florissante, « bâtie au sommet des montagnes qui s'étendent le long du Da- « nube, 1 journée et demie. »

D'Afridesfa à Belghradoun بلغردون, ville sur les bords de ce fleuve [1], 1 journée.

De la ville d'Avlona ابلونة, située sur les bords de la mer de Venise, à celle d'Armiroun ارميرون (*Armyros*), sur le détroit de Constantinople, la route est comme il suit :

D'Avlona à Adernoboli ادرنبولي (*Drynopolis*), par terre, 2 journées.

A 1 journée de là est Ialna يالنة (Ianina), ville « bâtie sur une « éminence, bien peuplée, environnée de beaucoup d'eau et de « vergers. »

D'Adernoboli à Castoria قسطورية, 2 journées.

« Castoria est une ville agréable, riche, bien peuplée, en- « tourée de villages et d'habitations. Elle est située sur une émi- « nence baignée par les eaux d'un grand lac où l'on pêche, au « moyen de barques, beaucoup de poisson. »

---

[1] Cette indication, qui nous est fournie par le ms. A, et d'une manière incomplète par la version latine, manque dans le ms. B.

Feuillet 192 verso.

De là à Taroufnika طاروفنقه (Tricala)¹, « ville située dans une « plaine et entourée de vignobles et de cultures, » 3 journées;

LARISSA.

De là à Larissa لارسه (Larisse), « ville considérable, entourée « de plantations de figuiers, de vignobles et de champs cultivés, » 1 journée.

« De Larissa à Armirioun ارمريون, ville située sur le détroit de « Constantinople (nous en reparlerons ci-après), 2 fortes jour- « nées. »

De Saint-Georges la Maritime سنت جرج (cap Saint-Georges?), en se dirigeant vers l'intérieur des terres, on rencontre à 2 jour- nées Rousio روسيو (Rhousion), « ville sur le penchant d'une haute montagne, » vis-à-vis et à 1 journée de Tabos تابوس (Thasos?), sur le rivage.

De Rousio روسيو à Kobsila كبسيلة (Ypsala), « ville située à 12 « milles de Rodosto رودستو, non loin d'une rivière qu'on appelle « la Mariso مارسو (Maritza), rivière considérable et qu'on passe « en bateau, » en se dirigeant vers le nord, 12 milles.

De Rousio روسيو à Abrous ابرس (Apros²), « ville florissante de « l'intérieur, entourée d'habitations et de vignobles, » 1 journée.

D'Abrous ابرس à Nicolowa نيقلوا, 1 journée.

Feuillet 193 recto.

De là à Sorloua سرلوة (Tchorlou), « après avoir traversé une « rivière, » 1 journée.

« Tchorlou est une ville de l'intérieur, bâtie dans une plaine, « au pied d'une montagne, vis-à-vis et à 50 milles de Bandhos « la Maritime بانذس (Panados). »

De Tchorlou سرلوة à Arkadioboli اركاديوبلى (Arcadiopolis³), 1 journée et demie « ou 40 milles. »

D'Arkadioboli à Adrianoboli ادرنوبلى (Andrinople), 50 milles.

---

¹ Une note en marge du ms. B semble indiquer qu'il existe ici quelque transposi- tion de noms de lieu.

² Aujourd'hui Ainadjik.

³ Le *Bergula* des itinéraires romains. Aujourd'hui Tchatal-Bourghaz.

QUATRIÈME SECTION.

« On traverse dans l'intervalle une rivière qui se nomme Akh-
« lioun اخليون (*Agrianès*[1]). »

« Andrinople ادرنبوبلى est une ville continentale, belle, floris-
« sante, peuplée et entourée de nombreuses cultures. »

De là à Thamianos ثميانس (*Damianos*), « après avoir également
« traversé l'Akhlioun نهراخليون, » 60 milles.

De Thamianos ثمانوس à Carwi قاروى (*Karpos?*), « ville au pied
« d'une chaîne de montagnes, » 1 journée.

De là à Costantiniah قسطنطنيه (Constantinople), en se dirigeant vers l'orient, 160 milles.

De même, de Carwi قاروى à Ligholgho ليغلغلو, « ville impor-
« tante, située au sommet d'une montagne, en se dirigeant vers
« l'occident, » 1 journée.

De Carwi قاروى à la chaîne de montagnes qui la domine vers
le nord, 20 milles.

Constantinople قسطنطنيه est une grande ville, très-peuplée,
remplie d'édifices et dont les environs sont bien cultivés. Elle est
située à 40 milles[2] de Filibobolis فليبوبلس (*Philippopolis*); « on
« traverse une rivière dans l'intervalle. »

De Philippopolis à Andrinople, en se dirigeant vers l'orient[2],
50 milles.

« D'Andrinople à Arcadiopolis, comme nous venons de le dire
« en faisant mention de ces deux villes, 50 milles.

« D'Arcadiopolis اركدبوبلى à Sorloua سرلوة (Tchorlou) dont
« nous avons déjà parlé, 40 milles.

« (La rivière d'Akhlioun اخليون passe dans le voisinage de l'une
« et de l'autre de ces villes.) »

De Sorloua سرلوة à Zaghoria زاغورية[3] (l'ancienne *Develtus*), « ville
« située auprès d'une chaîne de montagnes, » 160 milles.

[1] En turc Erkené.
[2] *Sic*.
[3] *Eam regionem Bulgari cum accepissent, Zagoram appellarunt.* Zonare, *Annal.*
t. II, p. 156.

294 CINQUIÈME CLIMAT.

Feuillet 193 recto.

De Zaghoria زاغورية à Salonique la Maritime صلونيك الساحلية, 140 milles.

« La montagne de Zaghoria se prolonge entre Zaghoria et La-
« risse ci-dessus mentionnée, sur un espace de 220 milles. »

De Larisse au passage de l'île d'Egribos اغريس (ou de Négrepont) on compte 80 milles.

« La rivière de Lycostomi ليقستمى (*le Pénée*) passe dans le voi-
« sinage de Larisse لارسة. De cette dernière ville à Taroufnica
« طاروفنيقه (Tricala) on compte 120 milles;

« De Larisse à un pays situé sur les bords de la mer et nommé
« Kharista خارست (Caritza), 30 milles.

« Taroufnica طاروفنيقه, ville située dans l'intérieur des terres,
« est également voisine de la rivière de Lycostomi ليقستمى, la-
« quelle se jette dans la mer entre Kharista خارست et Athina اثينه
« (Athènes), ville maritime peu éloignée du détroit du Pélopon-
« nèse مضيق بيلبونس; cette rivière coule entre Larisse et Athènes.

« Entre l'embouchure de cette rivière et celle du Fardari فردارى
« (l'ancien *Axius*, aujourd'hui Vardar) on compte 50 milles.

« La montagne d'el-Lacoudemonia جبل اللقودمونيه (Lacédé-
« mone)[1] se prolonge du midi au nord à la distance de 125 milles
« de Costantiniah قسطنطنيه (de Constantinople), et de 40 milles
« de Carwi قاروى. De cette montagne à la montagne la plus voisine
« on compte 30 milles. Un embranchement se dirige de l'occi-
« dent vers l'orient, et un autre du nord au midi, à la distance

Feuillet 193 verso.

« de 20 milles de Carwi قاروى. Toutes ces montagnes portent le
« nom de montagnes de Lacédémone. Les deux chaînes sont sé-
« parées par la rivière d'Akhlioun اخليون, laquelle est grande
« et célèbre. Elle vient du côté du nord et coule à 120 milles

---

[1] Il est évident que notre auteur veut ici parler du Balkan, ou du moins de la partie de cette chaîne qui s'étend entre Kirk-kilissia et Aïnada. La dénomination bizarre qu'il lui donne ne peut provenir que de l'extrême imperfection des cartes qu'il était à portée de consulter.

« de Constantinople. Cette rivière passe à 12 milles de Phi-
« lippopolis, se détourne vers l'occident, puis vers Andrinople;
« dont elle baigne les murs à l'occident; puis vers Sorloua سرلوة
« (Tchorlou), puis vers Arkadoboli اركادوبلى, puis enfin directe-
« ment vers Akhrisobouli la Maritime اخرسوبلى (*Christopolis*) où
« elle prend le nom de Mari مارى (ou de Maritza). »

« Pour se rendre de Durazzo دراس à Constantinople قسطنطينية,
« en suivant les contours des rivages, on passe d'abord par Lab-
« louna ليلونه (Avlona), puis on double la pointe du Péloponnèse
« قرطيل من جزيرة بلبونس, puis on longe les côtes de cette pres-
« qu'île jusqu'au détroit dont l'entrée est sur le côté opposé près
« le cap Achkala راس اشكلة (cap Skyllo ou *Promontorium Scyl-*
« *læum*). Nous avons déjà décrit cette route dans le quatrième
« climat [1]. Nous disons donc que d'Anaboli نابلى (Napoli de Ro-
« manie) à Hadjiria حجرية on compte 90 milles;

« Et de Hadjiria à Bendesia بندسية (Vostitza?), en ligne di-
« recte et par terre, 135 milles.

« De Bendesia au cap Achkala, 50 milles.

« Ce cap est formé par une chaîne de montagnes qui pénètre
« à 100 milles dans l'intérieur du Péloponnèse.

« Du cap Achkala à Malbasa ملباصة (*Monembasia*), 280 milles;

« Et d'un cap à l'autre (dont le nom manque), comme nous
« l'avons dit, 6 milles.

« De l'entrée du détroit de la presqu'île à Bendesia بندسية,
« ville maritime, bien peuplée et commerçante, 45 milles.

« De Bendesia à Athina اثينة (Athènes), 50 milles.

« Athènes est une ville populeuse, environnée de jardins et de
« champs cultivés.

« De là à Kharista خارست (*Carystos*), ville maritime, très-
« peuplée, entourée de champs cultivés et de vergers, 60 milles.

[1] Voyez ci-dessus, p. 122 et suiv.

CINQUIÈME CLIMAT.

[Feuillet 193 verso.] « De là à l'extrémité de l'île d'Egribos اغريبس (Négrepont) et à
« la ville d'Armiroun ارميرون [1], 88 milles.

« L'île d'Egribos (l'ancienne *Eubée*) a 100 milles de circonfé-
« rence, et on y remarque deux villes, savoir : celle qui est voisine
« de Kharista (de *Carystos*) et qui se nomme Aghinis اغينس
« (*Hagios Ioannis?*), et dans la partie orientale de l'île, près le cap
« Eskel-Fara اسكلفارو (le port de Fara?), la ville de Fasimont
« فاسى مغت (*Phalasia?*).

« Le climat d'Egribos est salubre, son territoire fertile, cou-
« vert de cultures et produisant toute sorte de fruits en abon-
[ARMYROS.] « dance. La ville d'Armiroun ارميرون (*Armyros*), située à l'entrée
« du détroit, est considérable, peuplée et commerçante. C'est là
« que les Grecs entreposent leurs marchandises. » De là à Deme-
« triana دمتريانه (*Demetrias*), petite ville bien peuplée, on compte
« 30 milles.

De Demetriana à Ablatamouna ابلاطمونه (Platamona), 110 milles.
« Entre ces deux villes coule la rivière de Lycostomi ليقستمى
« (le *Pénée*).

[PLATAMONA.] « Ablatamona ابلاطمونه (Platamona) est une ville florissante
« dont les maisons sont hautes et magnifiques, et le territoire
« agréable et productif. Son port offre un bon mouillage. »

De là à Kitros كتبرس (Kidros), « ville considérable, forte, com-
« merçante et bien peuplée, » 120 milles.

[SALONIQUE.] De là à Salonique صلونيق, par la voie la plus directe, 20 milles.
« La mer forme ici un golfe peu considérable à l'extrémité
[Feuillet 194 recto.] « duquel est bâtie Salonique, ville agréable, célèbre et possé-
« dant une nombreuse population. »

De là à Rendhina رندينه[2], « ville entourée de murs et possédant
« des marchés, » 25 milles.

---

[1] Le ms. A porte Armioun ارميون.
[2] La *Rentina* des Byzantins, actuellement déchue, mais existant encore sous les noms de Vastra ou de Rondino.

QUATRIÈME SECTION.

De Rendhina à Akhrisoboli la Maritime اخرسوبلى (*Christopolis*), 25 milles.

« Cette dernière ville est agréable et remarquable par la beauté
« de ses marchés et par l'importance de son commerce. Auprès de
« ses murs coule une rivière connue sous le nom de Marmari
« مرمارى (la Maritza). »

D'Akhrisoboli à Akhristobolis اخرستوبلس on compte 25 milles [1].

« Vis-à-vis de ce dernier lieu et dans son voisinage il existe
« une montagne auprès de laquelle est un pays connu sous le
« nom de Filibes فليبس (*Philippes*[2]), où il y a beaucoup d'indus-
« trie et de commerce, soit d'exportation, soit d'importation. Ce
« pays, couvert de vignes et de plantations de toute espèce, est
« situé sur une éminence à 8 milles de la mer. Entre le premier
« et le second de ces lieux, coule une rivière connue sous le nom
« de Magrobotami مغروبتمى (*Makropotamos* ou *Mavropotamos*). Ce
« fut à Filibes (*Philippes*) que naquit Alexandre.

« De la rivière en question à Akhristobolis اخرستوبلس on
« compte 12 milles. »

De Filibes فليبس à Kalah كله (la Cavale, anciennement *Neapolis*), « ville maritime, forte et jolie, » 25 milles.

De là à Sant-Djordji سنت جرج (Saint-Georges), « ville impor-
« tante, avec de magnifiques bazars, de larges rues, de belles
« maisons, peuplée, riche et commerçante, » 25 milles.

De là à Calliboli قليبلي (Gallipoli), « belle et grande ville, »
100 milles.

GALLIPOLI.

De Gallipoli à Nabdhos نابذوس (*Panados*), « ville importante,
« dont les maisons sont nombreuses, les rues, les bazars et les
« places publiques larges, et vis-à-vis de laquelle est située, sur
« le continent, à 30 milles de distance, la ville de Rousio روسيو
« dont nous avons déjà parlé, » 65 milles.

---

[1] Il y a évidemment ici quelque confusion.
[2] Lieu célèbre par la défaite de Brutus et de Cassius.

298 CINQUIÈME CLIMAT.

De là à Rodosto رودستو, « jolie ville dont les maisons sont con-
« tiguës, la situation riante, et les environs couverts de vignobles, »
20 milles.

De là à Iraclia ايرقليه, qu'on nomme aussi Heraclia هـرقـلـيـه,
« ville très-peuplée et très-commerçante où s'abritent les flottes
« et les armées, » 25 milles.

D'Heraclia à Selimiria سليميريه (*Selymbria*, aujourd'hui Silivri),
« ville forte et résidence bien connue, » 25 milles.

De là à Bathoura باثورة (*Athyra*, aujourd'hui Buiuk-Tchekme-
« djé), « lieu remarquable par ses vignobles, ses vergers et ses
« champs cultivés, » 20 milles.

De là à Rio ريو (*Rhegium*, aujourd'hui Kutchuk-Tchekmedjé),
« pays commerçant, agréable et très-fréquenté [1], » 20 milles.

De là à Costantiniah قسطنطينيه (Constantinople), 20 milles.

Cette capitale est bâtie sur une langue de terre de forme
triangulaire. Deux de ses côtés sont baignés par la mer; le
troisième comprend le terrain sur lequel s'élève la porte Dorée.
La longueur totale de la ville est de 9 milles [2]. « Elle est ceinte
« d'une forte muraille dont la hauteur est de vingt et une cou-
« dées et revêtue d'un parapet haut de dix coudées, tant du côté
« de la terre que de celui de la mer. Entre ce parapet et la mer il
« existe une tour برجه qui s'élève à la hauteur d'environ cinquante
« coudées *rechachi*. La ville a environ cent portes dont la princi-
« pale est celle qu'on nomme la porte Dorée ; elle est en fer recou-
« vert de lames d'or, et l'on n'en connaît pas qui lui soit compa-
« rable en grandeur dans toute l'étendue de l'empire romain [3].

---

[1] Cette indication manque dans le ms. A.

[2] La version latine contient en outre la mention suivante : *habetque stagnum aquæ dulcis duodecim milliaribus protensum*. Heureusement notre texte nous met à portée de rectifier cette erreur ; car il ne s'agit point ici d'un étang d'eau douce auprès de Constantinople, mais bien du lac de Nicée, ainsi qu'on le verra plus loin (p. 302).

[3] وليس يدرى مثلها فى أكبر قطرا الاقطار رومه

« Cette ville renferme un palais renommé par la hauteur, la
« vaste étendue et la beauté de ses constructions, et de plus un
« hippodrome بدرون par lequel on arrive à ce palais, cirque le
« plus étonnant qui existe dans l'univers. On y marche entre deux
« rangs de statues en bronze d'un travail exquis, représentant des
« hommes, des chevaux, des lions, etc. sculptées avec une per-
« fection de nature à faire le désespoir des artistes les plus ha-
« biles. Ces figures sont d'une stature plus haute que la grandeur
« naturelle. Le palais contient également un grand nombre d'ob-
« jets d'art infiniment curieux.

« Au delà du détroit et dans la direction de l'Arménie, il
« existe onze provinces ou dépendances, savoir : 1° l'Ablakhonia
« ابلاخونیه[1] (la Paphlagonie), qui renferme cinq forteresses du
« côté de la mer de Syrie.

« 2° La plus éloignée d'entre ces provinces est celle de Mala-
« tia ملطى (ou de Mélitène) dont le nom signifie *les yeux et les*
« *oreilles*, qui renferme trois forteresses.

« La ville de Nicomédie نكودیة, située à 8 milles de la mer, est
« actuellement ruinée.

« 3° La province de Lamchik لامشیق (*Opsikion*) dont dépendent
« Nicée نیتیه, grande ville, et dix autres places fortes. Auprès
« de Nicée est un lac d'eau douce dont la longueur est de
« 12 milles.

« 4° La province d'el-Afachīn الافشین (Éphèse), qui contient
« quatre places fortes. La ville du même nom est située dans le
« district d'Alawasi الاواسی. » On dit qu'Afachīn افشین est la ville
des possesseurs de la caverne (des sept Dormants); mais il n'en
est rien : ceux-ci sont dans une caverne qui existe entre A'mouria عموریة et Nikia نیقیه (Nicée), et sur une montagne d'environ mille coudées de haut. A la surface du sol on voit une
caverne et une espèce d'escalier conduisant au lieu où sont les

---

[1] Nous avons cru devoir numéroter chacune de ces provinces, pour plus de clarté.

300 CINQUIÈME CLIMAT.

Feuillet 194 verso. sept Dormants. Sur le sommet de la montagne est une ouverture qui ressemble à un puits, par lequel on pénètre jusqu'à la porte de la caverne. Au bout de trois cents pas on aperçoit de la clarté, et l'on voit un portique soutenu par des colonnes, puis diverses niches, parmi lesquelles il en est une de la hauteur d'une coudée, avec une porte en pierres taillées. C'est là que sont les morts connus sous le nom de *possesseurs de la caverne* (اصحاب الكهف). Ils sont au nombre de sept, dormant sur le côté; le lieu dans lequel ils reposent est jonché de bois d'aloès, de myrrhe et de camphre. A leurs pieds est un chien couché, dont la tête touche à la queue, mais dont il ne subsiste que le crâne et la majeure partie des os parfaitement distincts.

Les habitants de l'Andalousie se trompent au sujet des sept Dormants, lorsqu'ils disent que ce sont les martyrs de la ville de Loucha لوشه.

« L'auteur du présent ouvrage s'exprime en ces termes [1] : En
« l'année 510 (1117 de J. C.), j'allai voir cette caverne en com-
« pagnie d'autres personnes. Nous descendîmes dans un puits
« profond à peu près d'une toise, puis nous marchâmes pendant
« quelques instants dans un souterrain obscur. Arrivés à l'endroit
« où la caverne s'élargit, nous trouvâmes les morts couchés sur
« le côté, au nombre de sept. A leurs pieds gisait un chien dont
« la chair et la peau avaient disparu, et dont il ne restait que
« les os et le crâne. On ignore à quelle époque ces individus
« entrèrent ou furent introduits dans cette caverne. Le premier
« d'entre eux avait le col très-gros et la tête énorme. Les habi-
Feuillet 195 recto. « tants de l'Andalousie rapportent une autre tradition relative-
« ment à ce sujet; mais la vérité est que les sept Dormants sont
« ceux dont nous venons de parler.

« 5° Une autre province est le Batalous باطلوس (*Analotikons?*),

[1] Ce passage semble prouver que notre auteur avait voyagé dans l'Asie mineure, à l'époque où régnait Alexis Comnène.

« où l'on remarque el-A'lamīn العلمىن, Merdj el-Chahm مرج الشحم,
« Machkensīn مشكنسىن, et, particulièrement A'mouria عمورية (l'an-
« cienne *Amorium*) [1], belle ville dont les tours sont au nombre
« de quarante.

« 6° Puis vient le Djarsioun جرسيون (*Kharsianon*), province
« située sur la route de Malatia ملطية, comprenant quarante
« villes, dont la principale est Housba حوسبة.

« 7° Puis, le Baclan بقلان (*Boukellarion*), où l'on remarque
« Ankira إنقره (Angora), Tamalo طملو (*Andabilis*, aujourd'hui Ande-
« bal?), Caïssaria قيصارية (*Cæsarea ad Argæum*) et seize autres villes.

« 8° Puis, l'Arminiac ارمنياق (*Armeniacon*), qui compte au
« nombre de ses dépendances Coniah قونيه (*iconium*), Khizlassa
« خرلاصة (*Lystra?*), et seize autres villes.

« 9° Puis la Djaldia جلدية (*Chaldia*), dont l'extrême limite
« est Arsia ارسية (Erzeroum), et qui comprend six places fortes.

« 10° Puis la Seleukia سلوقية, province située du côté de la
« mer de Syrie, gouvernée par l'intendant des routes [2], et qui
« compte au nombre de ses dépendances Selefkia سلوكيه ou Se-
« leukia سلوقية, et dix villes.

« 11° Puis le Benadec بنادق (*Lycandus*), qui a pour limites les
« montagnes de Tarsous جبل طرسوس (le Taurus), Adana ادنه et
« el-Massissa المصيصة (*Mopsuestia*), et qui comprend au nombre
« de ses places fortes Corra قره (*Koron?*), Tibra طيبرا (*T'vane?*),
« el-Adjouf الاجون, Dzoul'kila' ذو الكلاع, et quatorze autres moins
« considérables. Nous parlerons de ces diverses contrées lorsque
« l'occasion s'en présentera. »

Le détroit de Constantinople communique avec la mer de
Syrie, et sa largeur, auprès de Constantinople, est de 4 milles.
L'une de ses embouchures est vers le midi, auprès de la
ville d'Abidah مدينة ابدـه (*Abydos*), lieu où sa largeur ne dé-

---

[1] Voyez, au sujet d'Amorium, le remarquable ouvrage de M. Leake, p. 86.
[2] C'est du moins ce que j'entends par ces mots : ينزولاها عامل الدروب.

302 CINQUIÈME CLIMAT.

passe pas la portée d'un jet de flèche, et où sont deux tours et des gardiens. La longueur de cette partie du canal est de 250 milles. L'autre extrémité atteint la mer du Pont بحر بنطس, et sa longueur, à partir de Constantinople, est de 60 milles, « en sorte « que la longueur totale du détroit, depuis la mer du Pont jus- « qu'à la mer de Syrie, est de 320 milles. A l'entrée de la mer « du Pont est la ville de Musnah مسنه [1], où la largeur du canal est « de 6 milles. Du côté de la mer de Syrie, sa partie la plus « étroite est vers Abydos. Au-dessous de cette embouchure, et à « l'orient de la mer de Syrie, est la ville d'Azah ou d'Azila ازه « (l'ancienne *Assos*), qui est peu considérable, mais bien peu- « plée et industrieuse. De là à la ville de Damala دمالة (l'ancienne « *Damalis*, aujourd'hui Scutari), 4 journées;

« Et de Damala à la ville d'el-A'bra [2] مدينة العبرة, située à « 3 milles de Nicée نيقية, 100 milles.

« Nicée est à l'Orient de el-A'bra, place forte et bien peuplée. « De là à l'entrée du canal (de Constantinople) on compte 24 milles.

« On transporte des légumes de Nicée à Constantinople, villes « séparées l'une de l'autre par une distance de 30 milles.

« De Nicée à la mer on compte 3 milles.

« Nikia نيقية (Nicée) est une ville ancienne, ou plutôt antique. « On ignore le nom de son fondateur. Elle est sur les bords d'un « lac d'eau douce, de 12 milles de long sur 7 de large, où sont « trois montagnes. Il existe une petite porte de communication « entre le lac et la ville. Lorsque les habitants sont effrayés par « un danger, ou pressés par une nécessité quelconque, ils sortent « en foule de la place, se jettent dans des barques et vont cher- « cher un refuge dans les montagnes en question. Du reste la « ville est grande et belle.

[1] L'ancien *Templum Jovis Urii*, près le nouveau château d'Asie.
[2] *Eribolam*. La même ville est indiquée sous le nom d'*Eribora* sur la carte de Ptolémée.

« De Nicée à Camoudia كمودية (Nicomédie) on compte 4 journées.

« Cette dernière ville est très-ancienne et très-connue ; c'était
« autrefois, avant la fondation de Constantinople, la capitale de
« l'empire romain دار مملكـت الـروم. De là à Constantinople on
« compte 160 milles.

« De Nicée à Damlia دملية, petite ville bien peuplée et abon-
« dante en ressources, 4 journées.

« De Damlia à Azla ازلا (Assos), petite ville sur les bords de la
« mer, 4 journées.

« D'Azla à Abydos ابدس, ville située sur la rive orientale du dé-
« troit, 3 journées.

« D'Abydos, en se dirigeant vers l'orient, à la ville d'Atramito
« اترمتو (Adramyttium), ville très-forte et lieu de refuge très-sûr,
« auprès duquel coule une rivière du nom de *Noumar* نومار (ou
« Koumar), 3 journées.

« D'Abydos à Befkhia بفخيا (*Pefkia*), lieu situé sur une émi-
« nence, à 40 milles de l'embouchure du détroit d'Abydos,
« 2 faibles journées.

« Une rivière considérable, nommée Finica فنيقـة (l'ancien
« *Limyrus*), sépare Satalia سطالية (*Attalia*) de Batra باترة (*Patara*);
« cette rivière prend sa source dans les montagnes de Befkhia
« بفخيا dont il est ici question.

De Befkhia à Afachīn افشين (Éphèse), ville des sept Dormants,
« on compte, en se dirigeant vers l'orient, 3 journées.

« Éphèse, actuellement ruinée, était bâtie sur le penchant
« d'une montagne; de là à Amtelīn امطلين, qu'on nomme aussi
« Mateli ماطلي (le mont *Latmus*), château fort très-élevé, gardé
« par des hommes très-braves, en se dirigeant vers le midi,
« 2 journées.

« De là à Djoundiou جونديو (l'ancienne *Myndus*, aujourd'hui
« Mentecha), fort près les bords de la mer, 40 milles.

« De ce fort à la montagne de Zermi زرى (*Ceramus*), qui touche

Feuillet 195 verso.

Feuillet 195 verso. « à la mer de Syrie et qui contient des mines de fer, beaucoup de
« gibier et quantité de plantes aromatiques, 1 journée.

« D'Amtelin املطين à Chorent شرنت, dont nous avons parlé dans
« le quatrième climat, 4 journées.

« De Nicée نيقية à Kidros كيدرس ou قدروس (*Cedrea*), ville
« peu considérable, mais forte, peuplée et située auprès d'une
« montagne qui la domine, par une contrée déserte, 7 journées.

« De Kidros à A'mouria عمورية, 1 faible journée.

« On trouve dans le lac de Nicée un petit poisson d'un *fitr* (en-
« viron 3 pouces) de longueur, de couleur verdoyante et rempli
« d'arêtes très-minces, qui, lorsqu'il est cuit et mangé avec de
« l'origan, a la propriété de couper instantanément la fièvre. On
« y pêche aussi des écrevisses dont le bouillon, mêlé avec du
« vinaigre, est un remède souverain contre la paralysie. Enfin
« on trouve sur ses bords des pierres jaunes, creuses et légères,
« qui, lorsqu'elles sont suspendues sur les hanches d'une femme
« enceinte, hâtent singulièrement son accouchement : la chose
« a été éprouvée. Ces pierres sont connues sous le nom de *pierres*
« *de Nicée*, et il en est question, ainsi que de leurs propriétés,
« dans les livres des médecins. »

CINQUIÈME SECTION.

Itinéraires d'une partie de l'Asie mineure et de l'Arménie. — A'mouria. — Derb ou Derbe. — Meledni ou Melitène. — Kamkh. — Angora. — Libadhia. — Camroun.

La présente section comprend le Natos ناطوس (Anatolie), pays dont le nom signifie *l'orient*, où sont situés A'mouria عمورية (*Amorium*), le fort d'el-A'lamin حصن العلمين (ou des deux Drapeaux), Merdj el-Chahm مرج الشحم (l'ancienne *Germa*), le fort de Barghouth حصن البرغوث, Mechkenis المشكنيس[1], la province de Boughlan بلاد بغلان (*Boukellarion*) qui renferme Ankira انقرة (Angora), Talbour طلبور (*Tabia?*), Tokhat تخاط (Tocat) et Khazlassa خرلاصة (*Cybistra?*); la province d'Arminiac عمل ارمنياق (*Armeniacon*) où sont: Coniah قونيه (l'ancienne *Iconium*), Ladikié لادكيه (*Laodicea combusta*), Dirakio درقيو, Caloumi قلوى, Belouti بلوطى; de plus, toutes les places fortes d'el-Cabadic القباديق (de la Cappadoce), province qui s'étend depuis Tarsous طرسوس jusqu'à el-Leïn اللين (l'*Halys*), et divers autres lieux dont nous avons fait mention dans le quatrième climat, « tels que le Lamchik الامشيق (*Opsikion*) où « sont Nicée نيقية, el-Iehoudi اليهودى (*Hebraïcus?*), Gharoboli غروبلى, Aghradh الاغراد (*Aorata*), et la ville de Libadhia لباضية « (*Lopadium*). Notre intention est maintenant de donner la descrip- « tion de ces lieux et l'indication de leurs distances respectives, « soit en milles, soit en journées, d'après la méthode que nous « avons suivie dans les précédentes sections. »

De Nicée نيقية à A'mouria عمورية on compte 8 journées, savoir: de Nicée à la rivière de Mastara نهر مستره (l'Ascanius ou l'*Hylas*), 1 journée;

Feuillet 196 recto.

---

[1] Le ms. B porte *Mechechki* مششكى, la version latine *Almostawa*.

De cette rivière à Batransia بـترنسیـة, « bourg bien peuplé, » 1 journée.

De là à Libadhia لبادية[1] (*Lopadium*, aujourd'hui Loupadia), « ville considérable, avec divers édifices et bazars, » située sur les bords d'une rivière navigable pour de gros navires qui y parviennent par le détroit (de Constantinople), « entourée de vigno- « bles, de jardins et d'habitations contiguës, » 1 journée.

De Libadhia لباضية à Massissa مسيسـه, village, 1 journée.

De là à Castora قسطوره, 1 journée;

Puis à la rivière de Maderi نهر مادرى (le *Thymbris?*), 1 journée;

A Kidros كيدروس (*Cedrea*), « petite ville bien peuplée, avec « marchés, édifices, etc. » 1 journée;

Et à A'mouria عمورية, 1 journée.

Voici une autre route d'A'mouria au Khalidj خليج (le Canal). Sortis d'A'mouria, vous vous rendez au village des Poissons قرية الحوات, 15 journées[2].

De là à la rivière qui coule à l'occident d'A'mouria, 2 journées;

Puis à Fandj فنج, 12 journées;

Puis à Calahi el-Ghâbé قلاى الغابة (ou de la Forêt), 15 journées;

Puis au fort du Juif حصن اليهودى (*Hebraïcus?*), 12 journées;

A Sendaberi سندابرى (*Santabaris*, aujourd'hui Seïd el-Ghazy), 18 journées;

A Merdj Djama el-Melik Baderwana مرج جمـة الملك بادروانـه, 30 journées;

Au fort de Gharoboli حصن غروبلى, 5 journées;

Aux Églises du Roi كنايس الملك, 3 journées;

A Mulawwen ملوّن, 25 journées;

« A el-Aghradh الاغراض (*Aorata*), 15 journées; »

---

[1] Les manuscrits portent tantôt لباضية et tantôt لبادية.

[2] M. Hase pense qu'à partir d'ici jusqu'au bout de l'itinéraire, partout où il y a journées, il faut lire *milles*.

CINQUIÈME SECTION. 307

A Meladjena ملاجنة (l'ancienne *Melagina*, près la moderne Aïnigheul), 15 journées;

A l'Étable du Roi اسطبل الملك, 5 milles;

Au fort d'el-A'bra حصن العبرا, 30 milles;

A el-Khalidj الخليج (le Canal), 24 milles.

« A'mouria عمورية (*Amorium*) [1] est une ville considérable qui « jouit d'une grande célébrité, soit dans le pays des chrétiens « الروم, soit dans le pays des musulmans. Cette ville, très- « ancienne, fut successivement prise et reprise par les armées « musulmanes et chrétiennes. Ceinte de fortes murailles, » elle est située sur les bords d'une grande rivière, qui coule vers le midi et finit par se perdre dans l'Euphrate [2]. Le nom de cette rivière est Cobakeb تباقب. Cette ville est un centre de communications et un lieu de passage, tant vers les pays circonvoisins que vers les pays éloignés. Nous allons donner (entre autres) l'itinéraire d'A'mouria à Tarsous:

D'A'mouria عمورية à Wadi'lhour وادى الحور, 12 milles.

De là à Andusiana اندسيانة, « place forte, » 12 milles;

A Meldjis ملجيس, 20 milles;

Au faubourg de Coniah قونيه, 15 milles;

A la rivière d'el-Ahsa نهر الاحسا, 18 milles;

Aux fontaines de Barghouth عيون برغوث, 16 milles;

Au fort de Chamachki حصن شمشكى, 16 milles;

Au commencement de la forêt راس الغابة, 16 milles;

A la ville de Leïn مدينة اللين, 15 milles;

A el-Bahasi البهسى, 3 journées;

A la rivière de Tarfa وادى الطرفا, 20 milles;

A Mo'asker المعسكر (le Camp), 12 milles;

---

[1] D'après M. Leake, lat. 39° 20', long. 31° 50' à l'est du méridien de Greenwich.

[2] Voici le texte: ونهرها يمرّ جنوبًا ... ان يصب فى ... الفرات. Cette indication n'est point exacte. Voyez toutefois, au sujet d'A'mouria ou d'Amorium, *Leake's Journal of a tour in ... minor*, p. 86 et 88.

A Derb درب (*Derbe*[1]), lieu dont il est question dans les poésies d'Amru'lcaïs. C'est une montagne qui sépare le pays d'Antalia انطالية (Satalie) et le Djersoun جرسون (l'ancien thème, *Kharsianon*), et qui s'étend de l'ouest à l'est. Il y a des portes (*Pylæ Ciliciæ*) fortifiées et gardées par des troupes qui exercent leur surveillance à l'égard des allants et des venants.

De Derb à Bedendoun بدندون (*Podandus* ou *Padyandus*) (fort), 12 milles.

De là à Hardacoub حردقوب (fort), 12 milles.

Puis à el-Djewzat الجوزات, 7 milles;

A el-Zahra الزهرة, 12 milles;

A el-A'lloïc العليق, 12 milles;

Et de là à Tarsous طرسوس, 12 milles.

ITINÉRAIRE DE TARSOUS À ABYDOS ابيدوس VERS L'EMBOUCHURE DU CANAL DE CONSTANTINOPLE.

De Tarsous طرسوس (*Tarsus*) à el-A'lloïc, 12 milles.

De là à el-Zahra الزهرة, 12 milles;

Puis à el-Djewzat الجوزات (fort), 12 milles;

A Hardacoub حردقوب (ou Djardacoub), 7 milles;

A Bedbedoun بدبدون (ou Bedendoun), 12 milles;

Puis à el-Keroum الكروم, en prenant à gauche, 12 milles;

A el-Berria البرية, 19 milles;

A el-Kenaïs الكنايس (les Églises), 20 milles;

A Touleb طولب, 20 milles;

A Randa رنده (ancienne *Laranda*), 15 milles;

A Belkisa بلقسه, 15 milles;

A la prairie de l'Évêque مرج السقف, 9 milles;

A Faloughari فلوغري (château fort), 12 milles;

Au village des Idoles قرية الاصنام, 20 milles;

A Wadi'l-Rih وادي الريح (la rivière du Vent), 17 milles;

[1] Lat. 37° 20′, long. 33° 40′ à l'est du méridien de Greenwich.

CINQUIÈME SECTION. 309

A Molouteni ملوطني [1], 25 milles ;

A el-Sonaïma الصنيمة (la petite Idole), 14 milles ;

A A'mwa اموا, 19 milles ;

A Modhonos مودنوس (ou Madernos, d'après le manuscrit A), 20 milles ;

« A Madjassa مجاصة (ou el-A'thasīn العطاسين, d'après le même « manuscrit), 18 milles ;

« A Cariat el-Djouz قرية الجوز, 16 milles ;

« A el-Ghathasīn الغطاسين, 22 milles ; »

A Cariat el-Batric قرية البطريق, 20 milles ;

A Merdj Bacoulia مرج باقولية, 15 milles ;

A Denos دنوس, 20 milles ;

Au fort de Baloumīn حصن بلومين, 9 milles ;

Au fort de Mandouthia حصن مندوطيه, 12 milles ;

A el-Roustac الرستاق, 2 milles ;

Enfin à Abydos ابدوس, sur le détroit, 13 milles.

« La distance totale de Kamkh كمخ (l'ancienne *Kamakha*) à « A'mouria عورية, et de là à Constantinople قسطنطينيه, est de 186 [2] « *berid*; or le *berid* équivaut à 3 milles. De même, de Kamkh à « Ankira انقرة, ville ruinée, à Amtalīn امطلين et à Abydos ابدوس, « la distance est de 128 *berid*. »

De Kamkh كمخ à Badhelou on compte 1 journée.

De là à Sadekha صادخه (ou Thadna, d'après la version latine), 2 journées [3] ;

Puis au Chammou شمــو, rivière sur laquelle est un pont, 1 journée ;

Puis à Harchana حرشنه, ville, 1 journée ;

A Castoreta قسترطة, petite ville bien peuplée, 3 journées.

Feuillet 196 verso.

Feuillet 197 recto.

---

[1] La version latine porte *Pelouti*, et elle indique, ainsi que le ms. A, 15 milles au lieu de 25 milles.

[2] Le ms. A porte 136.

[3] La version latine porte 1 journée.

310 CINQUIÈME CLIMAT.

Feuillet 197 recto.

« La route passe à travers de fertiles prairies. »

De Castoreta à Cartisa قرطيسة, 3 journées.

De là à la rivière el-Lein نهر اللين (l'Halys), 2 journées;

Au lac de Bousrenda بحيرة بوسرندة (lac Eber de M. Lapie), 2 journées;

A Melouten ملوطن (*Polyboton*, aujourd'hui Bulouadin), une demi-journée;

A A'mouria عمورية, une demi-journée;

Et d'A'mouria au détroit (de Constantinople), 195 milles.

La route qui conduit d'A'mouria à Antalia انطالية (Satalie), ville située sur les bords de la mer de Syrie, est ainsi qu'il suit :

D'A'mouria à Melouten ملوطن, une demi-journée.

De Melouten au lac de Bousrenda بحيرة بوسرندة, une demi-journée.

« Ce lac est considérable, et l'on y pêche des poissons de di-
« verses espèces. »

De là à Faloumi فلومى (*Philomelium*, aujourd'hui Ilghin), « pe-
« tite ville, » 1 journée;

De Faloumi à Ladikia لاديقية (*Laodicea combusta*), 2 journées;

De Ladikia à Coniah قونيه (*Iconium*), « belle ville où les routes
« divergent, 1 journée.

« Celui qui veut aller à Antalia انطالية (*Attalea* ou Satalie) sort
« (de Coniah) du côté du midi, et se rend d'abord à Amrouni
« امرون, 1 journée;

« Puis à la rivière de Coucha نهر قوشة, 1 journée;

« Puis à Adjerousta اجروسطة, 1 journée;

« A Foum A'rous فم عروس (*Homona?*), 3 journées;

« A Kouthra كوثرة, 1 journée;

« A Antalia انطالية (Satalie), 1 journée. »

De Coniah قونيه à Meldeni ملدن[1], 3 journées.

De Coniah à Khazlassa خزلاصة, vers l'orient, 4 journées.

[1] La version latine porte *Meldi*.

A Taghlu تغلو, 2 journées.

De Taghlu à Caïssaria قيصارية (Césarée de Cappadoce), vers l'orient, 3 journées.

De Caïssaria à Sindou صندو, 3 journées.

De la ville de Sindou à Ablasta ابلسطة, 3 journées.

De là à Meldeni ملدن (l'ancienne *Meliténe*), 3 journées.

« Meldeni est une ville de grandeur moyenne, bâtie sur les « bords d'une rivière qui coule vers le nord et se jette dans la « mer du Pont. C'est un centre de communication, un lieu où se « rassemblent les caravanes et où les chemins se divisent. »

De Meldeni à Kamkh كمخ, et de là à Tokhat طاخ (Tocat[1]), 4 journées.

De Tocat طاخ à la ville d'Amasia اماسية, 2 journées.

D'Amasia à Kamkh كمخ, 6 journées.

« De Kamkh à Arzinkian ارزنكان (Erzinghian), sur les bords de « l'Euphrate, une demi-journée.

« Kamkh كمخ est, ainsi que nous l'avons dit, une ville fort « d'un bel aspect. On y fait un négoce avantageux et il y a « l'industrie.

« Pour se rendre de Coniah à Antakié انطاكية (Antioche), on « peut passer par Ankira انقره, qu'on appelle aussi Ankori انكرى « (Angora), ville extrêmement agréable et belle, 5 journées;

De là à Laranda لارند, ville, 4 journées.

De Laranda à Santi صنتى (ou Siti, d'après la version latine), 5 journées.

De Santi à Mancara منقرى, 6 journées.

De là à Khandaka خندآكة, 5 journées;

Au fort Mansour منصور, 3 journées;

Et enfin à Antakié انطاكية (Antioche), 3 journées.

« Celui qui veut aller à l'orient de Coniah se rend à Ancori

---

[1] La version latine porte mal à propos *Nochat*.

312   CINQUIÈME CLIMAT.

Feuillet 197 recto.   « انقرى [1], jolie ville qui fut ruinée dans les temps de troubles,
« 5 journées.

« De là à Amasia اماسية on compte 1 journée.

« D'Amasia à Gharghara غرغره (*Gangra*, aujourd'hui Kankiri),
5 journées.

« De là à Castamouni قسطامنى, 1 journée.

« De Castamouni à Coniah, 5 journées.

« De Coniah à A'mouria حورية, également 5 journées.

« ITINÉRAIRE DE NICÉE À ANTALIA LA NEUVE انطالية الجددة.

« De Nicée نيقية à Abrousia ابرسية (Brousse), ville célèbre et
« bien peuplée, avec bazars et édifices, 1 journée.

LIBADHIA.   « De là à Libadhia لباضية (*Lopadium*), ville grande et forti-
OU LOPADIUM.   « fiée, bâtie sur les bords d'un fleuve navigable que les vais-
« seaux descendent et remontent (la distance manque).

« De là à Narba ناربه (ou Naria), ville, 4 journées.

« De là à la rivière de Djelmata[2] نهر جلمطة (l'*Hermus?*), 2 jour-
« nées.

« De là au fort de Zahrac حصن الزهرق, situé au bas d'une mon-
« tagne, mais ruiné (la distance manque);

Feuillet 197 verso.   « Et de ce fort à Antalia انطالية (la distance manque). »

ITINÉRAIRE DE MELEDNI ملدن (MÉLITÈNE) À TIFLIS تفليس,
VILLE D'ARMÉNIE.

De Meledni à Kkartbourt خرتبرت (Khârpout), petite ville bien
peuplée, 2 journées.

De là au fort de Hamechka حمشقة (ou Habechka), 2 journées.

De là à Mazghit مازتيط, 2 journées.

---

[1] Il paraît qu'il s'agit ici de l'Ancyre de Galatie, qu'il ne faut pas confondre avec la ville du même nom qui existait en Phrygie. Au surplus la direction indiquée par l'Édrisi est inexacte; il aurait fallu dire au *nord*, et non à *l'orient*.

[2] Le ms. A porte *Khalfassa* خلفصة.

CINQUIÈME SECTION. 313

De là à Balou بالو (Palou), petite ville, 2 journées.

De Palou au fort de Djendjkou جنجكو, 3 journées.

De là au fort d'Amouch اموش حصن (Mouch), situé sur une haute montagne, 3 journées.

De Mouch à Tiflis تفليس, ville considérable et célèbre dans le pays d'Arménie ديار ارمنيه, 3 journées.

ITINÉRAIRE DE MELEDNI À ANTAKIÉ انطاكية (ANTIOCHE).

De Meledni à Bahsana بهسنى, 4 journées.

De là à Kaïsoum كيسوم, fort, 2 journées;

Puis au fort Mansour حصن منصور, 4 journées;

Au fort Hadith حصن حدث, qui est à proprement parler une ville, 1 journée.

De là à el-Harounié الهارونية, 1 journée;

A l'Église-Noire الكنيسة السودا, 1 faible journée;

A Tarsous طرسوس, 1 journée;

A Adana ادنه, 1 journée;

A el-Massissa المصيصة (*Mopsuestia*), 1 journée;

A Antakié انطاكية (Antioche), 2 journées.

Il existe une autre route de Meledni à el-Massissa, savoir :

De Meledni au fort de Marach حصن مارش [1], 3 journées.

De là à Amasia اماسيه, 2 journées;

Puis à Kamkh كمخ, 5 journées;

A Khazoumi خزومى (ou Djaroumi) et à Tell-Hamdoun تل حمدون, 5 journées;

A Nadhia ناضية, ville, 5 journées;

A el-Massissa المصيصة, 3 journées.

ITINÉRAIRE DE KHAZLASSA خزلاصه À EL-MASSISSA.

De Khazlassa (*Cybistra?*) au fort d'Irène حصن ايرنه [2], 3 journées.

[1] Qu'il ne faut pas confondre avec le Marach مرعش dont il est question t. I", p. 336 et ailleurs.

[2] La version latine porte *Abrana*. C'est l'*Irenopolis* de Ptolémée, d'Hiéroclès, etc.

314   CINQUIÈME CLIMAT.

De là au mont Nemous حصن نموس, 2 journées;
Au fort Nitno نيطلو[1], 2 journées;
A l'Église-Noire, 2 journées.
De là à Tarsous طرسوس, 1 journée;
A Adana اذنة, ville, 1 journée;
A el-Massissa المصيصة, 1 journée.

ITINÉRAIRE DE MELDENI ملدن À MEÏA-FAREKIN ميافارقين, VILLE DE LA PETITE ARMÉNIE مدينة من مدن الأرمينية الصغرى.

De Meldeni au fort d'Iani يان, dans le mont Nemous جبل نموس, 2 journées;
De là au fort Chehid شهيد, 1 journée.
Au fort d'el-Rommana الرمانة (de la Grenade), « gros bourg de « bonne défense, » 30 milles.
De là à Wadi'l-Bacar وادى البقر (la rivière des Bœufs), 18 milles.
De là à Gharca غرقا, « petite ville dont le territoire est très-« fertile, » 18 milles;
De Gharca au Cabakeb قباقب, « cours d'eau venant des monts « el-Hamam جبال الحمام et affluent de l'Euphrate; » puis au bourg d'el-Hamam قرية الحمام, 12 milles.
En face de ce bourg et à la distance de 12 milles, du côté du midi, est situé le fort de Malatia حصن ملطية.
De là à Tell-Batrik تل بطريق (la colline du Patriarche), 12 milles.
De là à Tell-Arsanas تل ارسناس (Arsenia?), lieu situé sur les bords d'un affluent considérable de l'Euphrate, qui se jette dans ce fleuve au-dessous de Simsat (Arsamosata), 12 milles.
De Tell-Arsanas à Hissn Ziadel-Kebir حصن زياد الكبير, 9 milles.
De là à Hiat هيات, « ville, » 12 milles.
De là à Dhia't[2] el-Cass ضيعة القس (village), 15 milles.

[1] La version latine porte *Iabter*.
[2] C'est de *Dhi'at* que vient le mot espagnol *Aldea*.

CINQUIÈME SECTION. 515

De là à Ardis اردیس (Artagi-certa)[1], « jolie ville de grandeur « moyenne, entourée de jardins et de bois, » 12 milles.

De là au fort de Dzou'l-Carnein ذو القرنین (ou d'Alexandre), qui est d'une très-bonne défense, 18 milles.

Puis à celui d'el-Hiladj حصن الهیاج (du combat), 18 milles;

Enfin à Meia-farekin میافارقین (Martyropolis), place forte et belle ville, dont nous reparlerons, s'il plaît à Dieu, 18 milles.

« ITINÉRAIRE D'AMID امد À CAMROUN نامرون, LIEU SITUÉ AU NORD, « SUR LA RIVIÈRE DE SEBABA نهر صبابة.

« D'Amid امد au fort de Nedram ندرام, 1 journée.

« De là à la rivière de Chith نهر شمط, 1 journée;

« A Ardjouna ارجونة (Argana[2]), fort ruiné, 1 journée;

« A Ardis اردیس, ville dont il a précédemment été question, « 1 journée;

« A Ghighani غیغنی, gros bourg bien peuplé, 1 journée;

« A Chatia شتیة, 1 journée;

« A Damia دامیة, 1 journée;

« A Amouch اموش, ville ci-dessus mentionnée, 1 journée;

« A Bitha بطة, 1 journée;

« A Calchana قلشانة, 1 journée;

« A Ghitana غتانة, joli village, 1 journée;

« A Matghouri مطغری, fort, 1 journée;

« A Chidhi شمذی, fort, 1 journée;

« A Ghichta غشتة, 1 journée;

« A Coumaïa كلاة, 1 journée;

« A Tebanister تیابستر, 1 journée;

« A Camroun نامرون (Marva?), 1 journée.

« Cette dernière ville est bâtie sur les bords d'une grande ri-

---

[1] Voyez l'Euphrate et le Tigre de d'Anville, p. 81.

[2] Lat. 37° 80', long. 57° 10' à l'est du méridien de l'île de Fer, d'après la carte de G. Delisle, Paris, 1785.

40.

316   CINQUIÈME CLIMAT.

« vière que remontent les navires de guerre et autres. Cette
« rivière est d'un cours égal et peu rapide, très-large et très-
« poissonneuse. Elle se jette dans la mer du Pont, entre Trébi-
« zonde اطرابزندة et Achkisia اشكيسية (*Dioscurias*).

« Tous les lieux que nous venons d'indiquer se ressemblent
« beaucoup entre eux, sous le rapport de l'étendue et sous celui
« des constructions; mais ils ne sauraient être comparés aux pays
« musulmans, relativement à la beauté des édifices et à la régu-
« larité de l'administration.

« ITINÉRAIRE DE LIBADHIA لباضية À CAMROUN قامرون.

« De Libadhia (*Lopadium*), en se dirigeant vers l'orient, à Hissn
Iehoud « حصن يهود, 3 journées.

« De Hissn Iehoud حصن يهود à Nitha نيطة, 1 journée;
« Puis à Kerdedja كردجة, village, 1 journée;
« A Djoun جون, village, 1 journée;
« A Nidja نجة, place forte, 1 journée;
« A Dherouta درونة, village, 1 journée;
« A Binch بينش, village, 1 journée;
« A Khachtach خشطش, 1 journée;
« A Cabanlebech قبنلبش, 1 journée;
« A Dhounia دونية, 1 journée et demie.

« Dhounia est une ville agréable, dans un pays cultivé et fer-
« tile, sur les bords d'une rivière qu'on nomme la Grande الكبير.
« Cette rivière prend sa source dans les montagnes situées à 1
« journée vers l'occident de Dhouni دوني [1]. Dans l'origine elle se
« compose de deux affluents qui se réunissent ensuite et coulent
« simultanément. Les personnes qui désirent descendre son cours
« jusqu'à Camroun قامرون peuvent le faire à partir de Dhounia
« et en se rendant d'abord à Namouni ناموني, ville.

« Puis à Camroun, 2 journées et demie.

[1] *Sic*. Je présume qu'il s'agit ici de la rivière de Batoum ou de Batoumi.

CINQUIÈME SECTION. 317

« Celles qui préfèrent la voie de terre ont 12 journées à faire   Feuillet 198 recto.
« à travers des pays difficiles, montagneux, boisés et peu habités.

« En partant de Namouni نامرني pour se rendre à Tiflis تفليس,
« on se dirige vers le sud-est, savoir :

« De Namouni à Bendabwa بندابوا, 3 journées vers le sud, à
« travers des prairies, des marécages, des terrains bas remplis de
« bêtes fauves et de gibier. Bendabwa est situé sur la rive septen-
« trionale de la Sebaba نهر صبابة (Zezoula?). On passe cette rivière
« et l'on se rend à Makri ماقر, château fort situé sur le sommet
« d'une montagne accessible seulement par un côté; chemin dif-
« ficile. De cette montagne sort une rivière qui fait tourner des
« moulins.

« Du fort de Makri حصن ماقر à celui de Matghouri حصن مطغوري,
« 2 journées par des montagnes escarpées, des gorges, des tor-
« rents; chemin difficile.

« De Matghouri ماطغوري à Tiflis تفليس, dont nous reparlerons,
« 3 journées. »

Pour se rendre d'A'mouria عمورية (Amorium) à Tiflis, on se dirige vers l'orient par les prairies de Falan مرج فلن, savoir :

D'A'mouria à Cabakeb el-Nahar تباقب النهر, 2 journées.   Feuillet 198 verso.

De là à Chuchou ششو, 5 journées « à travers des prairies, des
« champs fertiles remplis de gibier, des cours d'eau. Point de
« montagnes. Chuchou est une ville agréable et bien peuplée. »

De là à la ville d'Afrana افرانه, « en traversant quantité de cours
« d'eau de distance en distance, » 3 journées.

D'Afrana افرانه à Bedhlan بذلان, « lieu fortifié, sur une émi-
« nence de difficile accès, » 3 journées.

De Bedhlan à Tiflis on peut choisir entre deux routes : l'une à
droite et vers l'orient et par Behed بهد (ou Fehed), 4 journées;

Amouch اموش (ou Mouch), 4 journées;

Et Tiflis تفليس, 3 journées;

« Et l'autre à gauche par Feloudja فلوجه, petite ville, 2 journées;

318   CINQUIÈME CLIMAT.

« Bendabwa بندبوا, 4 journées faibles;
« Le fort Makri حصن ماقر, dont il a été question, 6 journées.
« Le fort Matghouri حصن مطغوری, 2 journées;
« Et Tiflis, 3 journées.

« ITINÉRAIRE DE DHOUNIA دونية À MELDENI ملدنی (L'ANCIENNE
« MELITÈNE), EN SE DIRIGEANT VERS LE SUD.

« De Dhounia دونية au mont Akourant جبل اقورنت, vers le sud,
« 2 journées.

« Après avoir gravi cette montagne on arrive, en suivant la
« même direction, à Chuchou ششو (ou Chuchweï ششوی), lieu si-
« tué dans la prairie de Falan مرج فلن, 2 fortes journées;

« De Chuchweï ششوی à Castamouni قسطمنی [1], vers le sud,
« 4 journées.

« De Castamouni à Khartbert خرطبرت (Kharpout), jolie petite
« ville, 2 journées.

« De Kharpout à Meldeni ملدن, vers le sud, 2 journées.

« De Chuchweï on peut également prendre à droite par Sindwa
« سندوا, petite ville au sud de la prairie de Falan, 4 journées;
« traverser la rivière de Cobakeb نهر قباقب, et se rendre à Ablatsa
« ابلاطسة, 3 journées;

« Et de là à Meldeni ملدن, vers le sud, 3 journées.

« D'après ce que rapportent les Arméniens, il existe, au nord
« des prairies de Falan, un grand lac dont les eaux éprouvent des
« variations annuelles. Ce lac est très-poissonneux, et ses bords
« sont de tous côtés fréquentés par des oiseaux. Au bout de sept
« ans, les eaux disparaissent et le lac reste entièrement à sec
« durant la huitième année. Puis, par la permission de Dieu,
« il se remplit de nouveau, et le poisson s'y multiplie au point

---

[1] Chuchou ou Chuchweï et Castamouni sont des lieux bien connus, mais il ne semble pas possible d'expliquer comment notre auteur peut conseiller une telle direction au voyageur qui voudrait se rendre de Dhounia ou de Baton à Mélitène.

« qu'on en débite dans toute la contrée. Ce lac est situé entre la
« ville de Nedjah نجد et celle de Chuchweï ششوى, au nord de
« cette dernière. A 1 journée et demie de distance, on remarque
« le mont Gharghouri غرغرى où se trouvent une caverne et, à 20
« toises باع de là, un puits très-profond. Si l'on y jette une pierre,
« on entend un bruit qui ressemble à celui du tonnerre et qui
« cesse ensuite. Si l'on répète l'expérience, le même phénomène
« se reproduit. Dans cette montagne on trouve une mine de fer
« empoisonné. Les couteaux et les armes qu'on fabrique avec ce
« métal occasionnent des blessures mortelles.

« Au nord et à 2 journées de la ville de Nedjah نجد est Aber-
« thouri ابرثورى, ville peu considérable, mais située dans un ter-
« ritoire extrêmement fertile. Il s'y tient un marché à jour fixe. »

SIXIÈME SECTION.

Portions de l'Arménie et de la Géorgie. — Berda'a. — Derbend. — Cali-Cala. — Tiflis. — Lac de Van.

Feuillet 199 recto.

La présente section comprend la majeure partie de l'Arménie, diverses parties de l'Aderbaïdjan, tout le pays de Ran بلاد الران, « le mont Caucase جبل القبق et les portions de l'Arménie qui s'y « trouvent enclavées, Meïa-farekīn ميافارقين, Bakhenis باخنيس (Khe- « nès?), Menardjird منارجرد (Melezghird), Bedlis بدلس (Bitlis), « Halat حلاط (Akhlat), Ardjis ارجيس (Ardjich), Chitan شطان, Zou- « zan زوزان, Nesoua نسوا (Tesouidj?), Cali-Cala قالى قلا (aujourd'hui « Erzeroum), Dabil دبيل, Seradj سراج (Chiragvan), Barkouzi بركزى, « Khoï خوى, Salmas سلماس et Arminiah ارمينيه. En fait de dépen- « dances du pays de Ran بلاد الران, Berda'a بردعة et le Bilacan « البيلقان, Borzendj برزنج, Samakhia السماخيه (Chamakhia), Ser- « man سرمان, Alaïdjan الابجان, Sabiran السابران, Kila قيله (Kabala?), « Sakli سكلى, Hathwa حثوة[1], Samkoun سمكون, Tiflis تفليس, Ahar « اهر et Racan رفان; et en fait de dépendances de l'Aderbaïdjan « اذربيجان, Kouwaher كواهر, Ardebil اردبيل, Elend الند (Elwend?), « Bourend بورند, Warthan ورثان et Moucan موقان (Moghan). Cha- « cune de ces villes jouit d'une certaine célébrité et mérite que « nous en parlions avec détail, ainsi que nous l'avons fait pour « diverses autres précédemment. »

BERDA'A.

Nous commençons donc par la ville de Berda'a بردعة[2], car

---

[1] Ou حبوة, d'après le ms. A.

[2] Il s'agit ici de *Berde*, lieu situé non loin des rives du Kour par 41° 5' de latitude et 47° 40' de longitude du méridien de Greenwich.

SIXIÈME SECTION.

c'est la métropole du pays de Ran ام بلاد الران et la ville la plus importante de cette contrée. Elle est très-considérable en effet, puisqu'elle a environ 3 milles de long sur une largeur un peu moindre. « C'est une résidence très-agréable et offrant infiniment
« de ressources, entourée d'un territoire très-fecond, et couverte
« de vignobles, de jardins et de vergers. A 3 milles de cette
« ville est un canton nommé Anderab اندراب, qui s'étend sur un
« espace d'une journée dans tous les sens, et couvert, comme
« d'un réseau, de jardins, de maisons de campagne, de vergers
« contigus et d'arbres fruitiers. Ce canton est d'un revenu consi-
« dérable, et il s'y fait beaucoup de commerce. On y recueille
« des noisettes et des châtaignes d'une grosseur et d'un goût
« comparables à ce qu'on trouve de mieux en Syrie, ainsi que
« le racban رقبان, sorte de fruit d'une qualité supérieure à tout
« ce qu'on peut voir en ce genre dans tout l'univers : ce fruit est
« doux quand il est mûr, et amer avant d'avoir atteint sa matu-
« rité. De la ville de Berda'a بردعة au fleuve de Kour نهر كر
« (le Cyrus), on compte environ 9 milles. Berda'a est fermée par
« une porte qu'on nomme la porte des Kurdes باب الاكرد, et elle
« possède un marché connu sous le nom de Souc el-Kurki سوق
« الكرى. Ce marché s'étend sur un espace d'environ 3 milles; on
« s'y rend en foule tous les dimanches; il y vient du monde de
« tous les pays, et l'on y vend toutes sortes d'objets manufacturés
« et de productions. »

La route de Berda'a à Bab el-Abwab باب الابواب (Derbend) est, vers le nord-est, comme il suit :

De Berda'a à la ville de Beroundj مدينة برونج, 54 milles.
De Beroundj à Chamakhia شماخية (nova Chamakhia), 42 milles.
De là à Serwan سروان, 3 journées;
De Serwan à la ville d'Alaïdjan الابجان, 2 journées.
D'Alaïdjan au port de Semmour جسر سمور, 36 milles;

CINQUIÈME CLIMAT.

Feuillet 199 verso.

Et de là à el-Bab الباب (Derbend), 60 milles.

Total, 300 milles.

DERBEND.

Bab el-Abwab باب الابواب (la Porte des Portes ou Derbend) est une ville considérable située sur les bords de la mer de Khozar بحر الخزار (de la Caspienne). Au centre de cette ville est un port pour les vaisseaux, et à l'entrée du port sont des constructions semblables à deux môles, qui le ferment des deux côtés. Cette entrée est fermée au moyen d'une chaîne qui empêche d'y pénétrer et d'en sortir, si ce n'est avec la permission de celui qui est maître de la mer. Les deux môles sont faits de pierres très-dures, scellées, dans leurs intervalles, avec du plomb fondu. « La ville est
« considérable, et ses jardins sont nombreux, mais peu productifs,
« en sorte qu'on est obligé de faire venir des fruits du dehors. Les
« murs de Derbend sont construits en pierres, en briques et en
« argile, avec une extrême solidité.

« Cette ville est l'entrepôt du commerce de la mer de Khozar
« (de la Caspienne), et le trône de la puissance [1] pour les autres
« parties du Tabaristan et du Djordjan. On y fabrique en quan-
« tité des toiles de lin, que les habitants portent au-dessous du
« costume (ordinaire) de ceux du pays de Ran بلاد الران, de l'Ar-
« ménie ارمنية et de l'Aderbaïdjan اذربيجان.

« Quant à Beroundj, dépendance de Chamakhia الشامخية بروج,
« à Serwan سروان, à Alaïdjan الايجان et à Semmour جسر سمور, ce
« sont des lieux qui se ressemblent beaucoup entre eux sous le
« rapport de l'étendue et de la quantité des habitations. Il y a
« des marchés fréquentés, des fabriques, beaucoup de vergers et
« de jardins. Le pays est très-fertile, et ses habitants se livrent
« au commerce extérieur avec avantage.

---

[1] Notre auteur emploie ici le mot سرير, qui est consacré par les historiens orientaux quand il s'agit de Derbend. Voyez Richardson, *Persian and Arabic Dictionary*, édit. de 1829.

SIXIÈME SECTION.

ITINÉRAIRE DE BERDA'A بردعة À ARDEBIL اردبيل, EN SE DIRIGEANT VERS LE SUD-EST.

« De Berda'a à Boub... بوبان, ville agréable, entourée de jardins,
« d'habitations et de lieux de plaisance, de vergers, arrosée par
« des eaux courantes (dans le voisinage sont des rivières qui
« font tourner des moulins), 21 milles.

« De là à Warthan ورثان, ville plus considérable, plus peuplée,
« plus commerçante que Bilcan بيلقان, entourée de murailles et
« d'un faubourg, 21 milles.

« De là à Bilcan بيلقان, 36 milles.

« De Bilcan à Nadjab ناجاب, bourg peuplé, avec des caravan-
« sérails où descendent les voyageurs, 21 milles.

« De là à Bezrend برند (Betzirvan), petite ville bien peuplée,
« entourée de jardins, de moulins et d'habitations, 21 milles.

« De là à Ardebil اردبيل, 45 milles.

« Total, 163 (ou plutôt 135) milles.

« La route (ci-dessus) traverse des villages bien peuplés, des
« vergers, des jardins, qu'on voit, tant sur la droite que sur la
« gauche. Ardebil اردبيل est l'une des principales villes de l'Ader-
« baïdjan. »

ITINÉRAIRE DE BERDA'A بردعة À TIFLIS تفليس.

De Berda'a à Hanwa حنوه, « jolie ville avec faubourg, vi-
« gnobles, jardins et cultures, » 27 milles.

De là à Samkoun سمكون « (Samuch), ville qui, sous le rapport
« de la culture et des eaux, ressemble beaucoup à la précédente, »
30 milles.

De Samkan سمكان[1] à Haïan حيان, « lieu de marché, place
« frontière bien fortifiée avec faubourg bien peuplé, » 63 milles.

De Haïan à el-Cala'a القلعة, « château fort dont on attribue la
« fondation au fils de Kodiman ابن كدمان, » 30 milles;

[1] *Sic.*

CINQUIÈME CLIMAT.

Feuillet 200 recto.

Et d'el-Cala'a à Tiflis تفليس, 36 milles.

Total, 186 milles.

ITINÉRAIRE DE BERDA'A À DABIL دبيل.

De Berda'a à Calcatous تلقاطوس[1], « petite ville entourée de « murs, avec marché florissant, » 27 milles.

De là à Mires ميرس, « petite ville bien peuplée, » 39 milles.

De là à Kaïla Kouther كيلكوثر, « bourg considérable et bien « peuplé (la distance manque); »

Et à Sisdjan سبسجان, ville agréable, dont le climat est sain, « l'aspect riant, l'étendue considérable et le sol couvert de jar- « dins fruitiers très-productifs, » 48 milles.

De là à Dabil دبيل, 48 milles.

Total de la distance, 162 milles.

« La route de Bezrend برند, dont nous avons déjà parlé, passe « par Ardebil. De Berda'a, on se rend à Dabil[2]. De Berzend برند « à Meïmad, petite ville, 3 journées.

« De là à Ahar اهر, 3 journées.

« De là à Warzecan ورزقان, ville florissante, agréable, ceinte de « fortes murailles, 4 journées;

« Et de là à Dabil دبيل, 2 journées. »

Total, 300 milles.

DABIL.

« Dabil دبيل[3] est une ville plus considérable qu'Ardebil, et « même la ville la plus remarquable de l'Arménie intérieure. « Elle est la capitale, le chef-lieu du gouvernement de toute l'Ar- « ménie[4], comme Berda'a بردعة est la capitale du pays de Ran « بلاد ران, comme Ardebil اردبيل est la capitale de l'Aderbaïdjan « اذربيجان. Cette ville est entourée de murailles très-hautes et

[1] La version latine porte *Calcateres*.

[2] Je présume que l'intention de l'Édrisi a été de donner un second itinéraire de Berda'a à Dabil. J'ajouterais donc volontiers ici le mot *savoir*.

[3] On lit dans le ms. A دبيل et زبيل.

[4] Le texte porte : وقصبتها دار الامارة دون سائر بلاد ارمنية.

« très-solides. On y fabrique les tissus de laine dits *mera'iz* مراعز,
« des tapis, des feutres, des coussins et divers autres objets fa-
« briqués en laine, qui sont supérieurs à tout ce qu'on peut ob-
« tenir en ce genre de plus parfait. »

L'Arménie se compose de deux contrées, dont l'une est l'Arménie intérieure et l'autre l'Arménie extérieure. La première comprend Dabil دبيل, Naswa نسوى, Cali-Cala قالى قلا, Aher اهر, Warzecan ورزقان et leurs dépendances. On remarque dans la seconde Barkouri بركورى, Khalat خلاط (ou Akhlat), Ardjis ارجيس, Chetan شطان, Zouzan زوزان, ainsi que les divers châteaux, cantons et territoires enclavés dans ces limites. Cali-Cala قالى قلا est une ville dont le territoire s'avance dans celui des Romains (des Grecs), et une place forte située sur les limites de l'Arménie et de l'Aderbaïdjan. « Agréable et bien peuplée, elle tomba plu-
« sieurs fois au pouvoir des Romains; mais les musulmans l'ont
« reprise et elle est actuellement en leur possession. De Cali-
« Cala à Meïa-farekin ميافارقين on compte 3 journées, et de Cali-
« Cala à Tiflis تفليس, 4 journées.

« Tiflis est une ville bâtie sur les bords du Kour كر (Cyrus),
« et entourée de murailles de terre. Le territoire de cette ville
« est infiniment agréable et fertile, et ses habitants se font re-
« marquer par leur caractère bienveillant. Il y a des bains qui,
« comme ceux de Tabarié طبرية (Tibériade), sont naturellement
« chauds, sans qu'il soit nécessaire de les échauffer artificielle-
« ment[1]. On y recueille beaucoup de miel et de beurre, et ces ob-
« jets y sont à très-bon marché. »

De Tiflis تفليس à Trébizonde on compte 8 journées.

De Cali-Cala قالى قلا à Tiflis, 4 journées.

De Cali-Cala à Trébizonde, 12 journées.

Trébizonde اطرابزند est une ville considérable bâtie sur les

---

[1] Les mots *Tiflis*, *Tœplitz*, *Tœpel*, désignent généralement des sources d'eaux thermales : aquas *tepidas*.

bords du Pont بحر بنطس على, et d'où l'on peut partir pour se rendre dans le reste du pays des Romains. « Nous en ferons ci-« après la description, s'il plaît à Dieu. »

Meïa-farekïn ميافارقين est sur les limites de Djeziré جزيرة (de la Mésopotamie) et de l'Arménie ارمينية. « Quelques personnes la « considèrent comme faisant partie de l'Arménie, d'autres la « comptent au nombre des dépendances du Djeziré. Elle est si-« tuée à 2 journées, vers l'orient, du Tigre, et c'est pour cela « qu'on la place en Arménie [1]. Cette ville, ainsi que Cali-Cala « قالى قلا, Erzen ارزن (Erzeroum), Seradj سراج, Menadjerd « مناجرد (Melezghird), Bidlis بدليس (Bitlis), Niswa نسوا et Bar-« kouri بركرى se ressemblent beaucoup entre elles sous le rap-« port de l'étendue et de la quantité des édifices : il n'existe pas « entre elles une grande différence. Leurs territoires sont, en gé-« néral, fertiles, productifs, peuplés et sujets aux mêmes vicissi-« tudes (littér. changements) que ceux des autres pays du monde. « Dans cette contrée et dans ses environs, il se fait un commerce « considérable d'exportation, et l'on y trouve tout ce qu'il est « possible de désirer en fait de bêtes de somme, de troupeaux « de moutons et de tissus destinés à l'exportation, et, de plus, « les feutres d'Arménie, qui sont fabriqués à Salmas سلماس, et « qui se débitent à Merend مرند, à Meires ميرس (Tebriz?)[2] et « à Dabil دبيل ; les coussins, les petits tapis de pied d'Arménie si « estimés, les voiles de lin teints en noir, dits *sabani*; ceux con-« nus sous le nom de *ma'arifat* معارفات et les serviettes مناديل qui « se fabriquent à Meïa-farekïn, et qui sont d'une incomparable « beauté.

« La route d'Ardebil à Maragha مراغة est comme il suit :

« D'Ardebil à Kour Souwa كورسوا, beau château et place très-

---

[1] Le texte porte : وهى من شرق دجلة على مرحلتين منها ولذلك تجعل فى بلاد ارمنية

[2] Les mss. portent مريد, mais c'est évidemment une erreur.

SIXIÈME SECTION. 327

« fort:, d'où dépend un territoire très-vaste et où se tiennent des   Feuillet 200 verso.
« foires à diverses époques de l'année (nous en avons déjà parlé),
« 36 milles.

« (La distance de Sourat سراة, ville remarquable par la salu-
« brité de son climat, par ses productions, ses jardins fruitiers,
« ses eaux, ses moulins, ses caravansérails et ses bazars, à Ardebil,
« est de 21 milles.)

« De cette ville à Maragha مراغة, 84 milles, à travers des can-
« tons agréables, des villages bien peuplés, des bois et des cul-
« tures contiguës.

« Pour se rendre d'Ardebil à Amida امد (aujourd'hui Diarbekir),
« ville frontière du Djeziré (ou de la Mésopotamie), on passe par
« Maragha مراغة. La distance qui sépare Ardebil de Maragha est
« d'environ 120 milles[1]. »

Si l'on veut, il est possible de se rendre par le lac (d'Ormiah)
de Maragha à Arminia ارمينية; la distance est de 72 milles.

D'Arminia à Salmas سلماس, 48 milles, ou 2 journées.

De Salmas à Khoï خوى, 27 milles.

De Khoï à Barkouri بركرى, 90 milles.

De là à Ardjis اجيس (Ardjich), 45 milles.   Feuillet 201 recto.

De là à la ville de Khalat خلاط (Akhlat), 3 journées ou 75 milles.

De Khalat à Bidliz بدليز (Bitlis), 75 milles.

De là à Erzen ارزن (Erzeroum), 75 milles.

D'Erzeroum ارزن à Meïa-farekīn ميافارقين, 4 journées ou 112
milles.

De là à Amida امد, dépendance du Djeziré (ou de la Mésopotamie), 2 milles.

Au midi de Khalat et d'Ardjis est un lac salé (le lac de   LAC DE VAN.
Van), dont les dimensions, de l'orient vers l'occident, sont de
55 sur 27 milles. « On y pêche une espèce de petit poisson

[1] En additionnant les deux nombres 36 et 84 ci-dessus, on trouve en effet la
distance indiquée par notre auteur.

Feuillet 201 recto. « connu sous le nom de *tarikh* طريح [1]; on sale ce poisson et on
« le transporte au Djeziré, à Mossoul موصل, à Racca رقة, dans
« l'Irâc العراق et à Harran حران. Dans les environs du lac on
« trouve quantité de roseaux qui sont transportés dans l'Irâc et
« ailleurs pour les boulangers [2], et diverses fentes de rochers et
« fosses, d'où l'on tire de l'orpiment rouge et de l'orpiment jaune,
« que l'on exporte au loin. Sur les bords de ce même lac de Le-
« noudan لنودان (ou Keïoudan كيودان, d'après le ms. B), en
« Arménie, on trouve une espèce d'argile qui sert à fabriquer les
« bardaques برداق (sorte de pot à l'eau) qu'on expédie dans l'Irâc,
« en Syrie, en Égypte, et qui s'y vendent à très-haut prix.

« Ardis الارديس (ou Ardenin اردنين d'après le ms. A) est une
« place forte sur la frontière du pays des Romains. Dans l'inter-
« valle compris entre cette place et Hissn-Ziad حصن زياد on trouve
« un arbre dont nous ne connaissons ni l'espèce ni la dénomina-
« tion. Cet arbre porte un fruit qui ressemble à l'amande, qu'on
« mange avec son écorce et qui est plus doux que le miel.

« La route de Maragha مراغة à Dabil, par Arminia et Khoï,
« est comme il suit ;

« De Maragha à Khoï خوى, 159 milles.

« De Khoï à Niswa نسوى, 5 journées.

« De Niswa à Dabil دبيل, 4 journées.

« Total, 305 milles.

« On peut également se rendre de Maragha à Djanwa جنوة,
« 18 milles.

« De là à Mousa-Abad موسى اباد, 15 milles.

« De Mousa-Abad à Burzah برزه, 15 milles;

« Et de là à Arminia ارمينية, 42 milles.

« Cette dernière route passe au nord de la précédente. »

---

[1] Cette indication est encore aujourd'hui parfaitement exacte. Voyez mon Voyage en Arménie et en Perse, p. 139.

[2] C'est en effet au moyen de roseaux qu'on chauffe les fours dans cette contrée.

SIXIÈME SECTION.

On dit que les villes de Kouran كوران, de Harzan حرزان et de Sisdjan سبجان faisaient (autrefois) partie de l'empire des Khozars, et que les cantons de Dabil دبيل, de Niswa نسوى, de Surah سراح, de Khilat خلاط, d'Ardjis ارجيس et de Badjasis باجسيس (Bayazid?) dépendaient de l'empire romain. Les Persans s'en emparèrent et poussèrent leurs conquêtes jusqu'au Chirwan شروان, pays où se trouvent, dit-on, la pierre de Moïse et la fontaine cachée *des animaux*. Ce fut le roi Cobad (Caï-Cobad?) qui fut le fondateur des villes de Bilcan بيلقان, de Berda'a بردعة, de Kila تيلة et de Madalīn مدالين. Ce fut Nouchirewan qui fit construire la ville de Chabran شبران, située près de la mer Caspienne, Kurkura كركره, Bab el-Abwab باب الابواب (Derbend), et plus de trois cent soixante châteaux à l'entrée des défilés des montagnes de Cabc قبق (du Caucase). Il fortifia aussi les approches de Bab el-Abwab, du côté qui touche au pays des Khozars, ainsi que Balandjar بلنجر, Samandra سمندر et Beīdha بيضا. Dans le pays de Khaziran خزران; il fonda Soghdabil صغدبيل et Firouz-Cobad فيروز قباد.

On compte au nombre des villes de la petite Arménie ارمنية الصغرى: Khoï خوى, Sena-berria صنا برية (Sinna), Chach الشاش, Kosal كسال, Alaïdjan الايجان, le fort de Djardiban جرديمان, Hanwan حنوان, Chaca شكى et el-Bab الباب.

Quant à el-Abwab الابواب (les Portes), ce sont des défilés de montagnes dans le Caucase قبق, où l'on voit des forteresses, telles que la porte de Soul باب صول, la porte des Alan باب اللان (ou des Alains), la porte des Saïran باب السايران, la porte de Lazca باب لازقه (ou des Lezghis), la porte des Bârcah باب بارقه, celle des Sesdjesdjis باب سجسجى (ou des Tchetchenses[1]), celle du possesseur du trône باب صاحب السرير, celle de Kilan-chah فيلان

---

[1] Peuple bien connu par sa bravoure, surtout depuis les progrès des Russes dans l'isthme Caucasien. Les Tchetchenses habitent les bords de la Soundja, rivière qui a son confluent dans le Terek.

CINQUIÈME CLIMAT.

Feuillet 201 verso.   شاه باب ايران, celle des Karouwian باب كاروبان, celle des Iran-chah باب ايران شاه, et celle de Liban-chah لبان شاه.

Le Caucase جبل قبق est une chaîne immense de montagnes renommées par leur hauteur. « Mas'oudi (Abou'l-Hassan ben-« Ahmed) rapporte qu'il y a dans ces montagnes trois cents bourgs « ou villages, et que dans chacun d'eux on parle une langue dif-« férente. El-Haukali (Ebn-Haukal) dit : Je niais le fait et je le « considérais comme absurde jusqu'à ce que, m'étant rendu dans « divers villages de ces montagnes, je trouvai que les habitants « de ces montagnes parlaient des langues inintelligibles, et qui « différaient essentiellement du persan.

« Du côté qui touche au pays des Khozars, il existe une chaîne « de montagnes portant le nom de Siah-Kouh سياه كوه (montagne « Noire), qui s'étend jusqu'au delà du pays des Khozars, se pro-« longe dans le pays des Ghozzes, puis, se dirigeant vers l'orient « du lac de Khowarezm (du lac d'Aral), parvient au Ferghanah « et atteint les montagnes de la Chine.

« Le Zouzan زوزان est également une contrée couverte de lieux « fortifiés et de montagnes qui, du côté de Hareth الحارث et de « Houirath حويرث, touchent aux montagnes d'Aher اهر et de War-« zacan ورزقان, et du côté du nord atteignent Tiflis تفليس.

« Dans tout le pays de Ran بلاد الران, (c'est-à-dire) depuis Bab « el-Abwab باب الابواب (Derbend) jusqu'à Tiflis, la garance croît « sur le sol et on en recueille des quantités considérables. Cette « substance est transportée par la mer Caspienne à Djordjan « جرجان, et de là à dos (de bête de somme) dans l'Inde. Elle est « supérieure en qualité à toute autre espèce de garance [1]. »

[1] Voici le texte de ce passage intéressant : في جميع بلاد الران من حد باب الابواب الى تفليس ينبت في ارضها الفوة ويجمع منها الشى الكثير وتدخل في بحر الخزر الى جرجان ويقصد بها الى بلاد الهند على الظهر وهي فوة تفوق كل نوع منها على الارض

SIXIÈME SECTION.

Il y a dans l'Arménie deux fleuves célèbres; je veux parler du Ras نهر الرس (l'Araxes) et du Kour نهر كر (le Cyrus). Ils se dirigent l'un et l'autre de l'occident vers l'orient. Le Kour est un fleuve grand et navigable. Il prend sa source dans les montagnes, passe à Tiflis يمرّ بتفليس, se dirige vers les limites des pays de Hanwa حنوة et de Samkoun سمكون (Samuch?), puis se réunit au Ras (à l'Araxes) et verse ses eaux dans la mer Caspienne. Le Ras الرس est également un fleuve considérable. Il prend sa source dans l'Arménie intérieure, non loin de Cali-Cala قالى قلا; passe auprès de Ran ران, reçoit les eaux de la rivière de ce nom, puis, se dirigeant vers le nord, il atteint Warthan ورثان, mêle ses eaux avec celles du Kour (du Cyrus). La ville de Bilcan est située entre ces deux fleuves, qui finissent par se jeter ensemble dans la mer Caspienne.

SEPTIÈME SECTION.

Mer Caspienne. — Iles et côtes de cette mer.

Feuillet 201 verso.
Feuillet 202 recto.

La présente section contient la description de la majeure partie de la mer du Tabaristan qu'on appelle aussi mer de Khozar, « ainsi que celle des contrées habitées par les Khozars et par les « Ghozzes, notre intention étant de compléter en peu de mots ce « que nous avons ébauché sur ce sujet. »

Nous disons donc que la mer du Tabaristan بحر طبارستان (la Caspienne) est isolée et sans communication avec les autres mers. Sa longueur de l'occident à l'orient, en déclinant un peu vers le nord, est de 800 milles, et sa largeur de 600 milles. Il y existe quatre îles. Ebn-Haukal rapporte que cette mer isolée diffère « des autres sous le rapport de l'augmentation et du mélange « (des eaux), » en ce qu'elle est principalement alimentée par le fleuve de Russie نهر الروس qu'on nomme Athil اثل (le Volga). Ce fleuve prend sa source dans le pays des Turcs et vient du côté de l'orient jusqu'à ce qu'il ait atteint Boulghar بلغار. Là il se divise en deux branches dont l'une coule vers la mer de Bab el-Abwab باب الابواب (Derbend), dont nous avons déjà parlé, tandis que l'autre[1] se dirige à l'occident vers la mer du Pont بحر بنطس, qui commence à Constantinople قسطنطنيه et qui communique avec l'Océan par le détroit de Zacac الزقاق (ou de Gibraltar), d'où il suit que si un homme voulait faire le tour de cette mer en

---

[1] N'oublions pas qu'au xiie siècle on considérait généralement le Don comme une dérivation du Volga.

SEPTIÈME SECTION. 335

revenant au point d'où il serait parti. il pourrait le faire sans rencontrer d'autre obstacle que le fleuve Athil اثل et les autres « fleuves qui s'y jettent et dont nous avons parlé. »

Feuillet 202 recto.

Les eaux de cette mer sont salées et n'éprouvent ni flux ni reflux, et ses profondeurs sont de couleur obscure, contrairement à ce qui a lieu dans la mer de Colzoum بحر القلزم (la mer Rouge) et autres, attendu que le fond de celle-ci se compose d'argile noire. « L'auteur du Livre des Merveilles prétend que cette mer com-
« munique avec celle du Pont par des canaux souterrains. L'isthme
« qui les sépare est d'environ 600 milles, et il se compose de
« terres contiguës. Cette mer n'offre d'autres productions que le
« poisson ; » les négociants s'y embarquent avec leurs marchandises, et ils partent du pays des musulmans pour se rendre dans celui des Khozars, lequel est situé entre le Ran الران, le Djebal الجبل, le Tabaristan طبارستان et le Djordjan جرجان. « Les habitants
« d'Athil اهل اثل (ville) se rendent également par cette mer à
« Djordjan et sur d'autres parties du littoral, ensuite ils reviennent
« à Athil, s'embarquent sur de petits navires et remontent le
« fleuve de ce nom (le Volga) jusqu'à Boulghar بلغار ; puis ils se
« hasardent sur la branche supérieure et parviennent jusqu'au
« Pont (Euxin).

« Il existe dans cette mer quatre îles désertes, et deux d'entre
« ces îles, quoique inhabitées, contiennent de l'eau et des arbres.
« L'une d'entre elles, qui se nomme Sakouna سكونة (ou Sakouia
« ساكوينة d'après le ms. B), est la plus grande et gît vis-à-vis
« d'Aleskoun السكون (Abeskoun?) ; on y trouve des fontaines, des
« bois, des pâturages, des bestiaux et des animaux sauvages. Elle
« est voisine de Djedwellaghiz جدواللكز, île considérable où l'on
« trouve également les pâturages, du bois et de l'eau. Il y croît
« de la garance que des marchands forains de Berda'a بردعة vont
« chercher. Ils y transportent des environs de ce pays, qui en
« est voisin, des bestiaux, puis ils les y laissent paître pour les

334   CINQUIÈME CLIMAT.

Feuillet 202 recto. « engraisser¹. Dans le voisinage de cette île il n'en existe point
« d'autre; mais en s'éloignant vers le nord on en voit une qui
« s'appelle l'île de Sehilan جزيرة سهيلان, qui est grande, sablon-
« neuse et dépourvue de végétation et de cultures. Il s'y réfugie
« quantité d'oiseaux noirs comme des corbeaux, mais moins im-
« mondes. On ne trouve des oiseaux de semblable espèce que
« dans cette île seulement.

« Sur les côtes orientales de cette mer (de la Caspienne) il
« n'existe ni villes ni villages, si ce n'est Dahestan دهستان, qui
Feuillet 202 verso. « dépend d'Aleskoun السكون, dont elle est à 150 milles. Dahestan
« est une ville, ou plutôt un village dont la population est peu
« considérable. Non loin de là est une vallée où les eaux de la mer
« pénètrent, et où les navires se réfugient en cas de tempête.
« Diverses peuplades s'y rendent pour se livrer à la pêche, car
« on y trouve beaucoup de poissons d'espèces et de couleurs
« différentes, d'un bel aspect et d'un goût excellent.

« A l'orient de cette mer il y a deux petits pays comparables
« à des villages, et situés sur le littoral. L'un d'eux se nomme
« Djouthra جوثرو et l'autre Titiri تيتيري; ils sont adossés contre une
« chaîne de montagnes qui s'élèvent à l'orient de la mer, et qui
« atteignent ses bords. Ces montagnes sont d'un très-difficile accès,
« en sorte qu'on ne peut parvenir qu'avec beaucoup de peine à ces
« deux pays, dont les habitants se livrent à la pêche. Ils font sécher
« à la fumée le poisson et s'en nourrissent. Dans les montagnes
« environnantes il croît beaucoup de halfa حلفا (sorte de plante
« aquatique), qu'ils ramassent et transportent à Djordjan جرجان

¹ On trouvera la mention d'un usage semblable dans la relation de mon Voyage
en Arménie et en Perse, p. 140. Au surplus je crois d'autant plus devoir transcrire
le texte de ce passage curieux du ms. B, qu'il ne paraît pas avoir été compris par le
copiste du ms. A, lequel a laissé en blanc le mot تسرح :

وتحمل البها الدواب من نواح هذه البلاد القريبة اليها فتسرح بها السمـــن

SEPTIÈME SECTION.

« et ailleurs, où ils la vendent avec avantage : c'est leur (princi-
« pale) ressource.

« L'île de Siah Kouh سياه كوه est, de nos jours, habitée par
« des Turcs qui, ayant eu des démêlés avec d'autres tribus de
« même race, s'en séparèrent et vinrent se réfugier et s'établir
« dans cette île, qui offre, comme nous l'avons dit plus haut [1],
« de l'eau et des pâturages en abondance.

« En se dirigeant d'Aleskoun السكون (ou d'Abeskoun) vers le
« nord [2], pour se rendre au pays des Khozars, on ne trouve que
« peu d'habitations contiguës, du côté de Bab el-Abwab باب
« الابواب (Derbend) et de Khozar; mais si vous voulez, vous pou-
« vez vous rendre d'Aleskoun aux frontières du Djordjan, du
« Tabaristan, du Deïlem et du Djebal ; vous entrerez dans le
« pays de Ran et puis dans le Moghan, d'où vous parviendrez à
« Derbend en 2 fortes journées. »

De Bab el-Abwab باب الابواب (Derbend) à Samandar سمندر on
compte 4 journées par un pays habité; et de Samandar à Athil
اثل, 7 journées.

Athil اثل est la capitale du pays des Khozars. Elle se compose
de deux villes populeuses, bâties sur les rives du fleuve du
même nom (le Volga). Le roi fait sa résidence dans la ville qui
est sur la rive occidentale de ce fleuve; les marchands, les re-
vendeurs et la populace habitent la rive opposée. La longueur
totale d'Athil est d'environ 3 milles. « Cette ville est entourée
« de fortes murailles. La plupart des habitations sont des tentes
« de feutre de forme conique, du genre de celles qui sont en
« usage chez les Turcs. Les personnes plus riches se logent dans
« des maisons bâties en argile. Le château royal est seul construit

---

[1] Il est à présumer que notre auteur veut parler de l'île qu'il a désignée ci-dessus,
p. 333, sous le nom de *Sakouna* ou de *Sakouia*.

[2] Nous croyons devoir adopter ici la leçon du ms. A, qui porte عن شمالها au
lieu de عن يمينها.

336 CINQUIÈME CLIMAT.

Feuillet 202 verso. « en briques; personne n'oserait se servir de semblables maté-
« riaux, de peur d'exciter la colère du roi. »

Les Khozars sont ou chrétiens, ou musulmans, ou idolâtres; mais personne ne songe à inquiéter autrui relativement aux choses qui touchent à la religion. « Les campagnes d'Athil اثل
« sont dans le voisinage du fleuve et sur ses deux rives. A l'époque
« des moissons, tous les habitants, soit voisins, soit éloignés, ar-
« rivent, coupent les blés, les transportent en toute hâte sur les
« bords du fleuve, et les chargent sur des navires. Leur princi-
« pale nourriture est le riz et le poisson. »

La branche orientale de l'Athil (du Volga) prend sa source du côté de Basdjirt بسجرت (des Bachkirs), coule entre les Bedjnakias البجناكية et Boulghar بلغار, en dirigeant son cours vers l'oc-
Feuillet 203 recto. cident jusqu'à Boulghar بلغار; ensuite il se détourne vers l'orient, traverse le pays des Rous على الروس (des Russes), passe à Boulghar, à Barthas برطاس, à Khozar خزر (ou à Athil), puis se jette dans la mer. « On dit que le nombre des canaux qui en dérivent
« s'élève à plus de soixante et dix; mais le fleuve principal a son
« embouchure dans la mer Caspienne. On dit (aussi) que si toutes
« ces eaux étaient réunies, elles formeraient un fleuve plus vaste
« et plus profond que ne le sont le Djeïhoun جيحون (l'Oxus) et la
« rivière de Balkh بهر بلخ. De ce fleuve dérive une branche ou
« un canal qui coule vers l'orient et se décharge dans la mer du
« Pont, ainsi que nous venons de le dire.

« Samandar مدينة سمندر était autrefois une ville importante et
« très-peuplée. Fondée par Nouchirewan, elle était entourée de
« jardins et d'innombrables vignobles; mais elle fut attaquée par
« une tribu de Rous قبيلة الروس (de Russes), qui s'en empara, et
« sa prospérité s'évanouit. »

De Samandar سمندر aux limites extrêmes du territoire de cette ville on compte 30 milles;

SEPTIÈME SECTION.

Et de ces limites à celles du Saheb el-Serir صاحب السرير (possesseur du trône), 51 milles.

Les habitants de la ville où réside ce prince sont chrétiens, et le prince fut ainsi nommé parce qu'il possédait un trône d'or d'un prix inestimable, qui lui fut ravi par un roi de Perse. Ce trône avait été fabriqué anciennement; lors de l'invasion des Grecs الروم et du pillage qui s'ensuivit, ce trône fut respecté par eux et laissé dans son état ancien; les princes du pays prirent le surnom de *Saheb el-Serir*.

La distance existante entre Aleskoun السكون et la mer Caspienne est de 900 milles, ce qui forme la longueur totale de cette mer. D'Aleskoun¹ à Dahestan دهستان on compte 5 journées.

D'Athil à Samandar, 8 journées.

De Samandar à Bab el-Abwab (Derbend), 4 journées.

D'Athil aux premières dépendances de Barthas برطاس, 2 journées.

« On traverse cette mer dans sa largeur, c'est-à-dire depuis le
« Tabaristan طبارستان jusqu'à Bab el-Abwab باب الابواب (Derbend),
« par un vent favorable, en 7 journées;

« Et dans sa longueur, également par un beau temps, en 9 jour-
« nées. »

Les vents qui soufflent sur cette mer se succèdent par périodes. Ainsi, lorsqu'un certain vent a soufflé pendant 30 jours, il est remplacé par un autre qui dure à peu près autant de temps; « phénomène qu'il convient d'attribuer à la sagesse du Créateur. »

---

¹ Cette assertion est en contradiction formelle avec ce que notre auteur a dit un peu plus haut. Nous laissons aux géographes le soin de concilier entre eux les deux passages, et de fixer la situation réelle d'Aleskoun et d'Abeskoun.

HUITIÈME SECTION.

Lacs d'Aral et de Ghorghoz. — Pays des Ghozzes et autres situés à l'orient de la mer Caspienne.

Feuillet 203 recto.

Cette section contient la description d'une partie du pays des Ghozzes بلاد الاغزاز, « savoir : Dermah درماه, Noudjah توجه, Dja-
« jan جاجان, Marcachan مارتشان, Darcou درتو, Darend درند, Ghar-
« ban غربان et Ghorghoz غرغوز, ainsi que l'indication des fleuves
« et des montagnes.

LAC D'ARAL.

« Nous disons donc que, d'après les rapports des écrivains voya-
« geurs et de ceux d'entre les princes ghozzes ملوك الاغزار qui ont
« visité ces contrées, le lac de Khowarezm بحيرة خوارزم (d'Aral)
« a 300 milles de circonférence. Les eaux de ce lac sont salées
« et n'éprouvent pas d'apparente augmentation. Les fleuves ou
« rivières qui s'y jettent sont le Djeïhoun جيحون (l'Oxus), le
« Chach الشاش (le Iaxartes), le Bark برك, le Roudha رودها, le Mar-
« gha مارغا, et quantité d'autres cours d'eau moins considérables.
« Cependant ses eaux ne s'adoucissent pas, et ne sont sujettes ni
« à augmenter ni à décroître. La distance qui sépare l'embou-
« chure du Djeïhoun de celle du Chach est de 10 milles. Les
« eaux du premier de ces fleuves gèlent fort souvent en hiver,
« dans le voisinage du lac, en sorte que les bœufs, les moutons
« et les hommes peuvent passer sur la glace. La distance qui sé-
« pare ce lac de la mer du Tabaristan بحر طبارستان (de la Cas-
« pienne) est de 20 journées. On voit, près des bords du lac,
« une montagne où les neiges ne fondent pas, même en été, et
« de temps en temps, au-dessus de ses eaux, un gros poisson vo-

« lant, à [...] humaine, et servant de guide aux pê-
« cheurs pou[r ...] poisson. Il prononce trois ou quatre
« mots d'un [langage] inconnu, puis il se plonge dans les eaux.
« Son app[arition est] le présage de la mort de quelqu'un d'entre
« les prin[ces.] »

Le pa[ys de c]es peuples s'étend au loin vers le nord et
vers l'[... remarq]uable par de hautes montagnes, sur les-
quell[es on a é]levé des citadelles très-fortes, où leurs
prin[ces sont à l'ab]ri des attaques et conservent leurs approvision[nements. Il y a], dans le pays, des hommes préposés par le
prin[ce ...] à la conservation de l'ordre. « Ces hommes res-
« se[mblent beauc]oup aux Berbers sous le rapport de la manière
« [... il]s habitent des lieux plus ou moins stériles, et
« [recherchent ce]ux où on trouve les pâturages les plus abondants.
« Leurs tentes sont [faite]s de poil.

« A l'orient du lac (d'Aral) est le pays des Khandaghas ارض
« خندغة, peuples ghozzes braves et indépendants. Ils possèdent
« d'excellents pâturages et de l'eau courante, mais le froid est
« excessif dans leur pays, » dont la ville principale se nomme Hiam
حيام. C'est dans cette place qu'ils se réfugient et qu'ils mettent
à l'abri des attaques tout ce qu'ils possèdent. Hiam est, en effet,
un lieu très-fort, situé sur une montagne presque inaccessible,
au pied de laquelle coule une grande rivière venant de l'intérieur du pays des Ghozzes مرمى داخل بلاد الغزية. Le nom de la
montagne est Asfaroun اصفرون, et celui de la rivière, qui est
grande et navigable, est Roudha رودا. On peut se rendre par le
lac à Hiam حيام, et de là à Djadjan جاجان : la distance entre
ces deux lieux est de 7 journées. Le premier est au nord, et le
second au sud de la rivière : ils sont l'un et l'autre peu considérables, mais extrêmement forts.

Au-dessous de la ville de Hiam حيام, du côté du nord, il existe
un grand fleuve, provenant d'une haute chaîne de montagnes qui

Feuillet 203 verso. séparent le pays des Ghozzes de celui de[...] باجر (Bach-kirs); elle se nomme Morghâr مرغار, [...] eindre à son sommet à cause des neiges et des glaces étern[...] e couvrent. Le nom du fleuve est Morgha مرغا. Lorsque [...] rossissent, on y trouve de l'or en quantité : on extrait [...] ond de ce fleuve, beaucoup de lapis-lazuli لازورد « qu[...] le Kho- « rasan. » Les forêts environnantes co[...] d'ani- mal appelé *beber* (ou *neber*) ببر, dont l[...] plus grande beauté et d'un très-grand prix. On [...] de ces fourrures dans l'Asie mineure بلاد الروم et [...] الارمن. On trouve également dans ces forêts une esp[...] de couleur jaune d'or ; mais cette espèce est très-r[...] du pays, qui font usage de cette fourrure pour se [...] nt

Feuillet 204 recto. à personne la permission de l'exporter [...] de so[...] n'en « voit nulle autre part que chez eux. »

Des flancs de ces montagnes dérivent plus de mille sources, dont les eaux viennent grossir le Morgha مرغا, et vers leur sommet on remarque deux villes, ou plutôt deux places fortes, dont l'une se nomme Toudjah توجه (ou Noudjah نوجه), et l'autre Badegha بادغة; la distance qui les sépare est de 1 journée. « Dans « cet intervalle coule vers l'occident une grande rivière, dont « les eaux tombent dans un lac منقع de 50 milles de circonfé- « rence : ses eaux sont stagnantes, mais douces. Les environs du « lac sont fertiles, et, durant l'été, les Turcs y font paître leurs « troupeaux. » Entre ce lac et celui de Khowarezm خوارزم (d'Aral) on compte 6 journées de distance. Le premier منقع, est situé au nord du second ; « mais au nord de ce dernier les « chemins sont impraticables, à cause des obstacles que présente « la montagne de Morghîr, dont nous venons de parler.

« La distance qui sépare des montagnes le lac le plus sep- « tentrional est de 5 journées. Le pays est couvert de pâturages « appartenant à des tribus turques. » Au pied des montagnes

HUITIÈME SECTION. 341

il existe deux villes dont l'une se nomme Darenda درنده, et
l'autre Darcou درکو. La première est située à l'occident et à
3 journées de distance de la seconde. « Elles sont peu considé-
« rables, mais il y a des marchés, de l'industrie, du commerce
« et d'excellentes fortifications. Ce pays est constamment couvert
« de neige[1]. Les gens du pays font leurs moissons avant que le
« grain ait atteint sa maturité, et ils font sécher à la fumée les
« épis encore humides; ils y sont contraints par l'excès du froid
« et par celui de l'humidité qu'occasionnent des pluies conti-
« nuelles. On trouve, dans les cours d'eau qui sillonnent ces
« montagnes, des rubis-balais, des turquoises[2] et d'autres pierres
« précieuses. »

De Darcou درکو, en se dirigeant vers l'orient, aux sources du
Morgha مرغا, on compte 4 journées.

De Darcan à Djadjan جاجان, dont il a déjà été question,
10 journées.

« Le fleuve Rodoua رودو prend sa source dans la chaîne de
« montagnes d'Asfaroun اصفرون, dont nous avons déjà parlé. Ces
« montagnes sont d'une grande hauteur, leurs sommets sont cou-
« verts de neiges éternelles, et leur base ombragée de forêts con-
« tiguës et extrêmement giboyeuses. Du côté septentrional de
« cette chaîne, surgissent plus de vingt sources qui coulent vers
« l'occident et vont aboutir au lac Ghorghoz[3] بحیره غرغور. Ce lac LAC DE GHORGHOZ.
« est considérable; il a 400 milles de circonférence; les eaux en
« sont douces et l'on y pêche en quantité du poisson, principale
« ressource des habitants de la contrée. Il dérive également, des
« monts Maghara جبال ماغرا, plus de cinquante ruisseaux qui ont

---

[1] *Sic.*

[2] Le texte porte فیروزه; c'est donc à tort qu'on a rendu ce mot par *amethystas* dans la version latine.

[3] Les cartes anglaises indiquent en effet un lac du nom de *Korgos* ou de *Kurgha*, au nord-est du lac d'Aral. Lat. 46° 50′, long. 75° du méridien de Greenwich.

342   CINQUIÈME CLIMAT.

Feuillet 204 recto. « leurs embouchures dans le même lac, et dont les bords sont cou-
« verts de fertiles pâturages.

PAYS DES GHOZZES. « Ces peuples sont des Turcs-Ghozzes qui marchent toujours
« armés, très-braves et toujours prêts à combattre les autres peu-
« plades turques. Au midi du lac il existe une montagne dont les
« rochers sont très-durs et très-arides ; sur cette montagne on
« voit un grand fort, qui porte le nom de Ghorghoz ainsi que
« le lac. »

Feuillet 204 verso. De Ghorghoz غرغوز à Djadjan جاجان, vers le sud-ouest,
6 journées.

De Djadjan جاجان, vers le sud-est, à Dahelan دهلان, environ
7 journées, à travers des déserts dépourvus d'habitations et de
cultures.

« Dahelan دهلان est une place forte, dont les habitants, peu
« nombreux, font de temps en temps des incursions dans le Tou-
« ran طرאן ou pays du Châs بلاد الشاش (du Iaxartes). De Dahelan
« دهلان à Boubekih بوبكث, autre dépendance du Châs من ارض
« الشاش, dont les habitants sont, de temps en temps paisibles,
« (c'est-à-dire en état de trève), 4 journées.

« Le pays par lequel il faut passer pour pénétrer de Dahelan
« à Bouketh, est défendu par des montagnes et des dunes « sablon-
« neuses d'un difficile accès. »

De Dahelan دهلان à Hiam حيام, dans la direction de l'occident, on compte 12 journées.

De Hiam à l'ancienne capitale des Ghozzes الغربة القديمة, vers
le sud-ouest, 4 journées.

De Hiam à Nadja ناجه (ou Naha ناحه), 8 journées.

De Roudhan رودان à Dahelan, 4 journées.

De même, de la ville de Dahelan مدينة دهلان à Gharbian
غربيان, vers le nord-ouest, 5 journées.

« A trois milles de la ville de Gharbian مدينة غربيان il existe
« une mine d'argent des plus abondantes et des plus riches ; on

« dit que le minerai brut rapporte un quart d'argent pur : on
« en extrait des quantités considérables. Les marchands du Châs
« تجار الشاس s'y rendent avec des objets d'échange, achètent beau-
« coup de ce métal, et le transportent ensuite de tous côtés.

« Le pays des Ghozzes بلاد الغزية est très-fertile et ses habitants
« sont riches. Courageux comme des lions, mais extrêmement
« grossiers, ils vivent dans l'ignorance et dans le chagrin. Le liber-
« tinage est, chez eux, chose publique; ils ne le considèrent pas
« comme un vice et s'y livrent obstinément. »

NEUVIÈME SECTION.

Asie centrale. — Pays d'Adhkach. — Lac de Téhama.

Nous comprenons dans la présente section la partie septentrionale du pays de Kimakié كماكية et la totalité du pays d'Adhkach اذكش, c'est-à-dire « les villes, les châteaux et les rivières de
« ces contrées, que nous décrirons d'après la méthode que nous
« avons précédemment suivie, et cela autant que nos facultés nous
« le permettront; car tout secours vient du Très-Haut. »

Nous disons donc que le pays d'Adhkach اذكش a à son occident celui des Ghozzes بلاد الاغزاز, et que les peuples qui l'habitent vers l'orient sont voisins des montagnes qui ceignent le Iadjoudj ياجوج (Gog) et le Madjoudj ماجوج (Magog). « Cette
« terre d'Adhkach ارض اذكش est fertile, et abonde en productions
« de toute espèce et en troupeaux. On y trouve du beurre et du
« miel supérieurs en qualité à tout ce qu'on peut se procurer
« dans beaucoup d'autres pays, soit circonvoisins, soit éloignés;
« car les troupeaux de moutons et de bœufs y sont innombra-
« bles, à tel point que la viande est sans valeur, et que, quand un
« homme tue un ou deux moutons, c'est uniquement pour en
« avoir la peau, car il ne sait à qui donner la chair. La viande
« que préfèrent ces peuples est celle du cheval. »

Au midi de cette contrée, il existe un lac dit de Téhama بحيرة
تهامة dont la circonférence est de 250 milles. Les eaux de ce lac sont d'un vert foncé; elles exhalent un parfum agréable et sont d'une saveur excellente. On y trouve une sorte de poisson plat de couleurs variées et que les Turcs considèrent comme

possédant des vertus aphrodisiaques à un plus haut degré même Feuillet 205 recto.
que le sakankour سنقور¹. « C'est un fait très-connu. Les pêcheurs
« de ce lac savent qu'après avoir jeté leurs filets, s'ils prennent
« un de ces poissons, ils en éprouvent sur-le-champ l'effet; que
« cet effet dure tout autant qu'ils tiennent à la main le filet, et
« qu'il ne cesse tout à fait que quand ils ont lâché prise.

« Au milieu de ce lac il existe une espèce d'île dont le sol est
« extrêmement fertile et toujours couvert d'une abondante végé-
« tation. Les Turcs y font paître leurs troupeaux et y campent
« durant toute la belle saison. Au centre de l'île est un puits sans
« eau dont on n'a pu trouver le fond. L'île produit, à ce qu'on
« dit, une plante dont les feuilles ressemblent à celles du so'ad
« السعد ², qui s'étendent beaucoup, et qui sont de couleur verte.
« Cette plante porte à ses racines de petites graines d'une extrême
« douceur, qui sont réputées parmi ces peuples comme un remède
« souverain contre les maux d'yeux et contre l'impuissance.

« Quatre fleuves ont leur embouchure dans ce lac. Le premier
« est le Téhama, considérable, mais peu rapide, et très-profond.
« Ses sources sont à 6 journées de distance du lac, et elles se
« composent de trois fontaines surgissant en abondance, à la dis-
« tance de 2 journées les unes des autres. Un de ces cours d'eau
« coule à l'occident, et un autre à l'orient de la ville au-dessous
« de laquelle ils se réunissent, forment une masse d'eau consi-
« dérable et se jettent dans le lac. Les habitants du pays d'Adh-
« kach ادكش y conduisent leurs enfants pour les purifier dans
« les eaux de ce fleuve, à l'époque de la puberté. Ces enfants de-
« viennent en effet très-sains, ne sont point sujets à la gale, et
« l'on n'en trouve dans le pays aucun qui soit impotent. Les effets
« de ces ablutions sont considérés par les habitants du pays comme
« incontestables. Ils disent qu'en buvant pendant sept jours de

¹ *Lacerta monitor.* Voyez ci-dessus, t. Ier, p. 31.
² Je présume qu'il s'agit ici d'une sorte de galanga.

« l'eau de ce fleuve, on a la certitude d'être guéri de quelque
« maladie que ce puisse être; qu'en se lavant la tête avec cette eau,
« on est exempt de migraines pendant un an. Enfin ils ajoutent à
« ce sujet tant d'assertions et tant de particularités merveilleuses,
« qu'il (nous) paraît convenable de les passer sous silence.

« Le second des fleuves qui se jettent dans ce lac provient de
« la montagne de Djenf جبل جنف. Son cours est rapide et son
« lit rempli de cailloux roulés. On n'y trouve ni reptiles, ni gre-
« nouilles, ni poissons, enfin aucun être vivant; car ses eaux sont
« douces, mais excessivement froides. Le phénomène dont nous
« parlons est généralement attribué à l'influence exercée au
« moyen d'un talisman par le philosophe Marconos مرقونس للحكم.

« Le troisième prend sa source dans la montagne d'Ascaroun
« جبل اسقرون, coule vers l'orient jusqu'à Rechaca مدينة رشاقة,
« passe au midi, baigne les murs de cette ville, puis se dirige
« vers l'orient, coule au nord de Baknoun بقنون, ville auprès de
« laquelle il détourne son cours vers le midi, longe la base des
« montagnes de Ras جبال راس, se jette dans la rivière de Djenf
« نهر جنف, puis dans le lac.

« Le quatrième vient du midi.

« Au nord de ce lac il existe une colline de terre rouge parsemée
« de trous de toutes parts; à la nuit tombante il sort de ces ou-
« vertures quantité de taupes noires qui paissent durant toute la
« nuit, et retournent au jour dans leurs demeures. Sur le som-
« met de la colline il existe une ville du nom de Chanderan
« شندران, dont les habitants se livrent à la chasse de ces animaux;
« ils les tuent, mangent leur chair, et avec leurs peaux se font
« des fourrures [1] dont rien n'égale la finesse et la beauté. »

A 4 journées de ce lieu est la montagne de Kharda جبل
خاردا [2], très-haute et de toutes parts inaccessible, car ses flancs

---

[1] En arabe فرو *ferou*.
[2] Ce nom est écrit *Giarda* dans la version latine.

sont à pic et semblables à des murailles unies; mais au-dessous de cette montagne on a taillé une grande porte, et, après avoir fait des excavations, on y a pratiqué un chemin, ou plutôt un escalier avec des marches, par lequel on parvient au sommet de la montagne et à une ville extrêmement forte et capable de résister, quand même il n'y resterait qu'un seul homme (pour la défendre). Au centre de la ville est une source d'eau douce très-abondante, qui sert à la consommation des habitants et à tous autres usages. L'excédant de cette eau s'écoule auprès des murs, sans qu'il en reste aucune trace, dans un trou dont personne ne connaît la profondeur.

« Du fort de Kharda خردا à la ville de Chanderan شندران, en
« se dirigeant vers l'occident, on compte 6 journées;

« Du même fort à la ville de Téhama تهامة, en se dirigeant
« vers le sud, 4 journées; »

Et du même fort à la montagne dite Cocaïa توقايا, 7 journées.

Cette montagne est celle qui ceint le pays de Gog et de Magog. Elle est tellement abrupte qu'il est impossible de la gravir, et quand même on y parviendrait, il serait impossible d'atteindre son sommet, à cause de la quantité de neiges éternelles qui y sont amoncelées et des brouillards épais qui toujours l'environnent. Au delà sont de nombreuses villes dépendantes du Gog et du Magog. « Il y a dans cette montagne nombre de serpents et de
« reptiles énormes qui vivent au fond des vallées, d'où résul-
« tent des dangers et des obstacles pour quiconque voudrait la
« gravir. Si, cependant, quelqu'un se hasarde à le faire, il ne le
« peut qu'en deux jours et même davantage; » et si quelque rare voyageur parvient au sommet pour observer ce qui s'y trouve et ce qui est au delà, il lui est impossible de revenir sur ses pas, soit à cause des animaux féroces, soit parce que les peuples de la contrée ultérieure font prisonniers tous les étrangers qui veulent pénétrer chez eux. Cependant, par une sorte de miracle,

348 CINQUIÈME CLIMAT.

Feuillet 205 verso.

quelques personnes ont effectué ce voyage, et elles ont raconté que, durant la nuit, elles avaient vu quantité de feux allumés au delà des montagnes, et, durant le jour, rien autre chose que de grands nuages et des brouillards.

Quant aux Turcs de la race de ceux qu'on nomme Adhkach اذكش, on dit qu'ils ont la face large, la tête grosse, beaucoup de cheveux, les yeux très-vifs; qu'ils parlent un langage particulier, et qu'ils adorent le feu ainsi que tout ce qui brille.

Au nord de leur pays il existe une chaine de montagnes dites Farghan فرغان [1], qui s'étend en longueur, d'occident en orient, sur un espace d'environ 18 journées. Dans ces montagnes est un plateau de forme ronde, au milieu duquel on voit un lac dont personne n'a pu savoir la profondeur. Tout ce qui tombe dans

Feuillet 206 recto.

ce lac est perdu sans retour; aucun homme, aucun animal ne peut nager dans ses eaux, et le bois même qu'on y jette reste englouti : « c'est un phénomène très-singulier. Au bas de la mon-
« tagne, du côté du midi et vis-à-vis du lac, est une caverne d'où
« sort souvent un bruit terrible, qui se fait entendre puis cesse
« tout à coup, sans qu'il soit possible d'en connaître la cause.
« L'entrée de cette caverne est habitée par des êtres animés;
« sont-ce des hommes ou des bêtes ? c'est ce qu'on ignore. On
« dit (aussi) qu'il s'en échappe des rafales de vent assez violentes
« pour renverser un homme, ce qui est une chose vraiment mer-
« veilleuse. Enfin les particularités qu'on raconte de cette ca-
« verne ont beaucoup de célébrité dans le pays comme dans les
« autres pays des Turcs, et divers écrivains en ont conservé la
« tradition. L'auteur du Livre des Merveilles (entre autres) ra-
« conte à ce sujet des choses tellement insipides et absurdes,
« qu'il convient de n'en pas parler. Au surplus le divin Créateur
« de toutes choses sait ce qui est la vérité. »

[1] La version latine porte *Faraan*.

DIXIÈME SECTION.

Asie orientale. — Pays de Gog et de Magog.

La présente section est relative à la partie supérieure du Iadjodj ياجوج (Gog), pays très-bien cultivé, habité par une population innombrable, « qui possède des terrains fertiles, des eaux « courantes, des plaines, des collines, de nombreux troupeaux. « Ces peuples sont issus de Sem, fils de Noé, et ce sont eux qui « sont désignés [1] sous la dénomination d'*hommes corrompus (qui* « *souillent la surface) de la terre.* » Au delà de ce pays il existe des peuples de basse stature; mais dans le Iadjodj, la taille des hommes et des femmes ne surpasse pas celle des habitants de nos pays. On ignore quelles sont leurs religions et leurs croyances.

Quant aux peuples du Madjodj ماجوج (Magog), ils habitent une terre inférieure à la précédente, et sont de si petite taille que les hommes et les femmes n'ont pas plus de 3 choubras (environ 27 pouces) de haut. Leur face est complétement ronde; ils sont entièrement couverts d'une espèce de duvet, et portent des oreilles grandes, rondes et pendantes, « à tel point qu'elles at- « teignent leurs épaules. Leur langage ressemble à un sifflement. « Ces peuples sont essentiellement méchants, de mauvaise foi et « livrés à une honteuse dépravation. La neige et les rigueurs de « l'hiver se font ressentir chez eux durant tout le cours de l'an- « née sans exception. On dit que Gog et Magog furent deux frères « issus d'un père commun.

« Les couleurs dominantes du teint de ces peuples sont le blanc

---

[1] Dans le Coran, sur. 18, vers. 94.

« et le roux, leur tempérament est très-ardent et leur race très-
« prolifique. Avant l'époque à laquelle Alexandre pénétra jusque
« chez eux et fit élever une digue (ou une barrière) à l'entrée de
« leurs montagnes, ils en sortaient pour se livrer à des incursions
« chez leurs voisins, et ils exerçaient de tels ravages dans les
« contrées situées à l'occident de ces montagnes, qu'ils les dépeu-
« plèrent presque entièrement. Presque toute la surface de cette
« contrée était devenue déserte, sans culture, inhabitée; les rep-
« tiles s'y étaient multipliés, les eaux y avaient creusé des torrents,
« la terre était devenue stérile.

« Notre intention est de parler de ce pays, des contrées envi-
« ronnantes et des Turquechs تركش, qui sont des peuples de race
« turque, ou plutôt de véritables Turcs[1].

« La tradition rapporte que lorsque Gog et Magog se révoltèrent
« et firent prévaloir l'injustice et le mal dans ce pays, il en fut porté
« plainte à Alexandre. Le conquérant étant arrivé dans le voisi-
« nage de ces lieux, trouva une partie de la population honnête,
« pieuse, mais misérable, qui venait au-devant de lui pour invo-
« quer sa protection, et pour lui exposer qu'elle était innocente
« des crimes commis par ceux de Gog et de Magog, ce qui fut
« confirmé par un grand nombre de tribus, qui attestèrent qu'en
« effet ces peuples n'avaient, en aucun temps, cessé de désirer
« avec ardeur la paix et la sécurité. Alors Alexandre les laissa
« vivre au delà de la barrière, et leur abandonna la possession
« du pays. Les Arabes leur donnèrent le nom de *Turcs*, parce
« qu'ils faisaient partie de la tribu des Turcs d'Alexandre, quoique
« issus de celle de Gog et Magog. Ils se fixèrent donc au delà de
« la barrière; leur race se multiplia et leur prospérité s'accrut.

« Toutes les peuplades turques, je veux dire les Khizildjis
« خرلجية, les Thibétains تبيتية, les Khirkhirs خرخيرية, les Ba-
« gharghars بغرغرية, les Kimakis كماكية, les Mokhamans مخامانية

[1] بل هم الاتراك على الحقيقة

DIXIÈME SECTION. 351

« les Adhkachs اذكش, les Turquechs نركش, les Khafchakhs خفشاخ, « les Khilkhis خلج, les Ghozzes غز et les Boulghares بلغارية, furent « laissés par Alexandre au delà de la barrière. Elles se répan- « dirent sur la terre, et la cultivèrent : leur nombre s'accrut ainsi « que leur bien-être, leurs richesses et leur prospérité.

« Presque tous ces peuples sont idolâtres et adorateurs du « feu. Leur caractère dominant est la violence, la cruauté, l'inso- « lence et la présomption. Cependant ils obéissent à leurs chefs, « et font preuve de beaucoup de courage, de hardiesse et d'ar- « deur quand il s'agit de venger une injure, ou d'exiger le paye- « ment des contributions d'un pays. »

FIN DU CINQUIÈME CLIMAT.

SIXIÈME CLIMAT.

PREMIÈRE SECTION.

Itinéraires de la Bretagne. — Nantes. — Rennes. — Vannes. — Saint-Malo. — Dinan. — Saint-Michel. — Climat, productions et mœurs des habitants de ce pays.

Feuillet 206 verso.

La première section du sixième climat comprend en totalité la Bretagne برطانية, diverses parties des pays de Saïs صايس (Séez) et du Poitou بيطو. Les principales villes de la Bretagne sont : Nantes نانطس, Rennes رينس, Saint-Michel سنت مجيال, Dol دول, Dinan دنام, Saint-Malo سنت ماهلو, Saint-Mathieu سنت مثاو (Saint-Brieux?), Laïounes ليونس (Lannion?), Kirembīn كرنبين (Quimper), Kinberlik كنبرليق (Quimperlé), Faïnes فينس (Vannes), Redon

Feuillet 207 recto.

et Raïs رايس (le Croisic). Du Poitou dépendent Sates صانس (Saintes), Saint-Jean (d'Angely) شنت جوان et Balkir بلقير.

Cette dernière ville, بلقير, très-peuplée, est située sur les bords de la mer salée, entourée de murailles et pourvue de marchés. « On s'y livre à la pêche du gros poisson, et on y « trouve d'abondantes ressources. » Comme cette ville est située au fond d'un golfe, les vaisseaux partent de là pour Saint-Jacques (de Compostelle) شنت ياقون, et pour les ports circonvoisins. De Balkir بلقير à Saint-Jean شنت جوان, en se dirigeant vers l'orient, on compte 70 milles;

PREMIÈRE SECTION.

De Saint-Jean à Ankelazma انقلازمة (Angoulême), 40 milles.
« L'une et l'autre de ces villes dépendent du Poitou.

« De Nibars نبارس (Nevers) à Castal تشتال (Châteauroux?),
« 40 milles.

« De Castal à Tours طرس, 70 milles.

« Tours est le nom d'une province peu considérable, qui a à
« l'occident Angers انجيرس, au nord, le pays de Saïs بلاد صايص
« (Séez), et au midi, le Berry ارض بري.

« Castal تشتال est une très-petite ville où il y a des marchés et
« où il se fait un peu de commerce. Son territoire est (cepen-
« dant) fertile, et on y élève des bestiaux. »

De Balghir بلغير (ou Balkir) sur mer à Nantes نانطس on compte
70 milles.

Nantes est située dans le voisinage de la mer, au fond d'un
golfe. C'est la première ville de Bretagne; « elle est grande, bien
« bâtie, bien peuplée; les navires y abordent et en sortent. Elle
« est très-forte, et son territoire est fertile. A partir de là, le
« rivage de la mer se recourbe vers le nord, en sorte que, de-
« puis Nantes jusqu'à Saint-Michel, dernière ville de Bretagne,
« on ne compte, par terre, que 110 milles, tandis que, par mer,
« on en compte 830. »

En effet la mer pénètre fort avant dans les terres, forme un
golfe et se rétrécit au-dessus de la Bretagne, de manière à re-
présenter une sorte de sac dont l'embouchure serait étroite et
le milieu large.

Celui qui veut aller de Nantes à Saint-Michel par terre passe
par Rennes رينس, « ville considérable, peuplée, abondante en res-
« sources, entourée de fortes murailles, où l'on peut se livrer à
« des spéculations mercantiles, et où l'on trouve une industrie
« permanente, » 80 milles.

De Rennes à Saint-Michel شنت مجيال, ville bien peuplée et
bien bâtie, sur les bords de la mer, on compte 40 milles.

354 SIXIÈME CLIMAT.

Feuillet 207 recto.   Celui qui préfère la voie maritime se rend de Nantes à Raïs رايس (le Croisic), « jolie ville où sont un chantier de construction « et un port très-sûr, et des bazars, » 50 milles.

De Raïs رايس à Redon ردون, « ville de peu d'importance, située « sur les bords du golfe dans un territoire abondant et fertile, et « dont les maisons sont jolies et bien habitées, » 60 milles.

VANNES.
Feuillet 207 verso.   De Redon ردون à Faïnes فينس (Vannes), ville située sur un cap, « à l'extrémité du golfe, extrêmement agréable et peuplée, « où sont un port et des constructions navales, » 50 milles.

QUIMPERLÉ.   De là à Kenberlīn كنبرلين (Quimperlé), « lieu situé au fond du « golfe, peu considérable, mais remarquable par ses marchés et « son industrie, » 120 milles.

De là à Sant Kerenbīn شنت كرنبين (Quimper), « promon-« toire qui s'avance dans la mer, très-peuplé, très-fréquenté, com-« merçant et abondant en ressources, » 50 milles;

Puis à Laïnos لينوس (Lannion), « ville agréable, bien peuplée « et bien approvisionnée, » 125 milles;

A Sant Matha شنت مثا (Saint-Brieux?), « ville située sur un « cap où se termine le golfe de Bretagne, port sûr et bien fré-« quenté, dont les habitants sont riches et font beaucoup de « commerce, » 150 milles;

SAINT-MALO.   A Sant Mahlo شنت مهلو (Saint-Malo), « ville dont les res-« sources sont nombreuses, la population considérable, le com-« merce riche et l'industrie active, entourée de champs cultivés « et d'habitations contiguës, » 100 milles;

DINAN.   A Dinam دنام (Dinan), « ville ceinte de murs en pierres, « commerçante, et port d'où l'on expédie de tous côtés des mar-« chandises, » 50 milles;

DOL.   De Dinan à Dol دول, « ville située au fond d'un golfe, avec marché et bon commerce. Beaucoup de grains. On y boit de

PREMIÈRE SECTION. 355

« l'eau de puits, bien qu'il y ait des sources; vignobles [1] et plan-
« tations de toute espèce; » 50 milles.

De là à Sant Midjial شنت مجال (Saint-Michel), « ville célèbre,
« bien peuplée, de moyenne grandeur, entourée de vignobles et
« de vergers, où il existe une église très-fréquentée et très-riche, »
50 milles.

De Saint-Michel, en se dirigeant vers le midi, on arrive à Saïs
صايس (Séez), « ville considérable, dépendante du pays de France
« من ارض افرنسة, environnée de campagnes extrêmement fertiles
« ainsi que de vergers et de vignobles contigus. » 90 milles.

« De Saïs صايس (Séez) à Manis مانيس (le Mans), ville dont
« nous reparlerons ci-après, 30 milles;

« De Saïs à Djaratrous جاراطرش (Chartres), vers le sud-est,
« 80 milles;

« De Saïs à Rennes رينس en Bretagne, dont il a déjà été ques-
« tion, 70 milles;

« De Rennes à Laïnos لينوس, près la mer, lieu dont nous avons
« également parlé, en se dirigeant vers l'occident, 90 milles.

« Les pays que nous venons de décrire se ressemblent entre
« eux sous le rapport des productions du sol et de l'état de la
« population. Les maisons y sont contiguës, les ressources de
« toute espèce et les céréales, abondantes; mais la population
« y est généralement ignorante [2], grossière et insouciante. Ces
« pays étant baignés du côté du couchant par la mer Ténébreuse,
« il vient continuellement de ce côté des brumes, des pluies, et
« le ciel est toujours couvert, particulièrement sur le littoral.

« Les eaux de cette mer sont épaisses et de couleur sombre;
« les vagues s'y élèvent d'une manière effrayante; sa profondeur
« est considérable; l'obscurité y règne continuellement; la na-

---

[1] Sic.
[2] Le texte porte : الجهالة على اهلها غالبة.

« vigation y est difficile, les vents impétueux, et, du côté de l'oc-
« cident, les bornes en sont inconnues.

« Il existe dans cette mer quantité d'îles inhabitées. Peu de na-
« vigateurs osent s'y hasarder, et ceux qui le font, bien que doués
« des connaissances et de l'audace nécessaires, ne naviguent que
« côte à côte et sans s'éloigner de la terre; encore le temps fa-
« vorable pour ces expéditions se borne-t-il aux mois d'août et
« de septembre. Les principaux navigateurs de cette mer sont ceux
« qui sont connus sous le nom d'Anglais الانكليس, ou d'habitants
« de l'Angleterre انكرطرة, île considérable, qui renferme beaucoup
« de villes, de lieux habités, de campagnes fertiles et de rivières,
« et dont nous traiterons plus en détail par la suite, s'il plaît à
« Dieu.

« Malgré tout ce que cette mer présente d'effrayant, et malgré
« l'épaisseur de ses vagues, elle contient beaucoup de poisson
« excellent, et on s'y livre à la pêche dans des localités détermi-
« nées. Il y a aussi des animaux marins d'une grosseur tellement
« énorme, que les habitants des îles intérieures emploient leurs
« os et leurs vertèbres en guise de bois pour la construction
« des maisons. Ils en font aussi des massues, des javelines, des
« lances, des poignards, des siéges, des échelles, et, en général,
« tous les objets qu'on fabrique ailleurs avec du bois. »

DEUXIÈME SECTION.

France. — Angers. — Tours. — Orléans. — Chartres. — Reims. — Bourgogne des Francs. — Langres. — Troyes. — Normandie. — Bayeux. — Rouen. — Pontoise. — Bourgogne des Allemands. — Lausanne. — Besançon. — France. — Paris. — Arras. — Flandre. — Gand. — Courtray. — Bruges. — Allemagne. — Mayence. — Utrecht. — Echingen. — Ratisbonne. — Vienne.

La présente section comprend la France افرنسية, la Normandie نرمنديه, la Flandre افلندرس, le Hainaut هينو, la Lorraine لرونكة, une partie de la Bourgogne des Francs برغونية الافرنجيين, de la Bourgogne des Allemands برغونية الالمانيين, de l'Allemagne الالمانية, de la Bavière بافير, de la Carinthie قرانطاره, du pays de Louvain بلاد لوانيه, de la Frise افريزية, de la Saxe سسونية et de l'Angleterre جزيرة انكلتارة.

Angers انجيرس est une ville dépendante de la Touraine طورينة, belle, considérable et très-peuplée. Son vaste territoire est couvert de vignobles et de cultures, et ses habitants sont riches. De là à Saïs صايص (Séez) on compte 70 milles;

A Nevers نيفارس, 70 milles;

Et à Saint-Michel sur mer سنت ميجال على البحر, 80 milles.

De Saïs à Saint-Michel, 70 milles.

A l'orient d'Angers est l'Anjou انجو, province peu considérable, mais couverte de nombreux villages et de champs cultivés et fertiles. Au nombre des villes de cette province on remarque Thours طرس, qu'on écrit également Tours ترس par un ت, ville agréable, entourée de nombreux vignobles et de champs cultivés, qui produisent toute sorte de grains en très-grande abondance.

SIXIÈME CLIMAT.

De Tours à Nevers, en se dirigeant vers l'occident, 100 milles;

A Castal قسطال (Châteauroux?), 70 milles;

Et à Olianos الیانس (Orléans), 60 milles.

ORLÉANS.

« Olianos, qu'on écrit et qu'on prononce également Orlianos ارلیانس, est une ville dépendante de la province de France, bien « peuplée, avec des marchés florissants, de l'industrie permanente, des champs fertiles et abondants en céréales. »

D'Orléans, en se dirigeant vers l'orient, à Djalous جالسوس (Châlons), 60 milles;

A Anchoun انشون (Auxonne?), dépendance de la Bourgogne des Francs, dans la direction du midi, 60 milles;

A Chartres جارتروس, 80 milles;

A Bonthiz بنطیز (Pontoise), 100 milles;

De ce dernier lieu à Chartres, 80 milles.

CHARTRES.

« Chartres جارترس, au nord d'Orléans, est une ville remarquable par la fertilité de son territoire qu'arrosent des eaux « courantes, et par son commerce. C'est une dépendance du pays « de France, ainsi que Malis ou Maliz مالص وتروى بالرای (Meaux?), « ville située à 60 milles de Chartres, qui renferme toute espèce « de ressources et de productions utiles, où les eaux sont abondantes, les vignobles riches, les champs contigus et le sol extrêmement fertile. C'est le centre du pays de France [1]. »

De cette ville, en se dirigeant vers le nord, à Barmani برمانی, « petite ville du même pays, dont le territoire est très-boisé et « très-fertile, » 60 milles.

De Barmani à Chartres جارترس, vers l'occident, 70 milles.

REIMS.

De Châlons جالوس à Râmous رآموس (Reims), « ville considérable située sur les bords d'une rivière, entourée de vignobles, « de bois, de cultures et de pâturages; chef-lieu d'un pays qui « confine du côté de l'orient avec le Hainaut, » 80 milles.

وهی وسطة ارض الفرنسیة [1]

DEUXIÈME SECTION.

« De Chartres جارتِرس ci-dessus mentionné à Saïs صايص (Séez), « aussi 80 milles. »

A l'occident de cette dernière ville, qui dépend du pays des Francs, est el-Mans المانس (le Mans), dépendance de la Touraine. La distance qui les sépare est de 30 milles.

« Du côté du midi, la terre de France confine avec la Bour- « gogne des Francs, dont les villes principales sont : Mascoun « ماسكون (Mâcon), Nevers نيفارس, Dijon دجون, Langres لنكـة, « Troyes اطرويس et Anichoun انيشون (Auxonne?). Nous avons fait « mention de la première de ces villes dans le cinquième climat. « De là (c'est-à-dire de Mâcon) à Nevers نيفارس, ville considé- « rable, commerçante et fréquentée, en se dirigeant vers le nord, « on compte 70 milles. »

De Nevers à Lyon ليون, dépendance de la Provence, vers le sud-ouest, 130 milles.

« De تــعــس, lieu situé auprès d'une montagne, à Lyon, « 80 milles. »

De Mâcon à Dijon دجون, ville peu considérable mais bien peuplée, 60 milles.

De Dijon, en se dirigeant vers le nord, à Lanka لنكـة (Langres), « ville remarquable par ses édifices, par son commerce et par « les facilités qu'on y trouve, soit pour se livrer aux affaires, soit « pour voyager, » 70 milles.

De Mâcon مسكون à Djinebra جنبرة (Genève), vers l'orient, 50 milles;

De Langres لنكة à Bezalsoun برلسون (Besançon), dépendance de la Bourgogne allemande, 60 milles.

De Nevers نيفارس à Dijon دجون, vers l'orient, 35 milles.

De Dijon à Mâcon مسكون, 60 milles.

De Langres à Anichoun انيشون, vers l'occident, 80 milles.

De Langres à Troyes اطرويس, 60 milles.

« Cette dernière ville, résidence importante dans le pays des

360   SIXIÈME CLIMAT.

Feuillet 209 recto. « chrétiens, se fait remarquer par la facilité qu'on a de s'y pro-
« curer toutes choses à bon compte, par ses vignobles et ses
« jardins, et par la grandeur de son étendue. »

De là à Anichoun انيشـﻮن ou Antichoun انتيشـﻮن (Auxonne?),
« ville populeuse, entourée de murailles et de bonnes fortifica-
« tions, en se dirigeant vers l'occident, » 30 milles.

De Troyes à Orléans, dépendance du pays de France, dont
nous avons déjà fait mention, 60 milles.

NORMANDIE.   A cette terre de France touche, du côté du nord et vers les
rivages de la mer, la Normandie نرمندية, dont les villes principales sont : Bayeux بياوش, Évreux ايراوش, Pontoise بنطيز, Rothomagos رطوماغس (Rouen), Dieppe ديابة, Cam قام (Caen) et
Costansa قسطنسة (Coutances). Cette province comprend en outre
de nombreux villages et beaucoup d'habitations contiguës.

BAYEUX.   Bayeux بياوش, ville agréable et populeuse, dont le territoire
est très-fertile et dont les ressources sont abondantes, est située
à 15 milles[1] vers l'occident d'Évreux ايراوش, ville qui présente
les mêmes avantages, et à 30 milles de Rothomagos رطوماغس
ROUEN.   (Rouen), ville très-importante et très-célèbre, sur la rive orientale du fleuve.

De Rouen à Diaba ديابة (Dieppe), sur les bords de la mer, on
compte 20 milles[2].

De Rouen à Lezan لزان on compte 40 milles ; c'est près de
cette dernière ville, située sur les bords de la mer, que le fleuve
de Rouen a son embouchure.

De là à Hanflat هنفلات (Honfleur?) sur mer, 1 journée vers
l'orient[3], ou 25 milles.

De Honfleur à Dieppe, « ville et port où l'on construit des

---

[1] *Sic.*
[2] La version latine porte 18.
[3] *Sic.*

DEUXIÈME SECTION.

« navires et d'où partent des expéditions maritimes, » en suivant la même direction, 40 milles.

De là à Tonques طونقه sur mer, ville à l'occident de la précédente, 30 milles.

De Tonques à la rivière d'Esterham استرهام (l'Orne), 60 milles.

Cette rivière offre un abri sûr aux navires; son cours est d'environ 40 milles, et son embouchure est située en face et à l'orient de Bayeux بياوس. Cette dernière ville est à 12 milles de la mer, et à 40 milles de Costansa تسطنسه (Coutances).

De Bayeux à Saint-Michel, en se dirigeant vers l'occident, on compte 60 milles.

De Bayeux à Rouen, vers l'orient, 45 milles.

De Bayeux à Malis مالس, dépendance de la France, 60 milles.

De Coutances à Abrandjes ابرانجس (Avranches), par terre [1], 30 milles.

D'Avranches à Saint-Michel, vers le nord, 10 milles.

D'Avranches à Saïs صايس (Séez), dépendance de la Touraine, vers le sud, 40 milles.

« D'Avranches au Mans المانس, également en Touraine, « 30 milles.

« D'Évreux ابراوس à Chartres جارطرس, en France, 50 milles.

« De Saïs à Angers, 70 milles.

« Du Mans à Évreux, 75 milles.

« A droite du voyageur qui se rend d'Évreux au Mans est Mo-« riani مرياني (Mortagne), qui, ainsi que le Mans, dont nous avons « déjà fait mention, dépend de la France.

« De Rouen à Pontoise بنطير, dernière dépendance de la Nor-« mandie du côté du sud, on compte 30 milles.

---
[1] *Sic.*

SIXIÈME CLIMAT.

Feuillet 209 verso.
PONTOISE.

« Pontoise, située sur une rivière, est une ville populeuse, « florissante et remarquable par la beauté, la grandeur et le « nombre de ses habitations. »

BOURGOGNE DES FRANCS.

La Bourgogne des Francs confine, du côté de l'orient, avec la Bourgogne des Allemands, et ses principales villes sont Aghista اغيستا (Aix?), Genève جنبرو, Lausanne لرنة, Besançon بسنسون, Bazla بازلة (Bâle), Esbira اشبيرو (Spire) et Verdun بردون.

« Nous avons précédemment parlé d'Aghista comme d'une ville « située au pied du mont Djouz جوز (des Alpes), à 50 milles « de Mâcon, et à une égale distance de Genève, ville sur le « Rhône.

LAUSANNE.

« De Genève à Lausanne, ville bien peuplée, réunissant tous « les genres de commerce, très-fréquentée et très-bien bâtie, en « se dirigeant vers l'orient, on compte 30 milles ;

« Et de Lausanne à Besançon برلسون, 50 milles.

BESANÇON.

« Besançon est une ville de grandeur médiocre, bien bâtie, « bien arrosée, chef-lieu d'une province florissante, possédant « des fabriques et des marchés bien fournis.

« De là à Verdun بردون, ville industrieuse, commerçante, en« tourée de vignobles et de vergers, en se dirigeant vers le nord, « 60 milles.

« De Besançon à Bazila برلة (Bâle), ville que quelques per« sonnes rangent au nombre des dépendances de la Bourgogne « allemande, et que d'autres considèrent comme faisant partie « de la Bourgogne, château fort, pays bien peuplé, en se diri« geant vers l'orient, 50 milles.

« De Bâle à Verdun, vers le nord-ouest, 70 milles.

« De Bâle à Esbir اسبير (Spire), grande ville, située sur les « bords du Rhin نهر رين comme Bâle, (mais) sur la rive occi« dentale de ce fleuve, 50 milles.

« De Spire à Verdun, vers l'occident, 40 milles.

DEUXIÈME SECTION.

« La Bourgogne des Allemands est sous la domination d'un
« prince de cette nation, qui la protége et en perçoit les impôts.
« Elle est bornée, du côté du nord, par la Lohringa لهرنكة (Lor-
« raine), province peu considérable, mais couverte de villages,
« de champs cultivés, d'héritages agglomérés et de troupeaux. Au
« nombre des dépendances de cette province on compte Mass
« ماص (Metz), Liadj لياج (Liége) et Comraï قراى (Coblentz?).

« Metz est une ville considérable et jolie, dont les habitants
« sont d'origines diverses, et où l'on fabrique divers ustensiles et
« autres objets. De là à Verdun بردون on compte 30 milles;
« Et à Liége, 100 milles.

« La ville de Liége لياج est agréablement située dans une pres-
« qu'île formée par une rivière ou plutôt par deux, qui l'en-
« tourent de tous les côtés. De là à Comraï قراى, en se dirigeant
« vers le nord-est, 70 milles.

« Cette dernière ville, située sur la rive occidentale du Rhin,
« est grande et contient de vastes et beaux édifices. »

De Liége à Raïs رايس (Arras), en se dirigeant vers l'occident [1],
100 milles.

De Raïs à Mouïch مويش, qu'on nomme aussi Mouiz par un
za, ou Mouiss par un *ssad* (Mons), en se dirigeant vers le nord,
60 milles.

La Lorraine est un pays limitrophe à l'Aflandris افلاندريس (de
la France), qui est bornée, du côté du nord, par la mer. Au
nombre des dépendances de ce dernier pays il faut compter
Louns لونس (Laon), Abariz ابريز (Paris), Bontiz بنطيز (Pontoise),
Djindjors جنجرس (Gisors), el-Zaïz الرايز (Beauvais?), la rivière
de Saint-Walerin وادى سنت ولرين (Saint-Valery), Rewa روه (Eu) et
Bort-Atriz برت اطريز (le Tréport).

Raïs رايس (Arras), ville florissante, peuplée, industrieuse,
commerçante, et possédant de vastes dépendances, est située à

[1] *Sic.*

BOURGOGNE DES ALLEMANDS.

LIÉGE.

FRANCE.

ARRAS.

l'occident de Liége. D'Arras à Mouïch مويش (Mons), en se dirigeant vers le nord[1], on compte 60 milles;

Et de Mouïch à Louns لونس (Laon), ville très-ancienne et très-célèbre de la chrétienté, environnée de vignobles, de vergers, d'habitations, etc. 60 milles;

De là à Abariz ابريز (Paris), 70 milles.

« Cette ville, de grandeur médiocre, environnée de vignobles « et de bois, est située dans une île de la Seine نهر صينو, fleuve « qui l'entoure de tous côtés; elle est extrêmement agréable, forte « et susceptible de défense. »

De Paris, qu'on prononce également Abarich ابريش, par un *chīn* ش, au Mans مانش, en se dirigeant vers le midi, 40 milles;

A Louns لونس (Laon), vers l'occident, en déclinant un peu vers le midi[2], 90 milles;

A Pontoise بنطير, « ville peu considérable, mais bien peuplée, « industrieuse et commerçante, située sur les bords d'une rivière « à l'orient de la Seine, » 30 milles ou environ.

De Pontoise à Louns, vers l'orient, 50 milles.

De Pontoise à Djindjors جنجرس (Gisors), « jolie petite ville, « en suivant les bords de la rivière[3], » 25 milles.

De Djindjors à Raïs الرايس (Arras), vers l'orient, 80 milles.

De Djindjors à Rothomagos رطوماغس (Rouen), vers l'occident, 30 milles.

El-Zaïz الزايز (Beauvais?) est une ville considérable, bien peuplée et située à 80 milles de la rivière de Saint (Valery) وادى سنت, très-petite ville sur les bords de la mer, d'où partent les vaisseaux destinés pour l'Angleterre انقلطرة, île très-importante dans l'océan Ténébreux, séparée du continent par un détroit de 25

---

[1] Ceci est une répétition de ce qui vient d'être dit ci-dessus (p. 363).

[2] Il eût fallu dire vers l'orient, en déclinant un peu vers le nord.

[3] *Sic.*

DEUXIÈME SECTION.

milles de largeur, et dont nous d nnerons une complète description dans le septième climat.

De Louns à Camraï قراى (Cambrai), ville de Flandre, en se dirigeant vers l'orient, 60 milles.

Revenant sur nos pas, nous disons que celui qui veut se rendre de la rivière de Saint (Valery) وادى سنت à la rivière de Rewa وادى روه (d'Eu), doit faire par mer 60 milles.

De cette rivière au fort Walerīn حصن ولريـن (Saint-Vallery-en-Caux?), vers l'occident, 30 milles.

Du fort Walerīn à Bort-Atriz برت اطريز (le Tréport), ville située sur les bords de la mer, vers l'occident, 25 milles.

Du Tréport à Diaba دياىا (Dieppe), ville de Normandie dont nous avons déjà parlé, 25 milles.

« Tous les pays que nous venons d'indiquer sont sous la domi-
« nation du roi de France [1]. »

La Flandre est bornée, du côté de l'orient, par le pays de Louban ارض لبان (de Louvain), qui compte au nombre de ses villes Tournai طرناى, Gand قنط, Camraï قراى (Cambrai), Bruges ابرجس et Sant Mir سنت مير (Saint-Omer). « Cette contrée est par-
« tout extrêmement fertile, productive et couverte de villages et
« de cultures. Elle est bornée, à l'orient, par la Frise افريزيه, au
« midi, par la Lorraine لهرنكه, et la principale de ses villes est
« Gand قنط, bâtie sur la rive orientale du fleuve Awiz نهر اويز (la
« Lys), ornée de quantité de grandes habitations et de beaux édi-
« fices, entourée de vignobles [2], de vergers et de belles cultures,
« distante de 35 milles de la mer. De Gand à Skela صقلة ou
« Chkela شكلة (Bruxelles), ville dépendante de la Frise et dont nous
« reparlerons, en se dirigeant vers l'orient, on compte 80 milles.

« De Gand à Tournai طرناى, ville agréable et bien peuplée,
« avec des dépendances considérables, vers le sud-ouest, 30 milles.

[1] جميع ما ذكرناه فى طاعة ملك افرنسيــة
[2] *Sic.*

SIXIÈME CLIMAT.

Feuillet 210 verso.
COURTRAY.

«De Tournay à Atringhos اترنغس (Courtrai), ville située au-
« dessous de Liége et au-dessus de Gand, sur les bords du fleuve
« Awiz اويز (la Lys), 40 milles.

«De Gand à Atringhos, en se dirigeant vers le midi, 50
« milles.

« DAtringhos à Ostrik استـريـك, ville d'Allemagne من مدن
« الالمانية, en se dirigeant vers le nord-est, 100 milles.

« D'Atringhos à Camraï قراى (Cambrai), 40 milles.

« De Camraï à Ostrik, vers le sud-est, 125 milles.

De Camraï à Lowanos لونس (Louvain), ville de Flandre dont
« il a déjà été question, vers l'occident, 60 milles.

BRUGES.

« De Gand تنط à Bruges ابرجس, ville de grandeur moyenne,
« bien peuplée, offrant des ressources de toute espèce, entourée
« de vignobles [1] et de fertiles campagnes, vers l'occident, 15
« milles.

« De Bruges à Sancola صنقلة (Saint-Nicolas), ville située près
« de la mer, sur les bords d'un fleuve et au fond d'un golfe qui
« porte le nom de *golfe de Saint-Nicolas*, vers le nord, 30 milles.

« De là à la rivière de Saint (Valery) وادى سنت ci-dessus men-
« tionnée, vers l'occident, 60 milles.

« De cette rivière, par terre, en se dirigeant vers le sud, à el-
« Raïz الرايز (Arras), 80 milles.

« D'el-Raïz à Bruges, 60 milles.

« De Bruges à Sant Mir سنت مير (Saint-Omer), petite ville,
« 25 milles.

« De Saint-Omer à Tournai طرناى, 15 milles. »

Le pays de Lian ليان est limité, du côté du midi, par l'Allemagne, et entouré, vers l'occident, par la Lorraine et par la
Bourgogne allemande. Il confine, vers le nord, avec la Souabe
صوابة et la Bavière بابير, et, vers l'orient, avec la Sassonia سصونية

[1] *Sic.*

DEUXIÈME SECTION. 367

« (la Saxe), et une portion de la Frise بعـض بــلاد افريــزيــة. On re-
« marque, au nombre des principales villes de ce pays, « Bâle برلة,
« Spire اشبيـره, Cormiza قرميـزه (Worms), Maïanssa ميانصة
« (Mayence), Afrankborda افرنكبرده (Francfort), Mesla ماسلة (We-
« sel), Cologne قلونية, Ostrik استريك (Utrecht), Hardbourd هردبرد,
« et Nebsa بصة (ou Bensa).

« Nous avons déjà parlé de Bâle comme d'une ville considé-
« rable et belle, dépendante de la Bourgogne allemande. De Bâle
« à Spire, ville située sur la rive occidentale du Rhin, on compte
« 60 milles.

« De Bâle à Ulma الم (Ulm), dépendance de la Souabe, dont
« nous nous proposons de reparler, 160 milles.

« D'Ulm الم à Augsbourg اوزبرك en Souabe, 30 milles.

« De Spire à Cormiza قرميزه (Worms), ville grande, belle et
« riche sur les bords du Rhin, et dépendance de l'Allemagne,
« 30 milles.

« Mayence ماينصة, ville remarquable par le nombre de ses ha-
« bitants et par la fertilité de son territoire, est située à l'em-
« bouchure d'une rivière qu'on nomme le Mourïn مورين (le Mein)
« dans le Rhin نهر رين. De là à Cormiza قرميزه on compte, en se
« dirigeant vers le sud, 30 milles.

« De Mayence à Cologne قلونية, grande et belle ville, située
« sur la rive occidentale du Rhin, en se dirigeant vers le nord-
« est, 60 milles.

« De Cologne à Ostrik استريك (Utrecht), en se dirigeant vers
« le nord, 100 milles.

« Utrecht est une ville d'une beauté remarquable, située sur
« la rive occidentale du Rhin. Ses édifices sont beaux, ses places
« publiques vastes, son commerce considérable. Son territoire
« est couvert de nombreux vignobles [1], de vergers et de pâturages

---

[1] كثيرة الكروم

« où l'on élève des bestiaux et des chevaux. Les habitants de cette
« ville limitrophe de la Frise sont braves, résolus et fiers.

« De Mayence à Massela ماصلة (Wesel?), au centre de l'Alle-
« magne, en se dirigeant vers l'orient, 70 milles.

« De Cologne à Massela, 70 milles.

« De Mayence à Francfort فرنغبرده, vers l'orient, 40 milles.

« De Cologne à Francfort, vers le sud, 60 milles.

« De Francfort à Massela, vers l'orient [1], 30 milles.

« De Massela à Hardbourg هردبرد, vers l'orient, 70 milles.

« Hardbourg est une ville considérable, florissante et riche,
« située sur les limites de la Saxe, et dont le territoire est cul-
« tivé partout sans interruption.

« De Hardbourg à Nebsa نبصه, vers le sud-ouest, 60 milles.

« De Massela ماصلة (Wesel?) à Nebsa نبصه, 45 milles.

« De Cormiza قرمـيـزه (Worms) à Nebsa, vers l'orient, 70
« milles.

« Nebsa نبصه (ou Bensa بنصه) est une ville considérable, peu-
« plée et forte, dont le territoire est fertile et dont les habitants
« sont renommés par leur bravoure dans les combats. C'est la
« capitale du pays des Allemands. La Saxe سصرنيه, la Pologne
« بلونيه, la Berania برانيه (la Poméranie?), la Calantaria قلنطاريه
« (la Carinthie), les pays d'Aquilée ارض اكلايه, d'Abernesia ابرنصيه
« (de Venise), la Doscana دسقانه (la Toscane), la Fransia افرنسيه
« (la Franconie), la Bavière بابير, la Souabe صوابه, la Lorraine
« لهرنكه, le pays de Louvain لوانيه, le Brabant برېان, le Hainaut
« هينو et la Bourgogne allemande; toutes ces provinces, au nombre
« de quinze, obéissent au roi des Allemands.

« Mais la Flandre افلاندرس, la Frise افريزيه, la Bourgogne des
« Francs برغونية الافرنجيين, la Normandie نرمندية, la Bretagne برطانيه,
« le Maine ماينه, l'Anjou انجو, la Touraine طرونيه, le Berry برى,
« l'Albarnia البارنيه (l'Auvergne), le Poitou بيطو, la Gascogne غشكونيه,

[1] Sic.

DEUXIÈME SECTION. 369

« la Provence برينصه ; toutes ces treize provinces sont sous l'obéis-
« sance du roi des Franks. Le sol y est plus fertile en céréales, en
« fruits excellents, et les habitants y sont plus riches que dans
« le pays des Allemands.

« La Carantara ترنطارة est une province peu considérable dont
« la ville la plus importante est Akrizaw اكريزاو (Gratz?), située
« à l'extrémité du mont Djouz منت جوز, au delà de la rivière de
« Drava درود, commerçante et possédant des vignobles, des grains,
« des troupeaux, etc.

« De là à Ulm الم, ville commerçante et bien peuplée, 5o
« milles [1].

« D'Akrizaw اكريزاو à Eskindja اسكنجه (Ehingen), vers le nord-
« ouest, 35 milles.

« Eskindja (Ehingen) est une grande ville située dans le voi-
« sinage du mont Djouz (des Alpes), à 12 milles des sources du
« Danube نهر دنو. Telle est aussi la distance qui sépare ces sources
« des montagnes. Cette ville, bâtie près la rive orientale du fleuve,
« est belle, florissante, peuplée et très-agréable. Dans ses envi-
« rons on remarque des jardins, beaucoup de sources et de cours
« d'eau. Elle fait partie de la Carantara ترنطارة, province voisine
« de la Souabe صوابه, dont les villes principales sont : Ulm الم,
« Augsbourg اوزبرك, Bâle برله et Echir اشير (Spire?). La Souabe
« a peu d'étendue, soit en largeur, soit en longueur; mais c'est
« une province fertile et très-peuplée.

« D'Eskindja (Ehingen) à Bâle, ville qui est considérée comme
« faisant partie de l'Allemagne, ainsi que nous l'avons dit, on
« compte 100 milles.

« D'Ulm الم, ville considérable et florissante sur les bords du
« Danube, à Auzbourk اوزبرك (Augsbourg), 30 milles.

« De là à Tebzawa تبزوه ou Tebsawa تبصوه (Leipsick?), ville
« importante et remarquable par son commerce, par son indus-

[1] Sic.

SIXIÈME CLIMAT.

« trie et par les agréments et les ressources qu'elle présente, 80
« milles.

« De Tebzawa à Nebsa نبصة, ville d'Allemagne dont nous avons
« déjà fait mention, 100 milles.

« D'Augsbourg اوزبرك à Nebsa, également 100 milles.

« D'Augsbourg à Francfort-sur-le-Mein افرنقبرد على نهر موين, 70
« milles.

« D'Augsbourg à Rendjburk رنج برك (Ratisbonne), 60 milles.

« Rendjburk, dépendance de la Bâbir بابير ou de la Bâfir بافير
« (Bavière), est une ville dont l'enceinte est vaste et dont le ter-
« ritoire est couvert d'une abondante végétation et de vignobles [1].
« Elle est située sur la rive méridionale du Danube. Quant à la
« la Bavière, c'est une province considérable, couverte d'habita-
« tions, de villages et de châteaux forts. Ses principales villes
« sont : Rendjburk رنج برك ou Reinchburg رينش برك (Ratisbonne),
« Batssau بتصو (Passau), Eizercartha ايزرقرطة (Stuttgard?) et Ghar-
« maïcha غرمايشة (ou Gharmasia). Limitrophe du côté de l'orient
« avec la Bavière [1], du côté de l'occident avec la Souabe, du côté
« du midi avec la Carantara قرنطاره, et du côté du nord avec l'Al-
« lemagne, cette province est remarquable par la fertilité de son
« sol et par l'abondance de ses productions.

« De Rendjburk, en se dirigeant vers l'orient, à Batssau بتصو
« (Passau), 70 milles.

« De Batssau à Eizercartha ايزرقرطة (Stuttgard?), ville considé-
« rable, peuplée, riche, environnée de cours d'eau, de jardins,
« de vignobles et de bois, 60 milles.

« De Gharmaïcha غرمايشة à Nebsa نبصة, ville d'Allemagne ci-
« dessus mentionnée, en se dirigeant vers le nord-ouest, 70 milles;

« Et à Biana بيانه (Vienne), en se dirigeant vers l'orient, 60
« milles.

[1] *Sic.*

DEUXIÈME SECTION.

« Cette dernière ville dépend de la Noamia نواميه, qu'on écrit
« aussi par un *B* (la Bohême), province très-vaste, très-peuplée et
« très-fertile, qui compte au nombre de ses principales villes :
« Djikelburk جيكل برك, Chebrouna شبرونه (Soprony?), Vienne بيانه,
« Massau ماصو ou Bassau باصو, Machla ماشلة, Agrakta اقراقطه et
« Ostrikouna استركونه. Tout ce pays appartient à l'Allemand
« الالاني. C'est lui qui perçoit les impôts, qui veille à la sûreté pu-
« blique, qui gouverne à sa volonté, duquel émanent les ordres
« suprêmes, qui nomme et dépose les agents de son autorité,
« sans que personne ose s'y opposer ni enfreindre ses lois.

« La plus célèbre, la plus vaste et la plus populeuse d'entre
« les cités de la Bohême est Ostrikouna ou Ostrighouna استركونة
« استرغونة وترووى (Estergom), qui est la capitale et le chef-lieu
« du gouvernement. De là à Djikelburka جيكلبركة, ville agréa-
« ble, qui offre d'abondantes ressources et des marchés pour le
« commerce, dont le territoire est fertile en fruits de toute es
« pèce et couvert de vergers et de vignobles, en se dirigeant vers
« l'occident, 80 milles.

« De Djikelburka à Chebrouna شبرونه (Soprony?), vers l'orient,
« 60 milles.

« De Chebrouna à Ostrikouna, vers le midi, 80 milles.

« Chebrouna est une ville remarquable dont les dépendances
« sont cultivées et fertiles, les marchés fréquentés, les maisons
« hautes et les agréments renommés. Elle est située dans une
« belle plaine, à 20 milles du fleuve.

« De Chebrouna شبرونة à Vienne بيانه, en se dirigeant vers le
« sud (ou plutôt vers le nord), 40 milles.

« De même, de Vienne à Gharmachia غرمشيه, vers l'occident,
« 40 milles.

« De Vienne à Ostrikouna استركونة (Estergom), vers le sud,
« 50 milles.

SIXIÈME CLIMAT.

Feuillet 212 recto.

« Vienne est, ainsi qu'Ostrikouna, située à l'orient du Danube.
« D'Ostrikouna à Bassau باصو, vers l'orient, 40 milles.
« (Bassau est une ville considérable, que nous décrirons ci-
« après.)
« De Bassau à Chebrouna, en se dirigeant vers le sud-est, 80
« milles.
« D'Ostrigouna استرغونه (Estergom) à Belgraba بلغرابه (ou Bel-
« grana بلغرانة), vers le sud, 30 milles.

CARINTHIE.

« Belgraba est une ville qui dépend de la Carantar. قرنطارة (la
« Carinthie), province bornée à l'occident par le pays d'Aquilée,
« au midi par les états de Venise, à l'orient par la Onkaria انكرية [1]
« (la Hongrie), et au nord par la Bohême, dont il vient d'être
« question. La Carantara est située entre le Danube دنو et la
« Drave دروه, et ses principales villes sont Bedhwara بدوارة,

Feuillet 212 verso.

« Bouzana نوزانه, Neitherm نيطرم, Belgraba بلغرابه, Sinola سينولا
« et Bouza بوزه.

« Tous ces pays sont voisins des états des Vénitiers, et il s'é-
« lève souvent, entre les deux peuples, de violentes querelles et
« de sanglantes guerres.

« Au nombre des villes de la Carinthie voisines des Vénitiens
« sont Bilwar بيلور (Bellovar), située sur la rive méridionale de
« la Drave نهر دروه, et Bouza بوزه (ou Boura). Cette dernière, à
« 5 journées de distance, vers l'orient, de la précédente, lui
« est comparable sous le rapport de l'étendue et de la population.
« L'une et l'autre possèdent des champs bien cultivés.

« De Bouza بوزه (ou Boura) à Sinola سينولا, 3 journées.

« Sinola (Szluin?), ville considérable et jolie, située au midi de
« la rivière (de la Drave), possède des bazars et offre toute espèce
« de ressources. Il existe, dans les montagnes qui l'environnent,
« des mines de fer, et ce métal y est d'une incomparable bonté, soit

---

[1] Il est remarquable que notre géographe ne donne point à ce pays le nom de *Madjar*, ni à Vienne celui de *Betch*.

« sous le rapport du tranchant, soit sous celui de la malléa-
« bilité.

« De Bouza à Chebrouna, en se dirigeant vers le nord, 3
« journées;

« Et à Djikelburka جيكل بركة, vers le nord-ouest, 3 journées.

« De Djikelburka à Chebrouna, 60 milles.

« De Chebrouna à Ostrikouna, 80 milles [1].

« L'Allemagne ارض الهانية est bornée au nord par la Frise
« الفريزية, au couchant par le pays de Louban لوبان (Louvain?), à
« l'orient par la Saxe سصونية, et (également) au nord par l'Océan.
« Les villes principales de la Frise sont Sikla سيكله (Zell ou
« Celle), Chwarss شوارس (Schwartzbourg), Akaroulindja اكرولنجه
« et Berna برنه (Bremen). C'est un beau pays, dont les habita-
« tions et les cultures sont comparables entre elles.

« Sikla سيكله (Zell) est une importante ville située dans une
« plaine, dans un territoire agréable, possédant beaucoup d'ha-
« bitations contiguës, des bazars et du commerce : c'est le centre
« de la Frise. De là à Ostrik استريك (Utrecht), en se dirigeant
« vers l'occident, 80 milles;

« De Sikla à Chwarss شوارس (Schwartzbourg), ville considé-
« rable, peuplée, possédant des marchés, des vignobles [3] et des
« vergers, 80 milles;

« De Sikla à Akaroulindja اكرولنجه, 70 milles;

« D'Akaroulindja à Berna برنه près la mer (Bremen), 7 milles.

« Berna est une ville populeuse, entourée de vignobles [3] et de
« cultures, et située à 80 milles à l'orient des embouchures du

---

[1] Ceci est une répétition de ce que vient de dire notre auteur. Voyez ci-dessus, pag. 371.

[2] Les auteurs de la version latine ayant cru qu'il s'agissait ici de l'Autriche, ce qu'ils disent de toute cette contrée est absolument inintelligible. Nous avons donc dû considérer comme inédite et placer entre guillemets cette partie de notre traduction.

[3] *Sic.*

[4] *Sic.*

« Rhin. Entre l'un des bras de ce fleuve et l'autre on compte
« (également) 80 milles.

« D'Akaroulindja اكرولنجه (ou Lakaroulindja) à Cologne, 100
« milles.

« De Berna (Bremen) à Wurza وررة, ville de Saxe, en se diri-
« geant vers l'orient, 100 milles.

« De Chwarss شوارس à Dhoulburk دولبرك, ville agréablement
« située au bas d'une montagne, avec des eaux courantes et des
« cultures, en se dirigeant vers le sud, 60 milles.

« De Dhoulburk à Sikla سيكله (Zell), 70 milles.

« Devant reparler ci-après de la Saxe, nous nous bornerons à
« dire pour le moment que le passage (d'Allemagne) en Angle-
« terre est par le golfe de Saint-Nicolas صنقله, déjà mentionné.

« L'Angleterre انقلطرة est une île très-considérable, couverte
« d'habitations, de châteaux forts, de villages, de cultures, de
« fleuves et de rivières, de montagnes, de vallées et de terrains
« inhabités. La partie méridionale de cette île devrait être com-
« prise dans la section qui nous occupe présentement, et dont
« nous décrivons les villes les plus importantes. Cette partie de
« l'Angleterre comprend divers lieux habités, savoir : Sansahnar
« سنسهنار (Chichester?), Gharham غرم (Wareham), Haïouna
« هيونة (Corfe-Castle), Chorham شرم (Shoreham), Hastings
« هستينكس, Dobres دبرس (Douvres), Djartmouda جرتمده (Nord-
« muth, aujourd'hui the Nore), Barghik برغيق (Ipswich?), Aghrimes
« اغريمش (Lynn-Regis), Londres لوندرس, Gharcafort غركه فورت (Wal-
« lingford), Ghounester غونستر (Winchester), et divers autres
« lieux qui seraient convenablement placés dans cette section;
« mais, nous proposant de donner une description complète de
« l'île dans le septième climat, nous reviendrons alors sur les
« villes, les provinces, les montagnes et les fleuves de ce pays. »

TROISIÈME SECTION.

Itinéraires de la Bohême, de la Hongrie, de la Saxe et de la Pologne. — Belgrade.

La présente section comprend le restant de la Bohême بوامیه, la Hongrie انکریه, la Pologne بلونیه, la Saxe سصرنیه et la Germanie جرمانیه. « Les villes les plus connues de la Bohême sont : Bassau باصو, Agra اقره, Abiah ابیه, Biths بطس, Sinolaws سینولاوس, « ville de Carinthie; Bedhrawara بذراورا (Peterwaradin), Belgraba « بلغرابه, Ostrigouna استرکونه (Estergom), Chebrouna شبرونه « (Soprony?), Gharmasia غرمسیه, Titlous تیتلوس (Titul), Neïtherm « نیطرم (Nitra), Afrankbila افرنك بیله et Abranbata ابرنبته. On « range au nombre des dépendances de la Hongrie : Montir منتیر « (Modor?), Chent شنت (Szentes), Baghss بغس, Herengraba « حرنغرابة (Ovar?), Caworzowa قاورزوا (Kovar?), Calgradoun قلغرادون « (Galgotzium?), Akridisca اقریدسقا (Gradisca?), Tensibou تنسیبو « (Kanyzsa?) et Zanla زانلة; parmi celles de la Saxe : Hardburd « هردبرد, Dhalibourka دلیبرکه, Nurezbourka نیرزبرکه (Nurem- « berg), Hala حاله (Hall) et Mesla مسله (Breslau?); parmi celles « de la Pologne : Zamiou زامیو (Zamosk?), Cracal قراقل (Cracovie), « Djenazia جنازیه (Gnesen), Benkalaïa بنقلایه et Sermeli « سرملی ».

La ville de Galam قلام (Agram) dépend de la Carinthie et est située sur les bords de la Drave دروه (ou plutôt de la Save). « Elle « est grande et belle, entourée d'eaux courantes et de vastes dé- « pendances. Nous en avons déjà fait mention. »

De là à Belgraba بلغرابه, ville située à une certaine distance de

Feuillet 213 recto.

la rivière en question, on compte, en se dirigeant vers le nord, 70 milles.

« Cette ville, remarquable par la beauté de ses édifices, est « entourée de fortes murailles et pourvue de bazars. Elle est « commerçante, industrieuse et fréquentée. Ses champs bien en-« semencés produisent du blé et des légumes en abondance. »

De là à Bouzana بزانة (Bechka?), ville de moyenne grandeur, sur les bords du Danube, 35 milles;

De Bouzana à Bedhrawa بذراوة (Peterwaradin), sur le même fleuve, 60 milles.

La Drave se jette dans le Danube entre ces deux villes. Bouzana est la dernière dépendance de la Carinthie.

De Belgraba à Ostrikouna (Estergom), 30 milles.

De Bedhrawa à Neïtherm نيطرم (Nitra), en se dirigeant vers le nord, 70 milles.

De même, de Bouzana à Neïtherm, vers le nord-est, 70 milles, « attendu que le Danube coule au midi, à partir de la ville de « Bouzana, puis à l'orient vers Bedhrawa, puis se dirige vers le « nord. Neïtherm نيطرم est une ville florissante et considérable, « située dans une plaine bien arrosée, bien cultivée et couverte « de vignobles et d'habitations.

De Neïtherm à Agra اترو, ville de Bohême, « en se dirigeant « vers le nord, » 40 milles.

Deux rivières prennent leurs sources dans la Bohême, et, après avoir coulé vers le sud-ouest, vont se jeter dans le Danube. Ces rivières descendent des montagnes de Balawat بلوات, qui séparent la Bohême de la Pologne. Après avoir coulé séparément, elles se réunissent et versent, comme nous l'indiquons, leurs eaux dans le Danube. « Les villes d'Agra اترو et de Biths بطس [1] (Pets « ou Fünf-Kirchen) sont bâties sur leurs bords. Biths est une

---

[1] Le ms. A porte *Neiths* نيطس.

« ville de peu d'importance, mais peuplée et environnée de vil- Feuillet 213 verso.
« lages. » De Biths à Neïtherm, vers le nord-est, 40 milles.

« D'Agra à Arinia اربنيـه, petite ville, vers l'orient, 80 milles.

« D'Arinia (Parkany), située sur la rive méridionale du Da-
« nube, à Banssin بنصين (Pancsova), ville célèbre, comptée au
« nombre des résidences les plus anciennes, commerçante, in-
« dustrieuse, habitée par de savants Grecs[1], entourée de cultures
« et d'habitations, où le prix des grains est constamment modéré
« à cause de leur abondance, 60 milles.

« De Banssin بنصين à Caworz قاورز (Carlowitz), ville importante
« sur le Danube, vers l'orient, 60 milles.

« D'Agra اترو (Arad?) à Caworz, en se dirigeant vers le sud,
« 160 milles.

« D'Agra à Bassau باصو (Passau?), ville de Bohême, vers le sud-
« ouest, 80 milles.

« De Bassau à Machesala مشسلة ou Machela مشلة, ville agréable,
« entourée de vastes et fertiles dépendances, et ceinte de fortes
« murailles, 150 milles.

« De même, de Sinolaws سينولاوس, ville orientale dont nous Feuillet 214 recto.
« avons déjà parlé, à Afrankbila افرنك بيلة, 80 milles.

« Cette dernière ville est considérable; ses habitants boivent
« de l'eau de puits et de fontaines, jouissent d'abondantes res-
« sources, mais, pour la plupart, mènent une vie nomade[2].

« D'Afrankbila à Abrendes ابرندس, ville dont la population
« est sédentaire متحضّرة, possédant des bazars et située dans un
« bas-fond au pied d'une montagne, vers le nord-est, 50 milles.

« De là à Caworz قاورز (Carlowitz), sur le Danube, 70 milles;
« Et à Banssin بنصين (Pancsova), également 70 milles.

« L'une et l'autre de ces villes sont populeuses, riches et con-
« sidérées comme des mieux habitées du pays de Hongrie.

[1] وفيها ..... علما اغريقيون
[2] الغالب على اهلها البداوة

SIXIÈME CLIMAT.

« Revenant sur nos pas, nous disons que de Bedhwara بدوارة
« (Peterwaradin), dont nous avons déjà fait mention, à Titlous
« تيتلوس, sur le fleuve, en se dirigeant vers l'orient, 75 milles.

« De Titlous à Banssin, 75 milles.

« Titlous تيتلوس (Titul), située sur la rive septentrionale du
« fleuve, est une ville extrêmement riche et peuplée. Les habi-
« tants de toute cette contrée, je veux dire de la Hongrie, sont
« agriculteurs, riches et puissants. Leur pays, couvert d'habita-
« tions et de villages, est limitrophe de l'Esclavonie اسقلونية.

« Cette dernière province, اسقلونية, a été conquise en majeure
« partie, à l'époque où nous écrivons, par les Vénitiens البنادقة.
« Elle était précédemment sous la domination du roi de Hongrie
« ملك انكريه.

« De Titlous تيتلوس [1] à Afrankbila افرنك بيله, en se dirigeant
« vers le sud (la distance manque).

« D'Afrankbila à Caworz قاورز, 100 milles.

« D'Afrankbila, en se dirigeant vers le sud-ouest, à Akoulia
« اقولية (Vukovar?), ville d'Esclavonie (on dit qu'elle forme la li-
« mite de cette province), 70 milles.

« D'Akoulia اقولية à Sinolaws سينولاوس, 70 milles.

« Akoulia, ville d'Esclavonie, possédant de vastes dépendances
« et toutes sortes de ressources, est assise sur le penchant d'une
« montagne, et fortifiée contre les attaques des Vénitiens. De là
« à Balam بلام (Bellovar) on compte 70 milles.

« De Balam à Afrizizak الفريزاك (Verötze?), vers l'occident, 50
« milles.

« D'Afrizizak à Rendjburk رنج برك (Ratisbonne), ville de Ba-
« vière, 100 milles.

« Akoulia, Balam et Afrizizak sont limitrophes de la Carinthie.

« D'Afrankbila افرنك بيله à Abrandes ابرندس, 50 milles.

« D'Abrandes à Bania بانية, petite ville bien peuplée et bien

[1] Le ms. A porte ici *Belounes* بلونس.

« fortifiée, sur les bords d'une rivière nommée Lina لينة, qui a
« son embouchure (dans le Danube) entre Caworz قاورز et Bel-
« grade بلغرادون, 75 milles.

« De Bania à Ablana ابلانة (Albana?), ville florissante, 90 milles.

« D'Ablana à Rabna رينة, ville considérable et bien peuplée,
« 120 milles.

« D'Ablana, en se dirigeant vers le sud, à Ghano غانو (Novi?),
« ville prise et ruinée par les Vénitiens, située sur les bords d'une
« grande rivière, à 4 journées par terre et à 2 journées par eau
« de Nisowa نيسو (Nissa), 4 journées.

« De Nisowa à Rabna, 50 milles.

« De Bania à Belgrade بلغرادون, vers le nord, 5 journées.

« De Bania à Caworz قاورز (Carlowitz), 100 milles.

De Caworz à Belgrade, 70 milles, ou 2 fortes journées; par
« le fleuve, la distance est moindre.

« Belgradoun بلغرادون est une ville florissante et très-peuplée
« où l'on voit de vastes églises. De là à Agridisca اغريدسقا (Gra-
« distie), ville également importante et peuplée, par terre, 75
« milles;

« Et par la rivière, 2 journées.

« De Belgrade à Rabna, par terre, 150 milles.

« De Rabna à Agridisca, 2 fortes journées équivalant, à ce qu'on
« dit, à 100 milles. Cette dernière ville (Agridisca) est située dans
« une plaine cultivée, riche, fertile en grains et bien arrosée. Elle
« est commerçante et comptée au nombre des dépendances de la
« Makedounia مقدونية (Macédoine). De là à Nisowa, autre dépen-
« dance de la Macédoine, province que nous décrirons ci-après,
« 50 milles.

« Pour se rendre de Caworz ou Cawoz قاورز vers la Hongrie on
« se dirige vers le nord. La majeure partie de la Hongrie est arro-
« sée par la Butent بتنت (la Maros) et par la Tissa تيسا (la Theiss).
« Ces rivières prennent l'une et l'autre leurs sources dans les

48.

SIXIÈME CLIMAT.

Feuillet 214 verso.
« montagnes de Kard كرد (les monts Crapaks), qui séparent la
« Hongrie انكريه de la Pologne بلونيه et du pays des Madjous ارض
« ماجوس : elles coulent vers le couchant. Parvenues à 8 journées
« de distance de leurs sources elles ne forment plus qu'un seul
« cours d'eau, qui se dirige vers le midi et finit par se jeter dans
« le Danube, entre Caworz قاورز (Carlowitz) et Banssïn بنصىن
« (Pancsova).

« De Caworz à Chent شنت (Szentz), lieu situé sur la rive occi-
« dentale du fleuve (ou de la rivière), 4 journées. De là, par
« eau, à Djertgraba جرتغرابه (Visegrad), ville considérable et com-
« merçante, 3 journées.

« De Djertgraba à Tensinova تنسينو, aussi par eau, 4 journées
« ou 120 milles.

« Tensinova est une ville agréable, offrant d'abondantes res-
« sources, et située au midi de la Tissia تيسيا (de la Theiss), ri-
« vière.

« Il est possible de se rendre de Djertgraba جرتغرابه à Zanla
« زانله en 5 journées, savoir : de Djertgraba à l'embouchure de
« la Theiss, 1 forte journée ;

Feuillet 215 recto.
« Puis, en remontant la Butent نهر بتنت, à Zanla, 4 journées.

« Cette dernière ville (Zanla) est florissante, peuplée et située
« sur les bords et dans la partie septentrionale de la Butent. De
« là à Tensinova تنسينو, en se dirigeant vers le sud, 4 fortes
« journées.

« On traverse des contrées cultivées et fertiles, situées entre
« les deux rivières.

« De Zanla زانله à Montiour منتير (Modor?)[1] grande ville sur les
« frontières de Pologne, en se dirigeant vers l'occident, 5 journées.

« La Pologne est un pays remarquable par le nombre des savants
« qu'elle renferme. Beaucoup de Grecs روم amateurs des sciences
« y sont venus de toutes parts. Ce pays est florissant et peuplé,

[1] Le ms. A porte *Manbou* منبو.

TROISIÈME SECTION. 381

« ceint de tous côtés par des montagnes qui le séparent de la
« Bohême بوانية, de la Saxe سصونية et de la Russie روسيه. L'une
« de ses villes les plus importantes est Cracal قراقل (Cracovie),
« remarquable par le nombre de ses édifices, de ses marchés, de
« ses vignobles [1] et de ses jardins. De là, en se dirigeant vers
« l'occident, à Masla ماسلة (Breslau?), ville bien peuplée, 130
« milles.

« De Masla à Biths بطس (Pets), vers le midi, 5 journées.

« De Cracal à Djenazia جنازية (Gnesen), ville florissante, vers
« l'orient, 100 milles.

« De Djenazia à Benklaïa بنقلايه (Dukla?), 60 milles.

« De Benklaïa à Sermeli سرملى, ville de la province de Sou-
« bara سوبارة (de Siewierz), 100 milles.

« De Crac   Hala هالة (Hall), ville de Saxe très-importante
« et très-peupl   , 100 milles.

« De Cracal à Nieuzburk نيبرك, autre ville de Saxe, 100 milles.

« De Nieuzburk à Hala هالة, 40 milles.

« De Nieuzburk à Dhoulburka دولبركة, belle ville, vers l'occi-
« cident, 60 milles.

« De Nieuzburk, en se dirigeant vers le midi, à Cazlaza قزلازه,
« 100 milles ou 4 journées.

« De Cazlaza, vers l'occident, à Hardburd هردبرد, ville d'Alle-
« magne من ارض الجانية, 60 milles.

« De Cazlaza à Masla مسلة (Breslau?), vers l'orient, 100
« milles.

« De Hala هالة (Hall) à Masla, 80 milles.

« De Nieuzburk نيوزبرك à Wurza وررة, sur le fleuve, 25 milles.

« De Wurza à l'océan Ténébreux, 25 milles.

[1] *Sic.*

QUATRIÈME SECTION.

Itinéraires d'une partie de la Bulgarie, de la Servie, de la Pologne et de la Russie méridionale. — Nissa. — Atrawa. — Neocastro. — Armocastro. — Ackerman. — Cap Eminéh.

La présente section comprend la Germanie جرمانة, la Géthulie[1] جثولية (Servie) et quelques parties de l'extrême Russie الروسية القصوى. Les principales villes de la première d'entre ces contrées sont : Nisowa نيسو (Nissa), Atrawa اثروا, Neocastro نوقسترو, Nidenou نيدنو (Widdin?), Banwa بنوى, Bisa بيسه, Akridisca اقريدسقا, Aghrios اغريوس et Mesinos مسينوس.

A la Germanie appartiennent aussi Carwi قاروى, Ligholgho ليغلغو, Akranc اقرنس, Estios استيوس (ou Estimos), Denbeli دنبلى, Krimial قرمیال (ou Caratamenial), el-Mas الماس, Zakatra زكترى, Mighal Thermé ميغال ثرمه, Ghorli غرلى, Bastres بسترس, Akli اقلى, Aksounboli اكسونبلى, Delsina دلسينه, Tamtana طمطانه, Bidhlos بذلس (ou Birlos), Akhiolou اخيلو (Ahioli), Eimen ايمن (Eminèh), Bercanto برقنتو, Melisia ملبسية, Bericklawa برسكلابه, Mighali Berisklawa ميغالى برسكلابه, Aghirmani اغرمنى, Mersinous مرسينوس, Madhanios مادنيوس, Calimalaïa قالمالايا, Boulia Khiscos بوليا خسقس, Nebrowa نبروى. Constantinople قسطنطنيه, Adrasto ادرسنو, Abloughis ابلوغيس, Basiliko باسيليكو, Serboli سربلى et Akhiolou اخيلو, résidences connues et villes célèbres de toutes ces contrées.

Nisowa نيسو (Nissa) en Géthulie est une ville remarquable par son étendue et par l'abondance et le bas prix des provi-

[1] Sic.

« sions, telles que la viande, le poisson, le laitage et les fruits.
« Elle est située sur les bords de la Morafa مورافا (la Morawa), ri-
« vière qui vient des montagnes de Sirbia سربية (de Servie), et sur
« laquelle on a construit un grand pont destiné aux allants et aux
« venants. »

« De Nissa à Atrowa اثروا, vers l'orient, 40 milles.

Atrowa اثروا est bâtie sur les bords d'une petite rivière provenant
des montagnes de Servic جبال سربية, coulant à l'orient d'Atrowa,
se jetant ensuite dans la Morawa, qui a son embouchure dans le
Danube auprès d'Akridisca اقريديسقا (Gradistie). « Sur les bords
« de cette rivière on voit des moulins à farine, des vignobles et
« des jardins. »

D'Atrowa à Atralsa اتر السه « dont nous avons fait mention dans
« le cinquième climat, » 40 milles.

D'Atralsa à Estoboni استوبوني, « jolie ville, » 1 journée.

De là à Acartous اقرتوس, « ille située sur une haute montagne,
6 journées.

D'Acartous à Carwi فاروى, « sur la rivière d'Akhiolou نهر
« اخيلو », 40 milles.

De là, en se dirigeant vers l'orient, à Saloni شلون, dans une
plaine, 50 milles;

Puis à Rodosto رودستو, « ville agréable, » 60 milles.

De là à Constantinople la Grande قسطنطنيه العظمى, vers l'orient.
12 milles [1].

De Saloni à Ligholgho لغلغو, « ville considérable dont les en-
« virons sont bien cultivés, située sur une montagne et non loin
« de la rivière d'Akhiolou dont nous venons de faire mention, »
en se dirigeant vers l'occident, 50 milles.

« Cette rivière descend, en se dirigeant vers le sud, de Lighol-
« gho à Carwi, lieux situés à 35 milles de distance; elle passe à
« Philippopolis فيلوبلس, puis à Andrinople ادرنوبلي, puis à Sor-

[1] L'erreur de cette évaluation est évidente.

« Iowa سرلوة (Tchorlou), puis à Arkadiopoli اركاديوپلى, puis se
« jette dans le canal d'Abydos ابد auprès de la ville d'Akhriso-
« boli اخرسوبلى (Christopolis) la Maritime, où elle porte le nom
« de Marınara مارمارى (Maritza).

« Revenant sur nos pas, nous disons que de Nisowa نيسو (Nissa)
« à Ribna ربنه (Ribnitza), directement vers le nord, on compte
« 50 milles.

« De Ribna à Akridisca اقريدسنة (Gradistie), sur le Danube, 60
« milles.

« D'Atrowa اترو à Banwa بنوى, ville peu considérable, sur une
« montagne, en se dirigeant vers l'est-nord-est, 90 milles.

« De Banwa à Nicha نبشه (ou Bicha بيشه), au nord-est, 6 jour-
« nées.

« Cette dernière ville est située sur une montagne, vis-à-vis
« (en se dirigeant vers le sud) d'Acarnous اقرنوس, à la distance de
« 4 milles.

« De Nicha ou Bicha, en se dirigeant vers le nord-est, à Me-
« sinous مسينوس, grande et ancienne ville, 5 milles.

« De Bicha à Bendi بندى (Widdin?), grande ville au nord-
« ouest de Bicha, sur le Danube, 5 milles.

« De Carwi قاروى, dont nous avons fait mention, à Bouliakhis-
« cos بولياخستـس, 4 milles.

« La route passe à travers des champs cultivés sans intervalles
« en friches, de grands villages, des vignobles, des vergers et des
« pâturages couverts de bestiaux.

« De Bouliakhiscos بولياخستـس à Nebrowa نبروى, à travers des
« plaines dont le sol est fertile, 70 milles ou 3 journées. Nebrowa
« est une ville considérable et commerçante dont les habitants
« sont industrieux et les dépendances fertiles.

« De Nebrowa à Abloughis ابلوغيس (Philopatiam), ville située
« sur une hauteur, à 12 milles du détroit du Pont خليج بنطس,
« en se dirigeant vers l'orient, 50 milles.

QUATRIÈME SECTION.

« De Nebrowa à Calmilaïa قلیلایة, 55 milles. »

« De Nebrowa à Carwi ci-dessus mentionnée, vers l'occident, « par une contrée agréable, fertile et bien arrosée, 90 milles. »

« De Nebrowa à Constantinople قسطنطنیه, ville dont nous avons « donné une description aussi complète qu'il nous a été possible, « 30 milles. »

L'itinéraire de Constantinople aux bouches du Danube, c'est-à-dire au lieu où est située la ville de Marich مریض, est comme il suit :

De Constantinople à Abloughis ابلوغس (*Philopatium*), 25 milles.

Cette ville est située sur une éminence, à 12 milles. « L'em-« pereur s'y rend tous les ans pour se livrer au plaisir de la chasse « aux onagres, et il y fait de longs séjours[1]. »

D'Abloughis à Midia میدیا, « ville florissante, agréablement si-« tuée sur les bords de la mer, » 25 milles.

De là à Agathopolis اغاثوبلس (Akhteboli), 25 milles;

Puis à Wasiliko sur mer واسلیکو, 25 milles.

De Wasiliko à Sizeboli sur mer سزوبلی, 25 milles.

De là à Akhiolou اخیلو (Ahioli), 25 milles.

Auprès d'Ahioli la mer forme un golfe dont la largeur est de 12 milles, et la longueur de 20 milles.

D'Ahioli à Eīmen sur mer ایمن (cap Eminéh), 25 milles.

D'Eīmen à Bidhlos بذلس (Pyrgos), lieu situé dans le voisinage de la mer, 50 milles.

De là à Armocastro ارموقسترو, 25 milles.

« Revenant de nouveau sur nos pas nous disons que » d'Akridiska اتریدیسقا (Gradistie), en descendant le Danube, à Neocastro نوقسترو on compte 2 journées et demie.

« Cette ville de Neocastro est située sur les bords du Danube, « qui y vient du côté du midi, non loin de l'embouchure de la

---

[1] Voyez, au sujet du mot *Philopas*, Geoffroy de Villehardouin, p. 70. Odon de Deuil, pag. 31, s'exprime en ces termes : *ambitus spatiosus et speciosus, multimodam venationem includens*.

« Morfa مورىا (Morawa) et dans une contrée fertile. Les vivres y
« sont à bon marché, les vignobles et les vergers nombreux. » De
là, en descendant le fleuve, à Bideni بمدى (Widdin), près du
fleuve, 1 journée et demie;

Et à Best Castrowa بست قستروا, « jolie ville sur le fleuve, en
« se dirigeant vers l'orient, » même distance.

De là à Deristra درستره (*Dristra*, aujourd'hui Silistrie), « ville
« dont les rues sont larges, les bazars nombreux et les ressources
« abondantes, » vers l'orient, même distance.

De Deristra, par terre, à Berisklawa برسكلاه, « ville sur les bords
« d'une rivière et près d'un marais, » vers l'orient, 4 journées.

De là à Desina دسينة, ville dont les ressources sont abondantes et les dépendances fertiles, vers l'orient, 4 journées.

De là, en se dirigeant vers le sud, à Armocastro ارموقستره,
« ville ancienne dont les édifices sont hauts, les campagnes fer-
« tiles, le commerce avantageux, située sur le penchant d'une
« agréable colline qui domine la mer, » 2 journées.

La route par terre de Bidhlos بخلس à Constantinople est ainsi
qu'il suit :

De Bidhlos à Buthra بثره, jolie ville, vers l'occident, 30 milles.

De Buthra à Bercanto برقنتو, « ville située sur le penchant d'une
« agréable colline, » 30 milles ou 1 journée.

« Entre le premier et le second de ces lieux coule une rivière
« qui, se dirigeant vers le midi, traverse Sklawa سكلاه, puis se
« jette dans la mer. »

De Bercanto برقنتو à Mighali-Berisklawa ميغالى برسكلاه (*Marcianopolis* ou *Pristhlaba*, aujourd'hui Pravadi), « ville de grandeur
« moyenne, dans le voisinage de laquelle est une petite rivière, »
1 journée.

De Mighali-Berisklawa à Mebersinous ميرسينوس, ville ancienne
et célèbre, pays bien cultivé, 1 journée.

De là à Aghirmini اغرمينى, « ville également ancienne, ancien-

QUATRIÈME SECTION.

« nement ruinée, mais rétablie ensuite par Héraclius II [1], qui fit
« réparer ses édifices, la repeupla, la rendit florissante telle qu'on
« la voit aujourd'hui, et entourée de cultures, » en se dirigeant
vers l'orient, une demi-journée.

D'Aghirmini à Estimos استيموس (ou Estios), « ville agréable et
« bien bâtie, » vers l'occident, 1 journée.

D'Estimos à Bouliadjiscomos بلياجسقس (ou Bouliakhiscos),
en se dirigeant vers le sud, 3 journées.

« Cette dernière ville est située dans le voisinage d'une mon-
« tagne d'où sort une rivière qui traverse la ville, réunit ses eaux
« à celles de la rivière de Mesinos مسينوس, et finit par se perdre
« dans le Danube entre Monte-Castro منت قسترو et Odestra اودسترو. »

De Bouliadjimiscos بلياجسقس [2] à Calimalaïa قالمالايا, en se dirigeant vers l'orient, 1 journée.

« Calimalaïa est une ville florissante où l'on trouve beaucoup
« de grains et beaucoup de gibier. Le seigneur de Constantinople
« va souvent chasser dans ses environs, qui sont montueux et très-
« boisés. »

De là à Madhanios مادنيوس, jolie ville située vers l'orient, 12
milles;

Et à Betrowa بترو, en se dirigeant vers le sud, 50 milles;

Et de Betrowa à Constantinople, 28 milles.

De même, de Madhanios à Melisia مليسية, 6 milles;

Et de Melisia au point maritime où est la ville d'Eïmen ايمن
(le cap Eminèh), en se dirigeant vers le sud, 6 milles.

« Eïmen est situé, comme nous l'avons dit, sur les bords de la
« mer du Pont.

« Nous ajouterons que de Bonte-Castro ou Monte-Castro à
« Aghranzinos اغرنزينوس on compte 2 journées ou 70 milles.

---

[1] Voici le texte de ce passage qui nous paraît extrêmement obscur, ainsi que tout ce qui suit jusqu'à la fin de la section : كانت ابه فبناها هرقل الثاني.

[2] Sic.

SIXIÈME CLIMAT.

Feuillet 217 recto.

« De là, en se dirigeant vers l'orient, à Mesinos مسينوس,
« ville commerçante où l'on fait beaucoup d'affaires, et où l'on
« trouve d'abondantes ressources, située sur une montagne, 40
« milles.

« De Mesinos à Dhiniboli ذنيبلي, bourg situé dans une plaine
« couverte de vignobles et de cultures, 1 journée.

« De Dhiniboli là Caratamenia قراتمنيال, dans une plaine, et près
« d'une colline couvertes d'arbres et de cultures, vers l'orient,
« 1 journée.

« De là à el-Mas الماس, ville bien peuplée, dont le territoire
« est abondant en fruits et en productions de toute espèce, et
« dont les dépendances sont vastes, vers l'orient, une demi-
« journée.

« D'el-Mas à Reknowa ركنوى, près d'une montagne, une demi-
« journée.

« De là à Rosso-Castro روسو قسترو, ville importante dans une
« plaine, vers l'orient, une demi-journée.

« De Rosso-Castro à Mighali-Thermé ميغالي ثرمة, petite ville
« ceinte de murs, une demi-journée.

« De là à Lino-Castro لنو قسترو, place forte, commerçante, et
« centre de communications pour les voyageurs, vers l'orient, une
« demi-journée.

« De là à Ghorlou غرلو, joli pays très-fréquenté par les mar-
« chands, qui y apportent divers objets de commerce, vers l'orient,
« une demi-journée.

« De là à Basca باسقة, petite ville bien peuplée, une demi-
« journée.

« De là à Akli ou Akla اقلى, une demi-journée.

Feuillet 217 verso.

« Cette dernière ville est située dans une plaine extrêmement
« fertile et parfaitement cultivée. Ses dépendances sont considé-
« rables et bien arrosées. Au nord sont de hautes montagnes au
« delà desquelles coule le Danube. Il y a de l'industrie et les

QUATRIÈME SECTION. 389

« ouvriers y sont très-habiles, surtout en fait de fabrication des
« ouvrages en fer.

« D'Akli à Stlifanos استلی فنوس, ville considérable et qui était
« plus importante encore avant l'époque actuelle, 1 journée.
« Nous donnerons ultérieurement l'indication des routes qui con-
« duisent de cette ville aux pays circonvoisins. Quant à la Pologne
« بلونية, ce pays de la science et des savants grecs, elle est fer-
« tile, sillonnée de cours d'eau, couverte de villes et de villages.
« La vigne et l'olivier y croissent [1] ainsi que toute espèce d'arbres
« à fruits. Ses villes principales sont : Cracal تراقل (Cracovie),
« Djenazia جنازية (Gnesen), Anklaïa انقلايه, Serdawa سرداوة, Ne-
« ghrada نغرادة et Chithow شيثو (Kiew?). Elles sont toutes belles,
« florissantes et célèbres, particulièrement en ce qu'elles sont
« habitées par des hommes versés dans la connaissance des sciences
« et de la religion grecques, et par des ouvriers habiles autant
« qu'intelligents. Cracal تراقل (Cracovie), Djenazia جنازية (Gnesen)
« et les autres villes que nous venons de citer sont remplies
« d'habitations contiguës, présentent beaucoup de ressources et
« se ressemblent singulièrement entre elles sous les rapports de
« l'étendue et de l'aspect; les objets qu'on y fabrique sont à peu
« près tous de même nature. Cette contrée est séparée de la
« Saxe, de la Bohême et de la Russie par des montagnes qui l'en-
« vironnent de toutes parts.

« DISTANCES DE (DIVERS LIEUX DE) POLOGNE مسافات بلاد بلونية [2].

« De Cracal à Masela ماسلة (Breslau?), 130 milles.
« De Cracal à Djenazia جنازية, 80 milles.
« De Djenazia à Anclaïa انقلاية, 60 milles.
« D'Anclaïa à Sermeli سرملی, 100 milles.
« De Sermeli à Zaca زاقة, 12 journées.

[1] Sic.
[2] Ces distances manquent dans le ms. A.

« De Zaca à Bermowa برموى, 180 milles.

« De Bermowa à Galisia غليسيه (Gallicie?), 200 milles.

« Ces deux derniers pays appartiennent à la Russie.

« Les rivières principales de la Pologne sont la Butent بتنت « (la Maros) et la Tessia تسيه (la Theiss). Elles prennent leurs « sources dans les montagnes qui séparent la Pologne de la Russie, « du nord au sud; elles coulent vers l'occident, puis se réunissent « et ne forment plus qu'un seul cours d'eau qui se jette dans le « Danube à l'occident de Caworz كاورز (ou de Carlowitz).

« Quant à la Russie, ارض روسية, c'est une vaste contrée où les « villes sont peu nombreuses et les habitations éparses, en sorte « que pour aller d'un pays à l'autre il faut parcourir d'immenses « distances, à travers des lieux inhabités. Les Russes sont en « guerres et en disputes continuelles, soit entre eux, soit avec « leurs voisins. Au nombre des villes de Russie comprises dans « la présente section il faut compter Sermeli سرملى, Zana زانه, « Barmounia برمونيه et Galisia غليسيه. La première de ces villes « (Sermeli) est située sur le Dniest نهر دنيست (le Dniester), dans « la partie septentrionale du cours de ce fleuve qui coule vers « l'orient jusqu'à Zana زانه, durant 12 journées de distance. De « Zana, ville sur ses bords, à Barmouni برمونى, 9 journées;

« Et de Barmouni à Galisia غليسيه, 200 milles. »

CINQUIÈME SECTION.

Description du littoral et des îles de la mer Noire. — Héraclée. — Amastra. — Kidros. — Sinope. — Lanio ou Enoe. — Vona. — Cérasonte. — Trébizonde. — Matrakha. — Russie méridionale.

La présente section comprend une partie ou plutôt la majeure partie de la mer du Pont, « et la description des villes, châteaux « forts, ports, mouillages, îles habitées ou inhabitées de cette « mer; » une partie du Berdjan برجان et autres dépendances de la Russie, une grande partie de la Comanie قانية et divers lieux de la Géthulie جثولية. « Notre intention est d'apporter dans ces « explications toute la clarté possible. »

Nous disons donc que la mer du Pont بحر البنطس est un vaste canal dont la longueur de l'orient à l'occident est de 300 milles, et dont la largeur varie; la plus grande est cependant de 6 journées de navigation. Du côté méridional qui touche à la partie occidentale de cette mer on remarque Héraclée هرقلية, puis le Bilcan بيلقان [1], le Beltīm بلطم, la Khozarie خزرية, la Comanie قانية, la Russie الروسية et le Berdjan برجان.

La mer du Pont commence auprès de Constantinople et communique par un canal à la Méditerranée, laquelle est en communication avec l'Océan. La largeur de ce canal à son embouchure est de 6 milles, et la distance qui sépare Constantinople de cette embouchure est de 60 milles. En entrant de là dans la mer du Pont, la première ville qu'on rencontre est Mesnah مسنا.

---

[1] Je présume qu'il s'agit ici de la Bithynie et non de la Valachie, comme l'ont cru les auteurs de la version latine.

SIXIÈME CLIMAT.

Là, vers l'orient, commence un golfe qui se recourbe en forme de ں et au fond duquel sont les villes de Nicomédie نقودية et de Khaldjidonia خلجدونية (Chalcédoine). Le canal aboutit, ainsi que nous venons de le dire, à la mer du Pont, et sa longueur est de 60 milles.

ITINÉRAIRE, PAR LE LITTORAL, DE CONSTANTINOPLE À TRÉBIZONDE, VILLE VOISINE DE L'ARMÉNIE.

De Constantinople on se rend à Mesnah مسناه, près l'embouchure du canal (*Templum Jovis Urii*).

De là, en se dirigeant vers le sud-est, à l'île de Dabisia دبيسيه (Kefken, anciennement *Calpe*), 100 milles.

« Cette île, peu considérable et déserte, est située à 1 mille « de distance du continent. »

De là à l'embouchure du Zaghra زغرا (le *Sangarius*), fleuve considérable provenant du Bilcan بيلقان (de la Bithynie), qui porte de gros navires et dont le lit est très-large au point où il se jette dans la mer (la distance manque).

De ce point à Héraclée هرقلية, 60 milles.

« Ce qui fait, pour la distance totale de Mesnah à Héraclée, 8 « journées. »

Toute la côte est dentelée de golfes et hérissée de montagnes, de roches et d'écueils.

D'Héraclée à l'embouchure de la rivière de Barthano برطانو (le *Parthenios*), 85 milles.

De là à Chamastro شامسترو (Amastra, l'ancienne *Amastris*), 15 milles.

« Amastra est une ville de peu d'importance dont les habitants, « pour la plupart, mènent un genre de vie nomade. Ceinte de « fortes murailles, » elle s'étend sur la côte vis-à-vis de Barthouna برثون, ville située sur la rivière de Barthano. Ces deux villes sont à 50 milles de distance l'une de l'autre.

CINQUIÈME SECTION.

D'Amastra à Sikothri شيكثرى (Kidros, anciennement *Cythorus*), « petite ville au pied d'une montagne, sur la côte, » 150 milles. *Feuillet 218 recto.* KIDROS.

De là à Sinoboli شنوبلى (Sinope), « petite ville bien peuplée, située sur la côte à 4 journées par terre et au nord de Tamouni تامونى (Castamouni), » 150 milles. SINOPE.

« De Sinope à l'embouchure de l'Aly نهر آلى (l'*Halys*)[1], fleuve considérable où entrent les navires, 100 milles. »

De cette embouchure à Lanio لانيو (Ounièh, l'ancienne *Enoe*), 150 milles.

Lanio est une ville considérable et florissante, qui donne son nom à un canton du pays des Lazes اللاز, peuplade grecque nestorienne روم نسطورية. On y construit des navires et des embarcations de guerre. LANIO OU ENOE.

De là à Cania قانية[2], ville sur la côte, 40 milles;

Puis à Bona بونه (Vona), petite ville florissante dont le territoire est vaste et fertile, 50 milles. VONA.

De Vona à Khazenti خازنتى (l'ancienne *Cerasus* ou Cérasonte), « ville agréable, considérable et commerçante, d'où partent des expéditions (soit militaires, soit commerciales), » 50 milles. CÉRASONTE.

De Khazenti à Atrabezouni اطرابزونى, qu'on nomme aussi Atrabezonda طرابزونده (Trébizonde), 130 milles. *Feuillet 218 verso.*

« Trébizonde est une ville agréablement située sur les bords de la mer. A l'époque des khalifes[3] et depuis elle a (constamment) été l'entrepôt du commerce des Grecs et des musulmans. Ses habitants sont très-riches. » TRÉBIZONDE.

---

[1] Cette dénomination d'*Halys*, donnée au fleuve qu'on nomme aujourd'hui Kizil Ermak, est fort remarquable; elle prouve qu'au XIIe siècle, l'invasion turke n'avait pas encore fait dans cette contrée assez de progrès pour y dénaturer les noms de lieux.

[2] Le ms. B porte *Cabia*.

[3] Par cette expression : فى ايام الخلايف, notre auteur entend sans doute à l'époque des *premiers* khalifes.

II. 50

SIXIÈME CLIMAT.

« De Trébizonde à Constantinople on compte 9 journées et
« demie de navigation;

« A l'embouchure du Danube, directement par mer, 9 journées;

« A la mer de Russie بحر روسية (ou d'Azow), 5 journées; »

Et à Tiflis تفليس, ville d'Arménie, 8 journées.

Celui qui veut se rendre de Trébizonde اطرابرنده à Constantinople, par terre, passe d'abord à Bersenda برسنده, 2 journées;

Puis à Kendia كنديه, petite ville, 5 journées;

A Ania آنيه, très-petite ville, 3 journées;

A Astinoboli استينوبلى, 2 journées;

A Amastra la Maritime شامسترة الساحلية, 5 journées;

A Herakla اركلا ou Heraclia هرقلية (Héraclée), 3 journées;

Et à Constantinople, 8 journées.

Pour aller de Constantinople à Matrakha مطرخا, sur les rives septentrionales (de la mer)[1], on se rend d'abord à Abloughis ابلوغس (*Philopatium*), 25 milles;

Puis à Amidia اميديا (Midia), 25 milles;

Puis à Agathopolis اغاثوبلس, 25 milles;

Puis à Basilico باسليكو, 25 milles;

A Sizeboli سزوبلى, 25 milles;

A Akhiolou اخيلو (Ahioli), 25 milles. Entre ces deux villes la mer forme un golfe[2] de 13 milles de largeur et dont le circuit par terre est de 20 milles[3].

D'Ahioli à Eïmen ايمن (cap Eminèh), 25 milles.

De là à Barnas برنس (Varna), 50 milles.

De Varna à Armocastro ارموقسترو, 25 milles.

D'Armocastro au Danube, 3 milles.

De ce fleuve à Akliba اقليبه, 1 journée de navigation.

---

[1] Matrakha était en effet le nom d'une ville ancienne et considérable dans la presqu'île de Taman.

[2] Aujourd'hui le golfe de Bourghaz.

[3] La version latine porte 15 milles.

CINQUIÈME SECTION.

De là à l'embouchure du Dniest دنيست (du Dniester), 1 mille;

Puis à Caria قرية (ou Carta), 50 milles;

A Moules مولس, 50 milles.

« De là à l'embouchure du Dhnabros نهر طنابرس (le Dnieper « ou le Borysthène) (la distance manque); »

Puis à Seknimil سكني ميل (la distance manque);

Puis à Kersona كرسونه (Cherson), un peu moins de 1 journée de navigation, c'est-à-dire 80 milles.

De Cherson à Djalita جاليطة, dans le pays des Comans [1], 30 milles.

De Djalita à Gharzouni غرزون, ville florissante sur les bords de la mer, 12 milles.

De là à Bertabiti برطابتي, « ville petite, mais bien peuplée, où « l'on construit des navires, » 10 milles.

De là à Lebadha لباضة, jolie ville, 8 milles;

Puis à Chalousta شالوسطة, ville importante près la mer, 10 milles.

A Soldadia سلطاطية (Soldaia ou Soudak en Crimée), près la mer, 20 milles.

De Soldadia à Boutra بوتر, 20 milles.

De Boutra à l'embouchure du fleuve de Russie مصبّ نهر روسيه (le Don ou Tanaïs), 20 milles.

De cette embouchure à Matrakha, 20 milles.

« Matrakha مطرخة est une ville très-ancienne; on ignore le « nom de son fondateur. Elle est entourée de cultures et de « vignobles; ses princes, connus sous la dénomination d'Olou « Abas اولو اباس (les Abazes) et renommés par leur force, leur cou- « rage et leur ardeur guerrière, se sont rendus très-redoutables « à leurs voisins. Cette ville est très-peuplée et très-florissante. « Il y a des bazars et des foires où l'on vient de toute la contrée « environnante, comme aussi des pays les plus lointains. »

[1] وهي من بلاد القانين

Six grandes rivières mêlent leurs eaux à celles du fleuve de Russie dont il vient d'être fait mention et dont les sources sont dans les montagnes de Cocaïa جبل توقايا, qui s'étendent depuis la mer Ténébreuse jusqu'aux extrémités du monde habité. Ces montagnes atteignent et dépassent les pays de Gog et de Magog à l'extrême orient, puis se prolongent du côté du midi jusqu'à la mer noire et ténébreuse connue sous le nom de mer de *Poix-résine*. « Elles sont inaccessibles, à cause de l'excès du froid et « de la permanence des neiges sur leurs sommets. Les vallées « sont habitées par les peuples dits Nibaria نبارية, qui possèdent « six places fortes et qui savent tellement bien se défendre dans « leurs retraites, qu'ils y sont inexpugnables. Ils ont pour cou- « tume constante de ne point se séparer de leurs armes et sont « extrêmement belliqueux. Nous en reparlerons dans la descrip- « tion du septième climat. »

Les îles habitées comprises dans la présente section sont : 1° Andisera اندیسرة, île couverte de pâturages et de troupeaux, dont la longueur s'étend d'occident en orient, et située à une demi-journée de navigation de Siousa سيوسة, ville sur le conti-nent. 2° A l'orient et à 2 journées de cette île, celle de Saranba سرنبه, située vis-à-vis et à une demi-journée de Cherson, et à 1 journée et plus de Matrakha la Maritime. « Le sol de cette « île est fertile et couvert de vignobles et de pâturages où l'on « élève de nombreux troupeaux. » 3° De l'île de Saranba à celle de Ghardia غردية, en se dirigeant vers le sud, on compte 40 milles ;

Et de Ghardia à Trébizonde, 3 journées de navigation. Cette île de Ghardia غردية est grande et peuplée.

4° De là, en se dirigeant vers l'orient, à l'île d'Azela ازلة, 20 journées.

Cette dernière île est située à mi-chemin entre Trébizonde et Matrakha, et c'est par là qu'on passe nécessairement quand on veut se rendre de l'une à l'autre de ces villes.

CINQUIÈME SECTION. 397

Pour revenir aux villes du Berdjan برجان, nous disons que de Zakanra زكنرى, ville continentale dont nous avons fait mention dans la deuxième section [1], à Bestrinos بسترينس, on compte 1 journée.

De Bestrinos à Rosso Castro روسو قسترو, 15 milles.

De là à Meghala Thermé ميغالا ترمه ci-dessus mentionné, 15 milles.

De Meghala Thermé à Neo Castro انو قسترو, une demi-journée.

De là à Ghoulouni غولونى, une demi-journée.

De Ghoulouni à Basca باسقه, une demi-journée.

De Basca à Akli اقلى, une demi-journée.

De là à Stlifanos استليفنوس, « lieu situé à 1 journée vers l'orient « d'Aniksoboli انكسوبلى, » 1 journée.

« D'Aniksoboli à Aghathoboli اغاثوبلى, vers l'orient, 1 journée.

« D'Aghathoboli à Kirkisia قرقسية (Kirk-Klissia?), 1 journée.

« De Kirkisia à Desina دسينه, vers l'orient, 1 journée.

« De Desina (Sulina), lieu situé non loin de l'embouchure du « Danube, à la mer, 40 milles.

« Ces divers lieux, se ressemblant beaucoup entre eux, peu-« vent être compris dans une description commune, et la plupart « d'entre eux ont été mentionnés ci-dessus. »

En ce qui touche la Russie, les lieux de ce pays compris dans la présente section sont : Lonsa لونسه, Zala زالة, Seklahi سكلاى, Ghalisia غلبسية, Sinoboli شنوبلى, Barmonsa برمونسة, Armen ارمن, Narasansa نراسانسة, Loudjagha لوجغه, Saska ساسكة, Awsia اوسية, Kaw كاو (Kiew), Berizoula برزوله, Berizlaw برزلاو, Cano قانو, Tiwer تيور (Twer), Aleska السكى et Molsa مولسة.

Barmonsa برمونسة est une belle ville, bâtie sur les bords du Dnabros دنابرس (Dnieper). De là à Sinoboli شنوبلى, grande ville, bâtie sur la rive occidentale du Danube, on compte 6 journées.

[1] *Sic.*

SIXIÈME CLIMAT.

Feuillet 219 verso.

De Barmonsa, en descendant le Dnieper, à Kaw كاو (Kiew), ville sur les bords de ce fleuve, 6 journées.

De là à Berizoula برزوله, ville au nord du fleuve, 50 milles.

De là à Awsia اوسية, petite ville bien peuplée, par terre, 2 journées.

De là à Barasansa براسانسه (ou Narasansa), par terre, 2 journées.

De là à Loudjagha لوجغه, vers le nord, 2 journées.

De Loudjagha à Armen ارمى, en se dirigeant vers l'occident, 3 faibles journées.

D'Armen, en se dirigeant vers l'orient, à Barasansa, 4 journées.

De Barasansa à Molsa مولس, près l'embouchure du Dnieper, 5 journées.

Aleska السكى est une ville (également) située près l'embouchure du Dnieper, et de là à Cano تنو on compte 4 journées.

De Berezoula برزولة dont il vient d'être fait mention, en descendant le fleuve, à Berizlaw برزلاو, 1 journée.

De Berizlaw, en descendant le fleuve, à Cano, 1 journée et demie.

De Kaw كاو (Kiew) à Naï ناى, ville de Comanie ثانية, 6 journées.

« Nous traiterons ci-après de ce dernier pays. »

SIXIÈME SECTION.

Suite de la mer du Pont ou de la mer Noire. — Istiberia. — Allania. — Comania. — Boulghar. — Khozaria.

La présente section comprend une partie de la mer du Pont et des pays situés sur ses rives; une partie de la Comanie ارض القانية, de la Russie extérieure الروشية الخارجة, de la Boulgharie بلغارية, du pays des Basdjirts بلاد بجرت (des Bachkirs), de celui des Alains اللان et des Khozars خـزر.

Trébizonde, capitale « du pays des Grecs, connue par la prééminence dont ses rois ont constamment joui sur ceux des peuples « (circonvoisins[1]), » est située sur les bords de cette mer. A 70 milles vers l'orient de cette ville, est l'embouchure du Rousio روسيو, qui prend sa source dans les montagnes du Cabc القبق (du Caucase), coule au nord (de Trébizonde) et traverse le pays des Alains ارض اللانـة. Il n'existe sur ses rives aucune ville célèbre, mais quantité de villages bien peuplés et de cultures. « Ce « fleuve dirige ensuite son cours vers le couchant, puis se jette « dans la mer auprès du lieu ci-dessus indiqué. Il est navigable « pour de petites embarcations et sert au transport des marchan- « dises de peu de poids et à celui des objets d'approvisionne- « ment d'une habitation à une autre. »

De l'embouchure du Rousio à Askisia اشكشية, ville agréable et place forte du pays des Alains, on compte 150 milles.

D'Askisia à Askala اشكالة, ville « peu considérable, mais bien « peuplée » du même pays, située à près de 6 milles de la mer, 20 milles.

[1] Le texte porte : اطرابرنده ...... معروفة بالقدم المتداولة لاملاك الامم

De là à Istiberia استبریة, en suivant le littoral, 20 milles.

« Istiberia, située au bord de la mer, est florissante et peu-
« plée. Ses marchés sont fréquentés, ses rues larges, ses maisons
« solidement bâties, ses habitants pour la plupart commerçants
« et riches. »

De là à Allania اللانية, « ville d'où les Alains ont pris leur
« nom et tellement ancienne qu'on ignore le nom de son fonda-
« teur, » 24 milles.

De là à Khozaria خزارية, « ville considérable, bien arrosée, sur
« les bords d'une rivière, et d'où dérive le nom des Khozars, »
45 milles.

De là à Kira كيرة, 25 milles.

De Kira à Comania قانية ou ville des Comans, 25 milles.

« Cette ville, qui porte le nom de Comania la Noire قانية السودآ,
« est séparée de Kira par une montagne escarpée, haute et de dif-
« ficile accès. On lui donne le nom de *noire*, parce que son ter-
« ritoire, montueux et boisé, est traversé par une rivière dont
« les eaux, avant d'arriver à la mer, sont noires comme de la fu-
« mée. C'est un fait connu et incontestable. »

De là à Matlouca مطلوقه[1], qui porte aussi le nom de Comania
la Blanche قانية البيضا, « ville considérable et peuplée, » 50 milles.

De Matlouca à Matrika متریقا, qu'on appelle aussi Matrakha
مطرخه, « grande ville dont les dépendances sont vastes, les
« champs cultivés et les villages nombreux, située sur les bords
« d'une grande rivière nommée Sakir سقير, qui dérive du fleuve
« Athil اثل dont le principal affluent passe auprès d'Athil, ville
« voisine de la mer Caspienne, » 1 journée de navigation ou 100
milles.

De Matrakha à Rousia روسية, « ville dont les habitants sont en
« guerre continuelle avec ceux de Matrakha, » et qui est située sur

[1] La version latine porte *Matalona*.

SIXIÈME SECTION.   401

les bords d'une grande rivière provenant du mont Cocaia جبــل   Feuillet 220 recto.
قوقايا, 27 milles.

De Rousia à la ville de Bouter بونـر[1], 20 milles.

« On range au nombre des villes de la Comanie ou pays des
« Comans : Kirah قيره, Narous ناروش, Nouchi نوشى et Kiniow تينيو.
« Nouchi نوشى, environnée de cultures arrosées par une rivière,
« est située à 50 milles au nord de Comania la Blanche. De là à
« Kiniow تينيو, ville considérable au pied d'une haute montagne,
« en se dirigeant vers le nord-est, 4 journées ou 100 milles.

« De même, de Nouchi à Narous ناروس, petite ville commer-   Feuillet 220 verso.
« çante, vers le nord-ouest, 100 milles.

« De Narous, en se dirigeant vers l'orient, à Slawa صلاو, 135
« milles.

« De Narous à Firah ou Kirah قيره, vers l'occident, 50 milles.

« De Firah à Naï ناى, vers l'occident, 25 milles.

« De Slawa à Kokianah كوكيانـﻪ, dépendance du pays de Boul-
« ghar من ارض بلغار, 8 journées.

« Kokianah est habitée par des Turcs connus sous le nom de
« Bousa روسا (ou de Russes). Les Russes sont divisés en trois
« hordes dont l'une se nomme Beraws براوس; son roi réside à
« Kokianah. La seconde se nomme Slawia صلاوية, et son roi de-
« meure à Slawa صلاوة, ville sur le sommet d'une montagne. La
« troisième est Arthania ارثانية; son roi réside à Arthan ارثان, jolie
« ville, bâtie sur une montagne escarpée entre Slawa et Kokianah,
« c'est-à-dire à 4 journées de la première et de la seconde de ces
« villes. Les marchands musulmans parviennent à Kokianah. Quant
« à Arthaniah, d'après le rapport d'Ebn-Haukal, aucun étranger
« n'y peut pénétrer; car les habitants mettraient à mort infailli-
« blement quiconque oserait s'introduire dans leur pays. On en
« tire des peaux de tigre ببر noir, de renard noir, et du plomb.

---

[1] La version latine porte *Iuter*. Notre auteur ajoute, sans doute par erreur, qu'il a déjà été question de ce lieu ainsi que du précédent.

« Ce sont les marchands de Kokianah qui se livrent à ce commerce.

« Les Russes brûlent leurs morts et ne les enterrent pas. Quel-
« ques-uns se rasent la barbe; d'autres la réunissent et la tressent
« à la manière des Arabes du Douab اعراب الدواب. Leur habille-
« ment est court et de l'espèce de ceux qu'on nomme *kurtak*
« قراطق, tandis que celui des Khozars, des Boulghars et des Badj-
« nak بجناك (Patzinègues) est le kurtak complet, tissu de soie, de
« coton, de lin ou de laine.

« Les Boulghars forment une peuplade nombreuse dont la civi-
« lisation approche de la civilisation des Grecs[1]. Quant aux Russes,
« leur langue diffère entièrement de celle des Khozars et des
« Bartas.

BOULGHAR.

« Boulghar بلغار est le nom d'une ville peuplée de chrétiens
« نصارى et de musulmans. Ceux-ci y possèdent une grande mos-
« quée. Dans le voisinage de cette ville il existe des constructions
« en bois où les habitants se retirent durant l'hiver. L'été ils
« vivent sous des tentes.

« En Russie et en Boulgharie la longueur du jour n'est pas, en
« hiver, de plus de trois heures et demie. Ebn-Haukal assure
« qu'il a été témoin de ce fait, et il ajoute qu'en ce pays la lon-
« gueur du jour, en hiver, suffisait à peine pour qu'il pût s'ac-
« quitter sans discontinuation des quatre prières obligatoires de
« la journée, et encore en ne faisant que peu de *rika'at* ركعات
« (de prosternations) entre l'*edzan* الاذان (l'appel) et l'*icamet* اقامة
« (l'action de se tenir debout).

KHOZARIE.

« La Khozarie بلاد الخزر est un grand pays situé entre les deux
« mers (la Caspienne et la mer Noire). Les habitants de ce pays
« sont ou musulmans, ou chrétiens, et l'on rencontre parmi eux
« des adorateurs d'idoles. Leurs villes principales sont: Semandra
« سمندر, en dehors de Bab el-abwab باب الابواب (de Derbend),
« Balendjour بلنجور, Beïdha البيضا et Khalidj خليج. Elles furent

[1] Texte: ويتسل عمارتهم الى قرب عمارة الروم

SIXIÈME SECTION. 403

« toutes fondées par Nouchirewan-Cosroës نوشيروان كسرى, et   Feuillet 220 verso.
« sont actuellement florissantes. De Bab el-abwab à Semendra on
« compte 4 journées.

« Du même lieu au royaume du Trône (d'or) مملكة السرير, 8
« journées.

« D'Athil اثل à Semendra, 8 journées.

« D'Athil aux frontières du pays de Bartas, 20 journées.

« Le Bartas برطاس est une contrée qui s'étend en longueur sur   Feuillet 221 recto.
« un espace d'environ 15 journées.

« De ce pays à celui des Badjnaks بجناك [1] (des Patzinègues) on
« compte 10 journées.

« D'Athil اثل au Badjnak, 1 mois.

« D'Athil à Boulghar بلغار, par le désert, environ 1 mois;

« Et par eau, 2 mois,

« A cause des détours (littéral. des montées et des descentes) du
« fleuve, qu'on peut évaluer à environ 20 journées.

« De Boulghar à la frontière de Russie, 10 stations.

« De Boulghar à Kokianah كوكيانة, environ 20 stations.

« Du Badjnak au Basdjird (Bachkir) intérieur بجرد الداخلة,
« 10 stations.

« De ce pays à Boulghar, 25 stations.

« Khozar خزر est le nom générique de cette dernière contrée,
« et Athil اثل le nom de sa capitale, comme aussi celui d'un fleuve
« (le Volga), qui, venant de Russie et passant par Boulghar, dé-
« charge ses eaux dans la mer Caspienne. La source de ce fleuve
« est vers l'orient, dans une contrée déserte et fétide. Il coule
« vers l'occident et vers Boulghar, se détourne ensuite vers l'orient,
« traverse la Russie, la Boulgharie et le pays des Bartas, et par-
« vient enfin à la Khozarie où il se jette dans la mer. On dit qu'il

---

[1] Il y a lieu de penser que c'est de Badjnak ou de Bodjnak que dérive le nom
actuel de la Bosnie; de même que c'est de Boulghar, à l'est du Volga, que dérive
celui de Bulgarie, province située au sud du Danube.

« se divise en plus de soixante et dix bras formant ensemble le « fleuve qui coule en Khozarie.

« Les Bartas sont des peuples dont le pays est absolument li-
« mitrophe avec celui des Khozars. Ils possèdent des maisons de
« bois et des tentes de feutre. Leurs villes sont au nombre de
« deux, savoir : Bartas برطاس et Sawan صوان. Ils parlent une
« langue qui diffère de celles des Khozars et des Russes.

« Il y a deux espèces de Russes : les uns sont ceux dont nous
« traitons dans la présente section; les autres ceux qui habitent
« dans le voisinage de la Hongrie et de la Géthulie. Ces derniers,
« à l'époque où nous écrivons, ont subjugué les Bartas, les Boul-
« ghars et les Khozars; les ont chassés de leur pays, se sont em-
« parés de leurs possessions, en sorte qu'aux yeux des autres
« peuples il ne reste d'eux (c'est-à-dire des Bartas, des Boulghars
« et des Khozars) sur la terre absolument rien que leur nom.

« Dans le pays des Khozars il existe une chaîne de montagnes
« dite Batera جبل باترو, qui s'étend du nord au midi, et où se
« trouvent des mines d'argent et des mines de plomb. Ces métaux
« sont de qualité supérieure, et on en exporte en quantité dans
« les pays les plus lointains.

« Nous devons ajouter que, dans la partie de la mer du Pont
« dont la carte est ci-jointe [1], il y a deux îles habitées dont l'une
« se nomme Anbaia انباىه et l'autre Nounechka نونشكة. La pre-
« mière est située vis-à-vis et à 2 journées de navigation de Ma-
« trakha مطرخة, la seconde vis-à-vis et à 3 journées de Comania
« la Blanche قانية البيض. Auprès de Nounechka, c'est-à-dire dans
« un port situé dans la partie occidentale de cette île, on pêche,
« quand la mer est houleuse, le chahria شهريا [2], poisson de la fa-

---

[1] Voyez en effet, p. 365 du ms. B, l'ébauche de la carte en question. Quelque grossière qu'elle soit, elle donne une idée assez exacte de la disposition des lieux mentionnés dans la présente section.

[2] *Mujus cephalus.*

« famille des sakankours سقنقور. Il jouit des propriétés qui carac-
« térisent le sakankour, et même à un plus haut degré. En effet,
« lorsque le pêcheur en prend quelqu'un dans ses filets, il entre
« aussitôt en érection d'une manière inaccoutumée, sans pouvoir
« deviner la cause du phénomène. Ce poisson est très-rare; sa
« longueur varie entre une coudée et une *choubra khassa* شبرة
« خاصة, ni plus ni moins. Après l'avoir dépouillé de ses arêtes
« on le fait saler, on le saupoudre de gingembre, et on l'enveloppe
« dans des feuilles d'oranger pour être offert en présent aux rois
« de ces contrées. La dose qu'on peut prendre de cette substance,
« en la plaçant sous la langue, est seulement d'un *kirat*. Ce fait
« est certain; il est connu de tous les voyageurs qui ont navigué
« sur cette mer et qui ont étudié les particularités qui la caracté-
« risent et les phénomènes qu'elle présente.

« La mer du Pont s'étend depuis Constantinople jusqu'au pays
« des Lazes لازية sur un espace de 1300 milles. Sa largeur varie
« de 300 à 400 milles. Au nord est l'embouchure du Dnabros
« دنابرس (Dnieper), fleuve provenant du lac de Termi بحيرة طرى
« dont la longueur de l'est à l'ouest est de 300 milles, et la lar-
« geur de 100 milles. Nous en ferons mention et nous en don-
« nerons la carte ci-après [1]. »

[1] Voyez ci-après la cinquième section du septième climat.

SEPTIÈME SECTION.

Pays des Basdjirts ou des Bachkirs. — Namdjan. — Ghourdjan. — Caroukia.

Feuillet 221 verso.

Cette section comprend une partie de la mer Caspienne, diverses dépendances des pays de Basdjirt l'Intérieur بحرت الداخلة, de Basdjirt l'Extérieur بحرت الخارج (les Bachkirs), ainsi que ce qui, du côté du nord, dépend de la contrée d'Asconia اسقونية. La majeure partie de ces lieux se compose de déserts contigus et de solitudes stériles [1]. « Les villages y sont en petit nombre, éloi« gnés les uns des autres, très-misérables, et les communications « difficiles et dangereuses à cause des constantes querelles des « habitants.

PAYS DES BACHKIRS.

« Nous avons déjà indiqué, dans le cinquième climat, les li« mites du Basdjirt intérieur; » quant au Basdjirt extérieur, les principaux lieux habités de ce dernier pays sont : Caroukia قاروقيا, Namdjan نجان et Ghourdjan غرجان. « La population y vit de ses « propres ressources, et le commerce qu'elle y fait comme l'in« dustrie qu'elle y exerce sont (à peine) suffisants à ses besoins. « Ces peuples font continuellement des incursions les uns chez « les autres et tirent des pays circonvoisins les objets qui leur sont « nécessaires. Le pays est (cependant) fertile, les pâturages y sont « abondants, les troupeaux nombreux. Les Basdjirts se divisent « en deux hordes qui habitent l'extrémité du pays des Ghozzes, « non loin de celui des Boulghars. Ils mettent sur pied environ « deux mille soldats, se réfugient dans des bois où il est difficile

---

[1] Les auteurs de la version latine auront lu sans doute مخار au lieu de معار ; mais nos textes sont précis et ne laissent aucune incertitude à cet égard.

« de les atteindre, et ils sont braves autant qu'entreprenants. Ils
« obéissent aux Boulghars. Leurs dernières limites touchent au
« pays des Badjnaks بجناك, peuples qui sont aussi bien qu'eux de
« race turke, limitrophes de l'empire grec, et la plupart du temps
« en état de trêve avec lui. De Boulghar aux frontières de Russie
« on compte 10 journées.

« Le pays des Basdjirts confine, du côté de l'orient, au pays
« fétide بلاد المنتنه dont nous parlerons ci-après, dans la huitième
« section. Du Basdjirt extérieur à Namdjan نجان, vers l'orient,
« 8 journées.

« Namdjan est une ville de peu d'importance, mais bien peu-
« plée, gouvernée de père en fils par des princes de race turke,
« qui savent se concilier l'amour et l'obéissance de leurs sujets
« par leur bonne conduite et leur extrême bienveillance envers
« les petits comme envers les grands. Cette ville est située sur
« les bords d'une rivière qu'on appelle Soucan سوقان (l'Oural ou
« le Jaïk?), et dans le voisinage d'une chaîne de montagnes où se
« trouvent des mines de cuivre exploitées par un millier d'hommes.
« Le métal qu'on en extrait abondamment est transporté dans le
« Khowarezm خوارزم, dans le Châs بلاد الشاس et chez les Ghozzes
« بلاد الاغزاز. On tire aussi de Namdjan des peaux de renard et
« de tigre ببر qu'on transporte, par la rivière, sur les bords de la
« mer de Khozar (de la Caspienne) et dans le Deïlem où elles se
« vendent à très-haut prix. On y fabrique aussi de la poterie et
« des marmites très-estimées. On trouve sur les bords du Soucan
« diverses sortes de pierres de couleur très-précieuses ainsi que
« du lapis-lazuli, et, dans ses eaux, tant de variétés de poissons
« qu'il serait trop long de les énumérer et de les décrire. Les
« habitants de Namdjan se livrent à la pêche avec autant d'ardeur
« que d'intelligence et de succès. C'est leur principale ressource
« pour subsister. Ils salent la majeure partie du poisson, le char-
« gent sur des navires qui descendent jusqu'à la mer Caspienne,

408　　　　　SIXIÈME CLIMAT.

Feuillet 222 recto. « côtoient ensuite les bords de cette mer et parviennent à Athil
« اثل et ailleurs, où ils effectuent la vente de cette espèce de
« marchandises. »

GHOURDJAN.　　　De Namdjan نمجان à Ghourdjan غرجان on compte 8 journées.

Cette dernière ville, qui dépend du pays d'Asconia des Turcs
اسقونيا الترك, est grande, populeuse et située dans la partie septentrionale de l'Athil نهر اثل (du Volga), fleuve qui se jette dans
la mer Caspienne. « Entourée de villages et d'habitations conti-
« guës, il y vient souvent des marchands par le fleuve. C'est là
« que réside le roi du pays d'Asconia des Turcs, qui commande
« à des troupes nombreuses et qui possède quantité de châteaux
« forts et d'armures. Dans ce pays, les habitations sont éloignées
« les unes des autres. En fait de produits d'industrie, on y
« fabrique des selles et des armes supérieures en qualité à tout
« ce qui se fait de plus solide et de meilleur dans le pays des
« Turcs.

CAROUKIA.　　« De Ghourdjan à Caroukia تاروقيا[1], en descendant le fleuve, 8
« journées;

« Et par terre, en se dirigeant vers l'occident, 16 journées.

« Caroukia est une ville qui se compose de maisons de bois
« et de tentes de feutre. Elle est continuellement exposée aux
« attaques des Boulghars qui habitent à 16 journées de distance
« et qui lui font la guerre en tout temps.

« De Caroukia au Basdjirt extérieur بسجرت الخارجة, 10 jour-
« nées par des montagnes escarpées et des chemins étroits et
« difficiles.

« De Caroukia au Basdjirt intérieur بسجرت الداخلة, 12 jour-
« nées.

« Le Basdjirt بسجرت est un pays où les habitations sont extrê-
« mement éloignées les unes des autres. Du centre de celle de

[1] On peut-être Cazoukia.

« ces contrées qu'on nomme intérieure, au centre de l'extérieure, « on compte 11 journées.

« Les coutumes des Basdjirts sont les mêmes que celles des « Turcs Boulghars, et comme eux ils portent de grands man- « teaux[1]. »

ولباسهم القراطق الكبار[1].

HUITIÈME SECTION.

Pays au nord de la mer Caspienne. — Simriki ou Simbirsk. — Ghauran. — Dademi. — Pays Fétide. — Sisian.

Feuillet 222 verso.

La présente section comprend le pays Fétide ارض المنتنة, le pays de Simriki ارض سمريقي, c'est-à-dire des Turcs Khoulkhs الترك الخولخ; le Sisian سيسيان, pays ruinés par la méchanceté des habitants de Gog et de Magog; contrées sauvages, lointaines, où peu de voyageurs et de marchands osent pénétrer (les indigènes seuls y trafiquent) à cause de la stérilité du sol, de l'insalubrité du climat, et de la continuité des pluies. Les principales localités du Simriki sont : Marsan مرصان, Ghauran غوران, Dademi دادى, Sikrah سقراه, Khanmakhent خماخنت, Nadjra' نجرع, Arsah ارصاه, Khorman خرمى, Denbeha دنبها et Bakhman بخان. Le Sisian سيسيان (Sysran?) est une contrée presque entièrement déserte et dont les seuls lieux connus sont Sirmikia سرمقيا et Taghoura طغورا.

SIMBIRSK.

Le pays de Simriki سمريقي (Simbirsk) est ceint du côté du midi[1] par des montagnes très-hautes et de difficile accès, qu'on ne peut franchir que par un petit nombre de sentiers étroits et rudes. Il est également entouré de montagnes du côté de l'orient. Marsan, Ghauran, Sikrah et Dademi sont quatre pays enclavés dans une montagne de forme circulaire comme est la lettre ں, et l'on n'y pénètre que par une gorge tellement étroite, qu'elle peut être facilement défendue par un petit nombre de guerriers. Il existe sur cette gorge un pont (naturel) formé de roches compactes, à la sommité duquel est une espèce d'escalier. Au-dessous de ce

---

[1] La version latine porte : *du côté du nord*; je pense que c'est une erreur.

HUITIÈME SECTION. 411

pont, qui facilite l'accès d'un pays à l'autre, coule une grande rivière provenant de l'intérieur des montagnes, passant dans une étroite gorge et se dirigeant vers un grand lac situé au delà des montagnes. Les bords de ce lac sont habités par une peuplade nomade, vagabonde et indépendante, comme le sont tant d'autres dans tous les pays occupés par les Turcs et ailleurs. Il sort du lac une rivière dont le cours se dirige vers le midi et qui décharge ses eaux dans le fleuve dit Derenda نهر درندة.

« Ghauran غوران est une petite ville où réside le roi des Turcs « Khoulkhs. Ce prince commande à de bonnes troupes, possède « de vastes domaines et se fait remarquer par son intrépidité, par « son ardeur, et par le soin qu'il prend de protéger ses amis et « ses voisins. Le pays est bien fortifié.

« De Ghauran à Derenda درندة, 4 journées à travers un pays « montueux et de difficile accès. »

De Ghauran à Marsan مرصان, « ville située sur une montagne « escarpée, où l'on trouve des marchés, des fabriques et des « sources d'eau surgissant du sommet de la montagne, » en se dirigeant vers l'orient, 3 journées.

De Marsan à Sil_ah سقراه, « ville considérable (à peu près dans « les mêmes conditions que la précédente), » en se dirigeant vers l'orient, 4 journées.

De même, de Marsan à Dademi دادمي, 4 journées.

De Dademi à Sikrah, 4 journées.

« Dademi دادمي est située sur le penchant des montagnes dont il « vient d'être question. C'est un lieu de peu d'importance, mais « bien peuplé, où l'on cultive beaucoup de lin, et peu éloigné « des sources d'une rivière qui fait constamment tourner des « moulins. Il y a des vergers et des jardins. »

De là à Ghauran غوران, en descendant la rivière, 3 journées;

Et par terre, 6 journées;

Et à Chahadroudj شهدروج, en se dirigeant vers le nord, 6

Feuillet 222 verso.

GHAURAN.
Feuillet 223 recto

DADEMI.

52.

412   SIXIÈME CLIMAT.

Feuillet 223 recto. journées « à travers un pays montueux et difficile. Celui qui dé-
« sire faire le voyage gravit, en partant de Dademi, une mon-
« tagne, 1 journée.

« De là aux bords de la rivière de Chawran نهر شوران, 1 journée;

« Puis à une station dans le désert et à Saharandj سهرنج (la
« distance manque).

« Chahadroudj شهدروج est une ville située au centre d'une île
« entourée par les eaux d'un étang. Cette ville est considérable,
« peuplée, commerçante, industrieuse, abondante en ressources
« et forte. Elle est située sur les limites orientales du pays fétide
« ارض المنتنه.

« La rivière qui arrose ce pays prend sa source dans les monts
« Oscasca اسقاسقا (les monts Ourals) qui se prolongent du nord
« au sud avec une légère déclinaison vers l'orient. Les rivières
« qui découlent de ces montagnes sont au nombre de cinq, dont
« une est celle de Chaharoudj, et une autre qui coule, à 2 jour-
« nées de distance, plus bas que la précédente. Ces deux affluents
« réunis, au bout de deux jours, déchargent leurs eaux dans le
« Charwan نهر شروان (ou Chawran), du côté du sud. Ce sont les
« cours d'eau de la partie orientale du pays Fétide. Les trois autres
« alimentent l'Athil اثل (ou le Volga) [1].

PAYS FÉTIDE. « Le pays Fétide ارض المنتنه est âpre, noir, stérile, et s'étend en
Feuillet 223 verso. « longueur sur un espace de 10 journées. On n'y trouve ni dans
« les plaines, ni dans les montagnes, aucune plante, aucune vé-
« gétation. Dans cette contrée sauvage, les habitations sont loin-
« taines et tristes, les guides toujours incertains, les voyageurs
« toujours affligés. L'air y exhale de désagréables odeurs. Là point
« d'habitation commode, point de route, point de paysage qui
« réjouisse, qui console le voyageur.

[1] Notre auteur répète ici les détails dans lesquels il est entré relativement au cours de ce fleuve, cinquième climat, septième section, et sixième climat, sixième section.

HUITIÈME SECTION.

« A l'extrémité de ce pays, du côté du nord, est Sokmania
« سقانيه (ou Sokmakia), ville considérable et peuplée, qui n'est
« point gouvernée par un roi ni par un chef, mais dont l'admi-
« nistration est confiée à des vieillards ou à d'autres personnes
« éminentes. Elle est située sur le sommet d'une montagne es-
« carpée, au bas de laquelle les habitants possèdent des champs
« cultivés. Cette montagne porte le nom de Taghora طغورا[1], par
« lequel on désigne également une autre ville de médiocre gran-
« deur, mais offrant d'abondantes ressources. Ces deux villes
« sont situées à l'orient de la terre Fétide et à l'orient du Sisian
« سيسيان.

« Le Sisian (Sysran) est un pays complétement ruiné depuis
« l'époque à laquelle Alexandre fit construire la digue et n'y laissa
« d'habitée que la ville de Raghwan رغوان, située, ainsi que nous
« l'avons déjà dit, au centre de ces contrées désertes dont la lon-
« gueur est de 25 journées.

« Pour en revenir au pays de Simriki سمريق, nous disons que
« de Dademi دادي à Lokhman لخان, ville située à l'extrémité de
« l'orient, l'itinéraire est ainsi qu'il suit :

« De Dademi on monte et on descend dans une contrée mon-
« tagneuse durant l'espace d'une journée.

« Parvenu au pied des montagnes, on peut remonter par le
« fleuve (le Chawran) jusqu'à Khimakhith خماخيث, 5 journées.

« Par terre, même distance.

« Khimakhith خماخيث se compose de deux villes bâties
« sur les rives du Chawran نهر شوران. Celle qui est sur la
« rive méridionale est entourée de cultures et de forêts. On y
« apporte aussi en quantité, des monts Nedjou' جبال نجوع,
« des bois destinés à l'exportation. La ville est peuplée, in-
« dustrieuse ; on y prépare des peaux de zibeline et d'hermine
« سمور وسنجاب.

Feuillet 223 verso.

SISIAN.

---

[1] On sait qu'en russe le mot *gora* signifie *montagne*.

« Quant à la ville de Khimakhith la septentrionale, située au
« confluent de la rivière de Haïthan نهر حيثان dans le Chawran
« شوران, elle est très-considérable. On y voit des moulins, des
« roues destinées à élever l'eau, et des pêcheries pour le gros pois-
« son. La source de la Haïthan est dans les montagnes de Taghora.

« De Khimakhith, en suivant le cours du fleuve vers le sud-
« est, à Arsah ارصاد, ville considérable, bâtie sur les bords d'une
« rivière qui sort de la montagne de Chanan جبل شنن, 4 jour-
« nées. Cette montagne est très-haute et les neiges y sont éter-
« nelles. Il en sort deux rivières qui viennent grossir le Chawran.

« Au pied de cette montagne, du côté du midi, est Nedjeragh
« جرغ, ville considérable et dépendante de Simriki, peuplée
« d'hommes braves et courageux, et qu'on trouverait bien unis
« en cas d'attaque. De là à Arsah ارصاد, 2 journées.

« Entre ces deux villes il existe une montagne. Arsah est au-
« près des sources d'une rivière, au nord, et Nedjeragh au midi
« de la montagne. »

Celui qui veut se rendre d'Arsah à Kharcan خرقان (ville qui
donne son nom à une rivière considérable qui prend sa source
dans le mont Morghar جبل مرغار) se dirige vers le sud-est.
Nous avons indiqué (sur la carte) cette montagne dont la longueur est de 800 milles, et au delà de laquelle, du côté du
midi, est une tribu turque-ghozze qui s'appelle Khanaketh كنكث.
Cette peuplade indépendante fait quelquefois des incursions dans
le Simriki, puis retourne dans son pays. Le mont Morghar sépare
les Khanakaths du Simriki.

La rivière sur les bords de laquelle est la ville de Kharcan
est considérable. Elle prend sa source dans le mont Morghar et
coule du côté du nord vers un très-grand lac environné de montagnes et de déserts. Son cours est obstrué par de grosses roches
qui interceptent la navigation. Cependant on la traverse sur des
barques dans les endroits les plus profonds. Ses eaux sont très-

froides, et diverses personnes assurent que, lorsqu'on s'en sert pour pétrir, on peut se passer de levain.

Celui qui veut aller d'Arsah ارصاه à Denbeha دنبهة se dirige durant 7 journées directement vers l'orient, à travers des plaines unies, couvertes de végétation et très-fertiles. Denbeha est une jolie ville sur la rive occidentale du Lokhman نهر لخان. Lokhman est aussi le nom d'une ville commerçante et peuplée, dont les habitants se livrent à l'agriculture et possèdent de nombreux troupeaux. Quant à la rivière, elle décharge ses eaux dans le même lac qui reçoit celles du Kharcan dont nous venons de parler. Son cours est lent et navigable pour les embarcations qui vont de Denbeha au lac, et qui remontent ensuite à Kharcan.

Au nombre des lieux remarquables du Simriki des Khoulkhs سمريكى الخولج, il faut ranger Lohnan لهنان, ville considérable et bâtie sur le sommet du mont Chounia شونيا, qui sépare le Simriki du Sisian, pays dont nous avons déjà fait mention.

NEUVIÈME SECTION.

Digue (ou muraille) de Gog et de Magog.

La présente section comprend une partie du Khafchakh خفشاخ, du Turquech تركش, et la digue de Gog et de Magog سدّه ياجوج وماجوج. Le Turquech, voisin de cette digue, est un pays froid où les pluies et les neiges sont très-fréquentes, ainsi que dans le nord du Khafchakh.

Quant à la digue (ou muraille) de Gog et de Magog, son existence est indiquée dans les livres et confirmée par les historiens. Ce qu'en rapporte Salam el-Terdjeman, ou l'Interprète, ce qu'en dit Abd-allah ben Khordadbeh dans son ouvrage, est répété par Abou-Nasser el-Djihani. Ces auteurs racontent que le khalife Wâthek billah[1], ayant vu en songe ouverte la digue construite par Alexandre le Grand entre les pays de Gog et de Magog et nous, fit appeler Salam el-Terdjeman et lui dit : Va, examine cette construction et rapporte-moi des informations (précises) sur l'état où elle se trouve. Il lui adjoignit cinquante personnes pour l'accompagner, lui assigna pour cet objet une somme de cinq mille dinars, lui donna en main propre dix mille dinars, et ordonna que ses compagnons en reçussent cinquante mille, ainsi que des provisions pour une année, et qu'il leur fût fourni cent mulets pour le transport des vivres et de l'eau.

Salam el-Terdjeman dit :

Nous partîmes de Sorra-Men-Ra سرّ من راى [2], avec des lettres

---
[1] Prince qui vivait en 227 de l'hégire (842 de J. C.).
[2] Ville située à près de 25 lieues au nord de Bagdad.

NEUVIÈME SECTION.

par lesquelles le khalife recommandait au roi d'Arménie Ishaak ben Ismaïl de prendre soin de nous et de nous faciliter les moyens de bien remplir notre mission. Nous trouvâmes ce prince à Tiflis; il nous recommanda au roi du Trône d'or; celui-ci, lorsque nous fûmes arrivés auprès de lui, nous accueillit avec distinction, nous recommanda au roi des Allan ملك الالان (des Alains), lequel nous fit passer auprès de Filah-Chah. Nous séjournâmes durant plusieurs jours chez ce dernier prince, qui nous procura cinq guides pour nous conduire dans les pays que nous avions à parcourir.

Parvenus, au bout de vingt-sept jours, sur la frontière des Basdjirts بجرت (des Bachkirs), nous eûmes à traverser pendant dix journées une contrée vaste, noire et exhalant une odeur fétide; mais pour obvier aux inconvénients qui pouvaient résulter de cette odeur, nous nous étions pourvus de parfums. Nous voyageâmes ensuite durant un mois dans un pays désert, couvert de ruines et de vestiges d'anciennes habitations. Ayant pris des informations à ce sujet auprès de nos guides, nous apprîmes que c'étaient des villes anciennement conquises et dévastées par les peuples de Gog et de Magog. Après six (autres) jours de marche, nous atteignîmes des châteaux forts bâtis dans le voisinage des montagnes sur l'extrémité desquelles était la digue; nous y trouvâmes des personnes qui parlaient l'arabe et le persan. Il y existe une ville dont le roi prend le titre de khacan Adhkach خاقان اذكش, dont les sujets sont musulmans et possèdent des mosquées et des écoles. Ceux-ci nous ayant demandé d'où nous venions, nous leur répondîmes que nous étions des envoyés du prince des croyants Wathek. Cette réponse les surprit. Ils demandèrent alors si le commandeur des croyants était vieux ou jeune; et sur notre réponse qu'il était jeune, ils parurent encore plus surpris. Ils voulurent savoir le nom de la ville qu'il habitait; nous répondîmes que c'était une ville de l'Irâc dont le nom est Sorra men Râ : à quoi, manifestant un nouvel étonnement, ils nous dirent qu'ils n'en avaient jamais entendu parler.

Nous les interrogeâmes à notre tour sur la question de savoir d'où leur était venu l'islamisme, et qui leur avait enseigné le Coran. Leur réponse fut : Il y a fort longtemps que nous avons reçu l'islamisme; il nous fut apporté par un homme monté sur un animal de haute stature, à longues jambes et portant sur son dos une bosse (nous comprîmes qu'ils voulaient parler d'un chameau). Cet homme s'établit parmi nous, nous parla de manière à se faire comprendre, nous enseigna les lois et les rites de la religion musulmane, nous expliqua le Coran ainsi que ses significations les plus difficiles, et nous mit à portée de connaître ce livre et de le retenir par cœur.

Suite de la relation de Salam. — Nous nous dirigeâmes ensuite vers la digue. Elle est située à deux parasanges environ de la ville; mais lorsque nous y parvînmes, voilà que nous aperçûmes une montagne (ou une masse de pierres) taillée sur un ravin d'environ cent cinquante coudées de large, et vers le milieu de cette construction, une porte en fer haute de cinquante coudées, soutenue par deux piliers, chacun de vingt-cinq coudées de large, avec des saillies de dix coudées. Toute la construction se compose de plaques en fer recouvertes de cuivre. Entre les deux piliers règne un linteau en fer, de cent vingt coudées de long, et se prolongeant au-dessus des deux piliers sur un espace de dix coudées. Ce linteau supporte un édifice construit en fer, recouvert de cuivre, s'élevant jusques au sommet de la montagne autant que la vue peut s'étendre. Cet édifice est surmonté de créneaux en fer, armés de crochets (littéralement de cornes) entremêlés les uns avec les autres.

La porte est munie de deux battants fermés, larges chacun de cinquante coudées, épais de cinq coudées, et reposant sur des gonds de forme rondé, qui s'élèvent jusqu'à la hauteur du linteau.

Elle est fermée au moyen d'un verrou cylindrique long de sept coudées, épais d'une et placé à vingt-cinq coudées au-dessus du niveau du sol. A cinq coudées au-dessus du verrou est une serrure plus longue encore que le verrou, et au-dessus de la serrure une clef d'une coudée et demie de long, garnie de douze anses, toutes plus épaisses que des pilons de mortier. A chacune de ces anses est attachée une chaîne de huit coudées de long, de quatre choubras (environ trente-six pouces) de diamètre, et dont les anneaux égalent en grosseur les anneaux d'une catapulte. Le seuil inférieur de la porte est large de dix coudées et long de cent, sans compter l'espace occupé par les piliers, dont la saillie apparente n'est que de cinq coudées. Toutes ces dimensions sont mesurées à la coudée dite *sawdadi* سودادي. Feuillet 225 recto.

Le commandant de cette forteresse monte à cheval tous les vendredis, accompagné de dix cavaliers portant chacun un marteau du poids de dix mines, et donnant trois fois par jour, à diverses reprises, des coups de marteau sur le verrou, afin que ceux qui sont de l'autre côté de la porte comprennent qu'elle est bien gardée, et que la gent de Gog et de Magog ne forme aucune entreprise contre elle. Après avoir ainsi frappé, ces cavaliers prêtent l'oreille pour écouter ce qui se passe, et ils entendent (ordinairement) un bruit confus occasionné par la foule des personnes qui sont derrière la porte. Feuillet 225 verso.

Dans le voisinage de ces lieux il existe un camp fortifié qui s'étend sur un espace de dix parasanges dans tous les sens, « et qui, « par conséquent, mesure une aire de trois cents milles. » La porte est défendue par deux forts de deux cents coudées carrées d'étendue, et entre lesquels est une source d'eau douce. Dans l'un de ces forts on conserve les chaudières, les cuillers en fer et en général les ustensiles qui servirent à fabriquer la digue. Les chaudières sont placées sur des trépieds; chaque trépied porte trois chaudières semblables à celles dont on se sert pour la fabrication du savon. On trouve également, dans ce fort, les débris des plaques de fer qui servirent à la construction de la digue. Ces plaques, par suite de la rouille, sont devenues adhérentes les unes aux autres. Leurs dimensions sont d'une condée et demie dans tous les sens, sur un chobra (neuf pouces environ) d'épaisseur.

Nous demandâmes, continue Salam, aux habitants de la contrée qui nous transmettaient ces informations, s'ils avaient vu quelqu'un d'entre les habitants de Gog et de Magog; ils nous répondirent qu'ils en avaient vu plusieurs sur les créneaux de la digue, et qu'un vent très-violent étant venu à souffler, trois individus de cette race étaient tombés de leur côté. La taille de ces trois individus était de deux choubras et demi (environ vingt-deux pouces et demi) de haut.

J'écrivis, ajoute le narrateur, toutes ces choses, et j'emportai avec moi ma relation. Accompagnés de guides pris parmi les habitants des forts, qui devaient nous diriger vers le Khorasan, nous traversâmes les villes de Lokhman لخمان, de Gharian غريان, de Bersadjan برساجان, de Taran طران, et parvenus à Samarcande سمرقند, nous passâmes quelques jours auprès d'Abdallah ben Taher, qui me gratifia de cent mille dirhems, et qui fit donner à chacun de nos compagnons cinq cents dirhems. Chaque cavalier de mon escorte reçut une solde de cinq dirhems par jour, et chaque piéton, trois dirhems.

Nous nous rendîmes ensuite à Reï الرى, et de là à Sorra men Râ سرمن راى, ville où nous parvînmes au bout de vingt-huit mois de route.

Telle est la relation de Salam el-Terdjeman au sujet de la digue, des pays qu'il traversa, des populations qu'il vit sur sa route, de ce qui lui fut raconté par les personnes qu'il rencontra; et c'est par ce récit que se termine la neuvième section du sixième climat.

DIXIÈME SECTION.

Suite et fin des pays de Gog et de Magog.

Cette section comprend une partie du Gog et du Magog. Nous n'avons rien à ajouter à ce qu'en dit Ptolémée dans l'ouvrage intitulé *Géographie*. Il nomme à peine ces deux pays, et fixe leur longitude et leur latitude. Nous nous en rapportons donc aux indications et aux preuves données par cet auteur, et nous terminons ainsi la description des lieux compris dans le sixième climat.

FIN DU SIXIÈME CLIMAT.

SEPTIÈME CLIMAT.

PREMIÈRE SECTION[1].

Irlande et Écosse.

Feuillet 225 verso.

Toute cette section comprend une partie de l'océan Ténébreux et diverses îles désertes et inhabitées qui s'y trouvent. « La plus « considérable de ces îles est l'île de Berlanda برلاندة (l'Ir-

Feuillet 226 recto.

« lande), dont nous avons déjà fait mention[2]. De l'une des extré- « mités de cette grande île à la partie supérieure de la terre de « Bretagne, on compte 3 journées et demie de navigation;

« Et de l'autre à l'île déserte de Scosia سقوسية الخالية (d'Écosse), « 2 journées. »

Cependant l'auteur du Livre des Merveilles rapporte qu'il existait autrefois « dans cette dernière île » (en Écosse) trois villes; que l'île était habitée; que des navires y abordaient et y jetaient l'ancre pour y acheter de l'ambre et des pierres de couleur; que quelques-uns d'entre ses habitants ayant voulu subjuguer les autres et régner sur eux, il s'ensuivit des guerres civiles, des inimitiés, des ravages à la suite desquels une partie des habitants émigra sur le continent, en sorte que leurs villes restèrent désertes et ruinées.

[1] Cette section manque dans le ms. B.
[2] Le passage où notre auteur fait mention de cette île se trouve dans la deuxième section du présent climat.

DEUXIÈME SECTION.

Angleterre.

La présente section comprend la partie de l'océan Ténébreux où se trouve l'Angleterre لنقلطرة, île considérable, dont la forme est celle d'une tête d'autruche et où l'on remarque des villes florissantes, de hautes montagnes, de grandes rivières et des plaines. « Ce pays est fertile, ses habitants sont braves, actifs, entreprenants; » mais il y règne un hiver perpétuel. La ville la plus prochaine du continent est Wadi-Sant وادى سنت (Wissant?), qui appartient à la France من ارض افراندس; et la distance qui sépare l'île du continent est de 12 milles.

Au nombre des villes d'Angleterre situées à l'extrémité occidentale et dans la partie la plus étroite de cette île, il faut compter Sansahnar سنسهنار (Chichester?), à 12 milles de la mer. Elle est jolie, florissante et sur les bords d'une grande rivière qui vient du côté du nord et qui se jette dans la mer à l'orient de la ville. De là à Gharham غرهم (Wareham), en suivant le rivage, on compte 60 milles;

Et au cap le plus occidental de l'île, 380 milles;

A Djartmouda جرتمده (Nordmuth[1], aujourd'hui the Nore), 80 milles;

Au dernier cap de l'île (ou de la presqu'île) dite Cornwalia قورنواليه (Lands End), 300 milles[2];

---

[1] Je suis redevable de cette indication, ainsi que de plusieurs autres relatives à la géographie de l'Angleterre, à M. William Platt, avocat, élève de l'École royale et spéciale des langues orientales vivantes.

[2] La version latine ne porte que 100 milles, mais nos deux manuscrits sont d'accord.

« La partie la plus étroite (littéral. la plus mince) de ce cap
« ressemble à un bec d'oiseau. »

De Sansahnar سنسهنار à Salaberis سلابرس (Salisbury?), dans les
terres, du côté du nord, 60 milles.

« Salisbury est une jolie ville, située sur la rive orientale de
« la rivière qui se jette dans la mer auprès de Sahsenar. »

De la ville de Gharham غرم (Wareham) au cap Haïouna هيونة
(Corfe-Castle) qui s'avance dans la mer, 25 milles.

« Sur ce cap, du côté de l'orient, est Haïouna, ville floris-
« sante, auprès de laquelle, du côté de l'orient, se jette la rivière
« de Ghounester غونستر (Winchester).

Ghounester est « une ville située dans l'intérieur des terres, »
à 80 milles de Haïouna et à 40 milles de Salaboures سلابورس
(Salisbury?), en se dirigeant du côté de l'occident. La rivière de
Ghounester prend sa source dans des montagnes qui s'étendent
au centre de l'île (de l'Angleterre).

De Haïouna هيونة à Chorham شرهام (Shoreham), 60 milles.

« Cette dernière ville, située sur les bords de la mer, est belle
« et bien peuplée. Il y a des chantiers de construction et des édi-
« fices (publics). »

De là à Hastings هستينكس, « ville considérable, très-peuplée,
« avec de nombreux édifices, des marchés, de l'industrie et un
« riche commerce, » en suivant la côte, 50 milles.

De là, en suivant la côte et en se dirigeant vers l'orient, à
Dobres دبرس (Douvres), ville également importante, située à l'entrée du détroit qui sépare (l'Angleterre) du grand continent, 70
milles.

De Douvres à Londres لوندرس, ville de l'intérieur des terres,
située sur les bords d'un fleuve qui se jette dans la mer entre
Douvres et Djartmouda جردمده « jolie ville du littoral, » 40
milles.

« De Douvres à l'embouchure du fleuve de Londres, 20 milles.

« De cette embouchure à Djartmouda, dont il vient d'être ques-
« tion, 40 milles;

« Et par mer, de Douvres à Djartmouda, 60 milles.

« Le fleuve de Londres porte le nom de Rothaïda رطايدة ou
« Rothanda رطاندة (la Tamise). Il est considérable et rapide. Il
« prend sa source vers le centre de l'île, coule près de Gharcafort
« غركـفـرت (Wallingford) à 50 milles de sa source, passe au
« midi de cette ville, se dirige durant l'espace de 40 milles vers
« Londres, puis va se perdre dans la mer. »

De Djartmouda (Nordmuth) à Barghik برغيق (Ipswich?), ville distante de 10 milles de la mer, 90 milles;

Et de Barghik à Aghrimes اغريمس (Lynn-Regis), sur mer, 80 milles;

« En sorte que la distance totale de Djartmouda à Aghrimes,
« par mer, est de 150 milles. »

A partir de Djartmouda la mer forme un golfe de forme circulaire dont la direction est vers le nord.

D'Aghrimes, ville ci-dessus mentionnée, à Afardik افرديك (Berwick), autre ville située à une certaine distance de l'océan Ténébreux, et vers l'extrémité de l'île d'Écosse[1] qui est contiguë متصلة à l'île d'Angleterre, 80 milles.

« L'Écosse s'étend en longueur au nord de la grande île. Il n'y
« a ni habitations, ni villes, ni villages. Sa longueur est de 150
« milles. »

D'Afardik (Berwick) à l'embouchure de la Beska بسكة (de l'Esk), 140 milles. Beska est aussi le nom d'une place forte, bâtie sur les bords de la rivière de ce nom, à 12 milles de la mer.

D'Aghrimes à Nicola نقولة (Lincoln), dans l'intérieur des terres, 100 milles.

---

[1] C'est du moins ainsi que j'entends ces mots : على طرف جزيرة سقوسية, que les auteurs de la version latine ont cru devoir traduire par ceux-ci : *in extremitate insulæ Scotiæ*.

« Le fleuve traverse cette dernière ville par le milieu, se dirige
« ensuite vers Aghrimes, et décharge ses eaux dans la mer, au
« midi d'Aghrimes. »

De Nicolas[1] نقولس (Lincoln), l'Intérieure à Afardık افرديك, 90 milles;

« Puis, en se dirigeant vers le nord, à Durhalma درهالمه
« (Durham), ville située à une certaine distance de la mer, vers
« le nord, 80 milles. »

Entre l'extrémité de l'Écosse, île déserte, et l'extrémité de la Hirlanda هرلاندى (de l'Irlande), on compte 2 journées de navigation, en se dirigeant vers l'occident.

« L'Irlande غرلاندى est une île très-considérable. Entre son ex-
« trémité supérieure et la Bretagne on compte 3 journées et demie
« de navigation. »

De l'extrémité de l'Angleterre انقلطرة à l'île de Danes دنس, 1 journée.

De l'extrémité septentrionale de l'Écosse à l'île de Reslanda رسلاندة (l'Islande), 3 journées[2].

De l'extrémité de l'Islande à celle de l'Irlande la Grande, 1 journée.

De l'extrémité de l'Islande, en se dirigeant vers l'orient, à l'île de Norbagha نرباغه (Norwége), 12 milles[3].

L'Islande s'étend sur un espace de 400 milles de long sur 150 milles de large.

---

[1] Sic.
[2] La version latine porte 73 milles.
[3] Sic.

TROISIÈME SECTION.

Côtes de la Pologne, du Danemarck, de la Suède et de la Norwège.

Cette section comprend les rivages de la Pologne بلونية et de la Suède زوادن, le Finmark نيمارك, l'île de Darmarcha دارمرشة (le Danemarck) et l'île de Norwège جزيرة نرباغة. Nous décrirons ces rivages et ces îles conformément à la méthode que nous avons suivie précédemment.

Feuillet 226 verso.

Feuillet 227 recto.

De la ville de Warzé ورزة (Odensee?), située sur les bords d'une rivière du même nom, à 15 milles de la mer, à Nieubork نيوبرك (Nieborg), 25 milles.

De Warzé ورزة à l'embouchure de l'Elbe, fleuve, نهر البه, 100 milles.

De ce fleuve à l'extrémité (littéral. à la bouche) de l'île nommée Darmarcha دارمرشة, 60 milles.

Cette île est de forme ronde; son territoire est sablonneux. On y remarque quatre villes principales, quantité d'habitations, de villages, de ports entourés de murs et florissants, et entre autres Sila السيلة (Seeland?), ville située à gauche de celui qui entre par l'extrémité de l'île, et à 25 milles de ce point.

Cette ville est peu considérable, mais bien peuplée. Il y a des marchés permanents et des édifices; elle est sur les bords de la mer.

De là à Tordira طرديرة, port abrité contre tous les vents et entouré d'habitations, 50 milles.

De là à Khaw خرو, port également sûr, où l'on trouve des puits remplis d'eau douce, 100 milles.

54.

De là au port de la rivière Lescada وادى لسقادة, lieu bien habité, 200 milles.

C'est par ce dernier port et après 1 journée et demie de navigation qu'on parvient à l'île de Norwège جزيرة نرباغة.

De Lescada à Horch Hont هرش هنت, ville peu considérable, mais jolie, 200 milles.

De là au fort de Landwina لندوينة, 80 milles.

De ce fort à Sisaboli سيسبولي (ou Misaboli, d'après le ms. A), ville, 100 milles.

De ce dernier lieu à l'extrémité de l'île, 12 milles.

La circonférence totale de cette île (de Darmarch) est de 750 milles.

A partir de l'extrémité de l'île et en suivant la côte jusqu'à Djarta جرتة, ville bien peuplée, avec marchés florissants, on compte 100 milles.

De là à Landchouden لندشودن, ville considérable et florissante, 200 milles.

De cette ville à l'embouchure de la Catlou نهر قطلو, sur les bords de laquelle est bâtie une jolie ville, nommée Sactoun سقطون, 190 milles [1].

De cette ville à Calmar قلمار on compte 200 milles.

« Comme nous nous proposons de revenir sur cette partie du « littoral, nous disons que de Djerta جرتة ou Djezta جزتة la Ma- « ritime الساحلية à la ville de Zouada زوادة (la Suède), en se « dirigeant vers l'orient, on compte 100 milles.

« Cette ville, qui est considérable et peuplée, donne son nom « à toute une contrée remarquable par son peu de population et « par la rigueur de son climat.

« De Zouada à Elba البة (Elbing?), en se dirigeant vers l'orient, « 100 milles;

[1] Notre auteur répète cette indication un peu plus bas.

« Et de là, en suivant la même direction, à Fimia نميه, ville « située à 100 milles de la mer, 100 milles.

« Elba est vis-à-vis de Landchouden لندشودن, en se dirigeant « vers le nord et vers l'océan Ténébreux.

« De l'embouchure de la Catlou, rivière dont le nom se pro- « nonce aussi Caterlou قطرلو (la Vistule), à Calmar قلمار, on compte « 200 milles.

« Caterlou est également le nom d'une ville bâtie sur les bords « de cette rivière qui est très-grande, et qui, après avoir coulé de « l'ouest à l'est [1], se jette dans l'océan Ténébreux par deux embou- « chures distantes l'une de l'autre de 300 milles.

« La Norwège نرباغه est une île très-considérable, mais en ma- « jeure partie déserte. Cette île a deux caps, dont l'un, l'occi- « dental, touche à l'île de Darmardja [2] دارمرجه (au Danemarck) et « fait face au port nommé Wendlescada وندلسقاده, situé à une « demi-journée de navigation, et l'autre touche à la grande côte « du Finmark فينمارك.

« On remarque dans la Norwège trois villes florissantes dont « deux confinent au Finmark, et la troisième au Darmardja. Ces « villes ont toutes la même apparence, sont peu fréquentées et « peu riches; car il pleut beaucoup dans ce pays et il y règne de « continuels brouillards.

« Les Norwégiens, après avoir semé leur grain, le moissonnent « encore vert et le transportent dans leurs demeures pour le faire « sécher au feu, car le soleil les éclaire fort rarement. On trouve « dans ce pays beaucoup d'arbres dont le bois est d'une grosseur « énorme et d'une rare solidité. On dit qu'il y existe une race « d'hommes sauvages dont la tête est immédiatement fixée au- « dessus des épaules, en sorte qu'ils n'ont absolument pas de cou. « Ils vivent dans le fond des forêts, où ils se pratiquent des ha-

[1] Sic.
[2] Sic.

« bitations et se nourrissent de glands et de châtaignes ¹. Enfin on
« y trouve en quantité des animaux de l'espèce des martres, mais
« plus petits que les martres de Russie, dont nous avons déjà fait
« mention. »

_____
¹ *Sic.*

QUATRIÈME SECTION.

Suite de la Russie. — Finmark. — Esthonie. — Pays des Madjous.

La présente section comprend la majeure partie de la Russie, le Finmark فينمارك, le Tebest طبست, la Lestlanda لستلاندا et le pays des Madjous ماجوس (ou des Idolâtres). La majeure partie de ces contrées est déserte et inhabitée, bien qu'on y trouve quelques villages peuplés. Les neiges y sont éternelles.

Le Finmark, cependant, contient beaucoup de villages, d'habitations et de troupeaux; mais on n'y remarque pas d'autres villes qu'Abreza ابرزه et Calmar قلمار, « qui sont l'une et l'autre « assez grandes, mais mal peuplées et misérables. A peine leurs « habitants y trouvent-ils les ressources nécessaires pour subsister. « Il y pleut presque continuellement. »

De Calmar à Sactoun سقطون, en se dirigeant vers l'occident, 200 milles.

« Le roi de Finmark possède des lieux habités dans la Norwège, « île dont il a été précédemment question. »

De Calmar à la seconde des embouchures du Caterlou قطرلو (de la Vistule) on compte 80 milles.

De cette rivière à Daghwada داغوادة (Dago), 100 milles.

Daghwada, ville considérable et très-peuplée, située sur les bords de la mer, fait partie du Tebest طبست, pays où l'on trouve beaucoup de bourgs et de villages, mais très-peu de villes. Le froid y est plus rigoureux que dans le Finmark, et la gelée ainsi que la pluie n'y cessent pas un seul instant.

D'Anho انهو, ville remarquable par la beauté de ses édifices

Feuillet 227 verso.

Feuillet 227 verso.
et par son état florissant, et qui fait partie de l'Estlanda اسعلاندا¹, à Daghwada دغوادة, 200 milles.

Au nombre des villes de l'Estlanda est Calowri قلوری, lieu fortifié, de peu d'importance, dont les habitants se livrent aux travaux de l'agriculture avec peu d'avantage, mais élèvent de nombreux troupeaux.

D'Anho انهو à Calowri, en se dirigeant vers l'orient, 6 journées.

Feuillet 228 recto.
D'Anho, en suivant la côte, jusqu'à l'embouchure de la Bernow برنو, ou de la Bernouwa برنوا (le Pernau), 50 milles.

De là à Felmous فلموس, fort situé à une certaine distance du rivage, 100 milles.

« Ce fort est abandonné durant l'hiver. Dans cette saison les « habitants se réfugient dans des cavernes éloignées de la mer, « où ils allument du feu qu'ils ne cessent d'entretenir tant que « dure la rigueur du froid. Quand l'été revient, et que les brouil- « lards épais et les pluies cessent de régner sur la côte, ils re- « viennent à leurs demeures primitives. »

De Felmous à Madsouna محسونة, « ville considérable et très- « peuplée, dont les habitants sont madjous مجوس, c'est-à-dire « infidèles et ignicoles, » 300 milles.

De là à Sounou صونو, dépendance des Madjous, sur la côte, 70 m^{il}les.

Au nombre des lieux de cette contrée les plus éloignés de la mer il faut ranger Cabi قابل², ville qui en est distante de 6 journées.

De là à Calowri قلوری, 4 journées.

De Calowri, en se dirigeant vers le midi, à Djintiar جنتیار, 7 journées.

---

[1] Il ne s'agit point ici de l'Islande, ainsi que l'ont cru les auteurs de la version latine, mais bien de l'Esthonie, province à laquelle, encore de nos jours, les Russes donnent le nom d'*Estliandia*.

[2] La version latine porte *Nay*.

« Djintiar est une ville considérable, sur le sommet d'une mon-
« tagne inaccessible, où les habitants se défendent contre les at-
« taques des magiciens de Russie طراق روسية. Cette ville n'est sous
« la domination d'aucun roi.

« On remarque, en Russie, Martori مرتوری, ville située près
« des sources du Dniest دنیست (de la Diesna). De là à Sermeli
« سرمــلی on compte, en se dirigeant vers le sud, 4 journées.

« Sermeli porte en grec le nom de Touïa طویه (Toula?), et,
« ainsi que Martori, cette ville dépend de la Russie, vaste con-
« trée qui s'étend beaucoup, soit en longueur, soit en largeur.

« Dans l'océan Ténébreux il existe quantité d'îles désertes. Il
« y en a cependant deux qui sont habitées et qui portent le nom
« d'îles d'Amraines des Madjous امراينس المجوس. La plus occiden-
« tale est peuplée d'hommes seulement; on n'y voit point de
« femmes. L'autre n'est habitée que par des femmes, et on n'y
« trouve point d'hommes. Tous les ans, au retour du printemps,
« les hommes passent, au moyen de barques, dans la seconde
« île, y cohabitent avec les femmes, y passent un mois ou envi-
« ron, puis retournent dans leur île, où ils résident jusqu'à l'an-
« née suivante, époque à laquelle chacun vient retrouver sa femme,
« et ainsi de suite tous les ans : cette coutume est connue et
« constante. Le point le plus voisin de ces îles est la ville d'Anho
« انهو qui en est à trois journées de navigation. On peut s'y
« rendre aussi de Calmar قلمار et de Daghwada دغوادة (Dago);
« mais l'abord en est difficile et il est rare qu'on y parvienne, à
« cause de la fréquence des brumes et des profondes ténèbres qui
« règnent sur cette mer. »

CINQUIÈME SECTION.

Russie et Comanie septentrionales.

La présente section comprend la partie septentrionale de la Russie et de la Comanie. Dans le premier de ces pays, qui est environné de montagnes, les lieux habités sont rares, et personne n'a pu nous en indiquer avec certitude les noms. « Un grand « nombre de cours d'eau découlent de ces montagnes et vont se « perdre dans le Termi طرى, lac très-considérable, au milieu du- « quel est une haute montagne peuplée de chèvres sauvages et « d'autres animaux nommés *feber* ببر. La majeure partie de ce « lac, du côté de l'orient, dépend de la Comanie قناية. De l'autre « côté, c'est-à-dire vers le midi, le fleuve Dnabrous دنابرس (le « Dniéper ou le Borysthène) prend sa source au milieu de prai- « ries et de forêts, et là il porte le nom de *Beltes* بلطس. Sur ses « bords on remarque Sinoboli سنوبلى et Mounichka مونيشقه, « villes florissantes de la Comanie. » L'extrémité occidentale de l'océan Ténébreux touche à la partie septentrionale de la Russie, et s'étend du côté du nord, puis se détourne vers l'occident. Là il n'existe aucun lieu susceptible d'être traversé par les naviga- teurs.

SIXIÈME SECTION.

Comanie intérieure et Boulgharie.

La présente section comprend la Comanie intérieure القانية الداخلة, et une partie de la Boulgharie بلغارية. Dans la Comanie intérieure[1], il existe deux villes, savoir : Troïa طروبا (Troïtzk) et Akliba اقليبه, qui sont l'une et l'autre florissantes et comparables entre elles sous le rapport des ressources et de l'apparence. De Troïa à Silan صلان, en se dirigeant vers le sud à travers des plaines désertes, ou du moins peu habitées, on compte 100 milles.

De Troïa à Akliba, dernière dépendance des Comans القانين à l'époque actuelle, 8 journées.

Dans la partie septentrionale de la Comanie on voit le lac de Ghanoun بحيرة غنون, dont les eaux sont gelées à leur surface en tout temps, excepté durant un petit nombre de jours d'été. Ce lac reçoit les eaux de huit rivières, dont une, la Cherwa شروى, n'est susceptible d'être traversée qu'en été, à cause de l'extrême rigueur du froid de ses eaux, et il nourrit dans son sein beaucoup de poissons dont on extrait une grande quantité de colle غرا. Dans les forêts environnantes on trouve le *beber* (sorte de tigre).

Il existe, dans le pays de Boulghar بلغار, une ville du nom de Taboun تابون[2], qui est forte, située sur le sommet d'une mon-

---

[1] Et non *extérieure*. Le ms. A porte الخارجة. Les auteurs de la version latine ont suivi cette leçon fautive.

[2] Le ms. A porte *Hamouni* هامونى, et la version latine *Babun*.

tagne, et entourée de champs fertiles et d'habitations. Au delà de ce pays sont les monts Cocaïa كوكايا, au delà desquels on ne trouve ni habitations, ni êtres animés, à cause de la rigueur du froid.

SEPTIÈME SECTION.

Suite et fin des pays des Bachkirs et des Badjnaks.

Cette section comprend le reste du pays de Basdjirt بقية بلاد بسجرت (des Bachkirs), la partie septentrionale du pays Fétide شمال الارض المنتنة, et la majeure partie du pays de Badjnak بجناك.

Le premier de ces pays renferme deux villes peu considérables, Mastra ماسترو et Castra قسترة[1], où peu de marchands osent s'aventurer, attendu que les indigènes tuent tous les étrangers qui voudraient traverser leur pays. Ces deux villes sont sur les bords d'une rivière qui se jette dans l'Athil نهر اتل (dans le Volga).

Quant au pays de Badjnak, il n'y existe, du moins à notre connaissance, qu'une ville du nom de Banamouni بانامون. Les peuplades de cette contrée sont nombreuses et de race turque. Toujours en guerre avec les Russes et avec les habitants, leurs voisins, du pays romain, elles habitent des montagnes et des forêts où personne ne peut les atteindre. « Les Badjnaks ont les « mêmes mœurs et suivent les mêmes coutumes que les Russes. « Ils brûlent leurs morts; quelques-uns se rasent, d'autres se « tressent la barbe. Leur vêtement consiste en manteaux courts, « et leur langue diffère, tant de la langue russe que de celle que « parlent les Basdjirts البسجرتية (ou les Bachkirs). »

[1] La version latine porte *Masira* et *Casira*.

HUITIÈME SECTION.

Vallée inconnue de l'Asie orientale.

Feuillet 229 recto.
La présente section comprend une contrée misérable, où l'on trouve une profonde vallée « qui présente les plus singuliers phé- « nomènes. » El-Djihani rapporte en effet dans son livre que, lorsque les voyageurs (dont il a été précédemment question) furent sortis du pays Fétide, ils virent la vallée qui nous occupe, et en longèrent les bords durant une journée sans pouvoir y descendre d'aucun côté, à cause de la grande profondeur du sol et de l'aspérité des abords. Ils jugèrent cependant que ce pays était habité, parce qu'ils y aperçurent en plusieurs endroits de la fumée en plein jour, et durant la nuit des feux qui, comme les étoiles, paraissaient et disparaissaient par intervalles. Ce qu'il y a de plus surprenant, c'est qu'il y existe un fleuve coulant du nord au sud, « sur lequel apparaissent des fantômes » et dont les bords sont couverts d'édifices. Mais il est impossible de descendre dans cette vallée ni d'en sortir, tant les bords en sont escarpés. Béni soit celui qui créa toutes ces choses et qui maîtrise toutes ces forces !

NEUVIÈME SECTION.

Suite et fin de l'Asie orientale.

Cette section comprend une partie des pays intérieurs de Gog et de Magog et une partie de la mer de Poix-résine, c'est-à-dire de l'océan Oriental, qui est constamment couvert de ténèbres. L'auteur du Livre des Merveilles rapporte qu'au fond du Gog et du Magog il existe un fleuve connu sous le nom d'el-Macher المشر, d'une profondeur inconnue, et dans lequel les habitants du pays précipitent leurs prisonniers, lorsqu'ils en ont fait dans leurs combats réciproques. Il ajoute qu'aussitôt après d'énormes oiseaux sortent des cavernes situées sur les bords du fleuve, saisissent les corps de ces prisonniers avant qu'ils aient atteint le fond, et les transportent dans les cavernes, où ils les dévorent. On dit aussi qu'il y a, au fond de ce fleuve, un feu qui brûle toujours; mais Dieu sait ce qu'il y a de vrai dans toutes ces assertions[1]!

[1] Voici le texte de cette remarquable formule : والله اعلم بحقيقة هذا كله

DIXIÈME SECTION.

Océan Ténébreux.

Feuillet 229 verso. Toute cette section est occupée par l'océan Ténébreux, où il n'existe absolument aucun lieu habité, et au delà duquel on ignore ce qui existe.

Telles sont, en somme, toutes les choses qui sont parvenues à notre connaissance relativement aux diverses régions, soit habitées, soit désertes, de la terre. Nous terminons donc cette description en invoquant les bénédictions du Maître des mondes, du Tout-puissant, de l'Auteur de tout bien.

FIN DU TOME SECOND ET DERNIER.

TABLE DES MATIÈRES
CONTENUES DANS CE VOLUME.

A

A'badan عبادان, 155.
Abah آبه (Rivadavia), 232.
Abal ابال (حصن), fort auprès duquel sont situées des mines de mercure), 66.
Abar el-Racba ابار الرقبة, 43.
Abar (station d') ابار, 56.
Abariz ابريز (Paris), 363, 364.
A'bbas (rivière d') نهر عباس, 78.
Abdallah ben-Edris, 7.
Abdallah ben-Khordadbèh (auteur), 416.
Abdallah ben-Taher, 420.
Abderrahman Nassr-eddin-allah l'Ommiade, 60.
Abela ابلة (Alba de Termas?), 226.
Abellina ابلينة (Avellino), 281.
Abendja ابنج, 284.
Aberlis ابرليس, 290.
Abernesia (pays d') ابرنصيه, 368.
Aberthouri ابرثوري (ville), 319.
Abher ابهر, 143, 162, 165, 168, 179.
Abiah ابيه (ville), 375.
Abicha ابيشه (montagne), 36.
Abi Chama ابي شامة, 102, 103.
Abidah ابده ou Abdous ابدوس (Abydos, ville), 301, 303, 309.
Abila ابلة, 234.

Abi Nour ابي نور, 111.
Abi Thour ابي ثور (Caltavuturo?), 106.
A'bla عبلة (plaine fertile), 49.
Ablakhonin ابلاخونيه (la Paphlagonie, province), 299.
Ablakia ابلاقية (Blaye), 227.
Ablana ابلانة (Albana?), 379.
Ablasta ابلسطة, 311.
Ablatamouna ابلاطمونه (Platamona, ville), 296.
Ablatana ابلاطنة (château fort), 100.
Ablatanou ابلاطنو (rivière), 111.
Ablatsa ابلاطسة, 318.
Ablatsa ابلطسة (fort), 103.
Abloughis ابلوغس (Philopatium, ville), 382, 384, 385, 394.
Abou-Nasser el-Djihani (auteur), 416.
Abourca ابورقة (Alento, rivière), 285.
Abourca ابورقة (ville), 285.
El-A'bra العبرا (l'ancienne Eribolum, ville), 302, 307.
Abraca ابرقه (fort), 228, 232.
Abracana ابراقنة (cap), 118.
Abranbata ابرنبته, 375.
Abrandjes ابرنجس (Avranches), 361.
Abrantes ou Abrandes ابرنديس (Brindes), 115, 120, 377, 378.

II.   56

TABLE DES MATIÈRES.

Abratna ابراطنه (montagne), 284.
Abreza ابرزا, 431.
Abrianco ابريانقو (Umbriatico), 271.
Abroula ابروله, 281.
Abrous ابرس (Apros, ville), 292.
Abrousia ابرسية (Brousse, ville), 312.
Absakhwa ابسخوا, 271.
Abselo ابسلو (Sele, rivière), 258.
El-Abwab الابواب (les Portes), défilés des montagnes du Caucase, 329.
Abydos ابده (détroit d'), 135, 384.
Acama اقاما (ville), 281.
Acarnich اقرنيش (ville), 90.
Acarnous اقرنوس, 384.
Acartous اقرتوس (ville), 383.
Ach آش (Auch?), 237.
Achabra اشبره, 217.
Achbouna اشبونه (Lisbonne), 26.
Achek اشك, 169.
Achir اشر (forteresse), 53.
Achkala اشكله (cap Skyllo ou *Promontorium Scyllæum*), 125, 295.
Achkala اشكلة (fort), 125.
Achkisia اشكيسية (*Dioscurias*), 316.
Achloub جبل اشلوب (montagne), 216.
Achmoura اشموره (porte ou passage des Pyrénées), 232.
Aclouïa اقلوية (rivière), 119.
Actaranda اقتراندة (fort), 284.
Adana ادنه, 132, 133, 140, 301, 313, 314.
Aderbaidjan ou Adherbaidjan اذربيجان, 142, 171, 174, 320, 324.
Aderkend ادركند (ou plutôt Uskend اوزكند), 205, 210, 211.
Aderlakath ادرلاكث, 206.
Aderma ادرمه, 137.
Aderno ادرنو (ville), 104, 108.
Adernoboli ادرنبولي (*Drynopolis*), 291.
Adernopoli ادرنوبلي (Andria?), 116.

Adhera ادراء (ville), 159.
Adhernou ادرنو (village), 165.
Adhkach ادكش (contrée), 344, 345.
Adhkachs ادكش (peuplade), 348, 351.
Adiana اديانة (Diano, ville), 285.
Adiana اديانة (Diano, rivière), 285.
El-Adjassa الاجاصة, 113.
Adjerousta اجروستة, 310.
A'djima عجيمة, 145.
El-Adjouf الاجوف, 301.
Adjouin اجوين (ville), 176, 177.
Adjraf اجران (montagne), 9.
A'dra عذرة (bourg), 45, 46.
El-Adra الادر (rivière), 228.
Adrama ادرمه, 142, 149, 150.
Adraso ادراس ou Adrasto ادراست ou ادرستو ou افرنجين (Durazzo), 102, 268, 382.
Adrianoboli (Andrinople), 292.
El-Afachin الافشين (Éphèse, province), 299.
Afachin افشين (Éphèse, ville), 299, 303.
Afardik افرديك (Berwick, ville), 425.
Afinoun افينون (Avignon), 239.
Aflandris افلاندريس (Flandre), 363.
Afloumat el-Sawâri افلومة السواري, 118.
Afnia افنية (Alvano?), 274.
Afrafaranda افرافرندة (Farayana), 50.
Afragha افراغة (Fraga, ville), 16, 235.
'frana افرانه (ville), 317.
Afrankbila افرنك بيله (ville), 375, 377, 378.
Afrankborda افرنكبرده (Francfort), 367.
Afrantio افرانتيو, 284.
Africains, 2.
Afridesfa افريدسفا (ou Akrideska, ville), 291.
Afrique افريقية, 72, 73.

TABLE DES MATIÈRES.

Afrique moyenne الغرب الوسط, 66.
Afrizitak اغريزاك (Verőtze); 378.
Agathopolis اغاثوبلس (Akhteboli), 385, 394.
Agen اجن (ville), 237, 241.
Agersa اجرسة (Aversa), 260.
Agharbilia اغربلية (Gravina), 269, 278.
Agharleto اغرلطو (Barletta, ville), 279.
Aghathoboli اغاثوبلي, 397.
Aghinis اغينس (Hagios Ioannès ?), 296.
Aghintz اغينتز (Aix en Savoie ?), 239, 244, 245.
Aghirmani اغرمني ou Aghirmini (Ackerman), 382, 386.
Aghista اغيستا, 362.
Aghourt اكرت (Grottola), 282.
Aghradh الاغراذ (Aorata), 305, 306.
Aghranxinos اغرنزينوس, 387.
Aghrimes اغرمس (Lynn-Regis, ville), 374, 425.
Aghrios اغريوس, 382.
Agilo اجيلو ou Asilo اسيلو (tour), 264.
Aglioura اكليورة (Rocca Gloriosa ?), 285.
Agra اقرة (ville), 375, 376, 377.
Agrakta اقراقطة (ville), 371.
Agridisca اغريدسقة (Gradistie), 379.
Ahar ou Aher اهر, 320, 324, 325.
Aher (montagnes d') اهر, 330.
El-Ahsa الاحسا (rivière), 307.
Ahwaz اهواز, 161.
Aïdouli ايدولي (Aidone), 103, 104.
A'in el-Djebel عين الجبال, 154.
A'in el-Hamm عين الحم, 169, 179.
A'in el-Huboub عين الحبوب, 96.
A'in Rasis عين راسس, 178.
A'in Zarba عين زربة (Anazarba), 129, 133, 140.
Akarlamou وادي اكزلمو (rivière), 102.

Akaroulindja اكارولنجه, 373, 374.
Akarsif اقرسف (ville), 10.
Akeronta اكرنتة, 73.
Akha' الخع, 182.
Akhchikath اخشيكث ou Akhsikath اخسيكث, 205, 209, 210, 212, 214.
Akhiolou اخيلو (Ahioli), 385, 382, 394.
Akhlioun الخليون (Agrianes), 293.
Akhlioun (rivière), 294.
Akhrisoboli اخرسوبلي (Christopolis), 288, 289, 290, 295, 297, 384.
Akhristobolis اخرستوبلس, 297.
Aklarmonte الكرمنت (Chiaramonte), 282.
Aklesdjik اكلسجيك, 206.
Akli اقلي (ou Akla, ville), 382, 388, 389, 397.
Akliba اقليبة, 394, 435.
Akloun اكلون (fort), 272, 274, 282.
Akoulia اقولية (Vukövar ?), 378.
Akourant جبل اقورنت (montagne), 318.
Akra اكرة (Agri ? rivière), 118.
Akranos اقرنوس, 382.
Akrat اكرات (Cariati ?), 271.
Akri اكري (Agri, rivière), 272, 282, 283.
Akridisca اقريدسقة (Gradisca ?), 375.
Akridisca اقريدسقة (Gradistie), 382, 383, 384, 385.
Akriza اكريزا (Goritz), 246.
Akrizaw اكريزاو (Gratz ?), 369.
Aksifoua اكسيفوا, 113.
Aksounboli اكسونبلي, 382.
A'lab علب (ville), 143.
Alaberdja الابرجها, 93.
Alaïdjan الايجان (ville), 320, 321, 322, 329.

56.

El-A'lamîn العلمين, 305, 306.
Alains (pays des) اللان, 399.
Alana الانة (Alaro, rivière), 117.
Alasnam الاصنام (mont), 75, 96.
Alasnam الاصنام, 111.
A'lat علاط (Galati), 109.
Alawasi الاوسي (district), 299.
Alba المه (golfe), 259.
Albalia الباليه (île), 68.
Albarnia البارنية (Auvergne), 368.
Albengala البنغلة (Albenga), 249.
Alb Djowan الب جوان, 279.
Alberal البرال (montagnes), 275.
Albilalta البلالطة (Villada de Montesa, province), 15.
Alboucharat البشارات (Alpujarras, province d'Espagne), 14.
A'lcama قصر علقمة (fort), 195, 197.
A'lcamt علقة, 95.
A'lcanara علقنارة, 114.
Alcant القنت (ville), 15, 39.
Alcantara القنطرة (ruines), 3.
Alcantara القنطرة (ville), 33.
Alcarad القرد, 42.
Alcassar القصر (ville), 23, 26.
Alcata القاطة (Alicata), 112.
A'lchana علشانه (ville), 13.
Aldjoudi الجودى, appelé aussi Iemanin, montagne sur laquelle s'arrêta l'arche de Noé, 154.
Aleska السكى, 397.
Aleskoun السكون (ville), 179, 180.
Aleskoun السكون (Abeskoun?), 333, 334, 335, 337.
Alexandre le Grand, 350.
Alexandrie (phare d'), où la femme d'Alexandre exerçait ses talents, 25.
Alexandrie اسكندرية, 250.
Alfaghar الفغر (province), 15.
Alfar الفار ou Alghar (fort), 231.
Alfaro الفارو, 230.

Algezira الجزيرة, 110.
Algéziras جزيرة الخضرا, ou l'Ile Verte, (ville; en espagnol : isla de las Palomas, île des Colombes), 4, 18, 19.
Algéziras (habitants d') الجزيرة, 3.
Algharo الغارو, 233.
Alhama الحمة, 47.
Alicante, 41.
Alichana اليهانة ou Alisana اليسانة (Lucena, ville), autrement dite Elbira البيره (Illora), 14, 54.
Allania اللانية (ville), 400.
Allemagne الانية, 357, 373.
Allemagne supérieure اعلا ارض الانين, 245.
El-A'lloïc العلّيق, 308.
Almakada الخاضة (ville), 30, 33.
Aman المنتية (Amantea, ville), 259.
Almassa المسة (Moxa, ville), 69, 116.
Almassisa المصيصة (l'ancienne Mopsuestia), 129.
Alméria المرية (ville), 12, 13, 14, 40, 43, 45, 48, 52, 64, 66.
Almod المد (Mojo?), 110.
Almodou المدو (Mojo, fort), 108.
Almodovar حصن المدور (fort), 42, 57.
Alphonse الملك الادفونس, roi des chrétiens, d'origine castillane, 33.
Alsanam الصنام (bourg), 94.
Altamora التمورة (montagnes), 287.
Aly آل (l'Halys, fleuve), 393.
Alzerada الزرادة, 42.
Amalécites, 31.
Amalia امالية (Amelia, ville), 252.
Amasia اماسية (ville), 311, 312, 313.
Amastra شامشترة, 394.
Amid امد, 315.
Amid آمد ou امد (l'ancienne Amida, aujourd'hui Diar-Bekir), 142, 151, 154, 155, 327.
Amidia اميديا (Midia, ville), 394.

TABLE DES MATIÈRES. 445

Amlah امْلَج, 208.
Amloubalou املوبلو (village), 181.
Amol امل, 169, 177, 178, 179, 183, 186, 188, 192.
Amouch اموص حصن (Mouch, fort), 313, 315, 317.
A'mouria عمورية (*Amorium*, ville), 299, 301, 304, 305, 306, 307, 309, 310, 312, 317.
Amraines des Madjous امراينس المجوس (îles), 433.
Amtalin امطلين, 309.
Amtelin امطلين ou ماطلى Mateli (mont *Latmus*), 303, 304.
A'mwa عموا, 309.
A'na عانة (Anatho, ville), 138, 142.
Anaboli انابلى (Napoli de Romanie), 125, 295.
Anacht اناشت (fort), 229.
Anastasia انسطاسية, 105.
A'nat عنات (ville), 144.
Anbala انبلة (ville), 404.
Anbala انبلة (rivière), 105.
Anbar الانبار (ville), 138, 142, 144.
El-Anbassi الانباصى, 113.
Anbouria انبورية (Novarre?), 243.
Anbouris انبورش (Ampurias, ville), 68.
Anchoun انشون (Auxonne? ville), 358.
Ancolazmia انقلازمية, Angolazma ou Ankelazma انقلازمة (Angoulême), 227, 237, 238, 353.
Ancône انكونة, 246, 255, 262, 263, 266, 281.
Andalous (pays des) بلاد اندلس, connu par les chrétiens sous les noms d'Espagne ou de presqu'île d'Andalous, 1.
Andalousie, 2, 3, 31.
Anderab اندراب, 170.
Anderamech اندرامش, 210.

Andisera اندسيرة (île), 396.
Andja انجة (port), 256.
Andja انج, 280.
Andjirs انجرش (Angers), 238.
Andoudjar اندوجر (Anduxar, fort). 42.
Andra اندرة (Andretta), 270.
Andra اندره (Andria, ville), 264, 279.
Andrinople ادرنوبلى, 286, 287, 293, 295, 383.
Andros اندره (île), 128.
Andusiana اندسبانة (place forte), 307.
Anecht انشت, 214.
Anezca انزقة حصن (fort), 281.
Angers انجيرش ou, 227, 353, 357, 361.
Anghazma انكزمة ou Ankazma, 277, 278.
Anglais الانكلسين, 356.
Angleterre انكوطرة, 356, 357, 364, 374.
Angleterre لنقاطرة, 423.
Anho انهو (ville), 431, 432, 433.
Ania آنية (ville), 394.
Anichoun انيشون (Auxonne?), 359, 360.
Aniksoboli انكسوبلى, 397.
Anjou انجو, 357, 368.
Ankana الانكنة, 112, 113.
Ankilaia انكلاية (pays d'Aquilée), 246.
Ankira انقره ou Ankori انكرى (Angora), 301, 305, 309, 311.
Anklaia انقلاية (ville), 389.
Anklouna انقلونة (fort), 276.
Ankouza انكودا (île), 68.
Antakié انطاكية (Antioche), 66, 129, 131, 132, 133, 135, 311, 313.
Antalia انطالية (Satalie), 308, 310, 312.
Antalia la Neuve انطالية الجديدة (Satalie), 129, 134, 140.

TABLE DES MATIÈRES.

Antalia l'Incendiée انطالية المحرقة, 129, 134.

Antar Nastiri انترستيري (Misterbianco?), 105.

Antarsous انطارسوس, 129, 130.

Antekira انتقيرة (Antequera), 53.

Antibara انتبره ou Antibaro انتبارو Antiberia انتبيرية (Antivari), 261, 268, 287.

Antichoun انتشون (Auxonne), 244.

Antioche انطاكية, 250.

Anzelan انزلان (port), 8, 9.

Anzigharco الزيغارقو, 279.

Aous اوس (ville), 216.

Aquilée ايكلاية, 266, 288.

Aquilée (pays d') اكلاية, 239, 368, 372.

Arabes du Douab اعراب الدواب, 402.

Arabes (cap des) طرف العرب, 22.

A'rac عرق (ville), 203, 205.

Aradwan ارادوان, 182, 184, 186.

Arba اربة (Arbe, île), 269.

A'rban عربان (ville), 142, 150.

El-Arbat الارباط (rivière), 131.

Arbat Ablana اربة ابلانة (fort), 124.

Arbelan اربلان, 275.

Arbre (port de l') مرسى الشجرة, 112.

Arcadiopolis اركديوبلى, 293.

Archcoul ارشقول (île appelée aussi Ardjeloun ارجلون aujourd'hui Rachgoun راشغون), 11.

Archidouna ارشذونة (ville), 14, 53.

Ardebil اردبيل (ville), 169, 170, 171, 320, 323, 324, 326.

Ardekhachemin اردخشمين, 189.

Ardelankath اردلانكث, 213.

Ardis اردیس (Artagi-certa, ville), 315, 328.

Ardjelat ارجلات (colonnes-siphons ou sou-terazi), 25.

Ardjent ارجنت (Acerra?), 281.

Ardjis ارجيس (Ardjich), 320, 325, 327, 329.

Ardjouna ارجونة (Argana), 315.

Ardoulankath ارذولانكث (ville), 211.

Aretba ارتبة (ville), 19.

Aretsin ارتسين (Arezzo), 255.

Argentaro ارجنتار (fort), 250.

Argento ارجنت, 260.

Arghira ارغيره (Alcira), 15.

Argho ارغو (Argos), 125.

Arkelan ارکلان, 277.

Arinia ارينية (Parkany), 377.

Arinminis اريمنيس (Rimini), 247.

Arkadie ارقدية ou Arcadie (ville), 124.

Arkadioboli ارکادیوبلی ou Arkadoboli ارکادوبلی Arcadiopolis, 292, 295, 384.

Arkoch ارکش (Accos de la Frontera), 13.

Arkoudha ارکودة (île), 72.

Arlach ارلاش, Arlas ارلس ou Avlach اولاش (fort), 134, 140.

Arlech (col d') عقبة ارلش ou Awlech اولش, 64.

Arles ارلس, 248.

Arlith ارليط (Ariza, province), 16.

Armeda ارمدة, 230.

Armen ارمن, 397.

Arménie ارمنية, 142, 143, 320, 326, 331.

Arménie extérieure, 325.

Arménie intérieure, 325.

Arménie (petite) ارمينية الصغرى, 329.

Aréthuse (fontaine d'), 85.

Arment ارمنت, 271.

Arminia ارمينية, 327, 328.

Arminiac ارمنياق (Armeniacon, province), 301, 305.

Arminiah ارمينية, 320.

Armirioun ارميريون (ville), 292.

TABLE DES MATIÈRES. 447

Armiroun ارميرون (*Armyros*, ville), 291, 296.
Armocastro ارموقسترو (ville), 385, 386, 394.
Arnana ارنانة (Ariano), 280.
Arnes ارنص (Arbe? ville), 267.
El-Arou الارو (rivière), 101.
Arsah ارصاه (ville), 410, 414, 415.
Arsanikath ارسنيكت (ville), 203.
Arsia ارسية (Erzeroum), 301.
Arsiankath ارسيانكث, 206.
Artakira ارتقيرة (el rio de Camariñas), 230.
Arthan ارثان (ville), 401.
Arthania ارثانية (tribu), 401.
Artidjan ارتيجان (ville), 197, 199.
Artouna ارطونة, 278.
Arzen ارزن (canton), 151.
Arzinkian ارزنكان (Erzinghian, ville), 311.
El-Asawara الاساورة (bourg), 165.
Asbandjan اسبنجان (ville), 199.
Ascala اصقالة (Ascoli, fort), également connu sous les noms d'A'zcala, A'zcola et A'scola, 262, 280.
Ascanou اسقنو, 275.
Ascaran اسقران, 182, 183.
Ascaras اسقراس, 182, 185, 186.
Ascaroun اسقرون (montagne), 346.
Asconia اسقونية (contrée), 406.
Asconia des Turcs (contrée), 408.
Asfaroun اصفرون (montagne), 339, 341.
Asfinan اسفينان, 211, 213.
Asia آسية (Iesi, ville), 255.
Askala اشكالة (ville), 399.
Askalfa اسكلفا ou Aksiloufa اكسيلوفا (cap), 128.
Askandja اسكنجة. Voyez Eskindja.
Askifcan اسكفقان, 200.
Askisia اشكشية (ville), 399.

El-Asir الاسير, 166.
El-A'sl العسل (ou rivière du Miel), 100.
Aslan اسلان (Acerenza?), 279.
Aslan اسلان (fort), 11.
A'slouka عسلوكة (village), 19.
Asnas اسناس (bourg), 188.
El-A'ssi العاصى (l'Oronte, riv.), 131.
A'ssim عاصم (mont), 50.
Asroud اسرود (rivière), 200.
Astadjanko استجانكو, 240, 248.
Astalaria استلاريا (cap), 124.
Asterabad استراباد, 162, 163, 165, 169, 177, 178, 179.
Asterabadan استراباذان, 179.
Astidjan استيجان, 199, 202.
Astifas استيفاس, Astibas استيباس ou Astibos استيبس (Thèbes), 123, 287.
Astinoboli استينوبلى, 394.
Astorba استربة (Astorga?), 233.
Astouna اسطونة (Nettuno?), 256.
Astour اسطور (ville), 222, 223.
Astoura اسطورة (rivière), 119.
Astourkath استوركث, 212.
Astroboli استروبلى (fort), 129, 135.
A'thabi عثابى (sorte d'étoffe fabriquée à Alméria), 44.
Athana اثنة (rivière), 65.
Athil اتل نهر (Volga, fleuve), 332, 333, 336, 400, 408.
Athil اتل (ville), 335, 337, 403, 408.
Athina اثينة (Athènes), 294, 295.
Atraba اتربة ou Atrabia اتربية (Trapea, ville), 69, 116, 259.
Atrabezouni اطرابزون (Trébizonde), 393.
Atrabis اطربس, 259.
Atraca اطراقة (Trevico), 270.
Atracana اطراقانا (ville), 214, 215.
Atralsa اترالسة, 291, 383.

TABLE DES MATIÈRES.

Atramito اترمتو (*Adramittium*, ville), 3o3.
Atrana اطرانة ou اترانة (Trani, ville), 261, 278, 279.
Atrana la Maritime اترانة (Ortona a mare), 276, 277.
Atrawa اتروا ou Atrowa (ville), 382, 383, 384.
Atrigarco اتريغارقو (Tricarico, ville), 282.
Atrila اطريلة (Adria?), 247.
Atringhos اترنغس (Courtrai), 366.
Atroubi اتروبي ou Atrouni, 291.
Atrouna اطرونه (ville), 277.
Aubi اوبي (fort), 95.
Auch اوش ou آش, 227, 236, 237, 239, 241.
Augsbourg اوزبرك, 246, 367, 369, 370.
Aurast اورست, 211.
Aved اود, 167.
Avellino ابلينو, 260.
Avlona ابلونة (ville), 291.
Awal اوال (ville), 211.
Awiz اويز (la Lys, fleuve), 365.
Awnia اوسينة, 397.
Azah ازه ou Azila ازيلة (anc. Issos), 3o2, 3o3.
Azam ازم (village), 179.
Azdekhamsin ارد خمسين, 192.
Azela ازلة (île), 396.
Azila ازيلا, appelée aussi Assila اصيلا (ville), 7.
Azilakh اذيلخ, 213.

B

Ba'am بعام (village), 32.
El-Bab الباب (ville), 329.
Bab el-Abwab باب الابواب (la Porte des Portes, Derbend), 180, 321, 322, 329, 330, 335, 337, 403.
Babakelam باباقلام (ville), 7.
Babia بابية (Pavie), 240.
Babil ارض بابل (province), 160.
Babil بابل (village qui remplace la plus antique ville de l'Irâc), 160.
Bâbir بابير, Bâfir بافير ou Baîr ارض بير (Bavière), 246, 370.
Babotera به وترای, 279.
El-Babsa البابسة (Levanzo, île), 72.
El-Bac الباق (château construit sur le mont Mardin par Hamdan, fils de Hassan), 151.
Bachemi بشمی (canal), 178.
Bachinou باشنو قرطبيل (Pachino ou Passaro, cap), 112.
Baclan بقلان (*Boukellarion*, prov.), 3o1.
Bactes بقطس (fort), 80.
Bactis بقطس (Patti), 114.
Badajoz بطليوس (ville), 3o.
Badakhkath بدخكث, 208, 212.
Badegha بادغة (ville), 340.
Bades بادس (ville), 4, 9.
Badhelou, 3o9.
Badhousian بادوسيان, 179.
Badi بادی (le Pô, fleuve), 253.
Badis باديس, 66.
Badis بادس (fils de Habous le Sanhadji, qui acheva les constructions d'Elvira commencées par son père), 52.
El-Badja البجة (cap), 118.
Badjasis باجسيس (Bayazid), 329.
Badjerwan باجروان (ville), 129, 136, 142, 151, 153.
Badjesa باجسة, 146.
Badjitera باجتيرة (fort), 273, 274.
Badjnaks بجناك (Patzinègues, peuples), 402, 403, 407, 437.

TABLE DES MATIÈRES.

Badra بادره (Adria?), 254.
Badraoua بادروا (rivière), 258.
Badula بـدولة (Padula), 285.
Badzrouia بادرويه (ville), 157.
Baga باغـة (Pago, île), 269.
Bagdad بغـداد, 137, 138, 143, 144, 145, 146, 156, 157, 158, 159, 160, 168.
Bagha باغـة (ville), 53.
Baghanoun يغنون الصين (fleuve de la Chine), 137.
Baghankath بغنكث, 207.
Bagharghars بغرغريه (peuplade), 214, 221, 350.
Bagherbaïa باغرباپا (canton), 151.
Baghina بغينا, 149.
Baghnach بغنش, 186.
Baghouda بغوضة (île), 258.
Baghras بغراس حصن (fort), 140.
Bahira باحيرة (Beyra), 226.
Baghss بغص, 375.
El-Bahasi البهسى, 307.
El-Bahmin البهمين (ville), 32.
Bahsana بهسنى, 313.
Baian بيان (ville), 162.
Bakath بكث (ville), 207.
Bakhenis, 320.
Bakhman بجهان, 410.
Bakhouan باخوان, 215.
Bakhsan باخسان, 204, 205.
Baknoun بقنون (ville), 346.
Balam بلام (Bellovar, ville), 378.
Ba'lan طرف بعلان (cap), 10.
Balana بالانة (fort), 276.
Balaïan بالايان (ville), 207.
Balandjar بلنجار, 329.
Balascoura بالسقررة, 274.
El-Balata راس البلاط (cap du Vieux Palais), 111.
Balawat بلوات (montagnes), 376.
Balbasen بلباسن, 277.

Balcas بلقس (fort), 280.
Balcouri بلقورى, 285.
Balcourin بلقرين, 72.
Balech بالش, 136.
Balendjour بلنجور (ville), 402.
Balensia بالنسية (Valence, ville), 13, 15, 36, 239.
Balensol بلنسول (Palazzuolo), 103.
Balentekis بالنتقيس (Mancusi), 284.
Bales حلوق بالس (grand étang), 39.
Bales بالس (Velez Blanco, fort), 14.
Balghir بلغير ou Balkir بلقير (ville), 237, 238, 352, 353.
Balich بلش (ville et château), 47.
Balinas بليناس ou Banias (ville, Apollonie de Syrie), 130.
Balkh (rivière de) بلخ, 336.
Balma بالمة (Palma), 277, 281.
Balmela بالملة, 277.
Balou بالو (Palou ville,), 313.
Baloumin بلومين (fort), 309.
Bamkakhes بامكاخس, 211.
Banamouni باناموني (ville), 437.
Banbouni بنبوني (Zambrone), 259.
Bandhos la Maritime بانخس (Panados), 292.
Bandjkath بنجكث, 202.
Banhakath بنهكث (ville), 201.
Bania بانية (ville), 378.
Banikath بانكث, 209.
Banosa بانوسة (Pianosa, île), 68, 70.
Banssin بنصين (Pancsova), 378.
Bantobera بنت برة (Vantodena, ville), 70.
Banwa بنوى (ville), 382, 384.
Barama بارما (montagne), 147.
Barama بارما (ville), 142.
Barca برقة (Parco), 110.
Barca'id برقعيد (ville), 142, 149.
Barcelone برشلونة, 16, 35, 66, 68, 235.

II.

57

Barchic برشيق (Tarchiz ترشيز ?), 184.
Bardaques برداق (sorte de pot à l'eau que l'on fabrique sur les bords du lac de Lenoudan, et dont il se fait des envois considérables dans l'Irâc, la Syrie et l'Égypte), 328.
El-Bared المارد (rivière), 109.
Barema بارمه, 165.
Barema بارما (montagnes), 154.
Barenbala برنباله (île), 126.
Barento برنتو, 117.
Barghik برغيق (Ipswich ?), 374, 425.
Barghouth برغوث (fort), 305.
Barghouth برغوث (fontaines), 307.
Bari باري (ville), 263, 278, 279.
Barida باريدا (canton), 151.
Bark برك (fleuve), 338.
Barka باركة, 199.
Barkath باركث (bourg), 201, 204, 211.
Barkouri بركوري (ville), 325, 326, 327.
Barkouzi بركوزي, 320.
Barlet برلة (Barletta, ville), 261, 264.
Barmani برمان (ville), 358.
Barmes بارمس (canal), 198.
Barmonsa بومونسة, 397.
Barmounia برمونية (ville), 390.
Barnas برنس (Varna), 394.
Barousa بروسة, 212.
Barsen برسن (canal), 198.
Barsin برسين ou Barchin, 182.
Bartas برطاس (peuples), 404.
Bartas برطاس (contrée), 403.
Bartenic برطنيق (Partanna ou Partenico), 89, 94, 95, 110.
Barthano برثانو (le *Parthenios*, rivière), 392.
Barthas برطاس (ville), 336, 337, 404.
Barthouna برثونى (ville), 392.
Basa l'Inférieure بسا السفلى, 210.
Basa la Supérieure بسا العليا, 210.
Basat بسط (ville, Baza), 50.

Basca باسقه (ville), 388.
Basca ياسقه, 397.
Bascoura بسقوره ou Balascoura, 275.
Basdjirt extérieur بسجرت الخارجة (contrée), 406, 408.
Basdjirt intérieur بسجرت الداخلة (contrée), 406, 408.
Basdjirts بسجرت Basdjirds ou Bachkirs بسجر (pays des), 336, 340, 399, 403, 406, 417, 437.
Basila باشلة (San-Biagio, fort), 274.
Basili رقة باسيلى (champs), 107, 108.
Basilico باسليكو, 382, 394.
Baskath بسكث, 213.
Baskir طرف بشكير (Biaritz, cap), 231.
Bassau باسو (Passau ? ville), 372, 375, 377.
Bassora بصره, 155, 156, 161.
Bassou باصو (château), 80.
Bassra بصرة (montagnes), 7.
Bassra بصرة ou Bassra du Gharb بصرة الغرب (ville), 7.
Bastam بسطام (ville), 169, 176, 179, 181.
Bastam بسطام (canton), 207.
Bastres بسترس, 382.
El-Batâih البطائح (marais), 138.
Batalari بطلارى (fort), 93.
Batalios بطليوس (Badajoz, ville), 15, 21, 22, 23, 29, 65.
Batalous باطلوس (*Analotikous?*), 300.
Batara باطرة (Patara, ville), 129, 134.
Baterandent باترم اندنت, 274.
Bater Boli باتربول, 271.
Baterma بطرمه (village et port), 257.
Baterna بطرنة (lieu où se trouve une mine de mercure), 46.
Baterno باطرنو (Paterno), 103, 104, 105.

TABLE DES MATIÈRES. 451

Bathoura باتورة (Athyra), 298.
Batlan بطلان, 281.
Batra باترة (Patara), 303.
Batra باترة (Patras?), 124.
Batransia بترنسية (bourg), 306.
Batri بطرى (ville), 142.
Batricona بطرقونة (rivière), 117.
Batssau بتصو (Passau, ville), 370.
Bavière بافيير, 357, 366, 368.
Bawales مرسى البوالص (cap Passaro), 85.
El-Bawaless مرسى البوالص (port), 112.
Bayeux بياوش (ville), 360, 361.
Bayonne بيونة, 226, 227, 231, 234, 236.
Bazela برلة ou Bazla بازلة (Bâle), 245, 362, 369.
Bebeno ببنو (Bibbieno, ville), 255.
Becara بقاره (fort), 106.
Bechkessar بشكصار (ville), 14.
Bedandour البدندور, 130.
Bedares بدارس (Poitiers), 227.
Bedendoun بدندون (*Podandus* ou *Padyandas*, fort), 308.
Bedhech بدش (fort), 176, 177.
Bedhlan بدلان, 317.
Bedhoula بدولة (Bonito), 284.
Bedhrawara بدراورا ou Bedhwara بدوارة (Peterwaradin), 372, 375, 378.
Bedjaia بجاية (province), 14.
Bedjal بجال, 272.
Bedjana بجانه (ville), 48, 49.
Bedjana (vallée de) بجانة, 44.
El-Bedjanis بجانس (bourg), 45.
Bedjenbro بجنبرو, 274.
Bedjnakias الجبناكية, 336.
Bedjrenk بجرنك, 211.
Bedlis بدلس (Bitlis), 320.
Befkhia بخفيا (Pefkia), 303.
Behech kend بهش كند, 177.

Behechoun بهشون ou Behechouz بهشوز (montagne), 163.
Behed بهد, 317.
Behlous بهلوس ou Djebal الجبال (contrée), 142, 143, 168.
Behmen abad بهمن اباد, 176, 182.
Behnabad بهناباد, 183.
Beïdha بيضا (ville), 329, 402.
Beïgherd بيكرد, 213.
Beikend بيكند (ville), 192, 193, 194, 195.
Beïlcan بيلقان (ville), 170, 179.
Beka نهر بكة (rivière), 18.
Beka بكة (Vejer de la Miel), 13.
Bekalik بكالك, 207.
Bekiren بكيرن (Bocayrente, lieu fortifié), 38.
Belaï (pays et fort de) بلاى (Velay), 54.
El-Belat البلاط, 29, 30.
El-Belath البلاط (province), 16.
Belatha بلاطة (province), 16.
Belban بلبن ou Belian (ville), 150.
Belbera (fort), 41.
Belch بلش (Elbas, ville), 29.
Beldja بلج, 96.
Beled بلد (canton), 151, 153, 154.
Beled بلد (ville), 142, 149.
Beled el-Fil بلد الفيل (Catane), 82.
Beledzouz بلدزوز (Bolodui), 49.
Belgreba بلغرابه ou Belgrana بلغرانه (ville), 372, 375, 376.
Belgrade بلغرادون, 379.
Belghradoun بلغردون (Belgrade), 291.
Belicantra بلقنتر (Polycandro), 127.
Belichana بلشانة (Belicéna, ville), 55.
Beliounech بليونش (contrée), 5.
Belisana يليسانة (bourg), 46.
Belkisa بلقسة, 308.
Belloun بلون, 169.
Belouti بلوطى, 305.

57.

TABLE DES MATIÈRES.

Beltes بلتس (nom du Dnieper à sa source), 434.
Benadec بنادق (Lycandus, province), 301.
Benakath بناكث, 212, 213.
Bendabwa بندابوا, 317, 318.
Bend Camales بند قالس (fort), 124.
Bendesa بندسة (Prevesa?), 121, 122.
Bendesia بندسية (ville), 125.
Bendesia بندسية (Vostitza?), 295.
Bendi بندى (Widdin? ville), 384.
Bénévent بنبنت, 240, 260, 262, 280, 281, 284.
Bendjar بنجار ou Bendjaw بنجاو, 216, 218.
Bendjar جبل بنجار (montagnes), 223.
Bendjari بنجارى (ville), 222.
Bendjtakh بنجتخ, 220.
Benkalaïa بنقلاية ou Benklaïa (Dukla?), 375, 381.
Beni A'bdous بنى عبدوس (bourg), 49.
Beni Djoumah خليج بنى جُم (canal), 145.
Beniglo بنغلة (Oneille?), 240.
Beni-Hamr بنى حمر (Benimer), 52.
Benit بنيط (forêt de sapins), 103.
Beni-Tamian بنى تميان, 147.
Beni-Wazar بنى وزار ou Beni-Warad بنى وراد, 4, 11.
Benker Abad بنكر اباد (nom d'une partie de la ville de Djordjan), 180.
Bens Adrat بنس ادرات, 272.
Bensara بنسرة (Pesaro, ville), 247.
Bentanki بنت انكى, 273, 275, 276, 278.
Bentargha بنتارغة (rivière), 101, 102.
Bera بره, 270.
Beraï براى (fort), 274.
Beral جبل برال (montagne), 276.
Berania برانية (Poméranie?), 368.

Beratour براتور (fort), 276.
Beraws براوس (horde russe), 401.
Berbât نهر برباط (rivière), 18, 19.
Berbers, 6, 28.
Bercanto برقنتو, 382, 386.
Berda'a بردعة (Berde), 143, 170, 320, 321, 323, 324, 329, 333.
Berdeghour بردغور, 183, 184.
Berdja بَرْجَة (dépendance d'Alméria), 45.
Berdja برجة (rivière), 45.
Berdja برجة (Vera, ville), 14.
Berdjan برجان, 391, 397.
Berdoun بردون (montagne), 256.
El-Berenda برند ا (bourg), 148.
Beridji بريجى, 179.
Berisklawa برسكلاقـه (ville), 382, 386.
Berizlaw برزلاو, 397.
Berizoula برزوله, 397.
Berk نهر برك (fleuve), 191, 207, 208, 213, 217.
Berk برك (village), 217.
Berkouch بركوش, 207.
Berlanda برلاندة (Irlande, île), 422.
Bermania برمانية (Vrana, ville), 290.
Bermowa برموى, 390.
Berna برنة (Bremen), 373, 374.
Bernow برنو ou Bernowa (le Pernau, rivière), 432.
Beroua قرية بروا, 50.
Beroundj مدينة برونج (ville), 321, 322.
El-Berria البرية, 308.
Berry ارض برى (contrée), 241, 243, 353, 368.
Bersadjan برساجان (ville), 420.
Bersadjan برجان, 214.
Bersadjan la Supérieure, 218.
Bersné برسنة, 165.
Bertabiti برطابتى (ville), 395.

TABLE DES MATIÈRES. 453

Besançon بــزنــســون ، بــزنسون ou
برلسون , 244, 245, 359, 362.
El-Besath البساط (bourg), 47.
Bescar بشكار (Pescara, rivière), 265.
Beska بشكه (l'Esk, rivière), 425.
Beskasarla بشكه سارة (bourg), 274.
Beskich بسكيش (Peschisi), 265.
Besniano بسنيان, 271.
Besnis بسنيس, 243, 244.
Besraria بسرارية, 111.
Best Castrowa بست قسترو (ville), 386.
Besterkan بستركن, 250.
Besterkoum بستركم (bourg), 255.
Bestia بستية ou Bestiano بستيان (Viesti, ville), 262, 265.
Bestih بستيح (bourg), 185.
Bestrinos بسترينس, 397.
Betaoula بطوية (peuples), 10.
Betares بشارس (Poitiers?), 238.
Betounsa بطونصه (Potenza), 262.
Betralia بطرالية (Petralia, château fort), 106, 107.
Betrana بترانة (Petralia?), 91, 93, 106.
Betrisa بترسة, 283, 284.
Betrouch بطروش ou Betrous بطروس (place forte), 15, 64, 65.
Betrowa بترو, 387.
Beyra بيرة حصن (fort), 40, 43.
Beyra بيرة وادي (Vera, rivière), 40.
Bezars بزارس (Béziers), 239, 240.
Bezliana برليانة (bourg), 47
Bezrend بزرند (Betzirvan, ville), 323, 324.
Biana بيانة (Baena, ville), 14, 54.
Biana بيانه (Vienne, ville), 370.
Biana بيانة (Vienne), 239.
Biasa بياسه (Baeza, ville), 42, 51.
Bich بيش (Pise), 250.
Bichalia بشالية ou Bichtalia بشتالية (Bisceglia, ville), 261, 264.

Bicou بيقو ou Bicoua بيقوا (château fort), 91, 93, 106.
Bideni بيدنى (Widdin), 386.
Bidhlos بذلس (Pyrgos), 381, 385, 386.
Bidjnak بجناك (Bisignano?), 262.
Bidlis بدليس ou Bidliz بدليز (Bitlis), 326, 327.
Bilacan البيلقان, 320.
Bilcan بيلقان (Bithynie, contrée), 391, 392.
Bilcan بيلقان (ville), 329, 330, 331.
Bilwar بيلور (Bellovar, ville), 372.
Binch بينش (village), 315.
El-Bir البير (ville), 143.
Bir el-Hassnein بير الحصنين, 212.
Bir Hamid بير حميد, 212.
Birket بركة (fort), 274.
Bisa بيسه, 382.
Bister بيستر (ville), 14.
Bisutoun (monument de), 163.
Bitent بطنت (Bitonto, ville), 264.
Bitha بيطة, 315.
Biths بطس (Pets, ville), 375, 376, 381.
Bizini بزيني (Vizzini), 101, 102.
Blana بلانة (fort), 274, 275.
Blanche (rivière) النهر الابيض, 38, 40
Blatanou بلاطنو ou Blatanoua بلاطنوا (Platanella, fort), 94, 96, 97.
Blatanoua بلاطنوا (Platani, rivière, l'ancien *Lycus*), 94.
Bobolo بوبلو حصن (Popoli, fort), 277.
Boheïra بحيرة (province), 13.
Bohême بوامية, 372, 375, 381.
Bola بوله (Pola, ville), 261.
Boles بولس (Fulizzi, fort), 106.
Boles بولس, 107.
Bolghoura بلغور (Po*n*gos? ville), 289.
Bolinou بولينو (Polino, île), 127.
Bologne بلونية, 240.
Bona بوند (Vona, ville), 393.

Bonona بنونة (Bologne?), 254.
Bonsa بونص (ville), 247.
Bonsa بونصة, 278.
Bonthiz بنطيز (Pontoise, ville), 358, 360, 363.
Bont-Lerina بنت لرينة (Puente la Reyna), 226.
Bonza بونسة (Ponza, île), 71.
El-Boraïd البريد, 131.
Borat (fort), 276.
Bordal بردال (Bordeaux), 227, 236, 237.
El-Bordj البرج, 162, 165, 166.
Bordja برجة (Borgo), 253.
Borgach برغش (ville), 201.
Borgorouz برغوروز (Gorizza, ville), 261.
Borsana برصانه (Bruzzano), 117.
Bort-Atriz برت أطريز (le Tréport), 363, 365.
El-Bortat البرتات (les Pyrénées), 231, 240.
Bortat البرتات (pays des Portes ou des Pyrénées), 16.
Bortoman el-Kebir برتمان الكبير (port), 40.
Bort-Tama برط طامة (Puerta-Tama), 230.
Borza برزة, 170.
Borzendj برزنج, 320.
Bosoul (mer de) بحر بسول, 5.
Bost بست (port), 135.
Botam بتام ou Botm بتم (montagnes), 198, 200.
Botansa بتانسة ou Botensia بتنسية (Potenza), 279, 282.
Bothra بثره (Bova), 117.
Boubachtera بيشترة (fort), 53.
Bouban بوبان (ville), 323.
Boubekth بوبكث, 342.
Bouberferis بوبرفريس (ville), 200.
Boudiana بوديانة (Vodina, l'antique Édesse), 290.

Boudjkath بوجكث (ville), 207.
Bougie بجاية (ville), 66.
Boughlan بغلان (Boukellarion, province), 305.
Boukend بوكند, 214.
Bou Khaïkath بو خيكث, 206.
Boukhara بخارى, 192, 193, 199.
Bou Khikath بو خيكث (ville), 203.
Boukir بكير (Buccheri), 102, 103.
Boukrit بوكريط (rivière), 102, 103, 106.
Boulghar بلغار (ville), 290, 332, 333, 336, 402, 403.
Boulghars (peuplade), 351, 402.
Boulgharie بلغارية, 399, 435.
Boulia بولية (Pollica?), 258.
Bouliadjimiscos بلياجسمقس, 387.
Boulia Khiscos بوليا خسقس, 382, 384.
Boulian بليان (Polignano, fort), 263.
Bou Mandjekath بو منجكث (ville), 200, 203, 205.
Bouna-Car بونه قار (village), 232.
Boura نهر بورة (rivière), 190.
Bouran بوران, 189.
Bourcad برقاد (château), 78.
Bourgaz بورغز, 202.
Bourges برجس, 244.
Bourges en Berry برجس برّى, 242.
Bourgogne des Allemands برغونية الالمانين, 239, 243, 244, 357, 362, 363, 368.
Bourgogne des Francs برغونية الافرانجين, 239, 242, 243, 244, 357, 359, 362, 368.
Bourouzem بوروزم, 192.
El-Boussa البصى (presqu'île), 132.
Bousih بوسح (ou Bouchindj), 183.
Bousrenda بوسرنده (lac), 310.
Bouter بوتر (ville), 401.
Boutra بوتر, 395.

Bouza بوزة (ville), 372.
Bouzana برانه (Bechka? ville), 372, 376.
Bouzdjan بوزجان, 182, 183.
Bouzend بوزند, 320.
Bouzkour بوزكور (port), 9.
Bouzmakhan بوزماخن (canal dérivé de la Soghd), 199.
Bowaregh بوارغ (ville), 222, 223.
Bozroua بزروا (Pozzo Reale, forteresse), 92, 93.
Brabant بربان, 368.
Bradano براداتو ou Bratano (Brandano, rivière), 282.
Bradjanto براجنطو, 270.
Branthal برانثال (Basente, rivière), 282.
Bratana براطنه (le Brandano, rivière qui sépare la Basilicate de la terre d'Otrante), 118.
Bretagne برطانية, 352, 368.

Brindisi ابرنـدس, 263, 273.
Bruges ابرجس, 365, 366.
Bsara بصارة (Ipsara, île), 127.
Bubalos بوبلس, 110.
Buccari بقرى (ville), 266.
Budrint بدرنت (Butrinto), 116.
Buklano بكلانو, 278.
Burchana برشانة (Purchena), 14, 49.
Burgoch (contrée), 237.
Burgos برغش, 226, 233, 234, 241.
Buriana بريانة (ville), 15, 36.
Burzah برزه, 328.
Burzian برزبان, 169.
Butent بنتنت (Maros, rivière), 379, 380, 390.
Buterla بنترله (Butrinto?), 261.
Buthira بثيرة (Butera), 80, 100, 112.
Buthra بثره (ville), 386.
Butrinto بترنتو (ville), 121.
Buzurdjerd بزرجرد, 165, 166.

C

El-Cabadic القبـاديـق (la Cappadoce, province), 305.
Cabakeb قباقب (rivière), 314.
Cabakeb el-Nahar قباقب النهر, 317.
Cabanlebech قبنلبش, 316.
Cabc (montagnes du) القبق (Caucase), 329, 399.
Cabeli قابلى, 272.
Cadesia قادسية, 155, 156.
Cadesia القادسية (lieu où l'on fabrique le verre dit de l'Irâc), 146.
El-Cahemin القهمين (ville), 16.
Cahors قاورش (province), 241.
Cahors قاورش (ville), 227, 241.
El-Caïcab القيقب (montagnes), 134.
Caisi قيسى (rivière), 104.
Caisi قيسى (Capizzi, ville fortifiée), 107.

Caïssaria قيصارية (Cæsarea ad Argæum, ville), 301.
Caïssaria قيصارية (Césarée de Cappadoce), 311.
Cadjana قجانه, 91.
El-Cala'a القلعة (fort), 323.
Cabes Rousia قبس روسية, 116.
Cabi قابى (ville), 432.
Cabitat ebn-Asouad قابطة ابن اسـود (cap), 40.
Cabouah قبواح (Capoue), 280.
Caboudia قبودية, 73.
Cabra قبرة (fort), 54.
Cabra قبره (Capri, île), 70, 71.
Cabra قبرة (ville), 14.
Cabra قابره (Cattaro, ville), 261.
Cabreira قبريرة (Capraia, île), 70.

El-Cabtal طرف القبطال (cap), 39.
Cabtal تبطال (village), 18, 42.
Cabtour تبنور (village), 18.
Cacabech قغبش, 93.
Cachan قاشان, 162, 165, 166, 167, 174, 175, 211.
Cachanchoun قشنشون, 135.
Cachcar جزيرة قاشقار (île ou presqu'île de), 11.
Cades قادس (Cadix), 18, 21, 42, 56.
El-Cala القلعة (Alcolea?), 33.
Calabrat قلمراط (Calabraro), 271, 272.
Calabre قلورية, 116, 240, 261, 262, 270.
Calach تلاش (district), 206.
Calahi el-Ghâbé تلاحى الغابة, 306.
Calahorra قلهورە (ville), 34, 227.
Calam تلام (Agram, ville).
Calama تلامە (cap dell' Armi), 117.
Calantaria قلنطرية (Carinthie), 368.
Cala't Abi Chama قلعة اى شامة (Buscemi, château fort), 101.
Cala't Afimi قلعة فيمى (château fort), 95.
Cala't Aioub قلعة ايوب (Calatayud), 16, 34.
Cala't Alsanam قلعة الصنم, 95.
Cala't el-Belout قلعة البلوط (Caltabellota), 87, 94.
Cala't el-Cawareb قلعة القوارب (ou fort des bateaux), 79, 109, 114.
Cala't Darouca قلعة دروقة (Daroca, ville), 16.
Cala't el-Djenoun قلعة الجنون (fort, appelé aussi el-Khanzaria).
Cala't el-Far قلعة الفار, 102.
Cala't-Mour قلعة مور, 96.
Cala't el-Nisa قلعة النسا (Caltanisetta, le château des Femmes), 97, 98, 99, 100.
Cala't Nawa قلعة نوى (château fort), 89.

Cala't Rabah قلعة رباح (Calatrava, ville), 15, 30, 65.
Cala't el-Serat قلعة الصراط (fort), 107.
Cala't el-Tarik قلعة الطريق, 92.
Calavrata قلورية (Calabraro), 281.
Calcas قلقس, 275.
Calcatous قنقاطوس (ville), 324.
Calchana قلشانة, 315.
Calgradoun قلغرادون (Galgotzium), 375.
Cali-Cala قالى قال (ville), 320, 325, 326, 331.
Cali-Cala قالى قال (montagnes de), 137.
Calimalaia قاليمالايا, 382, 387.
Calliboli قليبلى (Gallipoli, ville), 116, 297.
Calmar قلمار, 428, 429, 431, 433.
Calmera قالمرة (Gallura, ville), 69.
Calmilaia قالميلاية, 385.
Calmo قالمو (l'ancienne Calymna, île), 128.
Caloumi قلومى, 305.
Calour قلور (Calore, rivière), 284.
Calowri قلورى (ville), 432.
Calsabour قلسابور (ville), 142.
Calsabour قلسابور (district), 149.
Calsabour قلسابور (montagne), 154.
Calssa قلصة (lieu fortifié), 41.
Cam كام (Caen), 360.
Cama قامة (ville), 266.
Camales قالس (ville), 124.
Camanova قامنوا (ville), 261.
Camen قمن, 203.
Camerata قراطة, 285.
Camerino قرين (ville), 253.
Camio قاميو (ville), 287.
Cammarata قرماطة (ville), 94, 97, 106.
Camoudia قودية (Nicomédie, ville), 303.
Camrai قراى (Cambrai), 365, 366.
Camroun قمرون, 315, 316.

TABLE DES MATIÈRES.

Cana قنة (fort), 43.
Canal des Vénitiens خليج البنادقين, 261.
Canalar قنالار (Candelar, rivière), 264.
El-Canatir القناطر (les Ponts), 18, 56.
Canb-Marin قنب مارين (Campo Marino, ville), 261, 262, 265, 277, 283.
Canbania قنبانية (Campagna), 280.
Canborsano قنبرصان (ville), 261.
El-Candouna القندون (territoire d'une grande fertilité), 40.
Cani قاني (Cannes, ancienne Canne, ville), 264.
Cania قانيا (Camio? ville), 287.
Cania قانية (ville), 393.
Cania قانية (Canina, ville), 261.
Canian قنيان (Cagnano), 265.
Canitra Mahmouda قنيطرة محمودة (ville), 33.
Cano قانو, 397.
Cantana قانتانة, 284.
Cantarat Abi Eioub قنطرة ابي ايوب, 163.
Cantarat Achkana قنطرة اشكانة (Alcantarilla), 43.
Cantarat Andamas قنطرة اندامس, 166.
Cantarat el-Na'man قنطرة النعمان, 162.
Cantarat el-Seif قنطرة السيف (le pont de l'Épée), 16, 25, 30.
El-Cantir القنتير (îles), 16.
Ca'oun قاعون (montagne), 38.
Cap (le) الراس, 114.
Cap extrême الانف الاخر, 114.
Cap ou Bec de l'Aigle انف النسر, 111.
Capoue قبوة, 260.
Capoue (rivière de) نهر قبوة (Volturno), 257.
Cap Saint-Vincent, 2.

Cara قاره (fort), 276.
Cara Bechcara قاره بشكارة (Pescara), 276.
Carandjiloch قرنجلش, 56.
Carantara قرنطارة (la Carinthie, province), 357, 372.
Carantara قرانطارة (la Tarentaise? province), 246.
El-Caratam القراطم (province), 15.
Caratam (seigneurs du) القراطم, 34.
Caratamenial قراطمنيال, 388.
Carancal قارنقال, 275.
Carancala قرنقلة (fort), 276.
Caranitia قرنطية, 214, 215.
Carankath قرنكث, 207.
Carankin قرانكين (bourg), 191.
Carbala قربلة, 285.
Carbonera قربنيرة (île), 40.
Carcassonne قرقشونة, 68, 227, 236, 237.
Cardjara قرجرة, 273, 274.
El-Careb نهر القارب (rivière), 96.
Caria قرية, 395.
Cariat Carankin قرية قرانكين, 192.
Cariat el-Batric قرية البطريق, 309.
Cariat el-Djouz قرية الجوز, 309.
Cariet el-A'sel قرية العسل, 165.
Cariet Madjous قرية مجوس (village), 175.
Carichtaloun قرشتلون, 276, 277.
Carinthie قرانطارة, voyez Carantara.
Carioun جبل قريسون (montagnes), 281.
Carioun قريون (Carrion de los Condes, ville), 233.
Carmachin قرماشين, Carmachiz قرماشيز, ou Carmasin قرماسين (ville), 143, 163, 164.
Carmouna قرمونة (Carmona, ville), 13, 55, 56.
Caroukia قاروقيا, 406, 408.

Carounia القرونية (Caronia, fort, point où commence la province de Demones en Sicile), 79, 109, 114.
Carthagène قرطاجنة (ville), 15, 39, 40.
Cartisa قرطيسه, 310.
Carwi قاروي, 293, 294, 382, 383, 384, 385.
Casala قسالة (faubourg de Malaga), 48.
Casalo قزلو (rivière), 285.
Caspienne (mer), 406.
Cassaba ou château fort, 24, 31.
Cassarin القصارين (rivière), 200.
Cásseres تاحسرس (place forte), 30.
El-Cassr القصر, 138, 142, 161.
Cassr A'bd al-Kerim قصر عبد الكريم (bourg), 7.
Cassr A'mrou قصر عمرو, 164.
Cassr Chirin قصر شيرين (ville), 143, 159.
Cassr Ebn-Bare'i قصر ابن بارع, 151.
Cassr Ebn-Matkoud قصر ابن متكود (château fort), 96.
Cassr el-Hobeira قصر هبيرا (ville), 158.
Cassr el-Lossous قصر اللصوص (ville), 162, 165.
Cassr el-Melh قصر الملح, 176.
Cassr Iani قصر ياني (Castro-Giovanni, ville), 90, 98, 99, 100, 102, 103.
Cassr Masmouda قصر مسمودة (château fort), 4, 6.
Cassr Novo قصر نوبو (Castro-Novo), 92, 94.
Cassr Tazeka قصر تازكة (fort), 9.
Castal قشتال (Cività-Castellana?), 252, 255, 270, 272.
Castal قشتال (Châteauroux?), 353, 358.
Castala قشتالة (Vieille-Castille), 13, 226, 233.
Castala قشتالة (Castel-Sardo? ville), 69.
Castalnouta قسطال نوطة (Castellaneta), 273, 274.

Castamouni قسطلموني, 312, 318.
Castana قسطانة, 169.
Cast Djorard قسط جرزد (Gioia?), 275.
El-Castel القسطل, 129, 137.
Castel Damar قسطال دمار, 258.
Castel Laurente قسطل لورنت, 272.
Castel-Mare قشتال ماره, 283.
Castelli قشتلي (Pouzzole, château fort), 257.
Castelio قسطلو (ville), 239.
Castelloun قسطلون, 275.
Castelnis قسطلنس, 275.
Castelnos قسطلنس (montagne), 285.
Castelnovi قلعة نوي (Castel a mare?), 111.
Castelnovo قسطل نوب, 280.
Castera قسطره (Castro), 116.
Castila قسطيلة (el-Castilo), 226.
Castilasca قسطيلسقة (ville), 266.
Castilion قسطلون (Castiglione, place forte), 108.
Castora قسطوره, 306.
Castoreta قسطرطة (ville), 309.
Castoria قسطورية (ville), 291.
Castorina قسطورينة, 287.
Castra تاسترو (Castro, ville), 120, 437.
Castro قسطرو (fort), 274.
Castroboli قسطروبلي (Policastro?), 285.
Castroboli قسطروبلي (Castrovillari), 262.
Castro-Koli قسطرو كلي (cap), 259.
Castronovo قسطرو نوب (Rocca-Nova?), 273, 281.
Catala قطالة, 117.
Catana قطانة ou Catania قطانية (Catane, ville), 56, 82, 83, 113.
Catansano قطانسان (Catanzaro), 262.
Catantaro قطنطار (Catanzaro, forteresse), 270, 271.

TABLE DES MATIÈRES.   459

Cateniana قطنيانة, 42.
Caterchal تترشال (montagne), 283.
Caterlou قطرلو (la Vistule), voyez Catlou.
Catilouca قطيلوقا (Cattolica?), 129.
Catlou قطلو ou Caterlou قطرلو (la Vistule, fleuve), 428, 429, 431.
Cattaro قاطرو ou Cadharo قادرو, 268, 287.
Caucase جبل قبق, 320, 330.
Caverne des Sept Dormants, 299.
Caworz قاورز (Carlowitz, ville), 377, 378, 379, 390.
Caworzowa قاورزوا (Kovar?), 375.
Cazala قزالة, 137.
Cazaletto قزليت (rivière), 259.
Cazancal قازنقال (fort), 277.
Cazawa قزاوة, 135.
Cazlaza قزلازة, 381.
Cazwin قزوين (ville), 143, 162, 167, 168.
Céphalonie جفلونية (île), 116.
Cerensa جرنزة (Cosenza), 283.
Ceuta سبتة ou Sebta (ville), 4.
Cha Ber-Khast شا بر خاست (village), 170.
Chabran شمران (ville), 329.
Chaca الشاقة (Sciacca, ville), 86, 94, 96, 111.
Chaca شكي (ville), 329.
Chach الشاش ou Chás شاش (le Iaxartes, fleuve), 187, 191, 209, 217, 338, 342, 343.
El-Chách الشاش (province), 203, 206, 211, 212, 407.
Chach الشاش (ville), 329.
Chacoura شقورة (Segura, ville et fort), 15, 42.
Chacouran شاقوران, 189.
Chafghan شافغان, 208.
Chahadroudj شهدروج, 411, 412.
Chaizar شيزر, 132.

Chakath شكث, 212.
Chakrach شقرش (village), 22.
Chalousta شالوسطة (ville), 395.
Chaltich جزيرة شلطيش (île), 20, 21, 23.
Chaltich (ville), 21.
Châm شام (la Syrie), 203.
Chamachki شمشكي, 307.
Chamakhia شماخية, 320, 321, 322.
Chamastro شامستروا (Amastra), 392.
Chamet el-Beïdha شامة البيضا, 40.
Chammou شمو (rivière), 309.
Chanan شنان (montagne), 414.
Chancharin شنشرين ou Chantarin شنترين (Santarem, ville), 16, 29.
Chanderan شندران (ville), 346, 347.
Cha'ra Nouar شعرا نوار, 99.
Charchour غدير الشرشور (étang), 112.
El-Charf الشرف (Alxarfa, province), 14.
El-Charf الشرف (territoire produisant l'huile qui forme le principal commerce de Séville), 19.
Charia شاريا (fleuve), 216.
El-Charran الشاران (les Montagnes, province), 16.
El-Charrat (Sierra, chaîne de hautes montagnes), 12, 13, 32.
Chartres جارترس, 358, 359, 361.
Chât قرية شاط (bourg), 47.
Château d'Ebn Abi Danes القصر المنسوب لابنى ابى دانس, 15.
Chateba شاطبة ou Chatiba (Xativa, ville), 15, 37.
Chatia شتية, 315.
Chawran شوران (rivière), 412.
Chebka شبكة (les Filets), 114.
Cheblir شبلير ou peut-être Chelir (montagne), 45.
Chebrouna شبرونة (Soprony?), 371, 373, 375.

58.

Chedoniat شدونيات (*Chelidoniæ Insulæ*), 134.
Chedouna شدونة (Sidonia, province), 13.
Chehid شهيد (fort), 314.
Chehrezour شهرزور, 156, 159, 165, 167, 172.
Chehriana شهربانة (nom d'une partie de la ville d'Ispahan).
Chelb شلب (Silves en Algarbe, ville), 15, 21, 22, 23.
Cheliata شلياطة (ville), 100, 103.
Cheliba شليبة, 179, 180, 181.
Chelir el-Teldj شلير التلج (montagne d'Espagne couverte de neiges éternelles), 49, 52.
Cheloubania شلوبنية (bourg), 46.
El-Chelouk مرسى الشلوق (port), 111.
Chenchir شنشير (province dont le territoire est renommé par les figues qu'il produit), 22.
Chenil شنيل (rivière salée), 52.
Chenil شنيل (Xenil, fleuve), 55.
Chent شنت (Szentes), 375, 380.
Chentorb شنتورب (Centorbi), 104.
Cherech شرش (Xerès, ville), 13, 55, 56.
Chericha شريشة (Xerès de Extremadura), 15, 30.
Cherwa شروى (rivière), 435.
Chetan شطان, 325.
Chetawir شطوير (fleuve), 23.
Chibah شيبة (Ceva de Pyreneo, montagnes), 231.
Chidhi شيذى (fort), 315.
Chidhouna كورة شذونة (Sidonia, province), 55.
Chien (cap du) أنف الكلب, 114.
Chikla شكلة ou Chikla Maior شكلة ميور (Ischia, île), 70.
Chiklé شكلة ou Chikla (Scicli, fort), 85, 101, 112.

Chincou شينقو, 206.
Chinich شنيش (Cisini), 90.
Chintra شنترة (Cintra, ville), 16, 227.
Chirama شيرمة, 167.
Chirich شريش (Xerès), voyez Cherech.
Chirwan شهروان, 143, 156, 168, 329.
Chitan شطان, 320.
Chith نهر شيط (rivière), 315.
Chithow شيثو (Kiew?), 389.
Chora'a شرع, 194.
Chorent شرنت, 304.
Chorham شرم (Shoreham), 374, 424.
Choucar (montée de) عقبة شقر, 43.
Choucar شقر (rivière), 37.
Choucar شقر (Xucar, ville), 15.
Choudhar شودر (Iodar, forteresse d'où la teinture écarlate dite *choudari* tire son nom), 51.
Chounia شونية (montagne), 415.
Chouzza شوصه (Voloutza, rivière), 287.
Chrétiens الروم, 12.
Chuchou شنشو ou Chuchwei شنشوى, 317, 318, 319.
Chwaros شوارص (Schwartzbourg, ville), 373, 374.
Chypre قبرس (île), 126, 128, 129, 130.
Cité bénie مدينة المبارك (ville), 143.
Clermont (pays de) اكلرمنت, 239, 240, 241.
Clou (île du) جزيرة المسمار, 113.
Cobad, roi (Caï-Cobad), 329.
Cobakeb نهر قباتب (rivière), 307, 318.
Cobtié (pierres dites de) قبطية, 64.
Cocaïa قوقايا (montagnes), 347, 396, 401, 436.
Codjensa توجنس (Cosenza), 116.
Coleï'ah القليعة, 42, 56, 57.
Colimria ou Colomria قلمرية (Coïmbre, ville), 26, 32, 226, 227, 232.
Colleira قليرة (Cullera, château), 37.
Cologne قلونية, 367, 368, 374.

Colombes (port des) مرسى الحمام, 112.
Colombes (île des) جزيرة الحمام, 112.
Comalgha قلغة (Comacchio), 240, 247.
Comamé قامة (de Jérusalem), 229.
Comania la Blanche قانية البيضآ (ville), 400, 404.
Comania la Noire قانية السودآ (ville), 400.
Comanie قانية (contrée), 391, 399, 401, 434.
Comanie Intérieure قانية الداخلة, 435.
Comminges قنجة, 227, 236.
Comraï قراى (Coblentz?), 363.
Conbarsan قنبرسان (Conversano), 263.
Coniah قونية (*Iconium*, ville), 301, 305, 307, 310, 311, 312.
Consa قنسو ou قنصه (Conza), 262, 280.
Constantine du Fer قسطنطينة الحديد, 57.
Constantinople قسطنطينة, 135, 295, 309, 332, 382, 383, 385, 392, 394, 405.
Constantinople (canal de) خليج قسطنطينة, 286, 310.
Corawa قراوة, 183.
Corbeau (église du) كنيسة الغراب, 22.
Corcoub قرقب, 155.
Cordoue قرطبة (description de la grande mosquée de), 57 et suiv.
Corfos قرفس (Corfou, île), 116, 121.
Coria قورية (ville), 25.
Corinthe (isthme), 123.
Corinthe قورنت (ville), 123, 124.
Corioun قريون (Corigliano), 272.

Corlioun قرليون (Corleone, ville), 92, 93.
Cormiza قرميزة (Worms), 367, 368.
Cornwalia نوالية (Lands End), 423.
Coronia قرونية (...u, ville), 124.
Coros قورس (*Cirrhus*, fort), 139.
Corra قرة, 130.
Corra قره (*Koron?* ville), 301.
Corse (île de) جزيرة قرسة, 68, 69.
Cortoba قرطبة (Cordoue, ville), 12, 14, 24, 41, 42, 53, 54, 55, 56.
Cortos قورطس (ville), 289, 290.
Cosra قوصرة ou قسرة (île), 68, 72, 73.
Cosseir قصير, 42.
Costansa قسطنصة (Coutances), 360, 361.
Costantiniah قسطنطنية (Constantinople), 293, 294, 298.
Cotaniana قطنيانة, 57.
Cotrona قطرونة, Cotrouna ou Cotroni قطرون (Crotone, ville), 118, 262, 270, 271, 283.
Cotwan-deré درة قطوان, 212.
Coucha فوشة (rivière), 310.
Couhestan قوهستان, 174, 183.
Coumaïa قاية, 315.
Coum قم (ville dont le territoire contient des plantations de pistachiers), 165, 166, 167, 174, 175.
Coumes قومس, 176, 179, 183.
Counka قونكة (Cuença, ville), 41.
Couria قورية (Coria, ville), 16.
Cracal قراقل (Cracovie), 371, 381, 389.
Crémone كرمونة, 254.
Crète اقريطش ou قريطس (île), 73, 122, 126.
Croatie جراسية, 266.
Cuma كومة (l'ancienne Cumes), 257.

D

Dabelia دبلية (D'Abelia), 226.
Dabia دابية, 265.
Dabil دبيل, 320, 324, 325, 326, 328, 329.
Dabisia دبيسية (île), 392.
D[ ]li دابلى (rivière), 287.
[D]ousia دبوسية (ville), 194, 197, 199, 202.
Dachma ذشمة (Diezma, bourg), 50.
Dademi دادمى, 410, 411, 413.
Daghwada داغوادة (Dago, ville), 431, 432, 433.
Dahelan دهلان (place forte), 342.
Dahestan دهستان (ville), 334, 337.
Deïnour دينور (ville), 143.
Dakhercan داخرتان, 173.
Ebn Dakhni دخلة ابن دكني (anse), 112.
Dalia الدالية (ville), 138, 142, 145.
Dalia دالية مرسى (port), 114.
Dalmatie دلماسية, 266.
Damala دمالة (Damatia, ville), 302.
Damas دمشق, 131.
• Damghan دامغان (l'ancienne Hecaton-Pylos, ville), 169, 176, 179, 181.
Damia دامية, 315.
Damlia دملية (ville), 303.
Damouria دمورية (ville), 215, 216, 217.
Danes دنس (île), 426.
Dania دانية (Denia, ville), 15, 37, 38, 39, 66, 67.
Dania دانية (rivière), 41.
Danube دنو (fleuve), 246, 369, 372, 376, 394.
Dar دار حصن (lieu dont les environs produisent d'excellentes poires), 49.
Dara دارا, 151.
El-Daradja الدراجة, 113.

El-Daradja el-Sogheïra الدراجة الصغيرة (ou la Petite), 113.
El-Daradja el-Waseti الدراجة الوسطى (ou du Milieu), 113.
Darcou درقو (ville), 338, 341.
Darcoudi درقودى, 100.
Darcouni درقونى, 100.
Dared-Abad دارد اباد, 165.
Dareïn مرسى الدارين (port), 112.
Dar el-Bacar دار البقر, 65.
Dar el-Bacra دار البقرة, 64.
Darend درند, 338.
Darenda درندة (ville), 341.
Darghach درغش (nom d'un quartier de Djordjan), 189, 190.
Dargham ضرغام (canton), 199.
Darmarcha دارمرشة ou Darmardja درمرجة (Danemarck), 427, 429.
Daroca دروقة (ville), 34.
Dascalia دسقالية (Scalea, citadelle), 259, 285.
Duskara دسكرة (ville), 143, 158, 159.
Dauser دوسر, 136.
David, 13.
Debwada دبوادة, 186.
Dedjlé دجلة (le Tigre, fleuve), 137.
Dedjlet el-Ghaura دجلة الغورا, 161.
Dehanakath دهانكث, 206.
Dehlan دهلان (ville), 222.
Dehrat دهرات, 216, 217.
Deïlem ديلم (contrée), 162, 169, 407.
Deïlem جبال الديلم (montagnes), 178.
Deïlem ديلم (ville), 143.
Deïnour دينور, 160, 162, 163, 165, 167, 169.
Deir Akran دير اكران, 285.
Deïrat el-Djemala ديرة الجمالة (station), 19.

TABLE DES MATIÈRES. 463

Deïr Barema دير بارمه, 159.
Daïr el-Hissn دير الحصن (fort), 174.
Deïr Karan دير كران, 159.
Delaïa دلاية (Dalia, dépendance d'Alméria), 45, 52.
Deldjina la Maritime دلجينة ou Deloudjia دلوجية (Dulcigno, ville), 261, 268, 287.
Delsina دلسينه, 382.
Demestan دمستان, 169, 179.
Demetriana دمتريانه (Demetrias, ville), 296.
Demirtakh دمرتاخ, 218, 219, 220.
Demones دمنش اقليم (province), 79.
Den ada دنوادة, 184.
Denbeha دنبها, 410, 415.
Denbeli دنبلي, 382.
Denberani دنبراني (village), 181.
Dendari راس دنداري (cap), 114.
Dendema دندمة (île), 71.
Dendara دندارة, 71.
Denhadja (pays de) دنهاجه, 7.
Deniar Razi دنيار رازي (ville), 181.
Denkerwan دنكروان, 183.
Denos دنوس, 309.
Derast دراست, voyez Durazzo.
Derb درب (Derbe), 308.
Derech درش, 178.
Derenda درندة (rivière), 411.
Derhié درهية (village), 181.
Deristra درسترة (Dristra, aujourd'hui Silistrie, ville), 386.
Dermah درماه, 338.
Desina دسينه (Sutina, ville), 386, 397.
Destouri دستوري et Isfahâni اسفهاني (riches brocarts fabriqués à Antioche), 131.
Détroit de Constantinople, 301.
Détroit du Pont خليج بنطس, 384.
Dhalibourka دليبركه, 375.
Dhehel دهل, 181.

Dherouta دروتة (village), 316.
Dhia't el-Cass ضيعة القس (village), 314.
Dhiniboli ذنيبلي (bourg), 388.
Dhnabros ضنابرس (Dnieper ou Borysthène, fleuve), 395.
Dhoulburg دلمرك (ville), 374.
Dhoulburka دولبركه (ville), 381.
Dhoul-Carneïn (Alexandre le Grand), 198.
Dhouni ذول, 316.
Dhounia دونية (ville), 316, 318.
Diaba دياپا (Dieppe), 360, 365.
Diaba دياپه (fort), 280.
Diar Modhar ديار مضر (contrée), 155.
Diar Rebi'a ديار ربيعة, 143, 148, 149, 150.
Diawend دياوند (ville), 143.
Dibgherd ديبكرد, 212.
Digue (ou muraille) de Gog et de Magog, 416, 418, 419, 420.
Dijon دجون, 242, 243, 244, 359.
Dilo ديلو (Délos, île), 128.
Dina دينا (pont), 157.
Dinan دنام, 352, 354.
Dinavend ديناوند (fort), 180.
Dinawend ديناوند (ou plutôt Demawend, montagne), 176, 180.
Dirakio درقيو, 305.
Diwaly طرف دوالي (cap), 11.
Diz el-Sal دير الصال, 161.
Djabbel جبّل (ville), 161.
Djaca جاقة (Jaca, ville), 3, 16, 227, 235.
Djadjan جاجان, 338, 339, 341, 342.
Djadjito جاجيت (Zante, île), 116, 121.
Djadra جادرة (Zara, ville), 261, 267, 287, 288.
Djafnah جفنه (nom d'un ancien roi de Syrie), 236.
Djaïmend جايمند, 182.

Djakath جاكث, 206.
Djalah جلاح (rivière), 257.
Djaldia جلدية (*Chaldia*, province), 301.
Djalita جاليطة, 395.
Djallab حصن جلاب (fort), 152.
Djalous جالوس (Châlons, ville), 358.
Djanco-Castro جنقو قسطرو (Belcastro?), 271.
Djanda جنده, 143.
Djankath جانكث, 213.
Djanwa جنوه, 328.
Djar جار (Guadalaviar, fleuve), 36.
Djaradji وادى جراى (rivière de Garace), 117.
Djaradji ou Djeradji جراى (Garace), 116, 117, 270.
Djaras جاراس, 107.
Djaratrous جاراطرش (Chartres, ville), 355.
Djardiban جرديبان (fort), 329.
Djardjaïa جرجاية (ville), 143.
El-Djarf حصن لجرن (fort), 42, 57.
Djarf el-Tafl جرن الطفل (écueil de l'Enfant), 112.
Djarian جريان (ou Harian, ville), 137, 142, 152.
Djarins جرينص (ville), 142.
Djarit جريت (ville), 143.
Djarsioun جرسيون (*Kharsianon*, province), 301.
Djarta جرته (ville), 428.
Djartmouda جرتمده (Nordmuth, ville), 374, 423, 424.
Djarwa جروا (Graua?), 274, 275.
Djatoua جاتوا (fort), 91, 94, 95.
Djebal الجبال (contrée), 143, 162, 174, 333.
El-Djebel الجبل, 172.
Djebelé جبلة (Gabala), 130, 131.
Djebel el-Amim جبل الامم, 44.

Djebel A'mir جبل عامر, 65.
Djebel el-A'rous جبل العروس (montagne de la Nouvelle Épouse), 58.
Djebel el-Bortat جبل البرتات (Pyrénées), 236.
Djebel Choub جبل شوب (bourg), 217.
Djebel Hamed جبل حامد (montagne), 88.
Djebel el-Mina جبل المينة, 5.
Djebel Mount جبل منت, 19.
Djebel Mousa جبل موسى (montagne ainsi nommée à cause de Mousa ben-Nassir), 4.
Djebel el-Nar جبل النار (l'Etna), 82, 104, 108.
Djebel el-Nar جبل النار (le Vésuve), 257.
Djebel O'ioun جبل عيون (la montagne des Sources), 14, 23, 57.
Djebel-Tarck (Gibraltar), 17.
Djeberoun جبرون (fort), 284.
Djebiras جبناس (Giovenazzo), 263.
Djebita-Beka حبيت بكه (Cività-Vecchia), 250.
Djedwellaghiz جدو الكز (île), 333.
Djefaloudi جفلودى الساحلية (Cefalù, ville), 79, 108, 109, 114.
Djefalounia جفلونية (Céphalonie, île), 121.
Djefaludi el-Soghra جفلودى الصغرى (la Petite), 114.
Djefira جفيرة (l'ancien *Zephirium*, cap), 117.
Djeihan جيحان (l'ancien *Pyramus*, rivière), 133.
Djeihoun جيحون (l'Oxus, fleuve), 183, 189, 191, 210, 212, 338.
Djeihoun du Khorasan جيحون خراسان (l'Oxus), 137.
Djeïloun جيلون (Aloni, ville), 143, 147.

TABLE DES MATIÈRES. 465

Djelmata جلمطة (l'*Hermus?* rivière), 312.
Djemada جمادة, 268.
Djenazia جنازية (Gnesen), 375, 381, 389.
Djendjkou جنجكو, 313.
Djenes جنس (fort), 277.
Djenf جنف (montagne), 346.
Djengala جنغالة, 281.
Djenoua جنوه (Gênes), 249.
Djentata جنطاط, 262.
Djentata جنطاط (Civitare?), 283.
Djentina جنطينه, 124.
Djera'ankath جرعانكث, 195, 197.
Djerada جرادة (bourg), 176, 177.
Djeradji جرأى, voyez Djaradji.
Djerami جرأى (rivière), 104, 105.
Djerami جرأى (Cerami), 107.
Djera'nkath جرعانكث (ville), 200, 203.
Djerasna جرسنه (Acerenza), 262, 283.
Djerawa جروا, 275.
Djerdan الجردان, 146.
Djerdjeraia جرجرايا (ville), 161.
Djerha جرها (village), 181.
Djerk جرك (bourg), 217.
Djerman جزيرة الجرمان (île), 112.
Djersa جرسه (Cherso, île), 269.
Djersoun جرسون, 130, 308.
Djerta جرته ou Djezta جزته la Maritime, 428.
Djertgraba جرتغابه (Visegrad, ville), 380.
El-Djeser الجسر, 129.
Djeser Abad جسر اباد, 177.
Djeser Wadjerd جسر واجرد, 177, 184.
El-Djewzat الجوزات, 308.
Djeziré جزيرة (Mésopotamie), 142, 143, 155, 326.

Djeziret Choucar جزيرة شقر, 37, 41.
Djeziret Ebn-O'mar جزيرة ابن عمر (Zabdicena, ville), 142, 153, 154, 172.
Djeziret el-Firan جزيرة الفيران (île), 39.
Djeziret Ienchtalat جزيرة ينشتلة, 18.
Djeziret el-Khadra جزيرة الخضرة (Algéziras), 17.
Djeziret Omm Hakim جزيرة ام حكم, 17.
Djeziret Tarif جزيرة طريف (Tarifa, ville), 16, 17.
Djezlé جزلة (cap), 259.
Djezlé جزلة (Lao, rivière), 259.
Djian جيان (Jaen, ville), 14, 50, 66.
Djibita-Leberal جبيطة لبرال (Città d'Albero-Bello?), 273, 276.
Djibiterra جبيترة (Acerra?), 270.
Djighoukath جيغوكث, 207.
El-Djihani (auteur), 438.
Djikelburk جيكل برك (ville), 371.
Djikelburka جيكل بركة (ville), 371, 373.
Djinal جنال, 282.
Djinandjikath جناجيكث, 206.
Djindjala جنجالة (Chinchilla, ville), 41.
Djindjors جنجرس (Gisors), 363, 364.
Djinebra جنبرة, voyez Genève.
Djinkou جينقو, 219, 220.
Djintiar جنتيار (ville), 452.
Djirintia جرنتية (Cerenzia?), 283.
Djirasna جرسنة (ville), 279.
Djirdjent جرجنت, voyez Ghirghent.
Djir Djeraï جر جراى, 158.
Djirindjo جرجو, nommé aussi Djer-'djebo (Circeo) ou le Magasin des Arabes (Torre Moresca), 256.
Djizak جيزاك ou جيبراق, 203, 205, 212.

II. 59

Djoda'n جدعان (montagne), 172.
Djoheina جهينة (village), 181.
Djondi Sabour جفدى سابور (ville), 166.
Djordjan جرجان, 169, 177, 179, 180, 181, 185, 330, 333.
Djordjania جرجانية, 187, 188, 192.
Djoudica جودقة (ville), 104.
Djoumara جمارة (nommée en grec Barento, ville), 116, 120.
Djoun جون (village), 316.
Djoundiou جنديو (Myndus, fort), 303.
Djourta جرطة, 106.
Djouthra جوثره, 334.
Djouz منت جوز (montagnes), 369.
El-Djouzat الجوزات, 140.
Dnabros دنابرس (le Dnieper ou le Borysthène, fleuve), 397, 405, 434.
Dniest دنيست (Dniester, fleuve), 390, 395.
Dniest دنيست (la Dieana, rivière), 433.
Dobres دبرس (Douvres, ville), 374, 424.

Dodjail دجيل (canal de dérivation du Tigre), 147.
Dodjail دجيل (ville), 143.
Dograta دغراطة (Novigrad, ville), 267.
Dokhares دخارس, 192.
Dokkan دكان, 164.
Dol دول, 352, 354.
Don نهر روسية (fleuve), 395.
Dorac درق, 183.
Doraki دورق, 145.
Dorza درزة (ville), 174.
Doscana دسقانه (la Toscane), 368.
Doudan دودان (ville), 184.
Douira دويرة (Duaro), 228.
Douman دومان, 169.
Douro دويره (fleuve), 232.
Dragonala ادرغونالا, 283.
Drave درو (rivière), 369, 372, 375.
Drouna درونه (ville), 261.
Durazzo دراست ou دراس, 261, 287, 288, 289, 295.
Durhalma درهالمه (Durham, ville), 426.
Dzou'l-Carneïn حصن ذو القرنين (fort d'Alexandre), 315.
Dzou'lkila' ذو الكلاع, 301.

E

Eau douce (rivière d') نهر الحلو, 122.
Ebda ابدة (Ubeda), 42, 51.
Ebla ou Ebola ابلة (Evoli), 280, 285.
Eblnasa ابلناصة (Blanes, port), 39.
Ebn-Abi-Omar, gouverneur d'une contrée d'Espagne au nom des khalifes Ommiades, 53.
Ebn el-Fetni ابن الفتنى ou Fenti فنتى, 111.
Ebn Haukal, historien, 332, 401.
Ebn-Selim مدينة ابن سلم (ville), 19.

Ebre نهر ابره (fleuve), 34, 36, 235.
Echbilia اشبيلية (Séville, ville), 13.
Echir اشبير (Spire?), 367, 369.
Eclich اقليش, 16.
Écosse, 425.
Édrisi (cet auteur semble avoir voyagé dans l'Asie mineure trente-sept ans avant la publication de son ouvrage), 300.
Édrisites, 8.
Églises du Roi كنائس الملك, 306.
Église Noire الكنيسة السوداء, 313, 314.

TABLE DES MATIÈRES.

Église de Saint-Jacques de Compostelle, 229.
Égribos اغريس (Négrepont, île), 294, 296.
Égypte, 32, 48.
Eilac نهر ابلاق (fleuve), 191, 213.
Eilâc ايلاق (province), 206, 212, 217.
Eimen ايمن (Eminèh, ville), 382, 385, 387.
Eimen ايمن (cap Eminèh), 387, 394.
Eizercarta ايزرقرطة (Stuttgard ?), 370.
Elba البه (Elbing ?), 428, 429.
Elbas (ville), 29.
Elbe (île d') البه, 68, 70.
Elbe البه (fleuve), 127.
Elbira البيرة (Elvira, province), 14.
Elbira البيرة (Elvira, ville), 52.
Elcha الش (Elche, ville), 15, 38.
Elend الند (Elwend), 320.
Elmira الميرة (tour), 123.
Emir (rivière de l'), 91.
Emir (château de l') قصر الامير, 90.
El-Enbiada الانبياده, 111.
Épée (cap de l') راس السيف (Cape Spada), 126.
Erzen ارزن (Erzeroum), 326, 327.
Ezbira اشبيرة (Spire), 362.

Esclavonie اسقلونية (province), 286, 378.
Esfidjab اسفيجاب, 208, 212.
Esfindjab اسفينجاب, 206.
Esidja اسيجا (Ecija, ville), 14, 54, 55, 56.
Eskel Fara اسكلفاره (cap), 296.
Eskindja اسكنجه (Ehingen, ville), 246, 369.
Espagne الاندلس, 11, 13, 36.
Espagne اسبانية, 226.
Esteladja استلاجة (rivière), 117.
Esterham استرهام (l'O-ne, rivière), 361.
Estimos استيموس ou Estios استيوس (ville), 382, 387.
Estirangeli استيرانجلي (Strongoli), 262.
Estlanda (Esthonie), 432.
Ftoboni استوبوني (ville), 383.
L'Étable du Roi اسطبل الملك, 307.
Étoffes fabriquées à Alméria, 44; — à Ispahan, 168; — à Webzar, 201.
Euphrate فرات (fleuve), 137, 138, 142, 143.
Évreux ابروس, 360, 361.
Ewellat اولات, 285.

F

Fabrique de papier كاغذ à Xativa, 37.
Facarra فقره (Carrara), 249.
Fachkio فاشكيو (ville), 116, 121.
Faikoudha فيكوذه (île), 72.
Faines فينس (Vannes), 352, 354.
Falan مرج فلن (prairies), 317.
Falfal فلفل (ville), 275.
El-Falica الفليقة (جون Finika, golfe), 134.
Faloughari فلوغري (fort), 308.
Faloumi فلومي (Philomelium), 310.

Famia فامية (Apamæa), 129.
Fanda فانده (bourg), 148.
El-Fandak الفندق (fort), 53.
Fandj فنج, 306.
Fanen فاني (ville), 183.
Fani فاني (ville), 261.
Fano فانو (ville), 246.
Fanousa فنوصة (Venosa), 269.
Farab فاراب (province), 187, 208, 210.
Faran فاران ou Caran قاران, 179.
Farandin فراندين (bourg), 275.

59.

Farandjoloch فرنجلش (ville), 57.
El-Farareth الفرارث, 161.
Farch فرض حصن (fort), 57.
Farchi الرخام الفرشي (marbre renommé par sa beauté), 57.
Farda فردي (canton), 151.
Fardari فرداري (l'ancien *Axius*, aujourd'hui le Vardar), 289, 294.
El-Fardha الفرضة, 115.
Farghan فرغان (montagnes où se trouve une caverne au sujet de laquelle on raconte des fables absurdes), 348.
Farnaghal فارنغل, 275.
Fasimont فاسي منت (Phalasia? ville), 296.
Faskio فاسكيو (ville), 122.
Fathoua فاثوا (Padoue), 247.
Fawarat el-Caboudhi فوارة القبوذي (la fontaine d'Aréthuse), 84.
Fedenia الفدنيا, 274.
Feknan فكنان (territoire), 205.
Feloudja فلوجه (ville), 317.
Felmous فلموس (fort), 432.
Ferebr فربر (ville), 192, 194, 195, 210.
Fereira فريرة (fort des Noix), 49.
Ferghana ou Ferghanah فرغانه (province), 187, 203, 210, 330.
Ferrare فرارة, 240, 254.
Fétide (pays) ارض المنتنه, 410.
Fèz فاس (ville), 8.
Fiadh فياض, 282.
Filah-Chah, 417.
Filadent فيلادنت, 109.

Filibes فليبس (Philippes), 297.
Filibobolis فليبوبلس (Philippopolis), 293.
Fimia فيميه (ville), 428.
Finana فينانه (fort), 49.
Finica فنيقه (*Limyrus*, rivière), 303.
Finistère (cap), 12.
Finmark فينمارك, 427, 429, 431.
Firouz Cobad فيروز قباد, 329.
Fitana فيطانة (Oristani? ville), 69.
Flandre الفلندرس, 357, 365, 368.
Fleuve d'Orléans نهر ارليانس (la Loire), 238.
Florence فلرنسة, 254, 255.
Fôc فوق (fort), 172.
Foglia فوليه (rivière), 247.
Fontaines d'Abbas عيون عباس, 111.
Fordjara فرجارة, 274.
Formendos فرمندس (ville), 290.
Fort du Juif حصن اليهودي (*Hebraïcus?*), 306.
Fortola فرتول (Fortore, rivière), 283.
Foum A'rous فم عروس, 310.
El-Fout فوت (ville), 8, 33, 37.
Foutiroch فوطيرش (fort), 108.
France (bravoure des), 236.
France اقلم الفرنسية, 343, 357.
Francfort فرنغبرده, 368.
Francfort-sur-le-Mein افرنقبرد على نهر موين, 370.
Franghin قرية الفرنكين (village), 189.
Fransia الفرنسيه (Franconie), 368.
Frisa الفريزية, 357, 365, 373.
Fusco فسق, 284.

G

Gaïta غيطة (Gaëta, ville), 70, 256.
Galice (mer de) بحر القليشين, 12.
Galice جليقية, 226.

Galisia غليسيه (Gallicie?), 390, 391, 397.
Gallipoli la Maritime قليبلي الساحلية, 273.

Gallipoli قليبلي (ville), 119.
Gand غنط, 365, 366.
Gange الخنيس (fleuve), 137.
Garace (ville), voyez Djaradji.
Garance (lieux où l'on récolte cette plante), 330, 333.
Garilian غارليان (Garigliano), 256.
Garnata غرناطة (Grenade, ville), 14, 52.
Garnata Albira غرناطة البيرة (Grenade, ville), 48.
Gascogne غشكونية, 226, 227, 236, 237, 241, 368.
Gênes جنوة, 249, 253, 255.
Gênes (pays de) بلد جفوة, 243.
Genève جنبرة, 239, 244, 245, 359, 362.
Génois (mœurs et caractère des), 249.
Germanie جرمانية, 286, 375, 382.
Géthulie جثولية (Servie), 382, 391, 404.
Gethuria جتورية (Astros?), 125.
Ghadira غادرة, 42.
El-Ghadran الغدران (les Étangs), 93.
Ghafec غافق (fort), 15, 65.
Ghaghan (lac de) بحيرة غاغان, 215, 216.
Ghaghan مدينة غاغان (ville), 215, 217.
Ghaïran الغيران, 56.
Ghala قالة, 110.
Ghaliana غليانة (Gagliano), 105.
Ghalisia غليسية, voyez Galisia.
Ghamach نهر غاش (rivière), 222.
Ghamandwa غامندوا (ville), 253.
Ghamendio غمندبو, 240.
Ghana-Bourkath غنا بوركث, 217.
Ghanadj غناج, 206.
Ghanano غنانو, 272.
Ghanat غانة (pays), 6.
Ghano غانو (Novi?), 379.
Ghanoun غنون (lac), 435.

Gharb (pays du) غرب, 29.
Gharban غربان, 338.
Gharbian غربيان (ville à trois milles de laquelle sont des mines d'argent très-riches), 342.
Gharca غرقا (ville), 314.
Gharcafort غرقفرت (Wallingford, ville), 374, 425.
Gharchit غرشيت ou Ghawchit غوشيت, 263.
Gharcoudha غرقوطه, 99.
Ghardia غردية, 276.
Ghardia غردية (île), 396.
Ghardia-Art غردية ارط (Guardialfiera, ville), 277.
Ghardouta غردوتة, 96.
Gharghara غرغرة (Gangra), 312.
Gharghouri غرغري (mont), 319.
Gharham غرهم (Wareham), 374, 423, 424.
Gharian غريان, 420.
Gharkendeh غركنده, 206.
Gharkeré غركره (village), 212.
Gharmachia غرمشية ou Gharmasia, 371, 375.
Gharmaicha غرمايشه (ville), 370.
Gharnilia غرنيلية (Cerignola), 262.
Gharoboli غروبلي, 305, 306.
Gharzouni غرزوني (ville), 395.
El-Ghathasin الغطاسين, 309.
El-Ghaur الغور, 133.
Ghauran غوران, 410, 411.
Ghazk غزك, 207.
Ghichta غشتة, 315.
Ghighani غيغني (bourg), 315.
Ghilan كلان, 169.
Ghirghent كركنت ou Djirdjent جرجنت (l'ancienne Agrigente), 86, 97, 99, 111.
Ghirghiz جبل غرغز (monts), 216.
Ghitana غنانة (village), 315.

Ghizar غذر (étoffe tissue d'or), 34.
Ghodos غدس (Gozzo, île), 73.
Ghomara غمارة (pays), 8, 9.
Ghorghos غرغوز (lac), 338, 341.
Ghorghoz غرغوز (fort), 342.
Ghorli غرلي, 382.
Gherlou غرلو, 388.
Ghoudjia غوجية, 213.
Ghoulouni غولوني, 397.
Ghounester غونستر (Winchester), 374, 424.
Ghourdjan غرجان, 406, 408.
Ghozzes (pays des) بلاد الغربة ou الاهراز, 187, 209, 330, 340, 343, 351, 407.

Ghozzia la Neuve الغربة الجديدة, 209.
Gibraltar (détroit de), 7.
Gironda جرندة (ville), 236.
Girone جرندة (ville), 68.
Gog (contrée), 350, 396, 439.
Gog et Magog (contrées), 350, 421.
Golfe d'Istrie جون استرية, 268.
Gouchta غوشتة (îles), 269.
Grabina غرابنة (Gravina), 262.
Gradis كراديس (Gradisca?), 248.
Grand Zab الزاب الكبير (district), 148.
Grand Zab الزاب الكبير (rivière), 147.
Grenade غرناطة (ville), 47, 53, 66.
Grisons الكريزو (contrée), 239.
Groboli غروبلي (Agropoli), 258.

H

Hablakath هبلكث, 213.
Habouroun حبورن, 206.
Habous le Sanhadji حبوس الصنهاجي (qui fonda la ville d'Elvira et l'entoura de murs), 52.
Hachewites حشوى (secte), 167.
Hachkida هشكيدة, 176.
Hadhar الحضر (ville), 142.
Hadher حضر (Hatra, ville), 147.
Hadith حصن حديث (fort), 313.
Hadjada جهادة, 196.
Hadeth الحدث (ville), 129, 139.
Hadith حديث, 156.
Haditha حديثة (ville), 142, 147.
Hadjar O'mar حجر عمر, 114.
El-Hadjar الحجر (ville), 8.
Hadjar Ebn-Abi-Khalid حجر ابن ابي خالد, 23.
Hadjar el-Mathcoub حجر المثقوب (la Roche Percée, fort), 99, 100.
Hadjar Sarlo حجر سارلو, 105.
Hadjiria حجرية (ville), 125, 295.
Hedran حدران, 172.

Hadrou حدرو (rivière), 52.
Hai ج, 155.
Haïan حيان (ville), 323.
Halouna هيونة (Corfe Castle, cap), 374, 424.
Halouna هيونة (ville), 424.
Hainaut هينو, 357, 368.
Haithan حيثان (rivière), 414.
Hala حالة (Hull), 375, 381.
Halat حلاط (Akhlat), 320.
Halfa حلفا (plante aquatique), 334.
Haleb ou Alep حلب (Berœ), 129, 135, 136, 139.
Halitha حليثة (bourg), 146.
Haloula حلولة (Halus, ville), 159.
Hama حماة, 99.
Hama حمى, 132.
El-Hama الحمة (forteresse), 43, 48, 89, 95.
Hamadan همدان (l'ancienne Ecbatane), 143, 162, 164, 165, 166.
El-Hamam الحمام (bourg), 314.

TABLE DES MATIÈRES. 471

El-Hamam جبال الحمام (montagnes), 314.

El-Hamar الحمار (caravansérail), 107.

Hamarnas حمارناس, 129.

Hamd حمد (étoffe fabriquée à Alméria), 44.

Hamechka حمشقا (fort), 312.

El-Hamra الحمرا, 186.

Hanach حنش, 110.

Handjiala حنجيالة (Chinchilla, ville), 15.

Hanflat هنفلات (Honfleur?), 360.

Hanwa de Djordjania حنوة الجرجانية (ville), 188, 189, 190, 192, 323, 331.

Hanwa نهر حنوة (rivière), 190.

Hanwan حنوان (ville), 329.

Haraca حراقة, 99.

Haraoua حراوة (ville), 10.

Haras حراس ou Hanwas, 189.

El-Harcha طرف الحرشا (cap), 11.

Harchana حرشنة (ville), 309.

Hardacomb حردقوب (fort), 308.

Hardbourd هردبرد (ville), 367, 368, 375, 381.

Hareth الحارث, 330.

El-Harounia الهارونية, 140, 141, 313.

Harran حران (ville), 129, 142.

Harran حران (principale ville des Sabéens, où est un oratoire dont ils attribuent la fondation à Abraham), 153, 155.

Harzan حرزان (ville), 329.

Hasonia حسنية (ville), 150.

Hastings هستينكس (ville), 374, 424.

Hatwa حطوة, 320.

El-Haudh الحوض (faubourg), 44.

El-Haukali (Ebn-Haukal), 330.

Haulak حولك, 314.

El-Hawanit الحوانيت, 161.

Hawali حوالي (rivière), 149.

Hawara حوارة, 209.

Heikel Souli هيكل سولي (temple de Soila ou de Saleilles), 226.

Heikel el-Zahira هيكل الزهرة (le temple de Vénus ou le cap de Creuz), 12.

Helat هلات, 211.

Hali هلي, 211.

Heloun نهر هلون (rivière), 51.

Hems ou Homs حمص (Émesse), 132, 137, 139.

Henin هني ou Hunein, 4, 10, 11, 66.

Heracla اركلا ou Heraclia هرقلية (Héraclée), 391, 392, 394.

Héraclius II, 387.

El-Heras الهراس, 115.

Herat هرات, 183.

Herbadé هرباذة (ville), 131.

Herbes sèches (île des) جزيرة دمدمة, 68.

Herengraba حرنغرابة (Ovar?), 375.

Hersous هرسوس (roi), 24.

Hezarasb هزاراسب, 192.

Hezarest هزارست, 189, 190.

El-Hiadj حصن الهماج, 315.

Hiam حيام (ville), 339, 342.

Hiat هيات (ville), 314.

Hicla هقلة (l'ancienne *Hyccara*?), 91, 93, 99.

Hières ايرس, 240, 249.

Hini حني (ville), 142.

Hippodrome حدرون (de Constantinople), 299.

Hissana حصانة (château), 44.

Hisn Chacoura حصن شقورة (Segura, ville), 41.

Hisn Dharsoua حصن ضرسوا (Castel Rosso, fort), 134.

Hisn Ecla حصن القلة (Aguila, petit port), 40.

Hissn Ebn-Haroun حصن ابن هارون (fort), 15.
Hissn el-Cassr حصن القصر (Castro-Marin, fort), 14.
Hissn el-Cossoir حصن القصير (fort), 49.
Hissn Hamra حصن حمرة, 34.
Hissn Iehoud حصن يهود, 316.
Hissn Kastala حصن كستلة (fort), 21.
Hissn Kerkel حصن كركال, 9.
Hissn Montasa حصن مطاسة (fort), 9.
Hissn el-Riahin حصن الرياحين, 37.
Hissn al-Zahar حصن الزهر, 18.
Hissn Ziad حصن زياد, 328.

Hissn Ziad el-Kebir حصن زياد الكبير, 314.
Hit هيت (Æiopolis), 138, 142, 144.
El-Hodhak مرسى الحذاق (port), 112.
Holwan حلوان, 155, 156, 158, 159, 160, 163, 164, 168.
Honach حنش (Honachez, fort), 65.
Hongrie انكرية, 375, 379, 380, 404.
Horch Hont هرش هنت (ville), 428.
Hormuz Cawah هرمز توه, 187.
Hardjan حرجان, 182.
Houirath حويرث, 330.
Housba حوسبة (ville), 301.
Huesca وشقة, 227.
Hunein هنين, voyez Henin.

I

Iabadan ياباذان, 177.
Iabesa يابسه (Ivice, île), 38, 67.
Iabesa يابسه (Levansa? île), 88.
Iabora يابوره (Tabora, ville), 15.
Iadjoudj ياجوج (Gog), 344, 349.
El-Iaki الياكي (Iesi, ville), 253.
Ialan يالان, 314.
Ialna يالنة (Janina), 291.
Iama يمى, 170.
Iamoudakh يموداخ, 213.
Iana نهر يانه (la Guadiana, fleuve), 21, 23, 24, 30.
Iana يانه (ville), 30, 36.
Iani ياني (fort), 314.
Iasoukh يسوخ ou Bisoukh بسوخ, 204, 210, 211.
Iatghasas يتغساس (fort), 9.
Iblakia ابلاقية (Blaye), 237, 238.
Ibrindes ابرندس (Brindisi, ville), 261.
Idoles (village des) قرية الاصنام, 308.
Iebora يبوره (Evora, ville), 23.
El-Iehoudi اليهودى (Hebraïcus?), 305.

El-Iehoudia اليهودية (nom d'une partie de la ville d'Ispahan),
Iemanin يمنى (montagne), 154.
Iémen (Arabes de l'), 21.
Ikchoun ايقشون (Auxonne), 243.
Ile de Cades جزيرة قادس (Cadiz), 13.
Ile des Porreaux جزيرة الكراث (Isola delli Porri), 112.
Ile Verte الجزيرة الخضرى (Algéziras), 13, 53.
Ilkh ايلخ (ville), 207.
Inde, 49.
Indjitalo انجيطلو (citadelle), 259.
Ioulian يليان (Palagiano? citadelle), 274, 277.
Ioulioun يليون, 282.
Iourgach يرغش (réservoir dérivé de la rivière de Soghd), 198.
Irâc اراق, 32, 48, 142, 155, 203.
Iraclia ابرتلية, nommée aussi Heraclia هرقلية (ville), 298.
Iraghna ابراغنة (rivière), 118.
Irène ابرنه (fort), 313.

TABLE DES MATIÈRES.

Irlande غرلاندة. 426.
Irouda (Navarin, port), 124.
I'sa نهر عيسى (ou canal d'Jésus), 138, 144.
Isfahani اصفهانى (nom d'une étoffe fabriquée à Alméria), 43.
Ishaak ben-Ismaïl, roi d'Arménie, 417.
Iskaf beni-Djesed اسكان بنى جسد. 158.

Isourkath ايسوركث, 207.
Ispahan اصفهان (ville), 143, 162, 164, 165, 166, 167.
Istiberia استيبرية (ville), 400.
Istichan (pont d') اشتشان (Puente de Estefan), 42.
Ithaqué ثقو (île), 116.
Iussoudakh يصوداخ (ville), 207.
Izkian اسكان, 211.

J

Jaca جاقة. Voyez Djaca.

Jérusalem بيت المقدّس, 250.

K

Kabtour كبتور, 42.
Kachania الكشانية, 199, 202.
Kachk كشك, 200.
Kachoukath كشوكث, 214.
Kachtali كشتالى (Castello de la Plana, fort), 16.
Kafar Ara كفر ارى (ville), 148.
Kafar Touta كفر توثا (village), 137, 150, 15!.
Kaïder كيدر ou Kaïderm, 182.
Kaïlakouther كيلكوثر (bourg), 324.
Kaïsoum كيسوم (fort), 313.
Kakh قرية كاخ (village), 175.
Kakhchak كشك, 213.
Kalah كلة (la Cavale, ancienne Neapolis, ville), 297.
Kalta كلتا (ville), 130.
Kamkh كمخ, 309, 311, 313.
Kanbania كلبانية (Campina, province), 14.
Kanchkat كنشكات, 214.
Kankerat كنكرات, 206.
Kanoudan كبودان, Kaboudan كلودان ou Kendan كندان (lac d'Ormiah), 172.

Kanoud-Badjkath كنود بجكث, 202.
Karakh كراخ, 156.
Kard كرد (monts Crapaks), 380.
Kardj كرج (ville), 165, 166, 167.
Karkh الكرخ ou Kardj كرج, 146, 162, 165.
Karmwan كرموان, 189.
Kata كاطة (rivière), 265.
Kath كاث, 189, 192.
Kathib كثيب, 155.
Kaw كاو (Kiew), 397.
Kech كش (ville), 199, 200.
Kechmech كشمش, 187.
Kedak كداك, 207.
El-Kedemona الكدمونة (Lacédémone), 125.
Keden كدن, 208.
Kehchim كهشم (ville), 207.
Kehda كهدة, 175.
Keïda كيدة, 204.
Kelan كلان (ville), 178, 179.
Kelounsi كلونسى (ville), 255.
Kelwad كلواد, 156.
Kemkh كمخ, 137.
Kemouna كونة (Comino, île), 68.

II. 60

TABLE DES MATIÈRES.

Kena قنا (canton), 213.
Kena قنا (ville), 204, 210, 211.
... الكنائس (les Églises), 308.
... كنود, 16.
Kenberlin كنبرلين (Quimperlé), 354.
K...d كند (ville), 209, 213.
Ke.... كندرية (ville), 394.
Ke...jdèh كـحـدـ (district), 208.
Keniset el-Ghorab كنيسة الغراب (le cap Saint-Vincent ou l'Église du Corbeau), 12.
Kentera كنتره (ville), 37.
Kerbela كربلا (lieu où se trouve le tombeau de Hussein fils d'Aly), 158.
Kerdan كردن, 189, 190, 192.
Kerdedja كردجه (village), 316.
Kerdewan Khawas كردوان خواس (rivière), 190.
Kerdi Tamidi قسردى تامدى (ville), 142.
Kerdj كرج (ville), 143.
Kerkath كركث, 206.
Kerkera كركرى (Caracuil, forteresse), 29, 30, 155.
Kerkisia قرقيسية (Circesium), 138, 142.
Kerkisia جبال قرقيسية (montagnes), 145.
Kerminia كرمينية, 195, 196.
Kernebia كرنبية (ville), 130.
Kerni كرنى, 112.
El-Keroum الكروم, 308.
Kersona كرسونه (Cherson), 395.
Kerta كرطه (port), 10.
Kerwân كروان, 212.
Kesser Aïain كسر أيابن, 217.
Kethama (contrée de) كثامة, 7.
Keuk Chonb كوك شوب, 217.
El-Kewakeb الكواكب (ou montagnes des Étoiles), 8.
Khabouca خابوقة, nommé aussi Khalouca خالوقة (ville), 142, 145, 150.
Khabour خابور (district), 149.
Khabour خابور (Chaboras, ville), 145, 151.
Khabour الخابور (le Chaboras, rivière), 138, 150, 154.
Khabt قرية خبت, 189.
Khacan Adhkach خاقان أذكش, 417.
Khacan des Khizildjis خاقان خرلج (ville du), 217, 218.
Khachcanah خاقانة (ville), 222.
Khach خاش, 216.
Khachkaıem خشكارم, 164.
Khachtach خشطش, 316.
Khad'al خدعل (canton), 210, 211.
Khadjach الخجاش (ville), 207.
Khadjada خجادة ou Hadjada, 194.
Khadnikath خدنيكت, 206, 213.
Khafchakh خفشاخ (contrée), 416.
Khafchakhs خفشاخ (peuplade), 351.
Khaikham قلعة خيغم (fort), 218.
Khalat خلاط (Akhlat, ville), 325, 327.
Khaldjidonia خلجدونيه (Chalcédoine), 392.
Khalessa خالصة (quartier de Palerme), 77.
Khali راس خلى (cap), 114.
Khalidj خلج (ville), 306, 307, 402.
El-Khalouca الخلوقة, 138.
Khan الخان, 170.
Khanaouch خنـاوش (ville), 219, 222.
Khandac-As خندق أس, 49.
Khandaghas خندغة (peuplades ghozzes), 339.
Khandaka خنداكة, 311.
Khandak-Cabir خندق كبير, 49.
Khanekin خانقين (ville), 143.
Khan el-Djan خان الجان, 165.
Khankin خانكين (ville), 159.
Khanmakhent خماخنت, 410.

TABLE DES MATIÈRES.

Khanaketh خناكث (tribu turque-ghozze), 414.

Khadonkath خادونكث, 207.

Khan Rewan خان روان, 184, 186.

Khanzaria خنزارية, 102.

Kharirida خريريدة (port), 250.

Khan Zowan خان زوان, 182.

Khar خر (ville), 175, 176.

Kharakenda خراكندة, 210.

Kharcan خرقان (ville), 170, 414.

Kharcanah خرقنة (ville), 203, 204, 205, 206, 212.

Kharchikath خرشيكث, 206, 207.

Kharda خارد (fort), 347.

Kharda خارد (montagne), 346.

Kharista خاريست (Carystos, ville), 294, 295, 296.

Kharkhakath خرخكث (ville), 207.

Kharmakin خرمكين, 195, 196.

Kharminkath خرمينكث, 213.

Kharoukerd خروكرد (ou Kharka), 182.

Kharous خاروس, 212.

Khartbert خرطبرت (Kharpout, ville), 312, 318.

Khassou خاصو, 93.

Khaw خوو (port), 427.

Khawar خوار, 169, 179, 181.

Khawas خواس (ville), 190.

Khawast خواست, 170.

Khaws خاوس, 206.

El-Khazan الخزان (fort), 91.

Khazenti خازنتي (Cérasonte, ville), 393.

Khaziran خزران, 329.

Khazlassa خزلاصة (Cybistra?), 305, 310, 313.

Khazoumi خزومى, 313.

Kheila خيلا (ville), 211.

Kherghal خرغل (canton), 207.

Khilat خلاط, 329.

Khilkhis خلخية, 214.

Khilkhis خلخية (tribu de Turks nomades), 217, 221, 351.

Khimakhith خماخيث (ville), 413.

Khio خيو (Chios, île), 127.

Khirkhirs خرخيرس, 350.

Khizildjis (pays des) خزلجية, 221, 350.

Khizildjis خزلجية (tribu), 191, 214.

Khizlassa خزلاصة (Lystra? ville), 301.

Khochab خشاب, 136.

Khodjenda خجندة, 204, 205, 209, 210.

Khoï خوى (ville), 143, 320, 327, 328, 329.

Khoidj خويج (aujourd'hui Khoï), 171.

Khonidjan خونيجان (village), 166.

Khorasan, 174, 187.

Khorman خرمى, 410.

Khotba (la), 32, 167, 174 et ailleurs.

Khoulani خولانى (rivière), 164.

Khouzistan خوزستان (contrée), 156.

Khowarezm خوارزم (contrée), 189, 407.

Khowarezm خوارزم (lac d'Aral), 187, 191, 209, 330, 338, 340.

Khozaria خزارية (ville), 400.

Khozarie خزارية (contrée), 391.

Khozars (pays des) خزر, 180, 219, 329, 303, 333, 336, 399, 402, 403.

Kidjata قجاطة (Quebada, fort), 51.

Kidros قدروس ou قيدروس (Cedrea, ville), 304, 306.

Kikhkath كيخكث, 199.

Kila قلى (Kabala), 320, 329.

Kimakia كماكية, 214, 215, 221, 344.

Kimakis كماكية (peuplade), 221, 350.

Kinberlik كنبرليق (Quimperlé), 352.

Kiniow قينيو (ville), 401.

60.

Kinnesrin قنسرين (ville), 129, 135.
— (province), 136.
Kira كيرة (ville), 261, 400.
Kirah قيره (ville), 401.
Kirembin كرنبين (Quimper), 352.
Kirkes قرقس (Kirkesia), 129.
Kirkes ترقس (Cirrhus? fort), 130, 132.
Kirkesia القرقسيا, 150.
Kirkisia قرقسية, 397.
Kirkous قيرقوس (fort), 132.
Kiri قيرى (ou Mouri مورى d'après le ms. A), 103.
Kirtha كيرثى, 207.
El Kissa'a دخلة القصاع (anse), 112.
El-Kita'a القطاع (Siculiana), 97, 99.
Kitra كيتره (ville), 288.
Kitros كترس (Kidros, ville), 296.
Klarmount كلرمونت (Chiaramonte), 262.
Kobab كباب, 218.
Kobsila كبسيلة (Ypsala, ville), 292.
Kodjend كجند, 209.
Koïk قويق (rivière), 135, 136.
Kokianah كوكيانه (ville), 401, 403.
Konka كونكه (Chianca), 263.
Kosal كسال (ville), 329.
Kouaser كواسر, 170.
Koubara كوبره (ville), 266.

Koud كود, 195.
Koufa كوفة, 138, 142, 155, 156, 158.
Koubchim كوهشم, 213.
Koui كوى (Cos, île), 128.
Koukath كوكث (ville), 203.
Koum كوم (ville du Deilem), 178.
Koumena كومنة (Comino, île), 73.
Kounka كونكه (Cuença, province), 15.
Kounka كونكه (Cuença, ville), 15.
Kour كور (montagne), 51.
Kour نهر كر (le Cyrus, fleuve), 321, 325, 331.
Kouran كوران (ville), 211, 329.
Kour el-Djebel كور الجبل (province), 165.
Kour Souwa كور سوا, 326.
Koutha el-Tarik كوثا الطريق (nom d'une partie de la ville de Koutharia), 161.
Koutharia كوثاريا (ville), 161.
Kouthra كوثرة, 310.
Kouwaher كواهر, 320.
Kradis كراديس (Gradisca), 240.
Krimial قرميال, 382.
Kulan-Ghaia كولان غايا, 217.
Kurkura كركرس, 329.

L

Lablouna لبلونة (Avlona), 116, 120, 121, 269, 295.
Lachan لاشان (montagnes), 174.
Lachina لاشنه ou Lezina لزنه (Lesina), 261.
El-Lacoudemonia اللقودمونيه (Lacédémone, montagne), 294.
Ladikia لادكيه ou Ladikié لاديقية (Laodicea combusta), 305, 310.
Ladikié لاديقية (Laodicée), 129, 131.

Lahnout لحنوط (ville), 207.
Laïnos لينوس (Lannion, ville), 554, 355.
Laïounes لبونس (Lannion?), 352.
La'kath لعكث (ville), 205.
Lalan جبل لالان (montagne au sommet de laquelle est une idole qui attire en ce lieu de nombreux pèlerins), 219.
Lalan مدينة لالان (ville), 219.

TABLE DES MATIÈRES. 477

Lama لامـا (Lato? fort), 273, 275, 276, 277.
Lamchik لامشيق (Opsikion, province), 299, 305.
Lampedouse لنبدوشة (île), 73.
Landchouden لندشودن (ville), 428, 429.
Landwina لندوينة (fort), 428.
Langres لنكـه, 242, 243, 244, 245, 359.
Lania لانية (Lao ou Laino, riv.), 285.
Lanio لانيو (Ouniéh, ville), 393.
Lanka لنكة (Langres, ville), 359.
Laranda لارندة, 311.
Larda ou Larida لاردة (Lérida, ville), 16, 35, 234, 235.
Larissa لارسه (Larisse, ville), 292, 294.
Laro لارو (Lero), 128.
Lasina ou Lazina لازنة (Lesina), 283.
Latino لاطين (rivière), 118.
Lausanne لزنه, 239, 244, 245, 362.
Lazes (pays des) لازية, 393, 405.
Lebadha لباضة (ville), 395.
Lebadj (île de) جزيرة لباج, 113.
Lebadj لباج (Aci Reale, bourg), 82, 83.
Lebiri لبيرى (château fort), 80, 114.
Lebla لبلة (Niebla, ville), 14, 19, 20.
Lebrala لبرالة (Librilla), 43.
Lecant لقنت (Alicante, ville), 15.
Ledj لج (Lecce, ville), 116, 120, 273.
Lefcosia لفقسية (Nicosia, ville), 130.
Lehakath لحاكث, 213.
Leïca لينقة (Leuca, promontoire), 120.
El-Leïn اللين (Halys, riv.), 305, 310.
Leïn لين (ville), 130, 307.
Leith ليث, 190.
Lekiam الكيام (Taurus, chaîne de montagnes), 139.
Lenfiadha لنغيادة (ville), 86.
Lenoudan لنودان ou Kaeïoudan (lac de Van), 328.

Lentini لنتينى (ville), 83, 102, 103, 105.
Lentisca لنتشك (fort), 277, 278.
Léon مدينة ليون, 226, 233, 234.
Lescada لسقادة (port), 428.
Lesina لسنة, appelée aussi Lazina, 262, 265, 280.
Lesious لسيوس, 275.
Lesso لسو (Alessio, montagnes), 286, 287.
Lesso لسو (ville), 287.
Lestlanda لستلاندة (Esthonie, province), 431.
Leuca لوقـا (île), 121.
Leucado نهر لوقدو (rivière), 281.
Leucata لوقاطة (île), 116.
Leucata لقاطة (port), 123.
Levna لونه (Levano), 240, 249, 250, 255.
Lezan لزان (ville), 360.
Liadj لياج (Liége), 363.
Lian ليان (pays), 366.
Libadhia لبادية ou (Lopadium), 305, 306, 312, 316.
Libari (île de) ليبرى (Lipari), 68, 71.
Lichbona لشبونة (Lisbonne, ville), 12, 16, 28, 33, 227.
Lièvre (île du) جزيرة الأرنب, 115.
Ligholg ليغولغ (ville), 293, 382, 383.
Lim لمـ (rivière), 118.
Limoges ليموجس, 242.
Lina لينة (rivière), 379.
Lino Castro لنوقسترو (ville), 388.
Lisbonne لشبونة, voyez Lichbona.
Livre (île du) جزيرة الكتاب, 68, 73.
Lobara لوبارا (Lovrano), 288.
Locbara لقبارة, 282.
Lohnan لحنان (ville), 415.
Lohringa لهرنكة ou Lotaringa لترنكه (Lorraine), 245, 357, 363, 368.

Lokhman لخمان (ville), 413, 415, 420.
Lokroni لكرون (Logrono), 226.
Lombardie انبردية, 240, 243.
Lombardie بلاد انكبردية, 262.
Londres لوندرس, 374, 424.
Longobards بلاد انكبرده, 240, 243.
Lousa لونسه, 397.
Lora لورة (fort), 42, 56, 57.
Lorca لورقة (Lurca, ville), 15.
Lorente لورنت (Lauritello?), 283.
Loucha لوشة (Loja, ville?), 52, 500.
Loudjagha لوجغه, 397.
Loughari لوغارى, 110.

Louns لونس (Laon), 363, 364.
Lour اللور, 166, 167, 168.
Lourca لورقة (ville), 40, 43.
Louvain (pays de) بلاد لوبانية,
Lovrana الاروندة (ville), 266.
ou لوبانس ou لوبان, 355, 357, 366, 368, 373.
Lucques لكة, 240, 254, 255.
Ludra لودره (rivière), 264.
Lukus نهر لكس (rivière), 7.
Lycostomi ليقستمى (le Pénée), 294, 296.
Lyon ليون, 239, 241, 242, 244, 359.

M

El-Ma'aden المعدن (Almada, ou fort de la Mine, en Portugal), 26.
Ma'aken معاكن (bourg), 194, 196.
Mabal مابال جبال (montagne), 276.
El-Mabrak المبرك, 146.
Macala ماقلة, 283.
El-Macher المشر, 439.
Machesala مشسلة (ville), 377.
Machkensin مشكنسين, 301.
Machla ماشلة (ville), 371.
Macri جون المقرى (golfe), 128, 129, 134.
Madalin مدالين, 329.
El-Madar المدار (ville), 161.
Maderan مادران, 162, 165.
Maderi مادرى (le Thymbris, riv.), 306.
Mader Wasian مادر واسيان (village), 164.
Madhanios مادنيوس, 382, 387.
Madhlan مدلان, 172.
Madhmouma مدمومة, 192.
El-Madjan المجان (cap), 6.
Madjassa مجاصة ou El-A'thasin العطاسين, 309.
Madjkian مجكان, 98, 99.

Madjlit مجليط (Madrid, ville), 16.
Madjoudj ماجوج (Magog), 344, 349.
Madjous (pays des) ماجوس, 380, 431.
Madradj مدراج (château), 95.
Madradj مدرج ou Madrague? (pêcherie de thon), 89.
Madradj مدراج (rivière), 111.
Madsouna مدسونة (ville), 432.
Maghara مغارا (monts), 341.
Maghrourin مغرورين (voyageurs), 26.
Maghrourin (nom d'une rue de la ville de Lisbonne), 27.
Magog ماجوج (contrée), 396, 439.
Magropotami مغروبمى (Makropotamos ou Mavropotamos, rivière), 297.
Mahkesa محكسة (tribu), 8.
Maianssa ميانصة (Mayence), 367.
Maila ميلة, 179.
Maine ماينه, 368.
Maior ميور (ville), 70.
Maiorca ميورقة (Majorque, île), 67.
Maiths مايثس (ville), 124.
Maiza' مايزع (canton), 202.
Makedounia مقدونية (Macédoine), 379.
Ma'kel Abad معقل اباد, 175.

TABLE DES MATIÈRES. 479

Makhadet el-Belat مخاضة البلاط, 30.
Makhata مخاطة (rivière), 259.
Makhrit مخريط (petite ville et château fort), 32.
Makri ماقري (fort), 317, 318.
Maksin ماكسين (Machusa, ville), 142, 154.
Malaïa ملايه (Malée, cap), 124, 125.
Malaïa ملايه (ville), 124.
Ma'laïatha معلياثة (ville), 142.
Malatia ملطية. Meledni ملدني ou Moloutenï ملوطني (l'ancienne Mélitène), 129, 137, 138, 139, 301, 309, 314.
Malatia ملطي (province de Mélitène), 299.
Malbasa ملباصة (Monembasia), 295.
Malca مالقة (Malaga, ville), 14, 18, 45, 47, 48, 53, 64, 66.
Malfi ملفي (Amalfi, ville), 70, 71, 240, 257, 258.
Malia ملية (ville), 177.
Ma'lia معلية (district), 149.
Maliassa منياصه (Monembasia), 125.
Malin مالن, 182.
Malis مالس وتروى بالراي (Meaux?), 358, 361.
Malmalian مال ملميان (Magliano?), 252.
Malsouda مالسودة, 290.
Malte مالطة (île), 68, 73.
Mamitir ممطير, 143, 169, 178, 179.
Manan ماناں (ville), 222.
Mananedj مناني (ville), 171.
Mancara منقرى, 311.
Mandjaba منجابة, 109.
Mandjekath منجكث, 194, 196, 203.
Mandouthia مندوطيه (fort), 309.
Manbakath منبكث, 199.
Maniadj منياج (Maniace, bourg), 108, 109.

Manis مانيس (le Mans, ville), 355.
El-Mankeb المنكب (Almuneçar, ville), 46, 47, 52.
Le Mans المانس, 359, 361, 364.
Mansour منصور (fort), 130, 311, 313, 138, 139.
Mantia منتيه (Amanthea, en Calabre), 71.
Mantoue منتوا, 254.
Ma'ra معرة ou Ma'rat el-Na'man معرة النعمان, 139.
Marach ماراش (fort), 313.
Mara'ch مرعش (ville), 129, 139.
Mar'achan مرعشان, 210.
Maragha المراغة (fort), 137.
Maragha مراغة (ville), 169, 170, 172, 326, 327, 328.
Marathia مراثيا (Marathea), 285.
Marbila مربلة (Marvella, ville), 53.
El-Marcab المرقب (Castrum Merghatum, fort), 130.
Marcachan مارقشان, 338.
Marcori مركوري (Maramno), 285.
Mardadjeghan مرداجغان, 189, 190.
Mardin جبل ماردين (montagne), 151.
Mardin ماردين (ville), 142.
El-Mardj المرج, 165.
Mardj el-Cala' مرج القلعة, 163.
Mardous مردوس (village), 188.
Marekela مارِكله (la Marechia, rivière), 247.
Margha مارغا (fleuve), 338.
Marghana مرغنة, 93.
El-Marh المرح ou El-Mardj المرج, 57.
Mari مارى ou Maritza (rivière), 295.
Marich مريش (ville), 385.
Marida ماردة (Merida, ville), 16, 21, 24, 29, 65.
Mariso مارسو (Mariza, rivière), 292.
Marmara ou Marmari مارمارى (la Maritza, rivière), 297, 384.

Marmeria (pays de) مرمرية, 16.
Mars A'ly مرس على (Marsala, ville), 88, 111.
Marsan مرصان, 173, 410, 411.
Martela مارتله ou Mariola حصن مرتله (Mertola, ville), 15, 21, 22, 23, 30.
Martorano مرطوران, 262.
Martori مرتورى (ville), 433.
Martos مارطوس (Mortorano?), 116.
El-Mas الماس (ville), 382, 388.
Marzeban مرزبان, 199.
Masandan ou Masendan ماسندان (ville), 143, 164, 165.
Mascala مصقلة (Mascali, bourg), 108, 267.
Mascala مسقلة قرطبل (Mascali, cap), 113.
Masela ماسلة (Breslau?), 389.
Maskoun مسكون (Mâcon), 239, 242, 243, 244, 359, 362.
Masla ماسلة (Breslau?), 381.
Masna ماسنة (bourg), 8.
Mas'oudi, historien, 330.
Masourin ماسورين (montagne), 154.
El-Mass الماص (ville), 270.
Mass ماص (Metz), 363.
Massau ماصو ou Bassau باصو (ville), 371.
Massela ماصلة (Wesel?), 368.
Massilia مسيلية (Marseille), 249.
El-Massissa المصيصة (Mopsuestia), 133, 140, 301, 313, 314.
El-Massissa نهر المصيصة (rivière), 148.
Massissa مسيسه (village), 306.
Mastara مسترو (Ascanius ou Hylas, rivière), 305.
Mastiki مصطكى (espèce de gomme que l'on récolte à Samos), 127.
Mateli ماطلى (fort), 135.
Matenata ماطناطة (Mattinata), 265.

Matera ماترا, voyez Matira.
Matghouri مطغورى (fort), 315, 317, 318.
El-Mathcab المثقب (fort), 132, 140.
Matira متيرة ou Matera ماترو (Matera), 262, 269, 275, 278.
Ma'louce مطلوعة (ville), 400.
Matrakha مطراخا (ville), 394, 395.
Matrika متريقا ou Matrakha مطرخه (ville), 400.
Mawar' el-Nahar ماوراء النهر, 187, 203, 206.
Mawra ماورا (cap), 263.
Mayence ماينصه, 368.
Mazara مازر (Mazzara, ville), 87, 94, 95, 111.
Mazghit مازقيط, 312.
Mazkala مزكلة (peuplade), 9.
Mazzara مزارا, 72.
Mebrar مبرار ou Mebdar مبدار (ville), 176, 177.
Mebersinous مبرسينوس (ville), 386.
Mechkenis المشكنيس, 305.
Medelin حصن مدلين (forteresse), 30.
Medellin (ville), 16.
Medinet Ebn Selam مدينة ابن سلام (fort), 13.
Medinet el-Bewareh مدينة البواراج (ville), 146.
Medinet Salem مدينة سالم (Médina-Céli), 32, 33, 34.
Mediolan مديولان (Milan), 240.
Méditerranée بحر الشام, 1, 2, 3, 120, 231.
Mednitha مدنيثة (ville), 190, 192.
Medri نهر مدرى (rivière), 190.
Medri مدرى (ville), 190.
Medwar مدوار, 211.
El-Meftah المفتح (ville), 162.
Meghala Thermé ميغاله ترمه. Voyez Mighala Thermé.

TABLE DES MATIÈRES. 481

Meherdjan مهرجان (ville), 184, 185, 186.
Mehran du Sind مهران السند (l'Indus, fleuve), 137.
Meia-Farekin ميافارقين (canton), 151.
Meia-Farekin ميافارقين (Martyropolis, ville), 152, 315, 320, 325, 326, 327.
Meimad (ville), 324.
Meires ميرس, 326.
Meknasa مكناسة (Mequinenza, ville), 16, 30, 35, 234.
Meksernata مكسرناطة, ou Meksterniata مكسترنياطة, 274, 275.
Meladjena ملاجنة (Melagina), 307.
Melassa ملاصة (cap), 127.
Melbal نهر مليال ou Melial مليال (rivière), 57.
Meldja Khalil ملجة خليل, 104.
Meldjis ملجيس, 307.
Mercure (emploi de ce métal pour le traitement des sables aurifères chez les Kimakis), 224.
Modain المدائن (Monuments et ruines de), 160.
Meledni ملدنى. Voyez Malatia.
Melfi ملف, voyez Malfi.
Melfi la Méditerranée ملف البحرية, 262, 279, 280.
Melial مليال (fort), 56.
Melila مليلة (ville), 4, 10.
Melisie ملبسية, 382, 387.
Melitma مليطمة (Maretimo), 72, 88.
Melito مليطو (château de Calabre, où fut enseveli le roi Roger), 75.
Melki (espèce de sabres damasquinés), 31.
Melouten ملوطن, 310.
Melwia ملوية (rivière), 11.
Menadjird مناجرد (Melezghird), 320, 326.

El-Menchar المنشار (la Scie, fort), 97, 99.
Menino منينو (rivière), 246.
Menzil Aban منزل ابان, 57.
Menzil el-Émir منزل الامير, 91.
Menzil Iousouf منزل يوسف (station de Joseph, rivière), 93.
Menzil Khalil منزل خليل, 103.
Menzil Meldja Khalil منزل ملجة خليل, 102.
Meradouba مرادوبة (fort), 57.
Mera'iz مراعز (tissus de laine fabriqués à Dabil), 325.
Merar مرار (rivière), 229.
Merchana مرشانة (Marchena, fort), 14.
Mer de Bab el-Abwab بحر الابواب (de Derbend), 332.
Mer de Colzoum بحر القلزم (la mer Rouge), 333.
Mer de Khozar بحر الخزار (la Caspienne), 169, 191, 322, 407.
Mer de Poix-résine ou océan Oriental, 396, 439.
Mer des Vénitiens بحر البنادقين, ou golfe Adriatique, 120, 246.
Mer de Syrie (Méditerranée), 248, 302.
El-Merdj المرج, 148.
Merdj-Bacoulia مرج باقولية, 309.
Merdj Djama el-Melik Baderwana مرج جد الملك بادروانه, 306.
Merdj el-Ahmar مرج الاحمر, 136.
Merdj el-Chahm مرج الشحم (l'ancienne Germa), 301.
Mer du Pont بحر بنطس, ou mer Noire, 302, 332, 391, 399, 404.
Merend مرند, 326.
Mérida, reine, 25.
Mérida ماردة (ville), 30.
Merma-Mandjekath مرمامنجكث, 195.
Mersa Anbana مرسى انبانه (Taviano), 119.

II.   61

Mersa Carinos مرسى قرينس, 110.
Mersa Madjeloud مرسى مجلود (port), 119.
Mersa Noderos مرسى نودروس (petit port appelé aussi Nartos et Nardo), 119.
Mersa Tradja مرسى طراجه, 119.
Mers el-Chadjra مرسى الشجرة (le port des Arbres), 18.
Mers el-Feroudj مرسى الفروج (anse ou petit port), 46.
Mers el-Sabbaghin مرسى الصبّاغين (port des Teinturiers, détroit), 123.
Mers el-Tin مرسى الطين (le port Vaseux), 110.
Mersinous مرسينوس, 382.
Mer Ténébreuse, ou mer des Anglais بحر الانقلشيّن, 231.
Mer Ténébreuse (la mer de Chine), 221, 230, 396.
Mertola مرتلة (château remarquable par la solidité de ses fortifications), voyez Martola.
Merw مرو, 187.
Merwan (tribu), 17.
Merw Chahidjan مرو الشاهجان, 183, 186.
Merw el-Roud مرو الرود, 186, 187.
Merzeban مرزبان, 201.
Mesadjid المساجد (San-Lucar, ville), 18, 42.
Mesinos مسينوس (rivière), 387.
Mesinos مسينوس (ville), 382, 384, 388.
Meskouna مسكونة, 169.
Mesla ماسلة (Wesel), 367.
Mesla مسله (Breslau?), 375.
Mesnah مسناه, 391, 392.
Mesouk مسوك (lieu jadis fortifié et habité par des Berbers), 54.
Messine (détroit), 81.

Messine مسيني (ville), 81, 109, 113.
Meya مية (Moya, ville), 15.
Mezma المزمة (bourg), 9.
Mezma المزمة (ville), 4, 66.
Miala ميلة, 178.
Mian Roudhan ميان رودان (canton), 211, 212.
Micos ميقس, 110.
Midia ميديا (ville), 385.
Miel (rivière du) وادى العسل, 117.
Mighali Berisklawa ميغالى برسكلاوة (Marcianopolis ou Pristhtaba, aujourd'hui Pravadi), 382, 386.
Mighali Thermé ميغالى ثرمة (ville), 382, 388.
Mikoula ميكولا (Miconi, île), 128.
Mila ميلة, 169.
Milass ميلاص (Milazzo), 80, 110, 114.
Milo ميلو (île), 127.
El-Mina (ville), 5.
Mina'l-Mu'ta مينا المعطى (havre), 134.
Minaou ميناو (Mineo, château fort), 102.
Mines d'argent, 342, 396 et ailleurs.
Miniat منية ou plutôt Kerminia, 194.
Mino مينو (Minho, fleuve), 228, 232.
Minorque منورقة (île), 67, 69.
El-Mira الميرة (Myra), 134.
Mirdja ميرجا (château fort), 95.
Mires ميرس (ville), 324.
Mirnao ميرناو, 91.
Misina مسينة (Misène), 257.
Mo'asker المعسكر, 307.
Mocca موقة (Torre Mucchia, ville), 262.
Modain المداين (ancienne résidence des Cosroës), 19, 160, 161.
Modhar مضر (province), 136, 143.
Modhonos مودنوس, 309.
Modica مودقة (ville), 101.
Moghan مغان (province), 169, 171.

Mohammed ben-beni-A'mer, 5.
Mohammedia المحمدية (ville), 137, 142.
Mokhamans خَمانية (peuplade turque), 350.
Moine (île du) جزيرة الراهب (Favignana?), 68, 72, 88.
Moïse (rivière qui se jette dans le golfe de Catane), 83.
Molenfeth ملنث, nommée aussi Molfent ململنث (Molfeta, ville), 261, 264.
Molia مولية (rivière), 285.
Molia مولية (ville), 285.
Molsa مولسة, 397.
Mondic منديق (Mondego, rivière), 26, 227.
Mondoudjar مندوجر (Monduxar, fort), 49.
El-Monkeb المنقب (Almuñeçar, ville), 14.
Monopoli منوبول (ville), 261, 263.
Monsa مونسة (île), 71.
Mont Afrid منت افريد (fort), 273.
Montagnes du Temple de Vénus جبل هيكل الزهرة (ou de Port-Vendres), 231.
Montal منتال (montagne), 284.
Montalban منت البان, 110.
Mont Alwat جبل الواط (Mont Rosi?), 250, 254.
Mont-Bendjos منت بنجوس (Montepeloso), 279.
Mont-Beslier منت بسلير (Montpellier), 239, 240, 248.
Mont Cabrir منت قبرير (Monte Cabrero), 233.
Mont de Morwa منت دمروا (Alta Mura?), 275.
Mont Dedjoun منت دجون, 275.
Mont-Djoux جبل منت جوز (les Alpes), 241, 243, 245, 362.

Monte Abrou منت ابرو (Monte-Morano?), 284.
Monte Bal منت بال (Monopoli?), 275, 277.
Monte Castro منت قسترو, 387.
Monte Choudj منت شوج, 281.
Monte Ferand منت قرند (Ferrendina?), 275.
Monte Forte منت فرت, 109, 285.
Monte Fosc منت فسق (Montefusco, fort), 284.
Monte Maggiore منت ميور (Monte Albano?), 283.
Monte Mello منت مللو, 276.
Monte Moro منت مور (Monte Murro), 272.
Monte San منت صان (Monte Rotondo), 285.
Monte Secco جبل سقو, 284.
Monte Tin منت تين (ville), 255.
Monte Iani منت يانى, 252.
Montiour منتيور (Modor?), 380.
Montir منتير (Modor), 375.
Montira منتيرة (cap), 258.
Mont Lorina منت لرينة, 233.
Mont-Luçon منت لشون, 242.
Mont Mayor منت ميور (Montemor, fort), 26.
Mont Mayor منت ميور (ville), 226, 227.
Monte Melvi منت ملوى, 279.
Mont Saria Dabelia منت صرية دبلية (Sierra de Abella, fort), 231.
Mont Wad منت واد, 233.
Morafa مورافا (la Morawa, rivière), 291, 383, 386.
Morcan مرقان ou Mouçan, 186.
Morda مردى, nommée aussi Woudal ودال (rivière), 190.
Morgha مرغا (fleuve), 340.
Morghâr مرغار (montagne), 340, 414.

61.

Moriani مرياني (Mortagne, ville), 361.
Morlans مرلانس (Montauban?), 236, 237, 239, 241.
Mortela مرتلة (Montilla, ville), 14.
Moscala ve Asia مصقلة وآسيه (Moschenizza), 261.
Mosnis مسنس (Moulins?), 239, 241.
Mosquée de Cordoue (sa description), 58, 59, 60, 61, 62.
Mosquée des Drapeaux مسجد الرايات, (où furent déposés les étendards des musulmans venus par le Djebel-Tarek), 17.
Mossoul موصل, 142, 146, 147, 148, 153, 168.
Mostaghanem مستغانم (ville), 4.
Mostanah مستناح, 222, 223.
Motoli موطلي (Mateli ou Mati), 262.
Motonia متونية (Modon), 124.
Moucan موتان (Moghan), 184, 320.
Mouich مويش (Mons), 363, 364.
Moula مولة (Mûla, ville), 15, 42.
Moules مولس, 395.
Mouncan مونقان, 183.
Mounichka مونيشقه (ville), 434.
Mourat مورات (ville), 264.
Mourchan مرشان (bourg), 56.
Mourdjan مورجان (fort), 176, 177.

Mourin موربن (le Mein, rivière), 367.
Mousa-Abad موسى آباد, 328.
Mousa ben-Nassir, de la tribu de Merwan, conquérant d'Algéziras, 17.
Moutons (île des), جزيرة الغنم, 11, 27.
Mucâdjir مقاجر (étoffe fabriquée à Alméria), 44.
Muhurdja Foundouk مهرجا فندق (ville), 143.
El-Mulawwen الملون (fort), 132, 133, 306.
Munbedj منبج, 129, 138, 139, 155.
Murbathr مرباطر (Murviedro, province), 15.
Murbathr مرباطر (Murviedro, ville), 15, 36.
Murcie (fleuve de) نهر مرسية, 38.
Murcie مرسية (ville capitale du pays de Tadmir), 15, 37, 39, 40, 41, 42, 43.
Murdjani مرجاني ou couleur de corail (nom d'une étoffe fabriquée à Alméria), 43.
Mursica la Vieille مرسقة القديمة (Mursico Vetere), 272.
Musnah مسناه (ville), 302.
El-Myra الميرة, 129.

N

Nabacta نبقتة (Lépante, anciennement Naupactus), 121.
Nabacto نبقطو (Lépante), 122, 123.
Nabdhos نابدوس (Panados, ville), 297.
Nabel نابل (Naples), 70, 178, 179, 260, 270, 281.
Nabel ou Napoli d'Afrique, 72.
Nabel el-Kitan نابل الكتان Naples du Lin), 257.
Nachan ناشان, 187.

Nadhema ناظمة (rivière), 253.
Nadhema (ville), 254.
El-Nadher طرن النظر (Castillo Santa-Pola, cap), 39.
Nadhia ناضية (ville), 313.
Nadja ناجه ou Naha ناحه, 342.
Nadjab ناجاب (bourg), 323.
Nadjera ناجرا ou Badjera باجرا, 153.
Nadjeran نجران, 178.
Nadjina ناجينه (port), 124.

Nadjira باجرة (Naxera, ville), 233.
Nadjra' نجرع, 410.
Nafira مرسى النفيرة (port), 45.
Naghoura ناغورة, 136.
Naghran نغران, 219, 220.
El-Naharein النهرين, 154.
Nahnabad نهنأباد, 177.
Nahr Abi'l-Asad نهر ابى الاسد (canal), 161.
Nahr Abi Ma'akel نهر ابى معقل (canal), 161.
Nahr Anacht نهر انشت (rivière), 229.
Nahr A'sel نهر عسل (ruisseau), 17.
Nahr Boudhou نهر بوذو (Rio-Vadeo), 227, 228.
Nahr Djacabdac نهر جاقبدق, 165.
Nahr el-Abiad نهر الابيض (la rivière Blanche, ou rivière de Murcie), 42.
Nahr el-Kebir نهر الكبير (la Grande rivière, rivière de Cordoue ou Guadalquivir), 42, 56.
Nahr el-Malik نهر الملك (canal dérivé de l'Euphrate), 158.
Nahr el-Melh نهر الملح (Fiume Salso, rivière), 86.
Nahr el-Moudjez نهر الموجز (rivière), 118.
Nahr 'Isa نهر عيسى (canal dérivé de l'Euphrate), 157.
Nahr La'an نهر لعن, 161.
Nahrowan نهروان (rivière), 157, 161.
Nahrowan نهروان (ville), 143, 158, 159.
Naï ناى (ville), 398, 401.
Naias نياس, 132, 140.
Nama نامة (Port Lambro), 124.
Namdjan نجان, 406, 407.
Namel نامل (village), 181.
Namorgho نمرغو (Amorgos), 128.
Namouni ناموني (ville), 316.
Nantes نانطس, 352, 353.

Naples نابل. Voyez Nabel.
Naraoun ناراون (Narni? ville), 253.
Narasansa نراسانسة, 397.
Narba نارية (ville), 312.
Narbonne اربونة, 68, 239, 240, 248.
Narest نارست, 177.
Narestan نارستان, 167.
Nariz نريز, 172.
Naro نارو, 97, 99.
Narons ناروش (ville), 401.
Nasef نسف, 199, 200.
Nasih (moulins de) ارحا نامح, 57.
Naswa نسوى, 325.
Natha ناثا, 169.
Natira نطيرى (ville), 154.
Natos ناطوس (Anatolie), 305.
Nawakath نواكث, 218.
Nawsa ناوسة, 145.
Nawsia ناوسية (ville), 144.
Naxia نقسية (Naxos, île), 128.
Nebrowa نبروى (ville), 382, 384, 385.
Nebsa نبضة ou Bensa, 367, 368, 370.
Nedja' نجعة (ville), 224.
Nedjah نجه (ville), 319.
Nedjau نجاو (Viseu?), 226.
Nedjelaia نجلاية (rivière), 117.
Nedjeragh نجرغ (ville), 414.
Nedjou' نجوع (montagnes), 413.
Nedjem نجم (canton), 211.
Nedjfa نجفة (ville), 222.
Nedjkath نجكث, 213.
Nedram ندرام (fort), 315.
Nedrouna ندرونة (ville), 10.
Neghrada نغراده (ville), 389.
Nehawend نهاوند (ville), 143, 162, 164, 165, 166.
Nekba النكبة ou Nekia (village), 186.
Nekour نكور ou Tekrour تكرور d'après le texte imprimé à Madrid (ville), 4.
Neitherm نيطرم (Nitra, ville), 372, 375, 376.

Nemourank نموراتك, 207.
Nemous حصن نموس (mont), 324.
Nemousa نموشة (Linosa, île), 68, 73.
Neocastro نوقسترو (ville), 382, 385, 397.
Nesa نسا, 183, 185.
Nesoua نسوا, 320.
Neto نطو (rivière), 283.
Nevers (pays de) اقليم نيڢارس, 242, 243, 359.
Nevers نيبارس, 239, 241, 244, 353.
Newbian نوبيان, 181.
Niakath نياكث, 206.
Nibaria نبارية (peuples), 396.
Nicée ou Nikia نيقية (ville), 299, 302, 304, 305, 312.
Nicha نيشة ou Bicha بيشة, 384.
Nicola نقولة (Lincoln), 425, 426.
Nicolowa نيقلوا, 292.
Nicomédie نيقومدية, 299, 392.
Nicosin النيقشين (bourg fortifié), 106.
Nicosin نيقشين (rivière), 105.
Nicotera نقوطرة, 259.
Nidenou نيدنو (ville), 382.
Nidja نجة (ville), 316.
Nidjau نجاو (Clissa? ville), 288.
Nidjda نجدة (mont), 42.
Nienbork نيوبرك (Nieborg), 427.
Nieuzburk نيوزبرك (ville), 384.
Nikath نيكث, 206, 207, 212, 213.
Nikia نيقية. Voyez Nicée.
Nikoua نيقوا (ville), 142.
Nil النيل (fleuve), 137.
El-Nimasoun النيمسون (Limasol, ville), 130.

Nio نيو (île), 127.
Niniva نينوا (Ninive), 148.
Nisabour نيسابور (ville), 177, 182, 183, 186.
Nisana نيسانة (village), 19.
Nisou ou Nisowa نيسو (Nissa, ville), 291, 379, 382, 384.
Nissibin نصيبين (canton), 151.
Nissibin نصيبين (Nisibis), 137, 142, 149, 150, 155.
Niswa نسوا ou نسوى, 326, 328, 329.
Nitha نيطة, 316.
Nitno نيطنو (fort), 314.
Noamia نواميا (Bohême), 371.
Norbagha نرباغة (Norwège), 426.
Normandie نرمندية, 357, 360, 368.
Norwège نرباغة, 427, 428, 429.
Norwégiens, 429.
Notos نطوس (Noto, ville), 84, 102.
Nouchi نوشى (ville), 401.
Nouchirewan Cosroës نوشيروان كسرى (roi de Perse), 329, 403.
Noudjah نوجة, 328.
Noukath نوكث (ville), 207.
Noumar نومار ou Koumar, rivière), 303.
Noun نون, 176.
Nouna la Maritime نونة ou Ninos نينس (Nona), 267, 288.
Nounechka نونشكة (île), 404.
Nounkath نونكث, 213.
Nurezbourka نيرزبركة (Nuremberg), 375.
Nuriz نريز, 170.

O

O'beïdia العبيدية (ville), 150.
Obélisque المنار del-Manteb (en Espagne), 47.
Obolla الابلة (ville), 162.

Obra اوبرة ou Obda حصن (ville), 30.
Océan, 1, 2, 16, 30, 42.
Océan Ténébreux, 227, 381, 422, 433, 434, 440.

TABLE DES MATIÈRES.

Ochouna اشونـه (Ossuna, province), 14.

Ochouna اشونـة (Ossuna, fort), 55.

Odestra اودسترو, 387.

Odrant ادرنت, voyez Otrante.

O'kbara عكبارا (ville), 143, 146.

Okhrida اخريده (Ochrida, ville), 288, 290.

Oliviers (rivière des) نهر الزيتون, 235.

Olou Abas اولو اباس (les Abazes, princes), 395.

Ombria الـمرية, 240.

Omm Dja'afar حصن ام جعفر (fort), 192.

Omm el-Khammar (île d') ام الخـمـار, 68.

Onkaria انكرية (la Hongrie), 372.

Oran وهران ou Wahran (ville), 4.

Oriwala اوريوالـه ou اوريوالـة (Orihuela, ville), 15, 38, 39, 42.

Orlianos ارليانـس (Orléans), 244, 358.

Ormiah (lac), 327.

Orminiah ارمينيـه, 173.

Orta ارط, 252.

Oscasca اسقاسقا (les monts Ourals), 412.

Osrouchna الاسروشنـه, 187, 201.

Ostrikouna استركونة ou Ostrighouna استرغونة (Estergom), 371, 372, 373, 375, 376.

Ostrik استريك (Utrecht), 366, 367, 373.

Ostrobou استروبو (Ostrovo), 290.

Othman, fils d'Affan (il existait quatre feuillets de sa main dans l'exemplaire du Coran qui se trouvait dans la grande mosquée de Cordoue), 61.

El-O'touf العطوف (les Détours), 18.

Otrana ou Otrona اترانه (Ortona a Mare, ville), 262.

Otrante ادرنت, ou Odrant, 116, 120, 121, 262, 273.

Otrona اطرونه (Ortona a Mare), 281.

Otrouna اطرونة (Ortona), 262, 280.

Ouch اوص (ville), 205, 211.

Ouclis اقليس (Ucles, ville), 42.

El-Oukhtain الاختين (les Deux-Sœurs), 111.

El-Ouldja الولجه (Alulgha, province), 15.

Ourdania الوردانية (port), 11.

Ourghouri اوزغـسـوري, appelée aussi Lourgharo لرغارو (ville), 267.

Oursia اورسيـه, 210.

Ousar اوسر (Veglia, île), 268.

Ousela اوسلة (Isola, île), 117.

Oustica اشتقة (Ustica, île), 68.

Ouzkend اوزكند, 204.

Ozmoum اوزموم (Osimo, rivière), 246, 253.

Ozmoum ازموم (Osimo, ville), 253, 255.

P

Palerme بلرم, 76, 90, 110.

Pampelune بنبلونه, 226, 234.

Pancsova بنصيـن (ville), 377.

Paterno, 106.

Pavie بابيـة, 253.

Pays de Cahors اقليم قاورس, 237.

Pays des chrétiens بلاد الروم, 34.

Pays des Ghottes بلاد الاغزاز, 338.

Pays des Lombards بلاد الـكبرده, 261.

Pays Fétide, 412, 437.

Pêche du thon, 5, 89.

Pêche du corail, 6.

Péloponnèse بلمونس, 122.

Péloponnèse (détroit du) مسمسـمـسـق بيلمونس, 294.

Péloponnèse (mer du) بحر بلمونس, 287.
Peniscola بنشكلة (place forte), 36.
Pesaro بصرو (ville), 239.
Pescara نهر بشكار (rivière), 281.
Petit Zab الزاب الاصغر (Zabas Minor, rivière), 146.
Phare (le) القارو, 113, 115, 259.
Philippopolis فيلوبلس, 295, 383.
Pierre d'Abi Khalifa حجر ابى خليفة, 113.
Pise بيش, 240, 243.
Poitou اقليم بيطو, 227, 237, 352.
Policastro بولى قسطرو, 258.
Policastro بليقسطرو (rivière), 285.
Pologne بلونية, 268, 375, 380, 389, 427.
Pont-Euxin, 333.
Pont de Sandour قنطرة سندور, 171.
Pontoise بنطيز, 361, 364.
Poras پراس, 124.
Porc (cap du) انف الخنزير, 112.
Porte البرت de Bayonne (passage des Pyrénées), 234.
Porte de César برت شازر (passage des Pyrénées), 232.
Porte de Djaca برت جاقه, 232.
Porte de Kilan-Chah باب قيلان شاه, 329.
Porte de Lazca باب لازقه ou des Lezghiz, 329.
Porte de Liban-Chah باب لبان شاه, 330.
Porte des Alan باب اللان (des Alains), 329.
Porte des Bârcah باب بارقه, 329.
Porte des Iran-Chah باب ايران شاه, 330.
Porte des Karouwian باب كاروبان, 330.
Porte de Soul باب صول, 329.
Porte des Saïran باب السيران, 329.
Porte des Sesdjesdjis باب سجسجى (des Tchetchenses), 329.
Porte du Possesseur du trône باب صاحب السرير, 329.
Porto Maria برط مارية, 117.
Portugal برتقال, 226, 228.
Pouille بولية, 270.
La Prairie de l'Évêque مرج السقف, 308.
Provence برينصة, 237, 240, 241, 243, 369.
Ptolémée, 421.
Puy (le) بوى (ville), 239, 240, 241.
Pylæ Ciliciæ, 134, 308.

R

Rabca رقة, 181.
Rabdar ربدار (canal), 199.
Rabdh el-Djobn ربض لجبن (le bourg du Fromage), 126.
Rabdh el-Khandac ربض لخندق (le bourg du Fossé, ville), 126.
Rabeta Kastaly ربطة كاسطلى (Castellon de la Plana, château fort), 36.
Rabeta Rota رابطة روطة, 18.
Rabeta الرابطة (station), 43.
Rabina ربينة (Ravenne), 239.
Rabna ربنة (Rachna), 291.
Rabna ربنه (ville), 379.
Racan رقان, 320.
Racca الرقة, 129.
Racca رقة, en grec Anikos انيقوس (Nicephorium), 135, 136, 137, 142, 145, 146, 148, 151, 152, 153, 155.
Rachgoun (île de), 11.
Racouca رقوقة, 159.
Radjala رجالة (la Rochelle), 227, 238.
Rafeca رافقة ou الرفقة (ville), 129, 155.

Raghoria راغورية (Ropelia? ville), 289.
Raghous رغوس ou Ragorsa رغورسه (Raguse, ville), 85, 101, 261, 268, 287.
Raghwan رغوان (ville), 413.
Raguse (pays de) بلاد رغوسة, 286.
Rahaba رحبة, 138.
El-Rahaba الرحبة (ville), 142.
Rahabé Malek ben-Taouk رحبة مالك بن طوق, 145.
Rahabet-Malek رحبة مالك, 138.
Rahl el-Armal رحل الارمل, 96.
Rahl el-Caïd رحل القايد, 95.
Rahl el-Marat رحل المراة, 94.
Rahna رحنة (Drama, ville), 289.
Raï الرى (ville). Voyez Reï.
Raïah رايه, 92.
Raïah رايه (montagne), 93.
Rais رايس (le Croisic), 352, 354.
Rais رايس ou رايز (Arras), 363, 364, 366.
Ramen رامن (ville), 165.
Rametta رمطة (fort), 109.
Ramin رامين ou Zamin, 203, 204, 205, 206, 212.
Raml رمل (rivière), 285.
Râmous رآموس (Reims, ville), 358.
Ran (pays de) بلاد ران, 170, 320, 324, 330, 333.
Ran ران (ville), 331.
Randa رنده (Laranda), 308.
Randadj رنداج (Randazzo, ville), 108, 109.
Ras نهر راس (l'Araxes, fleuve), 331.
Ras راس (montagnes de), 346.
Rasa الرسة, 144.
Rasa رسة ou Wasa وسة, 145.
Ras el-A'caba راس العقبة, 216.
Ras el-A'ïn راس العين (canton), 151, 155.

Ras el-A'ïn راس العين (ville), 137, 142, 150.
Ras el-Khansir راس الخنزير (cap), 132.
Ras el-Tarf راس الطرف (cap Ortegal), 230.
Raset الراست, 203.
Rasian رسيان, 210.
Ras el-Kelb راس الكلب, 176.
El-Rassif الرصيف, 40.
Rast راست, 188.
Ratbat رتبة (Artebat), 49, 50.
Ratekian راتكان, 184.
Rati رات (Rieti, ville), 253.
Rauha الروحا (ville), 143, 147.
Ravenne رينة ou Ravenne la Maritime رينة الساحلية, 247, 255, 256.
Ravendah راوندة, 165.
Râwnah راونة (ville), 186.
Rechaca رشاقة (ville), 346.
Redon ردون, 352, 354.
Reggio ريو, 69, 116, 259, 262, 270.
Reï رى ou El-Reï الرى (l'ancienne Rhagès ou Arsacie, ville), 143, 164, 165, 169, 174, 175, 180, 420.
Reknowa ركنوا, 388.
Rendhina رنذينة (ville), 296.
Rendjburk رنج برك ou Reinchburg رينش برك (Ratisbonne), 370, 378.
Rennes رينس, 352, 353, 355.
Reslanda رسلاندة (Islande, île), 426.
El-Ressafa الرصافة, 129, 137.
Retina رتينة, 278.
Rewa روه (rivière d'Eu), 363, 365.
Rhin رين ou رينو (fleuve), 245, 367.
Rhodes رودس, 128, 129.
Rhône نهر رودنو (fleuve), 241.
Riah (pays de) رية, 53.
Riat رية (Rute, province), 14.
Riba ربة (Riccia?), 283.

Ribalda ربالدا (Ripalta), 283.
Ribna ربنه (Ribnitza), 384.
Righno ريغنو (Rovigno, ville), 261.
Rigolo ريغلو ou Nicolo نيقلو (Torre Rivolo, rivière), 264.
Rigonovo ريغنوبو (rivière), 93.
Rihan ريحان, 165.
Rima رعة, 169.
Rio ريو (*Rhegium*), 298.
Rivière Grecque وادى غريقو, 112.
Rivière Froide الوادى البارد, 113.
Rivière de Ragous (وادى رغوس (Ragusa), 112.
Rivière Salée وادى الملح (Fiume Salso), 111.
Rivière Salée نهر المالح, 122.
Robat el-Calass رباط القلاص, appelé aussi El-Barc البرق, 212.
Robat Hifs رباط حفص, 177.
Robat Sa'd رباط سعد, 204, 212.
Rocca Albano رقة البنو (Monte Albano), 274.
Rocca-Batsi رقة بتسى, 276.
Rocca-Belta رقة بلتة, 284.
Rocca Chebekh رقة شجى, 274.
Rocca Corali رقة قورالى, 276.
Rocca Delibo رقة دليبو, 274.
Rocca Fandjoulan فنجلان (Sen-Giuliano), 282.
Rocca Felib رقه فليب (Rocca Nova), 271, 273.
Rocca Mont-Arblan رقة منت اربلان (Mont-Albano), 277.
Rocca Monte-Belan رقة منت بلان (Montepeloso?), 278.
Rocca Sant-Ghathi رقة سنت غاثى (Santa Agatha), 280.
Roche (la) الصخرة, 114.
Roche-du-Cerf (la), 3.
La Rochelle رجالة. Voyez Radjala.
Rodana رودانه (Rodi, ville), 261, 265.

Rodosto رودستنو (ville), 298, 383.
Rodora رودو (fleuve), 341.
Rofran وفرانى (Rofrano, montagnes), 285.
Roger, fils de Tancrède, conquiert une grande partie de la Sicile en 453 (1061 de l'ère chrétienne), 74.
Roger II, roi de Sicile, 75.
El-Roha الرها (l'ancienne *Edesse*, aujourd'hui Orfa, ville), 129, 136, 142, 152.
Roi du Trône d'or, 417.
El-Rokn (l'Angle, port), 90.
El-Rokn الركن (l'Angle), 113.
Romanie رمانيه, 122.
Rome رومه, 243, 250, 256.
El-Rommal الرمال (les Sables, ville), 18.
El-Rommana الرمانة (fort), 314.
Ronbolo رنبلو (rivière), 103, 196.
Roseau (fontaine du) عين القصب, 113.
Rosiana روسانة ou Rossana رسيانة (Rossano, ville), 118, 262.
Rosous حصن رسوس (Rhosus, fort), 132.
Rossiano la Maritime روسهانو الساحلية (Rossano), 271.
Rossianto روسينت (Cassano, ville), 262.
Rosso Castro روسو قسترو (ville), 388, 397.
Rothaida رطايده ou Rothanda (la Tamise, rivière), 425.
Rothomagos رطوماغس (Rouen), 360, 361, 364.
Rouban روبان, 179.
Roudha رودا (fleuve), 338, 339.
Roudhan رودان (ville), 162, 165, 166, 210, 214, 342.
Roudhan الرودان (canton renommé

TABLE DES MATIÈRES.

par la bonté du safran qu'il produit), 166.
Rouge (rivière) وادي الأحمر (la Riv. de Aroza), 230.
Roum بلاد الروم (l'Asie mineure), 133, 143.
Roundj رونج, 179.
Rous (pays des) الروس (des Russes), 336.
Rousa روسا (tribu de Turks), 401.
Rousia روشية (ville), 400.
Rousio روسيو (fleuve), 399.
Rousio روسيو (Rhossion, ville), 292, 297.
El-Roustac الروستاق, 309.
Ronta Mart روتا مرت (ville), 120.
Rouzah روزه, 165.
Ruba روبة (Ruvo, ville), 264.
Russie الروسية القصوى, 382.
Russie روسية, 381, 390, 391, 397, 431, 433.
Russie extérieure الروشية الخارجة, 399.
Russes, 402, 404.

S

Sabiran السابران, 320.
Sactoun سقطون (ville), 428, 431.
Sadekha صادخه, 309.
Sa' صلع, 10.
Sâ'a سامع (bourg), 217.
Sa'afa صعفة, 114.
Sabak ساباك (ville), 203.
Sabat ساباط, 204, 206, 212.
Sabato شباطو (Sabbato, rivière), 284, 285.
Saber Djas سابر جاس, 166.
Sabonara صابونارة, 272.
Sabouca سابوقة (place forte), 97.
Sabran صبران, 208.
Saclabia سقلابية (Sclafani), 106.
Saclatoun سقلاطون (nom d'une étoffe fabriquée à Alméria), 43.
Saf صاف (bourg), 56.
Safardad سفردد (rivière), 7.
Saferzen سافرزن, 192.
El-Safiha الصفيحة (le Plateau), 3.
Saghanian صغانيان, 198, 203.
Saghra جبل ساغرا (montagne), 202.
Sagona سغونة (Savone), 249.
Saharandj سهرنج, 412.
Saheb el-Serir صاحب السرير, 337.
Sahmam سهمام (ville), 179.
Saï صاي (Tre Santi, ville), 264.
Sa'id نهر سعيد (rivière), 145.
El-Saïla نهر السيلة (rivière), 91, 93.
Saïmara الصيمرة (ville), 143, 156, 165, 168.
Saint-Eli سنت الى (Sant-Alessio), 113.
Sainte-Euphémie سنت فيمى, 69, 116, 259, 270.
Saint-Georges la Maritime سنت جرج, 292.
Saint-Gilles سنت جلى, 240, 249.
Saint-Jacques سنت ياقوب, 12.
Saint-Jacques de Compostelle شنت ياقوب, 227, 232, 233, 234, 352.
Saint-Jacques de Compostelle (église de) كنيسة سنت ياقوب, 12, 229.
Saint-Jean سنت جوان, 237, 241.
Saint-Jean (d'Angely) سنت جوان, 227, 238, 352.
Saint-Jean (de Luz) سنت جوان, 227.
Saint-Jean (Martopoli) سنت جوان مرتوبولي, 263.
Saint-Jean (Pied-de-Port) شنت جوان, 236.
Saint-Malo سنت ماهلو, 352.

62.

Saint-Mathieu سنت مَثَــاو (Saint-Brieux?), 352.
Saint-Michel سنت مجيال, 352, 353, 355, 357.
Saint-Michel-sur-Mer سنت ميجيال على البحر, 357.
Saint-Mir سنت مِيـر (Saint-Omer), 365.
Saint-Nicolas صنقلة (golfe), 366, 374.
Saint-Nicolas de Bozoul سنت نقولة بوزل (Torre di Pozzelli, port), 263.
Saint-Valenji سنت بلنجى (village), 265.
Saint-Valery وادى سنت (rivière de), 365, 366.
Saint-Walerin سنت ولريس (Saint-Valery, rivière de), 363.
El-Sair قرية الصير (bourg), 114.
Sais صايس (Séez), 352, 355, 357, 359, 361.
Sais (pays de) بلاد صايس, 353.
Saisar سيسر, 170.
Sakakend سكاكند (ville), 207.
Sakhrat el-Harir صخرة الحرير (le Roc de la Soie, fort), 79.
Sakila ساقيلة (fort), 56.
Sakir سقير (rivière), 400.
Sakli سكلى, 320.
Sakna وادى سكنة (rivière), 118.
Sakouna ساكونة ou Sakouia (île), 333.
Sala صالة (Salla), 285.
Salaberis سلابرس (Salisbury? ville), 424.
Salaboures سلابورس (Salisbury), 424.
Salamanque شلنقة, 226, 232, 236.
Salam el-Terdjeman (auteur), 416.
Salamia سلمية (fort), 129, 137.
Salankilia سلنقيلية (bourg), 254.
Salée (rivière) الفهر الملح (Fiume Salso), 98, 99.

Salem مدينة سالم, 234.
Salerne سالرنو, 258, 260, 280, 281.
Al-Saliba رأس الصليبة (cap de roche dure), 113.
Saline (la) الملاحتة, 111.
Salit سليت, 120.
Salkhi سلخى, 208.
Salmas سلماس, 143, 172, 320, 326, 327.
Salmira سلميرة (rivière), 117.
Salmona سلمونة (ville), 261.
Salmoun سلمون (rivière), 96.
Salomon, 13.
Salomon (table de), 31.
Saloni شلونى, 383.
Salonia سالونية, 219.
Salonique صلونيك ou صلونيق (ville), 290, 296.
Salonique la Maritime صلونيك الساحلية, 294.
Salous سالوس (ville), 169, 178, 179.
Saltich (île de) جزيرة سلطيش (île d'Huelba), 14.
Sam سام, 135.
Samakhia السماخية, voyez Chamakhia.
Samandar سمندر, 335, 336, 337.
Samandjelo سمنجلو (Sant-Angelo dei Lombardi), 240.
Samandra سمندر, 329.
Samangelo سمنجلو (Sant-Angelo, ville), 256.
Samarcande سمرقند (ville), 195, 197, 199, 420.
Samarcande سمركند, 201, 204, 211.
Sam Djas سامر جاس (lac), 194.
Samiri سميرى (Soveria), 271.
Samkoun سمكون (Samuch? ville), 320, 323, 331.
Samnan سمنان, 165, 169.
Samo صامو (Samos, île), 127.
Samora سمورة (Zamora), 226, 228.

TABLE DES MATIÈRES.

Samosate شمشاط, 129, 137, 138, 139, 152, 155, 314.
Sana سانه (Segna), 288.
Sanadji ساباي (Sebenic?), 267.
Sanala صنالة (La Stella), 273.
Sanankath سنانكث, 208.
San-Bitar سنت بيطر (San-Pedro, détroit), 18.
San-Chikli سنت شكلي, 113.
Sancola صنقلة (Saint-Nicolas, ville), 366.
Sandjili سنجلي (Saint-Gilles), 239.
San-Fa'oun سنفعون (Sant-Facund, ville), 233.
Sant-Filit سنت فليت (San-Filippo), 104, 105.
Sanghara صنغرة, 273, 274, 275, 277.
San-Gennaro سنت جنار (cap), 263.
Sanbadja (tribu), 6.
Sanka سنكة (rivière), 282.
Sankalilia سنقليلية (ville), 255.
San-Marco سنت مارقو (église), 109.
San-Nicola Bebetra سنت نقولة بيترة (Torre San-Pietro), 264.
San-Pedro سنت بيطر, 226.
San-Pedro سنت بطر (église), 230.
San-Pietro سنت بيطر, 111.
San-Pietro سنت بيطر (port), 263.
San-Rochit سنت روشيت, 118.
Sansahnar سنسهنار (Chichester?), 374, 423, 424.
San-Salvador Dhoulbeira سنت سلبطور دولبيرة, 226.
Sansanaï سنسانای (village), 163.
Sansara صنصرة (bourg), 49.
Santa-Giuliana سنت جليانة (église), 230.
Sant-Aklarko سنت اكلرکو, 280.
Sant-Alban سنت البان (Montalbano, château), 109.
Santa-Maria, 41.

Santa-Maria Ebn-Razin شنت ماريه ابن رازين (ou d'Albarracin), 33.
Santa-Maria d'el-Gharb شنت مرية الغرب (ville), 21.
Santa-Maria سنت مريه (Santa-Maria de l'Algarve, ville), 15.
Santa-Maria سنت مريه, connue aussi sous le nom d'Ebn-Razin (Albarracin, ville), 15.
Santa-Maria سنت ماريه (couvent), 264.
Santa-Maria سنت مريه (Vittoria), 226.
Sant-Anastasia سنت انستسيه, 106.
Sant-Andji سنتانجي (ville), 261.
Sant-Angeli سنت انجلي (Sant-Angelo), 262.
Sant-Angelo سنت انجلو, 265.
Sant-Archangelo سنت ارکنجلو, 271, 283, 284.
Sant-Ardem سنت اردم (Santander), 226.
Santarem مدينة شنترين (ville), 33, 227.
Santarina سنترينه (rivière), 118.
Sant-Astabin سنت اسطبين (Saint-Étienne), 113.
Sant-Badjous سنت بجوس (San-Biagio), 262.
Sant-Bardekira سنت باردکيرة (Policoro), 282.
Sant-Bernat سنت برناط, 284.
Sant-Djordji سنت جرجي (Saint-Georges, ville), 297.
Sant-Djuliana سنت جليانه (Santillane), 226.
Sant-Donat سنت دناط (fort), 274, 275.
Sant-Filos سنت فيلوس, 285.
Sant-Ghathi سنت غاثي (Santa-Agata), 262.

San-Giovanni-Maggiore سمنت جوان ميور, 283.
Sant-Iacoub ou Sant-Iago شنت ياقوب. Voyez Saint-Jacques de Compostelle.
Sant-Iala شنت يالة (Santaella, lieu fortifié), 54.
Santi صنتي, 311.
Sant-Iani سنت يانى, 255.
Sant-Ioudez سنت يودز, 282.
Sant-Iouliano سنت ايليان, 282.
Sant-Kerenbin شنت كرنبين (Quimper), 354.
Sant-Lao سنت لاو (San-Leo, ville), 256.
Sant-Laurin سنت لورين, 262.
Sant-Lorenso سنت لورنس, 280.
Sant-Mahlo شنت مهلو (Saint-Malo), 354.
San-Marco شنت ماركو (château), 80.
Sant-Mari سنت مرى (San-Marco?), 262.
Sant-Martino سنت مرتين, 272, 282.
Sant-Matha شنت مثا (Saint-Brieux?), 354.
Sant-Mauro سنت مورو, 271.
Sant-Mir سنت مير (Saint-Omer, ville), 366.
Santo-Baoulos سنطو بولس (ville), 261.
Santorini سنتورينى (Santorin, île), 127.
Sant-Saïri سنت صايرى (Sanza), 285.
Sant-Sabiro ou Sant-Sebir سنت صبير (San-Severo), 262, 280.
Sant-Semiri سنت سميرى (Sant-Severina), 283.
Saousa ساوسه (Suze), 240.
Saracosta سرقسطة (Saragosse), 16, 34, 35, 37, 41, 234.
Saragousa سرقوسة. Voyez Syracuse.

Sarakhs سرخس, 183, 185, 186.
Saranba سرنبة (île), 396.
Saraous سراوس (ville), 215, 216, 217.
Sarat سرا, 171.
Sarawan ساراوان (ville), 177.
Sarcoun سرقون, 282.
Sarcouna سرقونسة, 272.
Sardaigne (île de) جزيرة سردانية, 67, 68, 69.
Sarh سرح (ville), 260.
Sarkat ساركت, 204.
Sari سارية, 169.
Saria سارية (Sari, ville), 143, 177, 169, 179.
Saroudj سروج (ville), 129, 136, 142, 155.
Sarous نهر سروس (rivière), 217.
Sar-Sar صرصر (canal dérivé de l'Euphrate), 157.
Sar-Sar صرصر (ville), 157.
Sartan سرطان (Zaratan, ville), 226.
Sasa ساسة (Sessa, rivière), 256.
Saska ساسكة, 397.
Sassonia سسونية. Voyez Saxe.
Satalia سطالية (Attalea), 303.
Satarian ستريان (ville), 255.
Sates سانتس (Saintes), 352.
Sato ou Satwa صاطلو, 267.
Savone سفونة, 240.
Sawah ساوه (ville), 164, 165, 166, 167, 169.
Sawamek ساومك, 182.
Sawan صوان (ville), 404.
Sawdar ساودار, 202.
Saxe سسونية, 357, 368, 366, 373, 375, 381.
Sbalato ou Sbatalo اسبالطلو (Spalatro, ville), 261, 267, 288.
Sberlenga اسبرلنكة (Sperlinga, ville), 106.
Scaia اسكاية (Castel a Mare?), 257.

TABLE DES MATIÈRES.

Scanderounia اسكندرونية (Alexandrette), 140.
Sciacca شاقة, 72.
Sconia اسقونية (Scopia ou Uskup, ville), 289.
Scopia اسقوبية (Uskup), 290.
Scosia سقوسية (Écosse), 422.
Sebaba نهر صبابة (Zezoula? rivière), 317.
Sebnita صبنبت, qu'on appelle aussi Bastia (ville), 261.
Sebou نهر صبو (rivière), 8.
Sebta سبتة, 4, 5, 6, 8, 17.
Sedhar سدهر (village), 181.
Sedjana جانة (bon port), 40.
Sedjestan جستان, 183.
Ségovie شقوبية, 226.
Sehilan سهيلان (île), 334.
Seider حصن سيدر (fort), 65.
Seihan سيحان (l'ancien Saros, rivière), 133.
Seihen سيحن, 202.
Seikend سيكند, 208, 209.
Seira صيرة, 47.
Sekend سكند, 208.
Sekendja سكنجة. Voyez Eskindja.
Seklahi سكلاى, 397.
Seknimil سكنى ميل, 395.
Sekoubia شكوبية (Ségovie), 234.
Sekoun سكون, 169.
Seldjin سلجين, 144.
Selefkia ou Seleukia سلوكية (Séleucie, ville), 134, 301.
Seleukia سلوقية (province), 301.
Selimiria سليمرية (Selymbria, ville), 298.
Sella اسلة (rivière), 78.
Semandra سمندر (ville), 402, 403.
Semmour سمور, 322.
Semmour جسر سمور (pont), 321, 322.
Semnan سمنان (ville), 176, 179.

Sena-Berria صنا برية (Sinna, ville), 329.
Senakend سناكند, 211.
Senca سنقا ou Senfaia سنفاية, 187.
Sendaberi سندابرى, 306.
Sendasb سندآسب (ville), 182.
Senfaia سنفاية, 188.
Senn سن (Como), 146.
Seradj سراج (Chiragvan), 320, 326.
Serboli سربلى, 382.
Serdawa سرداوة (ville), 389.
Serès سرس (ville), 289.
Serfia سرفية (Cervia, ville), 247.
Seria سرية (Sarrion, ville), 15.
Serin سرين (Serino), 284.
Serina سرينة (le Balkan, montagne), 291.
Serino جبل سرين (Monte Sivino, montagne), 282.
Serman سرمان, 320.
Sermeli سرملى (ville), 375, 381, 389, 390, 433.
Serna سرنة (Serino), 281.
Serwan سروان, 321, 322.
Séville اشبيلية (ville), 14, 18, 19, 23, 42, 53, 55, 56, 64.
Siah-Kouh سياه كوه (montagnes), 330.
Siah-Kouh سياه كوه (île), 335.
Sibonto سيبنت (Siponto, ville), 265.
Sicile (île de) صقبلية, 68, 71, 73, 110.
Sigono سغنو (Silono), 267.
Sikian سيكيان ou Sebkian, 182.
Sikket el-A'bbas سكة العباس, 154.
Sikla سيكلة (Zell ou Celle), 373, 374.
Sikothri شيكثرى (Kidros), 393.
Sikrah سقراة, 410, 411.
Sila السيلة (Seeland? ville), 427.
Sila الصيلاد (Sellia?), 283.
Silab سلاب, 212.
Silan صلان, 435.

Silasia سلسمة (rivière), 258.
Silinkia سلنقيه (Sienne), 250.
Silo سيلو (Sele, rivière), 285.
Simriki سمريقى (pays des Turks Khoulkhs), 410, 413.
Simsat. Voyez Samosate.
Sinab سيناب (Seniab, village), 136.
Sinadji سينجاق (Sebenico), 288.
Sindi سندى, 96.
Sindja جسر سنجة (pont romain sur l'Euphrate), 139.
Sindja سنجة (ville), 139.
Sindjar سنجار (canton), 149, 151.
Sindjar سنجار, 142, 149, 154.
Sindou صندو (ville), 311.
Sindwa سندوا (ville), 318.
Sinigaglia سنقالية (ville), 240.
Sinigaglia شنغالية (rivière), 246.
Sinis سيمس (Senise, ville), 262, 271, 272, 273.
Sinis سنيس ou Senise (le Sinnio, rivière), 281.
Sino سينو (Sienne?), 240.
Sinoboli شنوبلى (Sinope, ville du Pont), 393, 397.
Sinoboli سنوبلى (ville de Russie), 434.
Sinola سينولا (ville), 372.
Sinolaws سينولاوس (ville), 375, 377, 378.
Siousa سيوسة (ville), 396.
Sira سيرة (ville), 211.
Sirbia سربية (montagnes de Servie), 383.
Sirmikia سرمقيا, 410.
El-Sirra الصرة (canal qui arrose les jardins des environs de Bagdad), 157.
Sisaboli سيسبولى, 428.
Sisdjan سيسجان (ville), 324, 329.
Sisian سيسيان (contrée), 410, 413.
Sisian سيسيان (ville), 222, 223.
Sisouk سيسوك, 213.

Sizeboli سزوبلى, 385, 394.
Skanderoun اسكندرون (Alexandrette), 132.
Skela صقلة ou Chkela شكلة (Bruxelles), 365.
Skilia اسكلية (Scyllæum promontorium, cap), 127.
Skilo اسكيلو (Skiro, l'ancienne Scyros, île), 127.
Sklawa سكلاوة, 386.
Slaves (pays des) بلاد الصقالبة, 286.
Slawa صلاو (ville), 401.
Slawia صلاوية (tribu), 401.
Sogdh وادى الصغد (rivière), 194, 196, 199, 202.
Soghd مدن الصغد (province), 196, 202, 203.
Soghdabil صغدبيل, 529.
Sohba صحبة, 163, 165.
Sokmania سقمانية (ville), 413.
Sokn حجر سكنى (roche formant là limite entre les Lombards et les Francs, en Calabre).
Sokn el-A'bbas سكنى العباس (ville), 142.
Soldadia شلطاطية, 395.
El-Sonaima الصنيمة, 305.
Sor صر (ville), 142.
Sora سورة (ville), 42.
Soraïth سريط (rivière), 154.
Soria شورية, 226.
Sorit سريط, 172.
Sorlowa سرلوة (Tchorlou, ville), 292, 293, 295, 384.
Sorlowa سرلوة (Tchorlou), 384.
Sorra-Men-Ra سرّ من راى (ville), 143, 146, 147, 156, 416, 420.
Sorrent سرنت (Sorrento, ville), 240, 257.
Sorrente سرنت (île), 70.
Sotir سطير (Sutera), 96, 97, 98, 99.

Souabe اقليم صوابه, 239, 243, 246, 366, 368, 369.
Souaïdié سويدية (Séleucie), 131, 132.
Soubara سوبارة (Siewierz, province), 381.
Soucan سوقان (rivière), 407.
Souc el-Ahad سوق الاحد (ville), 142, 148.
Souc el-Kurki سوق الكركي (marché de Berdasa), 321.
Souchenil سوشنيل, 57.
Soudan, 6.
Souman سومان, 203.
Soundj سونج, 200.
Sounna صنّة (Segna, ville), 266.
Sounou صونو, 432.
Soura سورا (ville), 142, 158.
Soura سورا (rivière), 138, 164.
Sourat سرأة (ville), 327.
Sourent دير سورنت (monastère), 135.
Sous (habitants de) اهل السوس, 2.
Sousanin سوسنى, 165.
Spire. Voyez Eclûr.
Staghno استغنو (Stagno), 287.
Stanbaleia استنبلاية (Stanpalis), 127.

Stilo استبلو (montagnes), 117.
Stillo اسطيلو (ville), 270.
Stlifanos استلى فنوس (ville), 389, 397.
Stobouni استبونى (village), 291.
Strangelo (île de) استرنجلو (Stromboli), 68, 71.
Strina استرينة (le Drin, rivière), 287.
Strina استرينة ou Stranissa استرنيسة (ville), 289.
Strongeli استرنجلى (Strongoli), 271, 283.
Submersion (fosse de la) خندق الغرق, 112.
Suda سودا (cap), 263.
Suède زوادة, 427.
Suleiman سليمان (ville), 162.
Sultan (fontaine du) عين السلطان, 113.
Sura-Sura صرصر, 138, 142.
Surah سراح, 329.
Syracuse سرقوسة, 83, 102, 112.
Syrie, 32, 48.
Syrie (mer de) (la Méditerranée), 1, 66, 129.

T

Tabahriat تاحرية, 10.
Tabarié (bains de) طبرية (Tibériade), 325.
Tabaristan طبارستان (contrée), 169, 179, 180, 333, 337.
Tabaristan (mer de) بحر طبارستان (la Caspienne), 2, 332, 338.
Tabarmin طبرمين (Taormine), 82, 83, 109.
Taberna طبرنة (Taverno), 271.
Tabela طبيلة (San-Giovanni d'Avolo), 117.
Taberan طبران, 184.

Tabes طابس (Tavi? château fort), 103, 104.
Tabira تيبرة, 21.
Tabos طابوس (Thasos?), 292.
Taboun طابون (ville), 435.
Tachkur طشكر (château fort), 16, 50.
Tadmir (pays de) تدمير, 15, 40.
Tadjana طالجنة (ville), 262, 271.
Tadjnou طالجنو (rivière), 117.
Tafr Kemit طفر كميت (port), 10.
Tage تاجة (fleuve), 26, 33.
Taghlib (tribu) قوم بنى تغليب, 150.
Taghlu تغلو, 311.

Taghora طغورا (montagne), 413.
Taghoura ou Taghora طغورا (ville), 410.
Taghrir تغرير, 282.
Taheria طاهرية (ville), 188, 189.
Talavera ou Talbira طلبيرة (ville), 16, 30, 31, 33.
Talbour طلبور (Tabia?), 305.
Talecan طالقان, 168, 169.
Tamakhes طماخس, 211.
Tamalo طملو (Andabilis? ville), 301.
Tamarkhat نهر تامركة (Tambre, rivière), 230.
Tame'ada تامعد, 152.
Tamesna طمسنة, 179.
Tamisa طميسة (ville), 169, 177.
Tamouni تاموني (Castamouni), 393.
Tamtena طمطانة, 382.
Tan حصن طن (fort), 276, 277, 278.
Tanabri طنابري (Tibre), 250.
Tanger طنجة ou Tandja (ville), 3, 4.
Tanger (pays de), 3.
Tankir تنقير (ville), 142.
Taran طران, 208, 212, 217, 221, 420.
Tarbi'at تربيعة, 114.
Tarbi'at تربيعة (lieu où coulent plusieurs ruisseaux dont les eaux font tourner des moulins et où sont de vastes fabriques de pâtes (vermicelle ou macaroni), 78.
Tarbichana طربشانة (Trebuxêna), 18, 42.
Tarch طرش (bourg), 47.
Tarch طرش, 284.
Tarek, fils d'Abdallah le Zenaty, conquérant d'Algéziras, 17.
Tarentaise طرائطرٯ, 239, 243.
Tarente طارنت, 118, 262, 269, 273, 275, 276, 277, 278.
Tarfa الطرفا (rivière), 307.
Tarfania طرفانية (Favignana?), 68.

Targba طرغبة ou Tougba طوغبة, 108.
Targbouri ترغوري (Traw), 288.
Tar Goris تر غرى ou Tar Gori (Tran?), 267.
Tarhines طرحينس ou Tarbis (Traina, ville), 105, 107, 108.
Tarif (île de) جزيرة طريف (Tarifa), 13, 21.
Tarif جزيرة طريف (Tarifa, ville), 4.
Tarikh طرخ (poisson que l'on pêche dans le lac de Van et dont il se fait un grand commerce), 328.
Tarkhis ترخيس (rivière), 104.
Taron طرون (Rio de Castropol), 228.
Taroufnika طاروفنقة (Tricala, ville), 292, 294.
Tarracona تركونة ou Tarrakona (Tarragone, ville), 16, 35, 36.
Tarragone des Juifs طرقونة اليهود, 235.
Tarsous (pins de) الصنوبر الطرسوسي, 59.
Tarsous طرسوس (ville), 129, 133, 140, 305, 308, 313, 314.
Tarsous (montagnes de) جبال طرسوس, 301.
Tarza طرزه (village), 165.
Tasana طسانة (Tocina), 13.
Tat تات, 278.
Tathend تاتهند (ville), 169.
Tava منت طوى (mont), 285.
Tawawis الطواويس, 194, 195, 196.
Tchenardjan جنارجان (ville), 169.
El-Tebânin التبانين (faubourg de Malaga), 48.
Tebriz تبريز (Tauris), 143, 170.
Tebanister تبانستر, 315.
Teberla تبرلة (Debra?), 288, 289, 290.
Tebest طبست, 431.
El-Tebnat التبنات (fort), 132.

TABLE DES MATIÈRES.

Tebzawa تبصوه ou Tebsawa تبصاوه (Leipsick?), 369.
Techmes (pays de) تشمس, 6.
Têhama تهامة (lac), 344.
Tébama تهامة (rivière), 345.
Tehama تهامة (ville), 347.
Tehenié تهنية, 145.
Tekouz تكوز, 9.
Takrit تكريت (ville), 144, 146, 147, 148, 155, 156.
Tel تل, 172.
Tel مدينة تل (ville), 154.
Tell Beni-Senan تلّ بنى سنان (colline), 151.
Tell Beni-Senan مدينة تلّ بنى سنان (ville), 151.
Tell el-Khair تلّ الخير, 154.
Tell Ferasa تل فراسه, 149.
Tell Arsanas تلّ ارسفاس (Arsenia?), 314.
Tell Batric تلّ بطريق, 314.
Tell Hamdoun تلّ حمدون, 313.
Telmesan تلمسان (ville), 10.
Tel Mouran تل موران, 137, 152.
Tel War تل وار, 169.
Tel Toura'a تل ترعة, 151.
Temple de Vénus هيكل زهرة (montagnes du) ou de Port-Vendres, 236.
Temps (source des) qui coule aux moments prescrits pour la prière et qui tarit en tout autre temps, 85.
Ténébreuse (mer) ou l'Océan, 1, 26.
Tennès تنس, 66.
Tensibou تنسيبو (Kanyzsa?), 375.
Tensinova تنسينو, 380.
Terdja ترج (village), 177.
Terdjel ترجل, 285.
Terdjes ترجس, 270.
Terdji ترج, 169.
Tengharco ترغرقو (Tricarico), 262.

Termèh. Voyez Thermèh.
Termi طرى (lac), 405, 434.
Termola ترملة ou Termoles ترملس (Termoli, ville), 262, 265.
Terradjina طرجنة (Terracina, ville), 256.
Terrana (mer) طرانة (Tirrhenum mare), 69.
Tesin نهر تسين (fleuve), 253.
Tessia تسية (la Theiss, rivière), 390.
Testaïa تسطابية (port), 258.
Tetouan ou Tetawan تطاون (fort), 8.
Thacou تقو (Ithaque), 121.
Thalban طالبان (ville), 142, 150.
Thamesa طمسة (ville), 143.
Thami:nos تميانس ou تميانس (Damianos), 293.
Tharthar ترتار (ville), 142, 146.
Thelia ثلبة (rivière), 105.
Thermè ترمة قلعة (château), 78.
Thermè ترمه (Termini), 91, 93, 108.
Thibet, 221.
Thibétains تبتية, 350.
Thirthar نهر ترتار (rivière), 147.
Thon (poisson), 5.
Thour A'bdīn طور عبدين (canton), 151.
Thouth طوط (rivière), 95.
Tibra طبيرا (Tyane?), 301.
Tiflis تفليس, 313, 317, 320, 323, 325, 330, 331, 394.
Tigre دجلة (fleuve), 142, 147.
Tilasan طيلسان (ville), 143.
Tino تينو (l'ancienne Tenos, île), 128.
Tini راس تينى (Saint-Jean, cap), 126.
Tisali تيسلى (Nisari), 128.
Titiri تيتيرى, 334.
Tissa تيسا ou Tissia تيسيا (la Theiss, rivière), 379, 380.

63.

Titlous تيتلوس (Titul, ville), 375, 377.
Tiwer تيور (Twer), 397.
Toba el-Akbar, roi de l'Arabie heureuse (auquel on attribue la fondation de Samarcande), 198.
Tocco طقو ou Toc طق (fort), 284.
Todi تودى (ville), 252.
Tokhat تفاط (Tocat, ville), 305, 311.
Toleïtala طليطلة (Tolède, ville), 12, 16, 31, 32, 33, 43, 64, 234.
Tonques طونقه, 361.
Tor طور (montagne des environs de Tabarmin, renommée par les miracles qui s'y opèrent), 82.
Torbichana طربشانه. Voyez Tarbichana.
Tordira طرديرة (port), 427.
Tordjala ترجالة (Truxillo, ville), 30.
Torei تورى (Terni, rivière), 252.
Toront طرنت, nommée aussi Terent ترنت (Trivento, ville), 266.
Toront طرنت (le Trigno, rivière), 265.
Torri طرّى ou Torzi طرزى (château), 92.
Tortoucha طرطوشة (Tortose, ville), 16, 35, 235.
Tortueuse (rivière) وادى المعوج, 118.
Toudj توج, 280.
Toudjah توجه ou Noudjah نوجه (ville), 340.
Toudjala طوجالة (Tuegla, fort), 14.
Touia طوية (Tuy, ville), 232.
Touleb طولب, 130, 308.
Toulouse طلوشه, 236, 237, 239, 240, 241.
Touna طونة (fort), 51.

Touraine طورينة, 357, 368.
Touran طوران (contrée), 342.
Tourchet Abad ترشة اباد, 111.
Tour Haousa طور حوسه, 165.
Touri طورى ou Tourzi طورزى, 94.
Tournay طرناى, 365, 366.
Tours طرس, 353, 357.
Tous تنوس (ville), 183, 184.
Toutili توتيلى (Tourboli? ville), 290.
Touz'a طرعة (Tusa), 79, 109, 114.
Trabanos طرابنس (Trapani ou *Drepanum*), 72, 88, 111, 115.
Trani اطرانى, 264.
Trania ترانية, 281.
Trébizonde اطرابزونده ou اطرابزنده, 316, 325, 394, 396, 399.
Tripoli de Syrie طرابلس الشام, 130.
Troia طرويا (Troïtzk, ville), 435.
Trois Églises الثلث كنايس, 113.
Trône d'or (royaume du) مملكة السرير, 403.
Troyes اطرويش ou اطرويش (ville), 243, 244, 359.
Troyes (pays de) اقليم طريش, 242.
Tudèle تطيلة (ville), 34, 35, 227, 234.
Tufara طفاره, 283.
Turks-Ghozzes, 342.
Turks-Khoulkhs (pays des) الترك لخولخ, 410.
Turks (pays des), 32.
Turin طورين ou طورنة, 240, 253.
Turkech تركش (contrée), 415.
Turkechs تركش (peuplades turkes), 350, 357.
Tursa ترسة (Tursi), 272.
Tuteïla تطيلة (Tudèle, ville), 16.

TABLE DES MATIÈRES.

U

Ulm الـمـة, 239, 246, 367, 369.

Ustica اوشنيقة (île), 72.

V

Valence, 37, 41.
Van (lac de), 327.
Vastaria وسطارية (fort), 181.
Vaticano باتقانو (cap), 259.
Venedo-Bonsa بغه دبونسه (fort), 275.
Venetatli بنه تاتلى ou Venetopoli, 277.
Venetotoli بنه توتلى, 278.
Venise (états de), 372.
Venise (golfe de) جون البنادقين, 120.
Vénitiens بنادقة, 240.
Vénitiens (pays des) بلاد البنادقية, 286.

Venosa فنوصة, 279.
Vénus (conques de), 6.
Verdoun بردون (Yverdun), 244.
Verdun بردون, 362.
Vêtements riches et épais fabriqués à Alméria الثياب المعينة, 43.
Vienne بيانه, 241, 371.
Vietri جبيطرة, 260.
Voiles ornés de fleurs fabriqués à Alméria السـتـور المكللة, 43.
Volcan (île du) جزيرة بركان, 68, 71.

W

Wabrah ورة, 188.
Wad واد قـريـة (bourg), 50.
Wad al-Kebir واد الكبير, voyez Wadi'-Kebir.
Wadhifat Hama'an وضيفة هدان, 165.
Wadi Ach وادى اش (point où aboutissent plusieurs routes), 50.
Wadi-Ach وادى اش (Guadix, ville), 14, 49, 52.
Wadi'l-Bacar وادى البقر (la rivière des Bœufs), 314.
Wadi'l-Bou وادى البو, 111.
Wadi-Calambira وادى قلمبيرة (rivière), 230.
Wadi-Castellari وادى قستلرى, 112.
Wadi'l-Careb وادى القارب (la rivière du Bateau), 111.
Wadi'l-Émir وادى الامير (la rivière du Prince), 114.

Wadi'l-Hijara وادى الحجارة (Guadalaxara).
Wadi'l-Hour وادى الحور, 307.
Wadi'l-Kebir وادى الكبير (Guadalquivir), 19, 51, 113.
وادى اثنى, 113.
Wadi'l-Madjnoun وادى المجنون (ou la rivière du Fou), 88.
Wadi-Mousa وادى موسى (la Giarreta, rivière), 103, 104, 105, 106, 108, 113.
Wadi'l-Nesa وادى النسا (la rivière des Femmes), 17.
Wadi O'boud وادى عبود, 113.
Wadi'l-Rih وادى الريح (rivière du Vent), 308.
Wadi Romman وادى رمان, 57.
Wadi Regina وادى رجينة (rivière), 230.

Wadi Rodon وادى ردون (le Rhône), 245.

WadiSalvador Dhoulbeira وادى سلبطور ذولبيرة (Saint-Sébastien, ou Port du Passage), 231.

Wadi-Sant وادى سنت (Wissant? ville), 423.

Wadi'l-Sawari وادى السوارى (rivière), 112, 114.

Wadi'l-Seba' وادى السباع, 145.

Wadi Sindria وادى سندرية (Rio de Cedeyra), 230.

Wadi'l-Tin وادى الطين (ou la rivière Bourbeuse), 103, 104, 106.

Wadi'l-Zakoudji وادى الذكوجى, 111.

Wadi Zeidoun وادى زيدون, 113.

Wahran وهران ou Oran (ville), 11.

Walerin ولرين (Saint-Valery-en-Caux), 365.

Wankath وانكث, 210, 213.

Wara'ch ورعش (rivière), 199.

Wardana وردانة, 194, 196.

Wardouk وردوك, 207.

Warthan ورثان (ville), 320, 323, 331.

Warzacan (montagnes), 330.

Warzé ورزه (Odensée? ville), 427.

Warzecan ورزقان, 324, 325.

El-Wasa الوسا (montagne), 150.

Wasafi ou Asafi, 29.

Wasdjerd واجرد, 203.

Wasekh وسخ, 208.

Wasiliko واسيليكو, 385.

Wasit واسط, 155, 156, 161.

Wathek b'illah (khalife), 416.

Webde وبدة ou Weheda وهدة (Huete, ville), 16, 41, 42.

Webzar وبزار (ville renommée pour la fabrication des étoffes de coton dites webzarié), 199, 201.

Welba ولبة (Huelba, ville), 14, 20, 22.

Wendlescada وندلسقادة (port), 429.

Wesca وسقة ou Wechka وشقة (Huesca, ville), 16, 35, 334.

Westo وسنو (Spolete?), 252.

Wetaria وطريه (Hueteria), 232.

Wurza ورزة (ville), 374, 381.

X

Xativa شاطبة, 37, 38.

Z

Zab الزاب (ville), 142, 144.

Zabatra زبطرة, 130, 138.

Zaca زاقه, 389.

Zadjkath زجكث (ville), 207.

Zaghoria زاغورية (l'ancienne Develtus), 293, 294.

Zaghoria زاغورية (montagne), 294.

Zaghra زغره (le Sangarius), 392.

Al-Zahira الزهرة (ville), 64.

El-Zahra الزهرة (Zara, ville), 14.

El-Zahra الزهرة, 308.

Zahrac الزرق (fort), 312.

El-Zaïz الزايز (Beauvais?), 363, 364.

Zakak الزقاق (détroit de Gibraltar), 2, 4, 16, 332.

Zakak (mer de) بحر الزقاق, 5.

Zakatra زكترى, 380.

Zakanra زكنرى (ville), 397.

Zala زالة, 397.

Zamiou زاميو (Zamosk), 375.

Zamora سمورة, 232.
Zana زانة (ville), 390.
Zanla زانلة, 375, 380.
El-Zaoui الزاوى, 137.
El-Zarada ارحا السرّادة (moulins), 57.
Zarara زرارة (montagne), 93.
Zawaïa (détroit de) حلق الزاوية (port et village), 22.
El-Zeïtoun الزيتون (province des Oliviers), 16.
Zeïtoun نهر زيتون (la Cinea, rivière), 35.
Zem زم, 187.
Zendjan زنجان, 168, 171, 179.

Zendjan زنجان, ou plutôt Zenghian (ville), 143.
Zenima زنيمة, 179, 180, 181.
Zerman زرمان, 197.
Zermi زرى (Ceramus, montagne), 303.
Ziad قصور زياد (châteaux), 164.
El-Zindjar الزنجار, 56.
El-Ziouh الزيوح, 112.
Zobeïda الزبيدة, 163.
Zobeïdié زبيدية, 164.
Zouada زوادة (la Suède), 428.
Zouagha زواغة (fort), 65.
Zoura زورا (ville), 142.
Zournan زورنان, ou Zouzan
Zouzan زوزان, 143, 145, 330.

FIN DE LA TABLE DES MATIÈRES DU SECOND ET DERNIER VOLUME.

ERRATA.

Malgré tous les soins qu'on a pris pour éviter les différences d'orthographe dans la transcription des noms de lieux, on ne peut se dissimuler que, durant le cours de l'impression du présent ouvrage, il s'est glissé diverses fautes provenant, soit de la multiplicité de ces noms, soit de la négligence des copistes arabes, soit du défaut de concordance des manuscrits. Pour obvier à cet inconvénient, on a tâché de rectifier ces erreurs dans la Table des matières, qui peut être considérée comme présentant avec une exactitude suffisante la transcription des noms dont il s'agit. Enfin, pour ne laisser, sous ce rapport, que le moins possible à désirer au lecteur, on met ici sous ses yeux la liste des corrections les plus essentielles.

TOME PREMIER.

Pages xv et suiv. jusqu'à la page xxii, *ajoutez en marge* : Feuillet 1 *et* Feuillet 2.

Pag. xxiii, lignes 3 et 9, *au lieu de* deux cent trente-six *et* deux cent trente-sixième, *lisez* deux cent vingt-neuf *et* deux cent vingt-neuvième.

Pag. 54, en note, *au lieu de* Pocoke, *lisez* Pococke.

Pag. 59, *au lieu de* d'aprè, *lisez* d'après.

TOME SECOND.

Pag. 12, en note, *au lieu de* Hartman, *lisez* Hartmann.

Pag. 15, *au lieu de* Mertela, *lisez* Mertola.

Pag. 22, lig. 14, *après les mots* الغراب كنيسة *mettez le chiffre* 1.

Pag. 76, lig. 7, 8 et 9, *supprimez les guillemets*.

Pag. 318, en note, *au lieu de* Batou, *lisez* Batoum.

Pag. 111, *au lieu de* Castel novo, *lisez* Castel novi.

Pag. 117, 122 et suiv. *au lieu de* Péloponèse, *lisez* Péloponnèse.

Pag. 134, *au lieu de* Pilæ Ciliciæ, *lisez* Pylæ Ciliciæ.

Pag. 155 et 156, *au lieu de* Elwan et de Halwan, *lisez* Holwan.

Pag. 162, *au lieu d*'Ecbatanes, *lisez* Ecbatane.

Pag. 172, *au lieu de* Kanoudan, *lisez* Khabodan.

Pag. 280, *au lieu d*'Ordona, *lisez* Ortona.

Pag. 286, *au lieu d*'Albani, *lisez* Albanie.

Pag. 303, *au lieu d*'Attalia, *lisez* Attalea.

Pag. 308, *après les mots* : l'ancien thème, *supprimez la virgule*.

Pag. 321, lig. dern. *au lieu de* port, *lisez* pont.

Pag. 348, 350 et ailleurs, *au lieu de* Turcs, *lisez* Turks.

Pag. 351, 416 et ailleurs, *au lieu de* Turquechs, *lisez* Turkechs.

Pag. 388, *au lieu de* Caratamenia, *lisez* Caratamenisi.

www.ingramcontent.com/pod-product-compliance
Lightning Source LLC
Chambersburg PA
CBHW071724230426
43670CB00008B/1113